U0570476

中國史學基本典籍叢刊

建康實録

上

〔唐〕許嵩撰

張忱石點校

中華書局

圖書在版編目(CIP)數據

建康實録/(唐)許嵩撰;張忱石點校.—北京:中華書局,1986.10(2024.9重印)
(中國史學基本典籍叢刊)
ISBN 978-7-101-06084-3

Ⅰ.建… Ⅱ.①許…②張… Ⅲ.中國-古代史-魏晋南北朝時代-編年體 Ⅳ.K235.043

中國版本圖書館CIP數據核字(2008)第037785號

責任編輯:胡 珂
封面設計:周 玉
責任印製:管 斌

中國史學基本典籍叢刊
建康實録
(全二册)
〔唐〕許 嵩 撰
張忱石 點校

*

中華書局出版發行
(北京市豐臺區太平橋西里38號 100073)
http://www.zhbc.com.cn
E-mail:zhbc@zhbc.com.cn
三河市宏盛印務有限公司印刷

*

850×1168毫米 1/32 · 28印張 · 4插頁 · 479千字
1986年10月第1版 2024年9月第8次印刷
印數:13501-14000册 定價:118.00元

ISBN 978-7-101-06084-3

點校説明

建康實録二十卷，唐許嵩撰。這是一部記述吴、東晉、宋、齊、梁、陳六朝事的史籍，因六朝皆建都建康（吴名建鄴，晉愍帝改名建康），故以爲名。這部書對研治魏晉南北朝歷史及南京地區歷史地理，都很有參考價值，但可惜長期未能得到應有的重視，甚至連一些史學史的專著，也隱而不述。筆者因整理校點此書，查閲了有關的史料，今稍作歸納，對該書作者生平、文獻價值及版本作初步探討。

一

許嵩生平，歷來無考。最早著録建康實録的新唐書藝文志云：「許嵩建康實録二十卷。」晁公武郡齋讀書志、陳振孫直齋書録解題、鄭樵通志藝文略等所記大致相同，可知自唐至宋，許嵩生平已不得其詳。我們只能從建康實録本身，簡單了解到兩點，卽他的籍貫和時代。

建康實録舊題「高陽許嵩撰」。高陽，唐屬瀛州，許姓世居高陽北新城都鄉樂善里，爲高陽望族。〔一〕西晉末年，因王朝内部的八王之亂和北方少數族入侵，「中原冠帶，隨晉渡江者百家，故江東有百家譜」。〔二〕高陽許歸「以瑯玡太守隨中宗過江，遷會稽内史，因家山陰」，〔三〕許歸是東晉高士許詢的父親。許詢居山陰及永興（卽蕭山），他曾捨永興、山陰二宅爲寺。許詢的後人後分二支，一支徙居杭州新城，另一支梁末徙於周，因家安陸。〔四〕至唐，高陽許氏顯赫一時，許敬宗和許圉師在高宗朝曾先後爲相。許詢後人世系大致可據新唐書宰相世系表查考，但新表不載許嵩，元和姓纂高陽許氏條下亦無許嵩之名，這是什麼原因呢？難道許嵩的里籍不是高陽？

我們從建康實録中對高陽許氏家族人物的立傳上，可以查考出許嵩的里籍。建康實録裏明確記述高陽許氏的有三人，卽許儒、許詢和許亨。許亨，陳書、南史有傳，可以不論，而許儒和許詢，許嵩破格爲他們立傳，而且記其生平事迹頗詳，其原因很值得思索。

建康實録卷八有許詢傳。許詢爲東晉高士，終身未仕，常與王羲之、謝安、劉惔等人遊處，出入將相之門。同時他又是著名的玄言詩人，晉簡文帝稱其「五言詩可謂妙絶時人」。〔五〕可是許詢既不見晉書隱逸傳，亦不載文苑傳，其事迹僅散見於孫綽、郗愔、謝安、王羲之等傳。如果説許嵩替許詢立傳尚有可說，那末給許儒立傳，在一般情況下，就難以理解了。

建康實録卷七有許儒傳，今録如下：

儒字思行，高陽人。祖勛，吴御史中丞。父延，河間相。儒幼而立行，清素忠烈，有曾、閔之性。早丁母憂，在殯還，兇賊放火，儒抱柩悲號，賊爲救火保護之，所居一里賴全。

起服爲郡功曹。元帝宅江左，澄洗九流，妙於選舉，爲司徒參軍，出爲南沙都尉。縣爲石勒所寇，遇害。

晉書無許儒傳，僅見於成帝紀，謂咸和五年「夏五月，石勒將劉徵寇南沙，都尉許儒遇害」。許儒僅官都尉，又無明顯的政績，依一般修史慣例，是不够立傳資格的。

爲什麽許嵩要替許詢、許儒立傳？正説明許嵩與許詢、許儒的里籍同是高陽，許嵩把許詢、許儒看作高陽許氏家族的榮耀，正如唐代史學理論家劉知幾所説的那樣，是「務欲矜其州里，夸其氏族」。〔六〕「譜牒之作，盛於中古」，〔七〕許嵩一定還掌握高陽許氏的家譜、族譜和其他傳記史料，「亦有言可記，功或可書」。〔八〕由於許詢、許儒有事迹可以甄録，故許嵩能爲之立傳。

許嵩在許儒傳裏，提供了高陽許氏家族另一次南徙的綫索，其傳云：「儒字思行，高陽人。祖勛，吴御史中丞。父延，河間相。」許儒的祖父許勛，三國志吴志不載，其仕孫吴的準確時間，已難以考知，但從許儒被害在晉成帝咸和五年（三三〇）往上推溯，許勛仕吳御史中丞當在吳之後期，即孫休、孫皓之時。許勛是怎樣從高陽到了江左的呢？三國志吳志張昭傳云「漢末大亂，徐方士民，多避揚土」，又魏志華歆傳注引吳歷云「是時四方賢大夫，避地江南者衆」。這兩條史料，可爲北方士族南徙的佐證。許勛的先人當是在東漢末年南渡的，從時間上講，要比許詢等大約要早一百多年。

東漢和西晉末年，高陽許氏家族的兩次南渡，肯定許嵩的先人也到了江南。宰相世系表不載許嵩，可知他不是許詢後人，其先人也非西晉末年南渡者，所以我們認爲，許嵩的先人只能是東漢末年南渡，他大約是許勛的後人或旁支。許嵩的先人定居江南何地已無法考知，但從許嵩對建康周圍地理十分熟悉的情況來看，至少許嵩在建康一帶長期居住過。這裏不妨舉兩個例子：

卷六「五城」下注云：「陶季直京都記：五城，邊淮帶湖，祖道送歸多集此處。唐景雲中，縣令陸彥恭於城側造橋渡淮水，則今之五城橋也。」陶季直爲梁人，梁書、南史皆有傳，京都記不能言及唐事，唐景雲中云云，當是許嵩語。從這段敍述來看，許嵩應該是到過五城橋的，知道縣令陸彥恭造橋之事。

卷二「潮溝」下注云：「潮溝亦帝所開，以引江潮，其舊跡在天寶寺、長壽寺前。東發青溪，西行經都古承明、廣莫、大夏等三門外，西極都城牆，對今歸善寺西南角，出經閶闔、西明等二門，接運瀆，在西州之東南流入秦淮。其北又開一瀆，在歸善寺東，經棲元寺門，北至后湖，以引湖水，至今俗爲運瀆，其實古城西南行者是運瀆，自歸善寺門前東出，至青溪者名曰潮溝，其溝東頭，今已湮塞。」從「至今俗爲運瀆」、「今已湮塞」的語氣，我們更可得知，許嵩不僅在建康居住過，而且對六朝遺跡作過實地考察。

從東漢末年許嵩先人南渡至唐玄、肅宗時，已達五百多年，早已久離故土，元和姓纂不載其姓名及事迹，這完全可以理解。既然如此，爲什麽還要稱「高陽許嵩」呢？這與士族門閥制度有關。九品中正制度，使士族極爲重視自己的門第，爲謹防冒籍，朝廷還專門設立譜局。一些北方南渡的世家大族，雖然僑居江南已久，依舊標榜原來的門閥，以郡望相稱。到了唐代仍然「世重高門，人輕寒族，兢以姓望所書，邑里相矜」，「作者爲人立傳，每云某所人也，其地皆取舊號，施之於今」。〔九〕許嵩自然也不能擺脱這種傳統觀念。所以高陽乃是許嵩郡望，並非其里居之地。

許嵩的生活時代，建康實録中曾兩次提及。卷四末云：「案吴大帝卽王位黄武元年壬寅，至唐至德元年丙申，合五百三十五年矣。」卷十末又云：「案東晉元帝卽位太興元年，至唐至德元年，合四百四十年。」至德爲唐肅宗（李亨）年號。新唐書肅宗紀云，唐天寶十五年七月甲子，卽位於靈武，改元至德。至德凡三年，其元年（七五六）卽許嵩撰寫建康實録之年。由此可知，許嵩當生活在唐玄、肅宗朝時。

從另一角度，也可大體瞭解許嵩時代。建康實録引有曹憲揚州記和東都記等。曹憲，兩唐書有傳，由隋入唐，「貞觀中揚州長史李襲譽薦之，以弘文館學士召，不至，卽家拜朝散大夫，當世榮之」，曹憲爲太宗時人。東都記，舊唐書經籍志、新唐書藝文志並云鄧行儼東都記三十卷，新唐書藝文志另有鄧世隆東都記三十卷。鄧世隆，兩唐書有傳，爲貞觀時著作郎。鄧行儼，兩唐書無傳，僅新唐書藝文志云「貞觀著作郎」。千唐志有荆州司馬鄧森誌，鄧森爲行儼子，誌云森年六十六，卒於景龍四年（七一〇），則鄧森當生於貞觀十九年（六四五），鄧行儼亦當太宗時人，與藝文志所記時代亦合。鄧世隆、鄧行儼皆爲貞觀時著作郎，又同撰東都記三十卷，疑行儼爲世隆字，避唐諱改以字行。許嵩徵引典籍皆無玄、肅朝之後者。綜上所述，我們可以得知，許嵩當生活在唐玄宗、肅宗之時。全唐文卷三九五、四庫全書總目並云「嵩肅宗時人」，大致近是，但不十分確切。

許嵩除建康實録外是否還有其他著作？宋史藝文志史部地理類載「許嵩六朝宫苑記二卷」，然兩唐志及其他目録著作皆不載，故不一定可靠，且此書今亦不傳。

二

魏晉南北朝至唐，是我國史學空前繁榮階段，史書的修撰，無論官修或私撰，都極爲興盛。在建康實録成書之前，六朝史籍，著述如林，以後代列入的幾部正史爲例，如陳壽三國志、蕭子顯南齊書早已流傳，姚思廉的梁書、陳書修成於貞觀十年（六三六），唐太宗下令官修的晉書，也在貞觀二十二年（六四八）已經完成。成書略晚、綜合宋、齊、梁、陳四書爲一史的南史，也要比建康實録早約一百年。在這些正史已經流傳的情況下，爲什麽許嵩還要參稽以上諸史而撰寫建康實録呢？

我想，許嵩之所以撰寫這部史書，大約有三方面的動機和目的。

首先，許嵩認爲吴、東晉、宋、齊、梁、陳六朝，「吴大帝（孫權）在武昌七年，梁元帝都江陵三年，其實建康宫三百二十一年」，〔一〇〕六朝在時間上（除西晉中斷數十年外），基本上是連續的，應當有一部專門記述長期以建康爲政治中心的六朝史。

其次，三國志吴志等六朝正史，由於成書於不同年代，無論從修史觀點、内容詳略、文字風格都有不小的差異，但它們有一個共同點，即都是卷帙繁多的紀傳體史書。從建康實録記吴、晉二部分採用編年體來看，顯然許嵩本想撰寫一部簡明扼要的編年實録體史籍，便於人們閲讀和瞭解六朝史。

第三，許嵩志在保存六朝遺跡，不使湮廢。正如其自序所云：「若土地山川，城池宫苑，當時制置，或互興毁，各明處所，用存古跡。」

建康實録凡二十卷，卷一至四記吴，卷五至十記東晉，卷十一至十四記宋，卷十五、十六記齊，卷十七、十八記梁，卷十九、二十記陳。記吴、東晉用編年實録體，於人物卒年下立小傳，記其行事；記齊、梁用紀傳體，並於梁後附後梁蕭詧君臣事迹；記宋、記陳相類似，前爲編年體，後附紀傳體功臣傳。同一史書内編年、紀傳兩種史法，前後相悖，故前人譏其體例不純。今檢校全書，記吴、晉、宋三朝詳審周全，約占全書十之六七，記齊、梁、陳較爲疏簡，所以建康實録基本上是屬於編年體史籍。

許嵩撰寫建康實録的史料來源，其自序云「嵩述而不作，竊思好古，今質正傳，旁採遺文」。這裏所説的「正傳」即指正史。其主要擷採三國志吴志、晉書、南齊書、梁書、陳書。唯獨記宋未用沈約宋書而採裴子野宋略。裴子野字幾原，梁人。曾祖裴松之注陳壽三國志，祖裴駰注司馬遷史記，都是劉宋朝著名良史。裴子野生長於史學世家，克紹箕裘，撰有宋略二十卷。梁書本傳稱「其叙事評論多善，(沈)約見而歎曰：『吾弗逮也。』」劉知幾亦贊譽宋略云，「裴子野宋略、王劭齊志，並長於叙事，無愧古人」，〔二〕唐時「世之言宋史者，以裴略爲上，沈書次之」。〔一二〕建康實録記宋全據宋略爲藍本，可能出於編年體宋略便於摭采，而又勝於宋書的緣故。

當然建康實録並非只依憑正史及宋略，許嵩還「旁採遺文」，如有關孫吴的史籍有韋昭吴書、張勃吴録等，晉史更多，唐時尚存十八家晉書，尤以臧榮緒、蕭子雲二書較爲完備。記齊、梁、陳諸朝的史籍相對來説是少了一些，但亦有不少地記志乘等有關史料可供採擇。許嵩對採自他書的「異事別聞，辭不相屬，則皆注記，以益見知。使周覽而不煩，約而無失者也」。正因建康實録「引據廣博」，〔一三〕現在看來，它有着三方面的文獻價值。

第一，建康實録可補充和訂正正史遺缺及訛誤。

甲、補充史實。

建康實録中有不少史料「多出正史之外」，〔一四〕最明顯之處是一些正史無傳的人物，建康實録多予以立傳。以晉爲例，有許儒、許詢、許穆及司馬流傳。許儒傳前已甄録，不再贅言。卷八有許詢傳，今録如下：

許詢字玄度，高陽人。父歸，以琅琊太守隨中宗過江，遷會稽内史，因家於山陰。詢幼沖靈，好泉石，清風朗月，舉酒永懷，中宗聞而徵爲議郎，辭不受職，遂託跡居永興。肅宗連徵司徒掾，不就。乃策杖披裘，隱於永興西山，憑樹構堂，蕭然自致，至今此地名爲蕭山。遂捨永興、山陰二宅爲寺，家財珍異，悉皆是給。既成，啓奏孝宗，詔曰：「山陰舊宅爲祇洹寺，永興新居爲崇化寺。」詢乃於崇化寺造四層塔，物産既罄，猶欠露盤相輪，一朝風雨，相輪等自備，時所訪問，乃是剡縣飛來，既而移皋屯之巖。常與沙門支遁及謝安、王羲之等同遊往來，至今皋屯呼爲許玄度巖也。

今天能見到比較完整有關許詢的傳記只有世説新語文學注引續晉陽秋、文選三十一江文通擬許徵君自序詩李善注引晉中興書及唐無名氏文選集注六十二引公孫羅文選抄三書，而建康實録小傳所記許詢生平事迹遠比以上三書詳盡，而且可補正它書之誤。許詢父名歸，唐無名氏文選集注作「助」，新唐書宰相世系表作「販」，今考元和姓纂、古今姓氏書辯證均作「皈」，卽歸字，與建康實録合，作「助」、「販」皆爲形近致誤。又宰相世系表言許歸官司徒掾，誤植辟許詢之官而加之其父，當以建康實録作「會稽内史」爲是。

卷九有許穆傳，文繁不録。許穆爲晉簡文帝給事中、散騎常侍、護軍長史，「雖居蟬冕，心在道德」，後棄官於茅山入道，傳云許穆卒於晉孝武帝太元元年（三七六），年七十二，則許穆生於晉惠帝永興二年（三〇五），生年亦可得知。晉書不載許穆事迹，此小傳爲瞭解和研究許穆的唯一史料。許穆傳下注引晉書云穆子翽、揆、融等事迹，今晉書亦無，此當許嵩採自舊晉書之文。

又如司馬流傳（見卷七）。司馬流爲晉宗室，官振威將軍，蘇峻之役爲左將軍，因性懦怯，不閑軍旅，兵敗爲蘇峻所殺。其事散見於晉書成帝紀、桓彝傳、蘇峻傳。建康實録小傳詳於晉書，並云其「字子玉」亦爲晉書所不載。

建康實録可補正人物字號者甚多，如卷二言孫權夫人步氏「諱練師」，卷四謂孫皓滕后「諱芳蘭」、全尚「字子真」，卷十載司馬元顯「字朗君」、諸葛長民「字長之」等等，三國志吴志、晉書本傳皆未言及。

此外還有不少「多出正史之外」的史料。卷一言孫氏由來云，「其先出周武王母弟衛康叔之後，武公子惠孫曾耳爲衛上卿，因以爲氏」。此段文字爲吴志所無，亦不見史記。卷十二云，元嘉二十三年六月「乙亥，以北地段英爲都督關隴諸軍事、安西將軍、雍州刺史，後魏破之死，其將河東薛安都棄衆南之國」。宋書、南史皆不載。許嵩記宋全據宋略，此或爲子野原文，雖經裁剪，舊痕猶存，亦可窺宋略「長於敍事」之一斑。又卷二十云陳後主時，「初覆舟山及蔣山松柏林，冬月恒出木醴，後主以爲甘露之瑞，俗呼爲雀餳」。唯建康實録載此事，後之言雀餳，如南宋王鞏甲申雜記，亦取此條爲據。

有的人物正史雖有本傳，但没有記載其生卒年，可據建康實録考知。吴大司馬、左軍師全琮，吴志本傳僅云（赤烏）「十二年冬，大司馬全琮卒」。建康實録卷四云「時年五十二」，由此可以考知全琮當生於漢獻帝建安三年(一九八)。

與許詢並稱爲「一時文宗」的孫綽，〔一五〕晉書本傳説他「年五十八卒」，没有指出具體卒於何年，因此，研究文學史和哲學史的人皆未能考定他的準確生卒年。〔一六〕建康實録卷八明確記載孫綽卒於晉簡文帝咸安元年(三七一)，由此可以推知孫綽生於晉愍帝建興二年(三一四)。

晉紀和搜神記的作者干寶，是東晉著名的史學家和文學家，由於他的生卒年晉書本傳也没有記載，因而歷來無法考知，一些介紹干寶生平的著作如魏晉南北朝文學史參考資料及搜神記前言皆云「生卒年未詳」，近年來發表的干寶事迹材料稽録一文，〔一七〕輯録干寶生平事迹甚詳，但也説「干寶的卒年只能作爲疑案而暫存了」。建康實録卷七説，咸康二年「三月，散騎常侍干寶卒」。咸康是晉成帝年號，咸康二年即公元三三六年。建康實録雖未載干寶年齡，但參考有關史籍，亦可大體上推斷出他的生年。晉書干寶傳云干寶「平杜弢有功，賜爵關内侯」。杜弢反晉始於晉懷帝永嘉五年(三一一)，平定在愍帝建興三年(三一五)，〔一八〕干寶參加平定杜弢時年齡至少在二十五以上，往上推溯二十五年，干寶生於晉武帝太康七年(二八六)左右，他大概活了五十多歲。

晉丹陽尹、吏部尚書韓伯，晉書本傳云，「朝廷改授太常，未拜卒，時年四十九」。建康實録卷九云，太元五年「八月，太常韓伯卒」，由此可以推算出他的生年。

又宋人孔覬，宋書、南史皆有傳，傳云孔覬於宋明帝泰始二年（四六六）被害，但没有説出他的年齡。建康實録卷十四説「時年五十一」，這樣，孔覬的生年也可得知。

有一些史實，雖然建康實録與正史本傳大致相同，但建康實録所記更爲精確。宋文帝時丹陽尹王准之的卒年，南史本傳不載，宋書云卒於元嘉十二年（四三五），建康實録卷十二云，卒於元嘉十二年六月乙亥。兩書所記卒年相同，但建康實録更指出了王准之卒年的月和日。

如宋人顔竣卒年，宋書、南史本傳僅云「於獄賜死」，均未云卒於何年。建康實録卷十三指出，大明三年「五月，建城侯顔竣死於獄中」，通鑑一二九亦同，當是採録建康實録之文。

又如韋載，南史本傳云「卒於家」，陳書稍詳，云「太建中卒於家，時年五十八」。太建爲陳宣帝年號，凡十四年，此云「太建中」，也難以確定具體何年。建康實録卷二十云，太建十年（五七八）正月，「是月，散騎常侍、太子右衛率韋載卒」，其卒年記載比正史準確，韋載生年亦可得知。

以上例子均是人物生卒年的記載，在其他史實上，也有比正史詳盡的。

吴志孫破虜討逆傳記孫策被刺殺事，云「爲故吴郡太守許貢客所殺」。建康實録卷一云，孫策爲許貢「客許昭伏刺之，傷面」而死。吴志及裴注皆不載許昭事。

建康實録卷十二載宋元嘉十六年「八月戊午太白晝見」。是年八月癸巳朔，二十六日戊午，太白晝見的具體日期可知，而宋書天文志四僅云，八月太白晝見。

卷十九記陳霸先微時「初仕鄉爲里正，後逃於義興，吴興太守蕭映過，從之建業，映遂用爲夾呰吏，尋轉爲油庫長，既而映鎮廣州，奏高祖爲中直兵參軍」。此事陳書不記，南史雖有記述，也極簡略。

乙、史實考異。

同爲一事，建康實録與正史扞格抵捂之處亦頗多，雖一時難以斷定孰是孰非，但也爲進一步研究，提供了綫索和依據。這裏略舉幾個記載人物年齡和日期方面的例子。

太史慈，吴志本傳云「年四十一」，建康實録卷一作「年四十二」；劉道規，宋書本傳云「時年四十四」，建康實録卷十作「四十三」，均相差一年。又如：

孔愉的卒年，晉書本傳作晉成帝咸康八年（三四二），建康實録卷八作永和元年（三四五），相距三年。

殷浩的卒年，晉書本傳作永和十二年（三五六），建康實録卷八作隆和元年（三六二），相差六年。

晉書王彪之傳云年七十三，建康實録卷九作年五十六，相差十七年。

陳書、南史周弘正傳並云年七十九，建康實録卷二十作年六十，相差十九年。

陳書馬樞傳云馬樞卒時年六十，建康實録卷二十作年八十六，相差竟達二十六年。

又如追尊晉會稽王太妃鄭氏爲簡文宣太后事，建康實録卷九云，在晉孝武帝太元十九年「夏六月壬午」，晉書孝武紀作「六月壬子」，禮志上「六月」作「二月」。據長曆是年六月甲寅朔，無壬子，二月丙辰朔，亦無壬子日，壬午爲六月二十日，三者所記月日不同，很可能建康實録是正確的。

丙、史實訂正。

筆者曾將建康實録與南朝諸史校勘一過，發現許嵩之書頗可訂補正史之誤，今爰舉數例。

宋書文帝紀云，元嘉十二年「夏四月乙酉，以殷景仁爲中書令護軍，以家爲府」。南史不載，通鑑一二二「乙酉」作「己巳」。是年四月丁亥朔，無乙酉，亦無己巳。宋書中華書局點校本校勘記云，疑乙酉爲己酉之誤，然無史料根據，僅爲猜測之辭。建康實録卷十二作「乙巳」，爲月之十九日，是。此條可校正宋書、通鑑兩書之誤。

宋書孝武帝紀、南史宋本紀中並云「五月丙申擒元凶於太倉井」。建康實録卷十三「丙申」作「丙子」。是月癸酉朔，初四日丙子，二十四日丙申，皆在五月，孰是孰非？宋書元凶傳云「四日建康破」，與建康實録相合。由此可證建康實録是，而宋書、南史皆非。

南齊書、南史的徐孝嗣傳並云孝嗣「八歲，襲爵枝江縣公」。錢大昕廿二史考異云「湛之封枝江縣侯，身後亦未見加封之文，其子何以得襲公爵？又考宋書州郡志，枝江止云侯相，不云公相，疑此侯也」。錢大昕懷疑此「縣公」爲「縣侯」之訛，是對的，但他未能引證他書爲據，建康實録卷十五正作「枝江縣侯」，可爲錢氏訂正南齊書、南史舛誤多一佐證。

梁書武帝紀下、南史梁本紀中云，梁武帝普通二年「五月癸卯，琬琰殿火延燒后宫三千餘間」。通鑑一四九「五月癸卯」作「六月癸卯」。是年五月戊辰朔，無癸卯，因閏五月，六月亦無癸卯，建康實録作「五月己卯」，爲月之十二日，梁書、南史、通鑑三書皆誤，唯建康實録不誤。

梁書、南史后妃傳皆云「天監六年八月生元帝」。王鳴盛十七史商榷卷五九云，「按帝於承聖三年十一月爲魏人所戕，梁書云年四十七。從是年逆溯天監七年，恰四十七年」。王說甚是，梁書元帝紀、册府元龜卷一八二並作「天監七年」，不誤，建康實録卷十八亦相合，此亦可爲王説佐證，補正梁書、南史后妃傳之誤。

其次，保存了唐代以前的大量地記史料，這是建康實録的第二個文獻價值。

自隋滅陳至唐肅宗時，還不到二百年，滄海桑田，不少六朝遺跡瀕於湮廢，許嵩撰寫建康實録志在記録這些古跡。其自序云「若土地山川，城池宫苑，當時制置，或有興毁，各明處所，用存古跡」。故對六朝遺跡如太初宫、建康宫、苑城、臺城、華林園、樂遊苑、運瀆、潮溝、青溪、迎擔湖、陸機宅、杜姥宅、褚裒墓、吴晉宋諸帝陵墓等等均有詳細記載。據統計，所記古跡達一百多處。例如：

卷五晉元帝建平陵云，「陵在今縣北九里，雞籠山山陽，不起墳」。

卷七「朱雀橋」下注云，「案，地志：本吴南津大吴橋也。王敦作亂，温嶠燒絶之，遂權以浮航往來。至是始議用杜預河橋法作之，長九十步，廣六丈，冬夏隨水高下也」。

這二條史料，對建平陵、朱雀橋的地理位置及規模，闡述得十分清楚。

「南朝四百八十寺，多少樓臺煙雨中」。佛教至梁大爲興盛，梁武帝蕭衍把佛教作爲思想統治工具，用盡各種方式和手段來提倡佛教，在他統治期間，幾乎是佛化治國，他不僅多次舍身入寺，而且大興寺廟。建康實録不僅有這段歷史的真實寫照，也有對南朝寺廟的詳細描述。如梁武帝多次舍身的同泰寺，其記云：

帝創同泰寺，寺在宫后，别開一門，名大通門，對寺之南門，取返語以協同泰爲名。帝晨夕講議，多遊此門。寺在縣東六里。案，輿地志：在北掖門外路西，寺南與台隔，抵廣莫門内路西，梁武普通中起，是吴之后苑，晉廷尉之地遷於六門外，以其地爲寺，兼門左右，營置四周池塹，浮圖九層，大殿六所，小殿及堂十餘所，宫名像日月之形，禪窟禪房，山林之内，東西般若，台各三層，築山構隴，亘在西北，起殿在其中。東南有璇璣殿，殿外積石種樹爲山，有蓋天儀，激水隨滴而轉。起寺十餘年，一旦震火焚寺，唯餘瑞儀柏殿，其餘略盡。卽更構造而作十二層塔，未就而侯景作亂，帝爲賊幽餒而崩。

象這樣記述的寺廟，僅梁一代就有四十八處，無疑是研究佛教的重要史料。

許嵩所記六朝古跡，或取之於方志地記，或得之實地勘察，故記述翔實可信，後代考六朝遺跡大多徵引此書，如宋人張敦頤六朝事迹編類引用達四十三條，幾及全書之半。現存有關建康的最早方志爲南宋理宗景定間馬光祖、周應合修纂的景定建康志，其所記六朝古跡全部承襲六朝事迹編類，元人張鉉纂修的至正金陵新志又轉承景定建康志，轉輾沿襲，陳陳相因，無所發明，且有訛誤，所以建康實録從某種意義上講，它是南京地區的最古方志。

建康實録徵引唐代以前方志地記典籍有顧野王輿地志、陶季直京都記、山謙之南徐州記等等，達二十一種，今皆亡佚，吉光片羽，斷璧殘璣，彌足寶貴，對研治南京地區歷史地理裨益匪淺，歷來爲學者所重視。

建康實録注引地記史料中，還保存了不少初唐人史料，這一點尚未爲一般人知曉。卷六云，「唐景雲中，縣令陸彦恭於城側造橋渡淮水，則今之五城橋也」。卷七又云，「唐景雲中，江寧縣令陸彦恭於縣東門金華坊東通青溪」。陸彦恭，兩唐書無傳，其生平事迹僅見宰相世系表及元和姓纂。宰相世系表云「杭州刺史」，元和姓纂云「曹州刺史」，均不詳時代。這裏兩次言及陸彦恭「景雲中江寧縣令」，景雲爲唐睿宗李旦年號（七一〇—七一一），其官江寧縣令及在任修橋通溪事，他書皆無，岑仲勉元和姓纂四校記於此失校。如卷七云「仙窟寺有一石鉢盂，莫知所由來，形狀甚古。唐神龍初鄭尅俊取將入長安」。唐代史料皆不見鄭尅俊其人，此雖記載極爲簡略，然生活時代可以知曉。又如卷十七言潤州刺史畢構勒石爲銘事；同卷引東都記云李千里爲明堂採木，使船載梁武帝、沈約、范雲等梁三公數十人銅像至東都事，皆爲兩唐書本傳所未言及。

第三，建康實録還有一般人容易忽視的文獻價值——輯佚。

我國古籍瀚如煙海，但散佚也相當嚴重。因此有不少學者從事於輯佚工作，專門從古代類書、經注、史注所徵引的文字中輯出已經亡佚的典籍。清代輯佚之風最盛，黄奭、湯球、王仁俊、嚴可均、王謨等皆以搜輯漢、魏、六朝遺籍著稱於世，但皆未能利用建康實録，以至失漏甚多。

嚴可均輯有全上古三代秦漢三國六朝文，這是一部起自上古迄於隋的文章總集。其自序云，「廣搜三分書，與夫收藏家秘籍，金石文字，遠而九譯，旁及釋道鬼神，鴻裁巨製，片語單辭，罔勿綜録，省並復疊，聯類畸零。作者三千四百九十七人，分代編次爲十五集，合七百四十六卷」。搜採網羅，堪稱宏富，但全宋文漏輯建康實録中三篇文章，今録如下：

宋文帝：贈殷景仁常侍司空詔

尚書左僕射殷景仁秉德弘正，思理明遠。翊亮朝端，風猷允集。經緯屯夷，嘉猷克舉。綢繆樞祕，獻替惟休。方佇良圖，以隆國道。徽庸不遂，痛悼兼深。考終之禮，宜存優泰。可贈常侍、司空，謚文成公。（見卷十二）

江夏王義恭：率百官請奏封禪事奏

陛下睿孝締基，靈武繼業，道溢興殷，功先復禹，日者河鏡海湛，景曜階平，祥浹郊林，氣凝宫沼。伏願俯藉民心，仰協乾意，威風后，詔百辟，下齊郊，掩嬴里，壇集神光，山稱萬歲。臣生屬吉辰，方待大禮。（見卷十三）

顧法秀：對制問

源清卽流深，神勝則形全。躬化易於上風，體訓甚於草偃。（見卷十三）

殷景仁，宋書、南史有傳，傳云宋文帝「委遇彌厚。俄遷侍中，左衛如故。時與王華、王曇首、劉湛四人並爲侍中，以風力局干，冠冕一時，同升之美，近代莫及」。官至中書令、護軍將軍、尚書僕射、吏部尚書。建康實録云殷景仁卒於元嘉十七年十月，又有宋文帝贈常侍司空詔，宋書、南史皆不載。

建康實録載江夏王義恭率百官請奏封禪事奏在大明元年七月，並云「帝猶謙讓」。全宋文不載此表，但有大明元年十一月戊申請封禪表，可知請封禪表實爲再請之表。

顧法秀，通鑑一二九作「顧法」。南史齊本紀上云「烏程令吴郡顧昌玄，坐父法秀宋泰始中北征死亡，屍骸不反，而昌玄宴樂嬉游，與常人無異」。顧法秀死於宋明帝泰始中，與建康實録、通鑑時代皆合，當爲一人。通鑑作「顧法」誤，脱「秀」字。此制爲顧法秀現存的唯一作品，僅賴建康實録得以胥傳。

建康實録可輯補全梁文的地方就更多了。通鑑徵引裴子野論有十一則，全梁文僅著録五則而遺其六。而建康實録卷十一引裴論六則，卷十二引裴論十則，共十六則，皆爲嚴氏失收。

舊唐書經籍志云「禄山之亂，兩都覆没，乾元舊籍，亡散殆盡」。「元載爲相，奏以千錢購書一卷，又命拾遺苗發等使江、淮括訪」。〔一九〕許嵩所居的建康一帶未曾受到安史之亂波及，故所存典籍尚多，據統計建康實録引唐初及唐以前典籍達五十餘種，其中宫苑記、苑城記等數種，爲兩唐志未著録。今將其徵引典籍開列如下：

春秋元命包（一條）　史記（一條）　後漢記（一條）
英雄記（一條）　志林（一條）　江表傳（一條）
吴書（六條）　魏書（一條）　吴録（一條）
吴志（三條）　蜀書（一條）　晉書（五十九條）
晉書高士郭文舉傳（一條）　宋略（四條）　宋書（六條）
梁書（三條）　陳書（十二條）　中興書（二條）
三十國春秋（九條）　論語（一條）　星説（一條）
京房易傳（一條）　搜神記（二條）　范氏家傳（一條）
殷氏家傳（一條）　注宣集（一條）　許玄度集（一條）
釋法論集（一條）　惠遠集（一條）　塔寺記（四條）
地志（八條）　地圖（三條）　圖經（九條）
丹陽記（一條）　南徐州記（一條）　京都記（三條）

東京記(一條)　東都記(一條)　宫殿簿(一條)
宫城記(一條)　修宫城記(一條)　宫苑記(一條)
苑城記(一條)　茅山記(一條)　揚州記(一條)
京師寺記(七條)　輿地志(十一條)　謝赫畫品(一條)
西京記(一條)

以上典籍大體上屬史傳和志乘兩類，除少數今存外，余皆亡佚。清代收輯漢、魏、六朝史籍以黄奭、湯球、王仁俊等最爲著名，象吴録、晉中興書、三十國春秋、江表傳等皆有輯本，但他們均未利用建康實録。例如何法盛晉中興書，黄奭漢學叢書有一卷，王仁俊玉函山房輯佚書補編有一卷，陶棟輯佚叢刊有一卷，湯球輯本有七卷，凡四家，以湯輯本最爲齊全，但建康實録卷五、卷十各引有一條，未能收入。又如三十國春秋，據舊唐書經籍志和新唐書藝文志著録，有蕭方等三十國春秋三十卷和武敏之三十國春秋一百卷。建康實録徵引三十國春秋共七條爲蕭方等書，今查湯球和王仁俊兩家輯本，皆未收録。裴子野宋略，今天還没有輯本，可以參諸他書，進行輯佚。僅建康實録就引有宋略四條和裴子野論十六則及宋論一篇。

清代專輯古地理佚書，以王謨所輯漢唐地理書鈔號爲齊全，他共輯古地理書二百四十九種，今存七十種。建康實録徵引古地理典籍二十一種中，王謨僅輯其中春秋元命包、京都記、東都記、建康宮殿簿、南徐州記、丹陽記、輿地志七種。前五種有目無書，不知是王謨計劃要輯而實際未輯，還是輯出後亡佚，那就無從考知了。凡王輯本有目無書者，還可重輯；王輯本有者，還可增補，使之更爲完善。以建康宮殿簿爲例，此書是記述建康宮闕之專著。史通雜述云「若潘岳關中、陸機洛陽、三輔黄圖、建康宮殿，此之謂都邑簿者也」。原書早已亡佚，今唯太平御覽卷一七五居處門引有十條，記陳永初中於臺城中起昭德、嘉德等殿事，另景定建康志引有三條，記九日臺、通天臺、華林園事。建康實録卷十九引有一條，言陳建康宮雲龍、神虎二門，雖僅一條，却爲太平御覽、景定建康志二書所無。又山謙之丹陽記，建康實録卷二引有一條，言張子布宅，王輯本亦有此條，係從太平御覽、初學記二書輯出，析爲二條，今同録如下：

大長干寺道西有張子布宅，在淮水南，對瓦官寺門，張侯橋所也。橋近宅因以爲名。其長干是里巷名，江東謂山隴之間曰干，建康南五里有山岡，其間平地，民庶雜居，有大長干、小長干、東長干，並是地名。小長干在瓦官南巷，西頭出江也。（見建康實録卷二）

張子布宅，在淮水南，對瓦官寺門張侯橋所也。橋近宅因以爲名。（王輯本輯自

太平御覽）

大長安道西張侯橋者，本張子布宅處也。（王輯本輯自初學記）「大長干寺道西」，初學記引作「大長安道西」，誤「干」爲「安」，又脱「寺」字，建康實録雖僅一條，不但内容上比以上二書所引完善，而且可訂正其羨字奪句之誤。

又如陳人顧野王輿地志，是隋代以前的一部地理總志，隋書經籍志云：「齊時陸澄聚一百六十家之説，依其前後遠近，編而爲部，謂之地理書。任昉又增陸澄之書八十四家，謂之地記。陳時顧野王抄撰衆家之言，作輿地志。」顧氏之書，實爲集漢、魏以來二百四十四家地理書之大成，宋時尚存，惜後亡佚，王謨據史記注、後漢書注、文選注、初學記、太平御覽、元和郡縣圖志、太平寰宇記、一統志、路史、岳陽風土記、閑窻括異録等典籍中輯出二百三十五條，建康實録引輿地志凡十一條，今核檢内容，全部爲王謨輯本所失收。嚴可均、王謨皆爲清代輯佚名家，搜輯精勤，然皆未獵及建康實録，於斯大失，實令人不解也。

建康實録也存在不少問題，總的來説，它的缺點和訛誤有三個方面：

一、體例不純：許嵩原是想編撰一部編年實録體通史，其書記吴至宋順帝之前，皆用實録體，不知爲什麽許嵩没有堅持這種體裁，自宋順帝後忽然改用紀傳體，宋、齊統稱「列傳」，梁又分爲「后妃傳略」、「太子諸王傳略」、「功臣傳」，而陳又標爲「陳朝功臣」傳。又各朝皆無論贊，唯於宋後有裴子野宋略總論一篇，各朝皆無外國傳，獨於齊後附魏虜、林邑、百濟諸傳。又梁後附後梁，後梁附屬北周，又非建都建康，其史材全取之於周書、北史蕭詧傳，毫無新見，頗有蛇足之感。故前人譏刺其書「爲例未免不純」，「隨意標目，漫無一定，於史法尤乖」。〔三〇〕

二、詳略失當：建康實録記吴、晉、宋三朝較詳，記陳較略，記齊、梁最爲疏簡。如齊武帝永明九年、十年，竟無事可記，僅記「九年」、「十年」。七年下亦只記「七年五月，王儉薨」寥寥七字而已。其記梁簡文帝、梁元帝也失之過簡，梁元帝紀不及百字，而記敬帝紀反有一千五、六百字。在列傳方面，宋臣劉穆之、徐羨之、傅亮、謝晦、范曄、謝靈運皆無傳，反有譚金、童太一傳。取捨不均，繁簡失宜。

三、史實訛誤：建康實録訛誤甚多，已在校勘記中指出，今僅舉幾個訛誤例子。

甲、因襲舊史之誤。

卷四云周處「入吴尋二陸學問」一事，清人勞格推算周處與陸機、陸雲之行年考定，周處弱冠之年，陸機尚未出生，故其「入吴尋二陸，未免近誣」。〔三一〕此事最早見於世說新語自新篇，晉書好採小說，歸入本傳，許嵩未加考核，直採晉書，因而連誤。

又如卷五云衛玠過江至豫章，「而不久留，求向建鄴，京師人士聞其姿容，觀者如堵。玠先有勞疾，從此遂甚，卒」。據此，則衛玠卒於建鄴。衛玠卒於何地，豫章還是建鄴？六朝時兩種説法並存，故世説新語容止篇劉孝標注專門駁正之。劉注云：「案永嘉流人名曰：『玠以永嘉六年五月六日至豫章，其年六月二十日卒。』此則玠之南渡豫章四十五日，豈暇至下都而亡乎？且諸書皆云玠亡在豫章，而不云在下都也。」晉書衛玠傳誤作卒於建鄴，許氏未能細考史實，實録也因之誤書。

乙、曲解史文致誤。

卷四韋昭傳云「後主立，封高陵亭侯，遷尚書僕射、兼中常侍、領左國史」。吴志韋昭傳作「遷中書僕射，職省，爲侍中，常領左國史」。中書僕射爲孫吴新置，尋省，許嵩以中書僕射之官不經見，改作「尚書僕射」，「爲侍中」句絶，又誤以「常」字屬上句，遂臆改爲「中常侍」，大誤。

又卷六云温嶠「初葬豫章，朝廷追思之，乃爲造大墓，迎還葬元、明二陵北，幕府山之陽」。晉書温嶠傳云嶠卒後，朝廷欲遷葬，陶侃上表曰：『願陛下慈恩，停其移葬，使嶠棺柩無風波之危，魂靈安於后土』詔從之。其後嶠後妻何氏卒，子放之便載喪還都。詔葬建平陵北。」可知温嶠卒後並未遷葬建康，許嵩未讀陶侃之奏及帝從之詔而誤書。

此外，許嵩在節録舊史時，記時上忽而脱月，忽而月分重出，干支訛誤，更是不勝枚舉。以筆者之譾陋，今校檢此書，每卷校記少則數十條，多則百餘條，全書校記，竟達十萬餘言。故清人王鳴盛批評它「粗疏紕漏，不可勝摘」，〔三二〕是符合實際情況的。

三

建康實録的刻本與鈔本，主要有如下幾種：

一、北宋嘉祐刊本。書末云「江寧府嘉祐三年（一〇五八）十一月開造建康實録，並按三國志、東西晉書並南、北史校勘，至嘉祐四年（一〇五九）五月畢工」。這是建康實録最早刊本，然各藏書目録皆未著録，可知其失傳已久。

二、南宋紹興刊本。書末有「紹興十八年（一一四八）十一月　日荆湖北路安撫使司重别雕印」之語。原藏聊城海源閣楊氏，今歸北京圖書館。每半葉十一行，每行大字二十，小字三十。書内凡「構」字皆注「今上御名」，凡「禎」字注「御名」，係據嘉祐本翻刻。筆者初頗迷信此本，欲以爲底本，後經校勘，舛誤極多，頗有正史是而此本誤者，其云「按三國志、東西晉書並南、北史校勘」之語，實爲虚言。韓仲通云：「高陽許嵩建康實録，文多汗漫。」〔三三〕韓仲通爲宋高宗紹興間人，其所見當是南宋或北宋刊本，可見此書訛誤由來以久。清人王士禎云「今人但貴宋槧本，顧宋槧亦多訛舛，但從善本可耳」。〔二四〕此書宋本傳世者僅此一部，其文物價值自不待言，然作底本，頗難盡如人意，故今衹作校本。

三、清嘉慶張氏刊本。嘉慶十一年（一八〇六）貽訓堂主人借得顧廣圻鈔宋本刊刻及半，又歸板於張海鵬，張氏於嘉慶十三年（一八〇八）三月刻成。校勘記中簡稱張本。

四、清光緒甘氏刊本。甘元煥據貽訓堂影宋鈔本與彭文達鈔本相校，光緒二十八年（一九〇二）刊於金陵，此本刊刻最晚，因經校勘整理，故訛誤較少，今以此爲底本。建康實録凡刊刻四次，宋刻二次，清刻二次，餘皆爲鈔本。

五、鈔宋本。清顧廣圻得滋蘭堂鈔本，又據汲古閣所藏宋本相校，此鈔本後歸黄丕烈，張本卽據此鈔本刊刻，今不知藏於何處？

六、彭文達鈔本。（「彭文達」應作「彭文勤」，今沿襲舊稱。）校勘記中簡稱彭鈔本。

七、八千卷樓丁氏鈔本。丁丙善本書室藏書志卷七載此書，後歸盋山王覺先。校勘記中簡稱丁鈔本。

八、四庫全書本。江蘇巡撫採進本，書中凡「胡」、「虜」字樣皆改作「賊」或「北魏」，齊下魏虜傳改作北魏傳，皆爲四庫館臣所改。筆者所用四庫本爲文津閣本，校勘記中簡稱庫本。

九、金陵甘氏鈔本。此鈔本曾校録彭文達鈔本之異同，甘刊本大體卽據此鈔本刊刻。校勘記中簡稱甘鈔本。

十、武昌徐行可藏鈔本。此本訛誤甚少，「諸本譌誤不可讀處，往往得此而冰釋」，〔三五〕疑此鈔本爲後人與諸史校勘整理過。校勘記中簡稱徐鈔本。

十一、清周星詒鈔本：原藏福州陳氏，外封題曰「舊鈔宋紹興本」，亦是一影宋鈔本，唯書内避宋諱缺字，頗有臆改之處，如「構」字，悉改作「造」，其記吴十數頁曾與三國志吴志相校，眉頭行間有朱筆批語。校勘記中簡稱周鈔本。

十二、嘉業堂劉氏鈔本。亦是影宋鈔本。校勘記中簡稱劉鈔本。

十三、積學齋徐乃昌鈔本。與甘刊本同，疑此本係據甘刊本鈔録，故未作校勘之用。

近人酈承銓撰有建康實録校記上下兩卷，發表於江蘇省立國學圖書館第六、第七年刊，酈氏以甘刊本與張本、甘鈔本、丁鈔本、徐鈔本相校，雖主要是録其異同，判斷甚少，却頗有參攷價值。筆者曾廣爲徵引，凡校勘記中涉及以上諸本及彭鈔本者，皆取之於酈氏之書，在校勘記中簡稱酈校。這次整理筆者又校勘了另外四種本子，卽宋本、庫本、周鈔本、劉鈔本，皆爲酈氏所未見。綜上所述，共用十個版本，各本皆有舛誤，但以底本、徐鈔本差錯較少。建康實録宋刊本卷四、卷八、卷九、卷十、卷十一、卷十二、卷十五、卷十六、卷十七、卷十九皆有殘缺，其後所有刊本、鈔本所缺大致相同，偶有缺略稍有不同之處，亦是後人據正史增補，所以筆者以爲所有版本，皆源於宋刻系統。凡原書殘缺處，今皆標明「原闕」二字。

這次整理除版本校勘外，還參校了三國志、晉書、宋書、南齊書、梁書、陳書、南史、周書、北史、通鑑以及世説新語、太平御覽（校勘記中簡稱御覽）、册府元龜（簡稱册府）中的有關史料，並吸收了中華書局二十四史點校本的校勘記成果。此外，前人成果利用較多的有錢大昕廿二史考異、王鳴盛十七史商榷、盧弼三國志集解、勞格晉書校勘記、李慈銘晉書札記、吴士鑑晉書斠注、孫彪宋書考論及陶元珍建康實録札記（簡稱陶札）等。〔二六〕書中避唐諱處，出校不改字，凡避宋諱、清諱，今一律改回。

原書無目録，爲便於檢閱，今新編目録。並收輯了有關建康實録的一些資料，附録書後，以供讀者參考。

張忱石一九八五年二月五日記於北京

參考文獻：

〔一〕新唐書宰相世系表七十三上。

〔二〕北齊書顏之推傳觀我生賦注。

〔三〕建康實録卷八。

〔四〕新唐書宰相世系表七十三上。

〔五〕世說新語文學。

〔六〕史通采撰。

〔七〕史通書志。

〔八〕史通書事。

〔九〕史通邑里。

〔一〇〕建康實録序。

〔一一〕史通敍事。

〔一二〕史通古今正史。

〔一三〕四庫全書總目。

〔一四〕四庫全書總目。

〔一五〕世說新語文學。

〔一六〕石峻等編中國佛教思想資料選編第一卷云，孫綽的「生卒年不可詳考，約生活於公元三二〇至三八〇左右」。

〔一七〕見文史第七輯。

〔一八〕晉書懷帝紀、愍帝紀。

〔一九〕新唐書藝文志一。

〔二〇〕四庫全書總目。

〔二一〕勞格晉書校勘記。

〔二二〕王鳴盛十七史商榷卷六十四。

〔二三〕張敦頤六朝事迹編類韓仲通跋。

〔二四〕王士禎居易録。

〔二五〕江蘇省立國學圖書館第六年刊：酈承銓建康實録校記敍例。

〔二六〕史學季刊第一卷第二期：陶元珍建康實録札記。

建康實録目録

卷三　吴中下

卷四　吴下

卷五　晉上

卷六　晉上

卷七　晉中

卷八

卷九　晉中下

卷十　晉下

卷十五　齊上

卷十六　齊下

卷十九　陳上

卷二十　陳下

附録：

建康實録序

高陽許嵩撰

司馬子長善敍事，古稱良史，然班固嫌其疎略，是非頗謬於聖人，言論數篇，以爲所蔽。嵩述而不作，竊思好古，今質正傳，旁採遺文，始自吴起漢興平元年，終於陳末禎明三年。而吴黄龍已前雖引漢曆二十餘年，其實吴之首事。及晉平吴太康之後三十餘載，復涉西晉之年。洎瑯琊東遷，太興卽位，元年始爲東晉首年。東晉一十一帝一百一年而禪於宋；宋八帝六十年而禪於齊；齊七帝二十四年而禪於梁；梁五帝五十六年而入於陳；陳五帝三十三年止隋開皇元年。陳建首號，梁之末年；梁稱元年，齊之季年；齊初卽位，宋之餘年，則四家終始共用三年，而吴四帝五十九年。南朝六代四十帝三百三十一年，通西晉革吴之年，并吴首事之年，總四百年間。著東夏之事，勒成二十卷，名曰建康實録。具六朝君臣行事，事有詳簡，文有機要，不必備舉。若土地山川，城池宫苑，當時制置，或互興毁，各明處所，用存古跡。其有異事别聞，辭不相屬，則皆注記，以益見知，使周覽而不煩，約而無失者也。

吴大帝在武昌七年，梁元帝都江陵三年，其實建康宫三百二十一年。

建康實録卷第一

吴上[一]

建康者，本楚金陵邑，秦改爲秣陵，吴改爲建業，晉愍帝諱業，改爲建康。元帝卽位，稱建康宫，五代仍之不改。故其書舉南朝之事。

建業者，古之金陵地。[二]案周禮牽牛婺女之野，尚書禹別九州，曰淮海惟揚州，分爲越國，立爲揚州，此則揚州之分域。春秋元命包曰：「牽牛流爲揚州，分爲越國，立爲楊山。」又云：「厥土下濕而多生楊柳，以爲名，其地北據淮，東距海。」顔介曰：「南方水土柔和，其音輕舉而切，天下之能言，唯金陵與洛下耳。」

昔周太王長子太伯與次弟仲雍讓少弟季歷位，俱奔江南，百姓從而君之，自號勾吴。太伯所築勾吴故城，在梅里平墟，今常州無錫縣東三十里，[三]故吴城是也。太伯卒，無子，百姓共立仲雍爲君。仲雍已下至周章四代，皆君於吴，武王克紂，因而封之，故春秋時其地屬吴。自周章以後十八代，吴王夫差卽位，無道，立二十三年，當春秋魯哀公二十二年冬十一月，爲越王勾踐所滅，其地乃屬越。案，周書元王四年，卽越王勾踐四年，當春秋之末，越既滅吴，盡有江南之地。越王築城江上鎮，今淮水一里半廢越城是也。案，越范蠡所築城，東南角近故城望國門橋，西北即吴牙門將軍陸機宅。故機入晉，作懷舊賦曰「望東城之紆餘」，即此城。在三井岡東南一里，今瓦官寺閣在岡東偏也。勾踐後七代，一百四十三年，越王無疆即位元年，當周顯王三十六年。越霸中國，與齊、楚争强，爲楚威王所滅，其地又屬楚，乃因山立號，置金陵邑也。楚之金陵，今石頭城是也，或云地接華陽金壇之陵，故號金陵。

楚威王後一百一十餘年，當秦始皇二十四年，秦滅楚，兼諸侯，分天下作三十六郡，案，秦本紀渭南、河上、中山、潁川、三川、河東、南陽、南郡、九江、鄣郡、會稽、碭郡、泗水、薛郡、東郡、琅琊、齊郡、上谷、漁陽、右北平、遼西、遼東、代郡、鉅鹿、邯鄲、上黨、平原、雲中、太原、鴈門、上郡、隴西、北地、漢中、巴郡、蜀郡，已上三十六郡也。〔四〕以金陵爲鄣郡於故鄣，屬今吴興郡，浙江以東爲會稽郡。楚亡以後一十三年，當始皇三十六年，始皇東巡，〔五〕自江乘渡，望氣者云：「五百年後，金陵有天子氣。」因鑿鍾阜，斷金陵長隴以通流，至今呼爲秦淮。其淮本名龍藏浦，其上有二源：一發自華山，經句容西南流；一發自東廬山，經溧水西北流，入江寧界，二源合，自方山埭西注大江。其二源分派屈曲，不類人功，疑非秦始皇所開。古老相傳，方山西瀆江土山三十里，是秦始皇開，又鑿石硊山，西而疏決此浦，後人因名秦淮也。乃改金陵邑爲秣陵縣，秦之秣陵縣城，即在今縣城東南六十里，秣陵橋東北故城是也。

秦乃罷周時諸侯，置郡縣宰守，以秣陵屬鄣郡。漢武帝元封二年，廢鄣郡，置丹楊郡，而秣陵縣不改，始放虞舜，置一十二州刺史以領天下諸郡，〔六〕則虞書所謂「咨十有二牧」，揚州是其一焉。

自漢初置揚州，治無定所。案，輿地志：漢揚州初理歷陽，後理壽春。靈帝末，時揚州刺史劉繇爲袁術所偪，〔七〕又徙曲阿也云云。晉永嘉中，王敦始爲建康，創立州城，今江寧縣城，所置在其西，偏其西，卽吴時治城，東則運瀆，吴大帝所開，今西州橋水是也。案，晉書：孝武太元末，會稽王道子爲揚州刺史，治東第，時人呼爲東府，因號此城爲西州。故傳云東府、西州是也。橋逼州城東南角，因以爲名焉。王莽改丹楊爲宣亭郡。後漢初，還爲丹楊郡，郡治於宛陵，統一十七縣，而揚州因漢不改，所統六郡，爲九十二縣也。案，前漢初置丹楊郡，卽治宛陵、於潛、江乘、春穀、秣陵、故鄣、句容、涇縣、石城、胡熟、陵陽、蕪湖、黟、溧陽、末城、〔八〕丹楊、歙縣等一十七縣，後漢仍之不改，州所領郡亦依舊焉。

太祖上〔九〕

太祖大皇帝姓孫氏，諱權，字仲謀，吴郡富春人也。其先出自周武王母弟衞康叔之後，武公子惠，孫曾耳，爲衞上卿，因以孫爲氏。春秋時孫武爲吴王闔閭將，因家於吴，帝乃孫武之後也。

祖鍾。父堅。案，祥瑞志：鍾家於富春，早失父，幼與母居，性至孝。遭歲荒儉，以種瓜自業。忽有三少年詣鍾乞瓜，鍾厚待之。三人曰：「此山下善，可葬，當出天子。君望山下百步許，顧見我等去，卽可葬處也。」鍾去三四十步便返顧，見三人並成白鶴飛去。鍾記之，後死葬其地。地在縣城東，塚上常有光怪，雲氣五色，上屬於天。及堅母孕堅，夢腸出繞吴閶門。以告鄰母，母曰：「此夢安知非吉祥也。」堅生，容貌奇異，仕漢爲破虜將軍、長沙太守。〔一〇〕靈帝末，董卓作亂，堅乃自長沙舉兵討卓，破卓軍於陽夏。〔一一〕長驅入洛，修祭漢陵廟，屯軍城南甄官井上，見五色氣，使人入井，得漢傳國璽。文曰「受命于天，既壽永昌」。方圓四寸，上紐交五龍，龍一角缺。案，後漢記云：初，黄門張讓等作亂，劫天子出奔，左右分散，掌璽者投于井中。其缺者，是漢元后爲王莽逼奪，擲璽於地而損之也。後征劉表於荆州，爲江夏太守黄祖伏兵殺之於峴山。兄子賁於堅喪還葬曲阿，收其衆，歸袁術於淮南。案，英雄記與此説不同，云堅以漢初平四年正月七日，討劉表，爲表將吕公引兵緣山向堅，堅尋山討公，公兵士下石，中堅，應時死。別傳云：堅攻荆州，刺史劉表使江夏太守黄祖拒於楚、鄧間，祖使將士伏射殺堅於峴山中，二録差爾。堅字文臺，少爲縣吏，年十七，與父鍾並載，經錢塘匏里，遇海賊胡玉刦南人物，〔一二〕於匏里岸上分之。堅望之而啟父曰：「彼可取。」因登岸，遂指揮處分似部領。番賊見大驚，將有軍衆，遂散走。堅獨追一騎，收財物而還。堅生四子：策、權、翊、匡。案，志林：孫堅生五子：策、權、翊、匡，吴氏所生，仁即庶子。〔一三〕策時年十七，父亡後往見廣陵人張紘，諳世務事，言雪先君之恥於黄祖，詞切意正，涕泣横流。紘心奇之，助成其事。策因委以母及諸弟，徑往壽春見袁術，垂涕而言：「亡父昔從長沙入討董卓，與明使君同盟結好於南陽，不幸遇難，勳業不終。策感惟先人舊恩，欲自憑結，願明使君察其深誠。」術甚異之，以其父衆千人配焉，表爲漢折衝校尉，使破廬江太守陸康，〔一四〕時漢獻帝興平元年也。明年冬，術以策爲殄寇將軍。初，袁術表策舅吴景爲丹楊太守，及術據壽春，而揚州刺史劉繇走渡江，遂逐景，奔歷陽。策因諮術征繇，領兵千餘，騎數十疋，賓客樂從者數百人。興平二年十二月，發自壽陽，比至歷陽，衆已五六千。濟於橫江，大破劉繇牛渚營，追敗繇于曲阿，轉鬭千里，郡縣歸伏。遂東破嚴白虎於會稽，白虎走，義士許昭匿之。程普請討昭，策曰：「有義於舊君，有誠於故友，此丈夫之志也。」遂捨昭，引軍屠東冶，白虎降，殺之。改置官吏，鎮於會稽。破太史慈於涇口，復任之。以舅吳景復領丹楊太守。南討豫章、廬陵定之。時袁術將僭大號於江北，策乃使張紘爲書絶之，自領會稽太守，以張昭、張紘等爲腹心謀主。遂調時節貢賦於漢，曹操乃表策爲討逆將軍，封吳侯。策雖外見受官，内懷三分之計。及袁術敗死，其部曲將術家屬歸廬江太守劉勳。策既定江東，遂引兵與周瑜西渡，襲皖城，大破劉勳於廬江，取袁術乘輿百工器物而歸，以李術爲廬江太守，守皖。初，荆州刺史劉表使黄祖子射來救劉勳，策轉破射於西塞之水，而追殺其將劉虎、韓晞於沙羨縣，還定豫章，走華歆。以從兄賁領豫章太守，留賁弟輔將兵住南昌，策謂賁曰：「僮芝自署廬陵太守，〔一五〕兄今據豫章，是扼其咽喉而守其門户也。但當伺其形便，因令國儀杖兵而進，一舉可定矣。」案，江表傳：〔一六〕後孫賁聞僮芝病，即如策計，引周瑜上巴丘，外爲形勢，遂與其弟輔進廬陵而據之。

時曹操既扼袁紹而不能禁，因與策爲好，以弟女配策小弟匡，復爲子章取策從兄賁女爲夫人。〔一七〕

建安五年四月，廣陵太守陳登治射陽，陰遣間使，以印綬與嚴白虎餘黨於會稽，圖取策。策密知之，討登，至丹徒。〔一八〕聞曹操與袁紹相拒於官渡，將欲謀渡江迎獻帝。

初，吳郡太守許貢見策英傑，乃表「策勇蓋天下，驍雄似項羽，請朝廷徵入，不然必爲後患」。策微知，使人遮得其表，而召貢責之，令武士絞殺。及此兵屯江上，因出獵，馬駿，去從騎遠，爲貢客許昭伏刺之，傷面。

時瑯琊道士于吉有道術，往來吴中，言事多驗，諸將委策拜吉三分之二，策惡之。既至丹徒，責其水旱事，誅吉。自後每獨坐，常見吉在左右。及許昭所傷，治瘡方差，策性剛，取鏡照面，見所傷瘡，乃怒曰：「大丈夫將建功業，而令面如此！」遂擲鏡大叫，瘡裂而死，時年二十六。案，搜神記：既殺于吉，每照鏡，見吉在其中，顧而不見，如是再三。因擲鏡大叫，瘡裂，須臾而死也。

以後事付弟權，託長史張昭、張紘輔佐之，臨終顧謂權曰：「舉江東之衆，決機於兩陣之間，與天下争衡，卿不如我；舉賢任能，各盡其心，以保江東，我不如卿。」言終而卒。權臨喪未及息，張昭謂權曰：「夫爲人後者，貴能負荷先軌，克昌堂構，〔一九〕以成勳業。方今天下鼎沸，豺狼滿道，此寧哭時，猶開門待盜，未爲仁也。」乃改權服，扶上馬，使出巡行軍伍。案，江表記：〔二〇〕堅爲下邳丞，生權，廣額大口，目有精光，堅異之，以必有大貴。隨兄策征伐，每立奇謀，策顧權謂衆，曰：「此真諸君將軍也。」

是時吴始有會稽、吴郡、丹楊、豫章、廬陵等郡，深嶮之地猶未盡從，而天下英豪布在州郡，賓客之士以安危去就爲意，未有君臣之固。權既統事，以周瑜、程普、吕範等爲爪牙，將軍魯肅、諸葛瑾、步騭、陸遜爲腹心賓客，招延英俊而分部諸將，鎮撫山越，討不從命。使太史慈鎮海昏，韓當、周泰、吕蒙爲劇縣長。

建安六年春，策所置廬江太守李術聞策死，遂不從命，乃與權書曰：「有德見歸，無德見叛，不應還。」權怒，自征之，梟首，屠其城，徙其部曲二萬人，從東渡江。〔三〕

八年，以弟翊代吴景領丹楊太守。

九年，大會僚屬，以事誅沈友。友字子正，吴人也。弱冠好學，博聞明贍，善文詞，多有口辯，時人以友筆妙、舌妙、刀妙，三妙過人。權至吴，徵禮之，共論王霸大畧，當世之務。友性忠謇，立朝正色，爲衆所毁。權亦以終不爲己用，故殺之。

十年春，往椒丘，使都尉賀齊討上饒，分置建平縣。

是歲，丹楊都尉嬀覽、郡丞戴員等與邊洪謀殺太守孫翊，〔三〕翊妻徐密與翊親近孫高、傅嬰等謀覽、員，伏刃殺之，盡誅其黨，以覽、員首祭翊墓。

十一年，建昌都尉太史慈卒。慈字子義，東萊黄人。少好學，仕郡奏曹史。會郡與州有隙，曲直以先聞者善。時州章已去，郡守甚恐，求可使者。慈年二十一，選行，懷郡章，晨夜取道，到洛陽，詣公車門，見州吏，紿而取章，因得毁之。説吏與俱亡，出城，潛還通郡章。慈由是知名，既而避州隙之遼東。

北海相孔融聞名義之，饋其家，問訊老母。〔二二〕及黄巾賊圍孔融，母急召慈還，令救融。慈單行徑至都昌，伺隟入見融，言老母感遇之意，請以求外援，無損府君之兵以却賊。因而開城詭習馬射，伺賊之懈，便突圍出，求救於劉備，以解都昌之圍，而還啟其母，母曰：「我喜汝有以報孔北海也。」

後揚州刺史劉繇渡江，慈隨之曲阿，會孫策討繇，慈單騎出候，卒遇策於神亭，策從韓當、宋謙、黄蓋等一十三騎。慈便前獨鬬，正與策對。策刺慈馬，而攬得慈項上手戟，慈亦得策兜鍪，會兩家兵來乃解。

與繇俱奔豫章，道自蕪湖，亡入山中，稱丹楊太守，立屯府於涇縣。尋爲策所破，執之，捉其手曰：「寧識神亭時也，若卿爾時得我何如？」慈曰：「未可量也。」策大笑曰：「天下之事，當與卿共之。」拜門下都督，〔二四〕從還吴，遷折衝中郎將，深委任之，每與計議。聞劉繇死於豫章，士衆萬餘人，未有所附。策謂慈曰：「劉牧往責吾爲袁氏攻廬江，其意頗猥，理恕不足。何者？先君手下兵數千人，盡在公路。孤志在立事，不得不屈意在公路，求索故兵，再往纔得千餘人，乃令孤攻廬江，〔二五〕爾時事勢，不得不爲行。但其後不遵臣節，自棄作邪僭事，〔二六〕諫之不從。丈夫義交，苟有大故，不得不離，孤初交公路及絶之本末如此。今劉公喪亡，〔二七〕恨不及其生與論辯之。且兒子在豫章，不知華子魚待遇何如，其部曲復依隨之否？卿則州人，昔又從事，誠能往視兒子，並致孤意於部曲。部曲樂來者便與俱來，不樂者且安慰之，并觀子魚所牧御方規，視廬江、〔二八〕鄱陽之民親附之否？卿手下兵，所將多少，自由意。」慈對曰：「慈有不赦之罪，將軍量同桓、文，待遇過望。古人報生以死，其於盡節，〔二九〕没而後已。今此使行，不宜多兵，數十人，自足往還。」左右聞策使慈，皆密諫慈難測，遣之非計。策曰：「諸君語皆非也，孤料詳矣。太史子義雖勇烈，非縱横人也。其心有士謨，義重然諾，一意許知己，死生不相負，諸君勿憂之。」自出餞於閶門，把腕别曰：「何時當還？」答曰：「不過六十日。」如期歸，告於策曰：「子魚非籌略之才，但自守而已，今廬陵、鄱陽皆不受子魚之命，海昏上繚，約有六千餘家，結聚作宗伍，惟輸租布於郡爾，發召一民不可得。」策撫掌大笑，遂有并兼之心。乃拜慈爲建昌都尉，治於海昏焉，督諸將以拒劉表從子磐。

慈身長七尺七寸，美鬚髯，猨臂善射，〔三〇〕弦不虚發。嘗從策討麻保，賊於屯裏緣樓上行罵，以手持樓棼，慈引弓射之，矢貫手著棼，圍外萬人莫不稱善。曹操聞其名，遺書以篋封之，慈發省無所道，但貯當歸。及權統事，以慈能制劉磐，專委南方之事。卒，時年四十二。〔三一〕

十二年，太夫人吴氏薨，合葬高陵。

夫人吴郡錢塘人，早失父母，與弟景居，孫堅聞其才貌，求而娉之。夫人初孕策，夢月入懷，既而生策。及權在孕，又夢日入懷，以告堅。堅曰：「日月，陰陽之精，極貴之象，吾子孫其興乎！」

後堅薨，夫人家於舒，撫育孤幼，嚴於母訓。及策統衆，夫人助治軍國，至多補益。案，吴書：堅漢初平四年薨。興平元年，策見袁術。計堅亡時，策年十六也。策功曹魏滕有罪，將欲殺之。時左右憂恐，計無所出。夫人乃倚大井，召策曰：「汝新造江南，其事未集，方當優賢禮士，捨過録功。功曹在公盡規，汝今殺之，他人明日皆叛汝矣。吾不忍見汝禍及，當先投此井。」策大驚，遽釋滕罪。夫人智略事多如此，存下甚得衆心。臨薨，引見張昭、張紘等，屬以後事。

秋，鄱陽有山賊彭虎等聚黨數萬，使將軍董襲討之。襲身長八尺，武力絶人，聲發若雷，賊帥望旗散走。

十三年春，征黄祖於江夏，屠其城邑，生獲祖，梟首於軍門，虜其男女數萬口而歸。分歙置始新、〔三〕新定、黎陽、休陽，以六縣爲新都郡。秋，曹操征劉表於荆州，時表已死，子琮舉荆州降。時劉備自袁紹南連劉表在荆州，操既平荆土，因追破備，備走當陽。操乃多修船舫，遺書於權曰：「今治水軍八十萬衆，方與將軍會獵於吴。」權得書，召示羣臣，張昭等議皆勸權迎之，魯肅竊諫不可。時命周瑜使鄱陽，行途未遠，請追瑜，任以軍事。權召瑜，瑜權不還。時彭城太守呂範進說權曰：「劉備雖窮迫見歸，得雨非池中物，請及今困留之。」權不遣，莫遣還，意與肅同。權廷論未能決，因起入，周瑜趨後，密說權曰：「今拒操，破之必矣。若破操，天下可鼎峙而立，荊州上流當吳有也。」權許之，乃密使魯肅上往觀覺。〔三三〕肅至，遇備已敗，遂便止，傳權意見，備於當陽長坂，切陳成敗事勢，將合謀以拒操。權始自吳遷於京口而鎮之。案，地志：吳大帝親自吳遷朱方，築京城，南面西面各開一門，即今潤州城也。因京峴立名，號爲京鎮，在建業之北，因爲京口。或云漢時已有京口，未詳。案，史記：秦始皇三十七年，東渡江，使赭衣三千鑿朱方京峴山東南隴，因名丹徒。今潤州見有徒兗浦，即始皇將徒人過此浦，因名焉。備乃使諸葛亮詣權，權乃使周瑜、程普將兵二萬隨亮與備南拒操，權自將中軍一萬繼之。瑜以黃蓋爲先鋒，取艨衝鬭艦數十艘，實以薪草，灌以魚膏，裹以幃幙，上建旌旗龍幡。前遣書報曹操，紿其欲降。時東南風急，因取草艦最著前，繫走舸於後，中江舉帆俱前，操軍士皆延頸觀望。去北軍二里餘，同時火發，火烈風猛，船往如箭，悉燒北船，延及岸上營落，飛埃張天。瑜率輕銳，雷鼓同進，大破曹操軍於赤壁江口。操走，僅獲免，北歸，留曹仁守江陵。瑜與程普等追破仁軍於南郡，瑜爲流矢中其右脇，瘡甚，臥。仁乃勒兵逼，瑜乃自起輿行軍陣間，仁聞收軍，退走。權以瑜領南郡，鎮江陵。

十四年，權居京口，劉備詣京口見權，求荊州。周瑜聞之，密上書諫留備處於吳，莫遣還納，遥表漢以備爲荆州牧，使治公安。自餞備於江上，觀望久之，謂備曰：「孤與公埽清逋穢，迎帝定都，事寧之日，願與公乘舟遊滄海耳。」備對曰：「此亦備之志也。」案，劉備傳：備既辭，謂左右曰：「孫車騎精爽周贍，其難爲下，吾不得再見之矣。」遂日夜兼行，上公安也。時曹操聞權以荆州資劉備，大懼，方作書，不覺筆墜於地也。

十五年，分豫章置鄱陽郡；分長沙置漢昌郡，以魯肅爲太守，治於陸口。以南中郎將步騭爲交州刺史。騭到，殺劉表所置蒼梧太守吴巨，以徇諸郡，表士燮交阯太守兼左將軍，南土賓服，自此始也。

是歲，偏將軍、南郡太守、都亭侯周瑜卒。

瑜字公瑾，廬江舒城人。少有姿貌，與孫策同年。策父堅初起義兵討董卓，徙家於舒。瑜見策善相友待，推道南大宅舍之。策升堂拜母，有無與同。及策領父衆將東渡，至歷陽，瑜從父尚爲丹楊太守，瑜往省之，策馳書報瑜，瑜將鄉里數人候策。策大喜，遂共定江東諸郡。累遷至江夏太守。從征𤰚皖城，因得橋公二女，皆國色，策納大者，瑜納小者。江表傳：策嘗從容戲瑜曰：「橋公二女雖流離，得吾二人爲壻，亦足歡矣。」

及權統事，太夫人勅權以兄事瑜，拜中護軍。時權位在將軍，諸賓客爲禮尚簡，惟瑜獨盡敬而執臣節。性度恢廓，權甚委之。與張昭等共掌衆務，大小關之。

及鎮江陵，聞益州劉璋爲張魯侵寇，〔三四〕乃自詣京説權：「進取蜀，得蜀，使魯肅固守其地，〔三五〕北與馬超結援。瑜與將軍還據襄陽，以蹙曹操，北方可圖。」權許之。瑜歸江陵，治行道病，卒於巴丘，〔三六〕時年三十六。權素服舉哀，流涕而言曰：「公瑾有王佐之才，今忽短命，孤何賴焉！」及喪還，自至蕪湖迎之，喪事費度，一爲供給。著令曰：「故將軍周瑜賓客，皆不得問。」

瑜有二男一女，女配太子登。男脩，尚公主〔三七〕，拜騎馬都尉。〔三八〕瑜少精意於音樂，雖三爵之後，其有闕誤，必知之，知之必顧。時人語曰：「曲有誤，周郎顧。」瑜常有恩信著于吳中，人皆呼爲周郎也。案，江表傳：程普頗以年長數凌侮瑜，瑜折節容下之。普後自敬服，乃告人曰：「與周公瑾交，若飲醇醪，不覺自醉。」其謙讓服人如此。初，曹操聞周瑜年少有美才，謂可遊説動之，乃密下揚州，〔三九〕遣九江蔣幹往見之。幹有容儀，以才辯見稱，獨步江、淮間，莫與爲對。乃布衣葛巾，自託私行詣瑜。瑜出迎之，立謂幹曰：「子翼良苦，遠涉江湖爲曹氏作説客耶？」幹曰：「吾與足下州里，中間別隔，遥聞芳烈，故來敘問，并觀雅規，而云説客，無乃逆詐乎？」瑜曰：「吾雖不及夔、曠，聞絃賞音，足知曲也。」因延入，設酒食。畢，遣之，出就別館。後三日，瑜請幹與周觀營中，行視倉庫軍資器仗訖，還飲宴，示之侍者服飾珍玩之物，因謂幹曰：「凡丈夫處世，遇知己之主，外託君臣之義，內結骨肉之恩，言行計從，禍福共之，假使蘇、張更生，酈叟復存，吾猶撫其背而折其辭，豈足下幼生所能移乎？」幹但笑，終無所言。幹還，稱瑜雅量高智，〔四〇〕非言辭所間，魏人多之。瑜威聲既著，劉備、曹操互疑譖之。「瑜籌略萬人，英也。觀其器度廣大，恐不久爲人臣。」〔四一〕曹操亦有書與權云：「赤壁值軍疾疫，燒船自退，横使周瑜虚獲此名。」權終委信無別。

十六年，權始自京口徙治秣陵。

十七年，城楚金陵邑地，號石頭，改秣陵爲建業。

是歲，初作濡須塢於江西，以拒曹操。時操以步兵號四十萬，列營出濡須口，權以七萬當之。使甘寧夜突入操營，斬數級而還，操軍大駭，軍中鼓譟。權聞笑曰：「足以驚老子否？聊復觀卿膽耳。」〔四一〕

十八年，權自與操相持於濡須，使將軍常雕等以兵五千，乘油船，夜入中洲，權使將軍嚴圭、朱桓等率水軍擊破之，梟其將諸葛虎，並首虜三千人而還。權數挑戰，操堅守不出，權乃乘輕舟入濡須。操軍士以爲挑戰，欲擊之，操不許，曰：「此孫權欲觀吾軍部伍也。」勅左右嚴仗，不得妄動。權行五六里，迴作鼓吹而歸。操見權舟船器械整肅，嗟曰：「生子當如孫權，劉景升兒子若犳犬耳！」案，魏書：孫權乘大船來觀曹公軍，曹公使弓箭亂發，箭著其船，船偏重將覆，乃迴船復以一面受箭，箭勻船平，乃迴。此説不同。權乃爲書與操，曰：「春水方生，公宜速去。」又別紙曰：「足下不死，孤不得安。」乃引還。操恐江濱郡縣爲權所掠，徵令內移，人轉相驚，〔四二〕自廬江、九江、蘄春、廣陵户十餘萬皆東渡江，江西遂虚，合肥以南，唯有皖城。

十九年夏五月，權又征皖城，取之，獲太守朱光。魏軍盡退，克寧江表，而揚州所統丹楊、吴興、新都、東陽、臨海、建安、豫章、鄱陽、臨川、安城、廬陵、南郡等一十四郡合一百四十八縣。

是歲，劉備入蜀定益州，使關羽鎮襄陽。

二十年，權使諸葛瑾往詣備，求荆州，備不與。權征之，置南三郡守，使呂蒙討定其民，蜀將關羽盡逐出之，權大怒，自上鎮陸口，使漢昌太守魯肅南討。時曹操又入漢中，備懼操逼，遂遣使與吳求和，乃分荆州長沙、江夏、桂陽四郡屬吳。〔四四〕冬，折衝將軍、升城督甘寧卒。

寧字興霸，臨江人也。少爲吏，輕財重士。嘗聚健兒年少，好持弓弩帶鈴，民聞鈴聲，即知寧來也。出入陸則連騎，水則輕舟，與人相遇，待之甚厚，乃與交歡，不爾即放而奪之。自劉表敗歸吳，周瑜薦之，以驍果從。權嘗曰：「孟德有張遼，孤有興霸，可以敵也。」

二十一年，權自陸口引兵還合淝，營於津北，〔四五〕魏遣將軍張遼拒之，久不戰，權乃徹軍。過津南，自留千人殿後，與軍將舉酒樂飲。前部渡將欲盡，遼知之，密使人斷橋，以輕騎來襲。權策馬至津橋，橋南已拆丈餘，給事谷利在後，令權持鞍緩控，利加鞭，助馬勢，遂得超渡。魏人追逼之，利與別部司馬凌統以死苦戰，身被數瘡，賀齊等迴軍津南，列陣以待之。權既免，至大軍，垂泣嚙指出血，以爲終身之戒。封谷利等爲都亭侯。張遼素不識權，權去後因得吳降人，問云：「向者紫髯將軍、長上短下者，是何人？」答曰：「孫將軍。」遼惋愕久之，舉軍歎恨。

二十二年春，權令都尉徐祥詣曹操詐降，〔四六〕將謀息兵，操信之，使修好結婚。是歲，偏將軍、都亭侯凌統卒。

統字公績，吴郡餘杭人也。年十五，以父功舉爲别部司馬，攝領父兵。嘗有宴會，部下將陳勤性剛勇，飲酒使氣，凌轢一座。統面折之，勤怒及其父母，統流涕不答，罷出，勤於道又凶悖辱統。統不能忍，引刀砍勤，數日乃死，時人多之。每隨權征伐，從陸口還合淝，率左右苦戰，免權淮北之難而還，悲痛親近者皆没無返者。權引袂拭面曰：「公績，亡者已矣，但使卿在，何患無人？」因留之，常使出入卧内。統爲人性好接物，親賢愛士，輕財重義，有國士風。年二十九卒。權聞之驚起，哀不自勝，使張承作誄致祭。

有二子烈、封，〔四七〕皆幼弱，權收養於宫中。年八九歲，令葛先授書，〔四八〕十日一教乘馬射，呼爲「吾家虎子」。

二十三年，權如吴，親乘馬射虎於庱亭。虎傷馬，長史張紘執轡諫曰：「足下繼父兄之業，不宜輕脱，逞英雄於猛獸，萬一不虞，則大事去矣。」權乃止。秋，横江將軍、益陽侯魯肅卒。〔四九〕

肅字子敬，臨淮東城人。生而失父，家富於財，常散以賑窮乏，結豪士，得鄉邑之心。時廬江周瑜爲居巢長，聞之，往求資糧。肅時有米二囷，各三千斛，直指一囷與瑜，瑜益奇之，乃結僑、札之交。袁術聞而徵之，肅見其無綱紀，乃就周瑜於居巢，相與攜老弱渡江，住曲阿。見孫策英傑，遂定議共事之。〔五〇〕

策死，權統事，周瑜乃薦肅才宜佐時，權引肅合榻對飲，因密議曰：「今日漢室傾危，四方雲擾，孤承父兄遺業，思有桓、文之功。君既惠顧，何以佐之？」肅對曰：「昔漢高帝區區欲尊事義帝而不獲者，以項羽爲害。今之曹操，猶昔之項羽，將軍何由得爲桓、文乎？肅竊料之漢室不可復興，曹操不可卒除。爲將軍計，惟鼎足江東，以觀天下之釁。竟長江所極，據而有之，此自無嫌也。」權甚重之。

及曹操破荆州，軍勢盛，羣臣議多勸迎之，惟肅與周瑜不聽，立計破操。定荆州，後周瑜向江陵，道疾篤，上表以肅自代，進奮武將軍，封邑，兵仗器械部伍盡瑜之舊屬焉，改授横江將軍。在荆州，甚得物情，衆至萬餘。

肅爲人方直嚴毅，寡於玩飾，内外節儉，治身整齊。在軍手不釋卷，善屬文，思略弘遠。卒，時年四十六。權舉哀素服，蜀諸葛亮聞之，亦發哀三日。

二十四年秋，權表漢天子，自率陸遜、吕蒙等西征關羽。至大桑浦，拜吕範爲建武將軍、領丹楊太守，封宛陵侯，使鎮建業。謂之曰：「前從卿言，無今日之勞也。今當取之，卿好爲我居守也。」八月，劉備稱漢中王。冬十一月，大破關羽，定荆州，釋魏將于禁囚，歸之。羽退守當陽麥陵城，〔三二〕請降，權召太史吴範問之。範曰：「彼有走氣，言降詐耳。」密使潘璋等徑路邀之，令朱然納降。覘者還，曰：「關羽已遁去。」範曰：「雖去不免。」權曰：「何時得之。」答曰：「明日日中。」權立表下漏待之。及日中，不至。範曰：「尚未正中。」頃之，有風動帷，範拊手曰：「羽至矣。」須臾，外稱萬歲，傳言得羽。是日，潘璋部將馬忠擒羽及子平於章鄉，還，誅之。案，虞翻傳：關羽既敗，帝令翻筮之，得節之臨，翻曰：「不出三日，當斷其頭。」果如其言。帝謂翻曰：「卿不及伏羲，可與東方朔爲比也。」案，蜀志：關羽字雲長，河東解人也。與張飛共事劉備，爲禦侮者也。漢天子以權爲荆州牧、領車騎大將軍，封南昌侯。權遣梁禹入貢於漢，以觀曹操。

是歲，南昌太守孱陵侯吕蒙卒。

蒙字子明，汝南富陂人也。少小江南依姊夫鄧當，〔三三〕年十五六，每隨當征討，其母不許。答曰：「貧賤難可居，設有功，當得富貴。且不探虎窟，安得虎子？」母聽之，後因袁雄見孫策，策奇之，使居左右。

及權統事，張昭薦之，從征黄祖，立功拜横野中郎將。與周瑜追曹仁，仁圍甘寧於夷陵急。蒙説瑜，進解寧圍，先遣三百人寨斷險道，賊走可得其馬。及破仁，仁夜遁走，遇寨道，皆捨馬步走，蒙躡之，獲馬數百疋。拜偏將軍，鎮上屯。

時蜀將龐肅舉軍來附，〔五三〕周瑜表分其兵與蒙，蒙上書勸權，來歸者宜益不宜奪，權從之。時上屯戍將徐碩、宋芝等二人皆死，子弟小弱，〔五四〕權以其衆並付蒙，蒙因陳其功勞，不可棄廢，宜立其子，乃擇師傅訓其子弟，天下義之。後代魯肅領漢昌太守，屯陸口。權因上陸口與議，令北取徐州，以廣疆埸。蒙曰：「此計未當，縱得徐州，亦不能守；不如西取關羽，以據長江。」權從之。竟破羽，定南郡，進封孱陵侯。

遇疾，權使舁入宮內，自醫之。每爲不食，又不能頻見，恐其起動，常穿壁伺之，見少可，則喜笑；如不能，則悲不自勝。治護萬方，募國內有愈蒙者，賜千金。

蒙爲人不懷宿怨，如有譏隟毀嫌者，皆擢用之。性不好書，權常使人勸，令學問以自益。年四十卒於宮中。〔五五〕權哭之慟，置守冢三十家，助田五十頃。子霸襲爵。

初，權與陸遜論周瑜、魯肅及蒙曰：「公瑾雄烈，膽略兼人，遂破孟德，開拓荊州，邈焉難繼，君今繼之。公瑾昔要子敬來東，致達於孤，孤與宴語，便及大畧帝王之策，此一快也。〔五六〕後孟德因獲劉琮之勢，張言率數十萬衆水陸俱下。孤普請諸將，咨問所宜，無適先對，至子布、文表，俱言宜遣使脩檄迎之，子敬則駮言不可，勸孤急呼公瑾，付任以衆，逆而擊之，此二快也。且其決計策，意出張陳遠矣。〔五七〕後雖勸吾借玄德地，是其一短，不足以損二長也。周公不求備於一人，故孤忘其短而貴其長，常以比方鄧禹，又子明少時，不辭劇易，果敢有膽而已。〔五八〕及長，學問開益，籌略奇正，〔五九〕可以次于公瑾，但言議英發不及耳。圖取關羽，勝於子敬。子敬答吾云：『帝王之起，皆有驅除，羽不足忌。』此内不能辯，〔六〇〕外爲大言耳。孤亦恕之，不苟責也。然其作軍屯營，不失令行禁止，部界無廢負，路無拾遺，其法亦美矣。」

二十五年春正月，魏王曹操薨，太子丕卽位，改漢建安爲延康元年。秋，魏將梅敷使南陽長史張儉送欵，以南陽陰、酇、筑陽、山都、中廬五縣五千家歸附，權納之。明年冬十月，曹丕代漢稱魏，號黄初元年，而權江東猶稱建安。

二十六年，其年始置丹楊郡，自宛陵理於建業。

二十七年夏四月，劉備稱帝號於蜀，卽黄初二年也。時權在公安，聞之，自公安下都鄂，改鄂爲武昌。召問知星者，將定三分之計。五月，甘露降於建業。秋八月，城武昌，下令諸將出入從兵仗以自防。冬十一月，魏使邢貞至，册命權九錫，爲吴王。貞入國門猶乘車，軍師張昭怒其無禮，責之曰：「君謂江東無寸刃，可爲法耶？何輕慢之甚！」貞遽下車，拜謝。羣臣見册命至，議以爲宜稱漢上將軍、九州伯，不應受魏封。權曰：「九州伯於古未聞，昔沛公亦受項羽封爲漢王，此蓋時宜爾，復何損也。」遂遣中大夫趙咨使魏。魏文帝問曰：「吴王何等主？」對曰：「聰明仁智，雄略之主。」問其狀，咨曰：「納魯肅於凡品，是其聰也；拔吕蒙於行軍，是其明也；獲于禁而不害，是其仁也；取荆州兵不血刃，是其智也；據三州虎視天下，是其雄也；屈身陛下，是其略也。」又問：「吴王頗知學乎？」答曰：「吴王浮江萬艘，帶甲百萬，任賢使能，志在經略，脱有餘暇，博覽史籍而採奇異，不效書生尋章摘句而已。」又曰：「吴可征乎？」咨曰：「大國有征伐之兵，小國有備禦之固。」又曰：「吴難魏乎？」咨曰：「帶甲百萬，江漢爲池，何難之有？」又曰：「吴如大夫者幾人？」咨曰：「聰明特達者八九十人，如臣之輩，撥羣驅隊，不可勝數。」文帝善其對，厚禮之。咨還説權曰：「臣觀北方，終不能守盟，朝廷承漢四百之餘，應東南之運，宜改年號，正服色，以應天順人。」〔六二〕權納之。拜騎都尉。

是年，劉備怨殺關羽，大舉兵自來伐。至巫山誘武陵五溪蠻夷反，權使大將軍陸遜拒之。南郡太守諸葛瑾時駐公安，使人送牋，論是非以解於備。或有讒瑾别遣親人與備相聞，陸遜知之，表明瑾無此，宜散其意。權書報遜曰：「子瑜與孤從事積年，恩如骨肉，深相明究，其爲人也，非道不行。玄德昔遣孔明至，孤語子瑜：『卿與亮同産，且弟隨兄，於義爲順，何以不留？』子瑜答孤云：『孔明與人委質定分，義無二心。弟之不留，猶臣之不往也。』其言足貫神明，今豈有此乎？孤前得妄語文疏，即封視子瑜，並手筆與之，得其報，論天下君臣大節一定之分。孤與子瑜，可謂神交，非外言可間也。知卿意至，輒封來表，以示子瑜，使知孤意。」

二十八年春正月，蜀軍前後連五十餘營，分據險地，進升馬鞍山。陸遜督諸將隨輕重應接，四面攻圍。閏正月，大破蜀軍於五屯，斬將搴旗，追奔逐北，盡敗諸營，投降者萬餘，盡得其糧食器物。備走，遜部將孫桓斬上兜道，〔六二〕截其徑路，要備。備踰山險，僅得免，入於白帝城。

二月，權以破蜀事使報魏，魏遣侍中辛毗、尚書桓階來盟誓，〔六三〕并徵任子，權辭不受。

秋九月，魏命曹休、張遼等諸軍大出，數道來逼。權令吕範、諸葛瑾等緣江守備，拜陸遜爲輔國大將軍、郢州牧，〔六四〕封江陵侯，假黄鉞，渡江拒魏，以將軍朱桓爲濡須督，封新城亭侯。魏密遣大司馬曹仁步騎數萬向濡須，欲襲取桓，乃僞揚聲東攻羨溪，桓分兵將赴羨溪，既發，卒得仁進軍拒濡須七十里。桓遣追還羨溪兵，未到，而仁奄至城下。桓時兵吏在者五千人，因勅偃旗卧鼓，外示虚弱，以誘之。仁使子泰來攻，自將萬人留爲後拒。桓分步兵當仁，身自拒破泰，泰燒營走，追斬數千級。仁退，諸軍乘勝破曹休、張遼等，魏引退。鎮西將軍陸遜等率諸將進表勸權即王位。

冬十一月，權就吴王位於武昌，大赦，改年號爲黄武元年。初置丞相，以陽羨侯孫劭領之，〔六五〕立子登爲王太子。十一月，蜀使致書於權，〔六六〕引躬自責，永修舊好。

十二月，遣大中大夫鄭泉聘劉備於白帝，始報通好焉。泉至蜀，蜀主問曰：「吴王何以不答朕書，將無以朕正名不宜乎？」泉曰：「曹操父子凌轢漢室，終奪其位。陛下託以宗室，有維城之重，不荷戈執殳，爲海内率先，而因是自名，未合天下之義，是以寡君未復書耳。」備甚慚。

泉字文淵，陳郡人。博學有姿望，而性嗜酒，每閑居曰：「願得美酒滿五百斛船，以四時甘脆置兩頭，反覆没飲之，憊卽住而啖餚饌。酒有㪷升減，隨而益之，不亦快乎！」臨卒，謂同類曰：「必葬我於陶家側，庶百歲後化成土，見取爲酒壺。」

是歲，改夷陵爲西陵。詔揚州置牧，以丹楊太守呂範爲揚州牧，以東征將軍高瑞領丹楊太守，復自建業徙治蕪湖。時揚州所統一十四郡，一百四十八縣，而丹楊領一十九縣。

二年春正月，城江夏武昌宫。改四分，用乾象曆。自以土行代漢，建寅爲歲首。

三月，魏軍盡退，疆界寧息。

夏四月，丞相孫劭、大將軍陸遜率羣臣上表，稱天命符瑞，勸王卽帝位，王再讓未許，謂羣臣曰：「漢家堙替，不能存救，亦何競焉？」案，江表記：權謂將相曰：「往年寡人以玄德方向西鄙，故先命陸遜選衆以待之。聞北部分兵，欲以助寡人，寡人内嫌其狀，若不受其拜，是相折辱而趣其速發，便當與西俱至，二處受敵，於國爲劇，故自抑就其封王。低屈之趣，諸君未盡，今故相解耳。」

蜀主劉備薨於白帝，王使立信都尉馮熙弔于蜀。

五月，甘露降曲阿。

冬十一月，蜀使鄧芝以馬二百疋、錦千端來聘。自是之後，聘使來往爲常，各致方物，奬其厚意。

三年秋九月，魏大軍來寇，曹丕自出廣陵，臨大江，兵十餘萬，旌旗數百里。王使諸將謀以拒守，安東將軍徐盛設計築圍，作薄落，圍上設假樓，江中浮船，多張旗幟於山險，而又縛草爲人，衣以甲胄，自武昌至於京口，烽烟相望。諸將以爲無益，王然之。魏文帝臨江不敢渡，久之歎曰：「天固隔我吴魏，彼有人焉。」便退。吴將孫韶先屯於江北，聞魏軍退，遣將高壽率敢死士五百人夜於徑路要之。魏帝驚，敗遁，走壽春，獲輜車羽蓋而歸。〔六七〕

冬十月晦日，有蝕之。

四年夏五月，丞相孫劭薨，謚曰肅。

劭字長緒，北海人。身長八尺。初爲北海相孔融功曹，融以爲廊廟之才。漢末隨劉繇過江歸國，累拜車騎長史，爲吴首相，封陽羨侯。

初，劭之薨也，羣臣衆望舉婁侯張昭爲丞相。王曰：「寡人豈爲子布所惜，但丞相事煩，而此公性剛，所言不從，怨咎將興，非所益也。」

六月，以太常顧雍爲丞相，封醴陵侯。以尚書陳化爲太常。

化字元耀，汝南人。少博覽衆書，氣幹剛毅，長七尺九寸，雅有威容。初，拜郎中使魏，〔六八〕魏文帝因酒酣，謔化曰：「吴、魏峙立，誰將平一海内？」化曰：「易稱帝出乎震，加聞先哲知命，舊説黄旗紫蓋，運在東南。」帝曰：「昔文王以西伯王天下，豈復在東乎？」化曰：「周之初基，泰伯在東，所以文王興於西。」帝笑，無以難，心奇其詞，厚禮送還。王以奉命光國，遷犍爲太守。尋追入，遷尚書，頃之，拜太常兼尚書。〔六九〕立朝正色，勑子弟廢田桑，絶治産業，仰官廩禄，不與百姓争利。妻早亡，以古事爲鑒，不復娶。王聞而貴之，以其年壯，勑宗正以宗室女妻之，固辭不受。年七十，上疏乞骸骨，爰居章安，卒于家。子熾嗣。

雍字元凱，〔七〇〕吴人也。少從蔡伯喈學琴，慕其爲人，因改名雍。初，以州郡表薦，累遷至尚書，〔七一〕封陽遂鄉侯，拜侯還家，而家人不知。

雍爲人不飲酒，寡言語，朝廷憚之。自爲丞相，其所選用，各隨能所任，心無適莫。訪人間及政職所宜，密以言聞，見納則歸於主上，不用，終不泄言，以此見重。

秋七月，皖口言木連理。又地連震。

五年，大將軍陸遜奏所在無寇，令諸將廣農畝，王許之。稱善：「孤自率子弟親受田，車八牛爲四耦，與衆等，均其勞也。」

夏五月，魏文帝崩。

秋七月，蒼梧鳳凰見。是月，置東安郡，治富春。

冬十一月，陸遜以便宜奏施德緩刑，寬賦息調，〔七二〕王答善之。乃令有司寫利害科條，使中郎褚逢齎就遜，令與諸葛瑾同損益之。〔七三〕衛將軍、交趾太守、龍編侯士燮卒。

燮字威彥，蒼梧廣信人也。少好學，漢察孝廉，補尚書郎，以公事免。尋舉茂才，除巫令，〔七四〕累遷交趾太守。漢末，交州刺史朱符爲夷賊所殺，州郡擾亂。燮乃表弟司徒掾壹領合浦太守，次弟徐聞令䵋領九真太守，〔七五〕䵋弟武領南海太守。兄弟並在列郡，雄據一州，偏在萬里，威尊無上。出入鳴鐘磬，備鼓吹，車騎滿道，胡人夾轂焚香者常有數十人。妻妾乘輜軿，子弟從兵騎，當時貴重，震服百蠻。

燮體氣寬和，謙虚下士，中國人物避難多往依之。每公事稍闋，躭習書傳，注解左氏春秋、尚書古文大義。時天下亂，四方隔絶，而燮不廢貢賦。及王使步騭定南土，率兄弟奉承節度，每使貢雜香、細葛、明珠、大貝、琉璃、玳瑁、翡翠、犀、象，珍奇異果，無歲不至。在郡四十餘年。年九十卒。

王以交趾懸遠，乃分合浦已北爲廣州，拜吕岱爲刺史；交趾已南爲交州，拜戴良爲刺史。以陳時代燮爲交趾太守，良與時至合浦，而燮子徽自署爲交阯太守，發宗兵拒良，不許入。王勅吕岱與良等討平之，誅徽，傳首武昌。

六年春正月，韓當子綜以衆叛歸魏。〔七六〕

七年，罷東安郡。

夏五月，鄱陽太守周魴以詐誘魏將曹休，獻休事七條，密表於王。

八月，王自幸皖口，使大將軍陸遜督中軍，全琮、朱桓爲左右，三邊俱進，大破魏軍於夾石亭，〔七七〕俘數萬計，盡收其騾馬輜重，曹休僅免。

冬十月，王下令軍中諸將有三罪，然後議之，以將軍翟丹有過，亡入魏故也。

是歲，改合浦爲珠官郡。大司馬南昌侯吕範薨。

範字子衡，汝南細陽人。少爲縣吏，有容儀姿貌，而家貧。縣有富人劉氏，女有美色，範求之，母不許。女曰：「豈有如吕子衡長久貧耶？」遂與爲婚。

後避難住壽春，將客百餘人過江東。孫策異之，遣往江都迎太妃還。策待以親戚，共陞堂，飲於太妃前。求退任爲都督，整齊其衆，因進言於策曰：「捨本土而託將軍者，非爲妻子，欲與將軍共濟世務。猶同舟涉海，事不成則俱受其敗。」乃授偏將軍，内外委任焉。

王統事，深重之，嘗與嚴畯論衡方於吴漢。進領彭城太守，與周瑜同破曹操於赤壁，以功進平南將軍，屯大桑，尋入於建業。黄武元年，遷揚州牧。七年，拜大司馬，改封南昌侯，印綬始下而薨。〔七八〕王素服舉哀。黄龍元年，將下都建業，自過範墓，祭以太牢，執酒呼曰：「子衡隨我！」言及流涕，左右皆垂淚。範性耿介，有威儀，好奢靡。然勤公奉法，王深委之。案，江表傳：「權嘗謂嚴畯曰：『吕子衡忠篤亮直，性雖好奢，然以憂公爲先，不足爲損。避袁術自歸於兄，已作大將，别領部曲，故憂兄事，乞降爲都督，辦護修整吾軍，加之勤恪，與吴漢相類，故方之。皆有趣，非孤私也。』」

卷第一校勘記

〔一〕吴上　「吴上」二字原缺，庫本有「吴」字，據本書體例當作「吴上」，今補正。

〔二〕建業者古之金陵地　其前一行原有標題「吴太祖」三字，今據庫本删。

〔三〕梅里平墟今常州無錫縣東三十里　史記吴太伯世家正義云，梅里「在常州無錫縣東南六十里」。

〔四〕秦本紀渭南至蜀郡已上三十六郡也　「渭南、河上、中山、平原」，史記秦始皇本紀集解作「黔中、長沙、内史、九原」。實録誤。

〔五〕楚亡以後一十三年當始皇三十六始皇東巡　漢書武帝紀、通鑑七皆云，秦始皇東巡在始皇三十七年。秦滅楚在始皇二十四年，此亦云「楚亡以後十三年」始皇東巡，以此推算，亦爲始皇三十七年，此「三十六」當爲「三十七」之誤。

〔六〕漢武帝元封二年至置一十二州刺史以領天下諸郡　漢書武帝紀顔師古註引漢舊儀及通鑑二一皆云，漢武帝元封五年「初置刺史部十三州」，據此「二年」當作「五年」、「十二州」亦當作「十三州」。

〔七〕時揚州刺史劉繇爲袁術所偪　「袁術」底本作「袁述」，據甘鈔本、徐鈔本改正。劉繇爲袁術所偪事，見三國志吴志劉繇傳。

〔八〕末城　漢書地理志上作「宣城」。

〔九〕太祖上　「太祖上」上原有「吴」字，其下有「太祖下廢帝景帝後主」九字，今皆據庫本删。

〔一〇〕仕漢爲破虜將軍長沙太守　陶札云：「據吴志孫堅傳，堅以長沙太守起兵討董卓，至魯陽，袁術表堅行破虜將軍。實録敍堅爲破虜將軍在舉兵前，誤。」

〔一一〕破卓軍於陽夏　「陽夏」，三國志吴志孫堅傳作「陽人」。陶札云：「實録作『陽夏』，誤。」陶説是，通鑑六〇亦作「陽人」。

〔一二〕海賊胡玉刦南人物　陶札云：「實録『南』字應爲『商』字之譌。」陶説是，吴志孫堅傳作「賈人」亦可證。

〔一三〕案志林孫堅生五子策權翊匡吴氏所生仁郎庶子　「志林」原作「志」、「庶子」原作「戲子」。陶札云：「吴志孫堅傳注志林曰：『堅有五子：策、權、翊、匡，吴氏所生，少子朗，庶生也，一名仁。』案實録『志』下脱『林』字，徐鈔本實録『戲』作『庶』。」陶説是，庫本卽作「志林」，今據改。

〔一四〕表爲漢折衝校尉使破廬江太守陸康　陶札云：「吴志孫策傳，術表策爲折衝校尉在策破陸康後，是也。」

〔一五〕僮芝自署廬陵太守　「廬陵」原作「廬江」。陶札云：「吴志太史慈傳注江表傳『又丹陽僮芝自擅廬陵，詐言被詔書爲太守』。案實録『廬江』乃『廬陵』之譌。」陶説是，周鈔本正作「盧陵」，僮芝據廬陵事亦見通鑑六二，今據改。

〔一六〕案江表傳　「案」原作「策」。酈校云：「『策』疑當作『案』。」酈説是，庫本卽作「案」，今據改。

〔一七〕復爲子章取策從兄賁女爲夫人　「章」當作「彰」，謂曹操子任城威王彰也。

〔一八〕丹徒　原作「丹楊」。周鈔本及吴志孫堅傳注引江表傳並作「丹徒」，是，今據改。

〔一九〕克昌堂構　「構」字原缺。宋本避高宗名諱遇「構」字皆空闕，或注「今上御名」，後之翻宋本亦因之。庫本、徐鈔本及吴志張昭傳皆作「構」，今據補。下不一一具校。

〔二〇〕江表記　吴志孫權傳作「江表傳」。舊唐書經籍志上、新唐書藝文志二並云：「江表傳五卷，虞溥撰。」

〔二一〕二萬人　通鑑六三作「二萬餘人」，周鈔本及吴志孫權傳注引江表傳並作「三萬餘人」。

〔二二〕是歲丹楊都尉嬀覽至謀殺太守孫翊　陶札云：「吴志孫翊被殺在建安九年，實録繫於十年，誤。」

陶説是，通鑑六四亦見載於建安九年。

〔二三〕問訊老母 「問」原作「間」。陶札云：「實録『間』字應爲『問』字之譌。」陶説是，宋本及吴志太史慈傳皆作「問」，今據改。

〔二四〕門下都督 周鈔本眉批云：「不當有『都』字。」吴志太史慈傳作「門下督」。

〔二五〕乃令孤攻廬江 陶札云：「吴志太史慈傳注江表傳記孫策語『仍令孤攻廬江』，案實録『乃』字應爲『仍』字之譌，徐鈔本實録『廬江』下有『太守陸康』四字注。」

〔二六〕但其後不遵臣節自棄作邪僭事 「僭」原作「譖」。陶札云：「吴志太史慈傳注江表傳『潛』作『僭』。案江表傳作『僭』是也。徐鈔本實録正作『僭』。」陶説是，周鈔本、劉鈔本亦作「僭」，今據改。

〔二七〕劉公喪亡 吴志太史慈傳注引江表傳作「劉繇喪亡」。周鈔本眉批云：「初但稱牧，此不當稱公，策之於劉固甚輕視，原作劉名似爲當也。」

〔二八〕廬江 陶札云：「『江』字誤。」吴志太史慈傳注引江表傳作「廬陵」。

〔二九〕其於盡節 陶札云：「吴志太史慈傳注江表傳『其』作『期』，是也。」

〔三〇〕猨臂善射 「猨」原作「蝯」，今據庫本、徐鈔本、周鈔本、劉鈔本及吴志太史慈傳改正。

〔三一〕時年四十二 「四十二」，徐鈔本、吴志太史慈傳皆作「四十一」。

〔三二〕始新 原作「始所」，據徐鈔本、周鈔本及吴志孫權傳改正。

〔三三〕權許之乃密使魯肅上往觀璺 陶札云：「案實録敍權遣魯肅觀璺在決計拒曹後，誤。」

〔三四〕劉璋　各本皆作「劉章」，今據庫本及蜀志本傳改正。

〔三五〕乃自詣京至得蜀使魯肅固守其地　陶札云：「吴志周瑜傳『乞與奮威俱進取蜀，得蜀而並張魯，因留奮威固守其地』，案奮威指孫瑜，吴志孫瑜傳遷奮威將軍。蜀志先主傳注獻帝春秋，孫權『遣孫瑜率水軍住夏口，備不聽軍過』，足證實録蓋因魯肅曾拜奮武校尉而誤。」

〔三六〕瑜歸江陵治行道病卒於巴丘　吴志周瑜傳云：「瑜還江陵，爲行裝，而道於巴丘病卒。」陶札云：「實録脱『裝』字。」

〔三七〕男脩尚公主　「脩」，吴志周瑜傳、通鑑六六皆作「循」。

〔三八〕駙馬都尉　吴志周瑜傳、通鑑六六皆作「騎都尉」。

〔三九〕乃密下揚州　「密」字原缺，今據庫本及吴志周瑜傳注引江表傳補。周鈔本「密」作「自」。

〔四〇〕稱瑜雅量高智　陶札云：「『智』，吴志周瑜傳注江表傳作『致』，是也。」

〔四一〕瑜籌略萬人至恐不久爲人臣　陶札云：「吴志周瑜傳注江表傳謂劉備因言次，歎瑜云云，是此數句爲劉備語。」

〔四二〕聊復覲卿膽耳　宋本、庫本、張本、徐鈔本、周鈔本、劉鈔本皆無此七字。

〔四三〕人轉相驚　「人」，吴志孫權傳作「民」，蓋許嵩避唐諱改。

〔四四〕乃分荆州長沙江夏桂陽四郡屬吴　吴志孫權傳、通鑑六七並云：「遂分荆州長沙、江夏、桂陽以東屬權；南郡、零陵、武陵以西屬備。」

〔四五〕二十一年至營於津北　據吴志孫權傳、通鑑六七此爲建安二十年事，實録繫於二十一年，疑有誤。

〔四六〕徐祥　吴志孫權傳、胡綜傳及通鑑六八皆作「徐詳」。

〔四七〕有二子烈封　「烈」原作「列」，今據庫本、徐鈔本及吴志凌統傳改正。

〔四八〕葛先　吴志凌統傳作「葛光」，先、光形近，未知孰是。

〔四九〕二十三年至秋横江將軍益陽侯魯肅卒　吴志魯肅傳、通鑑六八皆云肅卒於建安二十二年。

〔五〇〕見孫策英傑遂定議共事之　據吴志魯肅傳，肅決計事孫氏在孫策死後。盧弼三國志集解引梁章鉅云：「肅還曲阿，欲北行。會瑜已徙肅母到吴，肅具以狀語瑜，時孫策已薨。是肅先未渡江，亦未嘗見策也。」

〔五一〕當陽麥陵城　「麥陵城」，吴志吕蒙傳、通鑑六八皆作「麥城」，胡注云：「荆州記曰，南郡當陽縣東南有麥城。」

〔五二〕鄧當　原作「劉當」。庫本、徐鈔本及吴志吕蒙傳皆作「鄧當」，是，今據改。

〔五三〕龐肅　吴志吕蒙傳、通鑑六五皆作「襲肅」，胡注云：「襲，姓；肅，名。」

〔五四〕時上屯戍將徐碩宋芝等二人皆死子弟小弱　吴志吕蒙傳作「時蒙與成當、宋定、徐顧屯次比近，三將死，子弟幼弱」。

〔五五〕年四十卒於宫中　吴志吕蒙傳、通鑑六八皆云，吕蒙卒時，年四十二。

〔五六〕此一快也　「快」原作「決」，今據徐鈔本及吴志吕蒙傳、通鑑六八改。下文「此二快也」亦同。

〔五七〕意出張陳遠矣　「張陳」，庫本、吴志吕蒙傳皆作「張蘇」。

〔五八〕子明少時不辭劇易果敢有膽而已　吴志吕蒙傳及通鑑六八「少時」下有「孤謂」二字。

〔五九〕籌略奇正　吴志吕蒙傳、通鑑六八皆作「籌略奇至」。

〔六〇〕此内不能辯　「辯」，宋本、庫本、徐鈔本、周鈔本、劉鈔本皆作「辨」，吴志吕蒙傳、通鑑六八作「辨」。辯、辨、辧古通。

〔六一〕以應天順人　「人」，吴志孫權傳注引吴書作「民」，蓋許嵩避唐諱改。

〔六二〕孫桓　原作「孫植」。庫本及吴志陸遜傳、本傳及通鑑六九皆作「孫桓」，今據改。

〔六三〕桓階　原作「桓峙」。庫本、徐鈔本及吴志孫權傳、通鑑六九皆作「桓階」，是，桓階魏志有傳，今據改。

〔六四〕拜陸遜爲輔國大將軍郢州牧　「郢州牧」，吴志陸遜傳、通鑑六九皆作「荆州牧」。

〔六五〕孫劭　通鑑七〇同。吴志孫權傳、張昭傳、顧雍傳皆作「孫邵」。

〔六六〕十一月蜀使致書於權　前文已見「十一月」，此重出，當爲衍文。

〔六七〕吴將孫韶至獲輜車羽蓋而歸　吴志孫權傳注引吴録敍此事在黄武四年，實録繫此事於黄武三年，疑誤。又「輜車」，吴録作「副車」。

〔六八〕拜郎中使魏　吴志孫權傳注引吴書作「爲郎中令使魏」。

〔六九〕拜太常兼尚書　「尚書」，吴志孫權傳注引吴書作「尚書令」。

〔七〇〕雍字元凱　吴志顧雍傳及吴録、世説人名譜吴國吴郡顧氏譜皆云，雍字元歎，疑此「凱」乃「歎」之譌。

〔七一〕累遷至尚書　吴志顧雍傳作「累遷大理奉常，領尚書令」。

〔七二〕冬十一月陸遜以便宜奏施德緩刑寬賦息調　吴志孫權傳敍此事在冬十月。

〔七三〕中郎褚逢　「中郎」，吴志孫權傳作「郎中」。

〔七四〕除巫令　「巫」原作「丞」，今據宋本及吴志士燮傳改正。

〔七五〕徐聞令鮪　「鮪」，吴志士燮傳作「鮪」。

〔七六〕韓當子綜　「綜」原作「琮」，今據宋本及吴志孫權傳、孫亮傳、韓當傳改正。

〔七七〕夾石亭　吴志孫權傳、通鑑七一作「石亭」，胡注云：「其地當在今舒州懷寧、桐城二縣之間。」

〔七八〕印綬始下而薨　吴志吕範傳作「印綬未下疾卒」。

十九步。

十一月，右長史張紘卒，遺令戒子孫，無爲不善。

紘字子綱，廣陵人。少遊學京師，還本郡，舉茂才，公府辟，皆不就。漢末，避亂江東。桓王初起，委質於紘。紘爲謀主，每出入諫王持重，不宜輕脱。建安四年，奉使許昌宫。時曹操爲司空，辟爲掾，兼侍御史。紘心戀昔恩，思還返命，未果。桓王薨，而帝統事，操欲紘輔帝内附，拜紘爲會稽東部尉。帝不以紘北任介意，至因爲長史，與張昭二人爲左右腹心，一人從征，一人居守。及帝都秣陵，辭還東迎家，道病卒，年六十一。〔九〕留牋勸帝修德納善，帝省書，流涕久之。子玄，清介高行，官至南郡太守。

二年春正月，詔立國學，置都講祭酒。

二月，使將軍衞温、諸葛直下海求亶、夷二洲，得夷洲數千人而還。案，二洲皆在海中。長老傳云，秦皇遣方士徐福將童男女數千人入海，求蓬萊神山及仙藥，遂遇風，皆止此洲不還，世世相承，有數萬家。時有會稽東鄉人行海遇風至夷洲，其亶洲絶遠不可得到，故温只得夷洲人還也。

三年夏五月，建業有野蠶爲繭，大如鳥卵。由拳生野稻，詔改由拳爲禾興縣。

冬十月，始平言嘉禾生。

十二月丁卯，大赦，改明年爲嘉禾元年。

春，丞相顧雍奏宜修郊廟社稷，以承天意。詔答未許。

二月，皇子建昌侯慮薨。〔一〇〕

慮字子智，太祖次子。性聰敏，才兼文武。黄龍初，大臣等奏宜進爵爲王，使出鎮任，以光大業。帝許之。假節、開府、鎮軍大將軍，臨事遵奉法度，敬納師友，深見寵愛。薨，時年二十。帝爲之降損。

夏六月，皇太子登歸自武昌，留省侍。以太子少傅、都鄉侯是儀爲侍中。

儀字子羽，北海營陵人。本姓氏，少仕郡，郡相孔融謂曰：「氏字民無上，可改爲是。」乃從焉。後避地隨劉繇過江。太祖統事，徵用之，專典機要。性謇諤，帝以爲趙之周舍，累官至侍中，遷少傅，輔皇太子鎮武昌。隨還，復拜侍中，轉僕射。

爲人謙讓，不治產業，又愛惠施。宅在西明門外，甚卑陋，雖處尊官，弊衣單食。帝聞之，幸其宅，求視蔬飰，親嘗之，對而歎息。有所增益，皆讓而不受。時或進達，未嘗言人之短。卒，時年八十一。

冬十月，魏遼東太守公孫淵叛魏，使校尉宿舒、閬中令孫綜來，奉表稱藩請援，並獻方物。帝進公卿議，輔吴將軍張昭及丞相顧雍等率大臣切諫淵反覆難信，兼嶮路遥遠，願勿納之。帝不信，遣太常張彌、執金吾許晏、將軍周賀賀達、校尉裴潛將兵一萬，浮海應接，并齎珍寶九錫備物，封淵爲燕王，〔一二〕領幽青二州十七郡諸軍事。

二年三月，漢獻帝崩，率公卿舉哀三日。公孫淵果反，爲魏，魏將田預要擊，破周賀、裴潛等於成山，〔一三〕而淵殺張彌、許晏、賀達三人，分其部伍，秦旦、杜德等走於玄兔。

八月，旦等自玄兔走句麗。句麗王見旦、德等甚敬之，曰：「此天子邊人也。」乃發皁衣使二十五人送歸，兼表獻方物豹皮千枚，〔一三〕鶡雞皮十具。帝喜句麗，大怒公孫淵，將自征遼東，尚書薛綜等率大臣切諫，帝猶怒。選曹尚書陸瑁上疏曰：〔一四〕「古來荒服，慌忽無常，不可保也。夫兵革者，前代所以誅暴亂，滅四夷，〔一五〕然皆姦雄已除，天下無事，從容廟堂之上以議之。至於中夏鼎沸，九域盤牙之時，深根固本，愛力惜費，務自將養，以待鄰敵之闕，未有遠征於此時也。捨近馳遠，疲於軍力，願陛下少思之。」帝乃止。

冬十月，詔使中書郎陳恂、謝宏往拜句麗王宫爲單于，并賜衣服。恂至，句麗已受魏幽州牧，諷旨不受詔賜，遂郊止吴使，令主簿笮資、帶固往與恂、宏相見。恂等怒，乃縛資、固爲質，使讓句麗。句麗王謝罪，獻馬百匹，乃釋資等，令奉詔賜物而將馬還。

三年夏六月，帝率六軍親征合淝，别使大將軍陸遜、諸葛瑾等屯江夏、沔口，張承、孫韶等將兵往廣陵、淮陽。魏明帝自東出拒之，帝還軍。

九月朔旦，隕霜傷穀，誅不由君上之應也。時典校事吕壹專威福，帝任之，羣臣無敢言。

是歲，復曲阿爲雲陽，丹徒爲武進。

四年秋七月，魏使以馬二百匹求易珠璣、翡翠，帝曰：「此朕不用之物，乃與交易。」

八月，雨雹，又隕霜。雹者，陰之脅陽，佞臣小人專任之應。

五年春，議鑄大錢，一當五百。詔吏民輸銅畀直。設盜鑄之科。

三月，武昌甘露降於禮賓殿。〔一六〕

夏，旱，自去冬不雨至於五月。

秋七月，輔吴將軍、婁侯張昭薨。遺令幅巾素棺，斂以時服。帝素服臨弔，祭以太牢，謚文成侯。

昭字子布，彭城人。好學，善談論，能隸書。從白侯子安受春秋衆書，與趙昱、王朗俱發名友善。與朗共論舊君諱事，處士陳琳善之。舉茂才，不應，徐州刺史陶謙以爲輕己，將拘之，趙昱救免。乃避難江南，及桓王創業，爲府長史，一事已上並委之，陞堂拜母，如舊好焉。桓王臨薨，以後事託昭輔帝。

帝即位，以昭爲軍師將軍，每以直諫整齊德行。帝嘗於武昌宫臨釣臺飲酒，大醉，使人以水灑羣臣曰：「今日酣飲，惟醉墮臺中爲止耳。」昭正色不言，出外坐車中。帝使人呼還，謂曰：「作樂，公何爲怒？」昭對曰：「昔紂爲糟丘酒池長夜之飲，當時亦以爲樂，不以爲惡也。」帝慚而止。

黄龍初，與孫劭、滕胤、鄭禮等採周、漢故事，定朝儀。〔一七〕帝卽尊號，拜輔吴將軍，封婁侯，食邑萬户。在宅無事，嘗著春秋左氏傳解及論語、孝經註。每有鄰國使命，昭輒折之。時帝遣張彌、許晏應接公孫淵，昭諫曰：「淵背魏懼討，遠來求援，非本意也。若淵改圖，欲自明於魏，兩使不返，取笑天下。」〔一八〕帝不納，昭切諫止之，帝横刀於膝上，大怒曰：「吴之士大夫入則拜朕，出則拜卿，朕之敬卿，亦爲至矣。而數於衆中折朕失計，何也。」〔一九〕昭熟視帝面，良久進曰：「誠知言不見用，每竭愚衷者，誠以太后臨崩，呼老臣於牀下，遺詔顧命之耳。」因卽涕泣横流。帝投刀於地，與昭對泣。然竟遣彌、晏，昭忿言不見用，杜門稱疾不朝，帝數召起，昭稱疾篤。帝恨，塞其門，昭於内又自以土封之。帝後悔過，親至門呼昭，昭猶稱病。帝燒其門以恐之，昭更閉户。帝使人滅火自責，良久，昭諸子共扶昭起，載而還宫。昭進謝，帝跪止之，坐定，仰而言曰：「昔太后、桓王不以老臣屬陛下，而以陛下屬老臣，是以思盡臣節。以報厚恩，使泯没之後，有可稱述，而意慮愚淺，違逆盛旨，自分幽淪，長棄溝壑，不圖復蒙引見，得奉帷幄。然臣愚事國志忠，畢命而已。若乃變心易慮，偷榮取容，此臣所不能也。」帝謝之。〔二〇〕

昭爲人容貌矜嚴，有威風，帝嘗曰：「孤與張公言，不敢妄發。」舉邦憚之。案，江表傳：初，張紘受遺託孤，深委寄之，而命帝以師父事昭，故昭盡忠輔成王業。薨，時年八十一。帝於羣臣皆呼字，唯呼昭曰「張公」，張紘曰「東部」。初，建安中，吴太后臨崩，以江外多虞，召昭與長子承，少以才學知名。爲人壯毅忠謹，甄識人物，拔蔡款、謝景於寒微，並爲國士封侯。其妻諸葛恪妹也，見恪歎曰：「敗諸葛氏者，元遜也。」性勤於進賢，篤於物類，庶幾之流，無不造門焉。

冬十月，彗星見於東方。案，丹陽記：大長干寺道西有張子布宅，在淮水南，對瓦官寺門，張侯橋所也。橋近宅，因以爲名。其長干是里巷名，江東謂山隴之間曰干。建康南五里有山岡，其間平地，民庶雜居，有大長干、小長干、東長干，並是地里名。小長干在瓦官南，巷西頭出江也。

六年春正月，詔曰：「郎吏者，宿衛之臣，古之命士。間者所用，頗非其人。自今選三署皆依四科，不得虚詞相飾。」〔三〕夏，用左執法胡綜。左節度顧譚議，定法長吏不許奔喪。詔曰：「遭喪不奔，法非古也，蓋隨時之宜，以義斷恩。自今已後，長吏不得奔喪廢職。有犯者，大辟行治。」

冬十二月，赤烏羣集前殿。大赦。改明年爲赤烏元年。

春正月，侍御史謝宏奏更鑄大錢，一當千，以廣貨，帝許之。

二月，追拜夫人步氏爲皇后。

后諱練師，臨淮淮陰人也。隨母徙廬江，廬江爲桓王所破，皆東渡。夫人以美麗得幸於帝，生二女：魯斑、魯育。性不嫉妬，多推進，故久見愛，寵冠後庭。及帝卽位，數次欲立爲后，公卿意在太子母徐氏，帝不得已，依違十餘年。薨，追思之，至是年追拜之，後合葬蔣陵。

秋七月，典校事呂壹坐奸事，伏誅。帝深慚亂法，使中書郎袁禮以誅壹事謝四方諸大臣，兼手詔一一條件，而問時事損益，并責不直言切諫。

八月，麒麟見武昌。

二年春正月，魏明帝薨。

夏五月，城沙羡。

三年春，詔曰：「蓋君非民不立，民非穀不生。」下州郡勸治農桑，農桑時不得役事。

夏四月，大赦。諸郡縣治城郭，起樓，穿壍發渠，以備非常。

冬十一月，詔開倉賑給貧民。

十二月，使左臺侍御史郗儉監鑿城，西南自秦淮，北抵倉城，名運瀆。案，建康宫城，卽吴苑城，城内有倉，名曰苑倉，故開此瀆，通轉運於倉所，時人亦呼爲倉城。晉咸和中，修苑城爲宫，惟倉不毁，故名太倉，在西華門內道北。

四年春正月，大雪，平地三尺，鳥獸死者太半。

三月，右將軍孫韶卒。

韶字公禮。父河，〔三一〕本姓俞氏，吴人。常隨桓王征伐，立功，賜姓孫。初，邊鴻與嬀覽等殺丹楊太守孫翊，河往宛陵詰鴻、覽、戴員。員等懼罪，又殺河。

韶年十七，收河衆歸，治京城樓櫓，以備禦。帝聞之，將還吴，引軍夜至城下，試攻之。韶皆乘城傳檄備警，讙聲動地，帝使人諭止。明日召見，深器之，拜爲校尉，統河部曲，食曲阿、丹徒二縣，自置長吏。帝即尊號，遷鎮北將軍。在邊十數年，〔三三〕善待士卒，得其死力。常以警疆埸遠兵候爲務，故鮮有敗軍之事。帝在武昌，詔屯京，知青、徐、汝、沛等軍事。及帝下都建業，朝見，帝問其土人物。韶答屯戍遠近，人馬衆寡，將帥姓名，〔三四〕盡識之。身長八尺，儀貌都雅。帝喜曰：「吾不見汝久，不圖進益乃爾。」拜右將軍。〔三五〕

夏四月，使衛將軍全琮征魏，掠淮南，決芍陂，燒安城邸閣，收其人民。中郎將秦傀等與魏將王淩大戰芍陂中，〔三六〕斬獲千餘人。車騎將軍朱然圍樊，大將軍諸葛瑾取柤中地。〔三七〕

時零陵太守殷禮上書於帝曰：「今天棄曹氏，國內虎争，幼童涖事，取亂侮亡宜於今日。願陛下親自禦戎，舉荆、揚之衆，盡强弱之數，强者執戟，羸者轉運，西命益州軍於隴右，授諸葛瑾、朱然大衆，指事襄陽，陸遜、朱桓別征壽春，大駕方入淮、泗，〔二八〕淩轢青、徐。襄陽、壽春困於受敵，長安以西，務對蜀軍，許、洛之師，勢必分散，犄角瓦解，民必內應，將相對向，或失便宜；一軍敗績，三軍離心，便當秣馬脂車，踐踏城邑，乘勝逐北，以定華夏。若不悉軍動衆，循前輕舉，則不足大用，易於屢退。民疲威竭，非出兵之策也。」帝善之，不能用。

禮字德嗣，雲陽人。幼而聰穎過人。顧劭拔於微賤之中，累遷郎中，與輔義中郎將張溫使蜀，蜀諸葛亮見而歎曰：「江東菰蘆中生此奇才。」使還守郡，卒於官。

五月，皇太子登薨，帝聞驚惋，哀不自勝。詔曰：「國喪明嫡，百姓何福？」下，有司謚爲宣明太子。

太子字子高，帝長子。性謙讓好學，既居儲位，以諸葛恪爲左輔，張休爲右弼，顧譚、張承爲都尉，是爲四友，〔二九〕謝景、范慎、刁玄、羊衜等爲賓客，每侍講東宮，號爲多士。登接師友，同布衣之禮，常與共帳同輿。

及鎮武昌，遊獵出入，不踐良田，頓息又擇空闊之地，而不煩民。曾乘馬出，有彈丸過其側，左右求之。見一人操彈佩丸，咸以爲是，詞對不伏，從者欲捶之，登使求過丸，比之非類，乃釋之。

所生母徐氏廢在吴，而日夕思戀，及立爲太子，辭曰：「本立而道生，欲立太子，宜先立后。」帝曰：「卿母何在。」對曰：「在吴中。」帝默然。每有賜衣，皆沐浴以服之。立二十一年，年三十三，臨終上表：「進賢勸善，寛刑省賦。皇子和仁孝聰哲，德行清茂，願早建置，以副民望。諸葛恪、張休、顧譚、謝景皆通敏有識斷，入宜腹心，出可爪牙；范慎、華融矯矯壯節，有國士之風；羊衜有專對之才；刁玄、裴欽、蔣修、虞翻志節外明。〔三〇〕凡此諸臣，或宜廊廟，或堪將帥，明習法令，守信固義，有不可奪之志。此皆陛下日月所照，選置臣宫，備知情素，〔三一〕敢以陳聞。」帝覽之摧感。初葬句容，後三年移葬鍾山西蔣陵，置園邑奉守。次子英嗣，封吴侯。

閏六月，大將軍豫州牧諸葛瑾薨。

瑾字子瑜，瑯琊陽都人也。性寛緩，容貌思度，於時伏其弘雅。少遊學博聞，有孝德。漢末，避難渡江，弘咨薦於帝，帝善之。爲人善譚論諫諭，未嘗切諤人主，粗陳指歸，有未合則言他事，物類相求，帝亦解悟。瑾兄弟三人，各事一方，每使往來，兄弟相見，言於公庭，曾無私語。帝卽尊位，進拜大將軍、豫州牧，封陽都侯。〔三二〕臨終遺令素棺殮以時服。

長子恪自得侯，次子融襲封振威將軍，統部曲，鎮方外。融多伎藝，好會賓客。在軍每休假，令吏卒不遠千里造焉。常訪問賓客，其言能者，隨其書史、樗蒲、弓彈、犬馬，分部別類，與之任性。融乃繼進甘果酒肉，自巡牀周流看省，終日不倦，吏士親附，疆無外事。〔三三〕

案，江表傳：孫峻害諸葛恪，密使無難督施寬等上取融。融不之知，忽聞兵至，猶豫不決。及寬等圍城，遂飲毒死，三子見殺。先是，公安有靈鼉鳴，時謡曰：「白鼉鳴，龜背平，南郡城中可長生，守死不去義無成。」及此，融果刮金印龜，服之而死也。

秋八月，陸遜城郛。

冬十一月，詔鑿東渠，名青溪，通城北塹潮溝。潮溝亦帝所開，以引江潮，其舊跡在天寶寺後，長壽寺前。東發青溪，西行經都古承明、廣莫、大夏等三門外，西極都城牆，對今歸善寺西南角，南出經閶闔、西明等二門，接運瀆，在西州之東南流入秦淮。其北又開一瀆，在歸善寺東，經棲玄寺門，北至後湖，以引湖水，至今俗爲運瀆。其實古城西南行者是運瀆，自歸善寺門前東出至青溪者，名曰潮溝。其溝東頭，今已湮塞，纔有處所，西頭則見通運瀆，北轉至後湖，其青溪北源，亦通後湖，出鍾山西，今建元寺東南角。度溪有橋，名募士橋，吳大帝募勇士處。其橋西南角過溝有埭，名雞鳴埭。齊武帝早遊鍾山，射雉至此，雞始鳴，因名焉。其溝是吳郗儉所開，在苑陵，後晉修苑城爲建康宮，即城北塹也。東自平昌門西出，經閶闔門，注運瀆。今東頭見在建元寺門，西頭出今夏公亭前舊路西，至孝義橋入運瀆。運瀆舊有六橋：孝義，本名甓子橋。次南有楊烈橋，宋王僧達覲闕雞鴨處。次南出有西州橋，今縣城東南角路東，出何后寺門。次南有高瞱橋，建康西尉在此橋西，今延興寺北路東度此橋。次南運瀆臨淮有一新橋，對禪靈渚渡，今之過淮水橋，名新橋，本名萬歲橋。其青溪上亦有七橋：最北樂遊苑東門橋。次南有尹橋，今潮溝大巷東出度此橋。次南有雞鳴橋，即輿地志所謂今新安寺南，東度開聖寺路度此橋。次南有募士橋。次南有菰首橋，一名走馬橋。橋東燕雀湖，湖連齊文惠太子博望苑，隋末輔公祏築其地爲城，唐朝陸彦恭爲江寧令，開金華坊，坊於郭東，東逼青溪，乃廢菰首橋路，而于興業寺門前東度溪立橋，名曰金華橋。次南有青溪中橋，今湘宮寺門前巷東出度溪，東有桃花園，是齊太祖舊宅，即位後，修爲園，亦名芳林園。王元長曲水詩序云「載懷平圃，乃睠芳林」，即此園也。次南青溪大橋，今縣東出向句容大路經此橋，東，卽陳五兵尚書孫瑒宅，西，卽陳尚書令江總宅，與瑒對夾青溪，俱在路北。陶季直京都記云：典午時，京師鼎族，多在青溪左及潮溝北。俗説郗僧施泛舟青溪，每一曲作詩一首，謝益壽聞之曰：「青溪中曲復何窮盡也。」

五年春正月，立子和爲皇太子，大赦，改禾興縣爲嘉興縣。

二月，羣臣奏請立皇后及皇子爲諸侯王，辭曰：「今天下未定，民物勞瘁，有功未録，飢寒未恤，猥割土壤以封子弟，崇爵位以寵妃妾，朕不取焉。」

三月，海鹽言黄龍見。

夏四月，旱，詔禁獻御，減太官膳。

秋七月，有司又奏立皇后諸侯王。

八月，立子霸爲魯王。

九月，遣將軍陸凱討定朱崖、儋耳郡。〔三四〕

六年春，騶虞見新都。

冬十一月，丞相顧雍薨，時年七十六。是月，太子太傅、都鄉侯闞澤薨。

澤字德潤，會稽山陰人。家世農夫，幼好學，居貧，常與人傭書，以供紙筆，所寫既了，諷之亦過。究竟典籍，兼通曆數。察孝廉，累遷吏部尚書。時蜀使張奉來聘，帝命公卿宴，奉於座列澤姓名嘲謔，澤不能對。時太子少傅薛綜因行酒至奉，代澤答曰：「蜀者何也？有犬爲獨，無犬爲蜀，橫目苟身，蟲入其腹。」奉曰：「不當復列吴耶？」綜應聲曰：「無口爲天，有口爲吴，君臨萬國，天子之都。」衆座歡笑，奉無以對。

澤性謙恭，小吏對問，皆與抗禮。人有非短，口未嘗言，容貌似不足者，然所聞少窮。嘗以賈誼過秦論進帝，欲方便諷諭，以明治亂。

十二月，扶南國獻樂人。

是歲，諸葛恪大破六安，殺魏將謝景，〔三五〕收其民而還。魏司馬懿率軍入舒，恪遷於柴桑。

七年春二月，以大將軍陸遜爲丞相。

秋，嘉禾生宛陵。

八月，詔曰：「督將亡，殺其妻子，是使妻去夫，子棄父也。甚傷義教，自今勿殺之。」車騎將軍朱然、驃騎將軍步騭等各上疏言：「自蜀還者，言蜀欲背盟與魏交通，多作舟船，繕治城郭。又前蔣琬守漢中，聞司馬懿南向，不出兵乘虛以犄角之，反委漢中，還成都。事已彰露，的無所託，宜爲之備。」帝良久曰：「不然，吾待蜀不薄，聘享盟誓，無以負之，何以致此？又司馬懿前來入舒，旬日便退，蜀在萬里，何知緩急而便出軍？昔魏入漢川，此間始戒嚴，亦未舉制，會魏還而止，蜀寧可復以此爲疑也。且人治國，舟船城郭，何得不護？今此間治軍，豈欲禦蜀？人言若不可信，朕爲諸君破家保之。」果如帝言，而蜀竟無謀。

八年春二月，丞相江陵侯陸遜薨。

遜字伯言，吴人也。本名議，世爲江東大族，妻桓王女也。遜年二十，始仕幕府，〔三六〕歷東西曹令史，出爲海昌屯田尉，領縣事。海昌，今之鹽官也。時旱，遜開倉賑窮，百姓懷之。及帝統事，而遜策定山賊，帝用爲帳下都督。

時會稽太守淳于式表遜枉法，擾亂人民。遜入，乃薦式爲佳吏，帝曰：「式表卿，卿何稱善？」對曰：「式意欲養民，是以白臣，臣更毁之，是亂聖聽。」〔三七〕帝以爲長者。

後吕蒙卧疾，因上表，言遜意思深長，才堪負重，觀其規慮，終可大任，〔三八〕帝納之。累遷護軍、鎮西將軍，代吕蒙爲右部督，征關羽，尅公安，定南郡，封華亭侯，持節、揚州牧，〔三九〕多所辟舉。及帝定荆州，上表勸帝薦拔英異，以進南土人，深納其言。

黄武初，大破劉備於馬鞍山，尋敗曹休於夾石，〔四〇〕休發背死。遜還軍，振旅凱歌入武昌，帝授遜輔國將軍、郢州牧，改封江陵侯。勑左右以御蓋覆之，出入殿門，凡所賜與，皆御物上珍，羣臣莫比。嘉禾中，都護諸軍，與諸葛瑾等征襄陽，定安陸、石陽。及爲丞相，詔領揚州牧，都督如故。〔四一〕

時帝寵魯王霸，欲廢太子和，遜上書諫曰：「太子正統，宜有磐石之固，以副至尊，不宜動搖，生惡人心。」表三四上，帝怒，以重臣未卽加法，使人責之，遜不勝憤恚而薨。性忠梗，出言無私，立朝肅如也。帝嘗以諸子委遜教誨。故建昌侯慮曾於堂前作鬭鴨欄，遜見責之，卽令毁除。學士南陽謝景與劉廙之談講以先刑後禮，〔四二〕遜引大義，訶之曰：「禮長於刑久矣！何以細辯而詭先聖之教，若此之論，不須講也！」左右失色。爲人素儉知足。時年六十三，死之日，家無餘財。

夏五月，震宮門及南津大橋。茶陵縣洪水溢出，漂損二百餘家。

秋七月，帝遊後苑，觀公卿射，征西將軍馬茂、符節朱眞、〔四三〕牙門將朱志、無難都督虞欽等謀逆，欲劫公卿襲帝，事覺，夷三族。

八月，大赦。使校尉陳勳作屯田，發屯兵三萬鑿句容中道，至雲陽西城，以通吴、會船艦，號破崗瀆，上下一十四埭，通會市，作邸閣。仍於方山南截淮立埭，號曰方山埭，今在縣東南七十里。案，其瀆在句容東南二十五里，上七埭入延陵界，下七埭入江寧界。初，東郡船不得行京行江也，晉、宋、齊因之，梁避太子諱，改爲破墩瀆，遂廢之。而開上容瀆，在句容縣東南五里，頂上分流，一源東南三十里，十六埭入延陵界；一源西南流，二十五里，五埭注句容界。上容瀆西流入江寧秦淮。後至陳高祖卽位，又堙上容，而更修破崗。至隋平陳，乃詔並廢此瀆。

九年夏四月，甘露降武昌宫。

秋九月，以驃騎大將軍步騭爲丞相，車騎大將軍朱然爲左大司馬，〔四四〕衞將軍全琮爲右大司馬，〔四五〕鎮南將軍吕岱爲上將軍，諸葛恪爲大將軍。時用大錢，物貴，百姓不便。詔除大錢，卑物價，使收其錢，鎔爲器。

十年春，適南宫，案，輿地志：南宫，太子宫也。宋置欣樂營，其地今在縣城二里半，吴時太子宫在南，故號南宫。改爲太初宫。詔移武昌材瓦，有司奏武昌宫作已二十八年，恐不堪用，請别更置。帝曰：「大禹以卑宫爲美，今軍事未已，所在多賦，妨損農業。且建康宫乃朕從京來作府舍耳，材柱率細，年月久遠，嘗恐朽壞。今武昌材木自在，且用繕之。」

冬十月，大赦死罪。

是歲，胡人康僧會入境，置經行所，朝夕禮念，有司以聞。帝曰：「昔漢明帝感夢金人，使往西方求之，得摩滕、竺法蘭來中國立經行教，今無乃是其遺類乎？」因引見僧會，其言佛教滅度已久，唯有舍利可以求請。遂於大内立壇，結静三七日得之。帝崇佛教，以江東初有佛法，遂於壇所立建初寺。

帝初好道術，有事仙者葛玄，嘗與遊處，或止石頭四望山所，或遊於列洲。〔四六〕時忽遇風，玄船傾溺，帝悲怨久之。俄見玄曳履從江上行來，衣不濡而有酒色。玄性好酒，嘗飲醉卧門前陂水中竟日，醒乃止，帝重之，爲方山立洞玄觀，後玄白日昇天。今方山猶有玄煑藥鏳及藥臼在。案，輿地志：赤烏二年，爲玄於方山立觀。又吴録云：有術人姚光，自言火仙，帝焚之，火滅，光坐灰中，手持一卷，帝看之，不識。初，在武昌日，徵方士會稽介象者，帝爲立第，給御帳，號爲介君。帝每從學隱形法，前後所言皆驗。帝曾問象：「鱠魚何者爲上？」象曰：「鯔。」帝曰：「海中魚不可卒得，且言近者。」象曰：「易得。」因埳地灌水其中，釣之，得鯔，以爲鱠。仍請使往蜀市薑爲韲，初作鱠而去，欲了而還。使者於蜀見張温，温附家書而歸。

十一年春正月，朱然城江陵。

三月，太初宫成，周迴五百丈，正殿曰神龍，南面開五門：正中曰公車門；東門曰昇賢門、左掖門；西曰明揚門、〔四七〕右掖門。正東曰蒼龍門；正西曰白虎門；正北曰玄武門。起臨海等殿。

夏四月，雨雹，此有德遭險，誅伐過深之應也。雲陽言黄龍見。

五月，鄱陽言白虎仁。帝曰：「符瑞之應，表德也。朕□臻於茲？〔四八〕書云『雖休勿休』，公卿百司，勉修所職，以匡不逮，宜各勵精思朕過失。」

秋，丞相、冀州牧、番禺侯步騭薨。

騭字子山，臨淮人。性寬雅深沈，能降志辱身，研博道藝，靡不貫覽。漢末渡江，單身窮困，與廣陵人衛旍種瓜自給，晝則耕斵，以勤四體；夜則端坐，讀誦經書。吴録：會稽焦矯，嘗爲征羌令，郡之豪也。騭、旍等共修刺奉瓜，以謁矯。矯遇之甚薄，旍恥之，騭辭色自若。及食，矯自饗大案，飯騭等小盤菜茹旝怒曰：「寧能忍此！」騭曰：「吾等貧賤，主人以貧賤遇之，固其宜也，復何耻爲？」而已。〔四九〕旝不能食，騭飽食訖辭出。

旝字子旗，位止尚書。

帝初統事，召騭爲主簿，〔五〇〕與諸葛瑾、嚴畯等並著英聲於吴中，累遷使持節、征南中郎將、交州刺史，徵爲驃騎將軍，領冀州牧。

時皇太子登在武昌與騭書，問遠近士君子先後之宜。具條答於時建業人物在荆州界者，諸葛瑾、陸遜、朱然、程秉、潘濬、裴玄、夏侯承、衞旌、李肅、周條、石幹等一十一人，甄別行狀，因上疏獎勸：「臣聞人君不親小事，百官有司各任其職。是以舜命九賢，而天下治；齊桓用管仲，則國治；漢祖攬三傑，以興帝業；西楚失雄俊，以喪成功。汲黯當朝，淮南謀寢；郅都守塞，匈奴竄遁。且賢人所在，折衝萬里，信國家之利器，崇替之所由也。方今王化未被於漢北，河、洛有僭逆之醜，誠覽英拔俊任賢之時，願明太子重以經意，則天下幸甚。」

尋代陸遜爲丞相，封侯，督西陵事。在府舍，誨育門人，手不釋卷，被服居處有如儒生。喜怒不形於色，寛弘得衆，内外肅然，帝深重之。前後所薦達屈滯，救患難，書數十上，并條疏時事，帝並採用。

十二年春三月，左大司馬朱然卒。

然字義封，本姓施氏，丹楊人，安國將軍朱治姊子也。治初未有子，啟桓王養爲嗣，時年十三，桓王許焉，命召以羊酒賀之。嘗與同學結好。〔五一〕及帝統事，年十九，初爲餘姚長。建安二十四年，從討關羽立功，遷昭武將軍、假節，代吕蒙鎮江陵。與陸遜破劉備，斷後道，拜征北將軍，封永安侯。魏將夏侯尚、曹真等圍江陵，内外縣絶，真等鑿地道，立樓櫓，起土山，日夕臨城上，弓弩雨射，城中將士皆失色，然神用自若，意氣方厲，率吏卒伺間出攻，破賊兩屯。攻圍凡一百八十日而撤還，威振敵國，改封當陽侯，授左大司馬、右軍師。寢疾二年，帝日夜不安，醫藥相望於道。卒，時年六十八，帝素服舉哀。子績嗣。〔五二〕

夏四月，兩烏銜鵲墜於東觀。〔五三〕丙寅，詔驃騎將軍朱據領丞相，燎鵲以祭。此羽蟲之孽，又黑祥。視不明、聽不聽之罰也。東觀，典校之府，實天意焉。

六月戊戌，寶鼎出臨平湖。

秋八月癸丑，白鳩見於章安。

冬，右大司馬全琮卒。

琮字子璜，吴郡錢塘人。父柔，舉孝廉，累遷尚書郎、桂陽太守。嘗使琮將米數千石往吴中，有所市易。屬吴中飢荒，琮皆散用，空船還。柔大怒，琮頓首曰：「愚以所市非急，當今士大夫有倒懸之患，故便賑贍，不及啟報。」柔深奇之。自是北州人士避地多南依琮，居者百數，琮傾家給濟之，遂名顯遠近。

建安二十四年，劉備東出，琮上疏請討關羽。帝與呂蒙陰議征之，乃擒羽。會公安置酒，以琮爲偏將軍，封當陽亭侯。尋與呂範破魏軍洞口，遷綏南將軍，改封錢塘侯。帝以吳地險，於富春東安郡使琮爲太守。〔五四〕琮到官，明賞罰，招誘降附，得萬餘人。徵還，尚魯班公主，進衞將軍，領徐州牧、左護軍。自爲將勇決，當敵臨難，奮不顧身。及作督，養威持重，御軍任計，不營小利。

初，帝欲使太子登出征，大臣不敢言，琮上疏諫之。

爲人恭順，善於承顏納規，言詞未嘗忤旨，每進諫事輒納受。宗族賞賜，家累千金，然尚謙虛接士，貌無驕色。臨終，上書諫帝不征朱崖、夷州，〔五五〕殊方異域，隔絶障海，水土氣毒，兵多疾病，必無所獲萬一之利。卒，時年五十二，帝流涕。

十三年夏五月，日至，夜熒惑入南斗。

秋七月，犯魁第二星而東。

八月，丹楊、句容及故鄣、寧國諸山崩，洪水溢。說曰，山，陽，君也；水，陰，百姓也。〔五六〕戒君道崩壞，百姓將失其所，亡胤嗣之應也。時宮掖不穆，魯王霸權傾太子，大將軍陸遜、太子太傅吾粲等極諫，〔五七〕帝不納。

粲字孔休，吴郡烏程人也。生數歲，孤城嫗見之，謂其母曰：「此兒卿相骨也。」少孤賤，爲縣小吏，縣令孫河奇之。及河爲將軍，表粲爲曲阿丞，治有聲。丞相孫劭知之，舉爲主簿，累拜會稽太守，徵入爲太傅。

粲性忠亮抗直，見魯王太盛，上表切諫嫡庶不分，非有國之宜。魯王怒，因譖於帝。帝怒，收禁下獄死。嗚呼！以正喪身，悲夫！

冬十月，全公主魯斑與太子母王夫人有隙，數讒太子，帝乃幽閉和於省內。驃騎將軍、丞相朱據進曰：「臣聞太子國之本根，立性仁孝，天下歸心。今卒責之，將有一朝之患。」帝終不受諫，固執廢之。據擁太子拒諫，萬死不退，大臣泥首再拜，而尚書屈晃復進諫曰：「太子仁明，顯聞四海。今三方鼎峙，不宜搖動太子，以生衆心。願陛下少垂聖恩，老臣雖死之日，猶生之年。」因叩頭流血，詞氣不撓。帝登白爵觀，見其言切，惡之，勅晃等曰：「無事何忽忽！」遂斥還鄉里。無難督陳正與五營督陳象等見帝廢太子，乃進諫云：「昔晉獻公殺申生，立奚齊，晉國擾亂，三代不止。」帝大怒蒙等，〔五八〕乃左遷朱據爲宜都丞。〔五九〕中書令孫弘素惡據耿直，潛以僞詔，賜死。竟廢太子和爲庶人，遷於故鄣，賜魯霸死，〔六〇〕大臣坐誅者十餘人。

朱據字子範，吴郡人。少有姿貌，膂力絶人，善論難，才兼文武，累至建義校尉。黄龍初，帝將都建業，召入尚主，拜駙馬都尉，遷左將軍，封雲陽侯，領丞相。年五十七見殺。

十一月，立子亮爲皇太子。是月，遣軍十萬，作堂邑涂塘以淹北道。

十二月，有神人授書，告改年、立后。帝大赦，改明年爲太元元年。〔六一〕臨海羅陽縣又有神，自稱王表，周旋人間，言語飲食，與人無異，而不見其形。有一婢，名紡績，常隨侍。帝聞之，使中書郎李崇齎輔國將軍羅陽王印綬往迎之。〔六二〕神至建業，勑於蒼龍門外立第宅，所經山川之神，輒使與神相聞，言吉凶水旱，往往有驗。帝之納邪拒諫近之矣。

五月，立皇后潘氏。〔六三〕

八月朔，大風，江海溢，平地水一丈。〔六四〕右將軍吕據取大船以備宫内，帝聞之喜。是月，風拔高樹三千餘株，石碑磋動，吴城兩門瓦飛落。〔六五〕華覈以爲役繁賦重，區務不容之効也。因條奏之，帝曾不省。

冬十一月，幸曲阿，祭高陵。大赦。還，風疾，〔六六〕驛徵大將軍恪爲太傅。詔省徭役。

二年春正月，帝卧疾，悟和無罪，欲徵還，孫弘等固諫，事不再，乃止，封爲南陽王，居長沙；子奮爲齊王，居武昌；子休爲瑯琊王，居虎林。

八月，大赦天下，改元神鳳元年。〔六七〕皇后潘氏暴崩於内宫。后謹淑，會稽句章人。后自織室召入，得幸。常説夢有似龍頭授己者，己以蔽膝受之，遂生少帝。

性陰妒，善容媚，自始及卒，譖害無已。既病，宫人侍疾，不堪勞苦，伺其昏卧，共縊殺之，〔六八〕言中惡。尋而事泄，坐誅者六七人。

三月，帝疾甚，使有司傳詔問神人王表請福，表云：「國之將興，聽之於人；國之將亡，聽之於神。」〔六九〕

夏四月乙未，帝崩於内殿，遺詔太子太傅諸葛恪與太常滕胤、衞將軍孫峻等輔太子亮。〔七〇〕

秋七月，葬蔣陵，今縣東北十五里鍾山之陽。

案，帝四十卽吴王位，七年；四十七卽帝位，二十四年，年七十一崩。羣臣上謚爲大皇帝，廟曰太祖。

帝屈身忍辱，任才尚計，有勾踐之奇英。故尅跨江表，成鼎峙之業。然多嫌忌，果於殺戮。末年滋甚。信用讒説，竟廢嫡嗣。初，桓王定江東，遣修貢於漢，漢使劉琬加錫命。琬至江東，見桓王諸兄弟，顧諸人曰：「孫氏諸子皆俊傑，然壽並不長，惟中子孝廉權，當有大貴之相，骨體非人臣也，壽又最長，君試記之。」後果成帝業，何見知之明也！

卷第二校勘記

〔一〕甲申立壇於南郊卽帝位　按長曆四月甲申朔，不得在甲午後，吴志孫權傳、通鑑七一皆作「丙申」，爲四月十三日，疑是。

〔二〕綜字緯則　「緯」，吴志胡綜傳作「偉」。

〔三〕少孤將母避亂江東　陶札云：「吴志胡綜傳『少孤，母將避難江東』，案實録『將』字應在『母』字之下。」

〔四〕徐祥　見卷一校記〔四六〕。

〔五〕帝乃立壇至以幽豫青徐兖鄲冀并涼屬蜀　吴志孫權傳作「權乃參分天下，豫、青、徐、幽屬吴，兖、冀、并、涼屬蜀」。通鑑七一亦同。

〔六〕楚威王　吴志張紘傳注引江表傳、通鑑六六皆作「楚武王」。

〔七〕象天之所會　「會」，吴志張紘傳注引江表傳作「命」。

〔八〕自武昌城建業至長沙桓王故府也因以不改　陶札云：「吴志張紘傳『紘建計宜出都秣陵，權從之。令還吴迎家，道病卒』。又孫權傳建安『十六年，權徙治秣陵』。實録卷一，建安十六年權始自京口徙治秣陵，是紘卒於建安十六年，實録誤以權之出都秣陵，與黄龍元年權之自武昌還都建業爲一事，故謂紘卒於黄龍元年，則靈帝時紘年方十餘，安得舉茂才，見辟於公府哉？」

〔九〕年六十一　吴志張紘傳作「時年六十卒」。

〔一〇〕二月皇子建昌侯慮薨　吴志孫權傳作「春正月，建昌侯慮卒」。

〔一一〕遣太常張彌至封淵爲燕王　陶札云：「據吴志孫權傳此係嘉禾二年事，實録誤繫於嘉禾元年，又周賀已爲田豫所斬，實録誤列入。」陶説是，通鑑七二亦載於青龍元年。魏明帝青龍元年即吴之嘉禾二年也。

〔一二〕公孫淵果反爲魏魏將田預要擊破周賀裴潛等於成山　陶札云：「案田豫要擊周賀等乃嘉禾元年九月事，實録誤繫於嘉禾二年。」陶説是，通鑑七二載於太和六年。魏明帝太和六年即吴之嘉禾元年。「田預」，吴志孫權傳、通鑑七二皆作「田豫」。

〔一三〕豹皮千枚　吴志孫權傳、通鑑七二皆作「貂皮千枚」，疑是。

〔一四〕選曹尚書陸瑁上疏曰　陶札云：「據吴志陸瑁傳，陸瑁諫征公孫淵凡上二疏，實録誤合爲一疏。」

〔一五〕夫兵革者前代所以誅暴亂滅四夷　陶札云：「吴志陸瑁傳『夫兵革者，固前代所以誅暴亂，威四夷也』。案『威』字爲是。」

〔一六〕三月武昌甘露降於禮賓殿　宋書符瑞志中同。吴志孫權傳「三月」作「二月」。又吴志、宋書「武昌」下皆有「言」字。

〔一七〕黄龍初與孫劭滕躭鄭禮等採周漢故事定朝儀　陶札云：「吴志孫權傳，孫邵卒於黄武四年，是，『黄龍初』應爲『黄武初』之譌。吴志滕胤傳，伯父躭早卒。張昭傳注引吴録『昭與孫紹、滕胤、鄭禮等採周、漢，撰定朝儀』。是『滕躭』應爲『滕胤』之譌。」

〔一八〕兩使不返取笑天下　「取」上原有「司」字。吴志張昭傳云：「兩使不返，不亦取笑於天下乎？」陶札云：「『司』字應爲『斯』字之譌。」今庫本、徐鈔本、甘鈔本皆無『司』字，據改。

〔一九〕而數於衆中折朕失計何也　吴志張昭傳作「而數於衆中折孤，孤嘗恐失計」。陶札云：「實録失吴志原意。」

〔二〇〕昭進謝帝跪止之至帝謝之　陶札云：「據吴志張昭傳此係權遣張彌、許晏以前事。」

〔二一〕六年春正月詔曰郎吏者至不得虚詞相飾　陶札云：「案吴志孫權傳注江表傳曰權正月詔云云，裴氏注於赤烏二年，實録繫此詔於嘉禾六年，誤。」

〔二二〕詔字公禮父河　吴志孫詔傳云，河爲詔伯父。

〔二三〕在邊十數年　吴志孫詔傳作「詔爲邊將數十年」。

〔二四〕將帥姓名　吴志孫詔傳「將」上有「魏」字。

〔二五〕拜右將軍　陶札云：「吴志孫詔傳，詔子越官至右將軍，詔未嘗拜右將軍。」

〔二六〕中郎將秦傀等與魏將王淩大戰芍陂中　「秦傀」，徐鈔本作「秦隗」，吴志孫權傳、顧譚傳作「秦晃」，未知孰是。「王淩」原作「王陵」，今據吴志孫權傳、魏志本傳及通鑑七四改正。

〔二七〕相中　原誤作「湘中」，今據徐鈔本及吴志孫權傳、通鑑七四改。

〔二八〕大駕方入淮泗　「淮泗」，吴志孫權傳注引漢晉春秋作「淮陽」。

〔二九〕既居儲位以諸葛恪爲左輔張休爲右弼顧譚張承爲都尉是爲四友　陶札云：「吴志孫登傳，立爲皇太子，以恪爲左輔，休爲右弼，譚爲輔正，表爲翼正都尉，是爲四友。又陳武傳，武子表徙太子中庶子，拜翼正都尉。又張昭傳，張承未嘗爲東宫官屬。實録列張承於四友，誤。」

〔三〇〕刁玄裴欽蔣修虞翻志節外明　吴志孫登傳作「刁玄優弘，志履道真；裴欽博記，翰采足用；蔣修、虞翻志節分明」。

〔三一〕備知情素　「情」原作「愫」，據徐鈔本及吴志孫登傳改。

〔三二〕封陽都侯　陶札云：「吴志諸葛瑾傳，瑾從討關羽，封宣城侯，後改封宛陵侯，未嘗封陽都侯。實録蓋因瑾子恪曾封陽都侯而誤。」

〔三三〕疆無外事　吴志諸葛瑾傳作「疆外無事」。

〔三四〕九月遣將軍陸凱討定朱崖儋耳郡　吴志孫權傳、通鑑七四皆記此事在七月。

〔三五〕謝景　吴志孫權傳作「謝順」。另有謝景爲吴臣，南陽人。

〔三六〕遜年二十始仕幕府　「二十」，吴志陸遜傳作「二十一」。

〔三七〕式意欲養民是以白臣臣更毁之是亂聖聽　陶札云：「吴志陸遜傳：『式意欲養民，是以白遜。若遜復毁式以亂聖聽，不可長也。』案時孫權尚不過一將軍，遜不應稱臣，實録爲誤。」

〔三八〕後吕蒙卧疾因上表言至終可大任　陶札云：「吴志陸遜傳，蒙至都，權問：『誰可代卿者？』蒙對曰：『陸遜意思深長，才堪負重，觀其規慮，終可大任。』案實録謂蒙上表言，誤。又『意』字上應有『陸遜』二字，徐鈔本實録『意』字上正有『遜』字。」陶説是，今據補。

〔三九〕累遷護軍鎮西將軍至揚州牧　陶札云：「吴志陸遜傳，權乃召遜拜偏將軍右部督代蒙，實録謂遜代蒙爲右部督，非也。蒙未嘗爲右部督。又遜遷護軍鎮西將軍在遜領宜都太守時。又遜未嘗爲揚州牧，實録蓋因遜傳注引吴書有揚州牧吕範辟遜之事而誤。」

〔四〇〕尋敗曹休於夾石　「夾石」原作「夾」，今據徐鈔本及吴志陸遜傳、通鑑七一補正。

〔四一〕詔領揚州牧都督如故　陶札云：「揚州牧乃荆州牧之譌，都督乃都護之譌。吴志陸遜傳正作荆州牧及都護。」

〔四二〕學士南陽謝景與劉廙之談講以先刑後禮　謝景、劉廙雖共爲南陽人，然景爲吴臣，廙爲魏臣，故陶札云：「謝景不得與劉廙共談，實録爲誤。又以『之』字上屬，尤誤。」陶説甚是，吴志陸遜傳作「南陽謝景善劉廙先刑後禮之論」。

〔四三〕符節朱真　吴志孫權傳作「兼符節令朱貞」。

〔四四〕以驃騎大將軍步騭爲丞相車騎大將軍朱然爲左大司馬　吴志孫權傳及步騭、朱然本傳皆云其官驃騎將軍與車騎將軍，二「大」字疑衍。

〔四五〕全琮　原作「全綜」，今據宋本、庫本、甘鈔本、徐鈔本、周鈔本、劉鈔本及吴志本傳改正。

〔四六〕有事仙者葛玄至或遊於列洲　吴志吴範劉惇趙達傳注引抱朴子「葛玄」作「葛仙公」，「列洲」作「洌州」。

〔四七〕明揚門　宋本、庫本同，它本皆作「明陽門」。

〔四八〕朕□臻於兹　「朕」下缺一字，宋本、甘鈔本、劉鈔本同。吴志孫權傳作「朕以不明，何以臻兹」，庫本、徐鈔本卽據此將「朕□」補改爲「何以」二字。周鈔本又作「未易」二字。

〔四九〕小盤菜茹　「菜」原作「萊」，今據宋本、張本、徐鈔本、周鈔本、劉鈔本及吴志步騭傳改正。

〔五〇〕召騭爲主簿　「主簿」，吴志步騭傳作「主記」。

〔五一〕嘗與同學結好　吴志朱然傳作「然嘗與權同學書，結恩愛」。據此則實録「與」下當脱「權」字。

〔五二〕子績嗣　「績」原誤作「續」。朱績本姓施氏，又稱施績，見於吴志朱然傳、宗室傳及通鑑七五，陸機辨亡論亦同，今據改。

〔五三〕兩烏銜鵲墜於東觀　「東觀」，吴志孫權傳、晉書五行志中並作「東館」。

〔五四〕帝以吴地險於富春東安郡使琮爲太守　吴志全琮傳作「權分三郡險地爲東安郡，琮領太守」。陶札云：「案實録有脱文。」

〔五五〕臨終上書諫帝不征朱崖夷州　陶札云：「吴志琮諫不征珠崖、夷州，非臨終時事，實録誤。」

〔五六〕山陽君也水陰百姓也　「水」字原缺，據庫本及晉書五行志下、宋書五行志五補。

〔五七〕吾粲　「吾」原誤作「吴」，今據吴志本傳及孫權傳、陸遜傳改。

〔五八〕帝大怒蒙等　「蒙」疑當作「象」，吴志孫和傳、通鑑七五亦可證。

〔五九〕乃左遷朱據爲宜都丞　「宜都丞」，吴志朱據傳、通鑑七五並作「新都郡丞」。

〔六〇〕魯霸　周鈔本眉批云：「『魯霸』應作『魯王霸』，落一『王』字。」周説是，吴志孫權傳、孫霸傳可證。

〔六一〕帝大赦改明年爲太元元年　據吴志孫權傳改元在次年五月。

〔六二〕李崇　原作「季崇」。陶札云：「『季』乃『李』之譌。」陶説是，吴志程秉傳作「徵崇」，下注引吴録云：「崇字子和，治易、春秋左氏傳，兼善内術。本姓李，遭亂更姓。」孫綝傳正作「李崇」，今據改。

〔六三〕五月立皇后潘氏　「五月」原作「五年」，據周鈔本、劉鈔本及吴志孫權傳、通鑑七五改。

〔六四〕平地水一丈　「一丈」，吴志孫權傳、晉書五行志下、宋書五行志五皆作「八尺」。

〔六五〕吴城兩門瓦飛落　晉書五行志下、宋書五行志五同。吴志孫權傳「吴城兩門」作「郡城南門」。

〔六六〕幸曲阿祭高陵大赦還風疾　陶札云：「據吴志權祭南郊還，寢疾。未往曲阿，實録恐誤。」

〔六七〕八月大赦天下改元神鳳元年　陶札云：「案孫權卒於夏四月，何得於八月尚大赦改元。吴志改元神鳳在二月，是也。」

〔六八〕既病宫人侍疾不堪勞苦伺其昏臥共縊殺之　吴志妃嬪傳云：「權不豫，夫人使中書令孫弘吕后專制故事。侍疾疲勞，因以羸疾，諸宫人伺其昏卧，共縊殺之。」陶札云：「案實録謂宫人侍疾，不堪勞苦，誤。蓋由誤解吴志之文。」

〔六九〕表云國之將興聽之於人國之將亡聽之於神　據吴志孫權傳「國之將興」四句爲孫盛語，實録以此語屬王表，當誤。又「人」，吴志作「民」，蓋許嵩避唐諱改。

〔七〇〕衛將軍孫峻　「孫峻」各本皆誤作「孫信」，今據吴志孫峻傳及通鑑七五改。

建康實録卷第三

吴中下

廢帝〔一〕

廢帝亮，字子明，大帝少子。母潘皇后。赤烏七年，生於内殿。十三年，年七歲。冬十一月，立爲皇太子。

神鳳元年夏四月乙未，大帝崩。丁酉，太子卽皇帝位，〔二〕以太傅諸葛恪輔政，太常滕胤副焉，進羣臣爵有差。

秋九月，桃李花開，此舒緩之應也。初，大帝黄龍二年，築東興堤以遏湖水，後征淮南，敗，由是廢至此。

冬十月，諸葛恪率諸軍會於東興，作大堤，左右結山，俠築兩城，各留千人，使全端、留略守之，引軍而歸。

十二月丙申，大風雷雹。魏恥吴入境築城，乃遣大將胡遵、諸葛誕等率衆七萬來攻，壞堤遏。恪舉衆四萬往救之。遵等勅諸軍爲浮橋渡，陣於堤上，分攻兩城；城所在高峻，不可卒拔。恪遣將軍留贊、吕據、唐咨、丁奉等爲前部，〔三〕恪自繼之。時天寒，雪，魏軍會飲，見贊等兵少，猶不持戈戟，但兜鍪刀楯，倮身緣堤，大笑，不卽嚴兵。贊等得上，便鼓噪亂斬，魏軍擾亂散走，争渡浮橋，橋壞，自投於水，更相蹈藉，没死者數萬。擒故叛將韓綜，斬之，走諸葛誕。獲車馬驢騾各數千，器械資糧山積，振旅而歸。加恪都督中外諸軍事、荆揚二州牧、丞相、陽都侯。恪有遷都意，更起武昌宫。

是月，武昌端門災，改作端門。

建興元年春正月，大赦，改元，立皇后全尚女，〔四〕太祖女魯班所生。班譖廢太子和，而勸太祖立亮，以女爲妃。及卽位，立爲后。

尚字子真，吴郡錢塘人。〔五〕以后父故，累遷右衛將軍、録尚書事，封永平侯。時全氏爲侯者五人，並典兵馬，其爲侍郎、都尉，左右宿衛甚衆，自吴興已來，外戚之盛莫過也。

三月，諸葛恪伐魏，使司馬李衡往蜀説姜維，令同舉兵，曰：「古人有言，聖人不能爲時，〔六〕時至亦不可失。今敵國政在私門，上下猜隔，兵挫於外，民怨於内。今若大舉伐之，吴攻其東，蜀入其西，〔七〕彼救西則東虚，重東則西輕，以練實之軍，乘輕虚之敵，破之必矣。」維然之。恪遂大舉郡邑二十萬衆渡江，圍魏新城，久不拔，民疲，士卒多流亡，乃引軍還，住江濱，欲起屯潯陽。朝廷數詔徵還，使者相屬。

秋八月，恪至京師，陳兵入府，召中書令孫嘿，責之曰：「卿何敢妄數作詔！」嘿懼，因病還家。恪愈作威嚴，多所罪責，小大吁怨。

九月，又治兵向青、徐，左右切諫軍旅不宜數動，恪不受諫。

冬十月，大饗公卿，因會，乃殺恪於殿内，以葦席裹屍，篾束其腰，投于石子崗。時年五十一。

先有童謡云：「諸葛恪，何弱弱。蘆單衣，篾鉤絡。何處求？城子閣。」〔八〕城子閣，反語石子崗也。謡言果驗。

恪字元遜，瑾之長子。有才名，少鬚眉，折頞，大口高聲，發藻岐嶷，辯論機捷，應答無方，時人莫與爲對。太祖奇之，謂瑾曰：「藍田出玉真不虚也。」自中庶子爲太子賓友、左輔都尉。嘗從太祖會羣臣歡甚，以恪父面長似驢，取驢署曰諸葛瑾，示恪。恪借太祖筆，書「之驢」二字，太祖大笑，以驢賜恪。他日又從容問曰：「卿父與叔父孰賢？」曰：「臣父爲優。」帝問何故，曰：「臣父知所事，〔九〕叔父不知，是以爲優。」

初置節度典軍糧，特令恪代徐祥領之，尋爲撫越將軍、丹楊太守。父瑾聞之，以丹楊山險，民多果勁，蜂至鳥竄，難以羈統，恪陳必安之計。時年三十二，拜武騎，威儀鼓吹，道引到府。移書丹楊，吴郡、會稽、新都、壽陽等四郡屬城長吏，〔一〇〕令各保疆，立部伍，其從化人，悉令屯居。而使諸將羅兵阻險，莫與交鋒，候禾稼熟，則縱兵芟刈，使無遺種。舊穀既盡，新田不收，在山之民饑困，自出者輒不得執之，任其來往，慰撫之。山越大治，人皆安堵。累遷威北將軍，屯柴桑。

初，與陸遜不和，嘗善譽遜，遜薨，代爲大將軍、荆州牧、假節，鎮武昌。太元末，受顧命。帝即位，獨擅内外事，百官總己，以聽於恪。恪始爲政，罷視聽，息校官，原逋責，除關税，崇恩澤，遠近歡悦，每一出入，百姓延頸，思見其面。既而北伐，衆殆人勞。侍中、武衛將軍孫峻等因人不堪，密與帝謀誅之。其夜恪精爽不安。及明，盥嗽聞水及衣裳血腥。將昇車，犬又頻頻引其衣，恪還坐曰：「犬不欲吾行乎？」少間又出，犬復銜衣牽之，恪乃逐犬登車。至宮門，散騎常侍張約、朱思等密書報恪，〔二〕恪謂滕胤曰：「孫峻小子，何能爲也！」遂入坐定，酒數行，峻起如廁，解長衣持刀出，曰：「有詔收諸葛恪！」恪驚起，拔劍未出而峻刀交下。張約從旁斫峻，傷左手，峻應手斫，斷右臂。武衛皆拔刃欲上殿，峻告曰：「所殺唯恪一人，今已死。」悉令復刃，使收其家。家人不知，恪侍婢忽然於中堂脚自離地，頂上柱屋梁作聲云：「公爲孫峻所殺！」内外驚擾，中子長水校尉竦與弟步兵校尉建，車載母，建渡江，竦至白都。峻遣將軍劉永追斬竦，又逐建於江西數里，夷三族。大赦天下。以峻爲丞相、大將軍，封富春侯。

初，恪出征南時，有孝子杖絰入閤中，侍者白恪，恪詰問之，孝子曰：「向不知所入。」中外守備，亦不見之。及出行，後廳棟中折，自新城往來，白虹見其船，又遶其車，果是遇害。案，地圖：宅在城東二里玄風觀前横路南。〔二〕

十一月，有五大鳥見於春申，改明年爲五鳳元年。

春正月，以大將軍、左司馬李衡爲丹楊太守，自蕪湖又徙治宛陵。

秋九月，魏相司馬師廢其主芳爲齊王。

十二月，星孛於牛斗。交阯稗草化爲稻，此草妖也。昔三苗亡而五穀變。

二年春正月，驃騎將軍呂據襲壽春，魏將文欽降，淮南餘衆數萬來奔。

秋七月，孫儀、林恂等謀殺大將軍峻，事覺，伏誅。陽羨黑山石自立，〔三〕曰：「當有庶人爲帝之祥。」案，京房易傳曰：石自立，於山則同姓，平地則異姓。干寶以爲孫皓承廢得立，或云孫休見立之應。大旱。使衛尉馮朝城廣陵，以將軍吳穰爲廣陵太守。

三年春正月，新作太廟，遷太祖神主，大赦，改太平元年。

二月，用魏將文欽計，大舉兵伐魏。

八月，遣欽爲先鋒，以呂據、朱異、劉纂、唐咨等自江都引衆軍入淮、泗以繼之。諸軍將發，孫峻餞於石頭，因入呂據營，見軍御整齊，惡之，乃稱心痛而歸，遂夢諸葛恪擊之，因病甚，表弟偏將軍綝輔政。

九月丁亥，峻薨。

峻字子遠，武烈皇帝弟静之曾孫。〔一四〕父恭，位散騎常侍。峻少便弓馬，精果膽決。累遷侍中、武衛將軍，受遺與諸葛恪輔少帝。既誅恪，督中外諸軍事。滕胤以恪子竦妻父辭位，峻曰：「鯀禹罪不相及，滕侯何爲？」封胤爲高密侯。

峻性驕矜，多所刑殺，奸亂宫室。與公主魯斑私通，而因孫儀事，用譖，害魯育公主。薨，時年三十八。

戊子，以孫綝爲侍中，輔政。壬辰，太白犯南斗。吕據等至江北，聞綝代峻，大怒，乃表薦衛將軍滕胤爲丞相，綝不聽。癸卯，以胤爲大司馬，據又密使使與滕胤謀，自廣陵引軍還討孫綝，與胤會蒼龍門。是夜，風急，據不至，綝使華容勒兵攻胤，〔一五〕殺之。

胤字承嗣。父胄，能屬文，太祖待以賓禮，軍國書疏，常令損益潤色之，早録其功，封胤爲都亭侯。

胤爲人厲行，有威儀，容止可觀。每正朔朝會，大臣見之，皆歎重之。年三十，起家中郎，累遷丹楊太守，尋轉會稽太守。每斷獄訟，察言觀色，務盡人情理。有窮厄悲苦之言，對之流涕。

太元末，與諸葛恪受遺輔少主，恪每出征，胤常居守，統留後事。胤白日接客，夜省文書，連夜不臥。孫峻輔政，封高密侯，至是遇害。

己酉，遣將軍施寬、劉承等將兵逆呂據，〔一六〕左右皆勸據入魏，據曰：「恥爲叛臣。」遂殺於新州，夷三族。

據字世議，大司馬範次子。

冬十一月，綝爲大將軍，封永寧侯。

十二月，帝使五官中郎將刁玄告亂于蜀。

二年春正月乙卯，〔一七〕詔分長沙東部爲湘東郡，西部爲衡陽郡，會稽東部爲臨海郡，豫章東部爲臨川郡。

夏四月，帝始臨正殿，大赦境內，親政事。時孫綝有所表奏，皆難問之。又選子弟十八已下，十五已上，得三千人，以大將軍子弟有勇者爲之將帥。詔曰：「朕立此軍，欲與之俱長。」日於苑中習焉。自後常出中書省視先帝故事，詰問左右曰：「先帝數有特詔，今大將軍關事，但令我書可耶！」左右懼，無以答。

五月，魏征東大將軍諸葛誕舉兵保壽春叛魏，使將軍朱成詣闕上表稱臣，兼子靚與長史吳綱及諸牙門子弟爲質，請援。

秋七月，詔使大都督朱異、將軍唐咨、丁奉、全端等精甲五萬，據壽春，大將軍孫綝自率衆繼之，爲魏將司馬昭所破，將軍全端、錢塘侯全澤等與諸葛宗親十餘人，皆降於魏。

九月，綝自淮南歸，還軍。甲申，赦，淮南戰死者，加爵賞，爲舉哀。

三年秋七月，封齊王奮爲章安侯。詔州郡伐宫材。自八月沈陰不雨四十餘日。帝以綝專恣自固，嫌忌之。

九月，詔黄門侍郎全紀密令與父太常全尚、將軍劉承謀誅綝。全紀母，公主從姊也，其夜知謀，以告綝，綝懼。戊午夜，以兵襲宫，取全尚，遣弟恩殺劉承於蒼龍門。綝將廢帝，乃召公卿大臣會宫門議曰：「少帝長病昏亂，不可以當大任。」使光禄勳孟宗告宗廟廢之，以狀赴近遠。尚書桓彝正色不肯署名，綝怒，殺彝。

彝字公長，臨湘人也，魏尚書令階之弟也。累遷尚書，以正直見殺。案，吴志：晉平吴，薛瑩入晉，晉武帝問吴之名臣，答曰：「桓彝有忠貞之節。」

庚申，使中郎李崇奪帝璽綬，爲會稽王。帝九歲卽位，立七年，遣將軍孫耽送帝之國，徙全尚家於零陵，遷公主魯斑於豫章。

帝年十六，永安二年見殺，崩於候官道上。〔一八〕晉太康中，吴故少府卿丹楊戴顯上表，迎屍歸葬賴鄉。

帝幼而聰悟，有成人之鑒。年七歲，爲皇太子，見傅相具師資之禮，大臣重之。及卽位，政雖非己出，而口不戲言。諸葛恪之誅也，衞將軍孫峻收恪，帝大言曰：「非我所爲！」及孫綝秉政，有奏多所問難，綝懼，稱疾不朝。又曾暑月遊西苑，方食青梅，使黄門至中藏取蜜，黄門先恨藏吏，乃取鼠糞投蜜中，言藏吏不謹。帝卽持吏，吏持蜜瓶入，帝問曰：「既蓋之，且有掩覆，無緣有此，黄門非有恨於爾耶？」吏叩頭曰：「彼嘗從臣求官席，席有數，臣不與。」帝曰：「必此也。」黄門不伏，侍中刁玄、張邠請收黄門與藏吏付獄，帝曰：「易知耳。」令破鼠糞，糞中猶燥。帝大笑，謂玄、邠曰：「若先在蜜中，中外俱溼，今乃燥，是黄門所爲也。」黄門懼，卽自首伏法，左右莫不驚竦矣。

景皇帝

景皇帝休，字子烈。母王夫人。年十七，太元二年，封爲瑯琊王，〔一九〕居虎林。廢帝卽位，大將軍諸葛恪不欲令諸王處江濱兵馬之地，徙帝於丹楊郡。郡守李衡數以事侵帝，帝上書求他郡，詔徙於會稽。曾夢乘龍上天，顧不見後，心異之。太平三年九月戊午，孫綝廢少帝，而遣宗正孫楷、中書郎董朝往會稽迎帝。帝初不信，楷答具啟本意，帝遂行。未至，而孫綝悔，欲入宫將圖不軌，召百官會議於相府，皆惶懼失色。常侍虞汜進曰：「明公爲國伊、周，處將相之位，擅廢立之權，上安宗廟，下惠兆民，小大踴躍，以爲伊、霍復見。迎王未至，而欲入宫，如是，則羣下揺動，衆聽疑惑，非所以永終忠孝，揚名後世也。」綝不悦。冬十月，帝至曲阿，有老翁干帝曰：「事久變生，天下喁喁，願大王速行。」帝善之，卽日進布塞亭。武衞將軍孫恩行丞相事，率百官以乘輿法駕迎於永昌亭，立行宫，以武帳爲便殿，設御座。己卯，帝至，望便殿止，羣臣三請再拜，陞殿，謙不卽座。户曹尚書前卽堦下讚奏，丞相奉璽綬，帝三讓，羣臣三請，帝曰：「諸侯將相咸推寡人，寡人敢不承命。」乃受璽綬。卽帝位。百官以次奉引，帝就乘輿，羣臣陪位，孫綝迎於土山之半野，拜於道左，帝下車答拜。卽日，入宫御正殿，大赦，改元爲永安元年。

冬十月壬午，詔以綝爲丞相、大將軍、荆州牧，食五縣。以弟恩爲御史大夫，弟幹、弟闓皆封侯，餘功臣行賞有差。綝乃詣闕上書，乞上印綬、節鉞，退還田里，帝不許。丹楊太守李衡以前嫌，自拘有司，表列罪失，帝曰：「夫射鉤、斬袪，在君爲君。」乃使還郡，封威遠將軍，領丹楊太守。

衡字叔平，襄陽兵家子。漢末入吴爲武昌渡長，〔三〇〕聞羊衜有知人之鑒，往干之，衜曰：「多事之世，尚書郎才也。」時校事郎吕壹操弄權柄，大臣畏之，莫有敢言者，衜曰：「此非李衡無以困壹。」遂共薦爲郎。太祖引見喜之，衡乃口陳吕壹奸短數千言，太祖有媿色。後

數月，壹事發，坐誅，衡大見顯用。累遷諸葛恪司馬，幹恪府事。恪誅，守丹楊太守。〔三〕

時帝爲瑯琊王在郡，人家淫放，衡數以法繩之。妻習氏常諫不可，衡不從。尋而帝立，衡憂懼，謂妻曰：「不用卿言至此。今奔魏何如？」妻曰：「不可。君本庶人，先帝賞拔過量，既作無禮，而復逆自猜嫌，逃叛求活，北歸，復何面目見士大夫乎？且瑯琊王素好善慕名，方欲自顯於天下，終不以私嫌殺君明矣。君可自囚詣獄，表陳前失，請罪。如此，必當逆見優饒，非但直活而已。」衡從其言。

衡欲爲子孫儲業，妻輒不聽，曰：「財聚則禍生。」衡遂不言，後密使人於江陵龍陽洲上作宅，種甘橘千樹，臨死，勑兒曰：「汝母每惡吾治家，故窮如此。然吾州里有千頭木奴，不責汝衣食，歲上絹壹疋，當足用耳。」衡亡後，兒以白母，母曰：「此當是種甘橘也，汝父每欲積財，吾常以爲患，不許。七八年來失十户客，不言所之，當是汝父有此故也。恒見汝父稱太史公言：『江陵千樹橘，亦可比封侯。』吾答云：『人患無德，不患不富貴，若貴而能貧，方好耳，用此何爲！』今無 乃是耶！」子訪得之。案，吴志：吴末，李衡橘園成，歲得絹千疋，家道殷足。至晉咸康中，宅上猶有故枯橘樹存焉。

己丑，封故太子和子皓爲烏程侯，弟德爲錢塘侯，弟謙爲永安侯。庚寅，羣臣奏請立后及太子，帝讓不受。

十一月甲午，有風四轉五復，蒙霧連日。時孫綝既擅廢立，權傾人主，一門五侯，並典禁兵，有所陳述，帝敬而不違，自吴朝未之有也。壬子，詔吏家爲役有三人五人者，並免父兄一人。永昌亭陪位者，加爵一級。

十二月，綝日益横，遂持牛酒進奉於帝，帝不受，賫詣左將軍張布，酒酣，怨言曰：「初廢少主，人多勸吾自取之，吾以帝賢，故迎之。帝非吾不立，今上禮見拒，是與凡臣無異，當須改圖耳。」布以言聞於帝，帝銜之，恐卽有變，優詔加賞賜。有告綝反者，帝付綝，綝殺之，而心愈懼。因孟宗求出武昌，帝許之，詔給武庫精甲萬人。右軍將軍魏邈言於帝曰：「綝不可使居外，居外必生變。」帝不答。丙寅，武衞將軍施朔等密表云「綝反狀已露」。〔三〕帝省表，與左將軍張布、郗鄉侯丁奉密謀，因戊辰臘會，使公卿執綝。將入，疑内有變，表稱疾，帝使强起之，綝不得已，令外整兵於府，待吾入後起火，因是可得速出。及赴會，百僚陛殿，而府中火起，綝遽求出看火，帝止之，曰：「外兵自多，何勞丞相。」綝起離席，帝目丁奉、張布等，命左右縛綝。綝叩頭求徙交州，帝怒曰：「何不徙滕胤、吕據？」叱送斬之。其同謀者皆赦，放杖者五千人。追殺綝弟幹、闓於中江，發孫峻冢而剖其棺，斵其屍，收其印綬。大赦天下，一切亡官遷徙皆放還。詔諸葛恪、滕胤、吕據等並無罪見害，並宜改葬，追贈其家，復其田宅。羣臣有乞爲恪立碑，以銘勳德，博士盛冲以爲不合。帝曰：「盛夏出軍，士卒傷損，無尺寸之功，不可謂能；受託孤之任，死於豎子之手，不可謂智。沖議是矣。」遂寢之。帝恥與綝等同族，勑除屬籍，曰「故峻故綝」云。

綝字子通，與峻同祖，卽武烈帝弟靜之玄孫，暠之後也。暠生二子：恭、綽。恭生峻，綽生綝。綝輔少主，奏請多見推詰，懼不自安。及救諸葛誕歸，便稱疾不朝，築室朱雀橋南，分遣諸弟入宿衞，欲樹諸黨，專朝自固。少主嫌之，因推孫峻殺朱主事，將欲誅綝。綝乃廢少主迎帝，遂乃肆意，侮慢人神，燒大航及伍胥廟，毀壞浮圖塔寺，斬道人。

是月，詔初置五經博士一人、助教三人。

二年春正月，諸葛恪故吏臨淮臧均上表，論諸葛恪三世有大功，請收其屍改葬，帝許之。〔二三〕

二月，備九卿官，下詔勸廣農事，進用忠賢。以紀亮爲尚書令，亮子陟爲中書令。每朝列坐，帝以雲母屏風隔之。

三年春，使五官中郎將薛珝聘蜀求馬，還，帝問蜀政得失，珝對曰：「蜀主暗而不知其過，臣下容身以求免罪，入朝不聞正言，經野民皆菜色。臣聞燕雀處堂，母子相樂，自以爲安也，竈決棟焚，而燕雀怡然不知禍之將至，是其謂乎！」帝聞之憮然。

二月，西陵言赤烏見。〔二四〕

秋，使都尉嚴密作浦里塘，開丹楊湖田，衛將軍濮陽興率兵會成之。時會稽謡言王亮當還爲天子，而宫人告亮使巫禱祠，有司以聞。帝詔黜亮爲候官侯，使之國，道上令鴆殺之。分會稽南部爲建安郡。

是年，得大鼎於建德縣，告太廟，作寶鼎歌。

四年夏五月，大雨，水泉溢滿。是月，魏相國司馬昭殺其君髦。

八月，使周奕、石偉行風俗，宣慰將吏，問民勞苦，爲黜陟之詔。

九月，白龍見布山。吴人陳焦死，埋六日更生，穿土而出。

五年春二月，白虎門北樓災。

秋七月，黄龍見始興。〔二五〕

八月壬午，大風震雷。甲午，有司奏請立皇后，帝乃尊所生王夫人，謚爲敬懷皇后，改葬敬陵。乙酉，立皇后朱氏。戊子，立子𩅦爲皇太子，大赦。詔自立四子𩅦、𩃙、𩄾、𩅧等名字，欲令後世易避。

冬十月，以衛將軍濮陽興爲丞相，丁密、孟宗爲左右御史大夫。

宗字子恭，江夏人。性至孝，幼從南陽李肅學。其母爲作厚褥大被，人問其故，母曰：「小兒無德致客，客多貧，故爲廣被，庶可得氣類相接。」宗讀書，夙夜不懈，肅奇之曰：「卿將相器也。」故長爲驃騎朱據軍吏，將母在營。既不得志，遇夜雨屋漏，因泣以謝母，母曰：「但當勉之，何當泣也？」據後稍知之，除鹽池司馬。能自結網捕魚，作鮓寄母，母使送還曰：「汝爲魚官，而以鮓寄母，非避嫌也。」尋遷吴縣令。時不得將家之官，宗在官每得新物，未寄母，不先食之。又母亡，時禁長吏不得奔喪，宗犯禁奔喪，既而詣武昌請拘。大將軍陸遜表陳孝行，請於帝，帝降罪。

母性耆笋，冬節將至，宗乃入竹林泣，笋爲之生，得以供祭。後累遷位，至光禄勳、御史大夫。後主卽位，宗避後主諱，改名仁。

以張布爲中軍督，委萬機于布；委軍國於濮陽興；詔中書郎、領博士韋昭依劉向故事，校定衆書。而帝悦意典籍，唯春夏二時出射雉，暫廢耳。

是年，遣察戰往交阯，調孔雀、大豬。案，吴録：察戰是吴時官號，舊陽都有察戰巷，在今縣城南二里禪衆寺前。或云晉庾亮拒蘇峻，七戰於此巷，亦名七戰巷也。

詔召祭酒韋昭、博士盛沖二人入侍講論，時張布既典宫省，知二人切直，恐發陰失，諫不許。帝讓之，布等叩頭謝，而昭竟不入。

六年春，長沙言青龍見；慈湖言白鷰見；豫章言赤雀見。

秋七月，魏使鄧艾、鍾會伐蜀。

九月，蜀以魏見伐來告，詔大將軍丁奉督征西將軍留平、將軍丁封、施績等諸軍分向壽陽、南郡、沔中救蜀。帝召羣臣於前殿議曰：「司馬氏得政已來，大難屢作，智力雖豐，而百姓未服。竭其資力，遠征巴、蜀，兵勞民疲，而不知恤，敗於不暇，何以能濟？昔夫差伐齊，非不剋勝，所以危亡者，不憂其本，況彼之事地乎！」軍師將軍張悌對曰：「以臣愚料則不然。曹操雖功蓋天下，威震四海，崇詐仗術，征伐無已，民畏其威，不懷其德。丕、叡承之，繼以躁虐，內興宮室，外拒雄豪，東西馳騁，無歲獲安，彼之失人，〔二六〕爲日且久。司馬懿父子，自握其柄，累有大功，除其煩苛而示平惠，爲之謀主以救其疾，民歸之亦已久矣。故淮南三叛，而腹心不擾；曹髦之死，而四方不動，摧堅敵如折枯，蕩異國如反掌，〔二七〕任賢使能，各盡其心，非智勇兼人，孰能如此？威武張矣，本根固矣，羣臣伏矣，姦計立矣。今蜀閹宦專朝，國無政令，而玩戎黷武，民勞本弊，〔二八〕競於外利，不修守備。彼强弱不同，智算亦勝，因危而伐，殆其必剋乎！若不剋，不過無功，終無奔北之憂，覆軍之慮也，何爲不可哉？昔楚劍利而秦昭懼，孟明用而晉人憂，彼之得志，我之大患也。」左右皆嗤之而未信。

冬十月，大將軍陸抗上表言成都不守，蜀主劉禪降，帝聞，深憶張悌之言，不樂。詔丁奉等還軍。癸未，灾石頭小城西南一百八十丈。是月，詔分武陵爲天門郡。

七年秋七月，海賊破海鹽，殺司鹽校尉駱秀，使中書郎劉川發廬江兵討之。〔二九〕復分交州置廣州。

八月癸未，〔三〇〕帝遇疾，口不能言，手書呼丞相濮陽興入，令太子𩅦出拜丞相，帝把興臂指𩅦託之。丙戌，帝崩於内殿。〔三一〕十二月，葬定陵。年二十四即位，在位七年，年三十，〔三二〕謚曰景皇帝。

卷第三校勘記

〔一〕廢帝　其下原有「亮景帝休」四字，今據庫本删。

〔二〕丁酉太子即皇帝位　「丁酉」原作「丁未」。四月庚午朔，無丁未，吴志諸葛恪傳云「皇太子以丁酉踐尊號」，丁酉爲四月二十八日，此「丁未」當是「丁酉」之譌，今據改。

〔三〕唐咨　原作「唐資」，今據宋本、庫本、張本、徐鈔本、周鈔本、劉鈔本及魏志本傳、通鑑七五改正。

〔四〕建興元年春正月大赦改元立皇后　陶札云：「案孫亮於神鳳元年夏四月即位，即改元建興，並未踰年，立皇后乃建興二年春正月事。實録誤。」陶説是，吴志孫亮傳云：「二年春正月丙寅，立皇后全氏，大赦。」

〔五〕吴郡錢塘人　「吴郡」原作「吴都」，據徐鈔本及吴志全琮傳改正。

〔六〕聖人不能爲時 「爲」原作「違」。陶札云：「吴志諸葛恪傳注漢晉春秋『違』作『爲』，聖人不能爲時，謂時機之來，雖聖人亦不能致也。漢晉春秋爲是。」陶説是，今宋本、周鈔本、劉鈔本正作「爲」，據改。

〔七〕吴攻其東蜀入其西 陶札云：「吴志諸葛恪傳注漢晉春秋『蜀』作『漢』，是也。」

〔八〕諸葛恪何弱弱蘆單衣篾鈎絡何處求城子閣 吴志諸葛恪傳無「何弱弱」三字，「蘆」下有「葦」字，「絡」作「落」，「何處求」作「於何相求」，「城」作「成」。晉書五行志中「諸葛恪，何弱弱」作「吁汝恪，何若若」，「蘆」下亦有「葦」字，「何處求」亦作「於何相求」，「城」作「常」。

〔九〕臣父知所事 「知」下原衍「諛」字，今據宋本、庫本、徐鈔本、周鈔本、劉鈔本及吴志諸葛恪傳删。

〔一〇〕吴郡會稽新都壽陽等四郡 「壽陽」，吴志諸葛恪傳作「鄱陽」。

〔一一〕朱思 吴志諸葛恪傳及注引吴歷並作「朱恩」，通鑑七六亦同吴志。

〔一二〕宅在城東二里玄風觀前横路南 「南」下原有「是」字，據甘鈔本、徐鈔本、周鈔本、劉鈔本删。

〔一三〕黑山 吴志孫亮傳、晉書五行志中、宋書五行志二皆作「離里山」。

〔一四〕武烈皇帝弟静之曾孫 「弟」字原缺，「静」原作「靖」。武烈皇帝，孫堅也，静乃堅弟，見吴志孫静傳。周鈔本正有「弟」字，據補改。下同。

〔一五〕華容 吴志孫登傳、孫峻傳及注引文士傳、通鑑七七皆作「華融」。

〔一六〕劉承　吴志孫亮傳、孫綝傳皆作「劉丞」，通鑑七七作「承」或作「丞」，殊不統一，胡注云：「劉承，即劉丞。」

〔一七〕二年春正月乙卯　正月壬申朔，無乙卯。吴志孫亮傳作「二月乙卯」，二月壬寅朔，十四日乙卯。疑此「正月」當爲「二月」之譌。

〔一八〕永安二年見殺崩於候官道上　本書下文及吴志孫亮傳皆繫廢帝孫亮見殺於候官道上在永安三年，此云二年誤。

〔一九〕年十七太元二年封瑯琊王　吴志孫休傳云休卒於永安七年，時年三十。據此推算，休當生於嘉禾四年，則太元二年，時年十八。

〔二〇〕漢末入吴爲武昌渡長　吴志孫休傳注引襄陽記，謂李衡漢末入吴爲武昌庶民。

〔二一〕守丹楊太守　吴志孫休傳注引襄陽記作「求爲丹楊太守」。實録恐誤。

〔二二〕武衛將軍施朔　據吴志孫綝傳、通鑑七七施朔爲武衛士，實録稱朔爲武衛將軍，恐誤。

〔二三〕二年春正月至請收其屍改葬帝許之　陶札云：「據吴志諸葛恪傳，臧均乞收葬恪在孫亮時，實録誤。」

〔二四〕二月西陵言赤烏見　「二月」，吴志孫休傳、宋書符瑞志下皆作「三月」。

〔二五〕黄龍見始興　「始興」，吴志孫休傳、宋書符瑞志中皆作「始新」。

〔二六〕彼之失人　「人」，吴志孫皓傳作「民」，蓋許嵩避唐諱改。

〔二七〕蕩異國如反掌　陶札云：「吴志注襄陽記『國』作『同』，是也。」

〔二八〕民勞本弊　吴志孫皓傳注引襄陽記作「民勞卒弊」。

〔二九〕使中書郎劉川發盧江兵討之　「盧江」，吴志孫皓傳作「廬陵」。陶札云：「『盧江』乃『廬陵』之誤。」

〔三〇〕八月癸未　八月戊子朔，無癸未。吴志孫休傳、通鑑七八皆作「七月癸未」。

〔三一〕丙戌帝崩於内殿　吴志孫休傳、通鑑七八皆云休崩於七月癸未。七月己未朔，癸未、丙戌皆在七月，未知孰是。

〔三二〕年三十　「三十」原作「三十一」。吴志孫休傳、通鑑七八胡注皆云休卒時，年三十。徐鈔本正作「三十」，今據改。

建康實録卷第四

吴下

後主

後主諱皓，〔一〕字元宗，大帝孫，廢太子和之長子，一名彭祖，字皓宗。景帝永安元年，封烏程侯。

七年八月，景帝崩。〔二〕時蜀新亡，而交阯數叛，國内震懼，議立長君。而左軍萬彧昔爲烏程令，〔三〕與皓相善，稱「皓才識明斷，是長沙桓王之儔；又加之好學」，屢言之於丞相濮陽興與張布，遂言於朱太后，欲以後主爲嗣。后曰：「我寡婦人，安知社稷之慮，苟吴國無殞，宗廟有賴，則可矣。」遂定議迎後主。

庚寅，卽皇帝位，改元興元年，以濮陽興爲侍中、丞相、領青州牧，上大將軍施績爲左大司馬，丁奉爲右大司馬，張布爲驃騎將軍、加侍中，諸各增班秩。

秋九月，貶太后爲景皇后，稱安定宫。追謚父和爲文皇帝，改葬明陵，置園邑二百家，祖母王氏爲大懿皇后，母何氏爲文皇后，立夫人滕氏爲皇后。

后諱芳蘭，太常滕胤族女。父牧，五官中郎將。帝爲烏程侯時納爲妃，及此拜后，封高密侯。〔四〕後寵衰，何太后保護，常供養昇平宫。天紀四年，隨帝北遷，薨於洛陽。

冬十月，封景帝子霬爲豫章王，次子霙爲汝南王，次子莔爲梁王，次子㝃爲陳王，以禮葬魯育公主。

主字小虎，大帝次女，步后所生，適朱據。初，全主譖王夫人并廢太子和，欲立魯肅王霸爲嗣，〔五〕朱主不聽，全主恨之。及少帝卽位，孫儀謀殺孫峻事覺，伏誅。全主因譖朱主，埋於石子崗。案，搜神記：後主欲改葬主，塚瘞相亞，不可識別，而宫人頗有識主亡時衣服，乃使兩巫各住一處以伺其靈，使察戰監之，不得相近。久之，二巫各見一女，年三十餘，上著青錦束頭，紫白袷裳，丹綈絲履，從石子崗上半崗，而以手抑膝長息，小住須臾，進一塚上便止，徘徊，奄然不見。二巫不謀而言同，遂開棺，衣服與所言同爾。

後主初卽位，儉素，發優詔恤民，開倉振窮乏，料出宫女以配無妻者，〔六〕禽獸擾於苑者皆放之。當時翕然稱爲明主。及得志，遂麄暴驕恣，多忌諱，好酒，愛殺人，小大失望，丞相濮陽興、侍中張布等竊悔立之。尚書萬彧聞之而構於帝，帝潛怒，使收興、布等下獄。

十一月，詔徙興交州、布廣州，並追道殺之，夷三族。

興字子元，陳留人。父逸，漢末避亂江東。興少有名理，〔七〕太祖時，爲上虞令，遷尚書左曹、五官中郎將。使蜀，還拜會稽太守。瑯琊王之在郡，興深相結。及王卽位，徵爲太常衛將軍，封外黄侯。時嚴密建丹楊湖田，作浦里塘，公卿議不定，興以爲便，就之。遷丞相，與中軍督張布爲表裏。

布小女時爲美人，及布誅後，帝從容問美人曰：「父何在？」美人答曰：「爲賊所殺。」帝怒，又殺美人。後思之，問左右，左右答：「美人有姊適衛尉馮朝子純，卽布長女也。」後主奪之，入宫拜爲左夫人，極寵，廢朝事。

十二月，司馬昭爲魏相國，遣使徐紹齎書來，陳事勢利害。

元興二年春正月，分吴郡、丹楊等九縣爲吴興郡，治烏程。

二月，使光禄大夫紀陟、五官中郎將弘璆隨紹報魏，〔八〕書兩頭言白，不著姓，司馬昭銜之。

陟之奉使也，入境問諱，入國問俗。至魏，魏將王布示之馬射，而問陟曰：「吴之君子亦能此否？」陟答曰：「此軍人騎卒之肄業也，非士君子之所宜爲也！」布大慙。陟等既至，魏司馬昭問：「來時吴主如何？」對曰：「來時皇帝臨軒，百官陪位。」昭饗陟，百寮畢會。問陟曰：「彼戍備幾何？」答曰：「自西陵至江都，五千七百里。」昭曰：「道里甚遠，難爲堅固？」答曰：「疆界雖遠，而其險要必争之地，不過數四，猶人雖有八尺之體靡不受患，至於防護風寒亦數處耳。」昭善之，厚禮而還。

夏四月，甘露降蔣陵。

五月，大赦，改甘露元年。

秋七月，逼殺景皇后朱氏於苑中小屋，治喪，内外知其非疾，皆痛之。又遷其四子於吳，道追殺霅、霬二人。后，太祖女魯育公主生，父據，赤烏末，太祖納爲瑯琊妃。案，吳書：初，孫峻既用全主譖殺朱主，后隨王在郡，王懼，遣后還建業，執手泣别。及至，峻遣后就王。太平中，少帝知朱主爲全主譖害，鞠問朱主死意。全主懼，答：「皆據二子熊、損所白。」帝遂殺熊、損。損妻，峻妹也。孫綝益忌，遂謀廢帝，立瑯琊王。王即位，永安五年，立爲皇后。七年，景帝崩，羣臣上尊號爲皇太后。後主即位，貶爲景帝后。是年見殺，合葬定陵。

九月，西陵督步闡上表，請徙都武昌，後主納之。鎮西將軍陸凱見揚土百姓泝流供給爲患，又時政多謬，黎元窮匱，乃進表諫帝，言：「武昌土地，危險塉埆，非王都安國養民。故先帝嫌之，遷都於此，且黄龍初有謡云：『寧歸建業死，不就武昌居。』今陛下動不遵先王之法，而復苦【原闕】

即日，大駕將發，留御史大夫丁固、右將軍諸葛靚守建業。〔九〕

冬十月，使大鴻臚張儼、五官中郎將丁忠於魏弔祭司馬文王。後主謂儼曰：「今南北通好，以卿有出境之才，故相屈行。」儼對曰：「皇皇者華，臣蒙其榮，懼無古人延譽之美，謹厲鋒鍔，思不辱命。」既至晉，賈充、裴秀皆不能屈，羊祜等與結縞帶之好。

十一月，後主至武昌，大赦。分零陵南部爲始安郡，分桂陽南部爲始興郡。

十二月，晉受魏禪。

甘露二年春正月，張儼、丁忠等使晉還，儼道遇病卒，而忠獨歸，言北方無戰備，且弋陽可襲而取。後主大悦，信之，因置酒會公卿大飲，令左右相嘲爲樂。常侍王蕃嘲尚書萬彧曰：「魚潛於泉，〔一〇〕出水吹沫，何則？物有本性，不可横處非分。」或出自溪口，羊質虎皮。」彧答曰：「唐虞之朝無謬舉之才，造父之側無駑蹇之乘。」由是銜之，蕃既沈醉，後主輿出，因請還。蕃爲人有威儀，行動自若，後主不悦。時萬彧、陳聲等承顏争毁之，後主大怒，叱左右收殿下斬之。太常滕牧、〔一一〕征西留平等苦請，〔一二〕不得。

蕃字永元，廬江人。博學多聞，自尚書郎去官，歸讀書。景帝卽位，與賀邵入爲常侍。性切直，處朝謇諤，陸凱重之。時年三十九。案，江表傳：後主將徙武昌，問蕃「射不主皮」，蕃不時答，後主怒之，卽於殿上斬蕃。出登來山，令親近將跳蕃頭，作虎狼争咋，頭皆碎，以示威，使無敢犯者。與吴録不同。

二月，後主既得丁忠定議，欲北伐。右司馬丁奉言忠不可信，師出必無功。後主大怒，不納。大將軍陸凱等固諫不可，乃止。於是自絶於晉。

秋八月，因得大鼎，改元爲寶鼎元年，大赦。以鎮西將軍陸凱爲大丞相，〔一三〕常侍萬彧爲右丞相。

冬十月，以永安山賊施但等反，刼後主弟永安侯謙爲主，出烏程，取故太子和陵上鼓吹曲蓋，北入建業，衆萬餘人。丁固、諸葛靚等逆討於九里汀之牛屯，獲謙，酖殺之。謙字公遜，太祖孫，故太子和次子，景帝封永安侯。永安，今在湖州武康縣。案，吴録：施但等見後主上武昌，遂謀反，刼謙，至秣陵，欲立爲帝。擇日使召留後丁固、諸葛靚。靚乃與丁固等拒破之。

初，望氣者云，荆州有天子氣，破揚州而建業宫不利，故後主上武昌，仍使掘破荆州界大臣名冢斷其山崗。而但等果反，後主自以爲得計，聞但平，後乃使百餘精甲鼓譟入建業，殺謙妻子，號曰「天子使荆州兵來破揚州賊」，以厭其氣。分會稽爲東陽郡，分吴、丹楊爲吴興郡，以零陵北部爲邵陵郡。

十一月，將欲還建業。左丞相、大將軍陸凱諫曰：

臣聞有道之君，以樂樂民；無道之君，以樂樂身。樂民者，其樂彌長；樂身者，不久而亡。夫民，國之根也，誠宜重其食，愛其命。民安則君安，民樂則君樂。自頃年已來，君威傷於桀、紂，君明暗於奸雄，君惠閉於羣孽。無災而民命盡，無爲而國財空，辜無罪，賞無功，使君有謬誤之愆，天爲作妖。公卿媚上以求愛，困民以求饒，導君於不義，敗政淊俗，〔一四〕臣竊爲痛心。今鄰國交好，四邊無事，當務息役養士，實其廩庫，以待天時。而更遷徙傾動，搔擾百姓，民吏不安，大小呼嗟，此非保國養民之術也。

後主大怒，發凱前後諫表，使近臣趙欽以口詔報凱，曰：「卿往表言朕不遵先帝，有何不平？君諫非也。但建業宮不利，故避之，而西宮衰耗，可不得徙乎？」凱因重上疏，言後主不遵先帝二十事，曰：

臣竊見陛下親政已來，陰陽不調，五星失晷，職司不忠，奸黨相扶，是陛下不遵先帝之所致。夫王者之興，受之於天，修之由德，豈在宮乎？而陛下盛意驅馳，六軍流弊，縱陛下一身安，奈百姓愁苦何？此不遵先帝一也。

臣聞有國以賢爲本，夏殺龍逢，殷獲伊摯，斯前代之明効，今日之師表也。常侍王蕃黄中通理，處朝忠謇，斯社稷之重鎮，大吴之龍逢，而陛下忿其苦詞，惡其直對，梟之殿堂，屍骸暴棄。邦内傷心，有職悲悼，咸以吴國夫差復存。以先帝親賢，陛下反棄之，是不遵先帝二也。

臣聞宰相國之柱也，不可不彊，是故漢有蕭、曹之佐，先帝有顧、步之相。而萬彧瑣才凡庸之質，昔從家隸，超步紫闥，於彧已豐，於器已溢，陛下愛其細介，不訪大趣，榮以尊輔，〔一五〕越尚舊臣。賢良憤慨，智士赫咤，是不遵先帝三也。

先帝愛民過於嬰孩，民無妻者以女妻之，〔一六〕見單衣者以帛給之，枯骨不收取而埋之。陛下反之，是不遵先帝四也。

昔桀、紂滅由妖婦，幽、厲亂由嬖妾，先帝鑒之，以爲身戒，故左右不置淫邪之色，後房無曠積之女。今中宮萬數，不備嬪嬙，外多寡夫，〔一七〕女吟於内。風雨逆度，正由此起，是不遵先帝五也。

先帝憂勞萬機，猶懼有失。陛下臨祚已來，遊戲後宮，眩惑婦女，乃今庶事多曠，〔一八〕下吏容奸，是不遵先帝六也。

先帝篤尚樸素，服不純麗，宮無高臺，物無雕飾，故國富民充，奸盜不作。而陛下徵調州郡，竭其財力，土被玄黄，宮有朱紫，是不遵先帝七也。

先帝外仗顧、陸、步、張，〔一九〕内近胡綜、薛綜，是以庶績雍熙，邦内清肅。今者外非其任，内非其人，陳聲、曹輔，斗筲小吏，先帝所棄，陛下幸之，是不遵先帝八也。

先帝每晏羣臣，抑損醇醴，臣下終日無失慢之色，百寮庶尹，並展所陳。而陛下拘以瞻視之敬，懼以不盡之酒。夫酒以成禮，過則敗德，此無異商辛長夜之飲，是不遵先帝九也。

昔漢桓、靈，親近宦豎，大失民心。今高通、詹廉、羊度，黄門小人，而陛下賞以重爵，權以戰兵。若江渚有難，烽燧卒起，則度等之武不能禦侮明矣，是不遵先帝十也。

今宮女曠積，而黄門復走州郡，條牒民女，有錢則捨，無錢則取，怨吁道路，母子死訣，是不遵先帝十一也。

先帝時養諸王太子，若取乳母，其夫復役，賜與錢財，給其資糧，時遣歸來，視其弱息。今則夫婦生離，夫故作役，兒從後死，家唯空户，是不遵先帝十二也。

先帝嘆曰：「國以民爲本，民以食爲天，〔三〇〕衣其次之，三者，朕存之於心。」今則農桑並廢，是不遵先帝十三也。

先帝簡士，不拘卑賤，任之鄉閭，効之於事，舉者不虚，受者不妄。今則浮華者登，朋黨者進，是不遵先帝十四也。

先帝戰士，不給他役，使春惟知農，秋惟收稻，江渚有事，責其死効。今之戰士，供給衆役，廪賜不贍，是不遵先帝十五也。

夫賞以勸功，罰以禁邪，賞罰不明，則士民散。今江邊將士，死不見哀，勞不見賞，是不遵先帝十六也。

今所在監司，已爲煩猥，兼有内使，擾亂其中，一民十吏，何以堪命？昔景帝時，交阯之亂，實由兹起，是爲遵景帝之闕，不遵先帝十七也。

夫校事之吏，民之仇讎，先帝末年，雖有吕壹、錢欽，尋皆誅夷，以謝百姓。今復張立校曹，縱吏言事，是不遵先帝十八也。

先帝時，居官者咸久於位，然後考績黜陟。今莅政無幾，便卽徵召遷轉，迎新送故，紛紜道路，傷財害民，於是爲甚，是不遵先帝十九也。先帝每察竟解之奏，常留心推按，是以獄無寃囚，死者呑聲。今則違之，是不遵先帝二十也。

若臣言可録，藏之盟府，如其虚妄，治臣之罪。願陛下留意焉。

後主大怒，爲其重臣，難以法繩，忍之。

十二月，還自武昌，留衞將軍滕牧鎮武昌。

二年夏六月，起新宫於太初之東，制度尤廣，二千石已下皆自入山督攝伐木。又攘諸營地，大開苑囿，起土山作樓觀，加飾珠玉，制以奇石，左彎崎，右臨硎。又開城北渠，引後湖水激流入宫内，巡遶堂殿，窮極伎巧，功費萬倍。案，輿地志：太祖鑿城北溝，北接玄武湖，後主所引湖内水，並解在前卷。晉左太冲作吴都賦曰：「東西膠葛，南北峥嶸。房櫳對棍，連閣相經。閽闥詭譎，異出奇名。左稱彎崎，右號臨硎。雕欒鏤楶，青鎖丹楹。圖以雲氣，畫以仙靈。」又曰：「高門有閌，洞門方軌。朱闕雙立，馳道如砥。樹以青槐，亘以淥水。玄陰耽耽，清流亹亹。列寺七里，夾棟陽路。屯營櫛比，廨署棊布。横塘查下，邑屋隆夸。長干延屬，飛甍舛互。」案，宫城記：吴時自宫門南出，夾苑路至朱雀門七八里，府寺相屬。横塘，今在淮水南，近陶家渚，俗謂回軍毋洑。古來緣江築長堤，謂之横塘。淮在北，接栅塘，在今秦淮逕口。吴時夾淮立栅，自石頭南上十里至查浦，查浦南上十里至新亭，新亭南上二十里至孫林，孫林南上二十里至板橋，板橋上三十里至烈洲。洲有小河，可止商旅以避烈風，故名烈洲。又洲上有小山，形如栗，亦謂之栗洲。吴時烈洲長封洲一百二十步。長干已注，解在前卷。

時大將軍陸凱、徐陵亭侯華覈上書諫曰：「敵國彊大，西蜀傾覆，深可爲憂。臣以爲安撫修德在急，而功作無益於時。」後主不納。覈爲兼東觀令，領右國史。累陳讓表，後主使人謂曰：「東觀儒林之府，非名學碩儒，無以任其職。以卿研精墳典，與班、張、楊、蔡爲儔故授，何乃謙光而自非薄。」

秋七月，使大匠卿薛珝營寢室，號曰清廟。

冬十月，遣守丞相孟仁、太常姚信等備官寮，中軍步騎二千人，以靈輿法駕東迎神于明陵，引見仁等，親拜送于庭。

十二月，仁奉靈輿法駕至，後主遣中使日夜相繼，奉問神靈起居動止。巫言見文帝被服顔色如平生，後主悲泣，悉詔公卿詣闕，賜各有差。使丞相陸凱奉三牲祭於近郊，後主於金城門外露宿，明日望拜於東閣。翌日，拜廟薦祭，欷歔悲感，比至七日三祭，倡伎晝夜娱樂。有司奏「夫祭不欲數，數則瀆，宜以禮斷情」，乃止。

十二月，新宫成，周五百丈，署曰昭明宫。開臨硎、彎碕之門，正殿曰赤烏殿，後主移居之。

是歲，分豫章、廬陵、長沙爲安成郡。

三年春二月，以左右御史大夫丁固、孟仁爲司徒、司空。

初，固嘗晝夢松生其腹上，謂人曰：「松十八公也，後十八歲，吾其爲公乎！」卒如夢焉。

秋九月，皓出東關，丁奉至合肥。

是歲，遣交州刺史劉俊、前部督修則等入擊交阯，爲晉將毛炅所破，皆死，兵散還合浦。

建衡元年春正月，立子瑾爲太子，及淮南、東平王。〔三〕

冬十月，改年，大赦。

十一月，左丞相陸凱卒。遣監軍虞汜、威南將軍薛珝、蒼梧太守陶璜由荆州，監軍李勗、督軍徐存從建安海道，皆就合浦擊交阯。

二年春，萬彧還建業。李勗以建安道不通利，殺導將馮斐，引軍還。

三月，天火燒萬餘家，死者七百人。

夏四月，左大司馬施績卒。殿中列將何定曰：「少府杜殺馮斐，擅撤軍還。」勗及徐存家屬皆伏誅。

秋九月，何定將兵五千人上夏口獵。都督孫秀奔晉。是歲，大赦。【原闕】

是歲，左夫人張氏薨，〔三〕後主哀念過甚，留葬苑內，臨哭，數月不出聽事。民間訛言後主已死，章安侯奮當立。時奮母仲姬墓在豫章，豫章太守張俊疑其或然，掃除墳塋。後主聞之，車裂俊，夷三族，誅章安侯及其五子。

奮字子陽，〔三〕魯王霸母弟。太元二年，封齊王，居武昌。少帝卽位，大將軍諸葛恪執政，不欲令諸王處江濱兵馬地，徙於豫章。奮不從命，恪爲書與奮。奮懼，奔南昌，逸遊無度。恪誅後，徑下至蕪湖，欲入建業觀變。殺傅相，坐廢爲庶人，徙章安。太平中，又封章安侯。至是以訛言見殺。

三年春，後主大舉將家西上。初，廢帝太平元年冬，刁玄使蜀還，得司馬徽與劉廙論運命曆數事，遂詐增其文以誑國人，曰：「黄旗紫蓋見於東南，終有天下者，荆揚之君乎！」又得魏人言壽春下童謡曰：「吴天子當西上。」是年，後主聞之，大喜曰：「此天命也。」遂載太后已下六宫嬪妾千餘人，濟自牛渚，陸道西上，呼云青蓋入洛陽，以從天命。行至華里，遇大雪，途壞，兵士皆被甲持仗，百人共引一車，寒凍欲死，妃后菜色，兵人不堪，曰：「若遇敵當便倒戈耳。」左右進諫，皆不納，東觀令華覈固争。後主乃遂追前出軍伐晉無功事，大司馬丁奉斬之。

奉字承淵，廬江安豐人。少驍勇，常從征伐，斬將搴旗，曾不退敵。累以功遷冠軍將軍，封都亭侯。

廢帝即位，隨諸葛恪拒魏軍於東興，爲前鋒，將三千鋭卒先據要害，便令兵人解甲着胄，魏軍大笑之，不爲備。奉乃縱兵擊之，大破魏軍，進滅寇將軍，改封都鄉侯。〔二四〕又從孫峻征淮南，跨馬提戈，突入其陣，取文欽而歸。

景帝立，謀與張布等因臘會殺孫綝，遷大將軍、領徐州牧。後主立，進右大司馬。至是見讒追過，斬之，〔二五〕徙家於臨川。

冬十月，蒼梧太守陶璜與監軍虞汜大破晉交阯太守楊稷，稷降。因定日南、九真，大赦，分交阯爲新昌郡，破扶嚴，置武平郡。

十一月，鳳皇集西苑，大赦，改明年爲鳳皇元年。

秋八月，左丞相萬彧以泄禁中語，因會飲毒，不死，自殺。

是月，西陵督步闡反，降晉。

闡字仲思，丞相騭次子。以功封西陵亭侯，繼業督西陵。至是，後主徵入爲繞帳督。闡以累世在西陵，卒見徵命，自以爲失職，懼讒，乃不應召，據城降晉，使兄子璿往洛陽爲質。後主遣大將軍陸抗討擒之，夷三族。

二年春，宮人賊市百姓物，司市中郎陳聲收宮人，繩以法。後主聞之，忿以他事燒鋸斷聲頭，棄其屍於四望山下。

三年春，臨海太守奚熙以疑舉兵，斷海路，爲其部曲所殺，傳首建業，夷三族。案，江表傳：後主左夫人死，思念之，於苑中作大冢葬之，使工刻桐人於冢內，以爲兵衞，多送珍玩之物，不可勝計。葬後，治喪於內，半年不出。國人見墓大奢，皆謂主已崩，而今立者何氏子也。時後主舅子何都貌似後主，是以百姓有此言，或云章安侯奮當立。故奚熙信訛言，欲還建業。至是年，乃舉兵反。

三月，司徒丁固卒。

固字子賤，會稽山陰人。幼孤，在襁褓中，闞澤見而異之。少居貧，色養，與宗族同寒暖，虞翻深敬異之。累著位廷尉。景帝時，爲右御史大夫。曾夢松生腹上，懼，問左右，或占之曰：「松字十八公，後十八年，當爲公！」至是果然。

秋九月，尚書僕射高陵侯韋昭以嫌收下獄，獄中因吏上書，陳所著洞紀，自庖犧已下至秦、漢爲三卷。又作官訓一卷、辯釋名一卷，冀以此求免。後主覽書，怪其垢汙，大怒，昭懼，因叩頭五百下，兩手自縛。右國史華覈率公卿連上表救之，流涕進言曰：「昭學業幽邃，國之良臣，年過七十，乞一介餘年，以成大吳之備典。」後主益怒，曰：「欲書朕過耶！」竟誅之，徙家於零陵。

昭字弘嗣，吳郡雲陽人。少好學，善屬文，舉孝廉，〔三六〕累遷尚書郎、太子中庶子。侍太子和講在東宫，時賓客蔡穎好博弈，太子以爲無益，命昭著論言得失，言詞清妙，當世重之。及和廢，轉黄門侍郎。少帝立，爲太史，修撰吴書，與華覈、薛瑩等參同其事。景帝立，進中書侍郎，領國子祭酒。帝好學，詔令依劉向故事，校定衆書，延入侍講。

後主立，封高陵亭侯，遷尚書僕射，兼中常侍、領左國史。〔二七〕時有屢言瑞應，後主問昭，昭曰：「此人家筐篋中物耳。」後主銜之。及欲爲父和作本紀，昭執不登帝位，宜爲傳，後主怨，猶是漸見嫌責。昭恐，上表自陳衰老，去職，以成所造之書，後主不聽。昭懼成疾，因侍宴，後主竟坐率人以酒七勝爲限，若不入口，澆灌取盡。昭素飲不過三勝，時或茶茗代之。及是衰老，見逼憂恐，且酒後又令侍臣折難公卿，嘲弄私短爲歡。昭以爲外相毁傷，内長尤恨，故但示難問經義言論。後主以爲不承用詔命，又嫌前答筐篋之言，積前後事，遂收下獄。死，時年七十三。

秋七月，遣使者二十五人，分至州郡，料出亡叛户口。大司馬，荆州牧陸抗薨。抗字幼節，丞相遜嗣子，桓王外孫。年二十，襲封江陵侯，累遷立節中郎將。赤烏中，自完城與諸葛恪换屯，屯柴桑。抗臨去皆更繕完城圍，葺其牆屋，桑果不得妄伐。恪入屯，儼然若新。而恪柴桑故屯，頗有毁壞，深以爲慚。

後屢以征伐功，拜領軍大將軍、益州牧，尋遷西陵、樂鄉、公安等諸軍事。因陳時宜於後主一十七條，而切言何定弄權，閹宦專政之事。鳳皇初，步闡以西陵降晉，抗率諸將大破晉軍而梟闡首。修理城圍，東還樂鄉，貌無矜色，故得將士歡心。

時晉以羊祜爲荆州刺史，與抗鄰境。抗、祜推僑、札之好。抗嘗遺祜酒，飲之不疑。抗有疾，〔二八〕祜餽之藥，抗亦推誠服之。於時以爲華元、子反復見於今矣。尋加都督大司馬、荆州牧。鳳皇二年，就拜之。明年夏，病，上表勸益兵西陵，「西陵國之西蕃，若有不守，非但失一郡，則荆州非吴有也」。如其有虞，當傾國争之」。至秋，遂薨，時年五十一。晏嗣。案，吴志：抗生四子：長晏，次景，次機，次雲。〔二九〕

十二月，詔分鬱林爲桂林郡。十一月，侍中、太尉范慎薨。〔三〇〕

慎字孝敬，廣陵人。性多純直，竭忠知己之君，纏綿三益之友，時人貴之。自侍中出爲武昌左都督，治軍整齊。後主將遷都，甚憚之，拜太尉。慎恨久爲將，老耄請還，軍士戀之，隕涕而别。案，范氏家傳：慎著書二十篇，號曰矯非。

是歲，大疫。

四年春，吴郡上言掘地得銀，長一赤，廣二分，上有年月字，因赦，改元天册元年。吴郡臨平湖自漢末草穢壅塞，長老相傳云：「此湖塞，天下亂；此湖開，天下静。」至是湖忽開通，或云當太平，青蓋入洛。後主以問奉禁都尉陳訓，訓曰：「臣能望氣，不能達湖之開塞。」退而謂人曰：「青蓋入洛，將有輿櫬銜璧之事，非吉祥也。」又於湖邊得石函，函中有小石，青白色，長四寸，廣二寸，刻上作皇帝字，於是又改元爲天璽元年。立石刻於巖山，紀吴功德。案，吴録：其文東觀華覈作，其字大篆，未知誰書，或傳是皇象，恐非。在今縣南四十里龍山下，其石折爲三段，時人呼爲段石岡也。

秋，旱。會稽太守車浚以民飢，表出倉賑貸，後主怒，以浚樹恩私，遣人就斬之。時東湖太守張詠以不出算緡，亦遣就斬之，同梟首以徇諸郡。中書令賀邵見後主凶暴驕矜，信惑羣邪，政事日弊，乃上表極言而諫，後主深恨，以爲謗毁國政嫌之。既而邵忽中惡風，口不能言，求去職。後主疑其託疾，收付酒藏，考掠千所，邵無一言，後主大怒，燒鋸以截其頭，家屬徙於臨海。

邵字興伯，會稽山陰人。以奉公貞正，親近所憚，乃共譖惡於後主，而與樓玄同見殺，時年四十九。

八月，京下督孫楷降晉。

時鄱陽歷陽縣有石山臨水，高一百丈，其上四十丈，有土穿耕羅，穿中色黄赤，不與本體相似，俗謂之石印。相傳云，石印封發，天下當太平。下有祠堂，巫言石印神有三郎。歷陽縣長表言石印文發，後主遣使以太牢祭歷山。巫言，石印三郎言「天下方太平」。使者作高梯，上省其印文，詐以朱書二十字，云：「楚九州渚，吴九州都。揚州士，作天子，四世治，太平始。」遂還以奏。後主大喜曰：「吾當爲九州都渚乎？從大皇逮朕四世，太平主非朕復誰！」遣使，以印綬拜石印三郎爲王，又刻石銘，褒詠靈德，以答休祥。又吴興陽羨山有石室，長十餘丈，在所表爲大瑞。後主乃遣兼司空董朝、太常周處等往陽羨縣，封禪國山。大赦。改元天紀元年，以協石文。

二年夏五月，右國史徐陵亭侯華覈卒。

覈字永光，吴郡武進人。起家爲上虞尉，以文學召入秘府。數以便宜利害事進諫，愛民省役，後主不納。累遷東觀令，領右國史。卒，時年六十。

秋七月，立成紀、宣威等十一王，王給兵三千人。

三年夏四月，合浦部曲將郭馬反，殺廣州刺史，自稱交廣二州刺史、安南將軍。初有讖云：「吴之敗，兵起南裔，亡吴者公孫也。」後主聞之，自文武職位有姓公孫者，皆徙廣州，不令停江濱。案，後主，大帝孫，亡國之應也。聞馬反，大懼，此天亡也。

秋七月，以張悌爲丞相、領軍師將軍，率牛渚督何禎、滕脩等總戎，〔三〕自東道緣海向廣州，以脩爲鎮南將軍、假節、領廣州牧，又使徐陵督陶濬等將兵七千會陶璜，自西道向廣州，東西俱進，共討郭馬。案，吴志：馬本合浦太守脩允部曲督，允死後，部曲兵馬當分給。馬等累世舊軍，不樂別離，遂與何興、王族、吴述、殷興等謀反，以據廣州，興攻蒼梧，族破始興也。

八月，建業有鬼目草生工人黄狗家，〔三二〕依緣棗樹，長丈餘，莖廣四寸，厚三分。又有買菜生工人吴平家，高四赤，厚三分，如枇杷形，上圓徑一赤八寸，下莖廣五寸，兩邊生葉緑色。東觀案圖，名鬼目草爲芝草，買菜爲平慮草，遂以爲瑞，封狗爲侍芝郎，平爲平慮郎，皆銀印青綬。案，干寶傳：黄狗者吴之土運，承漢後，故初有黄龍之瑞。及其末年，而有鬼目之妖，託黄狗之家，黄稱不改，而貴賤懸殊，即其天道精微之應也。

冬十月，晉軍來伐，大將軍司馬伷侵涂中，安東將軍王渾、揚州刺史周浚逼牛渚，建威將軍王戎入武昌，平南將軍胡奮入夏口，鎮南將軍杜預過江陵，龍驤將軍益州刺史王濬、廣武將軍唐彬等浮江東下。陶濬等討郭馬，至武昌，聞北軍大舉，止而不進。

時後主不專政事，躭荒無度，上流征鎮告變，曾未爲心，日集公卿，内外淫宴，皆令沈醉。使黄門郎十人，不預酒侍立，爲司過之吏。客罷，各奏其失，〔三三〕酒後之愆，罔有不舉，並加威刑。采宫女少有不合意者，輒剉殺之。又料取大臣將吏子女十五六者，具名揀閲，揀閲不中，乃許出嫁。或生剥人面皮，鑿人之目。性酷虐多猜忌，而任幸岑昏儉諛，屠害無日。尚書郎熊睦因諷旨，微有所諫，便使人以刀鐶撞殺之，身無完肌。侍中張友，俊才辯捷，以應答高致，惡其有能，以他事誅之。左右側目，衆情所苦，上下離散。晉軍已至，無不土崩瓦解者。

四年春正月，杜預等破荆州，晉軍並進。殿中親近數百人皆一叩頭請曰：「今賊將至，兵不起刃，衆並離心，願坐岑昏以謝天下。」後主始惶懼，許之，左右遂争起收昏，殺之。尋遣追，已不及。

戊辰，〔三四〕陶濬自武昌奔歸，見後主陳「晉上蜀船小，今得二萬精甲，乘大艦拒之，自足破賊」。皓授節鉞。其夜，衆逃散，不能禁。

是月，晉王渾、周浚攻陷江西屯戍，後主使丞相、軍師將軍張悌，右將軍、副軍師諸葛靚等督丹楊太守沈瑩、護軍將軍孫震帥衆三萬渡江逆之，至牛渚。沈瑩謂悌曰：「晉治水軍於蜀久矣，今傾國大舉，萬里齊力，如悉益州之衆沿江而下，我上流諸軍，無有戎備，名將皆死，幼騃當任，恐邊江諸城，盡莫能禦。晉之水軍，必至於此！宜蓄衆力，待來一戰。若勝之日，江西自清，上方雖壞，可還取也。今渡江逆戰，勝不可保，若或摧喪，則大事去矣。」悌曰：「吴之將亡，賢愚所知，非今日也。吾恐蜀兵來此，衆心駭懼，不能復整。今宜及可用，決戰力争。若其敗喪，同死社稷，無所復恨。若其剋勝，則此敵奔走，兵勢萬倍，便當乘威南上，逆之中道，不憂不破也。若如子計，恐行散盡，相與坐待敵到，君臣俱降，無復一人死難者，不亦辱乎！」遂渡江戰，吴軍大敗。諸葛靚與五六百人追走，使過迎悌，悌不肯去，靚自往牽之，謂曰：「夫天下存亡有大數，豈卿一人所知，如何故自取死爲？」悌垂涕曰：〔三五〕「仲思，今日是我死日也。且我作兒童時，便爲卿家丞相所拔，常恐不得其死，負名賢知顧。今以身徇社稷，復何遁耶？莫牽曳之如是。」靚流涕放之，去百餘步，已見爲晉軍所殺。吴録曰：〔三六〕「悌少知名，及處大任，希合時趣，將護左右，清論譏之。」【原闕】出也。

二月，王渾、周浚等進屯横江。後主聞悌軍没，甚懼，自選羽林精甲以配沈瑩、孫震等，屯於板橋。

乙未，〔三七〕乃自爲書與舅何禎，責己曰：「昔大帝以神武之略，奮三千士卒，割據江南，席卷交、廣，開拓洪基，欲祚之萬代。〔三八〕至朕末德，嗣守成緒，不能懷安黎元，多爲咎釁，以遺天命。災暗之變，謂之禎祥，〔三九〕致使南蠻逆亂，征討未剋。聞晉大衆，遠來臨江，庶其勞瘁，比晨摧退。而張悌不返，喪師過半，朕甚惆悵，於今無聊。得陶濬表云，武昌以西，並復不守。不守者，非糧不足，非城不固，乃兵將背戰耳。兵之背戰，豈怨兵耶？朕之罪也。天文玄變於上，〔四〇〕萬民憤嘆於下，觀此事勢，危同累卵，吴祚終訖，何其局哉！天匪亡吴，朕所招也。瞑目黄壤，當復何顔見四帝乎！公其勗勉奇謀，飛筆以聞。」禎一名植，丹楊句容人，文皇太后弟也。后幼爲太子和妃，生後主。及和賜死，嫡妃張氏亦自殺。后曰：「若皆從死，誰當養孤？」遂撫後主及三弟。後主卽位，尊爲昭獻皇后，尋改爲文皇太后，稱昇平宮。

己未，晉龍驤將軍王濬總蜀兵沿流直指建業，瑯琊王司馬伷帥六軍濟自三山，遣周浚、張喬等破吴軍於板橋，瑩等皆遇害。後主聞軍相次而敗，惶迫，乃用光禄勳薛瑩、中書令胡冲等計，使太常張夔奉牋并進璽綬於伷，曰：「昔漢氏失統，九州分裂，先人因時際會，略有江南，遂分阻山川，與晉乖隔。今大晉龍興，德覆四海，闇劣偷安，未喻天命。至於今者，猥煩六軍，衡蓋道路，遠臨江渚，舉國震惶，假息漏刻，敢緣天朝，含弘光大。謹遣張夔奉所佩印璽委質請命，惟垂信納，惠濟元元。」

三月辛未，〔四一〕後主遺羣臣書曰：「朕以不德，忝繼先軌。處位積年，政教凶勃，遂令百姓久困塗炭，至使一朝社稷傾覆，宗廟無主，没有餘罪。孤負諸君，事已難圖，覆水不可收也。」壬寅，王濬舟師先至石頭，〔四二〕後主以草縛，銜璧舁櫬，見濬於軍門。濬解縛焚櫬，以禮相見。

癸亥，〔四三〕晉瑯琊王伷會諸軍入自都城，屯太初宫，收其圖籍府庫，總領州郡、户口人吏、兵糧舟檝、音樂采妓。乙亥，置酒大會，安東將軍王渾酒酣謂吴人曰：「諸君亡國之餘，得無戚乎？」無難督周處曰：「漢末分崩，三國鼎峙。魏滅於前，吴亡於後，亡國之戚，豈惟一人！」渾有慙色。

處字子隱，義興陽羨人。父魴，鄱陽太守。處少孤，未弱冠，膂力絶人，好馳騎田獵，不修細行，縱情肆欲，州里患焉。處聞之，慨然有改勵之志，謂父老曰：「今時和歲豐，何苦不樂？」父老曰：「三害未除，何以爲樂！」處問之，答曰：「南山白額獸，長橋下蛟，并子爲三害。」處曰：「若此吾能除之。」乃入山射殺猛獸，又投水搏蛟，蛟或浮或沈，行數十里，處與之俱，三日三夜，人謂已死，相賀。處殺蛟而返，聞鄉相慶，始知人患己甚，乃入吴尋二陸學問。時機不在，見雲具以情告：「欲自修改而年已蹉跎，恐將無及。」雲曰：「古人貴朝聞夕改，君前途尚遠耳。且患志之不立，何憂名之不彰！」遂勵志。〔四四〕有文思，心存義烈，言必忠信尅己。朞年，州府交辟，仕爲東觀令。累遷太常，出督無難。案，晉書：吴平後，處入洛，遷廣陵太守。〔四五〕郡多滯訟，有經三十年不決者，處一朝決遣之。轉楚内史，俄拜散騎常侍。處曰：「古人辭大不辭小。」乃先之楚。而郡新經喪亂，新舊雜居，風俗未一，乃敦以教義，又斂骸骨無主者收葬之，然後就徵，遠近稱歎。遷御史中丞，副梁王肜征齊萬年於關西，〔四六〕戰没死。撰默語三十篇及風土記，集吴書未成。卒。三子：玘、靖、札，皆事東晉也。〔四七〕

是歲，建平太守吾彦聞皓不守，〔四八〕以郡降晉。

彦字士則，吴郡人。出自寒微，有文才。身長八尺，手格猛獸，膂力絶羣。初爲通江吏。時平南將軍薛珝仗節南征，軍容甚盛，彥觀之，慨然而歎。有善相者劉札謂之曰：「以君相貌，後當至此，不足慕。」

少起家爲小將，大司馬陸抗奇其勇畧，拔用之，患衆情不允，乃會諸將，密使狂人挾刀跳躍而來，坐上諸將懼而奔走，唯彥不動，舉几禦之，衆服其勇，累遷建平太守。案，吴録：王濬將拔吴，造船於蜀，彥覺之，表請增兵爲備，皓不從。彥乃析爲鐵鎖，斷江路。及晉師臨壤，沿江諸城，望風降附，或見攻拔，彥堅守，攻之不下，晉軍退舍禮之。及皓亡始降，武帝拜爲金城太守。帝常從容問薛瑩孫皓所亡，瑩曰：「皓爲君，昵近小人，刑罰妄加，大臣大將無所親信，人人憂恐，各不自安。敗凶之釁，由此而作。」帝復問彥，答曰：「吴王英俊，宰輔賢明。」帝笑曰：「何爲亡？」彥曰：「天禄永終，曆數有屬，所以爲陛下擒，此蓋天時，豈人事也！」張華在坐，謂彥曰：「始爲名將，積有歲年，蔑爾無聞，竊所惑矣。」彥曰：「陛下知我，而卿不聞。」帝甚嘉之。位至長秋卿，卒於官。

夏四月，遣使送後主於洛陽，舉家西遷，以武帝太康元年五月丁亥，集於洛陽。甲午，晉帝使詔慰勞，封爲歸命侯，給衣服車乘，田三十頃，歲給粟五千斛，錢五十萬，絹五百疋，綿五百斤。拜太子爲中郎將，諸子爲王者，並拜郎中。每朝會，召後主預之，常指殿謂曰：「朕爲此殿以待公久矣！」皓曰：「臣於江南亦作此座相待。」案，三十國春秋：晉王濟嘗與武帝碁，時濟伸脚在局下，因問皓曰：「聞君生剥人面皮何也？」皓曰：「人臣無禮於其君者，則剥之。」武子大慙，遽縮脚。或侍宴武帝，曰：「聞君善歌，令唱汝歌。」皓應聲曰：「昔與汝爲隣，今爲汝作臣。勸汝一杯酒，願汝壽千春。」後五年，薨於洛陽，葬河南芒山。滕后自爲哀策，文甚酸楚。案，後主年二十二卽位，十六年，年三十八爲晉所滅，入晉爲侯，五年薨，年四十二。子孫相承，三代四帝，起壬寅終於庚子，凡五十九年。七年在武昌，五十二年都建業太初宫。

初，大帝黄武年中，魏軍大舉，文帝自至廣陵，臨江。朝廷危懼，乃召術人趙達筮之。達布算曰：「吴衰在庚子，今賊無能爲。」帝問庚子遠近，曰：「後五十八年。」帝笑曰：「朕憂當身，不及子孫也。」案，吴志：達，河南人。少好異，用意精密，知東南有王氣，可以避難，遂脱身渡江。治九宫一算之術，究其微旨，是以應機立成，對問若神，計飛蝗，射隱伏，無不中效。謂太史丞公孫滕曰：「吾先人得此術，欲圖爲帝王師，至予三世，不過太史郎。」滕求其法。達曰：「今已亡。」及太祖即位，令達算在位幾年？達曰：「漢高建元十二年，陛下倍之。」帝大喜，後果如其言。常謂知星者曰：「我不出户牖，以知天道。足下晝夜暴露望氣，不亦勞乎！」帝每問其法，終不言。及死，聞有書，發棺求之，竟無所得。是時，吴有皇象字休明，〔四九〕善書，中國不及。嚴武子字子卿，〔五〇〕善圍碁，時莫與對。宋壽能占夢，十不失一。曹不興善畫，妙動神明，與太祖畫屏風，誤落筆點，因以爲蠅，帝以生蠅，舉手彈之。孤城鄭嫗能相人，知吉凶。吴範占風氣。劉淳明天官太乙。此八人，世謂之八絶也。皓在位，天紀末，有窺上國之心，使太卜尚廣筮并天下，得同人之頤，對曰：「吉。庚子歲，青蓋入洛。」故皓以克平西北爲事，不備其亡，時歲實庚子也。永安二年三月，有異童子，年可六七歲，着青衣，來從羣兒戲，諸兒畏問之，答曰：「我熒惑星，將有告爾曰：『三公鉏，司馬如。』」言訖昇天去，漸遠，若疋練。自後五年蜀亡，六年晉興，至是吴爲司馬如滅之。

案吴大帝即王位，黄武元年壬寅至唐至德元年丙申，合五百三十五年矣。

卷第四校勘記

〔一〕後主諱皓　「皓」，吴志本傳作「晧」，盧弼三國志集解云：「宋本『晧』作『皓』。」

〔二〕七年八月景帝崩　陶札云：「吴志孫休卒於永安七年七月癸未，推是年八月無癸未，實録誤。」

〔三〕左軍萬彧　「左軍」，吴志孫晧傳作「左典軍」。陶札云：「實録脱『典』字。」

〔四〕封高密侯　吴志妃嬪傳作「封牧高密侯」。陶札云：「實録脱『牧』字。」

〔五〕魯肅王霸　周鈔本批注云：「『肅』字疑衍。」

〔六〕料出宫女以配無妻者　「料」，吴志孫晧傳、通鑑七八皆作「科」。

〔七〕興少有名理　「名理」，吴志濮陽興傳作「士名」。

〔八〕五官中郎將弘璆隨紹報魏　「弘璆」，通鑑七九作「洪璆」。「隨紹」二字它本皆空缺，周鈔本作「奉書」，徐鈔本作「隨紹」，似皆爲後人據文意增補，唯徐鈔本與吴志孫晧傳合，今姑從之。

〔九〕丁固右將軍諸葛靚守建業　「建業」以上九字，各本皆缺，今據徐鈔本、及通鑑七九補。吴志孫晧傳同，唯「守」作「鎮」。

〔一〇〕魚潛於泉　「泉」，吴志王蕃傳注引吴録作「淵」，蓋許嵩避唐諱改。

〔一一〕滕牧　原誤作「滕收」，徐鈔本、周鈔本、吴志孫晧傳、妃嬪傳及通鑑七九及本卷下文皆作「滕牧」，今據改。

〔一二〕留平　原作「劉平」，留平爲吴臣留贊子，當姓留。今據吴志孫晧傳、王蕃傳、鍾離牧傳注引會稽典録及通鑑七九改。

〔一三〕以鎮西將軍陸凱爲大丞相　「大丞相」，吴志陸凱傳作「左丞相」。陶札云：「『大丞相』乃『左丞相』之譌。」陶説是，本卷下文亦作「左丞相」。

〔一四〕敗政淫俗　「淫」原作「傜」。今據徐鈔本、甘鈔本、周鈔本及吴志陸凱傳改。

〔一五〕榮以尊輔　「榮」原作「策」，今據庫本、徐鈔本、周鈔本及吴志陸凱傳改。

〔一六〕民無妻者以女妻之　「女」，吴志陸凱傳作「妾」，當是。

〔一七〕外多寡夫　陶札云：「吴志陸凱傳作『外多鰥夫』，是也。」

〔一八〕乃今庶事多曠　陶札云：「吴志陸凱傳『今』作『令』，是也。」

〔一九〕外仗顧陸步張　「步」，吴志陸凱傳作「朱」。

〔二〇〕國以民爲本民以食爲天　「本」下「民」字原缺，今據甘鈔本、徐鈔本及吴志陸凱傳補。

〔二一〕及淮南東平王　「淮南」，吴志孫晧傳作「淮陽」。孫晧子未有封淮南王者，當從吴志爲是。

〔二二〕是歲分豫章廬陵長沙爲安成郡至是歲左夫人張氏薨　各本自「爲」字至「是歲」前皆闕。鄢校云，丁固夢松事見本卷下文，不應複出，疑甘鈔本出後人臆補。

〔二三〕奮字子陽　「子陽」，吴志孫奮傳作「子揚」。

〔二四〕改封都鄉侯　丁奉前已封都亭侯，此當云進封，非改封，吴志丁奉傳不誤。

〔二五〕至是見讒追過斬之　陶札云：「案丁奉未嘗見殺，實録蓋誤解吴志斬奉導軍之文。」

〔二六〕舉孝廉　據吴志韋昭傳，昭未嘗舉孝廉。

〔二七〕遷尚書僕射兼中常侍領左國史　吴志韋昭傳作「遷中書僕射，職省，爲侍中，常領左國史」。陶札云：「案中書僕射蓋吴新置，尋省，許氏以中書僕射之官不經見，遂臆改爲尚書僕射。爲侍中句絶，許氏誤以常字屬上句，遂臆改爲中常侍。」

〔二八〕抗有疾　「抗」原作「拒」，今據甘鈔本、徐鈔本、周鈔本、劉鈔本及吴志陸抗傳注引晉陽秋改正。

〔二九〕抗生四子長晏次景次機次雲　吴志陸抗傳及通鑑八〇皆云抗五子，爲晏、景、玄、機、雲。實録脱抗子玄。

〔三〇〕十二月詔分鬱林爲桂林郡十一月侍中太尉范慎薨　此處文字有誤。據吴志孫晧傳，詔分鬱林爲桂林郡在鳳皇三年，范慎卒於二年。即使兩事在一年，亦不得十二月列於十一月之前。

〔三一〕滕脩　「脩」原作「循」，滕脩見吴志孫晧傳、吕岱傳注引王隱交廣記及晉書。「循」與「脩」字形相近，易譌耳，今據改。又據吴志、通鑑八〇滕脩時官執金吾，實録脱。

〔三二〕黄猗　晉書五行志中、宋書五行志三作「黄狗」，猗、狗同。然吴志孫晧傳、通鑑八〇作「黄耇」。

〔三三〕客罷各奏其失　吴志孫耇傳、通鑑八〇皆作「宴罷之後，各奏其闕失」。

〔三四〕戊辰　天紀四年正月己丑朔，無戊辰日。吴志孫晧傳繫於三月，然三月戊子朔，亦無戊辰。三國志集解云戊辰是戊戌，爲三月十一日。

〔三五〕悌垂涕曰　原作「涕垂悌曰」，今據吴志孫晧傳注引襄陽記及通鑑八一乙正。

〔三六〕吴録曰　酈校云：「案吴録曰以下當是注文，誤作大字。」

〔三七〕乙未　二月戊午朔，無乙未日。三月戊子朔，乙未爲初八日。

〔三八〕欲祚之萬代　「代」，吴志孫晧傳注引江表傳作「世」，蓋許嵩避唐諱改。

〔三九〕謂之禎祥　實録宋本避高宗諱，遇「構」字注以「今上御名」，又避仁宗諱，遇「禎」字注以「御名」，後之翻宋本常以四小圈或雙圈代之。「謂之禎祥」，徐鈔本據吴志孫晧傳注引江表傳改作「反謂之祥」。庫本誤補「禎」爲「構」。酈校云：「案所避當是『禎』字。」酈説是，今據補。

〔四〇〕天文玄變於上　「玄」，甘鈔本、徐鈔本及吴志孫晧傳注引江表傳作「縣」。

〔四一〕三月辛未　三月戊子朔，無辛未。疑「辛未」爲「辛丑」之誤。

〔四二〕壬寅王濬舟師先至石頭　「壬寅」，各本皆作「壬申」。吴志孫晧傳、晉書武帝紀亦誤作「壬申」。三月戊子朔，無壬申日。丁國鈞晉書校文云：「晉書王濬傳載濬入石頭後上書有『以十五日至秣陵』語，十五日爲壬寅，則『申』當爲『寅』字之誤。」丁説甚是，通鑑八一正作「壬寅」，今據改。

〔四三〕癸亥　三月無癸亥，四月丁巳朔，癸亥爲初七日。下文乙亥亦在四月，爲十九日。

〔四四〕乃入吴尋二陸學問至遂勵志　勞格晉書校勘記云：「案此採自世説，予以處傳及陸機傳覈之，知係小説妄傳，非事實也。案處没於惠帝元康七年，年六十有二。推其生年，當在吴大帝之赤烏元年。陸機没於惠帝太安二年，年四十三。推其生年，當在吴景帝之永安五年。赤烏與永安相距二十餘載，則處弱冠之年，陸機尚未生也。此云『入吴尋二陸』，未免近誣。又考陸機傳，年二十而吴滅，退居舊里。是吴未亡之前，機未嘗還吴也。或以爲處尋二陸，當在吴亡之後，亦非也。考吴亡之歲，處年亦四十三，筮仕已久。據本傳，處仕吴爲東觀左丞、無難督。故王渾之登建鄴宫，處有對渾之言。如使吴亡之後，處方厲志好學，則爲東觀左丞、無難督者，果何人乎？以此推之，知世説所云盡屬謬妄。晉書不加考核，遽採入本傳，可謂無識。劉子玄譏其好採小説，誠非過也。又案處碑，世傳陸機所撰，亦有『來吴事余厥弟』之語。此碑係唐劉從諫所重樹，竄改舊文，事迹錯互，不可盡據以爲信。」勞説甚是，此當許氏未審史實，承襲晉書之誤耳。

〔四五〕廣陵太守　「廣陵」，徐鈔本作「廣平」，晉書周處傳作「廣漢」。

〔四六〕梁王彤　「彤」，各本皆誤作「彤」，今據晉書本傳及通鑑八二改正。

〔四七〕三子玘靖札皆事東晉也　「札」原誤作「禮」，今據晉書本傳及通鑑九二、九三改正。又勞格晉書校勘記云：「碑云四子：靖、玘、札、碩，傳失載，碩名又，以靖爲玘弟，皆非也。案法苑珠林觀佛部云，東晉周玘，平西將軍處之第二子，是本傳以玘爲長子者誤。」

〔四八〕吾彦　原作「吴彦」，今據徐鈔本及吴志孫皓傳注引干寶晉紀及晉書本傳改正。

〔四九〕皇象　原作「黄象」，庫本、徐鈔本及吴志趙達傳注引吴録皆作「皇象」。皇象爲吴善書者，宋王僧虔能書人名録云：「吴人皇象能草書。」梁袁昂書評亦云：「皇象書如歌聲繞梁，琴人捨徽。」當作「皇象」爲是，今據改。

〔五〇〕嚴武子　吴志趙達傳注引吴録作「嚴武」。

建康實録卷第五

晉上

中宗元皇帝

西晉孝武太康元年平吴，〔一〕乃廢建業，復爲秣陵。分丹楊南郡爲宣城郡，還理於秣陵，在縣東南六里，渡長樂橋，古丹楊郡是也。以周浚爲揚州刺史，所統十九郡七十四縣。太康三年，分秦淮水北爲建鄴，水南爲秣陵縣，仍在秦邑地。而建鄴縣在故都城宣陽門内，今縣城東二里古御街東。

太安二年夏五月，義陽蠻張昌舉兵，號漢，稱神鳳元年，使將軍石冰寇揚州，諸郡盡没，冰因修建鄴宮居之。案，曹憲揚州記：晉惠永寧二年，有石浮來建鄴，自入秦淮，夏架湖登岸二百餘步，百姓咸曰：「石來，石來。」至明年，石冰果入揚州，遂據此地。冬十二月，征東將軍劉準使右將軍、廣陵相陳敏渡江，攻破石冰於建鄴。

永興二年十二月，陳敏又據建鄴，自號揚州刺史，假顧榮爲丹楊尹，以甘卓、周玘爲將軍。敏諷寮佐，進己爲楚公，加九錫之禮。時東海王祭酒華譚聞之，與榮書，陳是非，言「敏凡才，無遠略。昔齊之王蠋布衣爾，猶不屈於燕；況足下名重位彰，受恩於國而黨奸邪，自相置署」。榮得書大慙，與甘卓等謀曰：「江東事若濟，當共成之。然則觀形勢如何？敏既常才，政令反覆，子弟驕矜，其敗必矣。吾等受其官禄，事敗之日，使江西諸軍函首送洛陽，題曰逆賊顧榮、甘卓之首，豈惟一身辱及萬世！」卓等然之。遂與榮謀遣使密報征東將軍劉準，令率兵臨江。敏令弟昶將兵拒之，使甘卓屯横江，榮、玘因卓兵殺陳昶，斷橋，盡收船於淮水南。敏自出軍臨大航岸，榮以羽扇麾之，敏衆潰散。敏單馬北走，玘等追斬於江表。

陳敏字令通，廬江人。少有幹能，補尚書倉部令史。趙王倫篡逆，義兵乏食，以敏爲廣陵度支，令漕運江、淮，以濟中州。屬張昌亂，使石冰趍壽春，都督劉準與敏謀破冰等，以功拜廣陵相。時在惠帝西遷，四方交争，敏遂有據江東之心。

懷帝永嘉元年，東海王越秉政。秋七月，以瑯琊王睿爲安東將軍、都督揚州江南諸軍事，用王導計渡江，鎮建鄴。討陳敏餘黨，廓清江表，因吴舊都城修而居之，太初宫爲府舍。案，太初宫，本吴之宫。晉平吴後，石冰作亂，焚燒蕩盡。陳敏平石冰，據揚州，因太初故基創造府舍，中宗初渡江，因居此地也。置丹楊内史官，以顧榮爲軍司馬，賀循爲參佐，王敦、王導、周顗、刁協、戴若思爲腹心股肱，接賓客，禮名賢，存問風俗。

永嘉五年夏六月，劉曜寇洛陽，京師淪陷，懷帝蒙塵於平陽，司空荀藩移書天下，〔二〕推琅琊王爲盟主。

六年春二月壬子，琅琊王馳檄四方，徵兵以討石勒，師次壽陽，勒退河北。夏四月丙寅，征南將軍、荆州刺史山簡卒。

簡字季倫，河内懷人，司徒濤之第五子。自侍中、吏部尚書出鎮襄陽。卒，時年六十一，〔三〕贈儀同三司，歸葬建康玄武湖南覆舟之陽。子遐嗣。案，遐字彦林，累拜餘姚令。時江左豪族多挾藏户口，以爲私附。遐繩之以法，到縣八旬，出户口萬餘。後至太守。

秋七月，歲鎮熒惑，太白聚牛斗。十二月，散騎常侍顧榮卒。

榮字彦先，吴人，世爲南土著姓。祖雍，吴丞相。父穆，宜都太守。榮機神朗悟，弱冠仕吴，累遷黄門侍郎。吴平，與陸機兄弟同入洛陽，時人號爲「三俊」。拜郎中，歷廷尉正。恒縱酒酣暢，謂友人張翰曰：「唯酒可以忘憂，但無如作病何。」及趙王倫篡位，以榮爲子虔大將軍府長史。榮初與同寮飲酒，見執炙人貌狀不凡，榮因割炙反啖之。人問其故，榮曰：「豈有終日執之而不知其味！」及倫敗，將誅榮，前執炙者爲督率衆救榮，得免。

齊王冏以爲大司馬主簿，榮懼禍及，終日昏醉，不惣府事。轉中書侍郎，在職不復飲醉。人或問曰：「何前醉而後醒？」榮懼，復飲酒。與鄉里楊彦明書曰：「吾爲齊王主簿，常慮禍及，見刀與繩，每欲自殺，但人不知耳。」後果拜常侍，以世亂辭不受。遂還吴，屬陳敏據揚州，假榮右將軍、丹楊内史。時敏使甘卓出鎮，堅甲利器盡委之。榮因説卓，以圖敏。明年，周玘、甘卓與榮及紀瞻等潛謀破敏。

及瑯琊王睿初鎮江東，以榮爲軍司馬，加散騎常侍，凡所謀畫，皆以諮焉。多有匡諫，王皆納之。進薦賢良言「賀循等沈潛，青雲之士；而陸士光金玉之資；甘季思、紀瞻幹決殊絶」，王皆辟用之。卒官，王哭之慟，欲表贈依齊王功臣格。吴郡内史殷祐上牋論功，贈侍中、開府儀同三司。

榮好琴書，及卒，家人置琴於靈座。吴郡張翰往哭之，既而上床鼓琴數曲，歎曰：「顧生復能賞此否？」又慟哭，不弔喪主而去。子毗嗣。

初，陳眎問方士戴洋曰：「人言江南當有貴人，顧彦先、周宣佩當是否？」洋曰：「顧不及臘，周不見來年八月。」榮果至其月十七日卒，十九日臘；宣佩明年七月晦日亡。

是歲，太子洗馬衛玠卒。

玠字叔寶，河東安邑人。祖瓘，司空、録尚書事。父恒，尚書郎。玠幼而爽異，長好玄理，每一言論，皆以造微。瑯琊王澄有高名，嘗聞玠言，輒歎息絶倒。

以天下大亂，遂扶老母，將家南行，至豫章。大將軍王敦長史謝鯤，先相雅貴，相見欣然，言論永日。敦謂鯤曰：「昔王輔嗣吐金聲於中朝，衛玠復玉振於江表，微言之緒，絶而復續。不意永嘉之末，復聞正始之音，何平叔若在，當復絶倒。」玠常言：「人有不及，可以情恕；非意相干，可以理遣。」故終身不見喜慍之容。

以王敦非純臣，而不久留，求向建鄴。京師人士聞其姿容，觀者如堵。玠先有勞疾，從此遂甚。卒，〔四〕時年二十七。葬新亭東，今在縣南十里。時人謂看殺衛玠。案，地志：咸和中，王導爲揚州刺史，下令曰：「衛洗馬明日當改葬。此君風流名士，海内所瞻，可具祭奠，以敦舊好。」改葬即此地也，未悉本葬何處。〔五〕

七年夏四月，愍帝即位，改元建興元年。五月，使加瑯琊王睿左丞相、大都督中外諸軍事，詔改建鄴爲建康，改鄴郡爲臨漳。秋七月，南郡太守周玘卒於蕪湖。

玘字宣珮，〔六〕征西將軍處長子。性剛毅沈斷，有父風，而文學不及。閉門潔己，不妄交遊，士友咸望風而敬憚焉。州辟爲從事，虚己備禮，方乃應命。除議郎。

太安初，妖賊張昌、丘沈反於江夏，惠帝使監軍華宏討之，不尅。玘密結南平内史王矩及江東人士同起義兵，破昌、沈。既畢，玘不言功，散衆還家。及陳敏據揚州，與顧榮、甘卓等謀擒敏。瑯琊王初鎮江左，以玘爲倉曹屬。

吴興人錢璯謀反，玘率合鄉里義衆，與郭逸討之，傳璯首於建鄴。玘三定江南，開復王略，王嘉其勳，累拜建威將軍、吴興太守。以玘頻興義兵，勳誠並茂，乃以陽羡及長城之西鄉、丹楊之永世別爲義興郡，以彰其功。

然玘宗族强盛，人情所歸，帝疑憚之。于時北來人士左右王業，而玘自以爲不得調，内懷怨望，復爲刁協輕己，乃與東萊王恢陰謀誅諸執政，推玘及戴囦與諸南士共奉王以經緯世事。〔七〕事泄，王祕之，召玘爲鎮東司馬，復改南郡太守。既行，至蕪湖，又進爵爲公。玘忽知其謀泄，遂憂憤，發背而卒，時年五十六。將死，謂子勰曰：「殺我者諸傖，汝能復之，乃吾子。」

四年冬，劉曜逼長安，西郡不守。

五年春正月，瑯琊王出師路北，躬擐甲胄，移檄天下徵兵。時有玉册見於臨安，白玉麒麟神璽出於江寧，其文曰「長壽萬年」，日有重暈，皆以爲中興之象。案，圖經：江寧，縣名，元帝初過江，永嘉中置之，在今縣城南七十里，南臨浦水。其水源出宣州當塗縣下溪村，西流入江，名江寧浦也。〔八〕

二月，平東將軍宋哲至，宣愍帝密詔，令王「攝萬機，修復陵廟，將雪大恥」。王聞愍帝幽于虜庭，王素服出次，舉哀慟哭。〔九〕

三月，西陽王羕及羣寮等勸進，王辭不受。羕等固請，王流涕曰：「孤，罪人也。不能雪天下之恥。」因欷歔不止，令私奴命駕，將返國。羣臣不敢逼，會稽内史紀瞻與長史王導俱入見王，立陳利害。瞻進曰：「今帝失御，宗社虚廢，神器去晉，於今二年。陛下特天所授，光闡七廟，以隆中興。今欲守匹夫之謙，而逆天時，違人事，失地利，三者一去，雖復傾注於將來，豈得救祖宗之危急哉！臣等區區之誠，不可失也。」王不許，使殿中將軍韓績徹去御座。〔一〇〕瞻叱績曰：「帝座上應星辰，敢動者斬！」王爲之改容，羣臣因請依魏、晉故事爲晉王，許之。

三月辛卯，瑯琊王即晉王位，承制大赦，改元建武元年。初備百官，立宗廟社稷，拜諸參軍百餘人爲奉車都尉、駙馬都尉等掾屬，時人呼爲「百六掾」。案，圖經：晉初置宗廟，在古都城宣陽城外，郭璞卜遷之。左宗廟、右社稷，去今縣東二里。玄風觀即太社西偏，對太社右街，東即太廟地。太廟事已具孝武卷中。社立三壇，帝社、太社各一，稷一。一本云，洛陽社二壇，稷一壇，今亦合其制宜者也。

夏四月丙辰，立世子紹爲晉王太子，進百官行賞，以王子宣城公裒爲瑯琊王，以王導都督中外諸軍事，其餘進班各有差。

六月丙寅，司空、并州刺史、廣武侯劉琨，幽州刺史、左賢王、渤海公段匹磾等一百八十人，遣長史温嶠來上表，勸王即尊位。王優令答之，以二公共濟艱難，同契一致，撫寧戎夏，動静以聞。

冬十一月，進司空劉琨爲太尉。初置史官，立太學，以干寶、王隱領國史。

是歲，揚州大旱，晉陵内史張闓奏立曲阿新豐塘，溉田八百餘頃。

建武二年春三月癸丑，愍帝崩問至，晉王服斬縗居廬。丙辰，王侯百寮上尊號勸進。是日，晉王即皇帝位於建康。案，帝自永嘉元年領江左，至建武二年，積十一年，即帝位。居舊府舍，至明帝亦不改作，而成帝業始繕苑城也。

帝諱睿，字景文，宣帝曾孫，瑯琊武王伷之孫，恭王覲之子。初，魏明帝青龍三年冬十一月，張掖郡丹陽川谷坌溢，有石流出，立於川中，有馬行列，而犧牛在後，麒麟居東，鳳皇處南，白虎處西，八卦分布成文，占者或云「牛繼馬後」。及宣王秉政，深以牛氏爲慮，因征遼東還，遂爲二榼同一口貯酒，酖殺大將軍牛金。後恭王妃夏后氏與小吏牛欽私通，因產帝。咸寧二年生於洛陽，有神光滿室，所藉藁如始刈。及長，白毫生於目角之左，龍顏隆準，目有精光，顧盼煒如也。年十五，嗣位瑯琊王。三十二，始鎮建鄴。四十二，即帝位。戊辰，大赦，改元太興元年，文武增位二等。庚午，立紹爲皇太子。

夏四月丁丑朔，日有蝕之。戊寅，初禁招魂葬。案，晉書：東海王越死於鄴，屍爲石勒所焚。妃裴氏過江，乞招魂葬。帝雖許之，治書御史袁瓌與博士傅純議招魂葬是謂埋神，不可從也。帝從之，遂禁斷。

五月，幽州刺史段匹磾執太尉劉琨因之。初，王敦見琨勸進表至「天祚大晉，必將有主。主晉祚者，非大王而誰！」敦大怒，投表於地，曰：「讀左傳三十年，一朝爲劉琨用却。」因內憚焉。及聞拘繫，密使段匹磾殺琨，又懼衆反己，遂稱有詔收捉。琨聞敦有使至，不通命知，謂其子曰：「處仲使來而不告我，是殺我也。死生有命，但恨讎恥不雪，無以下見二親耳。」因涕泣悲不能自勝。癸丑，匹磾縊殺琨，并子姪四人。〔二〕時年四十八。

琨字越石，魏昌人，漢中山靖王勝之後。少負志氣，有縱橫才，善交勝己，而頗浮誇。與祖逖爲友，聞逖被用，乃與親故書曰：「吾枕戈待旦，志梟逆虜，常恐祖生先吾着鞭。」累遷位并州刺史。愍帝卽位，拜司空，封廣武侯，都督冀、幽、并三州軍事，尋爲石勒所破，窮蹙歸匹磾，遇害。

初，琨在晉陽時，嘗爲胡騎所圍數重，窘迫無計，乃乘月登樓清嘯，賊聞之者，皆悽然長歎。中夜因奏胡笳，賊又流涕，有懷土之感。向曉並棄圍而去。及帝將中興於江東，中朝士大夫多過江歸帝，朝廷望之，怨琨不至。王處仲曰：「江東地狹，不容琨氣。」

六月，旱，帝親雩。詔改丹楊內史爲丹楊尹，〔三〕以薛兼爲之。案，刺史、尹、內史、太守止是史官。晉百官志云：「王臨州，則郡有內史；州無王，則惟太守；尹者，正也。漢置河南尹，晉江左置丹楊尹，蓋天子所居，則郡以尹爲主者也。

是月，置招諫鼓，立誹謗之木。

秋七月，劉聰死，子粲嗣位，尋爲其臣靳準所滅，準自號漢王。

八月，皇太子釋奠於太學。

冬十月，劉曜僭號於赤壁。

十一月乙卯，日夜出，高三丈，中有赤青珥。新作聽訟觀。

十一月，劉聰故將王騰、馬忠等誅靳準，送傳國璽於劉曜。癸巳，詔旌吴名賢，具條列聞。〔一三〕

是歲，武昌太守王謙奏牛生兩頭八足，兩尾共一腹。

二年春正月，使冠軍將軍梁堪、守太常馬龜等修復山陵。迎梓宫於平陽，不尅而還。

五月壬戌，詔去非急之務、非軍事所須，皆省之。

夏六月丙子，罷御府及諸郡丞，置博士員五人。〔一四〕

秋七月乙丑，開府儀同三司賀循卒。

循字彦先，會稽山陰人。其先慶普，漢世傳禮學，族高祖純，後漢侍中，避安帝諱爲賀氏。父邵，吴中書令。

循有操尚，童齔不羣，言行進止，必以禮讓。善屬文，舉秀才，後遷武康令。陸機表薦，累遷南中郎長史，不就。歸，與鄉里合義討逆。及陳敏據江外，矯詔以循爲丹楊内史，循辭以脚疾。與顧榮等平敏，拜吴國内史。

帝鎮江左，守職，尋轉軍司。因與循言及時政事，遂問循曰：「孫皓嘗燒鋸截一賀頭，是誰耶？」循未及言，帝悟曰：「賀邵也。」循流涕曰：「先父遭遇無道，臣誠痛深，無以上答。」帝甚愧之，三日不出。

及帝承制，以爲軍諮祭酒，循稱疾不起。帝使輿疾至，親臨諮以政道。循羸疾不堪拜跪，乃就加朝服，賜第一區，車馬牀帳衣褥等物，一無所受。

時江東草創，循多陳利害，言而必從，進爲侍中。以討華軼功，封都鄉侯，固讓不受。建武初，拜中書令，加散騎常侍。宗廟始建，舊儀多闕，循議定七廟。帝踐位，遷太子太傅。循自以枕席廢頓，臣節不脩，累表固讓，命皇太子親往拜焉。後疾篤，表乞骸骨，詔改授左光禄大夫、開府儀同三司。帝親臨軒，遣使持節，加印綬。循已不能言，指左右，推去章服。駕幸，執手流涕。太子親臨三焉，往還皆拜，儒者爲榮。卒，時年六十。帝哭之慟，贈司空，謚曰穆。將歸葬於吴，皇太子追送近郊，望船流涕。子隰嗣。案，晉書：循少玩篇籍，善屬文，博覽衆書，尤精禮傳。雅有知人之鑒，拔楊方於卑陋，卒成名於世。

甲戌，以尚書戴若思爲征西將軍、都督司兖豫并冀雍六州諸軍事、司州刺史，鎮合淝。丹楊尹劉隗爲鎮北將軍、都督青徐幽平四州諸軍事、青州刺史，鎮淮陰。

八月，肅慎貢楛矢石砮。

九月，鎮西將軍、豫州刺史祖逖卒。

逖字士稚，范陽遒人。世吏二千石，爲北州舊姓。逖少孤，兄弟六人。性最豁蕩，不修儀檢，年十五六，〔三五〕猶未知書，兄該、納等憂之。然輕財好俠，慷慨有節操，每至田舍，輒稱兄意散穀帛以賙貧乏，鄉族重之。後乃專學，博涉書記。年二十四，舉秀才，不行。與劉琨俱爲司州主簿，情好綢繆，共被同寢。中夜聞雞鳴，蹴琨覺曰：「此非惡聲也。」因起舞。二人並有英氣，每語世事，或中宵起坐，相謂曰：「若四海鼎沸，豪傑並起，吾與足下當相避於中原。」累遷太子舍人。

洛京喪亂，遂避地淮、泗。元帝鎮江左，徵爲軍諮祭酒，將家居丹徒之京口。西朝傾覆，帝懷振復之志，賓客從者，皆傑勇之士。元帝方拓定江南，未遑北伐，逖進説帝北收遺黎，雪國大恥，帝許之。以逖爲豫州刺史，不給鎧杖，令自招募。仍將本從部曲百餘家渡江，中流擊檝而誓曰：「祖逖不清中原而復濟者，有如大江！」辭色壯烈，衆皆慨歎。因進屯淮陰，鑄兵器，練士卒，轉鬭而前。大破石季龍、蓬陂塢主陳川。川還襄國，季龍使川將桃豹守川故城，住西臺，逖遣將軍韓潛等進鎮東臺，與賊同一大城，相守四旬。以布囊盛土，使千餘人運上臺，如米以示賊，賊飢久，益懼。石勒遣將劉夜堂以驢千頭運糧以饋桃豹，逖使擊破之，獲夜堂，豹宵遁走。因進鎮雍丘，略定河外，巡撫征戍。時趙固、上官巳、李矩、郭默等皆受逖節度，於是黄河已南，盡爲晉土。其河上先有堡固及任子在胡者，皆聽兩屬，如有微功，賞不踰日。躬自勸督農桑，克己施下，收葬枯骨，爲之祭醊，百姓感悦。嘗置酒大會，耆老中坐流涕曰：「吾等老矣！更得父母，死將何恨！」乃歌舞詠恩，其得人心如此。詔進逖鎮西將軍。

石勒不敢窺兵河南，使成皋縣修逖母墓，因與逖書，求通使交市，收利十倍，公私豐贍，士馬日彊。方欲推鋒越河，掃清冀、朔，會朝廷遣戴若思爲都督，逖不平。且已翦荆棘，收河南地，而若思雍容，一旦來統之，意甚怏怏。又聞王敦與劉隗等構隙，慮有内難，大功不遂。感激發病，乃置妻子於汝南大木山下。進繕虎牢，使從子汝南太守濟率汝陽太守張敞、新蔡内史周閎築壘，未成，而逖病甚。時有妖星見於豫州之分，歷陽陳訓謂人曰：「今年西北大將軍當死。」〔一六〕逖亦見星，曰：「此爲我矣！方平河北，而天欲殺我，此乃不祐國也。」年五十六，卒於雍丘。百姓如喪考妣，皆爲之立祠。案，晉書：王敦久懷亂逆，畏逖不敢發，至是始得肆其奸雄焉。

冬十一月戊寅，石勒僭稱趙王於襄國。〔一七〕

是歲，作南郊，在宫城南十五里，〔一八〕郭璞卜立之。案，圖經：在今縣城東南十八里長樂橋東，籬門外三里，今縣南有郊壇村，即吴南郊地。

三年春二月辛未，雨大冰。

三月，燕王慕容廆奉送玉璽三紐。

夏六月，吴郡米廩無故自壞，米廩貨糴之屋，無故自壞，此五穀踊貴之象。〔一九〕

秋七月，詔瑯琊國人隨在此者近有千户，以立爲懷德縣，統丹楊郡，永復爲湯沐邑。案，中宗初，瑯琊國人置懷德縣，在宫城南七里，今建初寺前路東，後移於宫城西北三里耆闍寺西。帝又創已北爲瑯琊郡，而懷德屬之，後改名費縣。其宫城南舊處，咸和中，移建康縣，自苑城出居之。案，南徐州記：費縣西北八里有迎擔湖。昔中宗南遷，衣冠席卷過江，客主相迎，負擔於此湖側，至今名迎擔湖，世亦呼爲迎擔洲，在縣城西石城後五里餘。初，隨帝過江有王離妻者，洛陽人，將洛陽舊火南渡。自言受道於祖母王氏傳此火，並有遺書二十七卷，臨終始行此火，勿令斷絶。火色甚赤，異於餘火。有靈驗，四方病者，將此火煮藥及灸諸病，皆愈，轉相妖惑，官司禁不能止。及季氏死，而火亦絶。時人號其所居爲聖火巷，在今縣東南三里禪衆寺直南出小街。或云齊時復有聖火事，具齊卷内。

八月，追尊所生夏侯氏爲皇太妃。

太妃諱光姬，沛國譙人。祖威，兖州刺史。父莊，淮南太守。妃生自華宗，幼而明惠。

初，帝嗣立，稱王太妃。永嘉元年，薨於江左。案，晉書后妃傳：〔二〇〕初有讖云「銅馬入海建鄴期」，太妃小字銅鐶，而元帝果中興於江左矣。

庚申，〔二一〕追尊敬王后虞氏爲敬皇后。辛酉，遷神主於太廟。

敬皇后諱孟母，濟陽外黄人。父豫。后無子。永嘉六年薨，時年三十五，至是追尊。案，外戚傳：敬皇后父虞豫，少有美稱，州郡禮辟，不就。早卒。明帝立，追贈散騎常侍、驃騎大將軍、開府儀同三司。子胤嗣，敬后弟也。遷步兵校尉。

辛未，〔三二〕皇太子釋奠於太學。

冬十二月丁未，嚴設煑鹽之法，造私鹽者，以半與之。又募入米京師，米一斛與鹽四石。

是歲，創北湖，築長堤，以壅北山之水，東自覆舟山西，西至宣武城六里餘。後苑牛生一足三尾，生而死，足少不勝也。

四年春二月，鮮卑遐末波奉送皇帝信璽。〔三三〕庚戌，告太廟受之。癸亥，日鬥。〔三四〕

三月，置周易、儀禮、公羊博士。

是歲，振武將軍、梁州刺史、尋陽侯周訪卒。〔三五〕

訪字士達，汝南安成人。漢末避地江南，晉平吳，移家尋陽。祖纂，吳威遠將軍。父敏，左中郎將。訪少沈毅謙讓，果於斷割，賙窮賑乏，家無餘財。爲縣功曹，時陶侃爲散吏，訪薦侃爲主簿，相與結交，以女妻侃子瞻。鄉人有盜訪牛於冢間殺者，訪得之，遣盜密埋其肉，不使人知之。

及帝渡江，命訪參鎮東軍事，累遷振武將軍，與陶侃征杜弢。弢時作桔槔打官軍船艦，訪於船上作長岐棖以拒之，桔槔不能爲害。又遣其將張彦陷豫章，訪追彦斬之。將戰，訪爲流矢所中，折前兩齒，形色不變。及暮，訪與賊隔水，時賊强兵衆，訪知力不可敵，乃密遣人如樵採者而出，於是結陣鳴鼓而來，大呼曰：「左軍至！」士卒皆稱萬歲。至夜，令軍中多布火而食，賊謂官軍益至，未曉而退。訪謂諸將曰：「賊雖引退，然終知我無救軍，當還掩我，宜促渡水而北。」既渡，斷橋訖，而賊果至，不能濟。

時杜弢將杜曾又聚衆破陶侃於沔城，帝令訪救之，訪率衆至沌陽。曾等鋭意甚盛，訪曰：「昔人有言，先人有奪人之心，軍之善謀也。」使將軍李恒督左甄，許朝督右甄，訪自領中軍張旗幟。曾果畏訪，先攻左右甄。訪自於陣後射雉，以安衆心。令其衆曰：「一甄敗，鳴三鼓；兩甄敗，鳴六鼓。」及戰，自旦至申，兩甄皆敗。訪聞鼓音，選精甲八百人，自行酒飲之，勑不得妄動，聞鼓音乃進。賊未至三十步，訪親鳴鼓，將士皆騰躍奔赴，大敗杜曾，殺千餘人。訪夜追之，衆請待明日，訪曰：「曾驍勇能戰，向之敗也，彼勞我逸，是以尅之。宜及其衰乘之，可滅也。」鼓行而進，遂走漢、沔。訪部將蘇温追擒杜曾等於武昌，送王敦斬之。

初，王敦懼杜曾之難，謂訪曰：「擒曾，當相論爲荆州刺史。」及曾平後，從事中郎將郭舒説敦曰：「荆州用武之國，若以假人，將有尾重之患，公宜自領，以訪爲梁州可矣！」訪大怒。敦乃手書譬釋，並遺玉環玉椀以申厚意。訪投椀于地曰：「吾豈賈竪，可以寶椀悦乎！」陰欲圖之。敦患之，而憚其强，不敢有異。

訪威風既著，遠近悦服，勇智過人，爲中興名將。性謙虚，未嘗論功。或問訪曰：「人有小善，鮮不自稱。卿功勳如此，無一言何也？」訪曰：「朝廷威靈，將士用命，訪何功之有！」士以此重之。時王敦有不臣之心，訪嘗切齒。敦懷逆謀，終慮訪，未敢爲非。卒，時年六十一。帝哭之慟，立碑於本郡。二子：撫、光。案，周訪傳：訪少時遇善相者廬江陳訓，謂訪與陶侃曰：「二君皆位至方嶽，功名略同，但陶得上壽，周當下壽，優劣更由年耳。」訪旅泊宫亭湖廟，廟本靈驗，入者皆死。及訪憩寢，略無神異，明早如厠，見一老父，訪執之，乃化爲雄鴨也。

五年春正月，大赦，改元永昌元年。戊辰，大將軍、荆州牧王敦舉兵反於武昌，謂長史謝鯤曰：「劉隗奸邪，將覆社稷，吾欲除君側之惡，安時濟民。」鯤曰：「隗誠始禍，然城狐社鼠也。」言未及卒，敦怒曰：「君至庸才，豈達天理。」發檄四方，以誅劉隗、刁協爲名，遣龍驤將軍沈充都督吴興等諸軍事。己巳，敦上疏曰：「昔太甲初雖不能遵明湯典，幸納伊尹之勳；漢武雄略，亦惑江充讒佞邪説。」至蕪湖，又上表罪狀刁協等。帝大怒，下詔曰：「王敦憑恃寵靈，敢肆狂逆，方朕太甲，欲見幽囚。是可忍也，孰不可忍也！朕將親御六軍，以誅大逆。」

二月，内外戒嚴，徵諸徼鎮，入衛京師，詔公卿以下廷議。丞相王導率昆弟子姪三十餘人，詣闕待罪。帝召入見，導前謝曰：「逆臣賊子，何代無之，豈意今者近出臣族。」帝跣而下執手曰：「方託百里之命，卿何言耶！」乃詔大義滅親，以導爲前鋒大都督，勅丹楊諸郡皆加軍號。以太子右率周筵行冠軍將軍，〔二六〕統兵三千，討沈充。使鎮北將軍劉隗軍於金城，右將軍周札守石頭。甲午，帝被甲徇六軍於郊外。詔平南將軍陶侃領江州，安南將軍甘卓領荆州，各率所統以躡敦後。

四月，敦先鋒攻石頭軍，周札開城納賊，王導、郭逸、周顗、刁協、劉隗等三道出戰，六軍敗績。皇太子欲親率將士自決戰，升車將出，中庶子温嶠固諫，抽劍斷鞅，乃止。尚書令刁協、劉隗並出奔，協至江乘，爲其下所殺。隗入於石勒。〔二七〕

隗字大連，彭城人，楚元王交之後。解褐從元帝，爲從事中郎，累遷丞相司直，委以刑憲。時世子文學王籍之居叔母喪而婚，隗奏之，帝下令曰：「詩稱『殺禮而多婚，以會男女之無夫家』，正今日之謂也，可一解禁止。自今已後，宜爲其防。」隗爲法官，多所彈奏，不避豪彊。

建興中，丞相府斬督運令史淳于伯而血逆流，隗因奏：「淳于伯刑血著柱，遂逆上終極柱末二丈三赤，旋復流下四赤五寸。百姓諠譁，觀者滿路，咸爲寃枉之徵。請見免相府從事及王導等官。」帝自責過而謝隗。

晉國既建，拜御史中丞。帝卽位，拜鎮北將軍、都督青徐諸軍事，鎮泗口。

初，隗以王敦威權太盛，終不可制，勸帝出腹心以鎮方隅，故以譙王承爲湘州，〔二八〕續用隗及戴若思爲都督。敦甚惡之，與隗書曰：「頃承聖上顧盼足下，今大賊未滅，中原鼎沸，欲與足下及周生之徒戮力王室，共静海内。若其泰也，則帝祚於是乎隆；若其否也，則天下永無望矣。」隗答書曰：「魚相望於江湖，人相知於道術。竭股肱之力，効之以忠貞，吾之志也。」敦得書，甚怒。及敦作逆，舉兵以討隗爲名，詔徵隗還京師，百官迎之於道，隗岸幘大言，意氣自若。及入見帝，與刁協奏請誅王氏，帝不從，有懼色。及率兵攻石頭，不拔，入宫告辭，帝令避難，雪涕與别。至淮陰，爲劉遐所襲，奔於僞趙。

庚午，帝釋戎服，〔二九〕使侍中王彬、阮孚宣詔於敦，曰：「公若不忘本朝，於是息兵，則天下尚可共安也。如其不然，朕當歸瑯琊，以避賢路。」辛未，〔三〇〕大赦。使太常荀崧就拜敦丞相、大將軍、都督中外諸軍、録尚書事，進封武昌郡公，邑萬户，加羽葆鼓吹。詔百寮見敦於石城，密問戴淵曰：「前日之戰，其有餘力乎？」若思答曰：「豈敢有餘，但力不足耳。」又問曰：「吾此舉動，天下以爲何如？」若思曰：「見形者謂之逆，體誠者謂之忠。」敦笑曰：「卿可謂能言。」又謂周顗曰：「伯仁，卿何負我！」顗曰：「公戎車犯順，下官不能其事，使王師奔喪，以此負公！」敦憚其辭正，不知所答。既出，帝召顗於廣室，謂曰：「近日大事，二宫無恙，諸人平安，大將軍故副所望邪？」顗曰：「二宫自如明詔，於臣等故未可知。」時護軍長史郝嘏等勸顗避敦，顗曰：「吾備位大臣，朝廷奔喪，寧可草中求活耶！」

初，司空王導率子弟詣闕下請罪，值顗將入，導呼顗曰：「伯仁，以百口累卿！」顗直入不顧。既見帝，言導忠誠，帝納其言，與飲酒，既醉而出。導猶在門，又呼顗。顗不與言，顧左右曰：「今年殺諸賊奴，取金印如斗大繫肘。」既出，又上表明導，言甚切至。導不知救己，而甚銜之。及敦得志，三問導：「周伯仁、戴若思可爲公輔？」導三不答。時參軍呂猗説敦曰：「周顗、戴淵皆有高名，瞻視不恒，若不早除，恐爲後患。」敦乃同收，害之，路經太廟，顗大言曰：「天地先帝之靈，賊臣王敦，頃覆社稷，枉殺忠良，陵虐天地；神祇有靈，當速殺敦！」語未終，收人以戟傷其口，血流至踵，顔色不變，容止自若，觀者爲之流涕。時年五十四。與戴淵同殺於石頭城東塘頽石上，百姓寃之，至今紀其石。賊平，追贈左光禄大夫。

顗字伯仁，汝南安城人，〔三〕安東將軍浚之子。少有重名，神彩秀徹，司徒掾賁嵩見而歎曰：「汝、潁固多奇士！清我邦族，必其人矣！」

及帝鎮江東，中興初，遷吏部尚書。以醉酒爲有司所奏，白衣領職。太興初，拜太子少傅，尋轉尚書左僕射，領吏部如故。時庾亮謂曰：「諸人咸以君方樂廣。」顗曰：「何乃刻畫無鹽，唐突西子。」

初，顗以雅望獲海内盛名，後頗以酒失，爲僕射，略無醒日，時人號爲「三日僕射」。庾亮曰：「周侯末年，可謂鳳德之衰也。」案，中興書：王敦素憚顗，每見顗，輒面熱，雖冬月仍交扇不休。死後，王導校料中書故事，見顗表救己殷勤，乃執表垂泣，悲不自勝，告諸子曰：「吾雖不殺伯仁，伯仁因我而死，幽冥之中，負此良友！」

戴淵字若思，廣陵人。少遊俠，不拘操行。遇陸機赴洛，淵以其徒掠之。機見淵坐胡床，指撝便宜，知非常人。遂上舫屋上遥謂曰：「卿才器如此，何不學問取禄位，乃與羣小行刧耶！」淵因感悟，棄刀流涕就機。機賞異焉，入洛，薦之。

及帝中興，累遷尚書左僕射，出爲幽、冀、豫、兖、并、雍六州諸軍事，鎮壽春。〔三二〕王敦舉兵，徵入，築壘於大桁北。既而石頭不守，遇害，時年五十二。賊平，追贈右光禄大夫。六月，旱。敦將還屯武昌，〔三三〕不朝而去，多收時望殺之。敦在武昌，鈴下儀仗生華，如蓮華狀，五日而萎落。是月，襄陽太守周慮承敦旨害侍中、荆州牧甘卓於襄陽。〔三四〕

卓字季思，丹楊人，秦丞相茂之後。少忠正，舉秀才。累遷離狐令。見天下大亂，棄官東歸。陳敏據揚州，深相結託，爲子景娶卓女。及周玘、顧榮唱義，邀卓共討敏，定江南。帝初鎮建鄴，以爲揚威將軍，征周馥、杜弢，屢有戰功，封南鄉侯、湘州刺史。尋改安南將軍、梁州刺史，鎮襄陽。善於撫綏孤幼，估税悉除，市無二價。州境所有魚池，先恒責税，卓至不收其利，皆給貧人，〔三五〕西土稱爲惠政。

及王敦舉兵告卓，卓僞許之，而心不同。及敦將升舟，卓使參軍孫雙詣武昌諫止敦。敦聞雙言，大驚曰：「甘侯前與吾言云何，更有異！正當慮吾危朝廷邪？吾今惟除奸兇耳。卿還言之，事濟當以甘侯作公。」雙還報卓，卓不能決。會湘州刺史譙王承遣主簿鄧騫來説卓言：「王敦以私憾稱兵象魏，此實忠臣義士匡濟之時，時不可失。」卓笑曰：「桓文之事，豈吾所能。至於盡力國難，乃其心也。」

時敦以卓不至，慮其在後爲變，遣參軍樂道融苦要卓俱下。道融至背敦説，因説卓襲之。卓遂決，曰：「吾本意也。」因馳檄遠近，陳敦肆逆，遣司馬孫雙奉表詣臺，使參軍羅英至廣州，與陶侃剋期，令譙王承堅守長沙。京師大喜，詔書遷卓鎮南大將軍、侍中、都督荆梁二州諸軍事、荆州牧。敦聞大懼，遣卓兄子卬求和，謝卓曰：「君此是臣節，不相責也。吾家計急，不得不爾。想便旋軍襄陽，當結姻好。」及王師敗績，敦求臺騶虞幡以駐卓。卓聞周顗、戴若思遇害，流涕謂卬曰：「吾之所憂，正爲今日。每得朝廷人書，以胡羯爲先，不意禍起蕭牆。且使聖上元吉，太子無恙。吾適據武昌，敦勢逼，必劫天子以絶四海望，不如還軍，更思後圖。」於是自豬口命旋軍襄陽。都尉秦康説曰：「今分兵取敦不難，但斷彭澤，上下不得相赴，自然離散，可一戰而擒也。」卓不從。樂道融亦日夜勸卓討敦。卓徑還襄陽，意氣騷擾，失常，自照鏡不見頭，視庭樹而頭在樹上，心甚惡之。家中金櫃忽鳴，聲似槌鏡，清遠而悲。巫云：「金櫃將離，是以悲鳴。」主簿何無忌及家人皆勸令自警。卓轉更狠愎，散兵大略，而不爲備。故周慮等附敦意，詐云湖中多魚，勸卓遣左右捕魚，乃襲害卓，傳首於敦。四子蕃等被殺。

秋八月，瑯琊太守孫默叛，奔石勒。

冬十月，沈充陷吴國，新昌太守梁顧起兵反應充。〔三六〕京師大霧，黑風蔽天，日月無光。

十一月乙酉，罷司徒，并丞相。

閏月己丑，帝崩于内殿。太寧元年春二月，葬建平陵。〔三七〕陵在今縣北九里雞籠山陽，〔三八〕不起墳。案帝年四十二即位，立五年，年四十七崩，謚元皇帝，廟號中宗。案，晉書荀崧傳：初，帝崩，羣臣議廟號，王敦遣使謂曰：「豺狼當道，梓宫未反，祖宗之號，宜別思詳。」僕射荀崧議以爲「禮，祖有功，宗有德。元皇帝天縱聖智，光啓中興，德澤侔於太戊，恩惠邁于漢宣，臣敢依前典，上號中宗。」既而與敦書曰：「承以長蛇未翦，別詳祖宗。先帝應天受命，以隆中興；中興之主，寧可隨世數而遷毁！敢率丹直，詢之朝野，上號中宗。卜日有期，不及重請，專輒之愆，所不敢辭。」敦深銜之。

帝幼有令問，屬惠皇之際，王室多故，惟退讓，不顯灼然之迹，故時人未之識。唯侍中嵇紹異之，謂人曰：「瑯琊王毛骨非人臣之相。」元康二年，從討成都王穎，蕩陰之敗也，叔父東安王繇爲穎所殺。帝懼禍及，將欲出奔。其夜月明，禁衛嚴警，帝無由得出，甚窘迫。有頃，雲霧晦冥，雷雨暴至，徼者皆弛，因得潛出。先是，穎又令關禁貴人。既至河陽，爲津吏所止。從者宋典以策鞭馬笑曰：「舍長！官禁貴人，汝亦被拘耶！」吏乃聽過。至洛陽，迎太妃俱歸東國。

東海王越輔政，加帝平東將軍，鎮下邳。尋遷安東大將軍、都督揚州諸軍事。越西迎大駕，留帝居守。用王導計，懷帝永嘉元年始渡江，鎮建鄴。初，惠帝太安之際，童謡云：「五馬浮渡江，一馬化爲龍。」及是，帝與西陽王、汝南王、南頓王、彭城王等獲濟，而帝竟登大位。

帝性簡儉冲素，容納直言，虚己待物。頗以酒廢事，王導一言，帝命酌，引觴覆之於地，遂絶。〔三九〕有司嘗奏太極殿廣室施絳帳，帝令冬施青布，夏施青練等帳。寵幸鄭夫人衣無文彩。從母弟王廙爲母立屋過制，流涕止之。然晉室遺紛，皇輿播越，天命未改，人謀叶贊。元戎屢動，不出江畿，經略區區，僅全吴、楚。

昔秦望氣云「五百年後金陵有天子氣」，及孫權稱號，自謂當之。考其曆數，猶爲未及；元帝之渡江也，乃五百二十六年，真人之應在於此矣。太康初平吴，王濬適先至建鄴，而吴降欵，遠歸璽於瑯琊。武帝咸寧元年八月丁酉，大風折太社樹，中有青氣屬天，占者云：「東莞有帝王之祥。」由是徙封東莞王伷爲瑯琊王，伷，即元帝祖。明年，元帝生，天意人事，中興符也。始西晉亂，武帝子孫無孑遺，社樹折之，應常風之罰也，青氣，東莞之祥也。

卷第五校勘記

〔一〕西晉孝武太康元年平吴　「孝武」當作「武帝」，謂司馬炎也。

〔二〕荀藩　原作「荀蕃」，今據晉書本傳、通鑑八七改正。

〔三〕時年六十一　晉書本傳云：「年六十卒。」

〔四〕京師人士聞其姿容至從此遂甚卒　世説新語容止篇注云：「案永嘉流人名曰：『玠以永嘉六年五月六日至豫章，其年六月二十日卒。』此則玠之南渡豫章四十五日，豈暇至下都而亡乎？且諸書皆云玠亡在豫章，而不云在下都也。」實録係承襲晉書之誤。

〔五〕葬新亭東至未悉本葬何處　世説新語傷逝篇注引永嘉流人名云「玠以六年六月二十日亡，葬南昌城許徵墓東」。又引玠别傳云「玠咸和中改遷於江寧」。晉書本傳亦云「葬於南昌」，「咸和中，改塋於江寧」。許嵩未考世説注及晉書，故不知其本葬南昌城也。

〔六〕玘字宣珮　「珮」，晉書本傳作「佩」。

〔七〕戴囦　即戴淵，字若思，晉書有傳。囦，玉篇云古文淵字。蓋實録避唐高祖名諱改「淵」爲「囦」。

〔八〕案圖經江寧縣名元帝初過江永嘉中置之在今縣城南七十里南臨浦水其水源出宣州當塗縣下溪村西流入江名江寧浦也　「江寧浦」原作「江寧縣」。江寧浦之名始見於梁書王僧辯傳，云：「貞明濟江之日，僧辯擁檝中流，不敢就岸，後乃同會於江寧浦。」陳書高祖紀上亦云，北齊「水步不敢進，頓江寧浦口，高祖遣侯安都領水軍襲破之」。是江寧浦之名在江寧縣設置之後，江寧縣不得取名於江寧浦，而應江寧浦取名於江寧縣也。今據宋本改正。又浦水今存，源出今安徽省馬鞍山市東南原當塗縣東北境，北流至江寧鎮入長江，江寧鎮即永嘉所置江寧縣所在，此云「西流入江」之「西」字顯爲「北」字之誤。詳見江蘇省地圖集及中國歷史地圖集第四册。

〔九〕二月至王素服出次舉哀慟哭　晉書元帝紀、通鑑九〇繫元帝素服出次舉哀事在三月。

〔一〇〕韓績　原作「韓續」，今據庫本、徐鈔本、周鈔本、劉鈔本及晉書紀瞻傳、通鑑九〇改正。

〔一一〕匹磾鎰殺琨并子姪四人　晉書劉琨傳載琨故從事中郎盧諶、崔悦表云「匹磾不能納，反禍害父息四人，從兄二息同時并命」，敦煌石室本晉紀亦云，「害琨父息四人，兄息、從兄息二人」，則實録「四人」當作「六人」。

〔一二〕詔改丹楊内史爲丹楊尹　晉書元帝紀同。錢大昕諸史拾遺曰：「案地理志元帝建都揚州，改丹楊太守爲尹，薛兼傳拜丹楊太守，中興建轉尹，此云内史者誤也。晉制王國稱内史，郡稱太守，丹楊非王國，不當稱内史。」錢説是，實録承襲晉書之誤。

〔一三〕十一月至具條列聞　晉書元帝紀、通鑑九〇皆繫於十二月，且癸巳亦在十二月，此「十一月」當爲「十二月」之譌。

〔一四〕置博士員五人　晉書元帝紀同，然職官志云：「及江左初，減爲九人。」

〔一五〕年十五六　晉書祖逖傳作「年十四五」。

〔一六〕今年西北大將軍當死　晉書祖逖傳無「軍」字，當是。

〔一七〕冬十一月戊寅石勒僭稱趙王於襄國　十一月戊戌朔，無戊寅日。太平御覽一二〇引後趙録、通鑑九一亦云在十一月，此日干當有誤字。

〔一八〕在宮城南十五里　「十」，各本皆作「北」，庫本、周鈔本作「十」，今從之。

〔一九〕夏六月吴郡米廡無故自壞至此五穀踊貴之象　晉書五行志上繫此事於太興二年，非三年。食貨志亦云太興「二年，三吴大饑」，通鑑九一同。實録誤。

〔二〇〕晉書后妃傳　「后妃傳」原作「妃后傳」，今據晉書乙正。

〔二一〕庚申　晉書元帝紀作「戊午」。八月癸巳朔，戊午、庚申皆在是月，未知孰是。

〔二二〕辛未　晉書元帝紀同。然八月無辛未，日干當有誤。

〔二三〕遐末波　徐鈔本、晉書元帝紀、明帝紀作「段末波」，王浚傳、石勒載記及通鑑九〇作「段末柸」，皆爲同名異譯耳。

〔二四〕癸亥日鬥　晉書天文志中同。然二月無癸亥。三月庚申朔，癸亥爲初四日。宋書五行志五及通鑑九一並作「三月癸亥，日中有黑子」，疑是一事。

〔二五〕是歲至周訪卒　晉書周訪傳、通鑑九一皆云訪卒于太興三年，實録繫於四年，恐誤。

〔二六〕周筵　各本同。宋本晉書、通鑑九二、九三及通志三四作「周莚」。

〔二七〕隗入於石勒　「石勒」各本皆作「石頭」。酈校云：「案劉隗奔見下隗傳，此云『石頭』，誤也。」酈説是，晉書劉隗傳亦云「隗攜妻子及親信二百餘人奔於石勒，勒以爲從事中郎、太子太傅」。今據改。

〔二八〕譙王承　「承」，世説新語仇隟篇注引晉陽秋、司馬氏譜、中興書並作「丞」，通鑑九一、九二及稽古録一三作「氶」。晉宗室另有南宫王承，不應同名，疑作「丞」或「氶」。

〔二九〕庚午帝釋戎服　晉書元帝紀同，然四月甲申朔，無庚午，通鑑九二記此事於三月。

〔三〇〕辛未　四月無辛未，通鑑九二作「三月辛未」。

〔三一〕顗字伯仁汝南安城人　「安城」當作「安成」。顗爲周浚子，晉書浚傳云汝南安成人，地理志上亦作「安成」。

〔三二〕出爲幽冀豫兖并雍六州諸軍事鎮壽春　晉書元帝紀、通鑑九一皆云「司兖豫并冀雍六州諸軍事、司州刺史，鎮合肥」，時劉隗都督青徐幽平四州諸軍事，若思不得再督幽州，疑此「幽」爲「司」字之誤。

〔三三〕敦將還屯武昌　通鑑九二敍王敦還武昌在是年四月。

〔三四〕是月襄陽太守周慮承敦旨害至甘卓於襄陽　晉書元帝紀、通鑑九二並云，甘卓爲周慮所害在五月乙亥，非六月。

〔三五〕皆給貧人　「人」，晉書甘卓傳作「民」，蓋許嵩避唐諱改。

〔三六〕梁顧　晉書元帝紀、明帝紀、陶侃傳及通鑑九二皆作「梁碩」。

〔三七〕建平陵　原作「平陵」，實録卷六、晉書元帝紀、通鑑九二皆作「建平陵」，當是，今據改。

〔三八〕陵在今縣北九里雞籠山陽　元和郡縣圖志二五曰晉元帝建平陵在上元縣北六里雞籠山。太平寰宇記九〇曰在上元縣東十一里。二説與此互異。

〔三九〕引觴覆之於地遂絶　晉書元帝紀作「引觴覆之，於此遂絶」。張敦頤六朝事迹編類五作「因覆杯于池中」。

建康實録卷第六

晉上

肅宗明皇帝

明帝諱紹，字道畿，中宗長子，母豫章君。帝幼而聰哲，年數歲，嘗置中宗膝上，會長安使來，中宗因問曰：「汝謂日與長安孰遠？」對曰：「日遠。」中宗問其故。答曰：「不聞人從日邊來，居然可知爾。」中宗異之。明日，會羣臣又問之，對曰：「日近。」中宗失色，曰：「何異昨日之言？」對曰：「舉目見日，不見長安。」由是益奇之。

太興元年春三月，改晉王太子，立爲皇太子。性至孝，有文武才略。當代名臣王導、庾亮、温嶠等咸親待之。嘗論聖人真假之意，導等不能屈。又習武藝，善撫將士。於時東朝濟濟，遠近屬心焉。

及王敦執政，知帝神武明斷，朝野共欽，欲謀以不孝廢之。會百官，問皇太子何德可稱？聲色俱厲，必使有言。中庶子温嶠對曰：「鈎深致遠，蓋非淺局所量。以禮觀之，可稱爲孝矣。」衆皆以爲然，敦謀乃止。

永昌元年閏十一月己丑，中宗崩。庚寅，卽皇帝位，大赦天下，尊所生荀氏爲建安郡君。〔一〕

二年春正月，赤烏見。癸巳，黄霧四塞。

二月，葬元皇帝於建平陵，帝徒跣至陵所。

三月戊寅朔，大赦，改元太寧元年，臨軒，懸而不樂。丙戌，隕霜，殺草。饒安、東光、安陵三縣灾，燒七千餘家，死者萬五千人。

是月，王敦獻皇帝信璽一紐。敦將謀篡奪，諷朝廷徵己，帝手詔徵之。敦下屯於湖陰，帝乃轉司空導爲司徒，敦自領揚州牧。〔二〕

五月，蜀李驤寇寧州，刺史王遜遣將軍姚崇拒戰於堂狼，〔三〕大破之。崇以道遠，不敢窮追渡瀘水。遜大怒，髮上衝冠，冠盡裂，中夜而卒。

遜字邵伯，魏興人，累遷魏興太守。在郡私牛馬生駒犢者，秩滿悉以付官，云是郡中所産。中宗卽位，拜寧州刺史，封褒中公。

是月，王敦害從事中郎將周嵩及尚書周札。〔四〕

札字宣季，義興人，征西將軍處之少子，以豪右自處，累遷右將軍、都督石頭水陸軍事。

王敦舉兵下攻石頭，札不守，開門納敦，敦用爲尚書。兄弟皆居列位，吴士多依附，王敦深忌之。及周筵母喪，送葬者千數，敦益憚焉。錢鳳説敦曰：「夫有國者患於强逼，自古釁難恒必由之。今江東之豪莫過周、沈，公萬世之後，二族必不静矣。周氏最强而多俊才，宜先爲之所，則後嗣可安，國家可保。」敦納之。

因有道士李脱妖術惑衆，自言八百歲，故號李八百，時人多信事之。弟子李弘養徒灊山作逆，敦使廬江太守李恒告札及宗黨與李脱謀反，遂盡掩札兄弟子姪等同殺之。

嵩字仲智，尚書僕射顗之次弟，猖狹，每以才氣凌物。中宗作相，引爲參軍。及晉王即位，拜奉朝請，累遷御史中丞。

時王敦勢盛，中宗漸疎王導，嵩因上書，言導「忠諒竭誠，義以奉主。雖有不軌之者，〔五〕父子尚無反顧之義，況兄弟乎？此固舊德不可棄垂成之業也。」中宗感悟，與導親如故。

及敦破石頭，擅朝柄而害顗，使人弔嵩，嵩曰：「亡兄天下人，爲天下人所殺，復何弔焉！」敦甚銜恨，懼失人情，故未加害，用爲從事中郎。嵩以兄遇横禍，恒憤憤。敦知之，使妖人李脱誣嵩反，害之。嵩精於事佛，臨刑猶誦經。初，顗母李氏冬至舉觴賜三子曰：「吾本謂渡江，託足無所，不期爾等並貴，列吾目前，復何憂也！」嵩起曰：「恐不如尊旨。伯仁志大而才短，名重而識闇，好乘人之弊，此非自全之道。嵩性抗直，亦不容於世。惟阿奴碌碌，在母目下。」阿奴，謨小字也。〔六〕後果壽終，位至侍中，封西平侯。卒，贈金紫光禄大夫，謚曰貞也。

六月壬子，立皇后庾氏。

秋七月丙子朔，震太極殿柱。

冬十月，散騎常侍薛兼卒。

兼字令長，丹楊人。祖綜，父瑩，並仕吴顯位。兼少清素，與同郡紀瞻、廣陵閔鴻、會稽賀循、吴郡顧榮齊名，號爲「五俊」。初入洛，舉孝廉，拜比陽相。中宗鎮江左，用爲軍諮祭酒，累遷左長史，進爵安陽鄉侯。中興建，遷尚書，領太子少傅。自綜至兼，三世傳東宫，談者美之。及帝卽位，詔以師傅，加進崇禮。

八月，石勒將石季龍攻陷青州，刺史曹嶷遇害。〔七〕

冬十一月，以國飢乏，調刺史已下米各有差。

二年春正月丁丑朔，帝臨軒，懸而不樂。庚辰，赦五歲刑已下。

夏五月，王敦在於湖陰謀舉逆，〔八〕帝密知之，自乘巴滇駿馬微行，至於湖，陰察敦營壘而出。時有軍士疑帝非常人。敦時晝卧，夢日繞其營，驚起曰：「此必黄鬚鮮卑奴來也。」案，晉書：帝母荀氏，代州人。帝狀類外氏，鬚黄，故敦謂帝曰：「黄鬚鮮卑奴也。」於是使五騎追之。帝已馳還，見逆旅賣飯嫗，以七寶鞭與之，曰：「後有騎來，以此示也。」俄而敦追騎至，問嫗。嫗曰：「去已遠矣。」因以鞭示之。五騎傳玩，稽留遂久。又見馬糞冷，晉書云：帝以水灌糞令冷，以爲信而止。帝僅獲免。

丁巳，〔九〕敦病亟，無子，養兄含子應爲嗣，矯詔拜其子應爲武衛將軍以自副，而拜含爲驃騎大將軍、都督揚州江西諸軍事。

含字處弘，少頑凶。以敦故累遷顯位，日夜與敦計，以沈充、錢鳳爲謀主，諸葛瑶、鄧嶽、周撫、李恒、謝雍爲爪牙。

戊午，〔一〇〕敦以左司馬温嶠爲丹楊尹，使覘伺朝廷。嶠至，具言敦逆狀，今病篤，恐左右促其事，請爲之備。帝召侍中陳晷往問疾，使密覘形勢。錢鳳以敦病懼不諱，云：「謀發兵向京師。」

丙寅，帝乃詔王敦將帥官僚，唯討錢鳳一人，其餘文武無所問罪，其有捨王敦姓名而稱大將軍者，准軍法從事。丁卯，以司徒王導爲鎮南將軍、前鋒大都督，以温嶠爲中壘將軍，與尚書卞壼守石頭，以應詹爲護軍將軍、督朱雀航南諸軍事，以建威將軍趙胤等武旅三萬，十道俱進，以奮威陶瞻精鋭三萬繼之，水陸齊勢，帝親御六師。以尚書郗鑒、庾亮爲左右衛將軍、都督從駕諸軍事，徵平北將軍王邃、平西將軍祖約、臨淮太守蘇峻等並入衛京師。以太宰、西陽王羕惣統諸軍，以虞潭爲會稽太守，使躡沈充。

別遣充鄉人沈禎往吴興，〔二〕諭充許以爲司空。充謂禎曰：「三司具瞻之重，豈吾所任！幣重言甘，古人所畏。且丈夫共事，終始當同，寧可中道改易，人誰容我！」禎因陳禍福成敗，苦勸之。充不納，率兵臨發，謂其妻子曰：「男兒不竪豹尾，終不還也。」

時虞潭舉兵於會稽，將建牙，有野鷹飛集帳屋，衆懼，潭曰：「起大義而剛鷙鳥來，破賊必矣！」敦病轉篤，不能統衆。兄含謂敦曰：「此家事，吾便當之。」

戊辰，敦上疏罪狀温嶠，以誅奸臣爲名，以含爲元帥，率錢鳳、鄧岳、周撫等將發。鳳問敦曰：「事尅之日，天子云何？」敦曰：「尚未南郊，何得稱天子？但盡卿兵勢，唯保護東海王及裴妃而已。」辛未，含至江寧。王導使人送書與含，廣言禍福，勸含還武昌，保其門户，無黨犬羊以肆逆。「導雖不武，情在寧國，明目張膽，爲六軍首，寧忠臣死，不無賴生。」含不答。

秋七月壬申朔，含與錢鳳等水陸五萬至於南岸，遊騎逼淮。温嶠乃燒朱雀航，以挫其鋒。帝躬率六軍，出次南皇堂，欲討之。知其爲物情所畏，密與王導謀曰：「自上人情業業，皆仗敦爲勢，若聞其斃，衆必危殆，因而擊之，可破矣。」導遂集宗人，詐云敦死。舉哀，衆果大危。癸酉，夜募壯士與中軍司馬曹渾、左衛將軍陳嵩、段秀等領甲卒千人渡水，掩其未備。平明，大破含軍於越城，〔三〕臨陣斬前鋒何康、鄧岳等。晉書：岳，陳郡人也，字子遐。勇力絕人，爲桓溫參軍，時人方之樊噲。襄陽城北沔水中有蛟，常爲人害，岳入水，截蛟而出，人皆異之。敦聞軍敗，大怒，曰：「我兄老婢兒耳，門户事去矣！」語參軍呂寶曰：「吾當自力行。」因勢而起，起而復困臥，遂憤惋而死。臨絕，召羊鑒及子應曰：「我亡後，應便卽位，先立朝廷，置百官，然後營葬事。」俄而敦死，秘不發喪，裹屍以席，蠟塗其外，埋於廳事中，夜與左右縱酒淫樂。王含、錢鳳乃率餘黨，自栅塘西置五城造營。案，圖經：五城狀如卻月，勢高二丈，相去各二十丈，在今縣東二十五里。陶季直京都記：五城邊淮帶湖，祖道送歸，多集此處。唐景雲中，縣令陸彥恭於城側造橋渡淮水，則今之五城橋也。壬辰，沈充自吴興率兵萬餘來會，含等進築壘於陵口。乙未，賊分軍從竹格渚濟水，光禄勳應詹拒之不利，含、鳳長驅至御街，沈充自青溪引軍與含會至宣陽門，北中郎將劉遐、歷陽太守蘇峻等率輕騎從南塘出横擊之，賊軍大潰，劉遐乘勝追破沈充於青溪。丙申，含等燒營遁走蕪湖，與子應乘單舟奔江陵。荆州刺史王舒使人迎之，並沉於江，餘黨平。晉書：王舒子允之，總角時，嘗隨從伯敦。敦與錢鳳謀爲逆，允之時飲酒帳中，臥已醒，悉聞其言，慮敦疑之，便於臥處大吐，衣面並污。鳳既出，敦果照視，見允之臥吐中，以爲大醉，不復疑之。允之求還京師，具以敦謀白父，父卽與導白帝。及敦平後，累位至會稽内史。詔御史劉彝往蕪湖發瘞出敦，跽而刑之，焚其衣冠，梟首於大航，觀者稱慶數句。尚書令郄鑒啟帝聽收私葬，詔許之。

敦字處仲，司徒導之從父兄也。伯祖祥，字休徵，魏太尉。祖覽，祥異母弟，魏宗正卿。生六子：裁、基、會、正、彦、琛。裁生導，基生敦。

敦少有成人之風，尚晉武帝襄城公主，拜駙馬都尉，除太子舍人。時王愷、石崇以豪侈相尚，愷嘗會賓客，因樂失調，殺美人，一座爲之改容，敦神色自若。時又使美人行酒，以客飲不盡，輒殺之。酒至敦所，故不肯持，美人悲懼，慠然不視。導歎曰：「處仲若當世，心懷剛忍，非令終也。」時洗馬潘滔見敦曰：「處仲蜂目已露，但豺聲未振，若不噬人，必爲人所噬。」後遷中書監。

永嘉末，天下大亂，敦悉以公主時侍婢百餘人配給將士，金銀寶物散之於衆。及東海王越輔政，以敦爲揚州刺史，潘滔進諫越曰：「今樹處仲於江外，使其肆豪强之心，是見賊也。」越不從。

元帝召爲安東軍諮祭酒，進左將軍，與從弟導同心翊戴元帝於江東，以隆中興，時人爲之語曰：「王與馬，共天下。」太興初，與陶侃、周訪討杜弢，敦以元帥進拜鎮東大將軍、都督江揚荆湘交廣六州諸軍事、江州刺史，封漢安侯。

敦始自選置，於是專擅之跡漸彰，帝安慰之，加侍中、荆州牧。敦既專任閫外，有問鼎之志。帝畏而怒之，遂引劉隗、刁協爲腹心，及隗用事，頗間王氏。敦怒，上疏陳之，自爾憤憤不平，每酒後輒詠魏武帝樂府歌曰：「老驥伏櫪，志在千里。烈士暮年，壯心不已。」以鐵如意打唾壺爲節，壺邊盡缺。乃率衆内向，以誅劉隗爲名，既破王師，擁兵石頭，多行殺害，肆其刼掠，稱疾不朝而去。

及帝卽位，乃諷朝廷徵己，因下鎮姑孰。帝使兼太常應詹授敦加黄鉞，班劍虎賁二千人，奏事不名，入朝不趨，劍履上殿。又使侍中阮孚齎牛酒犒勞，敦不見，使主簿受詔。敦既得志，暴慢愈甚，諸方貢獻多入己府。含既凶戾，黨成不軌。初敦始病也，夢白犬自天而下噬之，又夢刁協乘軺車導從，瞋目叱左右執之，意惡而死。

敦眉目疎朗，性簡脱，口不言財利。武帝嘗召時賢共言技藝之事，敦都不關意，自言惟知擊鼓，因振袖揚枹，音節諧韻，神氣自若，舉座歎其雄爽。案，晉書：石崇以奢豪矜物，厠所常有十餘婢列侍，置香粉，有容色。如厠者皆易新衣而出，客多羞脱衣，而敦脱故着新，意色無怍。婢相謂曰：「此必能作賊。」又嘗荒恣於色，左右或諫之，乃開後閤驅諸婢妾數十人，並放之。

丁酉，帝自南皇堂還宫，大赦天下，詔王敦羣從被逼者一切無所問，唯其黨不原。是月，分遣諸將追逐敦所置宫室及將帥逃者。丁未，〔一三〕義興人周蹇殺敦所置太守劉芳于郡，祖約逐敦淮南太守任台于壽春，戴淵弟良及周光獲錢鳳斬之，沈充奔于吴，故將吴儒誘充于覆壁中，殺之，並傳首京師。

九月，論平賊功，封王導始興公、温嶠建寧公、卞壼建興公、庾亮永昌公，餘賞各有差。

冬十二月壬子，帝謁建平陵，行大祥禮。

是歲，驃騎將軍、臨湘侯紀瞻卒。

瞻字思遠，丹楊秣陵人。祖亮、父陟，〔一四〕皆吴三公。瞻少以方直知名。吴平，徙居歷陽。察孝廉，不行。尋舉秀才，爲司馬東閤祭酒。太安中，棄官歸家，與顧榮共討陳敏，徵爲尚書郎。

中宗鎮江外，引爲軍諮祭酒，帝親往瞻宅，與同車而歸。加揚威將軍，拒石勒功，除會稽内史。時有詐爲將軍府吏收諸曁令拘之，瞻疑其僞，破檻出令，而訊問使者，果伏詐妄。及中宗踐位，累拜侍中，領尚書令，上疏諫諍，多所裨益，帝甚嘉其忠烈。因疾，上疏自責，因以疾免。尋除尚書左僕射，〔一五〕屢辭疾篤，還第，不許。上疏言郄鑒節操，今孤軍在鄒山，恐爲胡寇所獲，請朝廷徵還。

及帝卽位，嘗獨引瞻於室，慨然憂天下，曰：「社稷之臣，無復十人。」因屈指曰：「君便其一也。」轉領軍將軍，當時服其嚴毅。雖恒疾病，六軍敬憚之。加散騎常侍。及王敦之逆，帝使謂瞻曰：「卿雖病，卧護六軍所益多矣。」賊平，自表還家，帝聽之，遣使就拜驃騎將軍，以家爲府，尋卒。追封華容子，封次子一人亭侯。

瞻性静默，少交遊，而好仁義，有託後者皆爲立園宅。少與陸機善，及機遇害，瞻卹其家，成其男女，同其所生，立宅於烏衣巷，屋宇崇麗，園池竹木，自足賞玩焉。子景、鑒，並早卒。

是歲，置廩犧署，養天地宗廟犧牲。今在東府城後。〔一六〕

三年春二月戊午，〔一七〕復三族刑，惟不及婦人。

三月戊辰，立皇子衍爲皇太子，大赦，增文武位二等，大酺三日，賜鰥寡孤獨帛，人二疋。

癸巳，徵處士臨海任旭、會稽虞喜，並爲博士。

旭字次龍，臨海章安人。有清操，不染流俗，郡守蔣秀請爲功曹。秀貪穢，旭正色諫，不納，乃謝去。及坐事，旭狼狽營送之。

永康初，求俊異，旭辭疾歸，尋天下大亂。陳敏之逆，唯旭與賀循等守死不從。中宗初，頻徵不到。及此，王導啟立學校，以旭與虞喜俱爲隱學，同詔之。

夏四月，詔「大事初定，其命惟新。可令太宰司徒已下，詣都坐參議政道，諸所因革，務盡事中。滄直言，引亮正，想羣賢達吾此懷矣」。己亥，石勒寇河南，司、豫、兗三州並没，將軍李矩衆潰。

矩字世迪，〔一八〕平陽人。以滎陽守隨中宗，加冠軍將軍，領河南平陽太守，頻破劉聰，以功進安西將軍。劉聰死，其將靳準殺聰子粲，盡滅劉氏，乃上言「二帝幽没虜庭，今謹杖持梓宮，請矩上聞。矩馳表于帝，帝使太常韓胤迎梓宮，未至，遇石勒、劉曜破靳準，矩舉衆南走，墜馬死。

五月，以征南大將軍陶侃爲征西大將軍、都督荆襄雍梁四州諸軍事、〔一九〕荆州刺史，以荆州刺史王舒爲都督湘中諸軍事、湘州刺史，以劉顗爲平越中郎將、廣州刺史。〔二〇〕

六月，太子庶子孔衍卒。

衍字舒元，〔二一〕魯國人，孔子二十二代孫。少好學，諳識古事，朝儀軌制多取正焉，著春秋後語十卷。

秋七月，詔「郊祀天地之重事。自中興已來，惟南郊，未曾北郊，四時五郊之禮，都不復設。五嶽、四瀆、名山、大川載在祀典應望秩者，悉廢而未舉，主者其依舊詳處，以時置祭」。

八月，詔「吴時將相名賢之胄，有能纂述家訓、忠孝仁義、靜己守真、不聞於時者，州郡中正，亟以名聞，勿有所遺」。

閏月壬午，帝不豫，召太宰西陽王羕、司徒王導、尚書令卞壼車騎將軍郄鑒、護軍將軍庾亮、丹楊尹温嶠等並受遺輔太子。丁亥，遺詔「斂以時服，務從簡約」。戊子，帝崩于太極東堂。

九月辛丑，葬武平陵，在縣城北九里雞籠山陽，與元帝同。〔二二〕案，帝年二十五，即位三年，年二十七崩，謚曰明帝，廟號肅宗。帝聰明有機斷，尤精物理。於時兵凶歲飢，死疫過半，虛弊既甚，事極艱虞。王敦震主之威，將移神器。帝崎嶇遵養，以弱制强，潛用獨斷，廓清大祲。改授荆、湘四州，以分上流之勢，撥亂反正，强本弱枝。雖享國日淺，而規謀弘遠矣。〔二三〕

卷第六校勘記

〔一〕尊所生荀氏爲建安郡君　「建安郡君」，晉書后妃本傳、御覽二〇二引晉中興書皆作「建安君」，無「郡」字。荀氏薨後始贈豫章郡君，不應初封即爲郡君。

〔二〕敦下屯於湖至敦自領揚州牧　晉書明帝紀、通鑑九二繫此事在四月。

〔三〕姚崇　晉書明帝紀、王遜傳、李雄載記皆作「姚岳」，通鑑九二又作「姚嶽」，蓋此人本名「岳」或「嶽」，其後晉史臣避康帝名諱，改其名爲崇。

〔四〕是月王敦害從事中郎將周嵩及尚書周札　通鑑九三云敦害嵩、札在太寧二年正月，實録繫於永昌二年（即太寧元年）恐誤。

〔五〕雖有不軌之者　黄廷鑑第六絃溪文鈔卷三書校建康實録後云「名」誤「者」。

〔六〕阿奴謨小字也　晉書周顗傳、列女傳及世説方正篇同。汪師韓談書録云：「阿奴豈是謨之小字哉？蓋兄於弟親愛之詞也。南史齊鬱林王紀：『武帝臨崩執帝手曰：「阿奴若憶翁，當好作。」如此再而崩。』又鬱林王何妃傳：『女巫子楊珉之有美貌，妃尤愛之。與同寢處，如伉儷。明帝與徐孝嗣、王廣之並面請，不聽。又令蕭諶、坦之固請，皇后與帝同席坐，流涕覆面，坦之耳語於帝曰：「此事別是一意，不可令人聞。」帝謂皇后曰：「阿奴暫去。」』隋書麥鐵杖傳：『將度遼，謂其三子曰：「阿奴當備淺色黄衫。吾荷國恩，今是死日。我既被殺，爾當富貴。」』是則阿奴爲尊呼其卑，無論男女，皆有之矣。晉書誤認爲小名耳。」又余嘉錫世説新語箋疏云：「晉書皆采之世説，其以阿奴爲周謨小字，亦是承孝標之誤。」又云：「孝標生於梁時，不應不解南北朝人語，豈偶誤耶？抑爲唐以後人所妄改，非原本所有耶？」汪、余之説甚是，今録以備參。

〔七〕八月至刺史曹嶷遇害　此段文字應列於「冬十月，散騎常侍薛兼卒」之前。

〔八〕於湖　各本皆脱「於」字，下文及晉書明帝紀皆作「於湖」，今據補。

〔九〕丁巳　五月無丁巳，六月辛丑朔，丁巳爲十七日，上文所云王敦在於湖陰謀舉逆事，晉書明帝紀亦載在六月可證。

〔一〇〕戊午　戊午及下文丙寅、丁卯、戊辰皆在六月，分别爲十八、二十六、二十七、二十八日。

〔一一〕沈禎　晉書賀循傳、王敦傳同。通鑑九三作「沈楨」。

〔一二〕平明大破含軍於越城　「平明」，晉書明帝紀、通鑑九三作「平旦」，蓋許嵩避唐睿宗名諱改。

〔一三〕丁未　七月壬申朔，無丁未。晉書明帝紀作「丁亥」，疑是，然實録列於丁酉之後亦誤。

〔一四〕父陟　晉書紀瞻傳同。晉書斠注云：「元和姓纂六曰吴有紀騭，生瞻。案『陟』爲『騭』之脱文，本傳誤也。」

〔一五〕尚書左僕射　晉書紀瞻傳作「尚書右僕射」。據秦錫圭補晉執政表，元帝建武元年刁協爲尚書左僕射，太興元年又改荀崧，紀瞻不得再官尚書左僕射，實録誤，當從晉書本傳爲是。

〔一六〕今在東府城後　酈校云：「案六字疑是夾注。」

〔一七〕二月戊午　晉書明帝紀作「二月戊辰」，誤，二月丁酉朔，無戊辰。御覽九八引晉書作「戊戌」。戊午、戊戌皆在二月，未知孰是。

〔一八〕矩字世迪　「世迪」，晉書李矩傳作「世迴」。

〔一九〕都督荆襄雍梁四州諸軍事　晉書陶侃傳作「都督荆雍益梁州諸軍事」，晉書明帝紀、通鑑九三作「都督荆湘雍梁四州諸軍事」，疑實録與晉書侃傳皆誤，當從明帝紀。

〔二〇〕以荆州刺史王舒至廣州刺史　晉書明帝紀繫於六月。晉書王舒傳云，五月「陶侃代舒，遷舒爲安南將軍，廣州刺史。舒疾病，不樂越嶺，朝議亦以其有功，不應遠出，乃徙爲湘州刺史」云云，據此王舒爲湘州刺史似應在六月，實録蓋因上文云陶侃遷荆州而連書誤入五月。

〔二一〕孔衍字舒元　晉書本傳及隋書經籍志、舊唐書藝文志皆同。北堂書鈔五七、七四引晉中興書作「孔演」，御覽二二〇引晉中興書亦作「孔演」，並云其字爲「元舒」。

〔二二〕葬武平陵在縣城北九里雞籠山陽與元帝同　元和郡縣圖志二五云，晉元帝睿建平陵、明帝紹武平陵、成帝衍興平陵，並在上元縣北六里雞籠山。

〔二三〕案帝年二十五至而規謀弘遠矣　酈校云：「夾注依全書通例，應作大字。」

晋中

建康實録卷第七

顯宗成皇帝

成皇帝諱衍，字世根，明帝長子。太寧三年三月，立爲皇太子。閏八月戊子，明帝崩。己丑，太子卽皇帝位，尊皇后庾氏爲皇太后。年幼，太后臨朝，以司徒王導、中書令庾亮輔政。

四年春正月丁亥朔，大赦，改元咸和元年。〔一〕文武各進位二等，京師百里内復一年租，天下賜酺五日，鰥寡孤獨穀帛有差。

夏五月，大水。

秋八月，温嶠爲平南將軍、江州刺史，嶠表故吏部郎畢卓爲長史。案，三十國春秋：卓性嗜酒。太興末，爲吏部郎，以酒廢職。時比舍郎酒熟，卓因夜竟至甕所盜飲，醉卧及旦，主人見之曰：「畢吏部也。」乃命酒飲，盡醉而去。父母惡之，因取船以貯酒於屋中，卓甚喜，入酒中汨浮來往達明，飲之亦盡。嘗謂人曰：「左手執蟹螯，右手持酒杯，浮酒池中，足樂一生哉。」

九月，尚書右僕射鄧攸卒，贈光禄大夫，加金章紫綬。

攸字伯道，平陽襄陵人。祖殷，亮直强正，爲淮南太守。夢行水邊，見一女子，猛獸自後斷其盤囊。〔二〕占者以爲水邊女，汝字也，斷盤囊者，新獸頭代故獸頭也。今不作汝陰，當作汝南，果遷汝南太守。

攸幼以孝德稱，舉孝廉，爲吴王文學，累遷河東太守。

永嘉末，天下大亂，遇羯賊，棄所生子而攜弟子綏走江東，元帝以攸爲太子中庶子。爲吴郡太守，攸載米之郡，俸禄無所受，惟飲吴水。人民饑者，輙開倉賑而後報。刑清政明，百姓悦之，爲中興良吏。後稱疾去職，郡常有送迎錢數百萬，攸一無所受，百姓争牽船泣留之，船不得進，攸乃夜中發去。吴人歌曰：「紞如打五鼓，雞鳴天欲曙。鄧侯挽不留，〔三〕謝令推不去。」入爲吏部尚書，久之，遷尚書右僕射。晋書：攸過江，納妾，甚寵之，詢問其家屬，説是北人遭亂，憶父母姓名，乃攸之甥也。攸感恨，遂不畜妾。後妻不復孕，時人爲之語曰：「天道無知，令鄧伯道無兒。」語曰：「此天道有知也，夫父子之道，親親之義，豈可忍而邀一時之假名，損人倫之大義，安忍也。鄧伯道無兒，天道有知。」

冬十月，封魏武玄孫曹勱爲陳留王，〔四〕以紹魏後。己巳，庚亮誣南頓王宗陰與蘇峻謀叛，誅之，貶奏其族爲馬氏。庚辰，赦京師百里内五歲已下刑。甲申，徵歷陽太守蘇峻爲大司農，峻不受命。

十一月壬子，大閱於南郊。改定王侯國秩，九分食之一。時大旱，自六月不雨至於是月。

二年春正月，新除交廣寧三州諸軍事、廣州刺史阮孚卒。孚字遥集，陳留人也。父咸，始平太守。孚屬亂渡江，中宗以爲安東府參軍。蓬髮飲酒，不以世務嬰心。轉丞相參軍，遷瑯琊王哀車騎府長史，進拜散騎常侍。孚性既嗜酒，嘗以金貂換酒，復爲所司彈劾，帝宥之。肅宗卽位，轉侍中、吏部尚書。稱疾，就家用之，尚書令郗鑒以爲非禮。帝曰：「就用之誠不快，不爾便廢才。」及肅宗不豫，温嶠入受顧命，過孚家，邀同行。升車，乃告曰：「主上大漸，江左危弱，實藉羣賢，共康世務。卿時望所歸，今欲屈卿同受顧託。」孚不答，因求下車，嶠不許。垂至宫門，告嶠内逼，求暫下，便徒步還家。

初祖約好財，孚好蠟屐，同是累而未判其得失。有詣約，見正料財物，客至，屏當不盡，餘兩小簏，以著背後。傾身障之，意未能平。或有詣阮，見正自蠟屐，因歎曰：「未知一生當著幾量屐！」神色甚閑暢，於是勝負始分。

咸和初，拜丹陽尹。時太后臨朝，政出舅族。孚謂所親曰：「今江東雖累世，而年數實淺，主幼時艱，運終百六，而庾亮年少，德信未敦，以吾觀之，將兆亂矣。」遂苦求出。王導等以孚疎放，非京兆尹才，乃除交、廣、寧三州刺史。未至廣州，卒于道，時年四十九。既而明年蘇峻作逆，識者以爲知機。

三月，益州地震。

夏五月，日有食之。護軍營牛生犢，兩頭六足。王導家羊生羔，無後足。

冬十一月，歷陽太守蘇峻、豫州刺史祖約等舉兵于江西，以討庾亮爲名。

十二月辛亥，峻使其將韓晃入姑熟，屠于湖，害于湖令陶馥。宣城内史桓彝爲晃所敗，死之。庚申，〔五〕京師戒嚴，以護軍將軍、中書令庾亮爲征討都督，詔加振威將軍司馬流爲左將軍，帥衆拒峻，前鋒戰于慈湖，流敗，死之。

流字子玉，國之宗室。性懦怯，不閑軍旅。時率水步二千，南上遇賊，懼形于色，臨陣方食，不知口處，問左右吾口何在？既而合戰，軍敗遇殺。

三年春正月，征西大將軍陶侃率江州刺史温嶠等下援京師。丁未，蘇峻濟自横江，登牛渚。

二月庚戌，峻軍至鍾山，領軍卞壼帥六軍與峻戰于山南，王師敗績。案，陳圖云：蘇峻戰場，在鍾山明慶寺前，晉所謂王師敗於陵西，即吴大帝時陵也。峻因風放火，進燒青溪柵，再破官軍，卞壼、羊曼、周導、陶瞻等皆死于柵下，遇害者數千人。

壼字望之，濟陰寃句人也。祖統。父粹，以清辯鑒察稱。兄弟六人並登宰府，世號「卞氏六龍，玄仁無雙」。玄仁，粹字也，位中書令。

壼弱冠有名譽，元帝鎮江左，召爲從事中郎，委以選舉，甚見親仗。轉世子師，居師佐之任，盡匡輔之節，一府貴憚。中興建，遷太子詹事，拜御史中丞。忠于事上，權貴屏跡。累位至尚書令。

明帝不豫，壼與王導同受顧命，輔幼主。成帝卽位，羣臣進璽，司徒王導以疾不至。壼正色于朝曰：「王公豈社稷之臣耶！大行在殯，嗣皇未立，寧是稱疾之時！」導聞之，乃輿疾而至。及皇太后臨朝，壼與庾亮對直省中，共參機要。時王導又稱疾不朝，而私送車騎將軍郗鑒，壼奏導虧法從私，無大臣之節，舉朝震肅。

壼裁斷切直，幹實當官，以褒貶爲己任，勤于吏事。然性不弘恪，才不副意，故爲諸名士所少，而無卓爾優譽。肅宗深器之，於諸大臣而最任職。阮孚嘗謂曰：「卿恒無閑泰，常如含瓦石，不亦勞乎？」壼曰：「諸君以道德恢弘，風流相尚，執鄙悋者非壼而誰！」〔六〕時貴遊子弟慕王澄、謝鯤爲達，壼厲色於朝曰：「悖禮傷教，罪莫斯甚！中朝傾覆，實由於此。」欲奏推之。王導、庾亮不從，乃止，然而聞者莫不折節。時王導以勳德輔政，成帝每幸其宅，嘗拜導婦曹氏。侍中孔坦密表不宜拜。〔七〕導聞之曰：「王茂弘駑痾耳，若卞望之之巖巖，刁玄亮之察察，戴若思之峰岠，當敢爾耶！」

及蘇峻作逆，詔以壼爲都督加領軍將軍。峻自鍾山破王師，進攻青溪栅，壼與諸軍拒之，苦戰死之，時年四十八。二子：眕、盱，見父没，相隨赴賊，同時見害。眕、盱母裴氏撫二子屍哭曰：「父爲忠臣，爾爲孝子，夫何恨乎！」徵士翟湯聞而歎曰：「父死於君，子死於父，忠孝之道，萃于一門。」

羊曼字祖延，太傅祜兄孫也。少知名，中宗鎮江左，辟爲丞相主簿，歷晉陵太守。王敦平後，代阮孚爲丹楊尹。蘇峻作亂，加前將軍，率文武守雲龍門。峻既破六軍，與卞壼、周導、陶瞻等同見害。案，晉書：曼性任達，與温嶠、阮放等同志友善，並爲中興名士。時州里稱陳留阮放爲宏伯，高平郗鑒爲方伯，〔八〕太山胡母輔之爲達伯，濟陰卞壼爲裁伯，陳留蔡謨爲朗伯，阮孚爲誕伯，高平劉綏爲委伯，〔九〕而曼爲黯伯，凡八人，號「兖州八伯」，期古之八俊。時朝士過江初拜官，相飾供饌。曼拜丹楊尹，客來早得佳設，日晏而漸罄，不復及精，隨客早晚而不問貴賤。時羊固爲臨海太守，〔一〇〕竟日皆美，雖晚至者猶獲盛饌。論者以固之豐腆，不如曼之真率也。

是月，峻又追敗庾亮于宣陽門内，亮携子弟與郭默、趙胤上奔尋陽，臨去謂侍中鍾雅曰：「以後事相委。」雅曰：「棟折榱傾，誰之責歟？」亮曰：「今日之事，不容復言，卿當思効匡復。」雅曰：「想足下不愧荀林父耳。」雅遂與司徒王導擁帝於太極殿，荀崧、褚翼等侍左右。

峻兵麾戈接于帝座，叱左右下，侍中褚翼曰：「蘇冠軍未覲至尊，軍人豈得侵逼？」兵人遂散下殿，突入太后後宫，逼辱妃后及左右侍人，羣臣奔竄，百姓號泣，震響京師。丁巳，峻矯詔大赦天下，惟不免庾亮兄弟。以祖約爲侍中、太尉、尚書令，峻自爲録尚書事、驃騎大將軍，以許柳爲丹楊尹。

三月丙子，皇太后庾氏崩。壬申，〔二〕葬明穆太后于武平陵。后諱文君，潁川鄢陵人也。性仁惠，美姿儀，元帝聞之，聘爲太子妃，以德見重。肅宗卽位，爲皇后。帝卽位，尊爲太后。羣臣奏：天子幼沖，宜依漢和熹皇后故事臨朝。后辭讓數四，不得已而臨朝攝萬幾。后兄中書令亮管詔命，公卿奏事稱皇太后陛下。既而京都傾覆，后見逼辱，遂以憂崩，時年三十二。

夏五月乙未，峻逼帝遷於石頭城，帝哀泣升車，羣臣步從。峻以倉屋爲宫，分遣管商、張瑾等東寇錢塘吴縣。〔三〕案，荀崧傳：成帝時，崧子羡，年七歲，隨崧在石頭，峻甚憐之，嘗置羡于膝上，羡歸謂其母曰：「請與兒一利刀子，足以殺賊。」母遽掩其口。丙午，征西大將軍陶侃、江州刺史驃騎將軍温嶠、庾亮等率舟師四萬，旗鼓百里，次于蔡州。

六月，諸軍盡會石頭城西北，賊盛，未卽決戰，議于查浦築壘。監軍李根固争，〔三〕曰：「查浦地下，又在水南，惟白石峻固，修之，滅賊之術也。」侃等許之。曰：「若壘不立，卿當腰斬。」根引兵夜修，曉訖，賊衆見壘大驚。壬辰，進軍白石。

九月戊申，司徒王導奔于白石。庚午，陶侃率温嶠、庾亮等陣于白石。侃使將軍楊謙以軍攻于石頭，峻輕騎出戰，謙詐北，奔白石壘，峻逼之，纔交鋒，峻墜馬，侃督軍護竟陵太守李陽臨陣斬峻于白石陂岸。至今呼此陂爲蘇峻湖，今在縣西北二十里石頭城正北，白石壘即在陂東岸。

庾亮命臠峻肉，焚其骨。峻弟逸乃發亮父母墓，斷棺焚屍。

初，峻歷陽外營將軍鼓自鳴，如人弄槌，峻手自破之，曰：「我鄉土時有此即城空矣。」俄而爲亂夷滅，此聽不聽之罰也。案，晉書紀：〔一四〕蘇峻初營鍾山前，祈鍾山之神，許畫朱鬘、紫蹄馬、碧蓋、朱絡車。後郗鑒入援，又祈鍾山，神謂鑒曰：「蘇峻爲逆，人神共憤，當與蔣子文共誅鋤之。且峻亦祈我，豈可助之爲虐。今以疏相示，及按收而疏見。」

峻字子高，長廣掖人。〔一五〕少爲書生，年十八，舉孝廉。永嘉喪亂，所在屯聚，峻亦糾合徒衆，結壘于本縣，撫弱理朽，遠近感恩歸者日盛，皆推峻爲主。遂羣聚射獵於海邊青山中。時曹嶷領青州刺史，惡其得衆，將討之。峻懼不敵，泛海南渡，既至廣陵，朝廷嘉其遠到，累拜蘭陵相。同討王敦逆，以功進使持節、冠軍將軍、歷陽内史，加散騎常侍，封邵陵公，以江外之任寄之。

峻既有功于國，威望漸著，頗有異圖。時肅宗崩，帝幼，委政宰輔，護軍庾亮恐其兵强難制，下優詔徵之。峻素疑亮欲害己，不應命。朝廷使諷諭之，峻曰：「臺下云我欲反，豈得活耶！我寧山頭望廷尉，不能廷尉望山頭。」乃結祖約爲亂，以討庾亮爲名，遂舉兵渡江。破王師，入宫城，縱兵侵掠，窮凶極暴，殘酷無道。光禄勳王彬等皆被捶撻，逼令負擔登蔣山。裸剥士女，哀號之聲，響振内外。爲陶侃、温嶠等所破，殺之。峻司馬任讓復立峻弟逸爲帥，收兵保石頭。

十二月，石勒破劉曜于洛陽，擒之，關中大亂。

四年春正月，帝在石頭，侍中鍾雅、右衛將軍劉超等謀奉帝出就陶侃營，事覺，遂使任讓將兵入收超、雅。帝持抱超等悲泣曰：「還我侍中、右衛。」讓不受詔，殺雅等。及峻平，陶侃得任讓不殺。帝曰：「任讓是殺我侍中、右衛者，不可宥。」乃殺之。

雅字彦胄，潁川人。

超字世瑜，瑯琊人，少有志尚。中興初爲中書舍人，累拜中書侍郎。穆后臨朝，遷爲射聲校尉。時軍校無兵伍，義興人多隨超，超因統其衆以宿衛，爲「君子營」。帝卽位，與鍾雅俱爲侍中。帝遷幸石頭，大雨，超與雅步衛左右，賊給馬，惡而不騎。

丁卯，賊將匡術以苑城歸順，百官赴之。戊辰，峻子碩引軍又攻宫城，〔一六〕焚燒堂殿秘閣皆盡。城内大饑，米斗萬錢。庚午，冠軍將軍趙胤大破祖約于歷陽，約奔石勒。

二月戊戌，〔一七〕諸軍攻石頭，李陽、滕含大破蘇逸于查浦。含等奉帝幸温嶠舟，乘輿反政，羣臣頓首號泣請罪。甲午，蘇逸以萬餘人東走延陵湖，將入吴興，將軍王允之追擒于溧陽。〔一八〕初，太寧中有童謡云：「大馬死，小馬餓。高山崩，石自破。」高山謂峻也，石卽峻小名也。〔一九〕

時自正月雨至二月，五十日，及滅蘇峻黨後，淫雨乃霽。兵火之後，宫闕荒殘，帝居止蘭臺甚卑陋，欲營建平園。温嶠議遷都豫章，朝士及三吴之豪議都會稽，司徒王導獨曰：「建康古之秣陵，帝王所居，孫仲謀、劉玄德皆云王者之宅，不可改。」遂定議焉。

三月壬子，論平賊功行賞，以陶侃爲太尉，封長沙公；郗鑒爲司空，封南昌公；温嶠爲驃騎將軍、開府儀同三司，封始安公。追贈死王事者，贈卞壼左光禄大夫，餘各有差。尚書郎弘納上議，訟壼子父三人同死國難，詔改贈驃騎將軍，謚忠貞。

夏四月乙未，驃騎將軍、開府儀同三司、江州刺史、始安公温嶠薨。

嶠字太真，司徒羡弟憺之子。性聰敏，有識量，博學，少以孝悌稱。起家爲司隸都官從事，奏彈無所避，京都震肅。平北大將軍劉琨請爲參軍，爲琨謀主，琨所憑恃焉。及二都傾覆，元帝初鎮江左，琨誠繫王室，謂嶠曰：「昔班彪識劉氏之復興，馬援知漢光之可輔。今晉祚雖衰，天命未改，吾欲立功河朔，使卿延譽江南。」乃以嶠爲左長史，檄告華夷，使嶠奉表勸進。嶠至，引見帝，具陳琨忠誠，因説社稷無主，天人係望，辭旨慷慨，舉朝屬目，王導、周顗等並與親善。時江左草創，綱維未舉，嶠殊以爲憂。及見王導共談世務，歡然曰：「江左自有管夷吾復何慮！」因屢求反命，不許。除散騎侍郎，累遷太子中庶子。太子深重之，與爲布衣之交。

肅宗即位，拜侍中，參綜機密，尋轉中書令，帝倚爲棟梁之任，王敦忌之，請爲左司馬。嶠謬爲誠敬，深結錢鳳，詐立聲譽，每曰：「錢世儀精神滿腹。」鳳悦之。丹楊尹缺，敦表以嶠爲丹楊尹。因餞會，嶠自起行酒，至鳳未及飲，嶠僞爲醉，以手板擊鳳幘墜，作色曰：「錢鳳何人，温太真行酒而敢不飲！」敦以爲醉，故兩釋之。及去，即路。鳳入説敦曰：「嶠于朝廷甚密，未可信也。」敦曰：「太真昨醉，小加聲色，豈得以此便爲讒貳！」由是鳳謀不行，而嶠還都，遂陳敦之逆狀，請爲之備。敦聞，與王導書曰：「太真別來幾日，作如此事！」因舉兵表誅奸臣，以嶠爲首。敦平後，封建寧縣公。

帝即位，與王導、郗鑒、庾亮、陸曄、卞壼等同受顧命，輔幼主。時蘇峻藏禍歷陽，陶侃威重荆楚，朝廷以西夏爲虞，故使嶠爲形援。出爲江州刺史，鎮武昌，下車親祭徐孺子之墓，收名賢。在鎮見王敦畫像，曰：「豈有天子之賊而圖形于都下。」令削去之。

及蘇峻作逆，京師不守，嶠慟哭，使督護王愆期要陶侃下討峻，推侃爲盟主，鉦鼓連于百里，直指石頭。侃屯蔡州沙浦，嶠屯沙門浦，義軍屢戰失利，又食盡，陶侃怒，欲西歸，嶠固止侃曰：「要一戰決之。」乃平峻。進録尚書，讓不受，固辭還藩。因行至牛渚磯，水深不可測，嶠乃燒犀角而照之。須臾，見水族奇怪異狀，或乘車馬著赤衣者。其夜夢人謂曰：「與君幽冥道別，何苦相照？」嶠甚惡之。先有齒疾，因拔之中風，至鎮卒，時年四十二。江州士庶莫不相顧而泣。

初葬豫章，朝廷追思之，乃爲造大墓，迎還葬元明二陵北，幕府山之陽。〔三〇〕二子：放之、式之。

秋七月，詔復遭賊郡縣租税三年。

九月，石勒將石季龍盡屠上邽，滅劉氏大小黨族三千餘人。

冬十月，廬山崩。

是歲，天裂西北，有聲如雷。徵西中郎將郭默爲右將軍，默過江州，刺史劉胤不禮，送豚一頭、酒五斗。默怒，投于江。遂矯詔入城殺胤，表送首京師。

五年春正月己亥朔，大赦。除諸將任子。案，吴書：時諸將屯戍，並留任其子，爲立一館，名任子館。地在宋樂遊苑，西對今棲玄寺門平澤內。晉有江左，其制不改，至此年除之。庚子，司徒王導以默驍勇，專殺方州，懼其爲亂，表默爲豫州刺史，使鎮武昌。太尉陶侃聞默害劉胤，曰：「此必詐也。」即督西陽太守鄧伯山水陸討之，與導書曰：「郭默殺方州卽用爲方州，有人殺宰相卽用爲宰相乎？」遂屠默，斬其父子。案，晉書：郭默妻兄陸嘉取官米餉妹，默以爲違法，欲殺嘉。嘉懼，奔趙。默遂殺妻，以明無私。默，河内淮人。〔二〕

二月己巳，會稽太守王舒表獻銅漏刻，詔置端門西塾之西。

夏五月，石勒將劉徵寇南沙，害都尉許儒。

儒字思行，高陽人。祖勛，吴御史中丞。父延，河間相。儒幼而立行，清素忠烈，有曾、閔之性。早丁母憂，在殯遇凶賊放火，儒抱柩悲號，賊爲救火保護之，所居一里賴全。起服爲郡功曹。元帝宅江左，澄洗九流，妙於選舉，爲司徒參軍。出爲南沙都尉，縣爲石勒所寇，遇害。

六月，詔初税田，畝三升。

秋八月，石勒僭卽皇帝位于襄國，〔三〕使其將郭敬寇襄陽，中州流人悉降于勒。

九月，作新宫，始繕苑城，修六門。案，苑城，卽建康宫城。六門。案，地輿志：都城周二十里一十九步，本吴舊址，晉江左所築，但有宣陽門。至成帝作新宫，始修城開陵陽等五門，與宣陽爲六，今謂六門也。南面三門，最西曰陵陽門，後改名爲廣陽門，門内有右尚方，世謂之尚方門。次正中宣陽門，本吴所開，對苑城門，世謂之白門，晉爲宣陽門，門三道，上起重樓，懸楣上刻木爲龍虎相對，皆綉桷藻井。南對朱雀門，相去五里餘，名爲御道，開御溝，植槐柳。次最東開陽門。東面最南清明門，門三道，對今湘宫巷門，東出青溪港橋。正東面建春門，後改爲建陽門，門三道，尚書下舍在此門内，直東今興業寺後，東度青溪菰首橋。唐景雲年中，江寧縣令陸彦恭于縣東門金華坊東通青溪，乃廢菰首橋路，而于興業寺門前開大道，造金華橋，橋渡青溪，通潤州驛。正西南西明門，〔二三〕門三道，東對建春門，卽宫城大司馬門前横街也。正北面用宫城，無别門。苑城卽吴之後苑也，一名建平園。都城雖經五代，而門牆互有修改，事具下卷。

冬十月，駕幸司徒王導宅，置酒大會，下車入門先拜。

十一月，平西將軍庾亮表獻嘉橘一蔕十二實。

是歲，無麥禾，天下大饑。凉州刺史西平公張駿稱臣于石勒。

六年春正月戊午，以運漕不繼，發王公以下千餘丁，各運米六斛。

二月丙子，〔二四〕追贈故南沙都尉許儒高凉太守，謚曰貞侯。

三月壬戌，日有蝕之。癸未，詔舉賢良直言之士。

夏六月，錢唐民猳豕産兩子，皆人面，狀如胡人，其身猶豕，異之甚也。

是歲，江州刺史、觀陽侯應詹卒。〔二五〕

詹字思遠，汝南南頓人也，魏侍中璩之孫。詹幼孤，以孝聞。家富于財，年又稚弱，請族人共居，委其資産，世賢焉。及長，質素。司徒何劭見之曰：「君子哉若人！」

初辟公府掾，累遷南平太守。時王澄爲荆州刺史，洛陽傾覆，詹流涕，勸澄赴援，馳檄四方，辭義壯烈，見者慷慨，而澄竟不從。及武陵溪蠻反，澄假詹天門、武陵軍事。詹巡撫諸蠻，召問酋長所欲，蠻感德義，數郡無虞。後與陶侃破杜弢于長沙，賊多金寶，詹一無所取，惟收圖書。王敦表爲益州刺史，移鎮巴東，士庶攀車號泣而送。俄遷後將軍，徵拜光禄勳。

及王敦作逆，明帝問詹計，以詹爲都督前鋒軍事。賊平，遷江州刺史，封觀陽縣侯。在州疾篤，與陶侃申情好勸，勵力朝廷，以報幼主。卒時年五十三，謚爲烈。案，晉書：詹初與京兆韋泓爲友，詹卒，泓製朋友之服，哭之，宿草，追趙武祀程嬰、公孫杵臼之義，祭詹終身也。

七年秋七月，詔諸養禽獸之屬，損費者多，一切除之。太尉陶侃遣子平西參軍斌與南中郎將桓宣攻石勒將郭敬，破之，剋樊城。竟陵太守李陽拔新野、襄陽，因而戍之。

冬十一月壬子朔，進陶侃爲大將軍。詔舉賢良方正直言。是月，新宫成，署曰建康宫，亦名顯陽宫，開五門，南面二門，東西北各一門。案，圖經：即今之所謂臺城也，今在縣城東北五里，周八里，有兩重牆。案，修宫苑記：建康宫五門，南面正中大司馬門，世所謂章門，拜章者伏于此門待報。南對宣陽門，相去二里，夾道開御溝，植槐柳，世或名爲闕門。南面近東閶闔門，後改爲南掖門，門三道，世謂之天門，南直蘭宫西大路，出都城開陽門。正東面東掖門，正南平昌門，〔三六〕門上有爵絡，世謂之冠爵門，南對南掖門。第三重宫牆南面端門，夾門兩大鼓，在兩塾之南，並三丈八尺圍，用開閉城門，日中晡時及曉，並擊以爲節，夜又擊之持更。其一者，本在會稽雷門，相傳云：「洛陽舊物，打之，聲應洛陽城。」孫恩之亂，軍人斬破，有雙鶴飛去，爾後不復鳴。義熙中，始取還置于此門。其東西門不見名。其宮城西南角外本有池，名清遊池，通城中，有樂賢堂，並肅宗爲太子時所作。蘇峻之亂，宮室皆焚毁，惟此堂獨存。其西掖門外南偏突出一丈許，長數十丈地。時百度多闕，但用茆苫議，以除官，身各出錢二千，充修宮城用，自晉至陳遂廢。

十二月，帝遷于新宮。

八年春正月辛亥朔，朝萬國于新宮，四夷列次。帝詔曰：「昔長蛇縱暴，宮室焚蕩，元惡雖剪，未暇營築。有司屢陳朝會逼狹，遂作斯宮，子來之勞，不日而成之。既獲臨御，大饗羣后，九賓充庭，百官象物。知君子勤禮，小人盡力矣。思蠲密網，咸同斯惠，其大赦天下五歲刑以下。」令諸郡舉力人能負千五百斤已上者。丙子，石勒使致賂，詔焚之。是月，改苑倉爲太倉。案，吴時苑城内有倉，名苑倉，亦名倉城。至此，治苑爲宮，惟倉不改，在西掖門内，是年改名焉。

四月，以束帛禮高士郭文，舉處士翟湯。

湯字道深，〔二七〕尋陽人。篤行廉潔，不屑世事。永嘉末，寇害相仍，湯隱于尋陽南山，盜不犯境。始安太守干寶與湯通家，遣船米餉湯，勑吏云：「翟公廉讓，卿致書訖，便委船歸。」使者依旨，湯得船米，乃貨易取絹，遂附還寶，寶益愧焉。庾亮表之，徵爲國子博士，不就。

年七十三，卒于家。晉書高士傳：郭文字文舉，河内軹人也。少好山水，尚嘉遁。常遊名山，歷華陰，觀石室。洛陽陷，入吳興餘杭大辟山中，〔三八〕倚木于樹，苫覆其上而居焉。時猛獸爲暴，文獨宿十餘年，竟無所害。恒著鹿裘葛巾，採竹葉木實，買鹽米以自供。人或賤價取之，亦卽與之。遇有猛獸殺鹿于文庵側，文以語人，人賣得錢分文。文曰：「若取自取，何以相語？」聞者歎服。又有一獸向文張口，文爲拔去其鯁骨而去，明旦致一鹿于室前。每有寄宿者，文爲之汲水，無勸色。餘杭縣令顧颺與葛洪造之，颺使致韋袴褶，文不納。颺使置室中，乃至爛于户内，竟不服用。王導爲相，使迎至京師，于西園築臺置之。今廢治城中平墩見在。朝士咸共觀之。文頹然箕踞，傍若無人。温嶠嘗問曰：「人皆有六親相娱，先生棄之何也？」文曰：「遭世亂耳。」人問：「饑而思食，壯而思室，自然之性，先生獨無情乎？」文曰：「情由憶生，不憶則無情。」又曰：「先生獨處窮山，若疾遭命，不爲烏鳥食乎？」文曰：「埋藏耳，亦爲螻蟻所食。」又曰：「猛獸害人，先生獨不畏乎？」文曰：「人無害獸之心，獸豈有害人之意乎？」又曰：「苟時有不寧，身不得安，今將用先生以濟時，若何？」文曰：「山草之人，安能佐時！」永昌中，大疫，文亦病。王導遺藥，文曰：「命不在藥，夭壽，時也。」居治城七年，一旦忽求還山，導不聽，乃逃歸臨安。及蘇峻作逆，而臨安獨全，人以爲知機。自此不復語，但舉手指麾。及病篤，臨安令萬寵候之，問：「先生可得幾日？」文三舉手，果十五日而終。既葬，于座中有木數片，反覆書之，上曰金雄記，下曰金雌詩。詩著地爛，皆毁不識。金雄之記，言將來事，多有驗也。

夏五月，有星隕于肥鄉，數一。麒麟、騶虞見于遼東。

秋七月，石勒死，子弘嗣立。

是歲，作北郊于覆舟山之陽，制度一如南郊。案，地志：今縣八里潮溝後，東近青溪，其西卽藥圃地。義熙中，盧循反，劉裕築藥園壘卽此，更西卽吳時任子館也。

九年春正月，隕石于涼州，數二。

二月丁卯，加張駿爲大將軍。

夏六月，蜀李雄死，其兄子班嗣僞位。乙卯，使持節、侍中、太尉、都督荆江等八州軍事、荆江二州刺史、長沙郡公陶侃薨于樊谿。

侃字士衡，〔二九〕本鄱陽人。吴平，徙家廬江之尋陽。少孤貧，爲縣吏。鄱陽孝廉范逵嘗過侃，時倉卒無以待賓，其母乃截髮易酒，撤薦飯馬，逵重之，言於廬江太守張夔。夔召爲督郵，遷主簿，復察孝廉，至洛陽，除郎中。

後會荆州刺史劉弘之官，辟侃，信用，累至江夏太守。時陳敏據揚州，令弟恢率軍西上，侃拒之，以運船爲戰艦，或言不可，侃曰：「用官物討官賊，何爲不可！」遂破恢等，後以母憂去職。嘗有二客來弔，不哭而退，化爲雙鶴，冲天而去。

及中宗卽位江左，加龍驤將軍、武昌太守。時益州刺史杜弢舉兵反，破荆州，刺史周顗失據，侃率衆救之，謂諸將曰：「此賊必更步向武昌，吾宜還城，卿等誰能忍饑鬬邪？」部將吴寄曰：「要欲十日忍饑，晝當擊賊，夜分捕魚，可足以相濟。」侃曰：「卿健將也。」賊果來攻，侃擊破之。遣參軍王貢告捷于王敦，〔三〇〕敦以荆州多難，用王貢説，表侃爲荆州刺史，鎮沔江。尋爲杜曾所破，坐免，以白衣領職，佐史争上疏理之，復官，率周訪等進討杜曾。

初，王貢以矯命恐獲罪，遂投杜曾。至是，賊衆離阻，貢將出挑戰，侃遥謂曰：「杜弢爲益州吏，盜用庫錢，父死不奔喪。卿本佳人，何爲隨之？天下寧有白頭賊乎！」貢初横脚馬上，聞侃言，改容下脚，辭色甚順。侃截髮爲信，貢遂來降，弢、曾等大敗。王敦忌侃功，左轉爲廣州刺史。時温邵作梗嶺外，諸將請討之，侃笑曰：「吾威名已著，何事遣兵，但一函紙自足耳。」于是下書諭之，邵懼而走，追獲于始興，以功封柴桑侯。

侃在州無事，輒朝運百甓于齋外，暮運入于齋内，人或問之，答曰：「吾方致力中原，過爾優逸，恐不堪事。」及王敦反，詔侃領江州刺史。敦平，進都督荆梁雍益州諸軍事、荆州刺史，荆、郢士女，莫不相慶。

侃性聰敏，勤于吏職，終日危坐，事有萬端，曾不遺漏。遠近書疏，皆手自答，筆翰如流，未嘗壅滯。引接疎遠，門無停賓。嘗語人曰：「大禹聖者，乃惜寸陰，至于衆人，當惜分陰，豈可游逸，生無益于時，死無聞於後，是自棄也。」諸參佐或以談戲廢事者，乃命取其酒器及蒱博之具，悉投之於江中，曰：「樗蒱者，牧猪奴戲耳！老、莊浮華，非先王之法言，不可行也。君子當正其衣冠，攝其威儀，何有亂頭蓬首自謂宏達。」有奉饋者，皆問其所由。若力作所致，雖微必嘉，慰賜三倍；若非禮者，則切厲還饋辱之。嘗出行，見人持一把未熟稻，侃問：「用此何爲？」人云：「道傍所見，聊取之耳。」侃怒曰：「汝既不佃，而戲賊人稻！」執而鞭之。百姓於是勤農，家給人足。

暨蘇峻作逆，京都不守，平南將軍温嶠要侃同赴朝廷。侃恨肅宗崩不在顧命之列，言形於色，謂嶠曰：「吾疆場外將，不敢越局。」嶠固請之，推爲盟主。侃便戎服，既平峻於石頭，庾亮用温嶠謀，詣侃拜謝。侃遽止之，曰：「庾元規乃拜陶士衡耶！」王導入石頭城，令取故節，侃笑曰：「蘇武節似不如是！」導有慚色。以平峻功，進侍中、太尉，改封長沙郡公，加都督交、廣、寧七州軍事，移鎮巴陵。後平襄陽，拜大將軍，劍履上殿，入朝不趨，讚拜不名，上表固讓。薨，時年七十六，贈大司馬。

侃在軍四十一年，雄毅明斷，自南陵至於白帝數千里，道不拾遺。侃性纖密，頗類趙廣漢。在武昌時課諸營種柳，都尉夏施盗植於己門。侃行駐車問曰：「此武昌官柳，何因在此？」施惶怖謝罪。時殷浩、庾翼等皆爲佐吏，武昌號爲多士。侃飲酒每有定限，嘗會歡有餘而限已竭，浩等勸更少進，終不許。時梅陶與親人曹識書曰：「陶公機神明鑒似魏武，忠慎勤勞似孔明，陸抗諸人不能及。」謝安石每云：「陶公用法，恒得法外意。」侃少時漁於雷澤，得一織梭，以挂于壁。有頃雷雨，自化爲龍而去。又嘗夢身生八翼，飛而上天，見天門九重，已入其八，唯一門不開，閽者以杖擊之，折其左翼。及寤，左腋猶痛。又如厠，見一人朱衣介幘，斂板曰：「以君長者，故相報，君後當爲公，位至八州都督。」及統八州，握强兵，據上流，潛有窺窬之志，每思折翼之祥，自抑而止。

有子十七人，惟洪、瞻、夏、琦、旗、斌、稱、範、岱見于史，餘不見録。

時大旱，詔太官撤膳，省刑，恤孤寡，貶費節用。

冬十一月，石季龍殺石勒太子弘，而自立爲天王于鄴。

十二月，侍中顧和議奏「舊冕有十二旒，皆用玉珠，今用雜珠等，非禮。若不能用玉，可用白璇」。帝納之。

十年春正月庚午朔，帝加元服，大赦，改元爲咸康元年，增文武位一等，大酺三日，賜鰥寡孤獨不能自存者米，五斛。〔三〕甲戌，詔太常改冕旒飾，用玉珠。案，江表記：自晉中興東遷，舊章多闕，而冕旒飾以翡翠、珊瑚及雜珠等，至此顧和始奏，帝詔太常改之。

二月甲子，帝親臨釋奠。

夏四月，石季龍寇歷陽，詔加司徒王導大司馬、假黄鉞、都督征討諸軍事以禦之。癸丑，帝親觀兵於廣陽門，令諸將分戍。案，晉書成帝紀：觀兵于廣莫門。案，宫苑記：晉時未有廣莫門。據此，成帝觀兵是廣陽門，本史誤耳。至宋永初中，始改宫城北平昌門爲廣莫門。廣陽門，在今縣城東一里半，都城南面西門也。其時石季龍既寇歷陽，兵亦不歷北門出也。

秋七月，白虹貫日。

八月乙丑，荊州長沙、武陵、龍陽等三縣大水，漂屋室殺人，損秋稼。時帝幼沖，權在下之罰也。

十月乙未朔，日有食之。

是歲，大旱，會稽餘姚尤甚，米一斗五百價，〔二〕人相賣。

二年春正月，彗星見于奎。

二月，算軍用稅米，〔三〕空懸五十餘萬碩。尚書謝褒已下免官。辛亥，立皇后杜氏，大赦，增文武位一等。

三月，散騎常侍干寶卒。

寶字令升，新蔡人，少勤學。中宗即位，以領國史，累遷散騎常侍。修晉紀，上自宣帝迄于建興，凡五十三年，成二十卷。辭簡理要，直而能婉，世稱良史。

初，父亡有所幸婢，母忌之，乃殉葬。後十餘年，母喪，開冢合葬，殉婢仍活，取嫁之。因問幽冥，考校吉凶悉驗，遂著搜神記三十卷。將示劉惔，惔曰：「卿可謂鬼之董狐也。」案，三十國春秋：是年，天台令蘇韶卒。卒後，韶從弟節見韶乘馬晝日而行，着黑介幘黄綵單衣，節問曰：「兄何由來。」韶曰：「欲改葬。」節因問幽冥之事。韶曰：「死者爲鬼，俱行天地之中，在人間而不與生者接，顔回、卜商今見爲修文郎。死之與生，略無有異，死虛生實，此有異爾。」節曰：「死者何故不復歸其屍乎？」對曰：「譬若斷兄一臂以投地，就剥削之，于兄有患否？死者屍骸亦如此也。」節曰：「厚葬爽塏，死者樂乎？」韶曰：「何樂之有？」節曰：「若然，兄何故改葬？」韶曰：「述生時事耳。」言終而不見。

夏四月，皇后見於太廟。

秋七月，詔賓禮三恪，立周漢之後。

冬十月，更作朱雀門，新立朱雀浮航。航在縣城東南四里，對朱雀門，南度淮水，亦名朱雀橋。案，地志：本吴南津大吴橋也。王敦作亂，温嶠燒絶之，遂權以浮航往來。至是，始議用杜預河橋法作之。長九十步，廣六丈，冬夏隨水高下也。

是歲，徐州刺史刁彝上書訟父協功德，朝廷議，詔贈本官，祭以太牢。協字玄亮，渤海饒安人也。少好經籍，博聞强記，釋褐濮陽王文學。永嘉初，累遷河南尹，未拜，避難渡江。元帝鎮江左，用爲鎮東將軍軍諮祭酒。〔三四〕中興初，拜尚書左僕射。于時朝廷草創，憲章未立，以協久在中朝，諳練舊事，凡所制度儀注，皆稟於協焉。太興初，進位尚書令。

協爲人性剛悍，與物多忤，每崇上抑下，故爲王氏所疾。又好使酒放肆，侵毁公卿，見者莫不側目。然悉力盡心，志在匡救，元帝甚信任之。以奴爲兵，取將吏客使轉運，皆協所建，衆庶怨望。

及王敦構逆，上表罪協，帝使督六軍，出拒王敦。王師敗績，協與劉隗俱見帝于太極東除，帝執協、隗手，流涕嗚咽，勸令避禍。乃給協等人馬，使自爲計。協年老不堪乘騎，又素無恩於下，從者皆委之。行至江乘縣東，爲人所殺，送首於王敦。中宗痛之，密捕送首者，誅之。敦平後，以協出奔不在贈例而貶本官。至是，子彝上疏訟之，執事庾冰下議，追贈本官。

三年春正月辛卯，詔立太學於淮水南。在今縣城東南七里，丹楊城東南，今地猶名故學。

夏六月，旱，地生毛。

冬十月丁卯，慕容皝自立爲燕王。

四年夏四月，蜀將李壽殺李期，〔三五〕僭卽僞位，國號漢。

六月，改司徒爲丞相，以太傅王導領之。

秋八月丙午，分寧州置安州。〔三六〕

五年秋七月，使持節、侍中、丞相、領揚州刺史、始興公王導薨。導字茂弘，瑯琊臨沂人。祖覽，父裁。導少有風鑒，識量清遠。陳留高士張公見而奇之，謂其從兄敦曰：「此兒容貌志氣，將相才也。」幼與元帝尤善，在洛陽常勸帝歸藩，見天下將亂，遂推心奉戴，有興復之志。及徙鎮建業，吴人不附，居月餘，士庶莫有至者，導患之。

會敦來朝，導謂敦曰：「瑯琊王仁德雖厚，而名論猶輕。兄威風已振，宜有以匡濟者。」會三月上巳，帝親觀禊，乘肩轝，具威儀，敦、導及諸名賢皆騎從之。吴人紀瞻、顧榮、賀循，皆江南之望，竊覘之，見其如此，咸驚懼，乃相率拜於道左。導因進計，帝乃使導躬造循、榮等，由是吴會風靡，百姓歸心。自此之後，漸相崇奉，君臣之禮始定。

導爲政務在清淨，匡主寧邦，尤見委託，情好日隆，朝野傾心，號爲「仲父」。帝嘗從容謂導曰：「卿，吾之蕭何也。」初，桓彝過江，見朝廷微弱，謂周顗曰：「我以中州多故，來此欲求全活，而衰弱如此，將何以濟！」憂懼不樂。往見導，極談世事，退謂顗曰：「向見管夷吾，無復憂矣！」時渡江人士，每至暇日，相要出新亭歡宴。周顗中坐而歎江山之異，相對而泣。導愀然變色曰：「當共戮力王室，剋復神州，何至作楚囚而相對泣耶！」衆收淚謝之。

及中宗即晉王位，累遷都督中外諸軍事、領中書監、録尚書事。帝登尊位，進侍中、司空，尋代賀循，領太子太傅。時中興草創，未置史官，因祖約舉王隱，導始啟立，典籍頗具，時議欲立石闕于宫門，未定，後導隨駕出宣陽門，乃遥指牛頭峯爲天闕，中宗從之。案，地記：至今此山名天闕山，自朱雀南出，沿御道四十里到此山。天寶初，改名爲仙窟山。山南有芙蓉峯，峯北有大石如卧鼓，其山中空，可坐數十人。其高九尺，上下有小石子，吴之時人呼爲石鼓。其山西峯中石窟，不測深淺，古老相傳云：「辟支佛出所。」梁武帝于窟穴下置寺，名曰仙窟寺。有一石鉢盂，莫知所由來，形狀甚古。唐神龍初，鄭剋俊取將入長安反開善侍，〔三七〕誌公屐也。及劉隗用事，導漸見疎遠。

肅宗即位，平王敦後，進封始興郡公，位太保，司徒如故，劒履上殿，入朝不趨，贊拜不名，受顧託之重。帝即位，給班劒、鼓吹、羽葆蓋。及石勒侵阜陵，又石季龍掠騎至歷陽，俱加大司馬、假黄鉞，出討之。賊退，解大司馬，轉中外大都督，位太傅，又拜丞相，依漢制罷司徒官，以并之。

導善于因事，雖無日用之益，而歲計有餘。時帑藏空竭，庫中惟有練數千匹，〔三八〕賣之不售，而國用不足。導患之，與朝賢俱制練布單衣，于是士庶翕然競服之，練遂踴貴，端至一金。

帝既幼冲，見導，每拜。又嘗與導書手詔，則云「惶恐言」，中書作詔，則曰「敬問」。導妻曹氏，性妬，導令别修館以安衆妾，曹氏知，將往焉。導恐妾被辱，遽令命駕，猶恐遲之，〔三九〕以所執麈尾柄驅牛而進。司徒蔡謨聞之，戲導曰：「朝廷欲加公九錫。」導不之覺，但謙退而已。謨曰：「不聞餘物，惟有短轅犢車，長柄麈尾。」導大怒。

及庾亮出鎮於外，以帝舅故執朝權，而趨向者多歸之。導不能平，嘗遇西風塵起，輒舉扇自蔽，徐曰：「元規塵污人。」

自漢魏已來，羣臣不出拜山陵。導以元帝睠同布衣，每一崇進，皆就拜，不勝悲涕。由是詔百官拜陵，自導始也。薨，時年六十四。子悅嗣。案，晉書：導有六子悅、恬、〔四〇〕洽、協、劭、薈。悅位中書侍郎，性儉素。帳下有甘果爛敗，導令棄之，謂婢曰：「無使大郎知也。」悅嘗與導弈棊，爭道，導笑曰：「相與有瓜葛，郍得爲爾耶！」初，王敦構逆，導憂覆族，使郭璞筮之曰：「吉，無不利。淮水絶，王氏滅。」後子孫繁衍，竟如璞言，淮，卽秦淮也。

八月壬午，復改丞相爲司徒，司空庾亮領之。辛酉，以護軍將軍何充録尚書事。〔四一〕辛酉，〔四二〕侍中太尉南昌公郗鑒薨。

鑒字道徽，高平金鄉人，漢御史大夫慮之玄孫。鑒少孤貧，博覽經籍，躬耕壠畝，吟詠不倦，以儒雅著名。惠帝累拜中書侍郎，以世亂辭鄉里，將親屬避難于魯之嶧山。中宗鎮江左，承制假龍驤將軍、兗州刺史，鎮鄒山。〔四三〕

太寧初，王敦專制，內外危逼，謀仗鑒爲外援，拜安西將軍、都督揚州江西諸軍事、假節，鎮合肥。王敦忌之，表爲尚書令。及敦使錢鳳、王含入逼京都，衆議以苑城小不固，勸大駕自出距戰，鑒不許。敦平後，奏免錢鳳，母年八十，不坐。帝卽位，與王導等同受顧命，挾輔少主。

咸和初，領徐州刺史。蘇峻反，進位司空，與郭默還丹徒，立大業、曲阿、庱亭三壘，拒賊東入之兵。峻平，遷太尉，將拜，謂所親曰：「平生意不及此，值世紛紜，遂至今日。」尋以疾，上疏遜位。薨時年七十一。子愔、曇。案，晉書：初，鑒屬永嘉喪亂，在鄉里甚窮餒，鄉人以鑒名德共飴之。時兄子邁、外孫周翼並小，常携之就食。鄉人曰：「各自飢困，以君賢，欲共相濟耳，恐不能兼有所存。」鑒已後獨往食，食訖，以飰著兩頰邊，還吐與二兒，後並獲存。〔四四〕鑒之薨也，翼時爲剡縣令，翼追撫養之恩，乃棄官歸，席苫心喪三年也。

是時，始用磚壘宫城，而創構樓觀。

六年春正月庚戌，以庾翼爲安西將軍、都督江荆司雍梁益六州諸軍事、荆州刺史。將發，獻玉柄毛扇，帝疑其故物，侍中劉劭進曰：「柏梁雲構，匠石先居其下；管絃繁奏，鍾、夔先聽其音。稚恭之進扇，以好不以新。」帝大悦。

二月，燕王慕容皝大破石季龍將石成于遼西，獻捷於京師。

秋七月乙卯，初依中興故事，朔望聽政于東堂。是月，征西將軍、都督江荆豫益梁雍六州諸軍事、司徒、永昌公庾亮薨。〔四五〕

亮字元規，明穆皇后兄。父琛字子美，以建威將軍過江，爲會稽太守，卒于丞相軍諮祭酒。亮美姿容，善談論，性好莊老，風格峻整，動由禮節，閨門之内不肅而成，時人或以爲夏侯太初、陳長文之倫也。年十六，東海王越辟爲掾，不就，隨父在會稽，嶷然自守。時人皆憚其方嚴，莫敢造之。

元帝鎮江左，聞其名，辟爲西曹掾。及引見，風情都雅，過於所望，甚器重之，由是聘其妹爲皇太子妃。中興初，拜中書郎，領著作，侍講東宫。累遷給事中、黄門侍郎、散騎常侍。時王敦在蕪湖，帝使亮詣敦籌事。敦與亮談論，不覺改席而前，退而歎曰：「庾元規賢於裴頠遠矣！」

肅宗即位，進中書監，亮上疏讓曰：「臣凡庸固陋，偷榮昧進，臣領中書，則示天下以私矣。悠悠六合，皆私其姻，人皆有私，則天下無公矣。是以前後二漢，咸以抑后黨安，進婚族危。向使西京七族、東京六姓皆非姻族，各以平進，縱不悉全，決不盡敗。今之盡敗，更猶姻昵。臣歷觀外戚，或居權寵，四海側目，事有不允，罪不容誅。身既招殃，國爲之弊。其故何耶？猶姻媾之私羣情之所不能免，是以疎附則信，姻進則疑。疑積於百姓之心，則禍成於重闈之内矣。此皆往代成鑒，可爲寒心。夫萬物之所不通，聖賢因而不奪。冒親以求一寸之用，未若防嫌以明至公。今恭命則愈，違命則苦，臣雖不達，幸察愚心。」帝納其言而止。

時王敦有異心，亮憂懼，以疾去官。尋代王導爲中書監。敦平後，與王導受遺詔輔幼主，後進中書令。太后臨朝，政事一決於亮。時陶侃、祖約以不在先帝遺詔内，疑亮删除，並有怨言。亮懼亂，出温嶠爲江州刺史，仍修石頭以備之。會南頓王宗謀廢執政，亮殺宗而廢宗兄羕。宗，帝室近屬，羕，國族元老，又先帝保傅，天下咸以亮剪削宗室。

瑯琊人卞咸，宗之黨也，與宗俱誅。咸兄闡亡奔蘇峻，亮符峻送闡，而峻保匿之。峻多納亡命，專用威刑，亮知峻必亂，徵爲大司農。舉朝謂之不可，亮不從。及峻舉兵反至于京都，亮攜其三弟懌、條、翼等南奔温嶠，與嶠共推陶侃爲盟主。侃素有憾於亮，下至尋陽，議者咸謂侃欲誅執政以謝天下。亮甚懼，及見侃引咎自責，風止可觀。侃不覺釋然，乃謂亮曰：「君侯修石頭以擬老子，今日反見求耶！」便談宴終日，亮噉薤，因留白。侃問曰：「安用此爲？」亮云：「故可以種。」侃尤相稱歎曰：「非惟風流，兼有爲政之實。」及至石頭，又爲峻將張曜所敗。亮送節傳以謝侃，侃答曰：「古人三敗，君侯始二。當今事急，不宜數爾。」

峻平後，亮進見帝，泥首謝罪，乞骸骨逃竄山海。帝勞之曰：「此社稷之難，非舅之責也。」亮乃求出外鎮自効，假節、豫州刺史，領宣城内史，鎮蕪湖。陶侃薨後，拜都督江、荆、豫、益、梁、雍六州諸軍事，領江、荆、豫三州刺史，遷鎮武昌。

時王導輔政，會石勒新死，亮有開復中原之謀，乃以毛寶爲豫州刺史，與西陽太守樊峻俱戍邾城。〔四六〕又使陶稱爲南中郎將，入沔中，弟翼爲南蠻校尉，鎮江陵，以陳嚣爲輔國將軍，趣子午。亮率大衆自進石城，爲諸軍聲援。乃上疏，朝廷議之。會寇陷邾城，毛寶等赴水死。亮以處置失度，陳謝自貶，詔不許。進拜司空，固讓不拜。及導薨，徵爲司徒。薨，時年五十二。將葬，何充會之，歎曰：「埋玉樹於土中，使人情何能已。」三子：彬、羲、龢。案，晉書：初，亮所乘馬的顱，殷浩以爲不利于主，勸亮賣之。亮曰：「曷有己之不安而移之于人！」浩慙而止。

冬十月，林邑獻馴象。

十一月，復瑯琊，比漢豐沛。

七年春二月甲子朔，日有食之。己卯，慕容皝遣使求假燕王章璽，許之。

三月戊戌，皇后杜氏崩。

夏四月丁卯，〔四七〕葬恭皇后於興平陵。

后諱陵陽，〔四八〕京兆人也，鎮南將軍預之曾孫。祖錫，父乂。母裴氏，名穆，太傅主簿遐女。孝武帝立，封裴氏爲廣德君。

初，穆渡江，立第於南掖門外，時以裴氏壽考，故呼爲杜姥宅，在今縣東北三里東宮城南路西。后少有姿色，及長猶無齒，帝將納采之日，夜齒生。在位七年，年二十一崩，無子。先是三吴女子相與簪白花，望之如素柰，傳言天公織女死，爲之著服，至是后崩。案，外戚傳：乂字弘理，〔四九〕性純和，美姿容，有盛名于江左。王羲之目之曰：「膚若凝脂，眼如點漆，此神仙人也。」桓彝亦曰：「衞玠神清，杜乂形清。」襲封當陽侯，辟公府掾，爲丹楊丞。卒。咸康初，追贈金紫光禄大夫。司徒蔡謨嘗言于朝曰：「恨諸君不見杜弘理也。」

是月，詔實編户，王公已下皆正土斷、白籍。分江乘縣西界置臨沂縣，屬瑯琊郡。案，臨沂縣廢城，在東江獨石山，西臨大江，在今縣北四十里也。

秋八月，引見羣臣射宴于延賢堂。

九月，罷太僕官。

冬十二月，除樂府雜伎。罷安州。癸酉，侍中、司空、興平伯陸玩薨。

玩字士瑶，吴郡吴人也。父英，兄曄。曄與玩少有雅望，從兄機每稱之曰：「我家世不乏公矣！」曄位尚書。玩器量淹雅，元帝引爲丞相參軍。時王導初過江左，思結人情，求婚于玩。玩對曰：「培塿無松柏，薰蕕不同器。玩雖不才，義不能爲亂倫之始。」導乃止。玩嘗詣導食酪，因而得疾。與導牋曰：「僕雖吴人，幾爲傖鬼。」其輕易權貴如此。

明帝卽位，累遷，進位侍中，以疾辭，後進吏部尚書，又讓不拜，轉尚書左僕射。蘇峻反，玩潛説匡術，以苑城歸順。賊平，以功封興平伯，除尚書令。玩自辭讓，詔優答不許。尋而王導、郗鑒、庾亮相繼而薨，朝野咸以爲三良既没，邦國殄瘁。以玩有德望，乃遷侍中、司空。玩既不得已受拜，退謂賓客曰：「國家以我爲三公，是天下無人也。」談者以爲知言。玩友人詣玩，索盃酒，瀉置梁柱間，咒曰：「當今乏材，以爾爲柱石，莫傾人梁棟耶！」玩笑曰：「戢卿良箴。」〔五〇〕

玩雖登公輔，謙讓不辟掾屬。成帝勸之，玩不得已，而所辟皆寒素有行之士。性通雅，不以名位格物，誘納後進，謙若布衣，搢紳之徒皆膺其德。後疾篤，上表乞骸骨，薨，時年六十四。詔給兵千人，守冢七十家。子始嗣。案，晉書：玩次子納，字祖言，累遷，位至尚書令。見會稽王道子少年專政，〔五二〕委任羣小，乃望宫門而歎曰：「好家居，纖兒欲撞壞之邪！」朝士咸服其忠純，如是也。

是月，東陽太守張虞表稱郡民許孜純孝，詔旌表門閭，蠲復其子孫。孜字季義，東陽吴寧人。遭父母喪，建墓于縣之東山，廬于墓，自負土成墳，鄉人或愍孜羸憊，助其負土，晝則不逆，夜並除之。遣妻還本家，一身自處，鳥獸遊之。時有鹿犯其松柏，孜悲歎曰：「鹿獨不念我乎！」明日，虎殺其鹿于松所，孜見鹿死，倍復惆悵，取而埋之。虎復出于孜前自撲而死，孜益歎息之，又埋其虎，自後無犯纖介，白鹿、野雉嘗就馴宿。年八十餘，卒。邑人號所居爲孝順里。

八年春正月己未朔，日有食之。乙丑，大赦天下。

二月，豫州刺史庾懌送酒與江州刺史王允之，允之疑其有毒，與犬，犬斃，允之懼，表帝。帝怒曰：「大舅已亂天下，小舅復欲爾邪！」懌聞，服藥而死。

三月，以武悼楊皇后配饗武帝廟廷。

五月，有馬色赤如血，入于殿前，盤旋走出，莫知其處。

六月庚寅，帝不豫，詔以琅琊王岳爲嗣，曰：「琅琊王岳，親則母弟，體則仁長，君人之風，允塞時望。肆爾王公卿士，其輔之。以祗奉祖宗明祀。」壬辰，引武陵王晞、會稽王昱、中書監庾冰、中書令何充並受遺顧命。癸巳，帝崩于西堂。

秋十月丙辰，葬興平陵，在縣北七里雞籠山陽，與元帝同處。〔三〕案，帝年五歲即位，立十八年，年二十二，謚曰成皇帝，廟號顯宗。

帝少聰敏，有成人之量。初，南頓王宗之誅也，帝不時知，及蘇峻平後，問庾亮曰：「白頭翁何在？」亮曰：「謀反伏誅。」帝泣謂亮曰：「舅言人作賊，便殺之；人言舅作賊，復若何？」亮懼，變色。然少爲舅氏所制，不親庶政。及長，頗留心于萬機，務在簡約。嘗欲于後園作射堂，計用四十金，以爲勞費，乃止。雄武之度，雖愧于前王；恭儉之德，足追蹤于往烈矣。

卷第七校勘記

〔一〕正月丁亥朔大赦改元咸和元年　正月壬辰朔，非丁亥。晉書成帝紀作「二月丁亥，大赦，改元」。二月辛酉朔，丁亥爲二十七日。實録誤，當從晉書爲是。

〔二〕盤囊　晉書鄧攸傳同。「盤囊」又作「盤鞶」，見東觀漢記、御覽六九一引曹瞞傳、鄴中記。桂馥札樸五獸頭條云：「神像大帶有獸頭，卽鞶囊也。」

〔三〕鄧侯挽不留　詩紀四三同。宋本、庫本、張本、徐鈔本、周鈔本、劉鈔本、晉書本傳「挽」皆作「拖」，職官分紀四一、樂府詩集八五「挽不留」作「挽不來」。

〔四〕曹勱　各本及晉書成帝紀、禮志下同。藝文類聚五一、册府元龜一七三、御覽二〇一引晉中興書及通典七四作「曹勵」。

〔五〕庚申　各本皆作「庚寅」，十二月辛亥朔，無庚寅，庚申爲初十日。今據晉書成帝紀、通鑑九三改正。

〔六〕執郗悋者非壺而誰　「執」字原缺，據甘鈔本、徐鈔本及晉書卞壺傳補。又「郗悋」原作「郗悕」，晉書作「郗吝」，悋、吝通，宋本、庫本、甘鈔本、徐鈔本、周鈔本、劉鈔本正作「郗悋」，今據改。

〔七〕孔坦　各本皆誤作「孔恒」，今據晉書孔坦傳及世説賞譽篇注引語林改。

〔八〕方伯　册府八八二作「放伯」。

〔九〕委伯　御覽四〇七引晉中興書及册府八八二並作「秀伯」。

〔一〇〕羊固　原作「莘固」，今據晉書羊曼傳、世説雅量篇改正。

〔一一〕壬申　三月己卯朔，無壬申。晉書成帝紀、通鑑九四皆作「四月壬申」。四月己酉朔，壬申爲二十四日。此壬申上當脱「四月」二字。

〔一二〕張瑾　晉書成帝紀、魏書司馬叡傳同。郗鑒傳、庚亮傳、蘇峻傳及通鑑九四皆作「張健」。

〔一三〕監軍李根　通鑑九四作「監軍部將李根」。胡注云：「是時同盟諸將無監軍事者，竊意李根蓋郗鑒軍部將也。前史既逸『郗』字，後人遂改『鑒』爲『監』。」胡説近是，録以備參。

〔一四〕晉書紀至及按收而疏見　今晉書無此段文字，蓋實録引徵諸家舊晉書之文。

〔一五〕長廣掖人　晋書蘇峻傳、世説方正篇注引王隱晋書同。然據晋書地理志下，掖屬東萊國，非長廣郡，疑「長廣」爲「東萊」之譌，又長廣郡有挺，「挺」「掖」形近，抑或「掖」爲「挺」之訛耶？二者必有一誤。

〔一六〕峻子碩　晋書成帝紀、温嶠傳、蘇峻傳亦云碩爲峻子。晋書斠注云：「世説方正篇注引靈鬼志謡徵曰：『碩，峻弟也。』是碩爲峻弟，此作峻子誤。」兩説不同，一作峻子，一作峻弟，未知孰是？

〔一七〕二月戊戌　晋書成帝紀、通鑑九四並作「二月丙戌」。二月甲戌朔，戊戌、丙戌二日皆在是月。

〔一八〕蘇逸以萬餘人至追擒于溧陽　晋書成帝紀所記同。丁國鈞晋書校證云：「自延陵將入吴興者爲韓晃、張健等，王允之及諸軍擊破之，事具允之及蘇峻傳。逸則爲義師斬於石頭，見陶侃傳，非獲於溧陽也，允之傳亦不及獲逸事，紀所書皆非實録。」丁説是，實録係承襲晋書成帝紀之誤。

〔一九〕太寧中有童謡至石卽峻小名也　太寧中童謡見晋書五行志中，云「高山，峻也。石，峻弟也」。此謡亦見世説方正篇注引靈鬼志謡徵，云「高山，峻也；碩，峻弟也」。蘇石卽蘇碩，雖蘇碩爲蘇峻子或弟兩説並存，但蘇石非蘇峻小名明矣。參見本卷校勘記〔一六〕。

〔二〇〕初葬豫章至迎還葬元明二陵北幕府山之陽　嶠卒卽葬豫章，雖朝廷追思之，造墓於元明二帝陵北，實未遷葬。晋書温嶠傳云，嶠卒後陶侃上表曰「『願陛下慈恩，停其移葬，使嶠棺柩無風波之危，魂靈安於后土』。詔從之。其後嶠後妻何氏卒，子放之便載喪還都。詔葬建平陵北」。實録云温嶠還葬，實爲許氏未讀陶侃之奏及帝從之詔而誤書。六朝事迹編類十三晋温嶠墓條不誤。

朱希祖六朝陵墓調查報告駁晉温嶠墓在幕府山西説考證甚詳，可參閲。

〔二一〕默河内淮人　「淮」，當從晉書郭默傳作「懷」。懷縣屬河内郡，見地理志上。

〔二二〕秋八月石勒僭卽皇帝位于襄國　御覽一二〇引後趙録、通鑑九四載勒稱帝在是年九月。

〔二三〕正西南西明門　晉苑城正東面爲建春門，與西明門相對，則西明門當在苑城正西。至正金陵新志所載臺城古蹟圖、讀史方輿紀要二〇皆謂正西爲西明門，此「正西南」當是「正西面」之誤。

〔二四〕二月丙子　二月壬辰朔，無丙子，日干有誤。

〔二五〕是歲江州刺史觀陽侯應詹卒　晉書應詹傳同，皆云詹卒於咸和六年，然成帝紀、通鑑九三俱云其卒在元年。勞格晉書校勘記云：「『六』當作『元』。」

〔二六〕正南平昌門　本卷下文注引宫苑記云：「至宋永初中，始改宫城北平昌門爲廣莫門。」則平昌門爲臺城北門，此「正南」當爲「正北」之誤。

〔二七〕湯字道深　世説棲逸篇及注引晉陽秋、御覽四二五、八一七「深」皆作「淵」，「深」乃唐人避高祖名諱改。

〔二八〕大辟山　原作「大滌山」，今據宋本、庫本、張本、周鈔本、劉鈔本及晉書郭文傳改。

〔二九〕侃字士衡　世説言語篇注引陶氏叙、御覽二六五、三九八引王隱晉書同。晉書本傳「士衡」作「士行」。

〔三〇〕王貢　晉書陶侃傳同。周家禄晉書校勘記云：「細檢愍帝紀及杜弢傳，皆王真，非王貢也。貢、真形近相亂，下文『貢』宜照改作『真』。」周説是，御覽一三七、三七二、七六八引王隱晉書俱作「王真」。

〔三一〕賜鰥寡孤獨不能自存者米五斛　「五」上當脱「人」字，晉書成帝紀可證。

〔三二〕米一斗五百價　咸和四年蘇峻之役，建康「城内大饑，米斗萬錢」，此僅云五百，未足爲貴，疑「斗」爲「升」字之譌。

〔三三〕算軍用税米　晉書成帝紀同。食貨志「軍用」作「度用」。

〔三四〕用爲鎮東將軍軍諮祭酒　下「軍」字原脱，據徐鈔本補。

〔三五〕李壽　原誤作「李春」，今據徐鈔本、周鈔本、劉鈔本及晉書成帝紀、李壽載記、通鑑九六改正。

〔三六〕秋八月丙午分寧州置安州　八月己酉朔，無丙午日。又錢大昕廿二史攷異十八曰：「考地理志，是時所分者牂柯、夜郎、朱提、越嶲四郡也，前此惠帝太安二年復置寧州，不書於本紀，則此寧州無根矣。志又載李壽分寧州興古、永昌、雲南、朱提、越嶲、河陽六郡爲漢州，考咸康四年正李壽僭位之日，雖立此州亦未能盡有其地也。」今録以備參。

〔三七〕將入長安反開善寺　「反」原作「及」，今據宋本、庫本、張本、甘鈔本改。

〔三八〕庫中惟有練數千匹　「練」原作「練」。練爲粗絲布，可參鄭珍説文新附考六練條。今據張本及晉書王導傳改，下同。

〔三九〕猶恐遲之　「猶」原作「將」，今據宋本、周鈔本及晉書王導傳、世説輕詆篇注引妒記改。

〔四〇〕恬　原誤「怡」，今據晉書王導傳、世説德行篇注引文字志、惑溺篇注引語林改。世説人名譜瑯邪臨沂王氏譜、新唐書宰相世系表十二中亦作「恬」。

〔四一〕辛酉以護軍將軍何充録尚書事　晉書成帝紀、通鑑九六皆繫於七月，是也。八月癸酉朔，無辛酉。實録誤。

〔四二〕辛酉　晉書成帝紀、通鑑九六皆同，然八月無辛酉，徐鈔本作「辛卯」，爲八月十九日，疑是。

〔四三〕避難于魯之嶧山至鎮鄒山　元和郡縣圖志十云，嶧山一名鄒山，在鄒縣南二十二里。晉書斠注以爲嶧山、鄒山兩見，乃史臣失檢處。

〔四四〕初鑒屬永嘉喪亂至還吐與二兒後並獲存　鑒以飯著兩頰邊，還吐與二兒事，溯見於世説德行篇。晉書郗鑒傳又云「于時所在饑荒，州中之士素有感其恩義者，相與資贍。鑒復分所得以賉宗族及鄉曲孤老，賴而全濟者甚多」。余嘉錫世説新語箋疏云：「夫鑒之力足以賉宗族鄉里，豈不能全活兩兒？揆之事實，斯爲謬矣。」

〔四五〕是月至永昌公庾亮薨　晉書成帝紀、通鑑九六皆云庾亮卒於咸康六年正月庚子，實録云卒于七月，未知何據？

〔四六〕樊峻　晉書庾亮傳、毛寶傳及通鑑九六同。成帝紀、水經江水注並作「樊俊」，峻、俊未知孰是。

〔四七〕夏四月丁卯　「丁卯」原作「丁巳」，四月癸亥朔，無丁巳。晉書成帝紀、通鑑九六皆作「丁卯」，爲四月初五。今據改。

〔四八〕后諱陵陽　晉書后妃傳同。廿二史攷異二十一曰：「按宋書州郡志杜皇后諱陵，此衍一『陽』字也。咸康四年，以後諱改宣城之陵陽縣爲廣陽，可證后名無『陽』字。」

〔四九〕乂字弘理　世説賞譽篇及注引晉陽秋、品藻篇及注引衛玠别傳、容止篇及注引江左名士傳、魏志杜畿傳注引晉諸公贊皆云乂字弘治，蓋唐人諱高宗名諱，改「治」爲「理」。

〔五〇〕戢卿良箴　晉書陸玩傳同。通志一二八、册府八六七「戢」作「感」。

〔五一〕會稽王道子　「王」，各本皆脱，今據晉書陸納傳補。

〔五二〕葬興平陵在縣北七里雞籠山陽與元帝同處　參見卷六校記〔三三〕。

建康實録卷第八

康皇帝〔一〕

康皇帝諱岳，字世同，成帝母弟也。咸和元年封爲王。二年徙封瑯琊王。咸康五年領司徒。八年夏六月庚寅，顯宗不豫，時庾冰以舅氏當朝，權侔人主，慮易世之後，戚屬疏遠，將爲他人所制。乃謀説顯宗曰：「國有强敵，宜立長君。」顯宗信而從之，遺詔以瑯琊王爲嗣。

甲午，卽皇帝位，大赦，詔「屯戍文武及二千石官長，皆不得輒離所局而來奔赴」。己亥，封成帝子丕爲瑯琊王，奕爲東海王。時帝在諒陰，委政中書監庾冰等。

秋七月，葬成帝于興平陵。帝親奠于西階，既發引，徒行至閶闔門，升素輿，至陵所。

九月，詔瑯琊國及府吏進位各有差。

冬十二月壬子，立皇后褚氏，增文武位二等。

建元元年春正月，大赦，改元，振恤鰥寡孤獨不能自存者。

夏五月，旱。

六月壬午，束帛徵處士南陽翟湯、〔二〕會稽虞喜。

秋七月，慕容皝大破石季龍。石季龍將戴開率衆來降。詔曰：「慕容皝摧殄羯寇，斬獲八千餘人，〔三〕將是其天亡之始也。中原之事，宜加籌量。」以安西將軍庾翼爲征討大都督，遷鎮襄陽；以輔國將軍、琅琊内史桓温爲前鋒，假節，率衆入臨淮。

八月，蜀李壽死，子勢嗣僞位。

冬十月辛巳，以驃騎將軍何充爲中書監、都督揚豫二州諸軍事、〔四〕揚州刺史、録尚書，輔政。

十一月己巳，大赦天下。高句麗遣使朝獻。〔五〕

二年秋八月，罷絶倒懸橦之伎。

九月丙申，立皇子聃爲皇太子。戊戌，帝崩于式乾殿。

冬十月乙丑，葬崇平陵。在今縣城東北十五里鍾山之陽，〔六〕不起墳。案，帝年二十一即位，立三年，年二十三，謚曰康皇帝。

初，庾冰權政當朝，制度年號，再興中朝，因改元曰建元。或謂冰曰：「郭璞讖云『立始之際丘山傾』，立者，建也；始者，元也；丘山，諱也。君侯忘郭生之言邪？」冰瞿然，既而歎曰：「如有吉凶，豈改易所能救乎？」至是果驗。

案，寺記：帝時置兩寺：褚皇后立延興寺，在今縣東南二里，運瀆西岸；中書令何充立建福寺，今廢也。〔七〕

孝宗穆皇帝

穆宗諱聃，字彭子，康帝長子。建元二年九月丙申，立爲皇太子，時年二歲。己亥，卽皇帝位，大赦，尊皇后褚氏爲皇太后，臨朝攝政。

冬十一月庚辰，車騎將軍庾冰卒。

冰字季堅。時兄亮以名德流訓，冰與諸弟動必合禮，爲世所重，亮嘗目冰爲庾氏之寶。起家累遷吳國內史，與王舒擊破蘇峻將張健。〔八〕峻平後，以功封侯，不受，累遷中書監、都督揚豫兗三州諸軍事。

時王導新薨，人情恇然。冰兄亮既固辭不入，而冰乃當重任，經綸時務，不捨夙夜，賓禮朝賢，升擢後進，由是朝野注心，咸稱賢相。初，導輔政，每從寬惠，而冰頗任威刑。殷融諫之，冰曰：「前相之賢，猶不堪其弘，況吾者哉！」范汪謂冰曰：「頃天文錯度，足下宜盡消禦之道。」冰曰：「玄象豈吾所測，正當勤盡人事爾。」

及顯宗疾篤，時有妄爲尚書符，勅宫門宰相不得前，左右皆失色。冰神氣自若，曰：「必是虚妄。」推問，果詐，衆心乃定。康帝卽位，進車騎將軍。冰懼權盛，乃求外出。會弟翼將伐石季龍，遂出都督江荆寧益梁交廣七州諸軍事、領江州刺史，鎮武昌。帝卽位，獻后臨朝，乃徵冰輔政，冰辭以疾篤，尋卒于鎮。冰天性清慎，及卒，無絹爲衾，又室無媵妾。有七子，後以罪並爲桓温所誅。

初，冰令郭璞筮，卦成，曰：「子孫必有大禍，唯用三陽可以有後。」故以長子希鎮山陽，第三子友爲東陽，遂挈家于暨陽。及後坐誅族，唯友獲全。

永和元年春正月甲戌朔，皇太后設白紗帷于太極殿，〔九〕抱帝臨軒聽政，大赦。改元。

夏四月壬戌，詔會稽王昱録尚書六條事。是月，石季龍將路永屯于壽陽。

秋七月，方士戴洋卒。

洋字國流，吴興長城人也。年十二，遇病死，五日而蘇。言死時天使其爲酒藏吏，授符録，給吏從幡麾，將往蓬萊、崑崙、積石、太室等諸山，〔一〇〕既而遣歸。

及長，善風角，好道術，妙解占候。吴末爲臺吏，時童謡歌曰：「猗童蔣山，流渡江。」洋知吴必亡，遂託病還鄉里。懷帝末，堂邑令孫混欲迎家累，洋曰：「此地當敗，得臘不得正，豈可移家於賊中乎！」混便止。歲末，陳敏作逆，使弟昶攻破堂邑。都水馬武見洋有道術，召將赴洛，洋夢神人曰：「洛中當敗，人盡南渡，揚州後五年當有天子。」洋信之，遂不去。

時王敦出鎮荊州，洋謂吳興陳瑾曰：「王敦南上，半路而住，當還作賊。」及敦在武昌，後南方有雲如牛北向，洋語華譚曰：「此王敦舉兵之應也。」

初，祖約鎮譙，請洋爲中典軍，約府內地忽赤如丹。洋曰：「地赤如丹血丸丸，當有下反上者。」約問洋曰：「吾還東何如留壽陽？留壽陽何如入胡？」洋曰：「東入失半，入胡滅門，留壽陽尚可。」尋而牽騰率叛約，約率衆將家屬奔于石勒，勒果盡誅約。

後庾亮代陶侃鎮武昌，引洋問氣候。洋曰：「天有白氣，喪必東行。」後近城東家夜半望見城內有數炬火，從城上出，如大車狀，白布幔覆，與火俱出城東北行，至江乃滅。洋聞歎曰：「此與前白氣同。」時亮欲移鎮石城，或問洋當不？洋曰：「不當。」洋言於亮曰：「武昌土地有山無林，政可圖始，不可居終。山作八字，數不及九。昔吳用壬寅來上，創立宮城，至于己酉，還下秣陵。其見陶公亦涉八年。土地盛衰有數，人心去就有期，不可移也。公宜更擇吉處，武昌不可久住。」五年，亮令毛寶屯邾城。九月，洋言於亮曰：「毛豫州合今年受死問。昨朝大霧晏風，當有怨賊報仇。」後賊果陷邾城而去。亮曰：「天何以利胡而病我也？」洋言：「今石季龍亦當受死，且不憂賊，但憂公病耳。」亮曰：「如何？」洋曰：「荊州受兵，江州受災，公若去此二州，卽可。」亮竟不能解二州，遂至大困。洋曰：「昔蘇峻時，公於白石祠中祈福，許賽其牛，至今未解，故爲此鬼所考。」亮曰：「有之，君神人也。」或問曰：「庾公可得幾時？」洋曰：「見明年。」時亮已不識人，咸以爲妄，果經正月一日而薨。

庚午，使持節、都督江荆司梁雍益寧七州諸軍事、江州刺史、征西將軍、都亭侯庾翼卒。

翼字稚恭，司徒亮之少弟。風儀整俊，當世莫儔。善草隸書，子弟皆効之，後王羲之書盛，内外官重，翼甚不平。在荆州寄書於家曰：「兒子輩憎家鷄，好野雉。」常見殷浩、杜乂曰：「此輩宜束之高閣，俟天下太平，然後議用所任耳。」

九月丙申，皇太后詔曰：「今百姓勞弊，其共思詳所以賑恤之。」

是歲，鎮東將軍、會稽内史孔愉卒。〔二〕

愉字敬康，會稽山陰人也。其先世居梁國。曾祖潛，漢末避地會稽，因家焉。愉年十三而孤，養祖母以孝聞，與同郡張茂字偉康、丁潭字世康齊名，時人號「會稽三康。」吴平，愉遷于洛。惠帝末，歸鄉里，行至江淮間，遇石冰、封雲爲亂，逼爲參軍，不從。逕東還入新安山中，改姓孫氏，以稼穡讀書爲務，信著鄉里。後忽捨去，皆謂爲神人，而爲之立祠。永嘉末，中宗辟爲參軍，尋求去，莫知所在。建興初，始出應召，爲丞相掾，以討華軼功，封餘不亭侯。愉曾行經餘不亭，見籠龜於路者，買而放之溪，龜中流左顧者數四。及是，鑄侯印而左顧，三鑄如初。印工以告愉，愉悟，乃佩焉。

建武，拜中書郎，出爲司徒左長史。肅宗卽位，累進位侍中、太常卿。及蘇峻反，愉朝服守宗廟。賊平，遷左僕射。後王導將以趙胤爲護軍，愉謂導曰：「中興已來，處此官者周伯仁、應思遠耳。今誠乏才，豈宜以趙胤居之邪！」導不從。尋省左右僕射，以愉爲尚書僕射。愉年及懸車，累乞骸骨，詔不許，拜護軍將軍、會稽內史。時句章縣有漢舊陂，毁廢數百年。愉自巡行，修復故堰，溉田二百餘頃，皆成良業。在郡三年，乃營山陰湖南侯山下數畝地爲宅，草堂數間，便棄官居之。送資數百萬，悉無所受。病篤，遺令斂以時服。卒，時年七十五。子闓，嗣位侍中。案，晉書：愉有三子，〔一二〕中子汪，孝武時位侍中。少子安國，孝武時亦至侍中。帝崩，服縗絰，涕泗，因形體羸瘦，見者以爲真孝。官至尚書右僕射。愉弟羣，字敬林，嗜酒。王導謂曰：「卿恒飲酒，豈不見酒家覆巾乎？日月久卽糜爛。」羣答曰：「公不見肉用糟淹更堅。」嘗與親故書曰：「今年田得七百石秫米，不足了麴糵事。」位至侍中卒。

二年春正月丙寅，大赦。己卯，使持節、侍中、都督揚州諸軍事、揚州刺史、録尚書事、都鄉侯何充卒。

充字次道，廬江灊人，吴光禄大夫禎之曾孫。〔一三〕幼而好學，風韻閒雅，以文義見稱。初辟大將軍王敦府掾。時敦兄含爲廬江太守，貪汙，敦嘗於座中稱曰：「家兄在郡佳政，廬江人士咸稱之。」充正色曰：「充卽廬江人，所聞異於此。」敦默然，由是忤意，左遷東海王文學。敦敗，累位中書侍郎。少與王導善，嘗詣導，導以麈尾指床呼充共坐，曰：「此君坐也。」

顯宗卽位，拜黃門侍郎。平蘇峻，出爲會稽内史，在郡尋徵侍中，辭不拜，轉丹楊尹。時王導、庾亮並言于帝曰：「何充器局方概，有萬夫之望，必能總録朝端，爲老臣之副。臣死之日，願引充内侍，則社稷無虞矣。」詔加吏部尚書。王導薨後，與中書監庾冰參録尚書事，進尚書令，加領軍。充以内外統任難處，上疏固辭，許之，徙中書令。

時顯宗寢疾，庾冰兄弟以舅氏當朝，謀立康帝爲嗣，充建議以父子相傳，先王舊典，不宜改易。冰等不從。既而康帝臨軒，冰、充侍坐。帝曰：「朕嗣鴻業，二君之力。」充對曰：「陛下龍飛，臣冰之力。若如臣議，不覩昇平之日。」帝有慚色。

建元初，庾冰出鎮江州，以充爲揚州刺史。先是庾翼悉發江、荆二州編户奴爲兵，士庶嗷然。充復欲發揚州奴以均其謗，議不成。俄而帝疾篤，庾冰等意在簡文，充議立皇太子，奏可。帝既立，獻后臨朝，詔加中書監、録尚書事。

庾冰卒後，專輔幼主，以桓温爲征西將軍、領荆州刺史。每曰：「桓温、褚裒爲方伯，殷浩居門下，我無勞矣。」充爲宰相，雖無澄正改革之能，而有器局，臨朝正色，以社稷爲己任，凡所選用，皆以功臣爲先，不以私恩樹親戚，談者以此重之。

性好釋典，崇修佛寺，供給沙門，以至貧乏，乃獲譏于世。阮裕嘗戲之曰：「卿志大宇宙，勇邁終古。」充問其故。裕曰：「我圖數千户郡尚未能得，卿圖作佛，不亦大乎！」于時郗愔及弟曇奉天師道，而充與弟準崇信釋氏，謝萬譏之云：「二何佞于佛，二郗諂于道。」充能飲酒，雅爲劉惔所貴。每云：「見次道飲，令人欲傾家釀。」言其能温克也。卒，時年五十五。

二月癸丑，以左光禄大夫蔡謨領司徒、録尚書六條事，與會稽王昱輔政。

夏五月，西平公張駿薨，子重華嗣立。

冬十月，以桓温爲安西將軍、荆州刺史。温表羅含爲别駕。問于衆曰：「此何如人？」或答曰：「可謂荆楚之杞梓。」温曰：「此江海之琳琅，豈惟荆楚而已。」

含字君章，桂陽人。少孤，叔母朱氏所養，好學。晝卧，夢五色鳥飛入口，意怪之。朱氏曰：「夢吞五色，此文章，汝後當善文。」自長沙相致仕，白雀棲堂。

十一月辛未，安西將軍桓温伐蜀，拜表輒行。

十二月，枉矢自東南流于西北，其長半天。

三年春三月乙卯，〔一四〕桓温剋成都，蜀主降，益州平。以周撫爲益州刺史，鎮彭模。是月，林邑范文攻陷日南，害太守夏侯覽，以尸祭天。

夏四月，地震。丁巳，桓温執蜀主李勢歸于京師，封勢歸義侯。

七月，范文立范賁爲帝。

冬十二月，以侍中劉惔爲丹楊尹。

惔字真長，沛國相人。少清雅標奇，桓温嘗造之，因問惔：「會稽王道子談論進耶？」〔一五〕惔曰：「極進，然故第二流耳。」〔一六〕温曰：「第一復誰？」惔曰：「故在我輩。」後温乘雪欲獵，過惔，惔見其急裝，問曰：「老賊欲持此何作？」温曰：「我若不爲此，卿輩何得坐談！」惔與許詢至友，及詢出郡，惔九日七日詣之，謂詢曰：「卿爲不去，使我成薄德二千石。」時惔爲尹，詢宿至室，室甚麗，詢曰：「若此保全處，殊勝東山。」惔曰：「卿若知吉凶由人，吾安得保此。」

詢字玄度，高陽人。父歸，以琅琊太守隨中宗過江，遷會稽内史，因家于山陰。詢幼沖靈，好泉石，清風朗月，舉酒永懷。中宗聞而徵爲議郎，辭不受職，遂託跡居永興。肅宗連徵司徒掾，不就。

乃策杖披裘，隱于永興西山，憑樹構堂，蕭然自致。至今此地名爲蕭山。遂捨永興、山陰二宅爲寺，家財珍異，悉皆是給。既成，啟奏孝宗，詔曰：「山陰舊宅爲祇洹寺，永興新居爲崇化寺。」詢乃於崇化寺造四層塔，物産既罄，猶欠露盤相輪。一朝風雨，相輪等自備，時所訪問，乃是剡縣飛來。既而，移皐屯之巖，常與沙門支遁及謝安石、王羲之等同遊往來，至今皐屯呼爲許玄度巖也。案，許玄度集：遁字道林，常隱剡東山，不遊人事，好養鷹馬，而不乘放，人或譏之。遁曰：「貧道愛其神駿。」卒後，戴安道嘗經其墓，歎曰：「德音未遠，而拱木已積，冀神理綿綿，不與氣運俱盡爾。」

四年秋八月，進安西大將軍桓温爲征西大將軍。

九月丙申，慕容皝死，子儁嗣僞位。

冬十二月，豫章人黄韜造妖，自號孝神皇帝，聚衆寇臨川，太守庾條討平之。

五年春正月辛巳朔，〔一七〕大赦。庚寅，石季龍僭皇帝位于鄴。

夏四月，益州刺史周撫使朱燾破范賁，獲之。僞趙石季龍死。

五月，假慕容儁大將軍、幽平二州牧、大單于、燕王。

冬十一月，甘露降崇平陵玄宫前殿。

十二月，征北大將軍、都鄉侯褚裒薨。

裒字季野，康獻皇后父也。祖䂮，父洽。裒少有簡貴之風，謝安嘗云：「裒雖不言，而四時之氣亦備。」

始爲郗鑒參軍。平蘇峻後，累遷將軍，領中書令。帝即位，皇后臨朝，裒以后父，進録尚書事。嘗自以近戚，懼獲譏嫌，固辭請居藩，出爲徐兗二州刺史、征北大將軍、開府儀同三司，鎮京口。薨，時年四十七。墓在丹徒縣南七里。

初，裒總角時曾詣庾亮，亮使郭璞筮之。卦成，璞駭然，亮曰：「有不祥乎？」璞曰：「此非人臣卦，不知此少年何以乃爾？二十年外，吾言方驗。」及此二十九年而康獻皇太后臨朝，有司以裒皇太后父，議加不臣之禮。歆嗣位，〔一八〕至祕書監。

六年春正月，帝臨朝，以裒喪故，懸而不樂。

閏月，〔一九〕趙冉閔殺石鑒，僭天王位，國號魏氏。鑒弟祗，又僭位于襄國。丁丑，彗星見于亢。己丑，氐帥苻洪遣使來降，〔二〇〕以爲氐王，封廣川郡公。

秋八月，苻洪子健率衆入關，遣參軍杜伯獻捷京師。

冬十二月，司徒蔡謨廢爲庶人。

謨字道明，陳留人。以孝廉隨中宗過江，累遷位，拜司空、太尉。成帝元會，將作樂，宿懸於殿，所司奏，非祭祀燕饗則無設樂之制。謨上議臨軒宜有金石之樂，遂從謨議。臨軒作樂，自此始也。及帝臨軒，以司徒稱疾，數召不至，爲有司奏，至是免官。

初，謨渡江，見彭蜞大喜，曰：「蟹有八足，加以二螯。」令烹之。既食，委頓，方知非蟹。詣謝尚説之，尚曰：「卿讀爾雅不熟，幾爲勸學死。」〔二一〕案，晉書：謨廢後數年，詔爲光禄大夫，辭不受，陳病篤乞骸骨，就賜几杖。時又有荀道明、〔二二〕諸葛道明皆有名，時人語曰：「京師三明。」諸葛道明名恢，父靚，吴亡入洛。值亂，又奔江東，爲臨沂令。王導戲争族姓，曰：「人言王、葛，不言葛、王。」恢曰：「時言驢馬，不言馬驢，豈驢勝馬也。」

七年春正月辛丑，苻健僭稱秦王，赦關中。

秋七月甲辰，濤水入石頭，溺死者數百人。

九月，峻陽、太陽二陵崩，帝素服臨于太極殿三日，遣兼太常趙拔修復山陵。

冬十一月，石祇將姚弋仲來降，以爲大單于，封高陵公；弋仲子襄，爲平北將軍、平鄉公。〔三三〕

八年春正月辛卯，日有蝕之。壬辰，苻健僭帝號於長安。乙巳，雨木冰。〔三四〕

二月，遣殿中都尉王惠如洛陽，修衛五陵。

夏四月，冉閔爲慕容儁所滅。儁僭帝位於中山，國號燕。

八月，冉閔子智以鄴來降，安西將軍謝尚使建武將軍、濮陽太守戴施應之，進據枋頭。會冉智行人劉猗至，施乃止猗，使求傳國璽，猗歸，以告智。智猶豫不許，施因遣參軍何融率壯士七百人入鄴，登三臺助戍，譎之曰：「今且可出璽付我。凶寇在外，道路梗澀，亦未敢卽送，當遣單使馳白天子。天子聞璽已在吾，遥知卿等至誠，必重發兵相救。」冉智與蔣幹謀，信之，乃出璽付融。融詣施，施使融齎璽馳還壽春，謝尚使振武將軍胡彬率騎三百衛送京師，告太廟，百寮畢賀。案，璽，傳秦始皇造也。方四寸，以玉爲之，上蟠蛟螭。其文曰：「受命于天，既壽永昌。」自秦傳漢，入魏，魏入西晉。晉永嘉末，洛京不守，璽爲劉聰所得。及石勒滅劉氏，璽入屬僞趙，冉閔誅石勒，〔三五〕而璽又入冉閔。自永嘉末洎永和八年，凡四十二年，而璽始歸于晉也。

九月，中軍殷浩率衆北伐。

九年春正月乙卯朔，大赦。丙寅，皇太后與帝同拜建平陵。

三月，交州刺史阮敷討林邑范佛於日南，破其五十餘壘。

秋七月丁酉，地震，〔三六〕有聲如雷。

八月，遣兼太尉河間王欽往洛陽，修復五陵。

十年春正月己酉朔，帝臨朝，以五陵未復，懸而不樂。前涼張祚僭帝號於姑臧。

二月己丑，太尉桓温伐關中。

三月，廢殷浩爲庶人，以前會稽内史王述爲揚州刺史。

夏四月己亥，桓温大破前秦苻健子萇於藍田。

六月，王師敗於白鹿原，温引還。

是歲，三麥不登。

十一年春三月辛亥，右軍將軍、會稽内史王羲之稱病去官歸，誠告誓於父母墓。羲之字逸少，司徒導之從子也。父曠，淮南太守。元帝過江，曠首創其議。羲之幼訥於言，人未奇之。年十三，嘗謁周顗，顗察而異之。時重牛心炙，坐客未噉，顗先割啗羲之，由是知名。

及長，尤善隸書，爲古今之冠，論者稱其筆勢，飄若遊雲，矯若驚龍。深爲從伯敦、導所重，嘗謂曰：「汝是吾家佳子弟也。」陳留阮裕爲王敦主簿，有重名，敦以羲之不減主簿，與王承、王述之父、王悦爲王氏三少。〔二七〕時太尉郗鑒使人求女壻于導門，令就東廂遍觀子弟。使者歸謂鑒曰：「王氏諸少年並佳，然聞信至，咸自矜持。唯一人在東牀坦腹食，獨若不聞。」鑒曰：「此正佳壻！」訪之，乃逸少也，遂以女妻之。

起家爲秘書郎，累遷侍中、吏部尚書，皆不就，尋拜右將軍、會稽内史。時揚州刺史殷浩與桓温不協，羲之爲書與浩，言國家安危在於内外和不和，又爲書止浩北伐，浩並不從，遂爲桓與會稽王，陳浩不宜北伐，言：「古聖人外寧猶有内憂，今外不寧而内憂已深，勸諸軍守合肥、廣陵、許昌、譙郡、梁、彭城，須立根勢，然後舉謀未晚。」皆不從。

羲之雅好服食養性，及爲會稽，初渡浙江，便有終焉之志。時高士許詢、孫綽、李充、支遁並居東土，羲之嘗與同志宴會，集于會稽山陰之蘭亭，羲之自爲序，以申其志。時人以潘岳詩序方其文，羲之比于石崇，聞之甚喜。

性愛鵝，聞會稽有孤居姥養一鵝，善鳴，求市未能得，遂攜親友命駕就觀。姥聞羲之來，烹鵝以待之，羲之歎惜彌日。又山陰有道士養鵝，羲之往觀焉，意悦，因求之。道士曰：「爲寫道德經，當舉羣相贈。」羲之欣然寫畢，籠鵝而歸，深以爲樂。又嘗往門生家，見棐几滑淨，因書之，真草相半。後爲其父誤刮去之，門生驚懊累日。嘗居蕺山見一老姥，持六角扇賣之。羲之書其扇，各爲五字。姥初歎惋，因謂姥曰：「無苦，但言是王右軍書，以求百金耶。」姥如其言，人競買之。後姥復將數扇來請書，羲之笑而不答。每自稱「我書比鍾繇，當抗行；比張芝草，猶雁行。」初，羲之書不勝庾翼、郗愔，及暮年方妙。嘗以章草答庾亮，而翼深歎服，因與羲之書云：「吾昔有伯英章草十紙，過江顛狽亡失，常歎妙迹永絶。忽見足下答家兄書，焕若神明，頓還舊觀。」

時驃騎將軍王述少與羲之齊名，而羲之甚輕之，情好不協，述先爲會稽，以母喪居郡境，羲之代述，止一弔，遂不重詣，述深爲恨。後朝廷徵述爲揚州刺史，羲之恥爲麾下，遣使詣朝廷，求分會稽爲越州。行人失辭，大爲時賢所笑。既而内懷愧歎，謂諸子曰：「吾不減懷祖，而位遇懸邈，當由汝等不及坦之故耶！」乃稱疾罷郡，於父母墓前自誓，去榮禄，畢志林泉。遂任性弋釣，與許邁等供修服食之事。遊名山，不遠千里。

邁字叔玄，一名映，丹楊人也。家世冠族。祖上，侍中、散騎常侍。父副，祕書監，封西城侯。生七子，邁與穆皆得道，天降玉板，署上清真人。羲之每造，未嘗不彌日忘歸，相與爲世外之交。邁遺羲之書云：「自山陰南至臨安，皆有金堂玉室，仙人芝草，左元放之徒，漢末得道者皆在焉。」羲之自爲傳，述靈異之跡十卷。邁因遠遊名山不歸，改名爲玄，字遠遊，與妻孫氏書告別，令改醮，有答書在婦人集中。

羲之有七子，五子知名。玄之早亡。次凝之，亦工草隸。

徽之字子猷，性卓犖不羈，爲大司馬桓温參軍，蓬首散髮，不綜府事。又爲車騎桓沖兵曹參軍，沖嘗問：「卿署何曹？」對曰：「似是馬曹。」又問：「管幾馬？」曰：「不知馬，何由知數！」又問：「馬比死多少？」曰：「未知生，焉知死！」嘗從沖行，值暴雨，徽之因下馬，排入車中，謂沖曰：「公豈得獨擅一車！」

時吳中有一家種好竹，徽之便出造竹下諷嘯，不顧主人，將出，主人乃閉門，徽之以此賞之，盡歡而去。嘗寄空宅中，便令種竹。指竹曰：「何可一日無此君耶！」時在山陰，夜雪初霽，月色清朗，四望皎然，獨酌酒，詠左思招隱詩，忽憶戴逵。逵時在剡，卽命小船詣之，經宿方至，造門不前而返。人問其故，徽之曰：「本乘興而行，興盡而返，何必見安道邪！」嘗與弟獻之共讀高士傳，獻之賞井丹高潔，徽之曰：「未若長卿慢世。」時人皆欽其才而穢其行。

自黃門侍郎棄官東歸，與獻之俱病篤。時術人云：「人命應終，而有生人樂代者，則死者可生矣。」徽之謂術人曰：「吾才位不如弟，請以餘年代之。」術人曰：「代死者，以己年有餘，得以足亡者爾。今君與弟算俱盡，何可代也！」未幾，獻之卒，徽之哭慟，既而上靈牀，取獻之遺琴彈之，久而不調，歎曰：「嗚乎！子敬，人琴俱喪！」因傾絶。卧疾月餘而卒。

子楨之字公幹，歷位侍中。時桓玄爲太尉，朝臣畢集，問楨之：「我何如君亡叔？」在坐咸爲氣咽。楨之曰：「亡叔一時之傑，公是千載之英。」一坐皆悦。【原闕】

謝尚字仁祖，豫章太守鯤之子也。幼有至性，七歲喪兄，哀慟過禮，親戚異之。八歲，神悟夙成。鯤嘗攜之送客，或曰：「此兒一座之顔回也。」尚應聲答曰：「坐無尼父，焉别顔回！」席賓莫不歎異。年十餘歲，遭父憂，丹楊尹温嶠弔之，尚號咷極哀。既而收涕告訴，舉止有異常童，嶠甚奇之。

及長，善音樂，博綜衆藝。司徒王導深器之，比於王戎，常呼爲「小安豐」。辟司徒掾，始到府通謁，導以其有勝會，謂曰：「聞君能作鴝鵒舞，一坐傾想，寧有此理否？」尚便著衣幘而舞。導令坐者撫掌擊節，尚俯仰在中，傍若無人。累位至江夏、義陽、隨三郡太守。

時安西將軍庾翼鎮武昌，尚數詣翼諮謀軍事，翼呼共射，曰：「卿若破的，當以鼓吹相賞。」尚應聲中之，卽以副鼓吹給之。

尚性清簡，至官悉壞布帳，分軍士作襦袴。尋轉爲安西將軍、豫州刺史，鎮壽春，進討苻健將張遇於許昌，〔二八〕爲遇所敗，後以獲璽功，遷尚書僕射、鎮西將軍。在壽春採拾樂人，并制石磬，以備太樂。江表有金石之樂，自尚始。

案，塔寺記：今興嚴寺，即謝尚宅也，南直竹格巷，臨秦淮，在今縣城東南一里二百步。尚嘗夢其父告之曰："西南有氣至，衝人必死，行當其鋒，家無一全，汝宜修福建塔寺，可禳之。若未暇立寺，可杖頭刻作塔形，見有氣來，可擬之。"尚寤懼，來辰造塔寺，遂刻小塔施杖頭，恒置左右。後果有異黑氣，遥見西南從天而下，始如車輪，漸彌大，直衝尚家，以杖頭指之，氣便回散，闔門獲全。氣所經處，數里無復孑遺。遂於永和四年捨宅造寺，名莊嚴寺。宋大明中，路太后於宣陽門外大社西藥園造莊嚴寺，改此爲謝鎮西寺。至陳太建元年，寺爲延火所燒。至五年，豫州刺史程文季更加修復，〔二九〕孝宣帝降勅，改名興嚴寺至今也。

六月，前秦苻堅殺苻生而自立爲帝。〔三〇〕

秋七月，苻堅將張平以并州來降，拜并州刺史。

八月丁未，立皇后何氏，大赦天下，賜酺三日，鰥寡孤獨孝義力田米各有差，逋租宿債一切放免。

冬十月，皇后見于太廟。

二年春正月，司徒會稽王昱歸政事。

三月，佽飛督王饒獻鴆鳥，帝怒，鞭饒二百，使焚鳥於四達之衢。

夏五月，大水，有星孛于天船。

六月，慕容儁盡陷河北之地。

秋八月，安西將軍謝奕卒。

奕字無奕，鯤之次子，累位桓温府司馬。温尚南康公主，主忌，温甚憚之，動經年不入其室。奕每以酒逼温，温逃酒入主門，奕遂升温廳事，更命酒，引一直兵共飲，謂之曰：「失一老兵，得一老兵，亦何怪也。」公主謂温曰：「君若無狂司馬，我何由得相見。」案，三十國春秋云：謝鯤爲桓温司馬，升平二年七月卒，所逼桓温入主門，即是鯤。案，謝尚、奕並是鯤子，尚年十歲，遭父憂，年五十卒。〔三二〕升平元年五月，尚死；七月，奕亡，〔三三〕無容此歲謝鯤始卒。鯤歷職又不爲桓温司馬，曾爲王敦司馬。永昌元年，王敦舉兵破京師，鎮石頭，不朝而去，鯤諫令入朝，敦不從，斯晉史又明。蕭方等記事，何至於誤哉。

十一月，雷。地震。

三年春二月，涼州城東泥中有火，此火沴水之妖也。

三月甲辰，詔以比年出軍，糧運不繼，王公已下十三户借一人一年助運。

是歲，詔復輔國將軍、豫州刺史、州陵侯毛寶本封。

寶字敬真，滎陽陽武人。王敦用爲臨湘令。後蘇峻作逆，温嶠以兵千人屬之，使爲前鋒，次于茄子浦。時峻送米萬斛饋祖約於江西，寶率所領，登岸破之，悉獲其米，嶠嘉之，表爲廬江太守。

時祖約黨桓宣背約屯於馬頭，約使祖煥、桓撫攻之，寶懸軍救宣，大爲煥所破。箭中寶髀徹鞍革，使人踏鞍拔箭，血流滿韡，夜奔船所。行到，先哭戰亡將士，洗瘡訖，夜還救宣。至營，煥等引退，寶因進破祖約於合淝。尋召還，討蘇峻於石頭，峻死，匡術以苑城降陶侃。侃使寶守苑城，賊遣韓晃攻之，寶登城射殺十數人。晃問寶曰：「君是毛廬江耶？」寶曰：「是。」晃曰：「君名壯勇，何不出鬬！」寶曰：「君若健將，何不入鬬！」晃笑而退。戰平，以功封州陵侯。

庾亮西鎮上明，請爲輔國將軍，謀北伐，上表進寶豫州刺史，守邾城。石季龍遣其子鑒與將軍夔安、李菟等來攻邾城。寶求救于亮，亮懼，不時遣軍，城遂陷。左右突圍，赴江死者六七千人，寶亦溺死。詔以寶之傾敗，不加追贈，至是始議復之。案，毛寶傳：初，寶在武昌，軍人有于市買得一白龜，長四五寸，養之漸大，放諸江中。邾城之敗，養龜人披鎧持刀，自投于水，如覺墜一石上，視之，乃先所養白龜，長五六尺，送至東岸，遂免。寶二子：穆之、安之。穆之子珍、球、璩、璠、瑾、瑗等六人，璩最知名。

四年春二月，鳳將九雛再見于豐城，衆鳥隨之。

夏四月，姑臧澤中有火，此火亦沴水之妖。明年，涼王張天錫殺執政張邕。

秋七月，以軍役繁，省用徹膳。

八月辛丑朔日，有蝕之。

冬十月，天狗流于西南。

十一月，封太尉桓温爲南郡公，弟沖爲豐城公，子濟爲臨賀公。

五年春正月戊戌，大赦天下，賜鰥寡孤獨米，人五斛。

二月，南掖門馬足陷地，得銅鍾一，有二四字。案，南掖門是建康宫南面東門，陳朝改爲端門，南出都城開陽門，卽宣陽東門也。

夏四月，大水。桓温使弟豁取許昌。鳳皇見于沔北。

五月，帝不豫。丁巳，崩于顯陽殿。

秋七月戊午，葬永平陵。在今縣城北十九里，幕府山之陽，周四十步，高一丈六尺。案，晉十一帝有十陵，元、明、成、哀四陵在雞籠山之陽，陰葬不起墳。康、簡文、武、安、恭五陵，〔三三〕在鍾山之陽，亦不起墳。惟孝宗一陵，在幕府山，起墳也。

帝年二歲卽位，立十七年，年十九崩，謚穆皇帝，廟號孝宗。

案，帝時置僧尼寺三所，何皇后寺，在縣東一里，南臨大道。彭城敬王造彭城寺，在今縣東南三里，西大門臨古御街。鎮西將軍謝尚造謝寺，今改名興嚴寺，卽延興寺，東隔運瀆東岸也。〔三四〕

哀皇帝

哀帝諱丕，字千齡，成帝長子。咸康八年，封爲瑯琊王。升平三年，除驃騎大將軍。〔三五〕

五年五月丁巳，穆帝崩，皇太后令曰：「帝奄不救疾，胤嗣未建。瑯琊王丕，中興正統，合當儲貳。往以幼沖，未堪國難，故顯宗高讓。今義望情地，莫與爲比。」于是百官備法駕，迎琅琊王。庚申，卽皇帝位，大赦天下。改封弟東海王奕爲琅琊王。

秋八月己卯夜，天裂，廣數丈，有聲如雷。

九月戊申，立皇后王氏，以章穆何皇后居永安宮。案，宮本東海王第，修以爲宮，在今縣城東北七里，近宮東北角。桓玄修南州，折其林木，移入西宮，以地爲隸射宮也。

冬十二月，加涼州刺史張玄靚爲大都督、隴右諸軍事、隴西公。〔三六〕

隆和元年春正月壬子朔，大赦，改元。減田稅，畝收二斗。

二月丙子，尊所生妃周氏爲皇太妃。

三月丙寅朔，〔三七〕日有蝕之。

夏四月，旱。詔出輕繫，賑困乏。丁丑，涼州地震，浩亹山崩。案，五行志：前涼滅亡之兆。前燕將呂護寇洛陽。

五月丁巳，北中郎將庾希、鄧遐等舟師救洛口，〔三八〕破呂護，護退走小平津。

秋七月，西中郎將袁真進次汝南，運米五萬斛以饋洛陽。前中軍將軍、都督揚豫徐兖青五州諸軍事、揚州刺史殷浩卒于東陽之信安。〔三九〕

浩字深源，〔四〇〕陳郡長平人也。

父羨字洪喬，將爲豫章太守，都下人士因其致書百餘函，羨行次板橋浦，皆投之江水中，曰：「沉者自沉，浮者自浮，殷洪喬不爲致書郵也。」其資性介立如此。終於光禄勳。浩識度清遠，弱冠有美名，尤善玄言，與叔父融俱好老、易。融與浩談則辭屈，著篇則融勝，由是浩爲風流談論者所宗。或問浩曰：「將莅官而夢棺，將得財而夢糞，何也？」浩曰：「官本臭腐，故將官而夢尸。錢本糞土，故將得財而夢穢。」時人以爲名言。

起家累遷司徒左長史，除侍中、安西軍司，並稱疾不起。遂屏居墓所十年，于時擬之管、葛。王濛、謝尚伺其出處，以卜江左興亡，因相與省之，知浩有確然之志。既反，相謂曰：「深源不起，當如蒼生何！」

康帝建元末，庾冰、何充相繼卒。簡文始綜萬機，衛將軍褚裒乃薦浩爲揚州刺史。浩上疏陳讓，固請，自三月至七月，乃受拜焉。時桓温既滅蜀，威勢轉振，朝廷憚之。故簡文引浩爲心膂，於是與温頗相疑貳。浩既參朝權，擢潁川荀羨爲義興太守。時王羲之與浩情洽，密説浩、羨，令與温和同，浩不從。

及石季龍死，胡中大亂，朝廷欲遂蕩平關、河，進浩爲中軍將軍、都督揚豫徐兗青五州諸軍事。浩既受命，以中原爲己任，上疏北征許、洛。將發，墜馬，時咸惡之。既而以兗州刺史蔡裔等爲前鋒，師次壽春，會秦苻健殺大臣，關中不和，浩請進屯洛陽，修園陵。又求解揚州，專鎮洛陽，詔不許。既而姚萇反，浩懼逼，棄輜重，退士卒，爲襄所掠，士多亡散。浩又遣王彬等擊襄，〔四二〕爲襄軍所殺，諸軍敗績。桓温素惡浩，及聞其敗，因上疏罪浩，浩竟坐廢爲庶人，徙東陽郡之信安縣。

浩少與温齊名，而每心競，温嘗問浩：「君何如我？」浩曰：「我與我周旋久，〔四三〕寧作我也。」温既雄豪自許，每輕浩，及權事專征深忌之。至是，乘釁謀廢浩，温因語人曰：「少時吾與浩共騎竹馬，我棄，浩輒取之，故當出我下也。」又謂郗超曰：「浩有德有言，向使作令僕，〔四三〕足以儀型百揆，朝廷用違其才爾。」

浩雖放黜，口無怨言，怡神委命，談詠不輟，家人亦不見其流放之慼。但終日書空，作「咄咄怪事」四字。浩甥韓康伯隨至徙所，經歲還都，浩送至渚側，詠曹顏遠詩云：「富貴他人合，貧賤親戚離。」因而泣下。後温將以浩爲尚書令，遣告之，浩欣然許之。將答書，慮有謬誤，開閉數四，竟達空函，大忤温意，由是絶之。尋卒遷所。子涓嗣。

十二月戊午朔，日有蝕之。詔曰：「戎旅路次，未得輕簡賦役。玄象失度，亢旱爲患。

豈政事未洽，將有板築、渭濱之士耶！其搜揚隱滯，蠲除苛碎。」時童謡云：「升平不滿斗，隆和安得久。」帝聞惡之。大赦。改明年爲興寧元年。

春三月壬寅，皇太妃薨于琅琊第。帝奔喪，詔司徒、會稽王昱總内外衆務。

夏四月，揚州地震，湖瀆溢。

五月，加征西大將軍桓温侍中、大司馬、都督中外諸軍事、録尚書事、假黄鉞。

秋七月，張天錫殺張玄靚，自稱大將軍、西平公。丁酉，〔四四〕葬皇太妃。妃姓周氏，汝南人，選入成帝宫，有寵，生帝及海西公，拜爲貴人。帝卽位，詔崇爲皇太妃，儀服同於太后，而葬不袝陵廟。

八月，有星孛於角亢，入於天市。

九月壬戌，大司馬桓温北伐。癸亥，皇太子生，大赦。

冬十月甲申，立陳留王世子恢爲陳留王。

二年春二月，改左將軍爲游擊將軍，罷右軍、前軍、後軍五校三將官。癸卯，帝親耕籍田。

三月庚戌朔，大閲户人，嚴法禁，稱爲庚戌制。帝幼好黄老，斷穀，服長生藥過分，不豫。辛未，崇德太后臨朝攝政。案，晉書：哀帝服長生藥過度，中毒，不識萬機，太后臨朝攝政。

夏四月，前燕將李洪侵許昌，王師敗於懸瓠，桓温使中郎將袁真鑿陽儀道以通運，〔四五〕率舟師北伐。

五月，以桓温爲揚州刺史、録尚書事，詔徵温入相，温辭不從。

秋七月丁卯，復徵入朝。

八月，温至赭圻，遂城而居之。

是歲，詔移陶官於淮水北，遂以南岸窰處之地施僧慧力，造瓦官寺。

三年春正月庚申，皇后王氏崩。

后諱穆之，太原晉陽人也。司徒左長史濛之女。初爲琅琊王妃，王卽帝位，立爲皇后，三年崩，謚曰靖后。無子。

濛字仲祖，安西司馬訥之子，少放縱，不爲鄉曲所齒，晚節克己勵行，有風流美譽。善隸書，美姿容，嘗覽鏡自照，稱其父字曰：「王文開生如此兒邪！」居貧，帽敗，自入肆買之，嫗悦其貌，争遺新帽。與劉惔齊名，時人以惔方荀奉倩，以濛比袁曜卿，凡稱風流者，舉濛、惔爲宗焉。

簡文爲會稽王時，嘗與孫綽商略諸風流人，綽言曰：「劉惔清蔚簡令，王濛温潤恬和，桓温高爽邁世，謝尚清易令達。」而濛性和暢，與劉惔爲簡文入室之賓。累遷位司徒左長史。

晚求爲東陽，不許。及濛病，乃恨不用之。濛聞之曰：「人言會稽王癡，竟癡也！」疾漸篤，於燈下轉麈尾，嘆曰：「如此人曾不得四十也！」年三十九卒。臨殯，劉惔以犀柄麈尾置棺中，因慟哭久之。謝安亦稱美之，曰：「王長史語甚不多，可謂有令音也。」二子：修、蘊。

修字敬仁，明秀有美稱，起家爲著作郎，遷中軍司馬，未拜而卒，年二十四。臨終嘆曰：「無愧古人，年與之齊矣。」

二月甲午，疾篤，丙申，帝崩於西堂。三月，葬安平陵。在縣北九里雞籠山之陽，元帝同處。帝年二十二卽位，立四年，年二十五，謚哀帝。帝雖卽尊位，而政不由己，軍事權於桓温，機務在於會稽，天子不得自由，故興寧童謡云：「雖復寧，轉後無聊生。」

案，帝時置一寺，興寧二年，僧慧力造瓦官寺，在今縣東南三里半井岡東偏也。〔四六〕

廢皇帝

廢帝諱奕，字延齡，哀帝之母弟。咸康八年，封東海王。穆帝升平四年，拜車騎將軍。〔四七〕五年，改封瑯琊王。

興寧三年二月，哀帝崩，無嗣。皇太后詔曰：「瑯琊王明德茂親，屬當儲副。」於是百官奉迎於第。丁酉，卽皇帝位，大赦天下。

三月，前燕慕容恪攻陷洛陽。

秋七月己酉，改封會稽王昱爲瑯琊王，以昱子昌明爲會稽王。壬子，立皇后庾氏。

冬十月梁州刺史司馬勳反，自稱成都王，桓温使江夏相朱序討平之。

十二月，大赦。改明年爲太和元年。

夏四月，旱。

五月戊寅，皇后庾氏崩。

七月癸酉，葬孝皇后于敬平陵。

后諱道憐，車騎將軍冰之女，初爲東海王妃。及卽位，立爲皇后。無子。

九月，曲赦梁、益二州。

是歲，涼州楊樹生松，戒曰：「不改柯易葉，楊者柔脆之木，今松生其上，非永久之葉，將集危亡之地。」案，五行志：此張天錫滅亡之徵。

二年春正月，北中郎將庾希有罪，亡入海。

冬十月，以瑯琊王昱爲丞相。

是歲，尚書令王述卒。〔四八〕

述字懷祖，太原人。祖湛，少有識度，身長七尺八寸，〔四九〕龍顙大鼻，隱德，人謂之癡。

父承，早卒。少孤，事母以孝聞。安貧守約，不求聞達。性沉静，每坐客馳辯，異端競起，而述處之恬如也。年三十，尚未知名，人或謂之癡。司徒王導始辟爲中軍參軍，既見，無他言，唯問以在東米價。[五〇]述但張目不答，導曰：「王掾不癡，人何言癡也？」嘗見導每發言，一坐莫不贊美，述正色曰：「人非堯舜，何得每事盡善！」導改容謝之。

累遷會稽内史，以母憂去官。服闋，代殷浩爲揚州刺史。初至，主簿請諱，報曰：「亡祖先君，名播海内，遠近所知；内諱不出門；餘無所諱。」加中書監，固讓，經年不拜，遷尚書令。

述每受職，不爲虚讓。至是，子坦之諫，以爲故事應讓。述曰：「汝爲我不堪邪？」坦之曰：「非也。但克讓自取美。」述曰：「既云堪，何復爲讓！人言汝勝我，不及也。」後坦之爲桓温長史，温欲爲子求婚於坦之。坦之還家省父，而述愛坦之，雖長大，猶抱置於膝上。坦之因言温意，述大怒，遽排下，曰：「汝竟癡邪！詎可畏温面以女妻兵也。」及坦之見温，乃辭他故。温曰：「此尊君不肯爾。」遂止。

初，述家貧，求試宛陵令，頗受贈遺，而修家具，爲州司所驗，有一千三百條。王導使人謂曰：「名父之子不患無禄，屈臨小縣，甚不宜爾。」述答曰：「足自當止，時人未之達也。」及居州郡，清潔絶倫，禄賜皆散之親故，始爲當時所嘆。但性急爲累。嘗食雞子，以箸刺之，不得，便怒擲于地。雞子圓轉不止，便下以屐齒踏之，不得，嗔甚，掇内口中，嚼而吐之。及升重位，每以柔克爲用。謝奕性麤，嘗忿述，極言罵之。述無所應，面壁而已。居半日，奕去，始復坐。人以此稱之。是年，以老上疏乞骸骨，歸丘園，詔不許，述竟不起。卒，時年六十六。

初，桓温平洛陽，議欲遷都，朝廷憂懼，將遣侍中止之。述曰："温欲虚聲威朝廷，非事實也。但從之，自無所至。"事果不行。子坦之嗣。

三年春三月丁巳朔，日有蝕之。癸亥，大赦。

夏四月癸巳，雨雹，大風折木。

冬十二月，有神降于鄴，自稱湘女，聲與人接，不見其形。

四年夏四月庚戌，大司馬桓温伐前燕。

秋九月，大赦。大破燕將傅末波于林渚。戊子，温進至枋頭，爲燕將慕容垂設伏所破而還。辛丑，慕容垂又追敗温後軍于襄邑。〔五二〕

冬十月，大星西流，有聲如雷。是月，豫州刺史袁真以壽陽叛。

十一月，桓温自山陽與瑯琊王昱會于涂中，將謀後舉。

十二月，城廣陵而居之。

五年春二月，袁真死，陳郡太守朱輔立真子瑾嗣事。

三月，桓温征瑾，屠壽陽，梟袁瑾等首。因謂參軍郗超曰：「足以雪枋頭之恥乎？」超答曰：「此未厭有識之情也，公六十之年，敗于大舉，不建不世之勳，未足以鎮愜民望，其惟廢立之事。」温懷信焉。

秋七月癸酉朔，日有蝕之。

九月，益州妖賊李金根反，〔五二〕立李弘爲聖王，梓潼太守周虓討平之。〔五三〕

冬十一月，苻堅王猛伐慕容暐尅鄴，虜有燕地。

六年夏四月，大赦，賜鰥寡孤獨米，人五斛。

六月，京師及丹楊、晉陵、吴郡、吴興、臨海並大水。

冬十一月癸卯，桓温自廣陵屯于白石。用郗超謀，將詣闕，以圖廢立。丁未，〔五四〕諷奏崇德太后。己酉，太后下令廢帝爲東海王，還第，供衛一如漢昌邑故事。于是，百官入太極前殿，卽日温使散騎侍郎劉享收帝璽紱。〔五五〕帝著白袷單衣，步下西堂，乘犢車出神獸門。羣臣拜辭，莫不歔欷。

帝初卽位，有野雉集于相風，時又有童謡云：「青青御路楊，白馬紫縷繮。汝非皇太子，那得甘露漿？」帝聞惡之。又見桓温專恣，平生爲慮，乃召術人扈謙筮之，卦成，答曰：「晉室

有盤石之固，陛下有出宫之象。」竟如其言。有三子，並馬韁縊殺之，葬于黄門署北。帝安于屈辱，以保天年，

至簡文咸安二年正月，又降爲海西縣公，徙居吴縣西柴里，追貶庾氏爲夫人。烈宗太元十一年十一月崩于吴，〔五六〕時年四十五。帝年二十八即位，立六年見廢，居吴十二年。

初，桓温有不臣之志，欲先立功河朔，以收時望。及枋頭之敗，雄名頓挫，遂潛謀廢立，以長威權。然憚帝守道，恐招時議。以宫闈重閟，牀笫易誣，乃言帝在藩時，夙有痿疾，嬖人朱靈寶等參侍内寢，而二美人田氏、孟氏生三男，長欲封樹，時人惑之，温因具事奏諷康獻太后。后時方在佛堂讀經，内侍啟云：「外有急奏。」太后乃出，倚户前視奏數行，乃曰：「我本自疑此。」至半便止，索筆答云：「未亡人罹此百憂，感念存没，心焉如割。社稷大計，義不獲已。臨紙悲塞，如何可言。」初温始呈奏，慮太后意異，竦動汗流，見于顔色。及詔令出，大喜，遂行廢焉。

奕出居吴，勑吴國内史刁彝防衛，又使御史顔允監察之。是年十一月，妖賊盧悚遣弟子殿中監許龍晨到門，〔五七〕詐稱太后密詔奉迎。奕初欲從之，納保母諫而止。龍曰：「大事將捷，奈何用兒女子言乎？」奕曰：「我得罪于此，幸蒙寬宥，豈敢妄動！且太后有詔，便應官屬來，何獨使汝也？」因叱左右縛之，龍懼而走。奕知天命不可再，深慮横禍，遂杜塞聰明，

安于屈辱，去思慮，有子不育，庶保天年。時人憐之，爲作歌焉。案，帝時侍中、中書令王坦之造臨秦、安樂二寺，在今縣南二里半，南門臨秦淮水也。〔五八〕

太宗簡文皇帝

簡文帝諱昱，字道萬，元帝之少子。幼而岐嶷，郭璞見之，謂人曰：「興晉祚者，必此人也。」及長，清虚少欲，善玄言。永昌元年，封瑯琊王，食邑會稽、宣城。咸和初，又徙會稽王。廢帝卽位，又改封瑯琊，領丞相、録尚書事。前後輔穆、哀、廢三帝。及太和末，桓温諷太后，廢海西公。

十一月己酉，温率百官具法駕乘輿迎帝立，于朝堂變服，著平巾幘單衣，東面拜受璽紱。卽日卽皇帝位，改元咸安元年。庚戌，使兼太尉周頤告于太廟。桓温出居中堂，〔五九〕分兵屯衞。案，宗室傳：太宗初卽位，未解嚴，桓温屯中堂，夜警，御史中丞敬王恬奏劾温大不敬，請理温罪。温見歎曰：「此兒乃敢彈我耶！真可畏也。」辛亥，温使弟祕誣逼新蔡王晃與武陵王晞謀反。

晞字道升，元帝中子，出繼武陵王哲之後。太興元年，嗣封武陵王。穆帝初，遷太宰。

晞無學術而有武幹，爲桓温所忌。及帝卽位，温乃表晞苞藏亡命，事連袁真。詔免晞官，以王歸藩。既而温尋又謀新蔡王晃反，與晞連結，殷浩及太宰長史庾倩等同謀，〔六〇〕收付廷尉，奏請誅二王。帝對之泣，不許。温固執之，帝手詔答温曰：「若晉祚靈長，公便宜奉行前詔；如其大運去矣，請避賢路。」温覽之，流汗變色，不復敢言。帝先歷宰輔三世，温素敬憚。及帝卽位，温欲上事自陳，帝引見，對之悲泣。温懼，無色。及行武陵王等誅不果，深恐帝知而安慰之，尋大赦天下，以温爲丞相，温不受。

辛酉，温旋白石，因上鎮姑熟。

十二月戊子，詔京師有經年之儲，權停一年之運。辛卯，熒惑逆行，入太微，經明年三月不退。尚書右丞顧悦之上表請詔復殷浩本官。

悦之字君叔，晉陵無錫人。與帝同歲，而頭早白，帝問其故。悦之對曰：「松柏之姿，經霜益茂；蒲柳常質，望秋先零。」帝悦。抗表訟浩，疏奏，詔追復本官。位尚書右丞，卒。

子愷之字長康，〔六一〕以文知于時，兼善丹青，妙絶古今。嘗好食甘蔗，每食，自尾至末。或問其故？曰：「漸入嘉境。」曾爲殷仲堪鎮南府參軍，將下都，給布帆，至破冢，遇風船破。遺仲堪書曰：「地名破冢，真從破冢中出。行人平安，布帆無恙。」

爲人好隱，桓玄嘗以柳葉遺之曰：「此蟬所翳葉也，取以自蔽，人不見己。」愷之深信。及玄造之，將葉鄣身，玄就溺之，愷之大喜，以玄實不見己也。故俗傳愷之有三絶：畫絶、文絶、癡絶。案，謝赫畫品：〔六二〕論江左畫人，吴曹不興、〔六三〕晉顧長康、宋陸探微等上品，餘皆中下品。愷之能運五十匹絹畫一像，使心運手，須臾成。頭面、手足、胸臆、肩背，無遺失尺度，此其難也。吴不興、晉長康又曾于瓦官寺初置北殿，畫一維摩，畫訖，光耀一月餘日。案，京師寺記：興寧中，瓦官寺初置僧衆設會，請朝賢鳴刹注疏，其時士大夫莫有過十萬者。既至，長康直打刹一百萬。長康素貧，時以爲大言僧，後寺成，請勾疏。長康曰：「宜備一壁。」遂閉户，往來一百餘日，所畫維摩一軀工畢，將欲點眸子，謂寺僧曰：「第一日開，見者責施十萬。第二日開，可五萬。第三日，可任例責施。」及開户，光明照寺，施者填咽，俄而果百萬錢也。

是歲，散騎常侍領著作孫綽卒。

綽字興公，太原郡人也。馮翊太守楚之子。永嘉喪亂，幼與兄統相攜渡江。博學善屬文，與高陽許詢俱有高尚之志，居于會稽，遊放山水，十有餘年，乃作遂初賦，以致其意。常鄙山濤，而謂人曰：「山濤吾所不解，吏非吏，隱非隱，若以元禮門爲龍津，則當點額暴鱗矣。」

所居齋前種一株松，常自守護，鄰人謂之曰：「樹子非不楚楚可憐，但恐永無棟梁日爾。」綽答曰：「楓柳雖復合抱，亦何所施耶！」綽與詢一時名流，或愛詢高邁，則鄙于綽，或愛綽才，而不取詢。沙門支遁試問綽：「君何如許？」答曰：「高情遠致，弟子早已伏膺；然一詠一吟，許將北面矣。」絶重張衡、左思之賦，每云：「三都、二京，五經之鼓吹也。」嘗作天台山賦，辭致甚工，初成，以示友人范榮期，云：「卿試擲地，當作金石聲也。」榮期曰：「恐此金石非中宮商。」然每至佳句，輒云：「應是我輩語。」除著作佐郎。

性通率，好機調，嘗與習鑿齒同行，綽在前，習鑿齒曰：「簸之揚之，糠粃在前。」綽曰：「澄之汰之，砂礫在後。」

累遷散騎常侍。時大司馬桓温欲經緯中原，以河南粗平，將移都洛陽。朝廷畏温，不敢爲異，而北土蕭條，人情疑懼，雖並知不可，莫敢先諫。孫綽乃疏諫温，温見綽書不悦，曰：「致意興公，何不尋君遂初賦，而强知人家國事耶！」綽少以文才稱，于時文士，以綽爲冠。卒，時年五十八。案，孫綽傳：京師每歲除日，行儺令，所謂逐除也。結黨連羣，通夜達曉，家至門到，責其送迎。孫興公嘗著戲爲儺，至桓宣武家。宣武覺其應對不凡，推問之，乃興公。案，禮儺，逐癘鬼也。論語云：「鄉人儺，朝服立于阼階。」注：「儺，驅逐疫鬼也，亦呼爲野雩戲。」今俗謂儺爲野胡，並訛言耳。

二年春正月辛丑，百濟、林邑使貢方物。己酉，歲星犯鎮，在須女。

三月丁酉，詔「非軍國戎祀之要，華飾煩費之用，皆省之」。重詔「内外百司，各勤所職，使善無不達，惡無不聞」。癸丑，遣使詣大司馬，并問方伯，逮于邊戍，宣詔大饗，求其所安。

籌量賜給，悉令周普。

夏四月，騶虞見南昌。

六月，遣使拜百濟王餘句爲鎮東將軍，領樂浪太守。戊子，護軍將軍庾希舉兵反于江北，自海陵入居京口，桓温使周少孫破之，擒希，斬于建康市，〔六四〕夷三族。六月，〔六五〕太白晝見。

秋七月，帝不豫。壬辰，疾甚，手詔大司馬、丞相桓温曰：「少子可輔，卽輔之；如不可，君自取。」侍中王坦之毁詔，進曰：「天下者，宣、元之天下，非陛下之天下，陛下何得私與人！」帝默然。己未，〔六六〕立會稽王昌明爲太子，以道子爲瑯琊王。六月，帝崩於東堂。〔六七〕遺詔以桓温輔政，依諸葛亮、王導故事。

冬十月丁卯，葬高平陵，在今縣城東北十五里，鍾山之陽，〔六八〕不起墳。帝年五十二卽位，立一年，年五十三，謚曰簡文皇帝，廟號太宗。

帝少善容止，留心墳典，不以居處爲意，凝塵滿席，湛如也。嘗與桓温及武陵王晞同載遊於板橋，温遽令鳴鼓吹角，車馳卒奔，欲觀其所爲。晞大恐，求下車，帝安然無懼色，温由此憚服。及温仗文武之任，而立帝代海西公，帝雖處尊位，常憂廢黜。先是，熒惑守太微，尋而海西廢。及帝登阼，熒惑又守太微，帝甚惡之。時中書郎郗超在直，帝乃引入，問曰：

「命之修短，本所不計，故當無復近日事耶！」超曰：「大司馬臣溫方内固社稷，外恢經略，非常之事，臣以百口保之。」及超請省其父，帝曰：「致意尊公，國家遂至於此！由吾不能以道匡衞，愧歎之深，言何能諭。」因詠庾闡詩云：「志士痛朝危，忠臣哀主辱。」遂泣下沾襟。然帝雖神識恬暢，而無濟世大略，謝安石稱爲惠帝之流，支遁嘗言曰：「會稽有遠體而無遠神。」謝靈運迹其行事，亦以爲赧獻之輩也。

案，簡文即位，自立僧寺一波提寺，今廢。〔六九〕

卷第八校勘記

〔一〕康皇帝　其下原有「岳，明帝次子。孝宗穆皇帝聃，康帝長子。哀皇帝丕，成帝長子。廢皇帝奕，成帝次子。太宗簡文皇帝昱，元帝幼子」四十二字，今據庫本删。

〔二〕南陽翟湯　世説棲逸篇注引晉陽秋、尤悔篇注引尋陽記皆同。本書卷七及晉書成帝紀、隱逸翟湯傳、御覽五〇二引晉中興書、册府九八「南陽」並作「尋陽」。余嘉錫世説新語箋疏云：「湯爲方進之後，則其先本南陽翟氏，過江後僑居尋陽。」

〔三〕八千餘人　各本皆同，唯宋本、周鈔本及晉書康帝紀作「八萬餘人」。

〔四〕以驃騎將軍何充爲中書監都督揚豫二州諸軍事　晉書康帝紀同。周家禄晉書校勘記云：「按傳充爲中書監在穆帝初，康獻皇后臨朝之時，都督有徐州之瑯琊。」

〔五〕高句麗遣使朝獻　晉書康帝紀繫此事於是年十二月。

〔六〕葬崇平陵在今縣城東北十五里鍾山之陽　元和郡縣圖志二五云，晉康帝崇平陵在上元縣東北二十里蔣山西南。

〔七〕案寺記至何充立建福寺今廢也　鄺校云：「此兩行當是注文。」今庫本亦作注文。

〔八〕張健　見卷七校勘記〔一二〕。

〔九〕正月甲戌朔至太極殿　通鑑九七同，然甲戌非朔日。御覽二九引晉起居注云：「正月辛未朔，雨，不會。甲戌，皇太后登太極前殿。」據此，甲戌爲正月初四日，通鑑亦誤。

〔一〇〕五日而蘇至將往蓬萊崑崙積石太室等諸山　御覽八八七引建康實録作「五日而蘇，言執麾將士將往蓬萊、崑崙、積石、太室、恒、廬、衡等諸山。」兩者文字略異。又「太室」各本原作「大室」，今據御覽改正。太室山一名嵩高山，亦名外方山，在洛州陽城縣北二十三里。詳見括地志輯校三。

〔一一〕是歲鎮東將軍會稽内史孔愉卒　晉書孔愉傳云愉卒於成帝咸康八年，實録云卒於穆帝永和元年，未知何據？

〔一二〕愉有三子　世説德行篇注引續晉陽秋曰：「孔安國，車騎愉第六子也。」晉書斠注云：「案本傳言愉三子，蓋但舉其最著者。」

〔一三〕吴光禄大夫禎之曾孫　「禎」，魏志管寧傳及注引文士傳、吴志孫皓傳注引吴録及晉書武帝紀、文帝紀皆作「楨」，古人名字相應，其字元幹，則當名「楨」爲是。又文士傳云楨仕魏晉，「歷幽州刺史、廷尉，入晉爲尚書光禄大夫」，則其未嘗仕吴也，實録云「吴光禄大夫」誤，晉書何充傳云「魏光禄大夫」亦誤。

〔一四〕三月乙卯　三月己未朔，無乙卯，日干有誤。晉書穆帝紀亦作「乙卯」，同誤。

〔一五〕會稽王道子　「道」原誤「導」，今據庫本、徐鈔本、周鈔本、劉鈔本及晉書本傳改正。

〔一六〕然故第二流耳　「二」原作「三」，今從徐鈔本。世説品藻篇、册府九一七並作「二」，依下文桓温第一復誰之問，亦應作「二」爲是。

〔一七〕正月辛巳朔　正月戊寅朔，辛巳爲初四日，「朔」字疑衍。通鑑九八作「辛未朔」，亦誤。

〔一八〕歆嗣位　歆乃褚裒子，「歆」上當脱「子」字。

〔一九〕閏月　按長曆是年二月逢閏，下文丁丑、己丑皆在閏二月内，據此「月」上當脱「二」字。

〔二〇〕苻洪　「苻」原作「符」。晉書苻洪載記云，洪原姓蒲，永和六年，「時有説洪稱尊號者，洪亦以讖文有『艸付應王』，又其孫堅背有『艸付』字，遂改姓苻氏」。庫本、劉鈔本正作「苻」，今據改。下苻健、苻生、苻堅等亦逕改，不一一具校。

〔二一〕尚曰卿讀爾雅不熟幾爲勸學死　「尚」原作「謝」，今據宋本及晉書蔡謨傳改正。「勸學」，各本及晉書皆誤作「勸學」。李慈銘晉書札記云：「大戴禮勸學云『蟹二螯八足』，荀子勸學篇云『蟹六跪而二螯』，跪即足也，六亦八之誤。大戴勸學即本荀子。後蔡邕用之作勸學篇，如急就、凡將之流。其文蓋四字爲句。『蟹有八足，加以二螯』二語，疑即勸學篇語。謨爲邕之從曾孫行，故誦其語。而謝尚以爲勸學死嘲之。」李説甚是，徐鈔本及世説紕漏篇並作「勸學」，今據改。

〔二二〕荀道明　「荀」原誤「苟」，今從徐鈔本、周鈔本。荀道明即荀闓，晉書有傳，其事亦見晉書諸葛恢傳及世説識鑒篇。

〔二三〕平鄉公　晉書穆帝紀同。姚襄載記及御覽一二三引後秦録「平鄉」皆作「郎丘」。

〔二四〕雨木冰　「木」，底本、甘鈔本誤作「水」，它本及晉書五行志上皆不誤，今據改。

〔二五〕冉閔誅石勒　酈校云：「案(永和)六年冉閔殺石鑒僭天子位，此云石勒，誤也。」

〔二六〕秋七月丁酉地震　七月壬子朔，無丁酉。晉書五行志下、宋書五行志五皆作「八月丁酉」，丁酉爲八月十六日。

〔二七〕與王承述之父王悦爲王氏三少　晉書王羲之傳所記同。然世説賞譽篇云：「王家三年少：右軍、安期、長豫。」長豫即王導子悦。字安期者，晉有王承、王應兩人。王承爲述父，其非琅邪王氏，年輩亦不同，乃王導同輩人，故此安期當指王含子應。徐鈔本「述之父」三字作注文，因而更坐實爲太原王安期。唐修晉書曲解世説，實録亦因之誤植，殊爲失考。周一良魏晉南北朝史札記晉書札記王氏三少條攷證甚詳，可參閲。

〔二八〕苻健將張遇　「張遇」，晉書穆帝紀、劉牢之傳同，天文志下作「張道」，冉閔載記又作「冉遇」。周家禄晉書校勘記云：「案遇本石氏故將，永和七年及冉閔以許昌歸順，後爲苻雄所虜，始歸苻氏，不得云苻健將也。」

〔二九〕程文季　「季」原作「秀」，今據陳書、南史本傳改正。

〔三〇〕六月前秦苻堅殺苻生而自立爲帝　據晉書穆帝紀及通鑑一〇〇苻堅殺苻生自立事在穆帝升平元年六月，因前有闕文，此「六月」屬何年，頗爲不明。

〔三一〕尚年十歲遭父憂年五十卒　「五十」原作「十五」。晉書謝尚傳云尚「卒於歷陽，時年五十」，今據此乙正。

〔三二〕升平元年五月尚死七月奕亡　「元年」原作「五年」，今據周鈔本及晉書穆帝紀改正。謝奕卒於升平二年八月，已見上文及穆帝紀、通鑑一〇〇，此云元年七月誤。

〔三三〕康簡文武安恭五陵　「武」上當脱「孝」字，謂孝武帝陵也。

〔三四〕案帝時置僧尼寺三所至隔運瀆東岸也　酈校云：「當是夾注。」

〔三五〕升平三年除驃騎大將軍　晉書穆帝紀、哀帝紀皆作「驃騎將軍」，無「大」字。

〔三六〕張玄覩爲大都督隴右諸軍事隴西公　晉書哀帝紀、張玄覩傳及通鑑一〇一皆云張玄覩封西平公，實録作「隴西公」，恐誤。

〔三七〕三月丙寅朔　丙寅非三月朔日，亦不在三月，三月爲壬辰朔，晉書哀帝紀、天文志中皆作「三月甲寅朔」，然甲寅爲月之二十三日，非朔日，晉書亦誤。

〔三八〕鄧遐　「遐」，各本皆誤作「邈」，晉書哀帝紀、鄧嶽傳及通鑑一〇一皆作「遐」，世説黜免篇注引大司馬寮屬名亦同，今據改。

〔三九〕殷浩卒于東陽之信安　晉書殷浩傳云浩卒於永和十二年，與實録所記相距六年，二者必有一誤。

〔四〇〕浩字深源　浩本字淵源，見世説政事篇注引殷浩别傳及書鈔六三、御覽二四九注引晉中興書，此作「深源」，乃唐人避諱改。

〔四一〕王彬　晉書穆帝紀、殷浩傳、姚襄載記及通鑑九九皆作「王彬之」，疑實録脱「之」字。

〔四二〕我與我周旋久　世説品藻篇同。晉書殷浩傳「我與我」作「我與君」。

〔四三〕向使作令僕　「僕」，底本、宋本、張本皆作「射」，甘鈔本作「時」。「令僕」謂尚書令與僕射，時桓温欲以殷浩爲尚書令也。今據庫本、徐鈔本及世説賞譽篇、晉書殷浩傳改正。

〔四四〕丁酉　原作「丁丑」。七月甲申朔，無丁丑。庫本、徐鈔本、丁鈔本、周鈔本、劉鈔本及晉書哀帝紀皆作「丁酉」，爲月之十四日，今據改。

〔四五〕陽儀道　晉書哀帝紀作「楊儀道」。

〔四六〕案帝時置一寺至井岡東偏也　酈校云：「此當是夾注文。」今庫本亦作注文。

〔四七〕穆帝升平四年拜車騎將軍　晉書海西公紀同。周家禄晉書校勘記云：「『三年』誤『四年』。」周説是，穆帝紀云升平三年十二月以東海王奕爲車騎將軍，可證。

〔四八〕是歲尚書令王述卒　晉書海西公紀、王述傳皆云述卒於太和三年，實録繫於二年，恐誤。

〔四九〕身長七尺八寸　晉書王湛傳同。御覽三六七引王湛别傳作「身長八尺」。

〔五〇〕唯問以在東米價　「在東」，晉書王述傳作「江東」。

〔五一〕九月至又追敗温後軍于襄邑　「九月」原作「七月」，晉書海西公紀繫此事於九月，庫本、周鈔本、劉鈔本正作「九月」，今據改。又「傅末波」，晉書海西公紀、桓温傳同。慕容暐載記作「傅顔」。上「慕容垂」原作「慕容軍」，據徐鈔本及慕容垂載記改正。

〔五二〕李金根　晉書海西公紀同。周楚傳作「李金銀」。

〔五三〕梓潼太守周虓討平之　「周虓」，各本誤作「周彪」，唯徐鈔本作「虓」，周虓晉書有傳，今據改。

〔五四〕丁未　原作「丁巳」。是月乙未朔，雖有丁巳，然不得列於己酉之前。晉書海西公紀、通鑑一〇三皆作「丁未」，是，今據改。

〔五五〕劉亨　晉書海西公紀同。通鑑一〇三作「劉亨」。

〔五六〕太元十一年十一月崩于吴　晉書海西公紀、孝武紀及通鑑一〇六皆云海西公崩于十月甲申，此云十一月，當誤。

〔五七〕盧悚　晉書海西公紀、毛安之傳、桓温傳及通鑑一〇三同。五行志上、桓祕傳及宋書五行志四作「盧竦」。

〔五八〕案帝時侍中中書令王坦之至南門臨秦淮水也　鄺校云：「當是夾注」。今庫本亦作注文。

〔五九〕桓温出居中堂　「桓温」原缺，庫本作「桓温」，周鈔本作「温遂」，晉書簡文帝紀、通鑑一〇三作「桓温出次中堂」，宗室傳作「大司馬桓温屯中堂」，庫本、周鈔本當據上書所補，今姑從庫本。

〔六〇〕庾倩　「倩」，各本均作「籍」。晉書庾冰傳、桓温傳、世説雅量篇、賢媛篇注引中興書、賞譽篇注引徐廣晉紀、世説人名譜潁川鄢陵庾氏譜、通鑑一〇三並作「倩」，「籍」誤，今據改。

〔六一〕愷之　「愷之」原作「凱之」。晉書本傳及世説言語篇注引丘淵之文章録、文學篇注引續晉陽秋皆作「愷之」，今據改，下同。

〔六二〕謝赫畫品　「赫」字原無，據庫本、徐鈔本補。晁公武郡齋讀書志有古畫品録一卷，南齊謝赫撰。

〔六三〕曹不興　「不」原作「弗。」今據庫本、周鈔本及吴志趙達傳注引吴録、張彦遠歷代名畫記四改正，下同。

〔六四〕擒希斬于建康市　庾希六月反，七月被擒斬，見晉書簡文帝紀、通鑑一〇三，實録繫於六月，因連書此事致誤。

〔六五〕六月　此「六月」二字重出，當删。

〔六六〕己未　原作「乙未」。通鑑一〇三謂簡文帝七月甲寅不豫，己未立昌明爲皇太子。七月壬辰朔，甲寅爲二十三日，己未爲二十八日，如作「乙未」，則簡文帝卒在不豫之前，不可通。晉書孝武帝紀、御覽九九引晉中興書作「己未」，不誤，據改。

〔六七〕六月帝崩於東堂　上文已云「秋七月帝不豫」，不得再云帝崩在六月，此「六月」二字衍。

〔六八〕葬高平陵在今縣城東北十五里鍾山之陽　元和郡縣圖志二五云簡文帝昱高平陵、孝武帝昌明隆平陵、安帝德宗休平陵、恭帝德文沖平陵，並在上元縣東北二十里蔣山西南。

〔六九〕案簡文即位至波提寺今廢　酈校云：「此行當是注文。」今庫本亦作注文。

建康實録卷第九

晉中下

烈宗孝武皇帝

孝武皇帝諱曜，字昌明，太宗第三子也。初，太宗見讖云：「晉祚盡昌明。」及帝在孕，李太后夢神人曰：「汝生子男，必『昌明』爲字。」及産，東方始明，因名之。太宗後聞悟，乃泣曰：「昌明在爾耶！」興寧三年，封會稽王。

咸安二年秋七月己未，立爲皇太子。是日，太宗崩，太子卽皇帝位。

九月甲寅，追尊皇妣王氏爲順皇后。

后諱簡姬，太原人。父遐，字桓子，少以華族，仕至光禄大夫，追贈特進。后初爲會稽王妃，生子道生，以穆帝永和四年母子失意，俱廢，至是追尊之。

冬十一月，妖賊彭城盧悚自廣莫門入殿庭詐云海西公，遣遊擊將軍毛安之討平。

是歲，三吴大旱，人多餓，詔所在賑給。

寧康元年春正月己丑朔，大赦，改元。戊申，月掩心大星。

二月，大司馬桓温來朝，有簒奪之志，頓兵新亭，欲誅執政而廢帝。召侍中王坦之、吏部尚書謝安石將害之，坦之恐，將欲出奔，謝安止之，曰：「晉祚存亡，在此一行，君何所逃？」既見温，坦之前大懼，倉惶倒執手板，流汗霑衣。安石後至，從容高視，良久坐定，謂温曰：「安聞諸侯有道，守在四方，明公何須壁後置人？」温笑曰：「不能不爾。」遂卻兵，歡語移日而罷。丁亥，温拜高陵，〔一〕爲先帝靈責，遇疾而去。案，晉書：温初廢海西公，兼害殷涓、曹秀、庾倩等。及太宗崩，入拜山陵，左右覺其有異，或云：「臣不敢。」既登車，失色，顧謂從者曰：「向見先帝。」因問涓形狀，答曰：「肥短。」温曰：「向見亦在側。」歸，遂懼而爲疾也。

三月丙午，月犯南斗第五星，占以大臣之憂，憂在死亡。癸丑，詔除丹楊、竹格等四航稅。案，晉書：王敦作逆，賊從竹格度，即此航也，今縣城西南二里。案，地輿志：六代自石頭東至運署，總二十四所度，皆浮船，往來以稅行直。淮對編門，大航用杜預河橋之法，其本吴時南淮大橋也。一名朱雀橋，當朱雀門下，渡淮水。王敦作逆，温嶠燒絶之，是後權以舶航爲浮橋。成帝咸康二年，侍中孔坦議復稅橋，行者收直，以具其材，但苑宫初理不暇，遂浮航相仍。至陳，每有不虞，則燒之。復有驃騎航，在東府城門渡淮，會稽王道子立，并竹格航、丹楊郡城後航總四航，在晉時並收稅，至是年，詔皆除稅不收，放民之往來也。

秋七月，使持節、侍中、都督中外諸軍事、丞相、録尚書、大司馬、揚州牧、平北將軍、徐兖二州刺史、南郡公桓温薨于姑孰。

温字元子，譙人，漢五更榮之後。父彝，宣城太守。温生未周而温太真見之，曰：「此兒有奇骨，可使試啼。」及聞其聲，曰：「真英物也。」彝見嶠所歎賞，故遂以温爲名。嶠聞之笑曰：「後將易吾姓也。」

及長，豪爽有風槩，姿貌充偉，面有七星文，眼如紫石稜，鬚作蝟毛磔。而尚明帝南康長公主，拜駙馬都尉。庾翼薦於肅宗曰：〔二〕「桓温有雄略，願陛下不以常婿畜之。」帝遇焉，累遷至瑯琊内史。咸康七年，出鎮江乘之金城。案，圖經：金城，吴築，在今縣城東北五十里，中宗初，于此立瑯琊郡也。建元元年，出都督青、徐諸軍事，尋轉安西將軍、荆州刺史。永和二年，西伐巴蜀，行見諸葛亮八陣圖，指謂左右曰：「此常山蛇勢也。」案，蜀書：八陣圖，諸葛武侯所作，在魚復平沙上，皆聚細石爲八陣，行列相去各三丈許，在今夔州白帝城下江水次。每至冬月水小，行人沿江踐踏，毁散殆盡。至夏五、六月間，淤潦湮没，其圖復如故。及冬水退，次序宛然，實靈異也。既定蜀，還江陵，進位征西大將軍、開府。

聞朝廷以殷浩爲揚州刺史，仗其北征，甚不平，遂總大將軍順流至武昌。浩懼爲逼，奏請騶虞幡住温軍。時簡文作相，爲書與温言社稷計。温還軍，拜表陳時利禍福，進位太尉，固讓不受。及浩北伐，敗于洛陽，遂奏廢浩，自此内外權歸于温。遂統步騎四萬發江陵，水軍自襄陽入均口，至南鄉，步自淅川以征關中，大破僞秦，進軍灞上。百姓皆持牛酒迎温于路，耆老咸相泣曰：「不圖今日復見官軍！」

初，温恃麥熟取以爲軍資，及入關，而苻健盡芟麥苗，野無可收，軍糧不繼而還。進位大都督，委任專征。尋又北伐，經金城，見少爲瑯琊時所種柳皆已十圍，〔三〕慨然歎曰：「樹猶如此，人何以堪！」因攀枝涕泣。遂渡淮、泗，長驅大破姚襄于伊水，引軍入洛，脩謁先帝諸陵，置令檢校。乃旋軍，上表請遷都。詔改授并、司、冀三州刺史，温辭不受，又加侍中、大司馬、都督中外諸軍事、假黄鉞，尋加羽葆鼓吹，置左右長史、司馬、從事中郎四人。受鼓吹，餘皆辭。復率舟軍次合淝。加揚州牧、録尚書事，使侍中顔旄宣旨，詔入參朝政，温固辭内録，遂成赭圻居之。及鮮卑攻陷洛陽，時簡文爲相，出會温于洌州，議征討，温因移鎮姑孰。

自以雄武專朝，窺窬非望，或卧對親僚曰：「爲爾寂寂，將爲文、景所笑。」既而撫枕起曰：「既不能流芳後代，不足復遺臭萬載邪！」時遠方一比丘尼有道術，至姑孰求浴，温竊視之。尼倮身先以刀破腹，次斷兩足，温見惡之，浴竟，問尼。尼曰：「君若作天子，亦當如是。」曾經行王敦墓，望曰：「可人，可人！」其心跡若是。

太和四年，又北伐，爲燕將慕容垂追敗，死者過半，甚恥之，引歸，表罪袁真。真怒，以壽春叛。明年，平壽春，愠形于色。參軍郗超謀勸廢立，以益雄威。温從其計，乃詣闕誣廢海西公而立太宗。多行殺戮，威勢翕赫。侍中謝安見而遥拜，温驚曰：「安石何事乃爾？」安曰：「未有君拜于前，臣揖于後。」既還姑孰，帝使侍中王坦之數徵爲相，辭不受。尋而太宗崩，遺詔以温輔少主，同諸葛亮、王導故事。温志在篡奪，望簡文臨終禪位于己，不爾便爲周公居攝。事既不允所望，憤怨與弟沖書曰：「遺詔使吾依武侯、王公故事爾。」及帝即位，使謝安徵之入朝，赴山陵。既至新亭，盛氣召侍臣，將移晉鼎，不果，因拜陵感疾。歸姑孰，病甚，諷朝廷加己九錫。謝安等知病篤，密緩其事。錫文未成而薨，時年六十二。詔依霍光故事。有六子，少子玄嗣。案，晉書：郭璞讖云：「賴子之薨，延我國祚；痛子之殞，皇運其暮。」二子謂元子、道子也。及桓玄得志，殺司馬道子，晉祚自此傾矣。初，温以雄姿風氣是宣帝、劉琨之儔，有以比王敦者，意甚不平。及北征還，得一巧作老婢，問之，乃劉琨伎女。每見温便泣，問其故，答曰：「公甚似劉司空。」温大悦，温出外整衣冠，呼婢問之，答曰：「面甚似，恨薄；眼甚似，恨小；鬚甚似，恨赤；形甚似，恨短；聲甚似，恨雌。」温不悦。

八月壬子，〔四〕崇德太后臨朝攝政。

九月，復置光禄勳、大司農、少府等官。

冬十月，西平公張天錫貢方物。

是歲，南郡州陵女唐氏漸化爲丈夫。

二年春正月，北中郎將、徐兖二州刺史刁彝卒。

三月丙戌，彗星見于氐。

夏五月壬戌，〔五〕皇太后詔「三吴義興、晉陵及會稽遭水之縣尤甚者，全除一年租布，其次聽除半年，〔六〕受賑貸者卽以賜之」。

八月，以長秋將建，權停婚姻。

九月丁丑，有星孛于天市。

冬十一月，長城人錢步射，錢弘等作亂，吴興太守朱序討平之。

三年春正月，大赦。

夏五月丙午，中書令徐兖二州刺史、北中郎將、藍田侯王坦之卒。

坦之字文度，太原人。

祖承，以永嘉亂渡江，中宗拜從事中郎。承性寬恕，自東渡江，每遇艱險，人懷危懼，承夷然無憂喜色。既至下邳，登山北望，歎曰：「人言愁，我始欲愁矣。」及至建鄴，衆親愛之。自渡江名臣王導、衛玠、周顗、庾亮之徒皆出其下，爲中興第一。年四十六卒，朝野痛惜之。自昶至承，世有高名，論者以爲祖不如孫，孫不及父。父述，性沈静，位至尚書令。

坦之，弱冠俊茂，與郗超俱有重名，時人爲之語曰：「盛德絶倫郗嘉賓，江東獨步王文度。」時僕射江彪領選，將擬爲尚書郎。坦之曰：「尚書郎正用第二人，何得以此見擬！」彪乃止。累遷侍中、左衞將軍。爲人事風格，尤非時俗之輩，不敦儒教，頗尚刑名學，著廢莊論，以荀卿稱莊子「蔽于天而不知人」，楊雄言「莊周放蕩而不法」，何晏云「鬻莊軀，放玄虚，而不周乎時變」。引三賢之説，以爲理當。

簡文卽位，朝事委之。帝臨崩，受遺詔。及桓温薨，坦之與謝安共輔幼主，遷中書令、都督徐兗青三州諸軍事、北中郎將、徐兗二州刺史，鎮廣陵。時謝安石好聲律，朞功之慘，不廢伎樂，頗以成俗。坦之遺書苦諫之，往返數四。案，晉書：謝安與坦之書曰：「僕所求者聲，謂稱情義，無所不可爲，復聊以自娱耳。若絜軌跡，崇世教，亦非所屑。常謂君粗得鄙趣者，猶未悟之濠上耶！故知莫逆，未易爲人。」坦之答曰：「具君雅旨，此是誠心而行，獨往之美，然恐非大雅中庸之謂。意者以爲人之體韻猶器之方圓，方圓不可錯用，體韻豈可易處！各順其方，以弘其業，則歲寒之功，宿有成矣。吾子少立德行，體義淹允，加以令地，優游自居，僉曰之談，咸以清遠相許。至于此事，實有疑焉。公私二三，莫見其可。以此爲濠上，悟之者得無鮮乎！且天下之寶，故爲天下所惜，天下之所非，何爲不可以天下爲心乎？想君幸復三思。」安竟不從也。

坦之初與沙門竺法師甚厚，每共論幽明報應，便要先死者當報其事。後經歲，師忽來云：「貧道已死，罪福皆不虚。唯當勤修道德，以升濟神明爾。」言訖不見。坦之尋亦病卒。臨終與謝安、桓沖書，言不及私，唯憂國家之事，朝野痛惜之。四子：愷、愉、國寶、忱。

秋八月癸巳，立皇后王氏，大赦，加文武位一等。

冬十月癸酉朔，日有蝕之。

十二月，帝釋奠于中堂，祠孔子，以顔回配。甲申，神虎門災。

太元元年春正月壬寅朔，帝加元服，見于太廟。皇太后歸政。甲辰，大赦，改元。丙午，帝始臨朝，遷改官鎮。甲子，謁建平等四陵。

夏五月癸丑，地震。甲寅，詔議獄緩刑，大赦天下。

秋九月，苻堅將苟萇攻陷張天錫，虜之，盡有涼州之地。乙巳，除度田收租之制，王公已下口税米三斛，蠲在役之身。〔七〕

冬十月，移淮北流人於淮南。

十一月己巳朔，日有蝕之。〔八〕詔太官徹膳。

是歲，給事中、散騎常侍、護軍長史許穆卒。穆字思玄，一名謐。祖尚、父副。穆少知名，簡文在藩，爲世表之交，起家爲太學博士，累遷位散騎常侍、護軍長史。雖居蟬冕，心在道德。以第四兄遠遊嘉遁不返，遂表辭榮。太宗不奪其志。許穆乃宅于茅山，與楊義遍該靈奥，天降玉札，所授爲上清真人。年七十二，解駕違世。案，晉書：許長史生四子，第三子翽，字道翔。母陶氏早亡，亦得道，在洞府易遷宫中。翽幼清潔絶世，研精上業，恒居茅山宅。太和中，真誥云：「後十六年當度東華爲上相青童，當侍帝晨，受書爲上清仙公，與希子並職北帝臣也。」侍中翽長兄揆，一名吡；〔九〕次兄虎牙，一名融，〔一〇〕並得道。揆孫靈真，又得道。〔一一〕梁高祖爲於山別立祠真館。長史本宅，梁天監十三年，立爲朱陽觀，今之紫陽觀是也。宅南一井，卽長史所穿。南一塘，郭朝築，以雍柳名，曰公泉。案，茅山記：小茅山北有一山，名雷平山，〔一二〕山西北有上清真人許長史宅。宅今爲觀，觀前有真人靈壇。其山東北又接方隅山，山有燕口洞，洞下有宮室，左方乙館。〔一三〕真誥云：「許掾以太和五年于茅山北隱化，〔一四〕居此館也。」

二年春正月，詔繼絶世，紹功臣之後。

閏三月壬午，地震。暴風折木發屋，揚沙石。

秋，尚書令王彪之卒。

彪之字叔武，〔一五〕瑯琊人也。

父彬，少雅正，與兄廙俱渡江。中宗引爲典兵參軍。中興建，累遷位侍中。

初，從兄敦舉兵入石頭，帝使彬勞敦。會周顗遇害，彬素相善，先往哭顗，甚慟。而見敦，怪其有慘容，而問其所以。彬曰：「向哭伯仁，情不得已。」敦怒曰：「伯仁自致刑戮，且凡人遇汝，復何爲者哉！」彬曰：「伯仁長者，君之親友，在朝雖無謇諤，亦非阿黨，而赦後加之極刑，所以傷其死。」因勃然數敦曰：「兄抗旌犯順，殺戮忠良，謀圖不軌，禍及門户。」而音辭慷慨，聲淚俱下。敦大怒，厲聲曰：「爾狂悖乃可至此，爲吾不能殺汝耶！」時王導在座，爲之懼，勸彬起謝。彬曰：「有脚疾已來，見天子尚欲不拜跪，此復何謝！」敦曰：「脚痛孰若頸痛？」彬意氣自若，殊無懼容。

後敦議舉兵向京師，彬切諫。敦變色目左右收彬，彬正色曰：「君昔歲害兄，今又殺弟耶？」案，晉書：敦從兄稜爲豫章太守，敦害之。故彬有此言。敦平，遷至尚書右僕射。

彪之年二十，鬢鬚皓白，時人謂之王白鬚。起家爲東海王文學。時從伯導謂曰：「選官欲以汝爲尚書郎，汝幸可作諸王佐耶！」彪之曰：「位之多少既不足計，自當任之于時。至于超遷，是所不願。」復累遷進位侍中、吏部尚書。時簡文執政，當南郊，訪彪之，應有赦。〔一六〕彪之答云：「中興已來，郊祀往往有赦，愚意常謂非宜，何者？黎庶不達其意，將謂郊祀必赦，至此時，凶愚之輩復生心于僥倖矣。」帝遂從之。

時太尉桓温欲北伐，輒下武昌，人情震懼，或説揚州刺史殷浩引身告退，彪之議且當静以待之，請相王作手書示以成敗。浩曰：「決大事正自難，頃日來欲使人悶，聞卿謀，意始得了。」温亦奉帝旨，不進。

既而長安人雷弱兒、梁安等詐云殺苻健、苻眉，請兵應接。會殷浩出鎮壽陽，便進據洛營，彪之上疏弱兒、梁安等容有詐僞，浩未宜輕進。尋而弱兒果詐，姚襄反叛，浩大敗，退。帝笑謂彪之曰：「果如卿言。卿自頃已來，謀無遺策。」

除尚書僕射。出爲會稽内史，居郡八年，豪右屏迹，亡户歸者内三萬餘口。桓温下至姑孰，坐免彪之去郡。頃之，召爲僕射。及温將廢海西公，百僚震慄，温亦色動，莫知所爲。

彪之知温不臣迹已著，理未可奪，乃謂温曰：「公阿衡皇家，便可倚傍先代耳。」命取霍光傳看之，禮度儀注，定於須臾，曾無懼容，温歎曰：「作元凱不當如是耶！」時廢立之儀既絶于曠代，朝臣莫有識其故典者。彪之神彩毅然，朝服當堦，文武儀準莫不取定，朝廷以此服之。

及簡文崩，羣臣疑惑，未敢立嗣。或云當須大司馬處分。彪之正色曰：「君崩，太子代立，大司馬何容得異！」于是朝議乃定。及孝武卽位，太皇太后令以帝幼沖，加在諒闇，令温依周公居攝故事。彪之不奉命，謹具封還内，請停。事遂不行。温薨後，太皇太后臨朝，〔一七〕遷尚書令，與謝安共掌朝政。既老，乞骸骨，不許，轉護軍將軍。謝安欲更營宫室，彪之曰：「中興初，卽位東府，殊爲儉陋，元明二朝亦不改制。蘇峻之亂，成帝止蘭臺都坐，殆不蔽寒暑，是以更營修築。方之漢、魏，誠爲儉狹，復不至陋，殆合豐約之中，今自可隨宜增修。彊寇未殄，不可大興功力。」安曰：「宫室不壯，後世謂人無能。」彪之曰：「任天下事，當保國寧家，朝政惟允，豈以修屋宇爲能耶！」安無以奪之。故終彪之世，不改宫室。彪之當朝綱紀，皆如此也。疾篤，詔賜錢三十萬以營藥。卒，年五十六。〔一八〕二子：越之、臨之。

三年春正月，尚書僕射謝安石以宫室朽壞，啟作新宫，帝權出居會稽王第。

二月，始工，内外日役六千人。安與大匠毛安之決意修定，〔一九〕皆仰模玄象，體合辰極，并新制置省閣堂宇名署時政。構太極殿欠一梁，乃有梅木流至石頭津。津主啟聞，取用之，因畫花于梁上，以表瑞焉。又起朱雀門重樓，皆繡栭藻井，門開三道，上重名朱雀觀。觀下門上有兩銅雀，懸楣上刻木爲龍虎左右對。案，地圖：朱雀門北對宣陽門，相去六里，名爲御道，夾開御溝植柳。朱雀門南渡淮，出國門，去園門五里，吴時名爲大航門，亦名朱雀門。南臨淮水，俯枕朱雀橋，亦名大航橋也。

夏六月，熒惑守羽林。

秋七月，新宫成，内外殿宇大小三千五百間。案，苑城記：城外壍内並種橘樹，其宫牆内則種石榴，其殿庭及三臺三省悉列種槐樹，其宫南夾路出朱雀門，悉垂楊與槐也。辛巳，帝居新宫。乙酉，老人星見于南方。

八月，氐賊韋鍾入漢中。

四年春正月丙子，謁建平等七陵。

二月戊午，僞秦苻堅使其子丕攻陷襄陽，執我南中郎將、梁州刺史朱序。

三月，大疫。壬戌，詔曰：「狡寇縱逸，藩守傾没，疆埸之虞，事兼平日。其内外衆官，各悉心戮力，以康庶事。又年穀不登，百姓多匱。其詔御所供，事從儉約，九親供給，衆官廩俸，權可減半。凡諸役，自非軍國事要，皆宜停省，以周時務。」

夏五月，苻堅頻寇郡縣。

六月，大旱。戊子，征虜將軍、〔三〇〕兖州刺史謝玄討秦將句難、〔三一〕彭超于君川，大破之，餘黨皆走。

秋八月乙未，暴風，揚沙走石。

冬十二月己酉朔，〔三〕日有蝕之。

五年夏四月，大旱。赦五歲刑已下。

六月甲寅，震含章殿四柱，幷殺內侍二人。甲子，以比歲荒儉，大赦天下。自太元三年已前逋租宿債皆蠲除之，其鰥寡窮獨孤老不能自存者，賜米人五斛。

八月，太常韓伯卒。

伯字康伯，潁川人。母殷浩姊，賢明有行。伯早孤，少酷家貧。年數歲，母爲作襦子，令康伯捉熨斗，謂曰：「且著，尋爲汝作袴。」伯曰：「已足，不復煩母。」母問其故，答曰：「如火在熨斗中，而柄亦熱，今既著襦，皆當暖也。」母異之。及長，好學清潔，注周易下繫。同郡庾龢目之曰：「思理倫和，我敬韓康伯；志力强正，吾愧王文度。」累遷位至吏部尚書，改授太常。卒，時年四十九。

九月癸未，皇后王氏崩。

冬十一月乙酉，葬定皇后于隆平陵。

后諱法慧，哀靖皇后之姪。父蘊。蘊子恭，弱冠見僕射謝安，安深敬重之。因帝納后，乃訪選蘊女，帝遂納焉。后性嗜酒驕妬，帝深患之，乃召蘊于東堂，具説后過，令加訓誡。蘊免冠謝，后於是少自改飾。年二十一崩，在位五年。

蘊字叔仁，司徒長史濛之子。累遷尚書吏部郎。性平和，不抑寒素，每一官缺，求者十輩，蘊無所是非。連狀白之，某人有地，某人有才，務存進達，各隨其方，故不得者無怨焉。出爲吴興太守，屬郡荒人飢，輒開倉賑卹，而後表請罪。性亦嗜酒。定后立，遷五兵尚書、本州大中正，封建昌侯。蘊固辭不受，乃授都督京口諸軍事、左將軍、徐州刺史、假節，鎮于京口。後爲都督浙江東五郡、鎮軍將軍、會稽内史。卒，年五十五。

次子恭。恭弟爽，嘗與會稽王道子飲，道子醉呼爽爲小子，爽曰：「亡祖長史與簡文皇帝爲布衣之交，亡姑姉伉儷二宫，何小子之有！」道子銜之。及兄恭敗，同被誅。

六年春正月，帝初奉佛法，立精舍于殿内，引諸沙門居之。丁酉，初置督運御史官。

夏六月己巳，詔改制度，減煩費，損吏士員七百人。

秋九月辛未，衛將軍謝安石習水軍于石頭。

冬十月乙卯，有奔星東南，經翼軫，聲如雷。星説曰：「星跡相連曰流，絶迹而去曰奔。」

十一月，襄城太守桓石虔大破苻堅將閻震、梁成于竟陵，生擒震，〔三三〕斬首七千餘級，俘獲萬人。無麥禾，天下大饑。

七年秋八月，東夷五國遣使來貢方物。〔二四〕

冬十一月，太白晝見在斗。

是歲，梓潼太守周虓卒于秦之太原。

虓字孟威，汝南安成人，鎮西將軍撫之曾孫。少有節操，累遷梓潼太守。寧康初，前秦苻堅使楊安寇梓潼，虓固守涪城，遣步騎數千，送母妻從漢水將投江陵，爲堅將朱彤邀而獲之，虓遂降于安。送虓于苻堅，堅欲以爲尚書郎，虓曰：「蒙國厚恩，以至今日。但老母見獲，失節于此。母子獲全，秦之惠也。雖公侯之貴，不以爲榮，況郎任乎！」堅乃止。自是每入見堅，輒箕踞而坐，呼之爲氐賊。堅不悦。屬元會，威儀甚整，與虓來謂曰：「晉家元會何如此？」虓攘袂厲聲曰：「戎狄集聚，譬猶犬羊相羣，何敢比天子！」乃使吕光征西域，堅自出餞之。戎士二十萬，旌旗數百里。又問虓曰：「朕衆力何如？」虓曰：「戎夷已來，未之有也。」堅左右以虓不遜，屢請除之，堅待之彌厚。

太元三年，虓母終，既殯葬，遂潛歸至漢中，堅得之。與苻苞謀襲堅，〔二五〕事泄，引虓訊之，虓曰：「昔漸離、豫讓，燕、晉之微臣，猶漆身吞炭，不忘忠節。況虓世荷晉恩，豈敢忘也。生爲晉臣，死爲晉鬼，復何問焉！」有司請殺之。堅曰：「殺之適成其名。」乃撻一百，徙于太原。後堅復陷順陽、魏興二守，皆執節不撓，堅歎曰：「周孟威不屈于前，丁彦遠潔己于後，吉祖沖不食而死，皆晉忠臣也。」虓竟病卒。信至，謝玄親臨哭之，因上疏曰：「旌表節義，國之典也。」帝悲之，追贈益州刺史。

是歲，三吴士大夫置東冶，以爲餞送所。案，地圖：名東冶，即國之置冶鑄處，在汝南灣東南，西臨淮水，去今縣城東八里，桃花園東二里。汝南灣，即晉汝南王初過江，家于此地。

八年春二月癸未，黄霧四塞。

三月，始興、南康、廬陵大水，平地五丈。

夏四月甲子，太白晝見在參。

秋九月，〔二六〕僞秦苻堅大舉兵，自來寇，衆號百萬。

九月，詔司徒、瑯瑘王道子録尚書六條事。以衛將軍謝安石爲征討大都督，安乃假弟石爲都督，舉冠軍將軍謝玄爲前鋒元帥，西中郎將桓伊、輔國將軍謝琰等總戎八萬拒秦軍于淮南。

冬十月，苻堅至項城，使弟融及張蚝等二十萬先過淮攻陷壽春，遣梁成、王顯、慕容屈等別屯洛澗。〔二七〕玄既渡江，使鷹揚將軍、廣陵相劉牢之領鋭卒五千直指洛澗，大破秦軍，斬梁成及弟雲，生擒王顯、慕容屈等，盡收軍實。甲戌，大軍逼壽春。

初，秦之入也，謝安先遣龍驤將軍胡彬援壽春，壽春既陷，彬糧盡路絶，乃使人間行送書于石等，言「今賊盛糧盡，恐不見大軍」。秦人邏遮得之，馳白堅云：「晉懼，恐謝石等逸，宜速進軍。」堅大悦，自項城率軍輕騎八萬兼道赴壽春，勅軍人「有言吾至者，拔其舌而族之」。既至，登壽春城壁，見晉軍衆整齊，又看八公山草木，皆類人形，顧謂弟融曰：「此乃勍敵，何謂少乎！」憮然有懼色。乃使朱序來説謝石、玄，廣稱兵威，欲脅降之。序至，密謂石等曰：「今苻堅已入壽春，若百萬衆悉到，莫可與敵。及其未會，擊之，可得志。」石與玄、琰等聞堅在壽春，請戰，秦許之。

乙亥，琰進淝北，堅使苻融結陣臨淝水。玄不得渡，使人謂融曰：「君遠涉吾境而臨水爲陣，是不欲速戰，請君稍卻，令將士得周旋，僕與諸軍緩轡而觀之，不亦樂乎！」融衆不許，使白堅。堅曰：「但卻軍，令得過，我自以鐵騎十萬向水，逼而殺之。」融遂麾軍退，衆因亂，不能止。玄、琰與桓伊等涉淝水，鼓譟決戰，大破秦軍于淝南，臨陣斬苻融，堅中流矢，衆奔潰，自相踐藉，投水死者，不可勝計，淝水爲之不流。堅與數騎棄甲宵遁，聞風聲鶴唳，皆以爲王師至，草行露宿，飢凍死者十七八，獲堅乘輿雲母車，儀服、器械、軍資山積，牛馬驢騾十餘萬。而朱序、張天錫俱奔歸。〔二八〕

冬十一月庚申，〔二九〕詔衛將軍謝安勞旋師于金城。壬子，〔三〇〕立陳留王世子靈誕爲陳留王。乙未，〔三一〕拜朱序爲龍驤將軍，以張天錫爲員外散騎常侍。

十二月，以寇難初平，大赦，開酒禁，始增百姓税米，口五石。仇池公楊世奔還隴右，〔三〕遣使稱藩。詔諸將分令進取。

九年春正月辛亥，謁建平等四陵。是月，劉牢之克譙城，車騎將軍桓沖拔上庸、魏興、新城三郡。

二月辛巳，使持節、都督荆江梁寧益交廣七州諸軍事、車騎將軍、荆州刺史桓沖卒。沖字幼子，大司馬温弟也。有武幹，温甚異之。初，父亡後，兄弟並少，家貧，母患，須羊以解，無由得之，温乃以沖質羊。羊主不欲爲質，乃言曰：「幸爲養買德郎。」買德郎，沖小字也。及沖爲江州刺史，厚報之。温亡後，沖進位揚、豫二州刺史，代温秉政。沖盡忠王室，或勸沖誅除時望，專執權衡，沖不從。及謝安輔政，沖乃自解揚州，求出外鎮。桓氏黨以爲非計，莫不扼腕苦諫，郗超亦深言之。沖不納，處之淡然，無以爲恨，忠言嘉謨，恒盡心力，專都督荆江梁寧益交廣七州諸軍事、荆州刺史。將之鎮，武帝餞于西堂，〔三〕賜錢五十萬，酒三百四十石，牛五十頭，犒賜文武，祖道，謝安自送至溧州，沖遂表移鎮上明。

時苻堅舉國内侵，沖深以爲根本之慮也，以兵三千來赴京師。謝安謂三千人不足爲損益，外示閑暇，固不聽。下遣報「朝廷處分已定，兵革無闕，宜以防西蕃」。沖聞，謂左右曰：

「謝安有廊廟之用，無經遠之略，天下事可知，吾其左袵矣！」俄聞破秦軍，内慙恚，發病而卒，時年五十七。

沖性儉素，而謙虚愛士。嘗浴，妻送新衣，沖大怒，促令持去。妻復送之，曰：「衣不經新，何緣得故！」沖笑而服之。在荆州命處士南陽劉驎之爲長史，驎之不屈，親自往迎之，禮甚恭。逸人劉驎之住在南平陽歧村，沖將造之，值驎之在樹採桑，沖遣通驎之。驎之曰：「使君忘其陋賤，猥賜光臨，請先詣家君。」沖因詣其父。父命驎之於内取濁酒菜葅，沖令人代驎之斟酌，其父辭曰：「若使官人，非野民之意。」沖爲盡歡而去。驎之嘗賑窮濟急，以身親其事，村民感焉。遠村有一獨嫗，病將死，謂人曰：「誰當埋我，唯有劉長史。」驎之往看，自爲治棺殯之。侍中張玄奉詔至江陵，經陽歧村，見一人持生魚半籠來造船，寄作鱠，及維舟取之，問姓名，卽驎之也。玄素聞其名，甚禮重。驎之滄罷卽返，竟弗留焉。又辟處士長沙鄧粲爲别駕，備禮盡恭。粲感其好賢，乃起應命。

及臨卒，言不及私，唯與謝安書云：「妙靈、靈寶尚小，亡兄寄託不終，以此爲恨！」論者益嘉之。及喪下江陵，士女臨江號送。有七子。案，晉書：嗣、謙、脩、崇、弘、羡、怡七人。〔三四〕

三月，進衞將軍謝安爲太保。苻堅將姚萇背堅於北地，自號秦王。

夏四月己卯，增置太學生一百人。封張天錫爲西平公。使竟陵太守趙統取襄陽，克之。

六月癸丑，崇德太后褚氏崩。后諱蒜子，河南陽翟人，征北大將軍、開府儀同三司、徐州刺史、都鄉侯裒女。少明德，有器槩。康帝卽位，立爲皇后。穆帝卽位，尊后曰皇太后。帝幼沖未親國政，羣臣上奏，請后臨朝稱制。及帝冠，乃歸政，居崇德宫。戒公卿戮力輔翼，以匡不逮。哀帝、海西之世，太后復臨朝稱制。〔三五〕及海西廢，簡文卽位，尊爲崇德太后。及帝崩，孝武帝卽位，幼沖，桓温又薨，羣臣再啟后臨朝，帝冠歸政。至事，年六十一，崩，在位四十年，凡三臨朝攝政事。初，康帝建元二年十月，衛將軍營兵士陳瀆女臺有文在足，曰：「天下之母。」炙之愈明。京邑諠譁，有司收繫以聞。俄自建康縣獄亡去。明年，康帝崩，獻后臨朝，此其祥也。

七月戊戌，使兼司空、高密王純之往洛陽修謁五陵。己酉，葬康獻皇太后于崇平陵。

八月，詔謝玄出屯彭城，經略中原。玄率諸軍堰呂梁水，樹柵，立七埭爲派，擁二岸之流，以利運漕。進伐青州，故謂之青州派。時苻丕爲慕容垂所逼，自鄴遣參軍焦遠進謝玄青銅鏡、〔三六〕黄金椀、宛轉繩牀、玉如意，請救，玄使送于京師。戊寅，司空郗愔薨。愔字方回，高平金鄉人，太尉鑒之長子。善草隸書。常與姊夫王羲之、高士許玄度等

棲心絶穀，十許年。方起，至司空。愔子超。〔三七〕

超字嘉賓，少卓犖，有曠世之度。桓温辟爲參軍，累遷中書侍郎，先父卒。案三十國春秋：超既與桓温善，而温有不臣之心，愔深惡以誡超。超臨亡，謂門人曰：「吾有與桓書疏草一箱，本欲焚之，恐大人年尊，必悲傷爲斃。我死後，若大損眠食，可呈此箱書。」及卒，愔果悲慟成疾，門人呈此書，皆是與桓温謀事。大怒，遽焚之，曰：「小子死恨晚矣！」

初，王獻之兄弟自超未亡，見愔，常躡履問訊，甚修舅甥之禮。及超死後，見愔怠慢，屐而候，命席便遷延辭避。愔甚不平，歎曰：「使嘉賓不死，鼠子敢爾耶！」

九月甲午，加太保謝安爲大都督揚江荆司豫徐兗青冀幽并梁益雍涼十五州諸軍事。〔三八〕

冬十月辛亥朔，日有食之。乙丑，〔三九〕以玄象乖度，大赦天下。中書侍郎車胤上表，議立明堂辟雍事。庚午，僞秦青州刺史苻朗來降。是月，前滎陽太守習鑿齒卒。

鑿齒字彦威，襄陽人。宗族富盛，世爲鄉豪。鑿齒少博學洽聞，以文筆稱。桓温爲荆州刺史，辟爲從事，尋轉西曹主簿，累位遷滎陽太守，以尺牘稱善。

既罷郡，與桓祕書曰：「吾以去年五月三日來達襄陽，每定省舅家，從北門入，西望隆中，想卧龍之吟；東眺白沙，思鳳雛之聲；北臨樊墟，存鄧老之高；南眷城邑，懷羊公之風；縱目檀溪，念崔徐之友；肆睇魚梁，追二德之遠，未嘗不徘徊移日，惆悵極多。」

時有桑門釋道安與鑿齒初相見，道安曰：「彌天釋道安。」鑿齒曰：「四海習鑿齒。」時人以爲佳對。〔四〇〕

時温覬覦非望，鑿齒在郡，著漢晉春秋以裁正之。起漢光武，終于晉愍帝，凡五十四卷。以爲三國之時，蜀以宗室爲主，〔四一〕魏武雖受漢禪晉，尚爲篡逆，至文帝平蜀，乃爲漢亡而晉始興焉。引世祖諱炎興而爲禪授，〔四二〕明天心不可以勢力彊也。鑿齒尋以脚疾廢居于里巷。

及苻堅陷襄陽，與道安俱獲于秦。秦主與語，大悦，賜遺甚厚。又以其蹇疾，與征鎮書曰：「昔晉氏平吴，利在二陸；今破漢南，獲士裁一人有半爾。」後苻堅敗，歸襄陽。襄、鄧反正，朝廷欲徵鑿齒，使典國史，未行，會卒。臨終上疏，并寫所著論一篇，陳自晉起繼于漢，不應以魏後爲三恪。

子辟彊，才學有父風，位至驃騎從事中郎。案，晉書：鑿齒爲桓温西曹主簿，時温有大志，既平蜀，召蜀人知天文者至，夜執其手問國祚脩短。答曰：「世祀方永。」温疑其難言，乃飾辭云：「如君言，豈獨吾福，乃蒼生之幸。然今日之語自可令盡，必有小小厄運，亦宜説之。」星人曰：「太微、紫微、文昌三宫氣候如此，必無憂虞。五十年外不論耳。」温不悦，乃止。異日，送絹一匹、錢五千以與之。星人馳鑿齒曰：「家在益州，被命遠下，今受旨自裁，無由致其骸骨。緣君仁厚，乞爲標碣棺木耳。」鑿齒問其故，星人曰：「賜絹一匹，令僕自裁；惠錢五千，以買棺耳。」鑿齒曰：「君幾誤死！君嘗聞干知星宿有不覆之義乎？〔四三〕以此絹戲君，以錢供道中資，是聽君去耳。」星人大喜，明日便詣温别。温問去意，乃以鑿齒言答。温笑曰：「鑿齒憂君誤死，君定是誤活。然徒三十年看儒書，不如一詣習主簿。」

十二月，僞秦將吕光自稱制於河右，號酒泉公。

是歲，慕容沖僭皇帝位于阿房。

十年春，尚書令謝石以學校陵遲，上疏請興復國學於太廟之南。案，輿地志：在江寧縣東南二里一百步右御街東，東逼淮水，當時人呼爲國子學。西有夫子堂，畫夫子及十弟子像。西又有皇太子堂，南有諸生中省，門外有祭酒省、二博士省，舊置博士二人。梁大同中，又置正言博士一人，加助教理禮。初，顯宗咸康三年，立太學在秦淮水南，今升橋地，對東府城南小航道西，在今縣城東七里廢丹楊郡城東，至德觀西，其地猶名故學。江左無兩學，及武帝置國學，並入於今處也。

三月，蜀郡守任權斬苻堅將益州刺史李丕，〔四四〕益州平。

夏四月，苻堅爲姚萇、慕容沖所逼，遣使求救。詔太保謝安率衆救秦，帝自行西池宴羣臣餞安，賦詩者五十八人。案，地志：西池，吴宣明太子孫登所創，〔四五〕謂之西苑。中宗即位，明帝爲太子，更加修之。多養武士於池内，築土爲臺，時人呼爲太子西池，今惠日寺後池也。甲子，安發自石頭。

五月，苻堅奔五將山。

六月，堅太子宏自長安來奔，慕容沖入長安。

秋七月，老人星見。大旱，井瀆皆竭，太官共膳皆資天泉池。〔四六〕

八月丁酉，使持節、侍中、中書監、大都督揚荆等十五州諸軍事、衞將軍、太保謝安薨。

安字安石，鎮西將軍尚從弟，父裒，太常卿。安年四歲時，桓彝見而歎曰：「此兒風神秀徹，不減王東海。」及搃角，神識沉敏，風韻調暢。善行書。弱冠，詣王濛清言良久。安既去，濛子脩曰：「向客如何？」濛曰：「此客亹亹，爲來逼人。」王導亦深器之，由是少有重名。

初辟司徒府，除佐著作郎，並以疾辭。寓居會稽，與王羲之、許玄度、支遁等游處，出則漁弋山水，入則言詠屬文。揚州刺史庾冰以安有重名，必欲致之，累徵爲尚書郎，不起。後吏部尚書范汪舉安爲吏部尚書，〔四七〕以書距絶之。有司奏安被召，累年不至，禁錮終身，遂棲遲東土。每往臨安山中，坐石室，臨濬谷，悠然歎曰：「此亦伯夷何遠！」嘗與孫綽等泛海，風起浪踴，諸人並懼，安吟嘯自若。舟人以安爲悦，猶去不止。安徐曰：「如此將何歸耶？」舟人承言卽回。衆咸服其雅量。安雖放情丘壑，然每遊賞，必以妓女從。時安弟萬爲西中郎將，總藩任之重。安雖處衡門，其名猶出萬之右，自然有公輔之望。其妻劉惔妹也，既見家門富貴，而安獨静退，乃謂安曰：「丈夫不如此？」安掩鼻曰：「恐不免耳。」及萬黜廢，安始有仕進之心，時年已四十餘矣。

征西大將軍桓温請爲司馬，將發新亭，朝士咸祖送，中丞高崧戲之曰：「卿屢違詔旨，高卧東山，諸人每相與言，安石不肯出，將如蒼生何！今蒼生亦將如安石何！」安有愧色。既到，温甚喜，言生平，歡笑竟日。安出，温問左右：「頗嘗見我有如此客否？」温後詣安，值其理髮。安性遲緩，久而方罷，使取幘。温見，留之曰：「令司馬著帽。」其見重如此。

尋爲吴興太守，在官無當時譽，去後爲人所思。頃之，徵拜侍中，遷吏部尚書、中護軍，受簡文顧命。時桓温望簡文禪己，及此，疑安與王坦之等改遺詔，甚怒，入赴山陵，止新亭，大陳兵衛，將移晉室，使召公卿，伏勇士於坐，將害執政。王坦之甚懼，安神色自若，言笑折之，謀竟不行。初，坦之與安齊名，至是方知優劣。温嘗以安所作簡文謚議以示坐客，曰：「此安石碎金也。」

及帝富於春秋，政不自己，温威振内外，物情噂喈，互有異同，唯安與王坦之盡忠匡翼。及温病篤，諷朝廷加九錫，使袁宏具草。安欲緩其事，見輒改之，由是歷旬不就。會温薨，錫命遂寢。案，王彪之傳：桓温既病，諷朝廷求九錫。袁宏爲文，以示彪之。彪之歎美其文，謂曰：「卿固大才，安可以此示人！」時謝安見其文，又頻使宏改之，宏乃逡巡其事。既屢引日，乃謀于彪之。彪之曰：「聞彼病日增，亦當不復支久，自可更少遲迴。」宏從之。温亦尋薨。宏字彦伯，少有逸才。曾於牛渚夜自誦所作詠史詩。時風清月朗，宏音韻清致。謝尚出爲鎮西，夜同泊，尋聲嘗所未聞，奬歎久之，遂訪問，乃袁宏，甚重之。爲桓温記室參軍，嘗著東征賦，賦末悉列過江諸賢，而不及桓彝。人或語温，温憾之，召於幕府。因游青山，命宏同乘，行數里而問曰：「聞君作東征賦，多稱先賢，何不及吾家君？」宏答曰：「賢尊君稱謂非下官敢自專，故未遑啟，不敢顯之耳。」温疑不實，命言之。宏卽曰：「風鑒散朗，或搜或引，身雖可亡，道不可殞，則宣城節，信也。」温泫然。

安太元初，進位尚書僕射，代王坦之總關中事。安義存輔導，雖會稽王道子亦賴弼諸之益。時彊寇敵境，〔四八〕邊書續至，安鎮以和静，御以長算。德政既行，文武用命，不存小察，弘以大理，人皆比之王導，而文雅過之。每與王羲之登冶城，悠然遐想，有高世之志。羲之曰：「夏禹勤王，手足胼胝；文王旰食，日不暇給。今四郊多壘，宜思自効，而虚談廢務，浮文妨要，恐非當今所宜。」安曰：「秦任商鞅，二世而亡，豈清言致患耶？」又領揚州刺史。及帝親庶政，遷中書監、驃騎將軍、録尚書事，固讓軍號。頃之，加司徒，後軍文武盡配大府，又讓不拜。復加侍中、都督揚豫徐兖青五州幽州之燕國諸軍事。

太元八年，秦苻堅率衆，號百萬，次于淮淝，京師震恐。加安征討大都督。玄入問計，安夷然無懼色，答曰：「已別有旨。」既而寂然。玄不敢復言，乃令張玄重請。安乃命駕出土山墅，宴親朋畢集，方留玄圍碁賭別墅。安常碁劣于玄，玄是日有懼心，便不勝。安顧外生羊曇曰：「以墅乞汝。」今俗謂檀城是也，在今墅城東八里。案，地圖云：謂之城子墅，宋時屬檀道濟，謂之檀城，自興業寺過清溪東二里。安遊陟至夜，方還府内，逮明指授將帥，各當其任。玄等既破秦軍，有驛書至，時安方對客圍碁，看書既竟，便攝放牀上，了無喜色，碁如故。客問之，徐答曰：「小兒輩已破賊。」既罷，還内，過户限，心喜甚，不覺屐齒之折。以總統功，進拜太保。既破苻堅，方欲混一文軌，上疏求自北征，乃進都督荆、揚等十五州諸軍事，加黄鉞，其本官悉如故。又性好音樂，自弟萬喪，遂十年不聽。及登臺輔，期功不廢樂。衣冠效之，乃以成俗。又於土山營墅，樓館植林竹甚盛，每攜中外子姪往來遊集。餚饌日費百金，世頗以此譏之，安殊不屑意。常疑劉牢之既不可獨任，又知王味之不宜專城。牢之既以亂終，而味之亦以貪敗，由是識者服其知人。

後會稽王道子專權，而姦諂頗相扇構，安遂出鎮廣陵之步丘，築壘曰新城而避之。安雖受朝寄，然東山之志始末不渝，欲須經略海内，而歸老東山。未就本志，遂遇疾篤。上疏請量宜旋旆，并召子琰解甲息徒。詔遣侍中慰勞，遂還都。聞當輿入西州門，自以本志不遂，因悵然謂所親曰：「昔桓温在時，吾常懼不全。忽夢乘温輿行十六里，見一白雞而止。乘温輿者，代其位也。十六里者，止今十六年矣。白雞主酉，今太歲在酉，吾病殆不起乎！」乃上疏遜位，詔遣侍中、尚書諭旨。先是，安發石頭，金鼓忽破，又語未嘗謬，而忽一誤，衆怪異之。尋薨，時年六十六。詔贈太傅，謚曰文靖。案，晉書：謝安少有盛名，時多愛慕。鄉人有罷中宿縣者，還詣安。安問其歸資，答曰：「有蒲葵扇五萬。」安乃取其中者捉之，京師士庶競市，價數倍。安本能爲洛下諸生詠，有鼻疾，故其音濁，名流愛其詠而弗能及，或以手掩鼻以斅之。及至新城，築埭於城北，後人追思之，因名此埭爲召伯埭。案，三十國春秋：王珣妻，謝萬女，珣弟珉婦，即安女，並以大義不終，遂與王氏有隙。珣數辭職，珣母苟氏謂珣曰：「苟職非其好，自可固執，天下豈有不死郎！」謝安薨，珣往哭之。乃先過族兄獻之，敍其哭安之意，獻之投袂起曰：「吾所望於汝也。」既至安門，謂曰：「公平生時不見，此何由而來乎？」珣披撥彊前慟哭而退。

是月，姚萇殺苻堅而僭皇帝位于渭北，亦僞號秦。

九月，堅子丕僭帝位于晉陽。

冬十月，詔諭淮淝功，追封謝安爲廬陵郡公、謝石爲南康郡公、謝玄爲康樂郡公、謝琰爲望蔡郡公、桓伊爲永脩郡公，餘封進各有差。

十二月，太白犯歲星。天下大飢。

是歲，乞伏國仁自稱大單于、秦河二州牧。

十一年春正月辛未，僞後燕慕容垂僭皇帝位于中山。是月，冠軍將軍豫州刺史桓石虔卒。

石虔小字鎮惡，征西將軍豁之子。少有材幹，趫捷絶倫。從父在荆州，於獵圍中見猛獸被數箭而伏，諸督將素知其勇，戲令拔箭。石虔因急往，拔得箭，猛獸跳起，石虔亦跳，高於猛獸，猛獸伏，復拔一箭以歸，時人服之。

後随伯父温討關中，時叔父沖爲苻健所圍，垂没，石虔躍馬赴之，拔沖于數萬衆之中，三軍歎息，威振敵國。時有患瘧疾者，謂曰「桓石虔來」以怖之，病者多愈，其見畏如此。後除竟陵太守，以父憂去職。尋而苻堅又寇淮南，詔絶哭，起爲奮威將軍、南平太守。尋進冠軍將軍，破堅將閻震。沖卒，以冠軍將軍監豫州揚州五郡軍事、豫州刺史。久之，命移鎮馬頭，求停歷陽，許之。卒後追論平閻震功，進爵作塘侯。

二月戊申，〔四九〕太白晝見在東井。

夏四月，代王拓拔圭始自改稱魏。

八月庚午，詔封孔靖之爲奉聖亭侯，奉宣尼祀。立宣尼廟，在故丹楊郡城前隔路東南。案，地志：齊移廟過淮水，北將山置之，以其舊處立孔子寺，亦呼其巷爲孔子巷，在今縣東南五里二百步，長樂橋東一里。

冬十月，後燕慕容垂使將軍馮該追斬苻丕于東垣，〔五〇〕傳首京師。甲申，海西公奕薨。

十一月，苻丕將苻登僭卽帝位於隴東。

是歲，遼東表送孫盛魏晉春秋三十卷。

盛字安國，太原人。盛以學知名，累遷位祕書監，著魏晉等二國春秋，詞直而理正，咸稱良史焉。温見言枋頭失利之過，大怒。盛子放叩頭於父，請改之，本遂兩存，以正本寄于前燕慕容儁，至是始求得之。案晉書：孫盛子放，字齊莊。年數歲，父在荆州，時庾翼子爰客候盛，見放而問曰：「安國何在？」放答曰：「在庾稚恭家。」爰客大笑曰：「諸孫甚盛，有兒如此！」放曰：「未若庾翼翼也。」

十二年春正月乙巳，以朱序爲青、兖二州刺史，鎮淮陰。丁未，大赦天下。壬子，暴風發屋折木。

二月戊寅，熒惑入月。

夏四月戊辰，尊夫人李氏爲皇太妃。

六月，束帛聘處士戴逵。

逵字安道，譙國人。少博學。好談論，善屬文，能鼓琴，工書畫，其餘巧藝莫不畢綜。總角時，以雞卵汁溲白瓦屑作鄭玄碑，又爲文而自鐫之，見者莫不驚歎其詞麗、其器妙。太宰武陵王晞聞其善鼓琴，使人召之，逵對使者破琴曰：「戴安道不爲王門伶人！」晞怒，乃更引其兄述。述聞命欣然，抱琴而往。逵後居會稽之剡縣。

性高潔，常以謹度自處，深以放達爲非道，乃著論云：「夫親殁而採虆不返者，不仁之子也；君危而屢出近關者，苟免之臣也。古之人未始以彼害名教之體者何？達其旨故也。今之人可謂好遯迹，而不求其本，故有捐本狥末之弊，捨實逐聲之行，是猶美西施而學其嚬眉，慕有德而折其巾角，可無察乎！」

太元中，帝連徵，郡縣敦迫不已，乃逃于吳。吳內史王珣有別館在虎邱山，逵潛往，與珣遊處積旬。會稽內史謝玄慮其不返，乃上疏請絕其召命，帝許之。

秋八月辛巳，立皇子德宗爲皇太子，大赦天下，增文武位二等，大酺五日，賜百官布帛各有差。

冬十月，太白晝見于南斗。

十三年夏六月，旱。乞伏國仁死，弟乾歸嗣僞位，僭號河南王。閏月戊辰，〔五一〕天狗北下有聲如雷。

秋八月戊子，朔，寧二州刺史費統奏言，嘉瓠生於州界。

冬十二月戊子，濤水入石頭，毀大航，殺人。乙未，大風，晝晦，延賢堂災。丙申，螽斯百堂、〔五二〕客館、驃騎庫皆災。庚子，尚書令、衞將軍、儀同三司謝石薨。

石字石奴，太傅謝安之弟也。起家秘書郎，累遷尚書左僕射，以將軍假節征討大都督與兄子玄、琰破苻堅於淮淝。先有童謠云：「誰謂爾堅石打碎。」故桓豁以「石」名子，邀其功。及堅之敗，功雖始於劉牢之洛澗捷，而成于玄、琰，然石時爲都督焉，竟是謝安石、石奴等破苻堅。遷尚書令，封南康公。

兄安薨後，石遷衞將軍，加散騎常侍。以疾辭，不許。疾篤，進位開府儀同三司，加鼓吹，未拜，卒，時年六十二。追贈司空，謚曰襄。子汪嗣。案，晉書：石少患面瘡，療之莫愈，乃自匿。夜有物來舐其瘡，隨舐即差，舐處甚白，故母呼爲謝白面。而在職務存文刻，無他才望，直以宰相弟兼有大勳，遂居清顯，而聚斂無厭，取譏于世。

是歲，散騎常侍、左將軍、會稽内史、康樂公謝玄薨。

玄字幼度，安西將軍、豫州刺史奕之子。少穎悟，與從兄朗俱爲叔父安所器重。安常戒約子姪，因曰：「子弟亦何豫人事，而正欲使其佳？」諸人莫有言者。玄答曰：「譬如芝蘭玉樹，欲使其生于庭階耳。」安悦。玄少好佩紫羅香囊，垂履手，安患之，而不欲傷其意，因戲賭取，卽焚之，于此遂止。

及長，有經國才略，起家桓温府爲掾，轉征西將軍桓豁司馬、領南郡相、監北征諸軍事。時僞秦苻堅强盛，邊境數被侵寇，朝廷求文武良將可以鎮禦北方者，安乃以玄應舉。中書郎郗超雖素與玄不善，聞而歎之，曰：「安違衆舉親，明也。玄必不負舉，才也。」時咸以爲不然。超曰：「吾嘗共在桓公府，見其使才，雖履屐間亦得其任，所以知之。」于是徵還，拜建武將軍、兖州刺史、領廣陵相、監江北諸軍事。玄次泗口，進救戴逯，大破苻堅將彭超于白馬。

及苻堅自率渡淮，玄以八千拒之于淝水，詔以功加都督徐、兖、青、司、冀、幽、并七州諸軍事，封康樂縣公。住彭城，北固河上，西援洛陽，内藩朝廷。後會翟遼反黎陽，〔五三〕河北騷動，玄自以處分失所，上疏送節，盡求解所職。詔慰勞，令且還鎮淮陰，以朱序代鎮彭城。

尋疾篤，苦上表乞歸，詔慰勞，給醫一人療疾。玄奉詔便還，病久不差，上疏，久之，乃轉授散騎常侍、左將軍、會稽内史。輿疾之郡，卒，時年四十六。子瑍嗣。案，晉書：瑍位秘書郎，早卒。子靈運嗣。瑍少不惠，而靈運幼有文藻豔逸，玄常稱曰：「我尚生瑍，瑍那得不生靈運！」〔五四〕初，玄之會稽也，吏部尚書張玄之亦出爲吴興太守，張玄之名亞于玄，時人稱爲「南北二玄」，論者美之。

十四年春正月癸亥，詔淮南所獲俘虜付諸作部者一皆散遣，男女自相配匹，賜百日廪，其没爲軍賞者悉贖出之，襄陽、淮南饒沃之地，各立一縣以居之。龍驤將軍劉牢之討彭城妖賊劉黎于皇丘，平之。

二月，僞秦將吕光僭號爲三河王。是月，扶南貢方物。

三月，張道反太山，〔五五〕太山太守向欽擊走之。

夏四月甲辰，翟遼寇滎陽，執太守張卓。

六月，會稽王道子移揚州，理于東第。

七月，旱。甲寅，雷震，宣陽門四柱災。〔五六〕

冬十月己巳，雨，木冰。

十五年春正月，征虜將軍朱序破慕容永于太行。

三月己酉朔，地震，東北有聲如雷。戊辰，大赦天下徒囚。

秋七月壬申，〔五七〕有星孛于北河，〔五八〕經太微、三臺，入文昌、北斗，色白，長十餘丈，至後月戊戌入紫微乃滅。

八月己丑，京師地震。

冬十月，朱序、劉牢之等大破翟遼于滑臺，張援來降。〔五九〕

十六年春正月，詔徐廣校秘閣四部，見書凡三萬六千卷。壬辰，鵲巢太極東鴟吻。

二月庚申，改築太廟。

秋九月，新廟成。案，地志：太廟，中宗置，郭璞遷卜，定在今處，事具元帝卷內。及帝卽位，常嫌廟東迫淮水，西逼路，至此年因修築，欲依洛陽改入宣陽門內。尚書僕射王珣奏以爲龜筮弗違，帝從之。於舊地不移，更開牆堺，東西四十丈，南北九十丈，五代仍之，至陳乃廢。

冬十月，新作朱雀門。

十一月，江州刺史、護軍將軍、永脩侯桓伊卒。

伊字叔夏，譙國銍人。父景，侍中、長社侯。伊有武幹，起家累遷建威將軍、歷陽太守，进都督豫州諸軍事、西中郎將、豫州刺史，與謝玄等俱破苻堅於淝水，以功封永脩侯。

伊性謙素，雖有大功，而終始不替。善音樂，盡一時之妙，爲江左第一。有蔡邕柯亭笛，常自吹之。王徽之赴召京師，泊舟於溪，素不與伊相識。伊於岸上過，船中客稱伊小字曰：「桓野王也。」徽之便令人謂伊曰：「聞君善吹笛，試爲我一奏。」伊時已貴顯，素聞徽之名，便下車，踞胡牀，爲作三調，弄畢，便上車而去，客主不交一言。

時上嗜酒，司馬道子專政昏亂。謝安女壻王國寶諂媚於道子，安惡其爲人，每抑制之。國寶讒諛稍行於主相之間，以安功名盛極，而構會之，嫌隙遂成。帝時召伊飲宴，安侍坐。帝命伊吹笛，郎爲一弄，乃放笛云：「臣於箏分乃不及笛，然自足以韻合歌管，請以箏歌，并請一吹笛人。」帝善其調達，乃勅御妓奏笛。伊又云：「御府人於臣必自不合，臣有一奴，善相便串。」帝彌賞其放率，乃許召之。奴既吹笛，伊便撫箏而歌怨詩曰：「爲君既不易，爲臣良獨難。忠信事不顯，乃有見疑患。周旦佐文武，金縢功不刊。推心輔王政，二叔反流言。」聲節慷慨，俯仰可觀。安泣下沾襟，乃越席而就之，捋其鬚曰：「使君于此不凡！」帝甚有媿色。

桓沖卒後，代沖爲都督荊江十郡豫州四郡諸軍事、江州刺史，將軍如故，假節。在任數年，徵拜護軍將軍，卒官。贈右將軍。加散騎常侍，謚曰烈。臨死爲表，上馬具裝百具、步鎧五百領。詔嘉其忠誠，深以傷悼。子肅之嗣。三十國春秋云：桓伊好挽歌，羊曇善唱樂，袁山松能行路，時人以爲三絶。

十七年春正月己巳朔，大赦，除逋租宿債。

夏六月癸卯，京師地震。甲寅，濤水入石頭，毁大航。永嘉郡潮水涌起，近海四縣人多死者。

秋七月丁丑，太白晝見。

八月，新作東宮，徙左衛營。案，晉初，太子宮在宮西，雖東宮，實有皇后之宮，今去臺城西南角外，西逼運瀆。至此年，烈宗始新於宮城東南，移左衛營，以其地作之，即安帝爲太子所居宮也。義熙中，討盧循，劉裕壞其林造舟艦。地在今縣東五里護身寺西，在御街東也。

九月，除南郡公桓玄義興太守。

冬十一月癸酉，以黄門侍郎殷仲堪爲都督荆益梁三州諸軍事、荆州刺史。

冬十二月，旱，自秋不雨，至于是月。

是歲，司雍梁秦四州諸軍事、征虜將軍朱序卒。

序字次倫，義陽人也。父燾，益州刺史。世爲名將，以征討功拜征虜將軍。太和初，遷兖州刺史。寧康初，遷爲梁州刺史，鎮襄陽。

時苻堅遣苻丕圍襄陽，序固守，丕率衆苦攻之。序疾篤，母韓氏自登城履行，謂西北角當先受弊，遂領百餘婢并城中女丁於其角邪築城二十餘丈。賊果攻之，人謂此城爲夫人城。後督護李伯護反，招賊，城乃没于秦。案，晉書：初，苻丕圍襄陽急，李伯護遂密與秦軍相應，襄陽遂没，序陷于苻堅。堅聞之，反執伯護殺之以徇，戒爲人臣不忠者。後苻堅南侵，序隨至壽春，因堅軍敗而奔歸，拜龍驤將軍、瑯琊内史、豫州刺史，屯洛陽。討丁零翟遼，進征虜將軍，加都督司、雍、梁、秦四州諸軍事。後慕容永向洛陽，序破之，退，追至上黨之白水，尋又鎮襄陽。以老病，累表解職，不許，卒官，贈左將軍、散騎常侍。

十八年春正月癸亥朔，〔六〇〕地震。

二月，有客星在尾中，至九月乃滅。乙未，又地震。

夏六月己亥，始興、南康、廬陵等郡大水，深五丈。

秋七月，旱。

閏月，劉牢之破妖賊司馬徽於馬頭。

十九年夏六月壬午，追尊會稽王太妃鄭氏爲簡文宣太后。

秋八月己巳，尊皇太妃李氏爲皇太后，宫曰崇訓。

是歲，苻登爲姚興所殺，登太子崇奔于湟中，僭卽皇帝位。

二十年春二月，作宣太后廟，呼爲小廟。在今縣東二里，古跡湮没。

后諱阿春，滎陽人也。父愷，字祖元，安豐太守。后少孤，無兄弟，唯姊妹四人，后最長。先適渤海田氏，生一男而寡，依于舅濮陽吴氏。中宗爲丞相日，敬后先崩，將納吴氏女爲夫人。后及吴氏女並遊後園，或見之，言于帝曰：「鄭氏女雖醜，賢于吴氏女遠矣。」建武元年，納爲瑯琊王夫人，甚有寵。后雖貴幸，而恒有憂色。帝問其故，對曰：「妾有妹，中者已適長沙王褒，餘二妹未有所適，恐姊爲人妾，無復求者。」帝因從容謂劉隗曰：「鄭氏二妹，卿可爲求佳對，使不失舊。」隗舉其從子傭娶第三者，以小者適漢中李氏，皆得舊門。中宗召王褒爲尚書郎，以悦后意。后生瑯琊悼王、簡文帝、尋陽公主。咸和元年薨。至是追尊之。

三月庚辰朔，日有蝕之。

秋七月，太白晝見太微。

九月，有蓬星如粉絮東南行，歷女虚至哭星。

冬十一月，魏王拓拔圭大破慕容垂子寶于黍谷。〔六二〕

是歲，會稽王道子與尚書王珣連上疏薦會稽處士戴逵參侍東宫，會逵病死。

二十一年春正月，起清暑殿于華林園。

三月，太白晝見於羽林。

夏四月，新作永安宮。丁亥，〔六二〕大雨雹。後燕慕容垂子寶嗣僞位。

六月，呂光僭即天王位于燉煌。

秋八月，歲星犯哭星。

九月庚申，夜帝暴崩于清暑殿。

帝幼稱聰悟，簡文之崩也，時年十歲，至晡不臨，左右進諫，答曰：「哀至則哭，何常之有？」謝安常歎以爲精理不減先帝。既威權己出，雅有人主之量。既而溺於酒色，召狎左右，殆爲長夜之飲。吳國内史虞嘯父性便酒，帝召與飲，既醉，使虎賁扶之。嘯父曰：「臣位不及扶，醉不至亂，不宜當此。」時爲知言。末年長星數見，帝心甚惡之，夜於華林園舉酒祝之曰：「長星，勸汝一盃酒，自古何有萬歲天子耶！」太白連年晝見，地震水旱爲變者相屬，曾不介意。醒日既少，而傍無正人，竟不能改。時張貴人有寵，年幾三十，帝戲之曰：「汝以年當廢矣。」貴人潛怒，向夕，帝醉，遂縊暴崩。時司馬道子昏惑，元顯專權，竟不能推窮其罪。帝初爲清暑殿，有識者以「清暑」反爲「楚」聲，哀楚之徵也。俄而帝崩。案，圖經：武帝遊于清暑殿，〔六三〕有一人黄衣，自號天泉池神，〔六四〕名淋岑君，謂帝曰：「若見善待，當福祐之。」帝怪恐，投以佩刀。神怒曰：「君爲不道，將使知之。」因不見，遂聞鼓鼙之音而去。帝乃請大沙門爲齋夜轉誦，見一臂長三丈來摸經案，甚怪之。後帝與宮妓泛龍舟，飲宴于池，有慢神色，乃見形攀龍舟沈，帝遂溺死。與今本紀不同，尋考其實，則暴崩清暑殿，非繆也。〔六五〕

冬十月甲申，葬隆平陵。在今縣城東北十五里鍾山之陽，〔六六〕不起墳。帝年十一即位，二十四年，年三十五，謚曰孝武皇帝，廟號烈宗。

論曰：前史稱「不有廢也，君何以興」；若乃天挺惟神，光膺嗣位，邁油雲而驤首，濟沈川而能躍；少康一旅之衆，所以闡帝圖，成湯七十之基，所以興王業；静河海於既泄，補穹圓於已紊；事異于斯，則不由也。簡文以虚白之姿，在屯如之會，政由桓氏，祭則寡人。太宗晏駕，寧康纂業，天誘其衷，姦臣自殞。于時土境西踰劒岫而跨靈山，北振長河而臨清洛；荆吴戰旅，嘯吒成雲；名賢間出，舊德斯在：謝安可以鎮雅俗，彪之足以正綱紀，桓沖之夙夜王家，謝玄之善料軍事。于時上天乃眷，强氏自泯。五尺童子，振袂臨江，思所以挂旆天山，封泥函谷；而條綱弗垂，威恩罕樹，道子荒乎朝政，國寶彙以小人，拜授之榮，初非天旨，鬻刑之貨，自走權門，毒賦年滋，愁民歲廣。是以聞人、許榮馳書詣闕，烈宗嘉其抗直，而惡聞逆耳，肆一醉於崇朝，飛千觴於長夜。雖復「昌明」表夢，安聽神言？而金行頹弛，抑亦人事，語曰「大國之政未陵夷，小邦之亂已傾覆」也。屬苻堅百六之秋，棄淝水之衆，帝號爲「武」，不亦優哉！

卷第九校勘記

〔一〕高陵　當作「高平陵」，謂簡文帝陵也。

〔二〕庾翼薦於肅宗　晉書桓温傳同。張熷讀史舉正曰：「案翼傳作成帝爲是。蓋翼傳云蘇峻作逆，翼年二十二，則明帝時尚少，未得薦温也。」

〔三〕遂統步騎四萬發江陵至所種柳皆已十圍　晉書桓温傳所記與此相同。廿二史攷異二十二曰：「温少時嘗爲琅邪太守。宋書州郡志：『晉亂，琅邪國人隨元帝過江千餘户。太興三年立懷德縣。成帝咸康元年，桓温領郡，鎮江乘之蒲洲上，求割丹楊之江乘縣立郡。』則温所治之琅邪在江南之江乘，金城亦在江乘，今上元縣北境也。温自江陵北伐，何容取道江南邪？推其致誤，乃因庾信枯樹賦有『昔年移柳，依依漢南』之語。遂疑金城爲漢南地耳。不知賦家寓言，多非其實。即以此賦言之，殷仲文爲東陽太守，在桓玄事敗之後，而篇末乃言『桓大司馬聞而歎曰』，豈非子虚亡是之談乎？此事出世説言語篇，但云北征，本無江陵字。」錢説甚是，今録以備參。

〔四〕八月壬子　八月己卯朔，無壬子，疑此「壬子」爲「壬午」之誤。

〔五〕夏五月壬戌　五月辛巳朔，無壬戌。晉書孝武帝紀「五月」作「四月」，四月壬子朔，壬戌爲月之十一日。

〔六〕全除一年租布其次聽除半年　「布其次」三字底本、宋本、劉鈔本皆缺，周鈔本作「不甚者」，當爲據文意臆補，今據庫本、甘鈔本、徐鈔本、丁鈔本補，晉書孝武帝紀亦同。

〔七〕秋九月至蠲在役之身　晉書孝武帝紀載在七月，通鑑一〇四載苻堅將苟萇攻陷涼州在八月，除度田收租之制在九月乙巳。

〔八〕十一月己巳朔日有蝕之　十一月應是丁酉朔，該月日蝕事，晉書天文志、宋書五行志皆不載。

〔九〕一名毗　「毗」，周鈔本作「拱」。

〔一〇〕一名融　「融」，周鈔本作「玉」。

〔一一〕案晉書至揆孫靈真又得道　今本晉書無此文，當是許氏摭採諸家舊晉書之文。

〔一二〕雷平山　周鈔本作「雲母山」。

〔一三〕洞下有宮室左方乙館　「左」、「乙」兩字各本皆缺，唯周鈔本有，今據補。

〔一四〕許掾　周鈔本作「許穆」。

〔一五〕彪之字叔武　「叔武」，世説輕詆篇注引王氏譜、御覽二一五引晉中興書、淳化閣帖七、通志一二八皆作「叔虎」，「武」乃唐人避諱改。

〔一六〕訪彪之應有赦　晉書王彪之傳「赦」下有「不」字，當是。

〔一七〕太皇太后臨朝　原作「太皇臨朝」，誤，今據徐鈔本改。太皇太后，謂崇德太后也，於寧康元年八月臨朝攝政，亦見晉書孝武帝紀、王彪之傳。

〔一八〕年五十六　晉書王彪之傳、世説人名譜琅邪臨沂王氏譜並作「年七十三」。

〔一九〕毛安之　「之」原作「人」。晉書毛安之傳云安之於孝武帝時官右衞將軍，領將作大匠。世説方正篇注引徐廣晉紀亦作「大匠毛安之」。今據改。

〔二〇〕征虜將軍　晉書孝武帝紀同。周家禄晉書校勘記云：「『征虜』當作『建武』，據本傳按時玄叔父石方爲征虜將軍。」

〔二一〕句難　晉書孝武帝紀、謝安傳、劉牢之傳同。苻堅載記、通鑑一〇四並作「俱難」。

〔二二〕十二月己酉朔　十二月乙卯朔，晉書天文志中、宋書五行志五作「閏月己酉朔」，是。

〔二三〕十一月襄城太守桓石虔至生擒震　通鑑一〇四云，十一月秦荆州刺史都貴遣司馬閻震南侵竟陵，十二月桓石虔擒斬閻震。又「閻震」，晉書苻堅載記上、通鑑作「閻振」。「襄城」，桓石虔傳、苻堅載記上、通鑑作「南平」。

〔二四〕秋八月東夷五國遣使來貢方物　「八月」，晉書孝武帝紀作「九月」。

〔二五〕苻萇　晉書周虓傳同。苻堅載記上、通鑑一〇四並作「苻陽」。

〔二六〕秋九月　「九月」與下文重出，當爲「八月」之誤，晉書孝武帝紀、通鑑一〇五皆記苻堅大舉兵來寇在八月。

〔二七〕慕容屈　晉書謝玄傳作「慕容屈氏」。

〔二八〕乙亥至而朱序張天錫俱奔歸　通鑑一〇五記淝水之捷在十一月，疑是。

〔二九〕冬十一月庚申　十一月丙戌朔，無庚申。

〔三〇〕壬子　各本皆作「壬午」。十一月無壬午，晉書孝武帝紀作「壬子」，爲月之二十七日，是，據改。

〔三一〕乙未　乙未爲月之初十日，應在壬子之前。

〔三二〕仇池公楊世奔還隴右　晉書孝武帝紀同。讀史舉正曰：「按宋書氐胡傳，此乃楊定，非世也。世已于太和五年死矣。」據魏書、北史、宋書氐胡傳及通鑑一〇六，此乃太元十年事，實録繫之八年，承襲晉書之誤。

〔三三〕武帝餞于西堂　「武帝」，當作「孝武帝」。

〔三四〕案晉書嗣謙脩崇弘羡怡七人　疑是注文。

〔三五〕哀帝海西之世太后復臨朝稱制　晉書后妃傳同。李慈銘晉書札記曰：「案哀帝紀惟興寧二年帝以服藥致疾，崇德太后復臨朝攝政，至海西公紀不言有臨朝事，此處『世』字當是『際』字之誤。」

〔三六〕焦遠　晉書苻堅載記下及通鑑一〇五皆作「焦逵」。

〔三七〕愔子超　「超」字原缺，今據庫本、甘鈔本、徐鈔本、周鈔本補。

〔三八〕揚江荆司豫徐兗青冀幽并梁益雍涼十五州諸軍事　「揚」下原衍「州」字，今據徐鈔本删，晉書孝武帝紀亦無「州」字。

〔三九〕乙丑　各本皆作「己丑」。十月辛亥朔，無己丑，晉書孝武帝紀作「乙丑」，爲十月十五日，是，今據改。

〔四〇〕道安曰彌天釋道安至時人以爲佳對　晉書習鑿齒傳同。晉書札記曰：「案梁元帝金樓子作『習鑿齒曰：「四海習鑿齒，故故來看爾。」道安答曰：「彌天釋道安，何用爾相參。」』蓋以海、齒、爾爲一韻，天、安、參爲一韻，故當時以爲佳對，此傳本世説删去下二語，便爲理滅。」

〔四一〕蜀以宗室爲主　「主」，宋本作「王」，晉書習鑿齒傳作「正」。

〔四二〕引世祖諱炎興而爲禪授　晉書習鑿齒傳同。晉書札記曰：「案引世祖諱云云，語有脱落，當作『引世祖諱炎爲炎興，而後主諱禪爲禪受』，文義方明。」

〔四三〕君嘗聞千知星宿有不覆之義乎　晉書習鑿齒傳同。册府七八八「千知」作「干支」，通志一二九下作「子知」。

〔四四〕三月蜀郡守任權斬苻堅將益州刺史李丕　晉書孝武帝紀記此事在二月，通鑑一〇六記於四月。又「李丕」，通鑑同。晉書作「李平」。

〔四五〕宣明太子孫登　孫登爲吴主權子，謚宣太子，「明」字當衍。

〔四六〕天泉池　當作「天淵池」，此避唐諱改。

〔四七〕後吏部尚書范汪舉安爲吏部尚書　晉書謝安傳作「吏部尚書范汪舉安爲吏部郎」，當是。

〔四八〕時彊寇敵境　晉書謝安傳作「時强敵寇境」。

〔四九〕二月戊申　二月癸酉朔，無戊申日。三月壬寅朔，戊申爲三月初七日，晉書天文志下正作「三月戊申」，疑此「二月」爲「三月」之誤。

〔五〇〕後燕慕容垂使將軍馮該追斬苻丕于東垣　據晉書苻丕載記、魏書慕容永傳、通鑑一〇七、湯球十六國春秋輯補三九，破苻丕者乃慕容永，非慕容垂。馮該乃晉揚威將軍，自陝要擊，斬苻丕，非慕容垂將軍。

〔五一〕閏月戊辰　是年閏正月，當於「夏六月」之前。

〔五二〕螽斯百堂　當作「螽斯則百堂」，此本後漢書皇后紀「螽斯則百福之所由興也」，晉書五行志上、劉聰載記亦可證。

〔五三〕翟遼　據晉書苻堅載記、通鑑一〇五、十六國春秋輯補三六，當作「翟斌」。

〔五四〕我尚生琬，琬那得不生靈運　宋書謝靈運傳云「我乃生㬇，㬇那得生靈運」，晉書「乃」作「尚」又多一「不」字，文意欠通。余嘉錫世説新語箋疏謂晉書妄加改竄，遂成語病耳。

〔五五〕張道　見卷第八校勘記〔三八〕。

〔五六〕宣陽門四柱災　「四柱」，晉書五行志下、宋書五行志四作「西柱」，「四」、「西」形近，疑實録誤。

〔五七〕秋七月壬申　晉書天文志下、宋書天文志三同。晉書孝武帝紀作「七月丁巳」。七月丁未朔，十一日丁巳，二十六日壬申，皆在七月，未知孰是。

〔五八〕有星孛于北河　底本、宋本及宋書天文志三同，它本「北河」作「西北」。

〔五九〕張援　晉書孝武帝紀、通鑑一〇七皆作「張願」。

〔六〇〕正月癸亥朔　「癸亥」，各本誤作「癸卯」。按長曆正月癸亥朔，晉書五行志下、宋書五行志五皆作「癸亥」，是，今據改。

〔六一〕黍谷　晉書慕容垂載記、通鑑一〇八及十六國春秋輯補四四皆作「參合」，疑是。

〔六二〕丁亥　原作「丁卯」。四月甲戌朔，無丁卯。晉書五行志下、宋書五行志四皆作「丁亥」，是，今據改。

〔六三〕武帝　當作「孝武帝」。

〔六四〕自號天泉池神　「泉」當作「淵」，此避唐諱改。

〔六五〕非繆也　「繆」，庫本、周鈔本作「謬」，繆、謬古通。

〔六六〕葬隆平陵在今縣城東北十五里鍾山之陽　元和郡縣圖志二五云，隆平陵在縣東北二十里蔣山西南。

建康實録卷第十

晋下

安皇帝〔一〕

安皇帝諱德宗，武帝長子。〔二〕太元十二年八月辛巳，立爲皇太子。二十一年秋九月庚申，烈宗崩。辛酉，太子卽位。癸亥，以司徒會稽王道子爲太傅，攝政。冬十月，大雪。

隆安元年春正月己亥朔，帝加元服，大赦，改元，增文武位一等。是月，太傅歸政。

二月，歲星熒惑皆入羽林。甲寅，尊皇太后李氏爲太皇太后，追尊所生陳淑媛爲安德皇太后。

后諱歸女，松滋尋陽人。父廣，平昌太守。后以美色入宫，寵幸，生帝及瑯琊王德文。案，晋書：皇后以太元十三年崩。〔三〕

戊午，立皇后王氏。

夏四月甲戌，兖州刺史王恭、豫州刺史庾楷等舉兵，以討尚書左僕射王國寶爲名。國寶乃坦之中子，少無士操，不脩廉隅，貪縱無足，妓妾珍玩，充滿後堂。其婦謝安女，安當朝惡其傾側，每抑而不用。國寶自以中興膏腴之族，甚怨望。從妹既爲會稽王道子妃，由是與道子遊處，而間毁安焉。

及道子專朝，累遷中書令，遂持威權，扇動内外。及弟忱卒，乃表自迎母并忱喪。詔許之。而盤桓不進，爲御史中丞褚粲所奏。國寶懼罪，衣女子衣，託爲王家婢，詣道子告其事。道子爲言於烈宗，故得原。國寶性既驕蹇，舉動不遵法度。起齋侔清暑殿，烈宗惡其僭侈，國寶懼，復諂于烈宗。

及帝卽位，進從祖弟緒爲瑯琊内史，緒亦佞邪見。道子皆惑之，倚爲心腹，共參管朝政，威振内外。遷尚書左僕射，加後將軍，悉配東宫兵仗，時人咸嫉之。

時王恭、殷仲堪皆以才器，各居名藩，惡道子與國寶等亂政，屢有憂國之言。道子亦深忌憚之，將謀去其兵。未及行，而恭檄至，以討國寶等爲名，國寶惶遽不知所爲。緒説國寶，令矯道子命，召王珣、車胤殺之，以除羣望，因挾主相以討諸侯，國寶許之。珣、胤既至，而未敢害，反問計於珣。珣勸國寶放兵權以迎恭，國寶信之。又問于胤，胤曰：「南北同舉，而荆州未至，若朝廷遣軍，恭必城守。昔桓温圍壽陽，彌時乃克。若京城未拔，而上流奄至，君將何以待之？」國寶尤懼，遂上疏解職，詣闕待罪。既而悔之，詐稱詔復其本官，欲收其兵拒王恭。道子既不能距諸侯之兵，乃委罪於國寶。

甲申，使譙王尚之收國寶付廷尉，殺之，并斬王緒以謝王恭。恭悅，乃罷兵。戊子，大赦天下。

二年春三月，龍舟二災。

秋七月，兖州刺史王恭、豫州刺史庾楷、荆州刺史殷仲堪、廣州刺史桓玄、南蠻校尉楊佺期等復舉兵反。

八月丙戌，慕容盛僭卽皇帝位於黄龍。

九月，使右將軍謝琰、前將軍王珣南討。己亥，破庾楷於牛渚。丙午，〔四〕會稽王道子屯於中堂，會稽王世子元顯守石頭。己酉，召王珣入守北郊，謝琰入備宣陽門。王恭以司馬、輔國將軍劉牢之爲前鋒，次竹里，元顯密以重利啗牢之，牢之歸降，引軍屯新亭，使子敬宣迎擊恭，破之。

恭字孝伯，光禄大夫蘊之子，武定皇后兄。〔五〕少有美譽，清操過人。門地高華，深以自負，常有宰輔之望。與王忱齊名，謝安常曰：「王恭人地可以爲將來伯舅。」嘗從父自會稽至都，王忱訪之，見恭所坐六尺簟，忱謂其有餘，因求焉。恭輟以送之，遂坐薦上。忱聞而大驚，恭曰：「吾平生無長物。」

起家佐著作郎，歎曰：「仕宦不爲宰相，才志何足以騁！」因以疾辭。太元中，累遷丹楊尹、中書令。會稽王道子嘗集朝士置酒于東府，尚書令謝石因醉爲委巷之歌，恭正色曰：「居端右之重，集藩王之第，而肆淫聲，欲令羣下何所取則！」時淮陵内史虞珧子妻裴氏有服食之術，道子悦之，引與賓客談論。恭抗言曰：「未聞宰相之坐而有失行婦人。」道子甚愧之。後烈宗擢時望以爲藩屏，以恭爲都督青兖等州諸軍事、平北將軍、兖青二州刺史、假節，鎮京口，尋改前將軍。

帝卽位，會稽王執政，寵任王國寶，委以機權。恭每正色直言，道子深憚而忿之。及赴山陵，罷朝，歎曰：「榱棟雖新，便有黍離之歎矣。」時王緒與國寶謀，欲因恭入覲相王，伏兵殺恭，説於道子，道子亦以恭不可和協，王緒之説遂行，於是國難始結。或勸恭因入朝以兵誅國寶，而庾楷黨於國寶，士馬甚盛，恭憚之，不能發，恭遂還鎮。臨別謂道子曰：「主上諒闇，冢宰之任，伊、周所難，願大王親萬機，納直言，遠鄭聲，放佞人。」辭色甚厲。至鎮，遂遣使與殷仲堪、桓玄相結，謀誅國寶，仲堪僞許之，恭大喜，乃抗表京師，論國寶與緒不忠之罪。道子懼，故收國寶及緒，誅之，以謝恭。

初，譙王尚之因説道子以宰相權弱，樹黨自衞。以司馬王愉爲江州刺史，割庾楷豫州四郡使愉督之。由是楷怒，遣子鴻説恭，言：「尚之兄弟專弄相權，貶削方鎮，宜早圖之。」恭以爲然，謀告殷仲堪、桓玄等。推恭爲盟主，尅期同赴京師。而恭誤，先期舉軍，遂敗，與弟履單騎奔曲阿。恭久不騎乘，髀肥生瘡。曲阿人殷確以私船載恭，藏於葦席之下，將奔桓玄。至長塘湖，爲商人錢彊告於長塘捕尉，因擒恭送之。至倪塘，而桓玄、殷仲堪已近，朝廷聞玄等逼，懼其有變，就殺之。

恭美姿儀，人多愛悅，或目之云：「濯濯如春月柳。」嘗冬月披鶴氅裘涉雪而行，孟昶見之，歎曰：「此真神仙中人也！」初見執，屬一庶子于湖熟令戴耆之以託桓玄，玄養之。案，晉書列傳：王恭性雖抗直，而闇于機會，自矜貴，不閑用兵，尤信佛道，臨刑猶誦佛經，自理鬚鬢，神無懼容，謂監刑者曰：「我闇于信人，所以致此，原其本心，豈不忠于社稷耶！」

庚申，遣太常卿殷茂以王恭死，喻殷仲堪及桓玄，玄等走尋陽。

冬十月，新野言騶虞見。壬午，仲堪與桓玄等盟于尋陽，推玄爲盟主。

十二月己丑，後魏托拔圭僭卽皇帝位于平城，號天興元年。己酉，南涼禿髮烏孤自稱武威王于金城，號太初元年。

是歲，吳興長城夏架山石鼓自鳴，聲如金鼓。古老云：「此石鼓鳴，則三吳有兵。」明年，孫恩作亂。案，晉書：夏架山石鼓，長丈餘，面徑三寸許，其下盤，盤石爲之。

三年春二月，建康太守段業自稱涼王，號天璽元年。是月，仇池公楊盛遣使稱藩，獻方物。

夏六月戊子，南燕慕容德陷青州，害龍驤將軍辟閭渾，德遂僭卽皇帝位於廣固。

冬十月，後秦姚興陷洛陽，執河南太守辛恭静。〔六〕

十一月甲寅，妖賊孫恩自入上虞攻陷會稽，殺内史王凝之。凝之，義之第二子，工草隸書。家世事張氏五斗米道，凝之篤信焉。孫恩之攻會稽，僚佐請爲之備。凝之不從，方入靖室請禱，出語諸將佐曰：「吾已請大道，許鬼兵相助，賊自破矣。」既而無備，遂爲恩所害。

恩既自稱征東將軍，據會稽，號其黨爲「長生人」，分遣寇吴興、永嘉殺太守謝邈、司馬逸等，〔七〕而吴國、臨海、義興等官守皆遁走，朝廷震懼，内外戒嚴。詔衞將軍謝琰、輔國將軍劉牢之東討。

邈字茂度，父鐵，太傅安之宗。邈性剛鯁，無所屈撓，頗有理識。累遷侍中。烈宗嘗讌樂之後賜侍臣文詔，辭義有所不雅者，邈輒焚毁之，論者多之。孫恩之亂，東破州郡，執邈，逼令北面，邈厲聲曰：「我不得罪天子，何北面之有！」遂害之。案，晉書：初，邈妻郗氏甚妬，邈在先娶妾，郗氏怨懟，與邈書聲絶。邈以其書非婦人作，疑門下生仇玄達爲之，遂斥逐玄達。玄達怒，投孫恩，及此并害邈兄弟，殆至滅門。

甲戌，謝琰、劉牢之進至義興。吴【原闕】

十二月，桓玄襲江陵，荆州刺史殷仲堪、南蠻校尉楊佺期並遇害。呂光立其太子紹爲天王，自號太上皇。是日，光死，呂纂弒紹而自立。

是歲，荆州大水，平地三丈。

殷仲堪，陳郡人。祖融、父師。仲堪能清言，善屬文，每云三日不讀道德論，便覺舌本堅强。調補佐著作郎。謝玄鎮京口，請爲參軍。除尚書郎，不拜。玄以爲長史，領晉陵太守。居郡禁産子不舉，久喪不葬，録父母以質亡叛者。父病積年，仲堪衣不解帶，躬學醫術，究其精妙，執藥揮淚，遂眇一目。居喪哀毁，以孝聞。服闋，孝武帝召爲太子中庶子，甚相親愛。仲堪嘗患耳聰，牀下蟻動，謂之牛鬭。帝素聞之而不知其人。至是，問仲堪曰：「患此者爲誰？」仲堪流涕曰：「臣進退維谷。」帝有愧焉。復領黄門郎，寵任轉隆。帝以會稽王非社稷之臣，擢所親幸以爲藩捍，乃授仲堪都督荆益寧三州軍事、振威將軍、荆州刺史、假節，鎮江陵。

仲堪雖有英譽，議者未以分陜許之。既受腹心之任，〔八〕居上流之重，朝野屬想，謂有異政。及在州，綱目不舉，而好行小惠，夷夏頗安附之。

先是，仲堪遊於江濱，見流棺，接而葬焉。旬日間，門前之溝忽起爲岸，其夕，有人通仲堪，自稱徐伯玄，云：「感君之惠，無以報也。」仲堪因問：「門前之岸是何祥乎？」對曰：「水中有岸，其名爲州，〔九〕君將爲州。」言訖而没。至是，果臨荆州。自在荆州，連年水旱，百姓飢饉。仲堪常食五椀，盤無餘肴，飯粒落席間，輒拾以噉之，雖欲率物，亦緣其性真素也。及與桓玄應王恭，後不受詔命，朝廷憚之。然與桓玄素不穆，司馬楊佺期屢欲攻玄，玄知，遂舉兵攻仲堪，仲堪急召佺期赴戰，俱爲玄所破，追殺之。案，殷氏家傳：從兄覬爲南蠻校尉，〔一〇〕有疾，仲堪往省焉，曰：「兄病可憂。」覬曰：「可病不至滅門，弟病深可憂也。」

四年春正月乙亥，大赦。

三月，彗星見於太微。以桓玄爲後將軍、荆州刺史。

夏四月，孫恩復寇浹口，轉破餘姚，使帳下督張猛别攻，殺内史謝琰。琰字瑗度，太傅安之子，與從兄玄破苻堅，封望蔡公。進衛將軍討孫恩，鎮會稽，爲張猛所破，并二子肇、峻同見害於塘路。案，晉書：後劉裕破孫恩，生擒張猛，送琰子混，〔一一〕混刳肝生食之。

六月庚辰朔，日有蝕之。

秋七月壬子，皇太后李氏崩於含章殿。

八月壬寅，葬簡文太后於脩平陵。

后諱陵容，出自賤微。始簡文爲會稽王時，有三子，及道生廢，後獻王早世，諸姬絶孕十年無子。乃令卜者扈謙筮之，曰：「後房有一女，當育二貴男，〔一三〕其一終盛晉室。」時徐貴人美寵，帝異之，久無子。會高士許邁者，朝臣時望多稱其得道。帝從容問焉，邁曰：「臣好山水，本無道術，斯事豈所能判！顧陛下當從扈謙之言，以存廣接之道。」帝然之。數年，乃令善相者遍召諸愛妾示之，皆云非其人。時后在織坊中，形長黑色，宮人皆謂之崑崙。既至，相者驚曰：「此其人也。」帝因召侍寢。后嘗夢兩龍枕膝，日月入懷，意爲吉祥，太宗聞之異焉，遂幸，生烈宗及會稽文孝王。崩，時年五十。案，后傳：后少時，善相者云：「終斃於虎。」及是，見畫虎於屛風，樸之，因有疾而終。

冬十一月，以司馬元顯爲後將軍、開府儀同三司、都督揚豫徐兗青幽冀并荆江司雍梁益交廣十六州諸軍事、揚州刺史，封其子彦璋爲東海王。〔一三〕是月，元顯逼吏部尚書車胤自裁，而使讓御史中丞江績爲朋黨，績憂卒。

江績字仲元，陳留圉人，護軍灌之子。有志氣，累遷南郡相。時荆州刺史殷仲堪舉兵應王恭，以要績與殷覬同行，屢言，績不從。覬慮績及禍，於仲堪坐中和解之。績曰：「大丈夫何至以死相脅！江仲元行年六十，但未知獲死耳。」一坐皆懼。仲堪憚其堅正，以楊佺期代之。朝廷聞，徵爲御史中丞。

司馬元顯專政，夜開六門，續密啟會稽王。時車胤亦言：「元顯驕縱，宜禁制之。」欲連表奏，道子未許。元顯聞而謂衆曰：「江績、車胤間我父子。」遂令責績而害胤。

胤字武子，南平人。父郁，〔一四〕爲郡主簿。太守王胡之見胤於童幼，謂其父曰：「此兒當大興卿門，可使專學。」及父卒，家貧，勤學不倦。乏油，夏月則以練囊盛螢火以照書，冬月躬自燃薪蕘。

及長，風姿美茂，機悟敏速。桓温辟爲從事，累遷征西長史。其時唯吴隱之與胤以寒素博學知名，顯於朝廷。性多給善於賞會，每有盛坐，車胤不在，皆云：「無車公不樂。」謝安游集，輒開筵待之。拜中書侍郎、領國子博士，除護軍將軍。

時王國寶諂于會稽王道子，諷尚書八座以道子爲丞相，加殊禮。胤不許，曰：「此成王所以尊周公也。今主上當陽，非成王之地，〔一五〕相王在位，豈得爲周公！」道子乃稱疾，不署其事。及國寶等疏奏帝，帝大怒，而嘉胤公正，遷吏部尚書。及元顯檀權矜慢，遂與江績密言于道子，事泄，遇害。

十二月，段業燉煌太守李暠背業，自稱秦涼二州牧、涼公，號庚子元年。

五年春三月，衆星西流，經牽牛，歷太微、紫微。

夏五月，孫恩轉破以東諸郡，吴國内史袁山松死之。沮渠蒙遜殺段業，自號大都督、北涼州牧。〔一六〕六月甲戌，孫恩奄至丹徒，遣軍襲破廣陵，京師大震。乙亥，内外戒嚴，百官入居於省，詔冠軍將軍高素等守石頭，游擊將軍毛邃屯白石，輔國將軍劉襲栅斷淮口，領軍將軍孔安國入次中堂皇。徵鎮北將軍劉牢之使冠軍將軍桓不才及劉裕擊孫恩，裕等大破恩於蒜山，恩退走。劉牢之令子敬宣與劉裕并軍海道窮追，再破恩於扈瀆，恩遂迸入海。

恩字靈秀，瑯琊人，世奉五斗米幻道。叔父泰字敬遠，好術幻，狡誑，人多惑之。太元末，爲新安太守，見天下兵起，以爲晉祚將終，乃扇動百姓，會稽王道子誅之。〔一七〕而恩逃於海島，衆聞泰死，皆謂蟬蜕登仙，争往海中資給恩。恩因聚合亡命，志欲爲泰復讎。既破州郡，衆數十萬，至是討破之。案，晉書孫恩傳：泰師事錢塘杜子恭，有秘術。嘗就人借得割瓜刀，其主求之，恭曰：「當即相還。」至嘉興，有魚躍入舟中，因破魚得瓜刀子。其爲神効，往往如此。子恭死，泰傳其術。

秋七月，以輔國司馬劉裕爲建威將軍。癸丑，大角星散摇五色。

是歲，大飢，禁酒。

六年春正月庚午朔，大赦，改元元興元年。荆州刺史桓玄舉兵反於江陵，因孫恩亂，託爲勤王，移檄京師，罪狀司馬元顯。案，晉書帝紀：朝廷初密令司馬元顯西討桓玄，以劉牢之爲先鋒，玄聞大懼，謀保江陵。長史卞範之説於玄，曰：「公振威名於天下，司馬元顯口尚乳臭，劉牢之又久失人情，若以兵臨，土崩之勢可翹足待也。」玄信，遂舉兵東下。詔以後將軍元顯爲驃騎大將軍、征討大都督，率衆討桓玄。丙子，建牙於東府，持牙者良久乃正，持黄鉞者馬倒。丁酉，以鎮北將軍劉牢之爲前鋒，屯於溧洲。

二月，帝戎服餞元顯於西池，賦詩者九十八人。丁巳，詔兼侍中齊王柔之以騶虞幡宣告荆、江二州。丁卯，桓玄敗王師於姑孰，齊王柔之、譙王尚之皆遇害。

三月，劉牢之在溧洲，與親信密議曰：「桓玄少有雄名，今仗全楚之衆，懼不能制。」又慮平玄後，〔一八〕功蓋天下，必不爲元顯所容，且如何？玄知牢之疑阻，遣何穆來説牢之。牢之自謂握强兵，才能算略足以經綸江表，既見譙王等敗，遂遣使與玄交通。外生何無忌與劉裕固諫，不從。己巳，遣子敬宣降於玄。玄大喜，置酒，出法書名畫共敬宣觀之，玄佐吏莫不相視笑於坐。辛未，劉牢之衆進破王師於新亭，大將軍元顯及世子彦璋，冠軍將軍毛泰、毛邃等並遇害。〔一九〕

元顯字朗君，會稽王世子。以父故，年十六任侍中，累轉中書令。時會稽王作相，荒醉，每爲長夜飲，不悉朝政，衆望去之。元顯知，謀奪其父權，諷天子解道子揚州司徒，而道子不之覺。元顯領揚州刺史，以瑯琊王德文領司徒。既而道子酒解，見幕下非揚州執吏，方知去職，大怒，而無如之何。

元顯性苛刻，生殺自己。及孫恩作亂，加録尚書事，政無大小，一委之。時謂道子爲東録，元顯爲西録，西府車騎填凑，東第門下可設雀羅。東第，卽今東府城也。

於時軍旅薦興，國用虚竭，而元顯聚斂不已，富過帝室。然復無良師，正言不聞，諂譽日至，或以爲一時英傑，或謂風流名士，由是自謂無敵天下，驕侈日增。帝以其有翼亮功，加都督十六州諸軍事。孫恩破後，而桓玄稱兵上流，用司馬張法順計，發兵南討，差池未進。而桓玄奄至新亭，遂退次國學，尋敗於宣陽門。使人收之，并其六子同斬於市，時年二十八。案，晉書：義熙中，〔三〇〕有稱元顯子秀熙避難蠻中而至者，太妃請以爲嗣。劉裕意其詐而案驗之，果散騎郎滕羡奴苟藥也，〔三一〕誅之。太妃不悟，哭之甚慟。

壬申，桓玄頓新亭，自稱侍中、丞相、録尚書事，假黄鉞、羽葆鼓吹，遷會稽王道子爲安城王，〔三二〕遣之國，以劉牢之爲會稽内史。

牢之字道堅，彭城人，楚元王交之後。曾祖羲，〔三三〕父建世有勇稱。牢之面紫赤色，鬚目驚人，而沈毅多計畫。謝玄北鎮廣陵，舉牢之爲參軍。苻堅入寇，〔三四〕玄以牢之爲前鋒，百戰百勝，號爲「北府兵」，敵人畏之。累以功遷龍驤將軍，進平河南，城堡皆承風歸順。尋爲慕容垂破於鄴東五橋津，〔三五〕牢之窘急，策馬跳五丈澗，獲免，轉爲兖州刺史、王恭府司馬。

及王恭舉兵向京師，牢之背恭歸朝廷，詔以牢之代恭，都督兖、青、冀、幽等軍事。既而又背國依桓玄，玄得志用爲會稽内史，牢之怏怏不平，欲自班瀆走據江北拒玄，諮議參軍劉襲進曰：「事不可者，莫大於反，而將軍往年反王兗州，近日反司馬郎君，今復欲反桓公。一人而三反，豈得立也。」遂趨而出，佐吏多散走。牢之乃自縊新安。長子敬宣至，不遑哭，奔於高雅之，俱投慕容超。〔三六〕牢之喪歸至丹徒，玄令斲棺斬屍。

夏四月，玄矯詔大赦，改元大亨元年。庚子，出鎮姑孰，諷朝廷以誅元顯功，别封豫章郡公，自稱太尉、揚州牧，總百揆，以從兄謙爲尚書僕射。朝事大政，皆諮玄，而小事決於謙。子弟皆封公。又矯詔爲桓温諱，姓名同者並改之。

五月，玄欲簡汰沙門，非明至理者，悉罷之。又議令沙門致敬王者，匡山惠遠法師諫止之。案，惠遠集：隆安六年，桓公遺書於惠遠，言沙門令致敬王者，惠遠答書論不可致之意。又言袈裟非朝會之服，缽盂非廟廊之器，軍國沙門之像，竊所未亡，遂著沙門不敬王者論五篇。一論在家；〔三七〕二論出家；三論求宗不順化；四論體不兼應；五論形盡神不滅。著是五論，以明出家之法，不合同俗以致敬於王者。

孫恩復寇臨海，臨海太守辛景破恩，〔三八〕追斬萬計。恩窮蹙，乃赴海自沉，妖黨及妓妾謂之水仙，投水從死者百數。徐道覆率餘衆推恩妹夫盧循爲主。

六月，秃髮利鹿孤死，弟傉檀嗣僞位。

秋八月庚子，尚書下舍災。

冬十月，有客星，色白如粉絮，在太微西，至後月入太微。

十二月，玄酖殺會稽王司馬道子於安城。

道子出後瑯琊孝王，少以清澹爲謝安所稱。年十歲，封瑯琊王。烈宗卽位，改封會稽國，進位丞相、都督中外諸軍事。

時烈宗不親萬機，與道子長夜飲酣歌爲務，好學浮圖法，親暱僧尼，並竊弄權。所親皆是小豎，官以賄遷，朝政謬亂。左衞將軍王榮上疏，〔三九〕論得失四事諫之，極陳禍福。不從，委任奸人王國寶、王緒等。及王恭稱兵，乃殺國寶等，以悦於恭。嬖人趙牙、茹千秋皆諂佞進任之心腹，牙爲道子開東第，築山穿池，列樹竹木，功用鉅萬。又使宫人爲酒肆，沽賣水側，道子與親暱乘船就之飲宴爲笑樂。烈宗嘗幸其宅，謂道子曰：「府内有山，因游矚，甚善也。然修飾太過，非示天下以儉。」帝去，道子謂牙曰：「上若知山是板築，爾必死矣！」牙曰：「公在，牙何敢死！」

道子既恃寵，乘酒多失。烈宗少惡之，更得博平令聞人奭上疏言專恣任用姦人，益不平，出王恭、殷仲堪、王珣等爲外任，以彊王室，而潛制道子。道子又收心腹，由是朋黨競扇。時尚書令陸納望宫闕而歎曰：「好家居，纖兒欲壞之。」

及帝卽位，進太傅、揚州牧，子元顯爲侍中。及元顯奪權，公卿皆去道子，唯尚書車胤往來問訊，元顯聞之，使收胤。道子大怒，曰：「奴猾，斷我與士大夫語耶！」桓玄既乘釁，而劉牢之降，元顯衆潰，奔入相府，問計於道子。道子無佗言，對泣之。玄奏道子酣縱不孝，當棄市。詔徙安城，玄使御史杜竹林竟酖殺之。案，晉書：桓玄嘗候道子，正遇其醉，賓客滿堂。道子張目謂人曰：「桓温晚途欲作賊云何？」玄伏地流汗不得起。長史謝重舉手版答曰：「故宣武公黜昏登聖，功超伊霍，紛紜之議，宜裁鑒覽。」道子頷曰：「儂知！儂知！」因舉酒屬玄，玄乃起。由是玄益不自安，切齒於道子也。

是月，曲赦廣陵、彭城大逆已下。無麥禾，天下大饑。

二年春二月乙卯，桓玄矯詔自稱大將軍。

夏四月癸巳朔，日有蝕之。

六月，加建威將軍劉裕彭城内史。

秋八月，玄又自號相國，加九錫，備典物，諷帝御前殿策授之，封南平、宜都等十郡爲楚王。殷仲文、卞範之促成篡奪事。

冬十一月丁丑，矯詔加天子禮樂，使王謐兼太保奉皇帝璽紱禪位於楚。是夜，熒惑犯東上相。壬午，遷帝於永安宫。癸未，移太廟神主於瑯琊國。

十二月壬辰，玄篡卽帝位於姑孰城南九井山，百寮陪列，妄稱萬歲。又不易帝諱，版爲文告天。於是大赦，改元爲永始元年，國號大楚。始整肅儀仗，而龍旂竿折。癸巳，以南康平固縣奉帝，爲平固王，遷居尋陽。追尊父温爲宣武皇帝，廟稱太祖，爵子弟宗室爲王，進封功臣，以王謐爲武昌公，殷仲文爲東興公，卞範之爲臨汝公。戊戌，入於建康宫，逆風迅激，旍旗傾偃。將升太極殿，御牀忽陷，羣臣失色。殷仲文進曰：「良由聖德隆重，厚地所不能載。」玄大悦。乙巳，月奄軒轅第二星。辛亥，帝蒙塵於尋陽。是冬，酷寒過甚，以爲朝政失在舒緩，而桓玄苛酷之應也。案，劉向云：「周衰，無寒歲；秦滅，無燠年。」此之謂也。

三年春正月，玄築别苑於冶城。案，地志：其城本吴冶鑄之地，因名焉。王導疾作，因徙移冶山石頭城西，以地爲西園。故晉書：成帝幸司徒府，游觀西園，即此處也。太興初，王導請郭文舉居之，爲築臺，今見在城内近東北角。太元十五年，武帝爲江陵沙門法新於中立寺，〔三〇〕以冶城爲名。至是，桓玄盡移僧出居太后寺，以寺爲苑，在今縣城西牆西廢城也。廣起樓榭，飛閣複道，延屬於宫城也。戊戌，熒惑逆行，犯太微西上相。

二月，帝在尋陽。庚寅，夜濤水入石頭，〔三一〕漂毁大航殺人，其聲動天，玄大懼。乙卯，建威將軍劉裕帥劉毅、何無忌、孟昶、檀憑之等起義兵於丹徒。丙辰，斬徐州刺史桓脩於京口。

脩字承祖，〔三二〕温弟沖子也。尚簡文子武昌公主。及玄篡，用爲鎮北將軍、徐州刺史，以劉裕爲中軍參軍。裕起義，斬之，梟首。

玄以京口不守，不悦，召左右議，或勸坐逸待勞，使其空行二百里，卒遇大衆。卞範之、桓謙等苦争，乃遣將吴甫之進拒，使皇甫敷以精兵三千繼之，敗劉裕前軍，殺檀憑之。

憑之字慶子，高平人。少有志力。閨門雍睦，爲世所稱。從兄子韶昆弟五人，皆幼弱而孤，憑之撫養若己所生。與劉裕州閭之舊，以寧遠將軍，數與裕同東征，情好日甚密。義旗建，憑之有私艱，墨縗而赴。以建武將軍爲前鋒，而陷於羅落橋，劉裕聞憑之陷，急馳進。

戊午，〔三三〕大破吴甫之於江乘，而遇皇甫敷於羅落橋。憑之既死，裕獨倚大樹，敷縱兵圍之，前問曰：「你欲何死？」裕怒叱之，敷人馬皆仆，裕遂斬敷。案，三十國春秋云：皇甫人馬既倒，仰謂裕曰：「君有天分，願以子孫相屬。」裕殺敷而善待其子孫。初，義兵舉也，劉裕嘗與何無忌、魏詠之同會檀憑之舍，時相者晉陵韋叟，遍相諸公皆吉，而目憑之曰：「有急兵厄，其候不過三日，宜深避之，不可輕出。」而果羅落橋之所害也。玄聞吴甫之及敷等二軍皆没，大懼。使桓謙次陵口，卞範之次覆舟山，多張旗幟。己未，裕率衆乘勝進破，因北風，放火，煙塵翳天。玄衆大潰，輕舟南走。

庚申，劉裕入京師，鎮東府，置留臺，具百官。以司徒王謐領揚州刺史、録尚書事，裕都督揚徐等州諸軍事、鎮軍將軍、徐州刺史，餘並假進軍號。壬戌，焚桓温神主於宣陽門。辛未，桓玄至尋陽，逼帝西上。丙戌，密詔以幽逼於玄，萬機虚曠，令武陵王遵依舊典，承制居東宫總百揆，加王侍中。乃大赦謀反已下，惟桓玄一祖不宥。劉毅於衆問王謐曰：「璽紱何在？」謐大懼，奔曲阿。劉裕使孟昶追宥，令復位。

夏四月，武陵王遵稱制，行天子事。庚寅，帝至江陵。庚戌，輔國將軍何無忌、振武將軍劉道規等進軍躡玄後，追破玄將庾稚、〔三四〕何澹之於湓口。玄復逼帝東下。

五月癸酉，冠軍將軍劉毅大破玄於崢嶸州。己卯，帝又幸江陵殷仲文自巴陵奉二后來歸。辛巳，荆州別駕王康産、南郡太守王騰之奉帝居於南郡。壬午，益州都護馮遷斬桓玄於貊盤洲。〔三五〕

玄字敬道，一名靈寶，温之孽子也。其母馬氏，嘗與同輩夜坐月下，流星墜銅盆水中，如二寸火珠，冏然明浄，競以瓢接取，馬氏得而吞之，遂有娠，生玄。及産，夜光照室，占者奇之，故小名靈寶。嬭媪每抱詣温，輒易人而後至，云其重兼常兒，温甚愛異之。臨終，年尚幼，弟沖命以爲嗣，襲爵，封南郡公。

及長，形貌瓌奇，風神疎朗，博綜文武，常負其才地，以雄豪自處，衆憚之。年二十三，始拜太守，鬱鬱不得志。嘗登高望震澤歎曰：「父爲九州伯，兒爲五湖長！」遂棄官歸國。時議謂温有不臣之迹，故折玄兄弟而爲素官。玄自以元勳之門，而負謗於世，乃上疏自理，寢不報。在荆楚積年，優游無事。及王國寶用權，内外騷動，玄因説荆州殷仲堪舉兵，與王恭同匡朝政。朝廷乃殺國寶以謝，乃罷兵。時會稽王道子秉政，以玄爲廣州刺史。

隆安初，王恭又起兵討江州刺史王愉，仲堪給玄兵五千人，以應恭。尋詔玄爲江州刺史，玄始得志，襲破江陵，殺仲堪於冠軍城。遂收羅荆雍，廣樹腹心，兵馬日盛。屢上疏求討孫恩，朝廷知其志，乃内外爲備。玄遂舉兵下破王師，頻矯詔自改進爵位，殺害朝權，而擁强兵出鎮姑孰。

本無資力，好爲大言，乃詐表請平姚興，又諷朝廷作詔，不許，衆竊笑之。〔三六〕謀欲篡奪，以爲代謝之際，宜有符瑞，遂僞云江州甘露降王成基家竹上。又以歷代咸有肥遁之士，而己世獨無，乃徵皇甫謐六世孫希之爲著作郎，而密令讓不受，號曰高士，時人名爲「充隱」。議復肉刑，斷錢貨，廻復改易，造革紛紜。性貪鄙，好奇異，珠玉不離於手。人士有法書好畫及佳園宅者，悉欲歸己，猶難逼奪之，皆蒲博而取。遣臣佐四出，掘果移竹，不遠數千里。十一月，玄矯制使王謐兼太保、領司徒奉皇帝璽禪位於己。恐帝不肯爲手詔，又慮璽不可得，逼臨川王寶請帝自爲手詔，因奪取璽。比臨軒，璽已久出，玄甚喜。及篡位，初出僞詔，改年爲建始，右丞王悠之曰：〔三七〕「趙王倫僞號也。」又改爲永始，復是王莽始執權之歲，其兆號不祥如此。僞永始二年，以其妻劉氏爲皇后。

玄性好畋遊，以體大不堪乘馬，又作徘徊輿，施轉關，令迴動無滯。出遊水門，飄風飛其儀蓋。玄自篡奪之後，驕奢荒淫，遊獵無度。又性急暴，呼召嚴速，直官咸繫馬省前，禁內讙雜，無復朝廷之體。百姓疲苦，朝野怨怒。於是劉裕、劉毅、何無忌等共謀興復。及皇甫敷敗没，玄大懼，乃召諸道術人推算數爲厭勝之法。使桓謙、何澹之屯東陵，卞範之屯覆舟山西，謙等軍敗，玄率親信數千人聲言赴戰，遂將其子昇、兄子濬出南掖門，西至石頭，具船南奔。

初，玄在姑孰，將相星屢變；篡位之夕，月及太白，入羽林，玄惡之。及敗走，腹心勸其戰，玄不暇答，直以策指天。經日不得食，左右進麄飯，咽不能下。昇年數歲，抱玄胸而撫之，玄悲不自勝。至尋陽，江州刺史郭昶之給其乘輿器用兵力。殷仲文自後至，望見玄備帝者之儀，歎息曰：「敬道敗中復振，故可也。」玄挾帝西上，至江陵，更署置百官。以奔敗之後，嚴肅法命。劉裕使劉道規、何無忌等追玄，破郭昶之於桑落洲。尋令鄱陽太守徐放下說解義軍，放對曰：「劉裕爲唱義主，劉毅兄爲陛下所誅，並不可說也。」玄率舟艦將出，而劉毅與道規等破之，玄衆大潰，僅得走追船。

時益州刺史毛璩弟子脩之，爲玄屯騎校尉，誘玄入蜀，玄從之。至枚回，璩參軍費恬與毛祐之等迎擊之，〔三八〕矢若雨，有箭，子昇輒拔去之。馮遷抽刀而前，玄曰：「何人敢殺天子？」遷曰：「欲殺天子之賊爾。」遂斬之，時年三十六。子昇曰：「我是豫章王，諸軍莫見殺。」遂送江陵斬於市。

初，安帝元興中，衡陽有雌雞化爲雄，八十日而冠萎。及玄建國於楚，衡陽屬焉，自篡至敗，凡八旬矣。時又有童謡云：「長竿巷，巷長干，今年殺郎君，明年斬諸桓。」毅等傳玄首梟於大桁。

卞範之字敬祖，濟陰宛句人也。〔三九〕識悟聰敏。桓玄爲江州刺史，範之爲長史，委以心膂。玄將篡位，範之爲侍中，其禪詔，文皆範之辭也。後進尚書僕射，玄平，斬於江陵。

癸巳，〔四〇〕乘輿反正於江陵。甲申，詔曰：「奸凶篡逆，自古有之。朕不能式遏杜漸，以至播越。賴鎮軍將軍裕英略奮發，忠勇絶世；冠軍將軍毅等誠心宿著，協同嘉謀。義旗既振，士庶効節，社稷再安，四海齊慶。其大赦天下，凡諸遇脅，一無所問。」戊寅，〔四一〕奉神主入於太廟。

閏月己丑，桓玄揚武將軍桓振又陷江陵，劉毅、何無忌退守尋陽，帝復蒙塵於賊營。

秋七月戊申，永安皇后何氏崩。

八月癸酉，祔葬穆章皇后於永平陵。

后諱法倪，廬江灊人也。父準。后無子，哀帝立，稱穆皇后，居永安宮。桓玄篡位，移居入司徒府。路經太廟，后停輿慟哭。玄聞怒，曰：「天下禪代常理，何預婦人之事！」乃降爲零陵縣君。與帝西上。劉裕平桓玄，迎后還屬，戎革之後，與百姓同其豐儉。年六十六崩，在位凡四十八年。

準字幼道，高尚寡欲，州府交辟，不起。時兄充勸令仕，準曰：「第五之名何減驃騎？」準兄弟中第五，故有此言。充居宰輔，散帶衡門，〔四二〕不及人事。年四十七卒。升平初，追贈金紫光禄大夫，封晉興縣侯。子惔，以父志表讓不受。

冬十月，盧循寇陷廣州，執刺史吴隱之，而表朝廷以隱之黨附桓玄，宜加顯戮，詔不許。

四年春正月，帝在江陵。南陽太守魯宗之起義兵，襲破襄陽，進逼江陵。桓振以帝次於江津。辛卯，宗之破振將温楷於柞溪，進次紀南，爲振所敗。桓振復襲江陵，荆州刺史司馬休奔於襄陽，〔四三〕建威將軍劉懷肅等討振戰於沙橋，振中流矢，廣武將軍唐興臨陣殺振。

振字道全，奮威將軍石虔子。少果鋭無行，玄篡，以爲江夏相、揚武將軍。及玄敗，挾帝上江陵，振率兵隨之。玄死後，遂逼帝於行在，諸桓從之，將欲肆逆，桓謙止之。乃命進辭以楚祚不終，百姓之心復歸於晉，謹奉璽綬，以瑯琊王德文領徐州刺史，振自爲都督八州諸軍事、鎮西將軍、荆州刺史。多選腹心，爲帝左右。以帝居江陵，遂爲玄舉哀，立喪庭，僞謚武悼皇帝。既而歎曰：「公昔不早用我，故見此敗。若使公在，我爲前鋒，天下不足定。今獨作此，安歸乎！」遂肆意酒色，多所殘害。尋而魯宗之、劉懷肅等破振軍於沙橋，振時醉，見殺於陣。何澹之、桓謙等走投姚興。

謙字敬祖，温弟沖次子。詳正有器望。桓玄用事，累遷侍中、衛將軍、開府、録尚書事。與卞範之拒義軍於蔣山，敗，隨玄之江陵。及桓振作亂逼帝，謙每保護乘輿。及振敗，謙奔後秦。案，晉書：後譙縱反，據蜀，遣使稱藩於姚興，聞桓謙在秦，請謙共順流東討劉裕。興問謙，謙因言：「臣門素著恩荆楚，今與縱東下，百姓必駭動。」興曰：「水小不容大舟，若縱才力足以濟事，亦不假君爲鱗羽，宜自求多福。」謙因請行。遣謙至蜀，人士多歸之，縱乃置謙於龍格，使人守之。謙泣曰：「秦王神矣。」後與縱將譙道福俱下，至江陵，人庶投者二萬，爲荆州刺史劉道規破斬之。

丁酉，乘輿反正，與瑯琊王德文幸劉道規舟。〔四四〕戊戌，詔曰：「逆臣桓玄乘釁肆亂，誣罔天人，篡據極位。幸天祚社稷，義旗載捷，狡徒沮潰，朕獲反正。斯實宗廟之靈，勤王之勳。豈朕一人，獨享斯祐，恩與億兆，幸兹更始。其大赦天下，改元爲義熙元年，唯玄、振一祖不在原例。其賜百官爵二級，〔四五〕鰥寡孤獨穀人五斛。

二月丁巳，留臺備法駕乘輿，迎帝於江陵。是月，益州刺史毛璩使將軍譙縱、侯暉等討時延祖於白帝城，暉等因梁州兵不樂東征，遂謀衆立縱爲主以叛，還攻璩弟於涪，尅之，自稱成都王。

三月甲午，帝至自江陵，百官望拜於新亭。乙未，群臣詣闕請罪，詔慰曰：「此非諸卿之過也。」庚子，詔曰：「朕以寡昧，遭家不造。逆臣桓玄，乘釁縱慝，窮凶恣虐，滔天泯夏。誣罔人神，肆其篡亂。祖宗之基既湮，七廟之饗斯殄，若墜淵谷，未足斯譬。皇庶有晉，固縱英輔，鎮軍將軍、青徐二州刺史裕，忠誠天發，神武命世，義聲一唱，二溟波卷，英風振路，宸居清翳。冠軍將軍毅、輔國將軍無忌、振武將軍道規，舟旗遄邁，而元凶傳首，廻戈疊揮，則荆漢霧廓。俾宣、元之祚，永固於嵩、岱，而宗庸命德，聖哲攸先。鎮軍可進位侍中、車騎將軍、録尚書事；毅進號左將軍；無忌右將軍、會稽内史；道規輔國將軍、荆州刺史。」戊戌，劉裕、何無忌等抗表遜位，詔不許，加裕都督中外諸軍事。

夏四月戊辰，劉裕旋鎮京口，帝餞於東堂。壬申，以盧循爲平越中郎將、廣州刺史。循遣使遺劉裕益智粽子，裕答以續命湯。

五月癸未，詔禁絹扇及樗蒲。

秋七月庚辰，太白比晝見於翼軫。

是歲，涼王李暠奉表稱藩。

二年夏四月，無錫獻白龜。

冬十月，論匡復功，進封劉裕豫章公，邑萬户；劉毅南平公，五千户；何無忌安成公、劉道規華容公，追封檀憑之曲江公，各三千户；孟昶臨汝公、劉藩安陸公、諸葛長民新淦公、魏詠之江陵公，〔四六〕各二千五百户；餘封賞並有差。

三年春二月，劉裕入朝。誅東陽太守殷仲文及弟叔文、道叔等三人。仲文，陳郡人，南蠻校尉覬之弟。有美才容貌。從兄仲堪薦於會稽王道子，累遷至新安太守，妻即桓玄姊也。聞玄平京邑，棄郡投玄。玄將篡，九錫文，仲文辭也。及玄篡位，總領詔命，以玄勳，爲玄侍中。極奢侈，家累千金。

及玄敗，因奉二后歸義，遷尚書郎。帝反正，仲文上表求自解，不行。劉裕引爲長史，冀因是進，既不得志，常居怏怏有不滿心，因月朔與衆至大司馬府，中有老槐樹，顧之歎曰：「此樹婆娑，生意盡矣！」尋遷爲東陽太守，意彌不平。統於何無忌，至郡不謁，無忌以爲輕己，銜之。及府將駱冰謀反，下獄，遂令冰辭引仲文兄弟。劉裕以前黨桓玄，因收之，并桓胤、卞承之等同下獄，伏誅。案，晉書：仲文初在東陽，照鏡不見其面，數日遇害。謝靈運嘗云：「殷仲文讀書半袁豹，而文才不減班固。」言其文天分多而見書少也。

己丑，〔四七〕大赦，除酒禁。

夏六月辛卯，熒惑犯辰星，在翼。是月，後秦姚興將赫連勃勃僭稱天王於朔方，國號夏。

九月，彭澤令陶潛去職而歸，作歸去來一章，以叙其志。

冬十月，禿髮傉檀僭涼王位於洛都。後燕高雲殺慕容熙，雲僭位。是歲，龍驤將軍朱綺戍壽陽。婢炊飯，〔四八〕忽有群烏集竈，競來啄噉，婢驅逐不去，有獵狗咋殺兩烏，餘烏因共啄殺狗，又噉其肉，唯骨在。

四年春正月甲辰，詔劉裕爲揚州刺史，自丹徒入居東府輔政。庚申，侍中、太保、武陵王遵薨。

遵字茂遠，元帝孫。年十二，襲封武陵，受拜流涕。桓温死後，右將軍桓伊造遵，遵大怒曰：「何故通桓氏。」左右對曰：「桓伊與桓温疏屬，無嫌也。」遵曰：「我聞人姓木邊字，便欲殺之，況諸桓乎！」

夏四月丙午，〔四九〕進孟昶尚書左僕射，仍領吏部尚書。

冬十月，雷。大風拔樹。〔五〇〕

五年春正月辛卯，尋陽地震。〔五一〕

二月，南燕慕容超寇淮北，執我平陽太守劉千載、濟南太守趙元。

三月己亥，〔五二〕大雪，平地數尺。劉裕表伐南燕。甲午，〔五三〕建牙誡嚴。

四月，帝餞裕于西堂。己巳，舟師發京邑，自淮入泗。

五月，次下邳，捨舟步進，所向無前。

六月，震太廟。丙寅，裕大破燕軍於臨朐。

秋七月，姚興將乞伏乾歸僭稱西秦王於苑川。

九月戊辰，〔五四〕後燕離班殺其主高雲，雲將馮跋殺班，自立爲燕王。

六年春正月，盧循爲始興太守徐道覆自番禺説循，〔五五〕曰：「本停嶺外，豈爲子孫？實以劉裕難與爲敵。今頓兵燕城下，未有還日。以我思歸衆，掩何、劉如反掌耳。既尅京師，挾天子，誅執政，改鎮守，傾根本，劉裕縱還，無能爲也。」循從之。

二月，劉裕尅南燕，獲主慕容超，歸斬建康市，盡平齊地。

三月，廣州刺史盧循舉兵反，過寇南康，破廬陵、長沙，逼江州，刺史何無忌死於豫章。無忌，東海郯人也。少有大志，忠亮任氣，人有不稱其心者，輒形於言色。起家爲太學博士。時鎮東將軍劉牢之即其舅也，在京口，每有大事，常與參議之。元顯子彦璋封東海王，以無忌爲國中尉。及桓玄害彦璋於市，無忌慟哭而出，時人義焉。

玄既篡逆，劉毅家居京口，與無忌素善焉，言及興復之事，無忌曰：「桓氏强盛，其可圖乎？」毅曰：「天下自有所歸，雖强易弱，正患事主難得耳！」無忌曰：「天下草澤中非無英雄也。」毅曰：「唯有劉下邳。」無忌笑而不答，還以告裕。裕初爲劉牢之參軍，與無忌相親結。

至是，因密共圖玄，遂要結毅等同舉義兵，襲破京口。案，三十國春秋：義起，衆令無忌作檄文。無忌重燭爲之，其母劉牢之姊，伺於屏風上見之，喜曰：「我不如東海呂母明矣。汝能如此，吾讐雪矣！」

玄聞劉裕及無忌等起兵，甚懼。其黨曰：「劉裕烏合之衆，勢必無成，願不爲慮。」玄曰：「劉裕勇冠三軍，當今無敵；劉毅家無儋石之儲，樗蒲一擲百萬；何無忌，劉牢之外生，酷似其舅，三人共舉大事，何謂無成！」玄敗後，武陵王承制，以無忌爲輔國將軍與劉道規追桓玄，大破玄將何澹之。

義熙初，遷都督荆、江二州刺史，進鎮南將軍。盧循作寇，使徐道覆順流而下，舟檻皆重樓强弩。無忌拒之，爲循所敗。無忌厲聲曰：「取我節來！」躬執節以苦戰，遂握節而死。詔贈司空。以輕鋭而没，朝野痛之。

夏四月，劉裕自廣固留左將軍劉敬宣爲青州刺史。癸未，裕至京師。甲申，劉毅表南征，發自姑孰，大風折木。

戊子，〔五六〕衛將軍劉毅與盧循戰於桑落洲，王師敗績。丙辰，〔五七〕尚書左僕射臨汝公孟昶懼賊盛不敵，上表曰：「中軍北伐，衆並不同，贊成此役，唯臣而已。今狂寇乘間，宗廟危逼，臣之罪也。臣請引分，以謝天下。」封表畢，歸自殺。

昶字彥遠，平昌人。爲桓弘兗州主簿，劉邁與昶不善，每譖於桓玄，昶懼。乃與劉裕等同謀起義，尅日共劉毅率六十人入廣陵城，斬桓弘，卽日以其衆過江，會劉毅於京口。累遷位丹楊尹、尚書左僕射。

及盧循寇逼，何無忌、劉毅相次敗，而劉裕北伐新還，〔五八〕恐不能敵，與諸葛長民議權奉帝過江避賊。劉裕不許，曰：「今兵雖少，猶可拒戰，大丈夫終不能草間求活。」昶策其弗尅，請前死以謝朝廷。裕怒曰：「卿且用一戰，死復何晚！」昶遂上表，自縊而死。案，晉列女傳：昶初起義，謂其妻周氏曰：「劉邁毁我於桓玄，便一生淪陷，決當作賊。卿幸可早離絶，脱得富貴，相迎不晚也。」周氏曰：「此非妾所離，自君二親在堂，欲建非常之謀，豈婦人所敢諫！事之不成，當於奚官奉養大家，義無歸志。」昶愴然久之，不言而起。妻追昶還坐，曰：「觀君舉止，非謀及婦人，不過欲得財物耳。」指抱所生女示昶曰：「此兒可賣，亦當不惜，況貨財耶！」遂傾資産以給軍事。又語叔覬妻云：「昨夜夢殊爲不佳，在於赤色，先不宜也，有此物可悉藏之。」覬妻大懼，以爲然，所有絳繒悉斂付之。周氏乃置帳中，潛制軍服，軍儀獲舉，周有力焉。

己未，大赦。以劉裕爲太尉。乙丑，内外戒嚴，詔太尉裕出屯石頭，徙南岸民居渡淮北發材板柵石頭，使築柤浦、藥園、廷尉三壘。以大司馬、瑯琊王德文都督宫城諸軍事，屯中堂皇，冠軍將軍劉敬宣屯北郊，輔國將軍孟懷玉屯丹楊郡，建武將軍王仲德屯越城，廣武將軍劉懷默屯建陽門。

六月，循軍次三山，先鋒度新林，劉裕登石頭城而望，籌之曰：「賊若新亭直上，須避之；

如廻泊蔡洲，此成擒耳。」循將徐道覆請於新亭，焚舟而戰。循曰：「不然，我大軍未至而孟昶自殺，觀其形勢，不戰而破，不如按甲蔡洲以待之。」初，劉裕望見船向新亭，有懼色。及見廻泊蔡洲，喜曰：「賊落吾下也。」使寧遠將軍索邈領鮮卑裝虎班突騎千餘匹，皆被練五色，自淮南岸耀兵至於新亭。循軍聚而觀之，憚於陸戰，乃引艦攻石頭栅城。神弩亂發，引退設伏，於南岸列陣，裕率毅、諸葛長民拒戰，縛以大筏，因風逼之，大破循軍於江中，循遁走。案，三十國春秋：時有童謠云：「官家養蘆花作荻，蘆生不止自成積。」又曰：「蘆荻泛泛逐水流，東風吹耳起，那能入石頭。」丙寅，震太廟鴟吻。〔五九〕

秋七月，詔解嚴，治水軍於東府。庚申，遣將軍孫季高潛自東洛，浮海取廣州。甲子，使河間內史蒯恩、王仲德爲前鋒，追盧循，劉裕自總大軍繼之。盧循上寇荆州，軍敗，走尋陽。

冬十二月壬辰，裕率諸將大破盧循於豫章。無錫人，年八歲，一旦暴長八尺，髭鬚蔚然，三日而死。

七年正月己未，〔六〇〕劉裕還軍京師，進大將軍，加班劍二十人。

二月壬午，右將軍劉藩追斬徐道覆於始興，循走交阯。

循字子先，小名元龍，范陽人。司空從事中郎諶之曾孫。雙眸冏徹，瞳子四轉，善草隸書。沙門惠遠見而謂之曰：「君雖體涉風素，而志存不軌。」孫恩死後，統衆入東陽，劉裕討之，循走，泛海因奔廣州，襲破刺史吴隱之，自行州事，號南平將軍，遣使貢獻。朝廷以新定桓氏，中外多虞，未遑討伐，因乃假盧循征虜將軍、廣州刺史。

義熙中，劉裕伐慕容超，循姊夫徐道覆説循舉兵度嶺，掩襲京邑。既聞劉裕還，衆懼，勸循還軍，上據荆、湘，以割天下之半。循自新亭上軍，循又不聽。道覆歎曰：「我爲盧公所誤也，事必無成。使我得遇英雄主，驅馳天下，不足定也！」及劉裕破循，循單舸走還，欲保廣州。而孫季高潛以浮海襲陷番禺，收其家，執其父母等。循既度嶺，聞廣州已平，遂進交阯，至龍編。

夏四月，交阯刺史杜慧度詐而敗之，循勢屈，知不免，先鴆其妻子及妓妾數十人，而捨其樂從死者，遂自投水而死。慧度取其屍斬之，傳首京師，梟於大航。

八年春三月甲寅，山陰地陷四尺，有聲如雷。

夏五月，乞伏公府殺乞伏乾歸，乾歸子熾盤誅公府，〔六一〕僭卽僞位。

秋八月庚子，征西大將軍劉道規卒。〔六二〕道規字道則，太尉裕少弟。性倜儻。平桓玄，累以功封華容公、都督荆益江雍等六州諸軍事、荆州刺史。

蜀譙縱使大將軍譙道福與桓謙下寇江陵。江陵吏卒皆桓氏義舊，咸懷異心，道規乃會將吏告之曰：「桓謙今在近畿，風聞爾等頗懷去就之計。吾東來，文武足以濟事。若有去者，本不相禁。」因夜開城門，達曉不閉，衆咸憚服，莫有去者。所得飛書不視，皆焚之，將士大安。及徐道覆率衆二萬奄至破冢，人情懷焚書之恩，皆無二志。賊平，進征西大將軍。卒，時年四十四。〔六三〕

八月戊申，月犯泣星。庚戌，皇后王氏崩於徽音殿。

九月，葬僖皇后於休平陵。

后諱神愛，瑯琊人。父獻之。以太元二十一年納爲太子妃。帝卽位，立爲皇后。后在位十五年，年二十九崩，無子。

獻之字子敬，羲之第七子。少有盛名，而高邁不羈，雖閑居終日，容止不怠，風流爲一時之冠。嘗共兄徽之、操之詣謝安，二兄多言俗事，獻之唯寒暄而已。既出，客問安王氏弟兄優劣，安曰：「少者佳。」客問其故，安曰：「吉人之辭寡，躁人之辭多，故知之。」每與徽之同在一室，忽火發，徽之走出，不遑取屨。獻之神色恬然，徐呼左右扶出。夜卧齋中，而有偷人入室，盜物都盡。獻之徐曰：「青氊是我家舊物，可特置之。」羣偷驚走。

少工草隸書，并丹青。七八歲時學書，父密從後掣其筆不得，歎曰：「此兒後當復有大名。」嘗書壁爲方丈字，羲之甚以爲能，時觀者日數百人。桓温曾使書扇，筆誤落，因畫作烏駁犉牛，特妙。起家爲州主簿，數轉秘書丞，選尚新安公主，遷謝安衛將軍府長史。太元中，新起太極殿，欲使獻之題牓而難言之，因説魏使韋仲將懸虚橙書陵雲臺額事，以謂獻之。獻之揣知其旨，乃正色曰：「仲將，魏之大臣，寧有此事！使其若此，有以知魏德之不長。」安遂不之逼。安又問曰：「君書何如家公？」答曰：「固當不如。」安曰：「外論不爾。」答曰：「人那得知！」論者以羲之草隸，江左中朝莫有及者，獻之書骨力遠不及父，而頗有媚趣。尋除建威將軍、吴興太守，徵拜中書令。謝安薨後，議贈同異，獻之上疏稱「安功德忠誠，實大晉儁輔」。烈宗乃加殊禮。

獻之後遇疾，家人爲上章，道家法令自首過，良久對曰：「不知餘事，唯憶與郗家離婚耳。」前妻即郗曇女也。卒於官。安僖皇后立，贈侍中。無子，以兄子静之爲嗣，位至義興太守。 案，獻之列傳：嘗經吴，聞顧辟强有名園，先不相識，乘平肩輿徑入。時辟强方集賓友，獻之遊歷，傍若無人，辟强勃然數之曰：「傲主人，非禮也，以貴驕士，非道也。失是二者，不足齒之傖耳。」便驅出門，獻之傲如也，不以介意焉。

己卯，〔六四〕太尉劉裕害右將軍兖州刺史劉藩、尚書左僕射謝混。

混字叔源，太保安之孫，尚書僕射琰之子。少有美譽，善屬文。初，孝武爲晉陵公主求壻，謂王珣曰：「但如劉真長、王子敬便足。」對曰：「謝混雖不及真長，不減子敬。」帝曰：「足矣！」未幾，帝崩，袁山松欲以女妻之，珣曰：「卿莫近禁臠。」

案，中興書：初，元帝出鎮建鄴，屬永嘉喪亂，天下分離，公私窘罄，每得一㹠，爲珍膳，頂上一臠尤美，輒將薦帝，羣下未嘗敢食，於時呼爲「禁臠」，或曰「鶉炙」也。故珣以爲戲。

混竟尚公主。桓玄得志，嘗欲以安宅爲營，混曰：「召伯之仁，猶惠及甘棠；文靖之德，更不保五畝之宅耶？」玄聞，慙而止。後累遷中書令、左僕射，領選部。

時劉裕拜太尉，既拜，朝賢畢集，混後來，衣冠傾縱，有傲慢之容。裕不平，乃謂曰：「謝僕射今日可謂傍若無人。」混對曰：「明公將隆伊、周之禮，方使四海開衿，謝混何人，而敢獨異乎？」乃以手披撥其衿領，悉解散，裕大悅之。至是，黨劉毅見殺。

案，晉書：劉裕將受禪，具大閱禮。謝晦謂高祖曰：「陛下應天受命，登壇自恨不得謝益壽奉璽紱。」裕曰：「吾甚恨，使後生不得見其風流！」益壽，混小字也。

庚辰，劉裕表罪劉毅包藏禍心，構逆南夏，以藩、混助亂，志肆奸宄。己丑，裕將討毅於江陵，以參軍王鎮惡爲前驅。

毅字希樂，彭城沛人。少有大志，不修家人產業。桓弘在兗州，辟爲中軍參軍。及桓玄篡位，毅與劉裕、魏詠之等起義兵，匡復晉室，以功拜撫軍將軍。初，毅丁憂在家，義旗將興，遂墨經從事。既而上表乞終喪禮，不許，進爲都督揚豫二州之淮南歷陽安豐堂邑等五郡諸軍事。〔六五〕初，桓玄於南州起齋，悉畫盤龍於其上，號盤龍齋。毅小字盤龍，至此，乃居之。

及盧循反，乘虛而進，毅將南征，劉裕乃遣毅從弟藩送書往止毅，毅大怒曰：「我以一時之功相推耳，汝便謂我不及劉裕耶！」遂投書於地。率軍發自姑孰，爲循所敗於桑落，僅而獲免，深不自安，劉裕使慰諭之。及循平後，知物情不在己，請解軍府出鎮，裕表爲荆州刺史。既至江陵，聚兵萬餘，乃告疾篤，表請藩爲副。裕知其貳於己，故誅藩、混，率衆西討，使王鎮惡破之。毅單騎而走，去江陵北二十里，自縊於牛牧寺。經宿，居人以告，乃斬屍於市。

毅性剛猛，好陵傲不遜。每讀史至藺相如屈於廉頗，歎其不可能也。曾於東府聚樗蒱大擲，一判應至數百萬，時餘人並黑犢。毅次擲得雉，大喜，褰衣繞牀，叫謂同坐曰：「非不能盧，不争此耳。」裕惡之，因挼五木久之，曰：「老兄試爲卿答。」既而四子俱黑，其一子旋轉未定，裕厲叱之，卽成盧焉。毅意殊不快，然素黑，其面如鐵色焉，既而曰：「亦知公不能以此見借！」既西出藩，因欲圖裕。時丞相參軍胡藩知毅終不爲下，因隨裕出江寧餞毅，於坐密勸裕殺毅，裕不納。至是謂藩曰：「前從卿言，無今日之舉也。」

辛亥，〔六六〕以司馬休之爲平西將軍、荆州刺史。

冬十一月乙酉，裕至江陵，誅郗僧施，毅黨也。僧施，高平人，太尉鑒曾孫。少好文辭，宅於青溪，每清風美景，泛舟溪中，歌一曲，作詩一首。謝益壽聞之曰：「青溪中曲復何窮盡！」

甲午，加裕太傅、揚州牧，劍履上殿，入朝不趨，讚拜不名。是月，沮渠蒙遜僭號河西王於姑臧。

十二月，以西陽太守朱齡石爲建威將軍、益州刺史，率蘭陵太守蒯恩、臧熹等舟師二萬伐蜀。〔六七〕分荆州十郡置湘州。東陽人黃氏生女不育，埋之數日，於土中啼，取養之，遂活。

是歲，於石頭東城内起高樓，加累入於雲霄，連珠帶於積水，署曰入漢樓。

九年春二月，盜開故尚書卞壼墓，剖棺見屍殭，鬢髮蒼，面白如生人，兩手拳，爪甲穿達手背。詔給錢十萬，修復之。

三月丙寅，太尉劉裕殺前將軍諸葛長民及弟輔國將軍黎民，徙弟寧朔將軍秀之於東府。

初，裕西討劉毅也，以長民監太尉府留後事，長民驕縱貪侈，不恤政務。既聞劉毅被誅，語所親曰：「昔年醢彭越，前年殺韓信，禍其至矣！」因謀欲爲亂，遂問劉穆之曰：「人間論者謂我與太尉不平，其故何也？」穆之曰：「相公西征，老母弱弟委之將軍，何謂不平！」長民弟黎民輕狡好利，固勸因裕未還以圖之。長民猶豫未發，既而歎曰：「貧賤常思富貴，富貴必履危機，今日欲爲丹徒布衣，豈可得也！」

時裕深疑之，駱驛繼遣輜重兼行而下，前剋至日，百司於道候之，輒差其期。既而輕舟徑進，潛入東府。長民驚，出迎之，既入坐，進語，素所未盡皆説焉，長民悦。乃使壯士丁旿於幕後潛入，拉殺之。時人爲之語曰：「莫跋扈，付丁旿。」黎民驍勇絶人，與捕者苦戰而死。

長民字長之，瑯琊陽都人。有文武幹用，然不持行，無鄉曲之譽。初爲桓玄參軍，後與劉裕謀匡晉室，累遷晉陽太守。盧循之逼，勸劉裕權移天子過江，裕不從。循平，轉豫州刺史，領淮南太守，尋加前將軍。案，晉書長民傳：初，長民富貴時多有異，每卧夜中輒驚起，跳踉，與人相敵。毛脩之曾見，問其故。長民曰：「見一物甚黑而有毛，腳不分明，奇健，非我無以制之。」又屋中柱及椽桷間，悉見有蛇頭，令人以刀懸斫，應刃隱藏，隨復卻出。又擣衣杵相與語如人聲，不可解。又于壁中見巨手，長七八尺，臂大數圍，令斫之，豁然不見。未幾被誅。

戊寅，劉裕奏請依庚戌土斷，帝從之。

夏四月壬戌，罷臨沂、湖熟皇后脂澤田四十頃，以賜貧人，弛湖池之禁。

秋七月，朱齡石尅成都，斬譙縱，益州平。

縱，巴西南充人也。〔六八〕少謹慎好學，蜀人愛之。起家累遷平西府參軍。毛璩爲益州刺史，縱與侯暉東伐，時延祖白帝，暉等因梁州兵不樂東征。遂與巴西陳昧謀立縱爲主，〔六九〕廻兵圖璩，破益州，自號秦、涼二州刺史。〔七〇〕以義熙元年二月，僭號蜀主於成都，遣使稱藩于姚興，乞師以討劉裕。

是年，裕定劉毅，上至荆州，使朱齡石與寧朔將軍臧熹等率衆自江陵討縱，日夜進軍，大破侯暉於平模。縱聞暉敗，走馬出奔，投譙道福於涪。道福怒曰：「大丈夫居如此功業，安可棄哉！人誰不死，何懼之甚！」因以劍投之，中其馬鞍。縱去之，乃自縊。其僞尚書令馬耽封倉庫府，以待王師。

初，縱之走也，先如其墓，縱女年數歲，謂縱曰：「走如不免死，只取辱耳。一等死，死於先人墓可也。」縱不從。

冬十月，論平齊及破盧循功，封劉裕諸子皆爲郡公，餘各有差。

光禄大夫吴隱之，字處默，濮陽鄄城人也，魏侍中質六代孫。美姿容，善談論，弱冠而介立。年十餘歲，丁父母憂，號泣，行人爲之流涕。每至臨時，常有雙鶴叫，及祥練之夕，復有羣鴈集庭，時人以爲孝感所致。嘗食鹹菹，以其味甘，掇而棄之。

與太常韓康伯隣居，伯母，殷浩姊，賢明，每聞隱之哭聲，輟飡投筯，爲之悲泣。既而謂康伯曰：「若居銓衡，當舉如此輩人。」及康伯爲吏部尚書，隱之乃歷階清級，解褐輔國功曹，遷尚書郎，出爲晉陵太守。在郡清儉，妻自負薪。入爲中書侍郎。烈宗卽位，欲用爲黄門侍郎，以隱之貌類文帝，〔七一〕乃止。轉秘書監、御史中丞。居官禄賜，皆頒親族，冬月無被。嘗澣衣，披絮，勤苦同於貧下。

廣州近海，出珍異，前後刺史多黷貨賄，朝廷欲革嶺南之弊，隆安中，以隱之爲龍驤將軍、廣州刺史。未至二十里，地名石門，〔七二〕有水曰貪泉，飲者懷無厭之欲。隱之至，語其親人曰：「不見可欲，使心不亂。」乃至貪泉所酌飲之，因賦詩曰：「古人傳此水，一飲直千金。若使夷、齊飲，終當不易心。」及在州，清操，食不過菜、乾魚，始終不易。帳下人進魚，每去骨存肉，隱之覺其用意，去其魚不食。

及盧循寇逼，攻擊百餘日，因陷，爲循所得。劉裕與循書，令遣之，久方得還，裝無餘資。卜宅數畝地，籬垣仄陋，内外茅屋六間，不容妻子。尋拜度支尚書、太常卿，以蓬爲屏風，不坐氈席。所得俸禄，纔留身糧，餘分親族貧者，恆自布衣。以老請致仕，許之，授光禄大夫，加金章紫綬，錢十萬，米三百斛。案，晉書：初，隱之爲謝石主簿，隱之將嫁女，石知其貧素，令移厨以助其經營。使者至，方見婢牽犬賣，此外蕭然無辦。後至自廣州，妻劉氏有沉香一片，〔七三〕隱之見，遂棄宮亭之水。子延之，亦清操，官至鄱陽太守。

十二月，高句麗、倭國及西南夷銅頭太師並獻方物。

是歲，移秣陵縣於鬬場桓社之地。案，圖經：在今縣東南八里，鬬場，村名也。

十年六月，西秦乞伏熾盤滅南涼秃髮傉檀，爲左南公。

秋九月丁巳，日有蝕之。

冬，城東府。案，圖經：今城縣東七里清溪橋東，南臨淮水，周三里九十步，今太宗舊第，後爲會稽文孝王道子宅。謝安薨，道子領揚州刺史，於此理事，時人呼爲東府。至是築城，以東府爲名。其城東北角有靈秀山，卽道子宅，内嬖臣趙牙所築。

十一年春正月，荆州刺史司馬休之、雍州刺史魯宗之並舉兵内向，以討劉裕爲名。辛卯，〔七四〕左將軍府參軍司馬道賜害北青州刺史劉敬宣，道賜自立爲齊王，據廣固以應司馬休之。

敬宣字萬壽，鎮北將軍牢之子。少有孝行。累遷宣寧朔將軍、驃騎府參軍。時桓玄構逆，逼京師，父牢之出鎮，將謀同玄，敬宣苦諫不止，遂質於玄。及牢之反，謀襲玄，敬宣奔南燕。劉裕定京邑，手書招之，敬宣馳還，拜輔國將軍、〔七五〕晉陵太守。尋轉江州刺史，隨討慕容超，遷征虜將軍，鎮北青州，至是遇殺。案，宋書：劉毅少時，曾爲敬宣寧朔參軍。時人皆以雄傑許之，敬宣謂不然曰：「此子外寬而内局，自伐而尚人，若一旦遭遇，亦當陵上取禍耳。」毅聞恨之。後毅爲荆州刺史，謂敬宣曰：「吾忝西任，欲屈卿爲長史，豈有意乎！」敬宣大懼，白高祖，高祖曰：「但使老兄平安，無慮耳。」

庚午，大赦。裕自表西伐。

三月，大破司馬休之於江陵、宗之於襄陽。

初，魯宗之自負才氣，常恐不爲執政所容，欲謀不法，乃自爲讖，曰：「魚登日輔帝室。」司馬休之聞而招焉。時劉裕又使召宗之，宗之怒曰：「劉公遇我如三歲小兒，往年殺韓、彭，無厭及我。」乃執裕使送江陵，而同舉兵。

夏四月，劉裕追破司馬休之、魯宗之等於襄陽，休之與魯軌俱奔後秦。

五月甲午，論平蜀功，封劉裕子義隆彭城公，朱齡石豐城公。己酉，霍山崩，出銅鍾六枚。

秋七月，京師大水，壞太廟。

八月，以劉穆之爲尚書左僕射。

十二年春正月，後秦姚泓使魯軌寇襄陽。

二月，詔劉裕中外大都督，加羽葆、鼓吹，置左右長史、司馬官。

秋七月，裕與瑯琊王德文伐後秦，〔七六〕以冠軍檀道濟、王鎮惡等爲前鋒，〔七七〕造許、洛，中兵參軍沈林子等以舟師通石門，寧遠將軍嚴綱、朱超石等開鉅野，秦之屯戍，皆望風奔散。

冬十月丙寅，尅洛陽，秦將姚洸降，表修五陵，置守備威儀。己丑，使兼司空高密王恢之修謁五陵。

十一月，北涼沮渠蒙遜使上表，請率河西戎旅，爲前驅効力。

十三年春三月，大軍進破秦將姚紹於潼關。

四月，後魏遣軍十萬救秦，劉裕使朱齡石敗魏將鵝青於河曲，〔七八〕斬青裨將阿薄干。〔七九〕

六月癸亥，林邑獻馴象、白鸚鵡。

秋七月，劉裕率檀道濟、王鎮惡等入關，別遣鎮惡舟師泝河入渭，破姚泓，收其彝器歸京師，斬泓於建康市，遷姚宗於江東。案，三十國春秋：王鎮惡既破秦軍於橫門，泓奔石橋門，降劉裕，裕送泓於建康，斬之。建康百里內，草木燋死。又案，晉書：劉裕定洛陽，平長安，盡收漢魏儀服、樂器、土圭、指南車、記里鼓、秦漢大鍾、蟠螭等。

冬十一月左僕射劉穆之卒。

穆之字道和，一名道民，東莞莒人也，漢齊王肥之後。世居京口。好學，博覽多通。嘗與劉裕俱泛海，忽值大風，驚懼。俯視船下，見二白龍夾舫。既而至一山，山峯聳秀，樹木繁密，意甚悦之。及劉裕討桓玄，尅京城，急須一主簿，何無忌舉穆之。穆之貧素，壞布帷爲袴，往見裕。裕曰：「能自屈，吾事濟矣！」從平京邑，諸大處分，皆倉卒立定，並穆之所建也。斟酌矯正，旬日風俗頓改。及揚州刺史王謐薨，時劉裕在京口，劉毅、孟昶甚不欲裕入輔，穆之密言於裕曰：「揚州根本所係，若忽假他，便受制於人也。劉、孟、諸葛等，與公同起事，必不爲公後，勢理豈得居謙自弱？」裕從之，由是入輔政。

穆之好賓游，廣布視聽，朝野同異，莫有不知，巨細一白於裕。故裕聽察聰明，皆由穆之力，出征則幕府謀策，留鎮權掌，後事舉動，一委任之。劉裕素不閑書，穆之勸令縱筆爲大字，一字徑尺，無嫌。大既足有所包，亦其名甚美，裕從之。每紙不過四五字，凡所薦達，不納不止，每曰：「我雖不及荀令君舉善，然不舉不善。」性能尺牘，常於裕坐與朱齡石共答書，自旦至日中，穆之得百函，齡石得八十函，而穆之應答不廢。

累遷太尉司馬，丹楊尹諸葛長民死後，事無大小内外，一決穆之。及北征，留府，内揔朝政，外供軍旅，決斷如流，事無壅滯。賓客輻輳，求訴百端，遠近諮稟，盈堦滿室，目覽辭訟，手答牋疏，耳行聽受，口並酬對，不相參涉，悉皆贍舉。裁有閑暇，手自寫書，尋覽篇章，校定墳籍。食必方丈，未嘗獨飡。案，穆之列傳：少時，家貧誕節，嗜酒食。其妻江嗣女也，常乞食妻家，多見辱，不以爲恥，其妻每禁不令往江氏。後有慶會，屬令勿來。穆之又往，食訖從乞檳榔，江氏兄弟戲之曰：「檳榔消食，君乃常饑，何須此也！」其妻乃截髮市饌，爲其兄弟以餉穆之。及穆之爲丹楊尹，召妻家，令厨人以金柈貯檳榔一斛與之。卒，時年五十八。劉裕在長安聞之，舉軍驚惋，表贈司徒，追封南昌侯。

十二月，劉裕還自長安。

十四年春正月辛巳，〔八〕大赦。青州刺史沈田子害龍驤將軍王鎮惡於長安。

鎮惡，北海劇人。祖猛，爲秦苻堅相。父休，河東太守。鎮惡以五月五日生，家人以俗忌，欲令出繼疏宗。猛見奇之，曰：「此非常兒，興吾門矣！」故名鎮惡。

年未弱冠，以苻氏亂，流寓客居荆州，意略縱横而無弓馬。性果決能斷，劉裕征廣固，或薦之，召爲青州從事，隨破盧循、劉毅，累以功封漢壽子。將從北征，臨出謂劉穆之曰：「不定咸陽，誓不濟江而還也。」入賊力戰，無不尅捷。揔壯軍泝渭，所乘皆蒙艟小艦，行船者皆在艦内，見艦泝流而進，艦外不見人。北土素不解舟，皆驚愕爲神。既至，食畢，棄船登岸，誓衆而進，士卒争先，遂定長安。撫慰百姓，號令嚴肅，迎劉裕於灞上。裕勞之曰：「成吾伯業者，真卿也。」鎮惡曰：「此明公之威，諸將之力。鎮惡何功之有？」裕笑曰：「卿學馮異耶！」

既而還軍，以鎮惡本號領安西司馬佐桂陽公義真鎮長安，赫連勃勃來寇，遣中軍參軍沈田子拒之，不進。鎮惡曰：「公以十歲兒付吾等，西權强兵不進，寇何由平？」田子怒，反相圖，鎮惡出軍北地，爲田子所殺。時年四十六，同死者，兄弟七人。劉裕表贈右將軍，子靈嗣。〔八二〕

夏六月，以劉裕爲相國，進封宋公，加九錫之命。

冬十月，赫連勃勃寇長安，敗王師於青泥，雍州刺史朱齡石焚長安宮殿，奔於潼關，勃追破，齡石死之。

齡石字伯兒，沛郡人也。家世爲將，齡石少好習武，常使舅卧聽事，下剪紙方寸，帖舅枕，自以刀子懸擲，相去八九丈，百發百中。起家爲桓脩參軍，歸劉裕，從征桓玄，啟劉裕曰：「世荷桓氏重恩，不忍白刃向之。」裕義之。累遷西陽太守，以元帥平蜀，封侯。尋代義真鎮關中，死，時年四十。弟超石，同没於青泥。

是月，赫連勃勃僭帝位於長安。

十二月戊寅，帝崩於東堂。明年正月庚申，葬休平陵，鍾山之陽，今縣城東北十五里，不起墳。帝年十五即位，立二十三年，年三十七，謚曰安。

帝少不惠，口不能言，雖寒暑之變，無以辨也。凡所動止，皆非己出。故桓玄之篡，以此獲全。初有讖云「昌明之後有二帝」，劉裕將欲禪代，乃密使王韶之縊帝而立恭帝，以應之。

恭皇帝

恭皇帝諱德文，安帝母弟也。初封瑯琊王，歷中軍將軍、領司徒、録尚書事。桓玄執政，進太宰、侍中，衮冕之服。玄篡位，以帝爲石陽縣公，與安帝俱之尋陽。玄敗，西奔脅上江陵。及桓振陷江陵，躍馬奮戈，直到堦下，瞋目謂帝曰：「臣門户何負國家，而屠滅若是？」帝乃下牀謂振曰：「此言豈我兄弟意也。」振乃下拜，復爲瑯琊王，領大司馬。劉裕北伐□，帝上疏，〔八三〕請率所莅，啓行戎路，修敬山陵。朝廷許之，乃與劉裕俱發。有司以卽戎不得奉辭陵廟，又上疏曰：「臣推轂閫外，將革寒暑，不獲展情墀墱，私心罔極。伏願天慈，特垂聽許，使臣微誠粗申，卽路無所恨也。」

十四年，歸京師。冬十二月戊寅，安帝崩，劉裕矯稱遺詔曰：「惟我有晉，誕膺明命，業隆九有，光宅四海。朕以不德，屬當多難，幸賴宰輔，拯茲六合。方憑阿衡，惟新洪業，而遘疾大漸，將遂不興。仰惟祖宗靈命，親賢是荷。咨爾大司馬、瑯琊王，體自先皇，明德光懋，屬惟儲貳，衆望攸集。其君臨晉邦，奉係宗祀。」是日，卽皇帝位，改元爲元熙元年。

元年春正月壬辰朔，以山陵未厝，不朝會。癸巳，立妃褚氏爲皇后。后諱靈媛，河南陽翟人，義興太守爽之女。生海鹽、富陽二公主。甲午，徵劉裕還朝。

戊戌，有星孛於太微西藩。

夏五月丙戌。〔八三〕

秋八月，進劉裕爲宋王，移鎮壽陽。

九月，裕自解揚州牧。

冬十二月己卯，太史奏黑龍四見於東方。

是歲，建安人陽道無頭，正平，本下作女人形體。是歲，〔八四〕省揚州禁防參軍，移秣陵縣於其地，在宫城南八里一百步小長干巷。案，地志：在今瓦官寺東北百餘步，西出是。

二年夏四月，詔徵宋王入輔，加殊禮。

六月壬戌，劉裕至京師。傅亮承裕密旨，諷帝禪位，草詔以請帝書之。帝欣然謂左右曰：「桓玄之時，天命已去，重爲劉公所延，將二十載。今日之事，本所甘心。」乃書赤紙爲詔。甲子，帝遜位於瑯琊第，秘書監徐廣獨哀感涕泗交流，謝晦見之謂曰：「徐公將無小過乎？」廣收淚而言曰：「君爲宋朝佐命，吾乃晉室遺老，憂喜之事，固不同時。」乃歔欷。因辭衰老，乞歸桑梓。

廣字野民，東莞姑幕人，侍中邈之弟也。世好學，至廣尤爲精純，百家數術，無不研覽。起家爲秘書郎，遷中軍長史、大將軍文學祭酒。義熙初，奉詔撰車服儀注，轉員外散騎常侍，領著作。撰國史，經二十二年，勒成晉紀四十六卷。遷秘書監，封樂成侯。

初，桓玄之篡，安帝出宫，廣既陪列，悲慟左右。及宋受禪，不勝哀感，遂去職。卒於家，時年七十四。

秋七月，宋封帝爲零陵王，居於秣陵，行晉正朔，車騎服色，一如舊典，有其文而不備其禮，降后褚氏爲零陵王妃。帝自是之後，深慮禍及，褚后常在帝側，飲食所資，皆出褚后，故宋人莫得伺其隙。永初二年九月丁丑，〔八五〕裕使后兄叔度請后，有間，兵人踰牆入，弒帝於内房。帝年三十四即位，立二年，年三十六見弒。謚恭帝，葬沖平陵。在蔣山之陽，安帝同處。

帝幼時性頗忍急，自在藩國，曾令善射者射馬爲戲。既而有人云：「馬者國姓，而自殺之，不祥之甚。」帝亦悟之。其後深信浮圖道，鑄貨千萬，造丈六金像，親於瓦官寺迎之，步行十許里。安帝既不惠，帝每侍左右，消息温涼寢食之節，以恭謹聞於時。

初，王子年著讖云：「帝諱昌明運當極，特申一期延其息。諸馬渡江百年中，當值卯金折其鋒。」至是，果爲劉氏所代。自東晉子孫相承四代十一帝，起戊寅，終於己未，凡一百二年，並都臺城之建康宫。

始，元帝初過江稱晉王，置宗廟，使郭璞筮之，云「享二百年」。自元帝稱晉王元年丁丑歲，至禪宋之年庚申歲，實一百四年，而丁丑尚繼於西晉，庚申終入於宋年，唯一百二年。郭言二百，蓋倒其言爾。

初，秦望氣者云：「五百年後金陵有天子氣。」故秦皇東遊以厭之，塹北山，改爲秣陵。及孫權稱號，自謂當之。孫盛以爲始皇逮於孫氏四百三十七年，考其曆數，猶爲未也。及元皇之過江也，乃五百二十六年，真人之應其在此矣。

案，東晉元帝卽位太興元年，至唐至德元年，合四百四十年。

卷第十校勘記

〔一〕安皇帝　其下原有標目「恭皇帝」，今據庫本删。

〔二〕武帝　當作「孝武帝」，晉書安帝紀不誤。

〔三〕晉書皇后以太元十三年崩　今本晉書后妃傳云，安德陳太后薨於太元十五年。通鑑一〇四云太元十四年，妙音尚致書太子母陳淑媛，此「十三」當爲「十五」之訛。

〔四〕丙午　各本皆作「丙子」。九月庚寅朔，無丙子，晉書安帝紀作「丙午」，爲月之十七日，是，今據改。

〔五〕武定皇后　當從晉書后妃傳、王恭傳作「孝武定皇后」。

〔六〕辛恭静　晉書本傳及通鑑一一一、通志一〇下皆作「辛恭靖」。

〔七〕司馬逸　晉書安帝紀、通鑑一一一同。孫恩傳作「謝逸」，宋書、南史張進之傳作「司馬逸之」。

〔八〕既受腹心之任　原作「既任受腹心之任」。酈校云：「案上『任』字疑衍。」酈説是，徐鈔本、劉鈔本及晉書殷仲堪傳皆無上「任」字，今據删。

〔九〕其名爲州　「州」，晉書殷仲堪傳作「洲」。

〔一〇〕從兄覬爲南蠻校尉　「覬」原作「凱」，晉書本傳、世説輕詆篇並作「顗」，德行篇注引晉安帝紀、規箴篇、世説人名譜陳郡長平殷氏譜及通鑑一〇九皆作「覬」。隋書經籍志四亦有殷覬集十卷，録一卷。常作「殷覬」爲是，今宋本正作「覬」，據改，下同。

〔一一〕琰子混　「混」原作「琨」。徐鈔本及晉書謝混傳、世説言語篇注引晉安帝紀皆作「混」，今據改，下同。

〔一二〕當育二貴男　「育」原作「有」，它本及晉書后妃傳皆作「育」，今據改。

〔一三〕彦璋　「璋」，晉書何無忌傳、魏書司馬叡傳並作「章」。

〔一四〕父郁　「郁」，晉書車胤傳、世説識鑒篇注引續晉陽秋皆作「育」。

〔一五〕非成王之地　「地」，册府四〇六作「比」，疑是。

〔一六〕北涼州牧　「北」字當衍。晉書沮渠蒙遜載記、北史北涼列傳、御覽一二四引北涼録及通鑑一一二皆無「北」字。

〔一七〕會稽王道子　「王」字原脱，今據庫本補。

〔一八〕又盧平玄後　「玄」原作「桓」，今據宋本、徐鈔本改。周鈔本作「元」，係避清諱所改，亦當爲「玄」字也。

〔一九〕冠軍將軍毛泰毛邃　據晉書安帝紀、毛安之傳、桓玄傳，毛邃爲游擊將軍，非冠軍將軍。

〔二〇〕義熙中　「義熙」，各本皆誤作「義興」，今據晉書會稽文孝王道子傳改正。

〔二一〕芍藥　晉書會稽文孝王道子傳作「勺藥」。芍藥、勺藥古通。

〔二二〕安城王　「安城」，晉書地理志下、通鑑一一二、通志一三〇皆作「安成」。

〔二三〕曾祖義　「義」，晉書劉牢之傳作「羲」，兩字形近，未知孰是。

〔二四〕苻堅入寇　「苻」原作「時」，今據庫本、徐鈔本改。

〔二五〕五橋津　晉書劉牢之傳、通鑑一〇六、十六國春秋輯補四三皆作「五橋澤」。

〔二六〕慕容超　晉書慕容德載記及宋書、南史劉敬宣傳作「慕容德」，是。

〔二七〕一論在家　「在家」二字各本皆缺，今據弘明集五、高僧傳六所載沙門不敬王者論補。

〔二八〕辛景　世説德行篇注引晉安帝紀作「辛昺」。蓋本名昺，「景」乃避唐諱改。

〔二九〕王榮　晉書會稽文孝王道子傳作「許榮」，通鑑一〇七作「許營」，胡注云「許營一作榮」。雖許滎、許營尚難斷定，但此人姓許無疑矣。

〔三〇〕武帝　當作「孝武帝」。

〔三一〕夜濤水入石頭　原無「水」字，據徐鈔本補，晉書安帝紀亦有「水」字。

〔三二〕脩字承祖　「承」，各本皆誤「永」。今據晉書桓脩傳、世説人名譜譙國龍亢桓氏譜改正。

〔三三〕戊午　戊午爲三月朔日，其前當脱「三月」二字。

〔三四〕庚稚　晉書安帝紀同。桓玄傳、通鑑一一三皆作「庾稚祖」。

〔三五〕貊盤洲　晉書桓玄傳作「枚回洲」，水經江水注、通鑑一一三、御覽六六引荆南記亦均作「枚回洲」。

〔三六〕衆竊笑之　「竊」原作「切」，今據徐鈔本改。

〔三七〕右丞王悠之　晉書桓玄傳同。禮志上、魏書桓玄傳作「尚書左丞王納之」。納之爲臨之子，亦見世説人名譜琅邪臨沂王氏譜。

〔三八〕毛祐之　原作「毛祐」，今據徐鈔本補。晉書毛璩傳、桓玄傳亦作「毛祐之」。

〔三九〕宛句　晉書卞範之傳同。地理志上濟陰郡有宛句。然漢書地理志上、後漢書地理志三、宋書州郡志一、魏書地形志中、隋唐地理志中皆作「冤句」。

〔四〇〕癸巳　五月丁巳朔，無癸巳。通鑑一一三作「壬午」，爲五月二十六日。

〔四一〕戊寅　戊寅爲五月二十二日，甲申爲二十八日，戊寅不得列於甲申之後，日序有誤。

〔四二〕充居宰輔散帶衡門　晉書何準傳作「充居宰輔之重，權傾一時，而準散帶衡門」，是。

〔四三〕司馬休　即司馬休之，魏晉人名後之字，常可省去。

〔四四〕瑯琊王德文　原脱「王」字，據庫本、徐鈔本、周鈔本、劉鈔本補。

〔四五〕賜百官爵二級　「百官」原作「百姓」，今據徐鈔本、周鈔本改，晉書安帝紀亦作「百官」。

〔四六〕魏詠之　「詠」，各本皆誤作「永」，今據本書下文及晉書本傳、宋書武帝紀上通鑑一一四改。

〔四七〕己丑　二月辛丑朔，無己丑，己丑爲閏二月十九日。通鑑一一四敍劉裕誅駱球、殷仲文事在閏二月。

〔四八〕朱綺戍壽陽婢炊飯　「朱綺」，晉書五行志中、宋書五行志三並作「朱猗」。「炊」原作「吹」，今據庫本、徐鈔本、周鈔本、劉鈔本及晉書、宋書五行志改。

〔四九〕夏四月丙午　四月甲子朔，無丙午。晉書安帝紀、通鑑一一四作「甲午」，然甲午亦不在四月，爲五月初一。

〔五〇〕冬十月雷大風拔樹　晉書安帝紀、五行志下、宋書五行志四皆云：「十一月辛卯朔，西北方疾風發。癸丑，雷。」當即一事。

〔五一〕正月辛卯尋陽地震　晉書安帝紀、五行志下、宋書五行志五皆云：「正月戊戌夜，尋陽地震。」辛卯、戊戌皆在正月，未知孰是。

〔五二〕三月己亥　「己亥」原作「乙亥」。三月己丑朔，無乙亥。晉書五行志下、宋書五行志四並作「己亥」，爲月之十一日，是，今據改。

〔五三〕甲午　甲午爲三月初六，不應列於己亥之後。

〔五四〕九月戊辰　九月丙戌朔，無戊辰。通鑑一一五叙此事在十月。

〔五五〕盧循爲始興太守徐道覆自番禺説循　「爲」，晉書盧循傳作「所署」，文意較明。

〔五六〕戊子　通鑑一一五繫在五月，「戊子」作「戊午」，疑是。

〔五七〕丙辰　四月壬午朔，無丙辰，此蓋實録失書五月致誤。

〔五八〕劉裕北伐新還　「劉裕」原作「劉毅」。謂劉裕北伐慕容超新還也。今據周鈔本、劉鈔本改正。

〔五九〕丙寅震太廟鴟吻　宋書五行志四繫於上年（義熙五年），疑此爲一事之誤重。

〔六〇〕正月己未　「己未」原作「乙未」。正月戊申朔，無乙未。宋書武帝紀中、通鑑一一六皆作「正月己未」，己未爲月之十二日，是，今據改。

〔六一〕熾盤　晉書載記、通鑑一一六作「熾磐」。

〔六二〕秋八月庚子征西大將軍劉道規卒　宋書劉道規傳及通鑑一一六皆云道規卒於閏月庚子，是年六月爲閏月。疑「秋八月」爲「閏六月」之誤。

〔六三〕時年四十四　宋書劉道規傳作「時年四十三」。

〔六四〕己卯　原作「乙卯」，九月戊辰朔，無乙卯。晉書安帝紀、通鑑一一六並作「己卯」，爲月之十二日，是，今據改。

〔六五〕都督揚豫二州之淮南歷陽安豐堂邑等五郡諸軍事　晉書劉毅傳、何無忌傳及通志一二九下「歷陽」下有「廬江」，是。

〔六六〕辛亥　九月無辛亥，十月戊戌朔，辛亥爲十四日。「辛亥」上當失書「十月」二字。

〔六七〕臧熹　「熹」原作「喜」。今據宋書臧熹傳、南史本傳及通鑑一一六改正，下同。宋書朱齡石傳謂臧熹隨朱齡石伐蜀，時官寧朔將軍。

〔六八〕巴西南充人　「南充」，底本、甘鈔本並誤作「南兖」，今據它本及晉書譙縱傳改正。

〔六九〕陳昧　晉書譙縱傳、通鑑一一四皆作「陽昧」。

〔七〇〕自號秦涼二州刺史　「秦涼」，晉書譙縱傳、通鑑一一四皆作「秦梁」。據毛璩傳，時璩弟瑾爲梁、秦二州刺史，譙縱害瑾自代，故號秦、梁二州刺史，當作「秦梁」爲是。

〔七一〕文帝　當從晉書吴隱之傳作「簡文帝」。

〔七二〕未至二十里地名石門　晉書吴隱之傳「未至」下有「州」字，事類賦注七引臧榮緒晉書云「州二十里地名石門」，亦有「州」字，當是。

〔七三〕沉香一片　今本晉書吴隱之傳作「沉香一斤」，較合情理。

〔七四〕辛卯　正月乙卯朔，無辛卯。晉書安帝紀作「夏四月乙卯」，通鑑一一七亦繫司馬道賜殺劉敬宣事在四月。

〔七五〕輔國將軍　「將軍」，各本皆誤作「參軍」，今據徐鈔本及晉書劉牢之傳、宋書劉敬宣傳改正。

〔七六〕秋七月裕與瑯琊王德文伐後秦　晉書安帝紀、宋書武帝紀中及通鑑一一七皆繫此事在八月。

〔七七〕以冠軍檀道濟王鎮惡等爲前鋒　「王鎮惡」前脱「龍驤」二字，宋書武帝紀中、通鑑一一七皆云，其時王鎮惡官龍驤將軍。

〔七八〕鵝青　魏書太宗紀作「娥親」，司馬叡傳、劉裕傳及通鑑一一八皆作「娥清」。廣韻七歌：「娥，又姓。」據此，「鵝」當作「娥」。

〔七九〕阿薄于　晉書安帝紀、宋書朱超石傳、元和姓纂五、古今姓氏辯證二六及通鑑一一八皆作「阿薄干」。據此，「于」當作「干」。

〔八〇〕正月辛巳　正月丁酉朔，無辛巳。二月丁卯朔，辛巳爲二月十五日。疑「正月」爲「二月」之誤。晉書安帝紀、通鑑一一八並作「正月辛巳」，亦誤。

〔八一〕子靈嗣　「靈」，宋書王鎮惡傳作「靈福」。

〔八二〕劉裕北伐□□帝上疏　□□，疑是「南燕」二字。「帝」字原缺，據徐鈔本、丁鈔本補。此句庫本據晉書恭帝紀補改爲「劉裕之北征也，帝上疏」。周鈔本又補作「劉裕北伐，時帝乃上疏」。

〔八三〕夏五月丙戌　五月庚寅朔，無丙戌。此句日干既誤，其下亦脱漏文字。

〔八四〕是歲　前已云是歲，此當誤重。

〔八五〕九月丁丑　晉書恭帝紀同，宋書武帝紀下作「九月己丑，零陵王薨」。九月丙午朔，丁丑、己丑皆無，日干有誤。

建康實録卷第十一

宋上

高祖武皇帝

高祖武皇帝諱裕，字德輿，小字寄奴，彭城縣綏輿里人，姓劉氏，漢楚元王交之二十一世孫也。[一]皇祖靖，晉東安太守。皇考翹，字顯宗，郡功曹。帝生神光照室，甘露降墓樹。及長，身長七尺六寸，風骨奇偉雄傑，有大度。事繼母以孝聞。

嘗伐荻新洲，見大蛇長數丈，射之，傷。明日復至洲，裏聞有杵臼聲，往覘之，見童子數人皆青衣擣藥，問其故，答曰：「我王爲劉寄奴所射，合散傅之。」帝曰：「王神何不殺之？」答曰：「劉寄奴王者不死，不可殺。」帝叱之，皆散，仍收藥而返。

皇考墓在丹徒之候山，秦史所謂曲阿、丹徒間有天子氣者也。時有孔子恭者，[二]善占墓，帝嘗與經墓問之曰：「此墓何如？」子恭曰：「非常地也。」帝由是益自負，行止時見兩小龍附翼之，樵漁山澤，同侶亦或覩焉。困於貧賤，不修廉隅小節，時人莫能識，唯琅琊王謐獨深敬重之。帝嘗負刁逵社錢三萬，經時無以還之，遂被逵執，謐密以己錢代償，以此得釋。

嘗於下邳舍逆旅，會一沙門謂帝曰：「江表方亂，能安之者，其在君乎。」既而忽失僧所在，帝驚而異之。

晉隆安三年冬十一月，妖賊孫恩寇會稽，殺内史王凝之，三吴亦應賊，所在蜂起。遣衞將軍謝琰、前將軍劉牢之東討，請帝爲參軍事，自丹徒往，盡平定郡縣。

四年春，牢之還鎮丹徒，以謝琰鎮山陰。五月，恩又入山陰，琰戰死。冬十一月，牢之又東討，帝衆嚴肅，百姓賴之。

五年春，孫恩又寇海鹽，帝翼之而進，築壘於海鹽故治，與賊相拒，城内兵少，戎備不足，帝選敢死士百人，去甲胄，持短兵，突賊兵，賊棄甲走，收其器仗，皆以給兵士。戰雖連勝，終慮賊衆我寡，乃一夜偃旗卧鼓，若已宵遁，且使一童子開門，賊問：「主將安在？」曰：「已走矣！」信之，無備。帝會將士，出其不意復攻賊，恩乃大敗逭潰，高祖追之，海鹽令鮑陋遣子嗣之以吴兵一隊爲前驅，〔三〕帝曰：「吴人不習戰，今賊方盛，若前軍失利，必喪我師。」翌日將戰，帝夜設伏兵，四至皆立旗鳴鼓，賊言四面有兵，一時走散。嗣之追奔深入，爲賊所敗。帝且戰且退，死傷略盡，懼不免。至初戰地，令左右解死人衣，但示閑暇。賊言有伏兵以誘我，乃不敢進，帝乃得徐歸。夏四月，恩浮海入江至京口，鋭卒十萬，舟船千餘，自丹徒至于建業，百姓荷擔而至。時劉牢之尚在山陰，帝與四百人晨夜兼行，與賊俱會京口。

恩率大衆登山，帝至，逆擊破之，投山巘赴水者不可勝數。恩以棚柂自舉僅得免，猶恃其衆，欲掩京師，進及白石，聞牢之還京口，遂退散歸。秋八月，以帝爲建威將軍、下邳太守。冬十一月，又追破孫恩于扈瀆，恩走臨海。

元興元年春，荆州刺史桓玄舉兵東下，揚州刺史司馬元顯南討，以劉牢之爲前鋒，次栗洲。帝以參軍從事，屢諫牢之令擊玄，牢之不從，使其子敬宣詣玄請和。入京師，牢之鎮廣陵，怏怏曰：「人情去矣！」牢之竟自縊于新洲。玄以從兄脩爲撫軍大將軍，鎮京口。帝爲中軍參軍，太守如故。孫恩投水死，餘衆推恩妹夫盧循爲主。

元興二年春正月，玄使帝討孫恩餘黨，帝大破盧循於東陽，追之永嘉，循逸于海。六月，進帝彭城内史。

冬十二月，桓玄篡位，司徒王謐爲丹楊尹，卞範之爲鎮軍將軍，謝混爲侍中，遷天子于尋陽。

明年春，帝隨桓脩入朝，玄妻劉氏謂玄曰：「昨見劉德輿龍行虎步，視瞻不凡，恐非人下者也。宜早爲其所。」玄曰：「方欲北清中原，非劉裕莫足使，若關、隴平定，徐思其宜。」

三年二月丁酉，帝還丹徒，潛謀匡復。乙卯，帝因遊獵，會何無忌、魏詠之、檀憑之、劉毅、毅弟藩、檀韶、韶弟祗、孟昶、昶弟懷玉、劉道規、諸葛長民同謀者二十七人，願從者百十人。丙辰，平旦，城門開，馳入，稱有詔，遂擒桓脩，斬之以徇。脩弟弘，青州刺史，鎮廣陵，道規爲弘中兵參軍，孟昶爲主簿。昶勸弘其日出獵，未明，開門，昶、道規、毅等率壯士五六十人直入，弘正噉粥，稱有詔，晉帝已復正，斬桓玄首訖。遂斬弘，收其衆濟江。義軍將尅京城。

初，王元德率扈興等亦預參議謀，是日陰據石頭，毅兄邁有寵于桓玄，玄以爲襄陽太守，尚在建業。帝使陳留人周安穆告之，使爲内應，云：「天文已著，而土木之工不息，此而不乘，宜復何待？」邁甚懼，安穆慮事發，馳歸。是夜，玄與邁書曰：「北府人情云何？卿近見劉裕何所道？」邁將謂玄已知其謀，晨起白之。玄驚，封邁爲重安侯，又以不執安穆故殺之，乃誅元德等。

召羣臣廷論，衛將軍、揚州刺史桓謙請北拒，玄曰：「不然，此兵輕狷，皆出萬死，若我偏師失利，則更成其氣。今不如屯兵覆舟，使其空行二百里地，無所措手，卒遇大衆，莫不振懾。我按甲堅陣，勿與争鋒，彼請戰不得，勢將自走，此謂不戰而屈人兵者也。」謙固諫，不然。乃遣其將吴甫之、皇甫敷等相繼拒義軍。

先是，帝造遊擊將軍何澹之，左右見帝光耀滿室，以告澹之，澹之以告玄，玄不以爲意。及聞義兵起，方懼，或曰：「裕等甚弱，陛下何慮之深？」玄曰：「劉裕足爲一世之雄；劉毅家無儋石之儲，摴蒲一擲百萬；何無忌，劉牢之外甥，酷似舅，共舉大事，何謂無成！」時推帝總徐州府事，孟昶爲長史，居守，檀憑之爲司馬，劉穆之爲府主簿。帝率二州之衆一千七百人，進及竹里，移檄京師。

三月戊午，逆破皇甫敷等于羅落橋，進敗桓謙將于覆舟山。玄出自西掖門，策馬石頭城，輕舟南逸。王謐率百辟推高祖領揚州，帝固讓，以王謐爲揚州刺史，留臺，朝廷肅然，各守職。王謐命尚書，以帝爲使持節、都督徐兗青冀幽并八州諸軍事、〔四〕鎮軍將軍、徐州刺史，鎮石頭；劉毅冠軍將軍、青州刺史、廣陵相；何無忌輔國將軍、琅琊內史；魏詠之建威將軍、豫州刺史，鎮歷陽；孟昶建武將軍、丹楊尹；劉道規振武將軍，先率兵千人追躡桓玄。

裴子野曰：桓敬道有文武奇才，〔五〕志雪餘恥，校動離亂之中，掩天下而不血刃。既而嘯命六合，規謀凌取，未及踰年，坐盜社稷。自以名高漢祖，事捷魏、晉，思專其侈，而莫己知。王謐以民望鎮領，王綏、謝混以後進光輝，諸從兄弟，方州連郡，民駭其速而服其强，無異矣。高祖是時，殊方一匹夫也，無千百之衆，糾合同盟，雷擊三州，曾未及旬，蕩清京邑，號令羣后，長驅江、漢，推亡楚于已拔，拯衰晉于已顛。自羲、軒已來，用兵之速，未始有也。自非雄略蓋世，天命至止，焉能若此者乎！于是，民知攸暨而王迹興。

刁逵爲桓玄西中郎將，鎮歷陽。玄敗，逵歸請罪。初，逵與高祖故，數窘高祖，王謐嘗救脱之。既而族滅刁氏。

裴子野曰：刁逵，玄之爪牙；王謐，楚之上相，論逆則王重，定罪則逵輕。稚遠以舊德録萬機，長民以宿憾夷七族，以爲晉政偏頗甚矣！且神龍伏於罟網，漁者安知其靈化；霸王匿于人庶，庸夫何以悟其英雄！苟在不悟則驕之者，衆可勝怨乎？是知宋高祖之非弘亮也，同盟多貳宜乎哉！

丁卯，帝遷鎮東府，焚桓温神主于宣陽，作晉主於太廟。命劉穆之斟酌憲章，旬日而典禮畢舉，既以之嚴簡，又躬自儉素，貴賤莫敢犯者。

夏四月戊子，帝推晉武陵王遵爲大將軍，承制，居東宫，百司致敬，大赦，天子爲從父。以孔靖爲會稽太守，帝東征盧循，謂季恭，議欲往會稽收其兵，討桓玄。靖以千里之外難用急，未若畿内動可集事，帝然之。玄至江陵，復置羣官，增法峻刑。遣何澹之、庾順助郭銓屯湓口。〔六〕壬辰，以劉毅爲西討都督，統何無忌等四千人發京師。庚戌，大破澹之于桑落洲。是月，劉敬宣自鮮卑來歸。

五月，桓歆據歷陽，魏詠之破之，追敗于芍陂，歆走渡淮。癸酉，劉毅等追及桓玄，戰于峥嶸州，破之，玄走。己卯，桓玄自江陵逃漢中，荆州别駕王康産、南郡相王騰之奉天子入南郡。時益州刺史毛璩遣從孫祐之與費恬送弟喪下，璩弟子脩之時爲玄校尉，引入蜀，至枚回洲，益州督護馮遷斬玄于貊盤洲，〔七〕傳首京師。玄從弟謙走羌中，桓振逃于華容，尋而振又襲陷江陵，追謚玄爲武悼皇帝，送璽紱於天子，稱「楚祚不終，百姓之心復歸于晉」。丙午，〔八〕劉毅、何無忌追及桓振，毅等敗績。六月丁未，〔九〕退屯尋陽，使弘慤請罪，于是免毅青州刺史、無忌瑯琊太守。

裴子野曰：善乎！宋高之能法也。不先峥嶸，遽議靈溪之罰，使擾攘之時，無苟免之志。恩不及私黨，法不屈勳臣，使知攸憲示之以整，不亦可乎！故能使功著而費不煩，威申而將不拔，終静四方，用此道也。

十一月，桓振遣馮該守夏口東岸，桓仙客守偃月壘，〔一〇〕孟山圖守魯山，連艦夾江以待劉毅。

十二月壬戌，毅三城進剋巴陵。是冬，盧循盜據廣州，以其將徐道覆守始興郡。

義熙元年正月己丑，毅次于馬頭，桓振挾天子出營江津。癸巳，衆軍進次中夏，大破桓謙等，振走沮川，謙逃長安，天子反正。戊戌，劉毅言于天子，令大赦天下，可改元，是爲義熙元年。二月甲子，天子發自江陵，何無忌翊衛，劉毅停夏口。是月，益州民譙縱殺刺史毛璩于成都。三月，桓振又襲荆州，襄陽太守劉懷肅討之，大破振于沙橋，臨陣斬振。振勇冠三軍，每一合戰，瞋目横矛，衆不敢逼。時醉，中流矢，乃擒之。

甲午，天子至自江陵。庚子，〔二〕詔進帝侍中、車騎將軍、都督中外諸軍事、録尚書，帝固讓，抗表辭歸藩。是月，旋鎮京口。夏六月，宥桓胤于新安，胤祖沖克讓于晉故也。秋九月戊戌，以征北將軍魏詠之爲荆州刺史。頃時，殷仲堪爲荆州刺史，詠之爲其客，不出十年，踐其位，談者偉之。

十月，以劉藩爲輔國將軍、青州刺史，鎮廣陵。

義熙三年二月，帝入朝。乙卯，旋鎮丹徒。秋七月，加孟昶吏部尚書。

八月，遣冠軍將軍劉敬宣、毛脩之率衆五千伐蜀，〔三〕國子博士周祇上書諫于帝，曰：「自義旗之建，所征必克，可謂天人交助，和順之徵也。今大難既夷，君臣俱泰，此誠漸無事，宜大寧治民。然蜀賊宜平，六合宜一，非不然也。古人有言『天時不如地利，地利不如人和』，今往伐蜀，萬有餘里，泝流天險，動經時歲，來往艱阻，雨雪連降，驅三州三吴之人，而投三巴三蜀之土，其中疾病死亡，豈可稱計。且泝萬里，所在無儲，若連兵不解，運漕不繼，雖韓、白之將，何以成功？今言可征者，皆云彼親離衆叛，愚謂不然，以一介之匹夫，而能致今日之事，若衆力離散，亦何以至此！官所遣兵，皆烏合應募之人，必無千人一心，有前無退者矣！夫爲治國，先言其内而治其外，先安其近而懷其遠。頃狂狡不息，誅戮相繼，未可謂人和也；天險如彼，未可謂地利也。」帝不從。明年，敬宣至黄武，果無功而還，中流接得毛璩喪而及家口歸之。

冬十二月戊子，司徒王謐薨。孟昶使尚書右丞皮沈言于帝，以謝混爲揚州刺史，劉穆之説帝曰：「古有挾天子而令諸侯，今其時也。如公勳德，豈可爲守藩將者乎？劉、孟諸人，與公俱起布衣，以取富貴，位有先後，一時相推，非有妥體心腹，宿昔定分也。揚州治本，豈可假人！大事草創，用王謐爲神州，王綏爲分陜，以安當時之心耳，豈是經遠大計，理盡於此哉！一失權柄，雖悔無及。今答云已往，於辭實害，宜報昶云『須入朝量之』，大旨可見。」帝納焉。

四年春正月，詔高祖入輔，申前命，且爲揚州刺史、録尚書事，解兖州，以劉藩爲刺史。

四月丙寅，進孟昶爲尚書左僕射。

五年春正月乙未，夫人臧氏薨。

僞燕王慕容超大掠淮北，孟昶曰：「師往必剋，公其行。」四月己巳，帝抗表北伐，舟師發自京師，從淮入泗，次于下邳，捨舟步進。燕將公孫五樓説慕容超曰：「吴兵輕鋭，難與争鋒，請斷大峴，使不得入，上策也；堅壁清野，芟夷穀麥，中策也；據城待戰，下策也。」超曰：「引使過峴，我出鐵騎躪之，成擒耳。何遽清野，自取蹙弱。」

初謀是役，諫者曰：「賊若不出，嚴守大峴，不則堅壁廣固，守而不出，軍無資，何能自返！」帝曰：「不然，鮮卑性貪，略不及遠，既幸其勝，且愛其穀，謂我孤軍將不能久，必將引我，且出輕戰，師一入峴，吾何患焉！」及師踰峴，虜軍未出，帝喜曰：「天贊我也！」衆曰：「未見剋敵，帝何悦焉？」帝曰：「師既過險，士有必死之志；餘糧栖畝，人無遺乏之憂。虜墮吾計，勝可必矣！」

六月，燕主令賀剌盧等拒臨朐，去城四十里，先據巨蔑水，超曰：「晉軍得水，卽難敗也。」高祖遣先鋒孟龍符争先據之，大軍有車四千輛，分兩翼，方軌徐行，車悉張幔，御者執矟，輕騎爲遊軍，軍令嚴肅，相戒以整。未及臨朐，賊至，遂大戰，超自往臨朐，留寡弱居守，悉令士卒前拒官軍。大戰，向日昃，戰猶酣。帝命參軍檀韶、胡藩等曰：〔一三〕「虜之精兵，悉于是矣。必留寡弱居守，子以潛軍而翕其後，往必剋城，多易旗幟，此乃韓信所以剋趙也。且我前出兵海道，往必聲之。」韶等鼓行而登曰：「海軍至。」超棄城走，軍聞城陷，陣恐而動，帝親鼓擊之，臨陣斬大將段暉，獲超豹尾、玉璽等歸于京師。超等奔廣固，衆軍逼之，剋其大城。超嬰小城，于是設長圍守之，館穀于青土，停江、淮轉輸。撫納降附，隨材任使，華夷響悦，牛酒日至。

秋七月，加帝北青、冀二州刺史。或薦北海王鎮惡，召入與語悦，因留宿。旦日，辟爲青州從事。

初，超使尚書郎張綱乞師于姚興，綱歸，太山守申宣獲之，送帝。帝知綱有巧思，令造攻具，超黨初未知，乘城曰：「汝非張綱，無能爲也。」及知綱爲軍所獲，超大懼，求割大峴，獻馬千疋，稱藩以和，帝不許。

姚興既不能救，使使來言曰：「今率步騎十萬，屯于洛陽，晉人若不退，將涉淮左。」帝謂曰：「爾爲我報姚興，我定青州，將過函谷，虜能自送，今其時也。」參軍劉穆之遽入曰：「此言不足威敵，容能怒彼。若鮮卑未拔，西羌人至，公何以待之？」帝曰：「此兵機也，非子所及。羌若來救，不有先聲，今逆詐言，〔一四〕是自强也。晉師不出日久矣，羌見伐齊，始將內懼，自保不暇，何能救之。」

九月，進帝太尉。

十月，張綱治攻具成，飛樓懸梯，大幔板屋，冠以牛皮，火石不能爲害，攻城之士得肆力焉。時劉毅遣上黨太守趙恢千餘人來援，帝夜潛遣軍益會之。明旦，恢衆五千，方道而至，每晉使將到，輒復如之，去者數十，來者數千，虜謂我師方益，愈恐。

六年春二月，夜有鳥如蒼鵝，飛入帝帳，坐者咸愕，胡藩獨賀曰：「蒼者，胡也。鵝者，我也。虜將歸我之徵也。」既旦，悉衆攻城，城陷，慕容超踰堞走，追騎獲焉，送京師，斬于建康市。

徐道覆以帝北伐也，自往番禺説盧循，令襲京師。是月，盧循舉兵過嶺寇諸郡，何無忌起尋陽之師，南救諸鎮。鎮南將軍殷闡進説無忌曰：〔一五〕「盧循有大志，所經必不傷人，其三吴舊賊，百戰餘勇；始興溪子，拳捷善鬭，未易輕也。將軍且留屯豫章，徵兵城守，分軍石頭。彼若圍城，攻守者百倍，告我而下，畏吾躡其背，比爾相持，已數十日，荆、豫兵可以大至，而合戰亦未晚也。若以此軍輕進，獨剋殆難濟乎？」無忌不聽，戰敗，握節而死之。贈侍中、司空，謚忠肅公。帝發自廣固，將鎮下邳，以經營司、雍。盧循寇逼朝廷，徵還，次山陽，聞無忌敗，卷甲兼行，與數十人造江山上，問行人，知賊未到，喜，濟于京口。

夏四月乙未，至京師，戒嚴息甲。劉毅表南征，帝止之，毅不從，果敗于桑落洲，衆皆没，毅登岸走免。盧循聞帝之歸，恐，欲以輩兵尋陽，西取荆、雍。道覆遣乘勝乃下，賊衆十餘萬，舳艫且千里，樓船百餘隻，敗軍歸，尤言其盛。

丙辰，〔一六〕尚書僕射孟昶以賊内逼，曰：「臣之罪也！」是夜，飲藥自殺。

裴子野曰：劉毅北伐，先求南征，非有料于勝敗，大懼以威之不立。古人度德而居，相時而動，故能舉無悔吝。定霸取威，若毅爲之，不量力也，竟則以甚，何以能振！夫左道佐民，幻俠譎誕，足以動衆，不足以濟功，何哉？國之將亡，必隆妖孽，不有悖主，則有亂臣。若天欲蕩震斯疾，使之不殄；盡亂極凶，然後王者興焉。故其始也，若夜火之集飛蟲，雖死不悔；及其末也，如朝陽之照積雪，一旦消除。故有强若盧循，猛如徐道覆，基於邪蠱，何以從彦遠之議遷都，爲不知矣！從之以死，婦人哉。昔有懼溺而自沈，昶之徒也。

丙寅，劉毅歸自桑落洲者十三人，詔還節鉞，降爲後將軍。戊午，帝移鎮石頭守。乙丑，賊大至，帝籌之曰：「賊若新亭直上，且將避之；若回泊蔡洲，成擒耳。」〔一七〕六月，進帝太尉、中書監，加授黄鉞，餘如故。辭。

秋七月，諸軍大破盧循，循自蔡洲退奔尋陽，遣王仲德追之。帝歸東府，治水軍，使建威將軍孫處率衆三千自海路襲番禺，戒之曰：「我十二月必破妖寇，卿亦足至番禺，先傾其巢窟，使奔散之日無所歸。」

初，盧循既下，使苟林寇江陵，〔一八〕桓謙、譙道福率蜀兵爲應，謙及枝江，荆人皆謙舊也，並懷二心。刺史劉道規會衆，夜開城門，衆莫有去者。

冬十月，高祖率劉藩、檀韶等舟師南伐，盧循留别將范崇戍南陵，〔一九〕王仲德破之。十一月，孫處至番禺，攻陷其城，循父嘏奔始興，處撫其人以守。十二月己卯朔，大軍次大雷，築壘，循揚聲不攻雷池，中流而進。帝分牛騎登西岸，率水軍與戰，參軍庾樂生乘艦在後，斬以厲衆，士卒乃争破賊。賊泊西岸，步騎飛炬焚其舟，水軍乘流逼之，賊退走豫，栅左里。〔二〇〕甲申，〔二一〕大軍至左里，將戰，帝麾之，麾竿折，幡沈于水，衆咸懼。帝笑曰：「昔覆舟之役亦如此，今勝必矣！」乃大破循軍，士卒皆降，盧循單舸走，徐道覆留始興。帝自左里旋師，天子遣侍中、黄門勞師于行所。

七年春正月己未，〔三〕振旅而歸京師，進大將軍、揚州牧，給班劍二十人。

三月，循走番禺，既無所止，乃走愛州。徐道覆自始興酖其妻子，而後自殺，歎曰：「我不信英雄主，爲盧公所誤！」夏五月，交州刺史杜慧度斬盧循于龍編，及父子函七首于京師，梟于大航。

八年四月，以劉毅爲衛軍將軍、開府儀同三司、荆州刺史。毅改易官守，請丹楊尹郗僧施爲南蠻校尉。將有異志，至州病甚，表請劉藩省疾。高祖知之，自收其黨謝混，獄死。而表西伐，藩妻毅之姨也，帝將圖毅而收之。以諸葛長民爲豫州刺史，留監府事，劉穆之居東府。長民貽書劉敬宣曰：「盤龍狼戾專恣，自取夷滅，世路剋清，異端將盡，富貴之事，相與共之。」敬宣懼，以牋示帝。盤龍，劉毅也。元興中，敬宣曾言「盤龍自伐，一旦遭遇，必凌上取禍」，故長民見伐毅，以敬宣言感動宣，欲與謀高祖，乃引爲喻也。故敬宣以示帝。甲申，大軍次南州，以參軍王鎮惡爲前鋒。冬十月，鎮惡及豫章口，拒江陵二十里，捨舟步進，誡守船者。江津遇衛軍朱顯之，乃戰，船人嚴鼓大發，大破城内，其夜毅自北門走出，自縊死。十一月己卯，〔三〕大軍至江陵，下書勞百姓曰：「夫弘奬拯民，必存閔恕，捨網循綱，去煩易理。」

九年春，以西陵太守朱齡石爲益州刺史，帥寧朔將軍臧熹及下邳太守劉鍾等衆二萬，自江陵伐蜀。初謀元帥難其人，齡石資名素淺，帝違衆拔之，授麾下之半。臧熹，夫人弟也，位出其下，亦隸焉。誡石曰：「劉敬宣往至黄武，〔二四〕無功而退。今者師出，應道青衣，賊判由其不意，復從内水，如是，涪城之戍，必有重兵。若道黄武，正墮其計。令軍自外水取成都，疑兵向黄武，此制敵之策也。」書函署曰「到白帝發之」，諸將雖行，未知所趣。乙丑，〔二五〕帝至自江陵。

初，諸葛長民貪淫驕横，帝每優容之。劉毅既誅，長民謂所親曰：「『昔年醢彭越，今年殺韓信。』禍其至矣！」欲謀爲亂。又常謂人曰：「貧賤常思富貴，富貴之後，身履危機。今日欲爲丹楊布衣，不可得也。」〔二六〕

及帝西歸，甚慮之。輔國將軍王誕求先下，帝曰：「長民似有疑心，卿詎宜便去！」誕曰：「長民蒙公垂盼，今輕身單下，必當無慮，乃可少安其意。」高祖笑曰：「卿勇過賁、育矣。」於是先還，帝乃至期剋日，奄至東府，而誅長民兄弟等。

是時民多遠本，僑雜者衆，帝上疏曰：

臣聞先王制治，九土披序，分疆畫境，各安其居。在昔盛世，民無遷業，故有井田之制，三代以降。秦革斯政，漢遂不改，富强兼并，于是爲弊。然九服不擾，所託咸舊，在漢西京，大遷田、景之族，以實關中，卽以三輔爲鄉閭，不復系之于齊、楚。自永嘉播越，爰托淮海，朝有匡復之算，民無思本之心，經略之圖，日不暇給。是寧民雖治，猶有未遑。及大司馬桓温，以民爲政本，傷治爲深，故庚戌土斷，以一其業。于時財阜民豐，實由于此。自茲迄今，彌歷年載，畫一之制，漸用頽弛。離居流寓，閭伍不脩，王化所以未純，民瘼所以猶在。

臣負荷重任，耻責實深，自非改調解張，無以濟治。夫人情滯常，難與慮始，所謂父母之邦爲桑梓者，戒以生焉終焉，愛敬所託。今所居里也，墳壠成行，敬恭之誠，豈不與事而至。請舉庚戌土斷之科，庶存所弘，稍與事著。然後率之以仁義，鼓之以威風，超大江而跨黄河，撫九州而復舊土，則返本之制，乃速申于當年。

于是依界土斷，從之。上又令豪强不得固其湖澤，税民爲利。

是月，朱齡石次白帝，乃發書，書言「衆軍悉由外出，臧熹自中水取廣漢，使羸弱乘高艦十餘造黄武」。譙縱果遣道福董兵守涪城。六月癸未，〔二七〕朱齡石次平模，距成都二百里，譙縱遣大將侯暉、僕射譙詵等至平模，夾岸連城層樓重栅，衆未能攻。朱齡石謂鍾曰：「天方暑熱，賊今固險，攻之難拔，只困我師。吾欲蓄鋭息兵，伺隙而進，卿謂何如？」鍾曰：「不然。前揚聲言衆軍由内水，故譙道福不敢捨涪，出其不意，侯暉之徒已破膽矣。暉之阻兵，非堅壘也，因其懼而攻之，其勢必克。克平模，則鼓行而前，成都不能守必矣。若緩兵相持，虛實相見，涪兵復來，難爲敵也。若進不能戰，退無所資，二萬人同爲蜀子虜耳。」石從之，攻皆克，斬侯暉，進次成都。秋七月戊辰，譙縱將家出奔，其尚書馬耽封倉庫以待王師。壬申，朱齡石入成都。縱之走也，如其墓，乃自縊死。齡石戮其屍，傳首京師。

十年夏五月乙酉夜，河間王司馬國璠帥百餘人踰廣陵城，登廳事。太守檀祇驚出，〔三八〕箭及其股，祇語士衆曰：「賊以暗來，非多也，行五鼓必散矣！」賊聞鼓，果懼而走，于是悉降祇。

是歲，城東府，築府舍。

十一年春正月，盜殺左將軍、北青州刺史劉敬宣。初，敬宣夜飲之夕，有芒履長三尺，墮其食盤，須臾難作。初，謝混負地矜才，罕所容好，雖劉穆之不能下也，遇敬宣而盡歡，或以譏混。混曰：「孔文舉禮太史子義，天下豈有非之邪！」

平西録事韓延之，司馬休之之故吏也，帝招以位，延之報書曰：「司馬公體國忠貞，款誠待物，今得罪宰相，加之以討，能無辭乎！席上無款懷之士，閫外無自信諸侯，良可恥也。伐人之君，啗人以利，五尺童子，孰不知君之心？請與臧洪遊于地下耳。」帝省書，顧左右曰：

「事人當如此。」

初，雍州刺史魯宗之負力好亂，懼不容于時，嘗爲讖曰：「魚登日，輔帝室。」司馬休之聞，乃引焉。是月，荆州刺史司馬休之、雍州刺史魯宗之舉兵内向，以討劉裕爲名。庚午，大赦。帝白衣西討。

三月，軍次江津，司馬休之阻岸置陣，帝欲自登，謝晦抱止帝，帝抽劍擬晦。晦曰：「天下可無晦，不可無公，此曹洪所以濟魏武也。」乃止。疾召胡藩人來，至，將斬以勵衆。藩謂使者曰：「正欲擊賊，不得奉命。」因以刀頭穿岸傍，劣容脚指，乃騰而上岸，衆從之，大破賊。五月，雍州刺史趙倫之破魯軌于石城，休之來援，不戰而走。

裴子野曰：書曰：「慮善以動，動惟厥時。」若司馬休之，動非其時也。天方厭晉，罔敢知吉？己雖欲得，無乃違天乎！五運無不亡之國，爲廢姓受朝，賢若三仁，且猶顛沛，而況豪俠哉！昔中原殄寇，道盡于時，四海争秦，豈徒繫晉，得實存乎大義，故能遂荒南土，其興也勃焉。至義熙，不異於是矣。而宋家支離，未忘前事，波逆越逸，禍將日尋，豈勘黎之伐弘少，將咎周之徒孔熾，興廢何其歇歟？

進帝太傅、揚州牧，劍履上殿，入朝不趨，贊拜不名，加前後部羽葆、鼓吹，置左右長史、從事中郎四人。論平蜀功，以朱齡石爲豐城公。秋八月甲子，以中書侍郎劉穆之爲尚書左僕射，領吏部尚書。

十二年春正月，以帝領兗州刺史，加平北將軍，增都督南秦二十二州諸軍事。

三月，僞秦姚興死，子泓新立，兄弟相殺，關中擾亂。乃言于天子，戒嚴北伐。

夏五月，廬江霍山崩，獲六鐘。癸巳，詔帝受雍州刺史，〔二九〕前後部羽葆、鼓吹，班劍爲四十人。

秋八月丁巳，〔三〇〕大軍進發，奉帝弟瑯琊王德文以行，劉義符爲中軍將軍，〔三一〕監留府事，鎮石頭。以劉穆之爲領監軍、中軍二府軍司，入居東府，總攝内外。光禄大夫孔季恭先告老居家，於是願從，以爲軍謀祭酒。寧州刺史獻帝琥珀枕，命搗碎，付征士療金瘡。

九月，軍次彭城，以冠軍檀道濟、龍驤王鎮惡及龍驤王敬爲前驅，造許、洛；寧朔劉遵考、中兵沈林子舟師通石門；寧朔朱超石、寧朔參軍胡藩趨半城；〔三二〕龍驤朱才、〔三三〕寧遠竺秀、〔三四〕寧遠嚴綱開鉅野，皆受督于王仲德，北方屯戍，緣道降伏。十月，衆軍會洛陽，圍金墉，姚銑請降，〔三五〕執歸京師。洛陽平，命修五陵，置守衛。

十一月癸巳，天子使册帝曰：

朕以寡昧，仰贊洪基。賊臣乘釁，蕩覆王室，越在南鄙，遷于九江。宗祀絶饗，人臣無位，提挈羣凶，寄命江浦。則我祖宗之業，奄墮于地，七百之祚，翦焉傾覆，若涉淵海，罔知攸濟。天未絶晉，誕育英輔，振厥弛維，再造區宇，興亡繼絶，俾昏作明。元勳至德，朕實攸倚。今將授公典策，其敬聽朕命：

乃者桓玄肆僭，滔天泯夏，拔本塞源，顛蹶六位，庶寮俛眉，四方莫恤。公精貫日月，氣陵雲漢，奮其靈武，大殲羣慝，克復王室，奉歆神祇。此公之大節，始於勤王者也。授律羣后，泝流長驚，〔三六〕薄伐峥嶸，獻捷南郢，大憝折首，羣逆畢夷，三光旋彩，舊物反正。此又公之功也。出藩入輔，弘兹保弼，阜財利用，繁殖生民，編户歲滋，疆宇日啟，導德明刑，四海有截。此又公之功也。鮮卑負衆，僭盜三齊，狼噬舊青，虎視沂、代，介恃遐阻，屢爲邊毒。公董乘秣馬，夐入遠疆，銜櫓四臨，萬雉俱潰，竊號之虜，顯戮司寇，拓土千里，申威隴、漢。此又公之功也。盧循妖凶，伺隙五嶺，乘虚肆逆，侵覆江、豫，旌拂寰内，矢及王城，朝野喪沮，莫有固志，家獻從卜之計，國議遷都之規。公乘轅南濟，義形于色，凝然内湛，視險若夷，妙略奇軍，淵謀不世，狡寇窮窘，喪旗遁跡，俾我畿甸，拯于將墜。此又公之功也。劉毅叛换，負釁西夏，淩上罔主，肆志姦暴，附麗協黨，扇蕩王畿。公禦軌以刑，消之不日，大軍電埽，神兵風拂，罪人斯得，荆、衡晏清。此又公之功也。追奔逐北，揚旍江瀆，偏旅浮海，指日遄至，番禺之功，涉血萬頃，左里之捷，魚潰鳥散，元凶遠迸，傳首萬里，南海肅清，荒服來洎。此又公之功也。譙縱恃亂，寇竊一隅，王化阻闕，三巴淪溺。公指命偏師，授以良圖，陵波憑湍，致届井絡，僭豎伏鑕，梁、岷草偃。此又公之功也。永嘉不競，四夷擅威，五都傾蕩，園陵幽辱，祖宗懷没世之憤，遺甿有匪風之思。公遠齊伊宰納隍之仁，近同小白滅亡之恥，鞠旅陳師，赫然大號，分命羣帥，北徇司、雍。〔三七〕許、鄭風靡，鞏、洛載清，僞牧逆藩，交臂請罪，百年榛穢，一朝埽滌。此又公之功也。

公有康宇宙之勳，重之以明德。爰初發跡，則奇謀冠古，電擊强祆，則鋒無前對，聿寧東畿，大造黔首。若乃草昧經綸，化洽于歲計，扶危静亂，道固于包桑。辨方正位，納之軌道，蠲削煩苛，較兹劃一，淳風美化，盈塞區宇。是以絶域獻琛，遐夷納貢，王略所亘，〔三八〕九服率從。雖文命之東漸西被，咎繇之邁于種德，〔三九〕何以尚兹。朕聞先王之宰世也，庸勳尊賢，建侯胙土，褒以寵章，崇其徽物，所以協輔王室，永隆藩屏。故曲阜光啟，遂荒徐宅，營丘表海，四履有聞。其在襄王，亦賴匡霸，又命晉文，備物光錫。惟公道冠前賢，勛高振古，而殊典未飾，朕甚忸焉。今進授相國，以徐州之彭城沛郡之蘭陵下邳淮陽山陽廣陵、兗州之高平魯國之泰山十郡，〔四〇〕封公爲宋公。錫兹玄土，苴以白茅，爰定爾居，用建家社。昔晉、鄭啟藩，入作卿士，周、邵保傅，出總二南，内外之任，公實兼之。今命使持節、兼太尉、尚書左僕射，晉寧縣五等男湛授相國印綬，〔四一〕宋公璽紱；使持節、兼司空、散騎常侍、尚書、陽遂鄉侯泰授宋公茅土，金虎符第一至第五左，竹使符第一至第十左。相國位無不總，禮絶朝班，居常之名，宜與事革。其以相國總百揆，去録尚書之號。上送所假節、侍中貂蟬、中外都督太尉太傅印綬，豫章公印策，進揚州刺史爲牧，領征西將軍、司豫北徐雍四州刺史如故。

公綱紀禮度，萬國是式，乘介蹈方，罔有遷志。是用錫公大輅、戎輅各一，玄牡二駟。公抑末敦本，務農重稼，采蘗實殷，稼穡惟阜。是用錫公衮冕之服，赤舃副焉。公閑邪納正，移風改俗，陶鈞品物，如樂之和。是用錫公軒縣之樂，六佾之舞。公宣美王化，導揚休烈，華夷企踵，遠人胥萃。是用錫公朱户以居。公官方任能，網羅幽滯，九皋辭野，髦士盈朝。是用錫公納陛以登。公當軸處中，率下以義，式遏寇讎，清除苛慝。是用錫公虎賁之士三百人。公明罰恤刑，庶獄詳允，放命干紀，罔有攸縱。是用錫公鈇、鉞各一。公龍驤鳳矯，咫尺八紘，括囊四海，折衝無外。是用錫公彤弓一，彤矢百，玈弓十，玈矢千。公温恭孝思，致虔禋祀，忠肅之志，儀刑四方。是用錫公秬鬯一卣，圭瓚副焉。宋國丞相以下，一遵舊儀。欽哉！其祇服往命，茂對天休，簡卹庶邦，敬敷顯德，以終我高祖之嘉命。

加宋公遠遊冠，相國緑紱，位在諸侯王之上。

十三年春正月，追贈帝祖靖太常，〔四二〕父翹特進、左光禄大夫，紱綬。軍次陳留城，經張良廟，下令曰：「夫盛德不泯，義存典禮，微管之歎，撫事彌深。張子房道亞黄中，照鄰殆庶，風雲玄感，蔚爲帝師，可改構棟宇，修飾丹青，蘋藻行潦，以時致薦。」

王鎮惡軍次潼關，檀道濟逼蒲坂。羌并州刺史尹昭據險，道濟攻之，未能下。沈林子謂濟曰：「蒲城堅，卒未可下，攻之傷衆，守之引日。王鎮惡孤軍無依，勢危力少，潼關天險，必争之地，若姚紹據之，則難圖也。不如棄蒲坂，并力潼關。潼關若捷，尹昭不攻自服矣。」濟從之。二月甲戌，〔四三〕沈林子、檀道濟、王敬等大破姚紹于潼關，紹之長史姚伯子屯九原，將憑河津以絶糧道，道濟争赴之，斬伯子，虜其率。或謂濟曰：「宜梟之，以築京觀。」濟曰：「不可。師入敵境，于我觀義。懼之以威力，則人自爲守，且固及伐，〔四四〕其人何罪！」釋而遣之。〔四五〕于是，周、秦保壁，襁負而至。朱齡石率丁旿等爲却月陣，大破拓跋圭等數軍于河北。五月戊午，〔四六〕帝次洛陽。七月癸未，步軍入關。八月，衆軍破姚泓于青泥，走灞上。辛丑，大軍次關頭。丁未，王鎮惡舟師泝河入渭，食畢，登岸斥舟，誓衆，大破姚平等於横門，〔四七〕王敬自平朔門入，泓與數百騎奔石橋。明日，將妻子詣壘門降，泓子年十一，謂泓曰：「晉人將逞其欲，不如早自引。」泓不答，其子登橋自投而死。于是君臣面縛以詣壘門，王鎮惡執泓屬諸吏。長安六萬餘户，宫殿壯麗，財寶盈積，王師號令嚴整，士民悦服，相附日滋。

九月甲子，〔四八〕大軍次灞上，王鎮惡道迎，帝勞之曰：「成吾霸業者，卿也。」鎮惡拜曰：「明公之力，鎮惡何功之有！」帝笑曰：「卿欲効馮異耶？」是日，帝入長安，收其彝器、渾天儀、土圭、〔四九〕指南車、記里鼓、秦漢大鍾、魏銅蟠螭等，獻于天子，其餘珍寶頒賜將帥。拜漢長陵，大會文武于未央殿。執姚泓歸詣京師，斬於建康市，遷姚宗于江東。天子使使勞師于咸陽。

冬十一月，進帝爵爲王，增國十郡，帝讓不受。以桂陽公義真行安西將軍、雍州刺史，鎮京兆。以王脩爲長史，〔五〇〕王鎮惡爲司馬，留兵萬人，以傅弘之領之。將班師，長安父老謂帝曰：「殘民不見王師，百年于茲矣，始覩衣冠，人人相賀。長安十陵是公家墳隴，千門萬户是公家府殿，捨此欲安歸乎！」帝爲之憫然。

鎮惡五月五日生，故名鎮惡，嘗客于澠池，澠池人李方厚遇之。後入關，拔方爲澠池令。初謂方曰：「吾忽值英雄主，取萬户封侯，當厚報卿。」

十一月丁亥，尚書左僕射、丹楊尹、中軍、西華子劉穆之卒，贈衞將軍、開府儀同三司，以左司馬徐羨之領丹楊尹。帝聞穆之卒，哭之慟。上疏于天子曰：「臣聞崇賢旌善，王教所先，念功簡勞，義深追遠。故司勳秉策，在勤必書，德之休明，没而彌著。故尚書左僕射臣穆之忠規遠畫，潛慮密謀，造膝詭辭，莫見其際。」于是重贈侍中、司徒、南昌侯，封一千五百户，謚文宣公。穆之既貴，食必方丈，嘗白帝曰：「穆之本貧賤，贍生多闕。比來所資，殊爲豐泰，自此之外，無一毫負公。」帝亦推心委賴，如左右手爾。穆之外所知聞，無不畢白，雖同閭里戲謔，道途細事，皆具聞，帝多識情僞，穆之之由也。及居東府，副上相，帝任内則穆之，外則謝晦，然二人素不相叶。及穆之卒，謝晦喜形于色，自是朝廷大政皆諮受，帝小事則決之于徐羨之。

十二月，旋長安，自洛入河，開汴河以歸。

十四年正月，師次彭城，解嚴息甲。後沈田子自與王鎮惡争功，且王猛之相苻堅也，北人以比諸葛亮，入關之功，又鎮惡爲首，于時論者深憚焉。故田子因衆懼，襲殺鎮惡於傅弘之壘。弘之告義真，義真率王智、王脩被甲，俄而田子言鎮惡反，脩乃執田子專戮斬之。自是胡馬憑淩，咸陽危矣。

二月，嵩山獲玉璧三十二、黄金一餅。漢中成故縣水崖崩，獲鐘十二枚。鞏縣民宗曜獲嘉禾九穗同穎，獻諸天子，詔歸于帝，帝固辭。以中軍將軍劉義符爲荆州刺史，中軍議郎張節諫曰：「儲貳至重，四海所繫，古來冢子在外，未有爲國福者。」乃止。

夏六月庚寅，始詔受相國九錫之命，引晉使陳備物於庭，帝顧寮佐曰：「孤本布衣，始願不及此。」衆人歛衽。將軍王弘率爾而言曰：「此之謂神物，求之不可得，推之不可去。」時謂之簡舉。【原闕】

十二月戊寅，天子崩，瑯琊王德文卽位，改號元熙。

元年春正月甲午，〔五一〕詔徵帝入輔。又申前命，進爵爲王。以徐州之海陵北東海北譙北梁、豫州之新蔡、兖州之北陳留、汝南潁川滎陽十郡，以增宋國。〔五二〕庚申，葬安帝于休平陵。秋八月丁巳，〔五三〕遷都壽陽，始受王爵，赦國内五歲刑。以傅亮爲中書令。九月，帝解揚州牧。冬十月，以劉義真爲揚州刺史。十二月，〔五四〕天子命帝冕十有二旒，建天子旌旗，出警入蹕，乘金根，駕六馬，〔五五〕備五時副車，置旄頭雲罕，樂舞八佾，設鍾簴宮懸。進王太妃爲太后，王妃爲王后，世子爲太子，王子、王孫爵命之號，一如舊儀。

二年正月，帝表讓殊禮。是月，竟陵郡江濱自開，出古銅禮器十餘枚，帝獻之天子，讓不受，歸諸瑞物，藏於相府。二年夏四月，〔五六〕又徵入輔。五月己亥，發自壽陽。六月壬辰，舟輿泊于石頭津渚。恭帝詔曰：

夫天造草昧，樹之司牧，所以問鈞三極，統天成化。故大道之行，選賢與能，隆替無常期，禪代非一族，貫之百王，其來尚矣。晉道凌遲，仍屬多故，安皇播越，宗祀墜泯，則我宣、元之祚，永墜于地，顧瞻區宇，翦焉已傾。相國宋王，天縱聖德，靈武秀出，〔五七〕一匡魏運，〔五八〕再造區夏，固已興亡繼絶，拯淪溺矣。故四靈効瑞，川岳啓圖，玄象表革命之期，華裔注樂推之願。代德之符，著于幽顯，瞻烏爰止，爰集明哲，夫豈延康有歸，咸熙告謝而已哉！

昔漢德既微，魏祖繼其緒，黄運不競，三后肆其勤。故天之曆數，定有攸在。敢忘四代之高蹤，横作天人之至望，予其遜位別宮，敬禪于宋。

草詔既成，請帝書之，帝欣然操筆謂左右曰：「桓玄之時，天命已改，重爲劉公所延二十載。今日之事，本所甘心。」甲子，遣使奉策曰：

咨爾宋王，夫玄古權輿，攸哉邈矣，其詳靡得而聞。爰自書契，降逮三、五，莫不以上聖君四海，以止戈定大業。然則帝王者，宰物之通器；君道者，天下之至公。在昔上葉，深鑒茲道，是以天禄既終，唐、虞不得傳其嗣；符命來格，舜、禹不得全其謙。所以經緯三才，澄序彝化，作範振古，垂風萬葉，莫尚于茲。

昔我祖宗欽明，辰居其極，而明晦代序，盈虧有期。翦商兆禍，非唯一世。惟王體上聖之姿，包二儀之德，明齊日月，道合四時。豈伊博施于民，濟茲黔庶；固已化洽四海，道備八荒。圖緯之文既明，人神之望已改，百工歌于朝，庶民誦于野，億兆忭蹈，傾貯惟新。自非百姓樂推，天命攸集，豈伊在予，所得獨專。是用仰應皇靈，俯順羣議，敬禪神器，授帝位于爾躬。天祚告窮，天祿永終。於戲！王其允執其中，敬遵典訓，副率土之嘉願，恢洪業於無窮，時膺休祐，以答三靈之眷命。

是日，使持節、兼太保、散騎常侍、光禄大夫謝澹，兼太尉、尚書劉宣範奉皇帝璽紱，受終之禮，一如唐虞、漢魏故事。帝奉表陳讓，晉帝已遜於瑯琊王第，百辟拜辭。秘書監徐廣獨流涕歔欷，謝晦止之。廣曰：「君爲宋朝佐命，吾乃晉室遺老，憂喜之事，固不同。」時抗表陳讓，表不獲通。羣臣上疏勸進，不許。太史令駱達奏曰：「自晉義熙元年至元熙元年，太白晝見經天凡七，占曰：『太白經天，民更主，異姓興焉。』義熙七年，五虹見于東方，占曰：『五虹見，天子黜，聖人出。』十三年，鎮星入太微，有立王徙主之兆。元熙元年冬，有黑龍四登于天，易傳曰：『冬，龍見，天子亡社稷，大人受命。』冀州道人釋法稱告其弟子曰：『嵩神言，江東有劉將軍，漢家苗裔，當受天命，吾以璧三十二，鎮金一餅與之，劉氏卜世之數也。』後漢建武至建安末一百九十六年而禪魏，魏自黄初至咸熙末四十六年而禪晉，晉自太始至今百五十六年，三代揖讓，咸窮于六。」于是羣公卿士固請，乃從之。

初，漢光武立社于南陽，漢末而其樹死，劉備有蜀，乃應之而興，及晉末年，舊根復萌，至是而茂盛。

乃受法駕于南郊壇，柴燎祭于上帝，禮畢，嚴駕還宮，御太極殿，大赦，改元。永初元年，封晉帝爲零陵王，食邑一郡，載天子旌旗，乘五時副車，行晉正朔，郊祀天地，禮樂皆用晉典，上書不言表，答表不稱詔，宮于秣陵。封道憐及義慶等五王。

二年，以義真爲司徒，以僕射徐羨之爲尚書令，聽訟華林園，禁淫祀。

九月，晉零陵王殂，車駕率百寮臨于朝堂三日，葬以晉禮。以梁州胡帥大沮渠蒙遜爲鎮軍大將軍、梁州刺史。〔五九〕尚書令、司空，〔六〇〕以太子詹事傅亮爲僕射。上不豫，以道憐、徐羨之、傅亮、檀道濟入侍醫藥，羣臣請祈禱，上不許。以義真爲侍中、豫州刺史。上瘳。封仇池公楊盛爲武都王。

三年五月，上疾甚，召太子誡之曰：「檀道濟雖有幹略，而無遠志，非如兄韶有難禦之氣。徐羨之、傅亮當無異圖。謝晦數從征伐，頗識機變，若有異，必此人也。朝廷不須復有別府，大臣中亦宜有爪牙，以備不祥，後世若有少主，朝事一委宰相，母后不煩臨朝。」癸亥，上崩于西殿，時年六十，〔六一〕葬丹楊建康縣蔣山初寧陵。在縣東北二十里，〔六二〕周圍三十五步，高一丈四尺。謚曰武皇帝，廟號高祖。

上清簡寡欲，嚴整有法度，未嘗視珠玉輿馬之飾，後庭無紈綺絲竹之音。初，朝廷未備音樂，殷仲文言之，帝曰：「日不暇給，且所不解。」仲文曰：「屢聽自然解之。」帝曰：「政以解則好之，故不習耳。」寧州嘗獻琥珀枕，光色甚麗，價盈百金。時將北伐，或曰療金瘡，上大悦，命碎之分賜諸將。平關中，得姚興從女，有盛寵，以之廢事，謝晦諫之，即時遣出。財帛皆在外府，内無私藏，宋臺建，有司奏東西堂施局脚牀，銀塗釘，上不許。用直脚牀，釘用鐵。廣州常獻入筒布一端，上惡其精麗勞人，即付所司彈太守，以布還之。帝素有熱疾，并病金瘡，末年尤極，坐卧嘗須冷物，後有人獻石牀，寢之，極以爲佳，乃歎曰：「木牀且費，而況石乎！」即令毁之。制諸主出適，不過二十萬，無錦繡金玉。性尤簡易，嘗著連齒木屐，好出神武門逍遥，左右從者不過數十人。時徐羨之住西州，〔六三〕嘗思羨之，便步出西掖門，羽儀絡繹追之，已出西明門外矣。諸子旦問起居，入閤脱公服，止著裙帽，如家人之禮焉。

帝微時躬于丹徒業農，及受命後，耨耜之具頗有存者，皆命藏之，留于後。及文帝幸舊宫，見而問焉，左右以實對，帝有慚色。有近侍進曰：「大舜躬耕歷山，伯禹親事土木，陛下不覩列聖之遺物，何以知稼穡之艱難，何以知先帝之至德乎！」及孝武大明中，壞上所居治室，于其處起玉燭殿，與羣臣觀之，牀頭有土障，壁上掛葛燈籠、麻繩拂。侍中袁顗稱上儉素之德，武帝不答，〔六四〕獨言曰：「田舍翁得此，已過矣。」故能光有天下，克成大業，盛矣哉！

廢帝營陽王〔六五〕

廢帝諱義符，小字車兵，武帝長子也。晉元熙元年進爲宋王太子。武帝受禪，立爲皇太子。永初三年五月癸亥，武帝崩，是日太子卽皇帝位，大赦，制服三年。六月壬申，以尚書僕射傅亮爲中書監、尚書令，司空徐羨之、領軍將軍謝晦及亮輔政。以永初四年春正月己亥朔，大赦，改元爲景平元年。文武各賜位二等。乙巳，虜將達奚印破金墉，〔六六〕進圍虎牢。毛德祖于城內掘地深七尺，旁穿二道出城外，又分爲大道出賊後，募敢死士數百人，隨參軍范通基出自圍外，鼓噪斬虜，虜陣擾亂，斬首數百級，燔其攻具。虜雖暫退，衆還復合，拓拔嗣〔六七〕又遣安平涉歸寇青州。〔六八〕己未，詔徵豫章太守蔡廓爲吏部尚書。廓至，謂尚書傅隆曰：「選皆出我乎？」隆言執政，徐羨之云：「黄門已下專以委蔡，已上，衆參也。」廓曰：「我不能爲徐干木署紙尾！」遂不就。

二月丁丑，太皇太后崩。遺令曰：「先皇棄世，五十餘載，古不封樹，漢亦異陵。今將外營別壙，亦無不可。」大沮渠蒙遜、吐谷渾阿豺遣使貢獻。〔六九〕庚辰，爵蒙遜爲河西王，以阿豺爲安西將軍，封澆河公。辛未，〔七〇〕富陽人孫法光宗親反，〔七一〕自號冠軍大將軍，寇山陰。山陰令陸邵拒之，戰柯亭，賊敗走。

甲子，〔七二〕豫州刺史劉粹遣將軍襲許昌，殺西潁川太守庾龍。乙丑，虜騎掠高平。初虜自河北之敗，請修和親；及聞高祖崩，因喪來寇，河北騷然矣。

夏四月，檀道濟北征，次臨朐，虜焚攻具，去青州。孫琳爲御史中丞，〔七三〕以事忤徐羨之，羨之遣琳弟璩自釋。琳曰：「我觸忤宰相，罪止一身，差不及爾，無忙懼。」遂劾免羨之，雖不獲命，朝廷憚之。

己未，〔七四〕虎牢城陷，虜執司州刺史毛德祖歸。初，虎牢圍急，城内無水，士馬皆渴，皮膚黑爆，人皆患瘡，至死無血。城潰，左右扶德祖使逃，德祖曰：「義不使城亡而身存。」與衆俱執。

七月癸酉，尊帝所生張夫人曰皇太后，宫曰永樂。丁丑，以旱故，詔赦五歲刑已下罪人。

冬十月己未，有星孛于天，指尾，貫攝提，向大角，仲月在尾，季月掃天倉而後滅。帝既卽位，多不率禮，范泰上封事，深言其不道及多言，曰：「王言如絲，其出如綸，下觀而化，疾于影響。臣蒙先朝厚遇，思竭狂瞽。陛下若能留心鑒察，則臣無恨九泉。」

輔國將軍交州刺史龍編侯杜惠之卒，〔七五〕贈左將軍。惠之爲刺史也，布衣疏食，治國如家。歲荒民飢，以私禄賦十。城門夜不閉，道不拾遺，海表大治。

十二月丙寅，〔七六〕省寧州之江陽爲建安郡。

是歲，索虜太宗死，〔七七〕子燾代立。

二年春正月癸巳朔，日有蝕之。〔七八〕徐羨之、傅亮、謝晦奏曰：「先朝不豫，已至大漸。車騎將軍義真酣酒，日夜不輟，兼惡言訕主謗朝，并輒匿甲卒。請遵武陵王故事，廢爲庶人，流于新安郡。」前吉陽令魏郡張約上書訟之曰：〔七九〕

臣雖草介，備先黔首，〔八〇〕少不自量，頗爲高荊懾。伏惟高祖武皇帝挺器神武，撫運龍躍，仰清天步，則齊德有虞；俯廓地基，則侔功大夏。故虔順天人，享有萬國，雖靈祚攸長，而聖躬不永。陛下繼明紹統，遐邇一心。

藩王義真，天姿夙茂，素有卓然之美。宜在容良，掩瑕宥過，訓之以方。伏思大宋之興，雖叶應符律，而開基造次，根條未豐，宜廣藩屏，使兄弟盛比姬氏。伏願上考前代興亡之由，中存武皇締構之業，下顧蒼生顒顒之望。時闕內田宥冒死詣闕，惟願丹誠，一經天聽，退就斧鑊，無愧地下。

執政從約之梁州，道追殺之。

初，高祖既締構，而副貳未育。帝始義熙二年生于京口，及封王，恣其志慾，膂力絕人，解音律，善騎射，于是羣小左右，多進異端。義真好文愛士，而性又浮躁。謝晦嘗言于高祖曰：「陛下春秋既高，宜思存萬世，神器至重，不可使負荷非才。」高祖曰：「廬陵何如？」晦曰：「臣請視之。」晦造義真，義真盛欲與談，晦不甚答，遂言：「德輕于才，非人主也。」由是出居于外。及羨之等專政，王愈不悦，與前太子左衛率謝靈運、散騎常侍顔延之昵狎過甚，故吏范晏戒之，義真曰：「靈運空疎，延之隘薄，魏文帝云，鮮能以名節自立者。但情性所得，未能忘言于悟賞，故與遊耳矣。」及主無謀定，故先黜義真。乙未，〔八一〕以皇弟義恭爲冠軍將軍、南徐刺史。丁未，〔八二〕大風，天有五色雲，占曰：「天錦有兵。」高麗國遣貢獻。發使誅皇弟義真于新安。

夏五月，江州刺史王弘、南兖州刺史檀道濟來朝，執政諷之。乙酉，皇太后令曰：

王室不造，天禍未悔，先帝創業不永，棄世登遐。義符長副，屬當大位，窮荒極悖，一至于此。大行在殯，幸災肆于悖辭，嘉容表于在戚。至三召樂府，鳩集伶官，倡優管絃，靡不備發，珍羞甘膳，有加平日。採擇媵妾，産子就宫，靦然無怍，醜聲四遠，臣子痛心。及懿后崩背，重加天下，親與左右執紼歌呼，手推梓宫，撫掌笑謔，殿省備聞。加復日夜媟狎，羣下慢戲，興造萬計，費用萬端，帑藏空虚，人力殫盡。刑罰苛酷，幽囚日增。居帝王之位，好皁隸之役，處萬乘之尊，悦厮養之事。親執鞭朴，毆擊無辜。穿池築觀，朝成暮毁，徵發工匠，疲極兆民。遠邇歎嗟，人怨神怒，社稷將墮，豈可嗣守洪業，君臨萬邦。可廢爲營陽王，一依漢昌邑、晉海西故事。

鎮西將軍、宜都王仁明，尤篤孝弟，自幼及長，德業冲粹，識心明允。宜纂承皇統，光臨億兆。主者詳行舊典，以時奉迎。未亡人嬰此百罹，雖存若隕。永悼怯事，撫心崩寒。

徐、傅等將廢帝，諷王弘、檀道濟求赴國許，〔八三〕弘等來朝。謝晦移家出鎮軍府，將治府舍，而實伏甲士出于外屋，以謀告中書舍人邢安泰、潘盛等爲内應，夜邀道濟、謝晦領兵居前，羨之等隨後，因東掖門開，入自雲龍門，盛等先戒宿衞，莫有禦者。時帝于華林園爲列肆，親自沽賣。又開瀆聚土，以象破岡埭，與左右引船唱呼，以爲歡樂。夕遊天淵池，〔八四〕即龍舟而寢。其朝未興，兵士進，殺二侍人于帝側，帝傷指，扶出東閤，就收璽紱。羣臣拜送，辭于東宫，遂幽于吴郡。是日，赦死罪已下。檀道濟入守朝堂。

六月，傅亮率臺迎宜都王于江陵。徐羨之使邢安泰殺營陽王於金昌亭。王有勇力，不即受制，突走出昌門，追者以門關踣之，致殞，乃加刑，時年十九。南郡太守江夷臨哭盡哀。

裴子野曰：昔漢武爲衞武太子置博望園，延異能之士，而長安闕下，竟有流血之釁。高祖寵樹營陽，恣其嗜欲，羣小競進，亦有金昌之禍。苟不納於義方，必異世而同失。古者人君養子，能言而師授之辭，能行而傅相之禮。其衣服飲食，則保節其身，三師并輔其志，進退俯仰，如值繩準，驕奢淫佚，無自入矣。故以儀型四海，君臨萬國，奕世休嘉，不隕令問。宋失教誨，則異於斯，居中則任僕妾，處外則近趨走。太子、皇子，有師傅二職者，皆臺隸也。〔八五〕制其行止，授其禮法，則導達臧否，罔克由之，言不及于禮義，識無近于今古，謹勑者能訓之以嗇陋，愚戇者又誘之以凶慝。與置太子太傅，而無師保，其他職掌，率由舊章，諸王無相，置師一人，多者大夫領之。王臨州，則長史行宣教令。又師傅之流，甚有專恣，獨擅威權。由是而言，君子勿用，老成碩德，多見嚴疎，是以本枝雖茂而端莖實寡。嗣君幼主，世淫奸回，雖惡物醜類，天然習則生常，其來遠矣。夫木擊折軸，水戾破舟，不以水木而過工匠者何？本其所以然也。降及太宗，舉天下而棄之，亦昵比之爲力，宋以此終焉。嗚呼！有國有家，其鑑之矣。

先是，有龍見西方，中天騰上，上蔭五色彩雲，太史奏西方有天子氣。

秋七月丙寅，法駕自江陵至行宫，傅亮率百官奉璽紱，詣天門上疏：「伏惟陛下，君臨自然，聖明在御，孝悌著於邦家，風猷宣于藩牧。宗廟神器，乃眷西顧。臣奉荷朝列，再覩太平。行臺至止，瞻望城闕，不勝喜悦鳧藻之情，謹詣閤門拜表以聞。」王答書，使召見，傅亮哭甚哀。既而問二主薨故，悲感嗚咽，左右掩泣，莫能仰視。亮流汗不能答。既出，布腹心于鎮西司馬王華、南蠻校尉到彦之。于時權臣用命，人懷疑懼，議者謂有異圖。王華進說曰：「先帝有大功于天下，四海所服，雖嗣主不綱，而人望未改。徐羡之中才寒士，傅亮布衣諸生，非有晉宣、王敦之心明矣。畏廬陵嚴斷，將來必不見容。陛下寬恩仁慈，衆所知也。是以越次奉迎，冀以見聽，悠悠之論，必不然矣。羡之、亮、晦、王弘、道濟五人同功，孰肯相讓，就懷不允，勢必不爾。殿下但長驅六轡，以副天人之心耳。」王曰：「君復爲吾宋昌也。」留王華以守。甲戌，〔八六〕舟輿發自江陵，中流有黑龍躍負王舟，左右失色，王顧長史王曇首曰：「此大禹所以受天命也，吾何德以堪之。」

八月丙申，舟輿入於京師。丁酉，謁初寧陵。進入中堂，百辟奉璽紱，勸進至三，乃許之。

卷第十一校勘記

〔一〕漢楚元王交之二十一世孫也　南史宋本紀上同。十七史商榷五四云，據宋書自楚元王交（一世）順次數至劉裕之父翹得二十一世，因謂裕「當爲交二十二世孫。今云二十一世者，傅寫誤」。

〔二〕孔子恭　南史宋本紀上作「孔恭」。

〔三〕海鹽令鮑陋　原無「令」字，今據庫本、徐鈔本補。宋書武帝紀上、南史宋本紀上及通鑑一一二皆作「海鹽令鮑陋」。

〔四〕都督徐兖青冀幽并八州諸軍事　據宋書武帝紀上，此處尚脱揚、豫二州，方合八州之數。

〔五〕桓敬道　「道」原作「通」。桓敬道謂桓玄也，其字敬道，今據徐鈔本改。晉書桓玄傳、世説德行篇注引桓玄别傳皆云玄字敬道。

〔六〕庚順助郭銓屯溢口　「庚順」，晉書安帝紀作「庚稚」，桓玄傳、通鑑一一三並作「庚稚祖」。蓋此人本名庚稚或庚稚祖，庚順乃避唐諱改耳。「郭銓」原作「郭詮」。晉書五行志中、毛璩傳、桓石民傳、桓玄傳、苻堅載記皆作「郭銓」，郭銓又見於宋書武帝紀上、五行志二及通鑑一一三，詮、銓形近致誤，今據改。

〔七〕貊盤洲　見卷十校勘記〔三五〕。

〔八〕丙午　五月丁巳朔，無丙午。其年五月爲閏月，閏月丁亥朔，丙午爲二十日。「丙午」前當脱書「閏月」二字。又上文云桓振復襲江陵事，據晉書安帝紀、通鑑一一三亦爲閏月間事。

〔九〕六月丁未　六月丙辰朔，無丁未，丁未爲閏五月二十一日，晉書安帝紀、通鑑一一三皆繫於閏五月，此「六月」二字當是衍文。

〔一〇〕桓仙客　宋書劉道規傳、劉懷肅傳、通鑑一一三同。晉書劉毅傳、桓玄傳並作「桓山客」。

〔一一〕庚子　原作「庚午」。三月壬午朔，無庚午。晉書安帝紀、通鑑一一四皆作「庚子」，爲月之十九日，是，今據改。

〔一二〕毛脩之　「脩」，各本作「循」，形近致誤。今據晉書毛璩傳及宋書、魏書、南史、北史本傳改正。下同。

〔一三〕胡藩　原作「胡蕃」。今據徐鈔本、周鈔本及宋書南史本傳、通鑑一一五改。下同。

〔一四〕今逆詐言　「詐」字原缺，庫本作「詐」，宋本殘缺，僅存左偏旁「言」字，亦當爲「詐」字也，今據改。

〔一五〕殷闡　晉書殷仲文傳、通鑑一一五並作「殷闡」。

〔一六〕丙辰　四月壬午朔，無丙辰。五月壬子朔，丙辰爲初五日。南史宋本紀上繫孟昶自殺於五月丙辰，晉書安帝紀、通鑑一一五亦載在五月。

〔一七〕丙寅至若回泊蔡洲成擒耳　丙寅爲五月十五日，戊午爲初七日，乙丑爲十四日，依日序「丙寅」當在「乙丑」之下。

〔一八〕荀林　晉書姚興載記下、通鑑一一五並作「苟林」。

〔一九〕范崇　宋書武帝紀上、王懿傳、蒯恩傳、劉鍾傳及通鑑一一五皆作「范崇民」，此避唐諱省「民」字。

〔二〇〕賊退走豫栅左里　宋書武帝紀上、南史宋本紀上及通鑑一一五皆云盧循欲走向豫章，乃悉力栅斷左里。

〔二一〕甲申　南史宋本紀上、通鑑一一五並作「丙申」，是月己卯朔，甲申、丙申皆在是月，未知孰是。

〔二二〕正月己未　「己未」原作「乙未」。正月戊申朔，無乙未。宋書武帝紀中、南史宋本紀上及通鑑一一六皆作「己未」，爲月之十二日，是，今據改。

〔二三〕十一月己卯　「己卯」原作「乙卯」。十一月丁卯朔，無乙卯。宋書武帝紀中、通鑑一一六皆作「己卯」，爲月之十三日，是，今據改。

〔二四〕黄武　宋書朱齡石傳、通鑑一一六皆作「黄虎」。此作「黄武」，乃許氏避唐諱改。

〔二五〕乙丑　「乙丑」前失書「二月」。宋書武帝紀中、南史宋本紀上皆作「二月乙丑」可證。

〔二六〕今日欲爲丹楊布衣不可得也　「丹楊」，本書卷十、晉書諸葛長民傳、南史劉穆之傳及通鑑一一六皆作「丹徒」，胡注云：「長民瑯琊陽都人，僑居丹徒。」據此，「丹楊」當作「丹徒」爲是。

〔二七〕六月癸未　六月甲午朔，無癸未。

〔二八〕檀祗　原作「檀社」，據甘鈔本及宋書、南史本傳改。下同。

〔二九〕詔帝受雍州刺史　「雍州」，宋書武帝紀中、南史宋本紀上及通鑑一一七皆作「北雍州」。胡注云：「晉初置雍州於長安，永嘉之亂，没於劉、石。苻秦之亂，雍州流民南出樊沔，孝武始於襄陽僑立雍州。今裕欲取長安，故領北雍州刺史，以别襄陽之雍州也。」據此，當作「北雍州」爲是。

〔三〇〕丁巳　原作「乙巳」。八月丙午朔，無乙巳，宋書武帝紀中作「丁巳」，爲十一日，是，今據改。

〔三一〕劉義符　「符」原作「府」，今據丁鈔本改。宋書少帝紀、南史宋本紀上亦作「劉義符」可證。

〔三二〕寧朔參軍胡藩趨半城　「參」當作「將」，宋書胡藩傳及通鑑一一七皆云劉裕北伐姚泓，胡藩時官寧朔將軍。又「半城」，各本及宋書、南史胡藩傳同。丁鈔本、通鑑一一七作「陽城」。

〔三三〕朱才　宋書張邵傳作「朱牧」，朱齡石傳作「朱林」，南史朱齡石傳作「朱枚」。牧、林、枚三者形近，未知孰是。實録作「朱才」，未知何據。

〔三四〕竺秀　當從宋書張邵傳、南史王懿傳作「竺靈秀」。

〔三五〕姚銑　晉書姚興、姚泓載記及通鑑一一七作「姚洸」。

〔三六〕泝流長騖　「泝流」，各本及南史宋本紀皆作「順流」。張森楷南史校勘記云：「據建業至江陵是泝流，非順流。」張説是，宋書武帝紀中作「泝流」，今據改。

〔三七〕北徇司雍　「雍」，宋書武帝紀中作「兖」。

〔三八〕王略所亘　「亘」字誤，當從宋書武帝紀中作「宜」。

〔三九〕咎繇之邁于種德　「于」原作「予」，今據甘鈔本、徐鈔本改，宋書武帝紀中、南史宋本紀上亦作「于」。

〔四〇〕以徐州之彭城沛郡之蘭陵下邳淮陽山陽廣陵兖州之高平魯國之泰山十郡　「沛郡」、「魯國」下兩「之」字俱衍，方合十郡之數，宋書武帝紀中、南史宋本紀上皆可證。

〔四一〕晉寧縣五等男湛　「湛」原作「堪」，今據徐鈔本改正。湛，謂袁湛也，宋書、南史本傳亦作「湛」。

〔四二〕追贈帝祖靖太常　「帝」原作「高」，今據庫本改。徐鈔本「高祖」下重一「祖」字，亦通。

〔四三〕二月甲戌　二月癸卯朔，無甲戌。通鑑一一八繫於三月，甲戌爲初二日。

〔四四〕且固及伐　「固」原作「國」，今據庫本、張本、甘鈔本、周鈔本、劉鈔本改。

〔四五〕釋而遣之　「釋」原作「食」，今據徐鈔本改，宋書、南史檀道濟傳亦作「釋」。

〔四六〕五月戊午　五月壬申朔，無戊午。

〔四七〕大破姚平等於横門　原無「於」字，今據徐鈔本補。

〔四八〕九月甲子　九月庚午朔，無甲子。

〔四九〕土圭　原作「玉圭」，本書卷十及宋書武帝紀中、南史宋本紀上、通鑑一一八皆作「土圭」，是，今據改。

〔五〇〕王脩　原作「王循」，脩、循形近致誤，今據宋書、南史本傳及通鑑一一八改。

〔五一〕正月甲午　「甲午」原作「甲子」。正月壬辰朔，無甲子，晉書恭帝紀、通鑑一一八皆作「甲午」，爲月之初三日，是，今據改。

〔五二〕以徐州之海陵至北陳留汝南潁川滎陽十郡以增宋國　宋書武帝紀中、南史宋本紀上「北陳留」下有「司州之陳郡」五字，是，方合十郡之數。

〔五三〕秋八月丁巳　八月己未朔，無丁巳。

〔五四〕十二月　原作「十一月」，今據徐鈔本、丁鈔本、周鈔本、劉鈔本改，宋書武帝紀中、南史宋本紀上亦作「十二月」。

〔五五〕乘金根駕六馬　「金根」當作「金根車」，晉書輿服志云：「金根車，駕四馬，不建旗幟，其上如畫輪車，下猶金根之飾。」宋書武帝紀中、南史宋本紀上亦作「金根車」。

〔五六〕二年夏四月　「二年」兩字誤重，當删。

〔五七〕靈武秀出　「出」，宋書武帝紀中作「世」，此避唐諱改。

〔五八〕一匡魏運　「魏」，宋書武帝紀中作「頹」。

〔五九〕以梁州胡帥至梁州刺史　兩「梁州」當作「涼州」。宋書武帝紀下、南史宋本紀上及魏書、北史沮渠蒙遜傳、通鑑一一九皆作「涼州」。

〔六〇〕尚書令司空　此處文字有脱誤，徐鈔本無「司空」二字，亦誤。據宋書武帝紀下、通鑑一一九及萬斯同宋將相大臣年表，永初二年正月尚書令爲徐羨之，然徐羨之拜司空在三年正月，非二年。

〔六一〕時年六十　各本及宋書武帝紀下並作「時年六十七」。洪頤煊諸史考異云：「案高祖以晉哀帝興寧元年歲癸丑生，下距永初三年，止六十歲。『七』字當衍。」洪説是，南史宋本紀上、通鑑一一九胡注及御覽一二八引徐爰宋書皆作「時年六十」，今據改。

〔六二〕在縣東北二十里　元和郡縣圖志二五云：「在縣東北二十二里蔣山東南。」

〔六三〕時徐羨之住西州　「住」，各本皆作「往」，形近致誤。今據周鈔本及宋書武帝紀下、南史宋本紀上改。

〔六四〕武帝不答　「武帝」當作「孝武帝」，宋書武帝紀下、南史宋本紀下可證。

〔六五〕營陽王　「營」，各本皆作「滎」，唯徐鈔本作「營」。宋書少帝紀、南史宋本紀上及通鑑一一九皆作「營陽王」，胡注云：「營陽，南方郡名也。」今據改。

〔六六〕達奚印　宋書少帝紀作「達奚印」。據魏書、北史奚斤傳及通鑑一一九圍虎牢者爲奚斤，斤本姓達奚，「印」、「卬」當是「斤」字之譌，宋書索虜傳作「達奚斤」不誤。

〔六七〕拓拔嗣　原作「拓拔圭」。拓拔圭爲魏主太祖道武帝，卒於元興二年九月，其時魏主爲太宗明元帝拓拔嗣。宋書少帝紀作「拓拔木末」，卽拓拔嗣也。今據丁鈔本及宋書改正。

〔六八〕安平涉歸　「安平」原作「平安」。涉歸卽叔孫建，魏書、北史皆有傳，魏道武帝時，賜爵安平公，此「平安」當爲「安平」之誤，今乙正。又其下亦脱「公」字。

〔六九〕大沮渠蒙遜吐谷渾阿豺遣使貢獻　「大沮渠蒙遜」上原有「十二月」三字。宋書少帝紀、南史宋本紀上及通鑑一一九皆繫於二月，今據删。

〔七〇〕辛未　二月戊辰朔，辛未爲初四日，不得在丁丑、庚辰之後，日序有誤。

〔七一〕孫法光　宋書少帝紀、册府六九三同，宋書褚叔度傳作「孫法亮」，南史褚裕之傳、南齊書戴僧静傳作「孫法先」，光、亮、先形近，未知孰是。

〔七二〕甲子　二月無甲子，三月戊戌朔，甲子爲二十七日。宋書少帝紀、通鑑一一九皆作「三月甲子」。

〔七三〕孫琳　宋書、南史孔琳之傳並作「孔琳之」。

〔七四〕己未　四月丁卯朔，無己未。南史宋本紀上、通鑑一一九皆作「閏四月己未」，閏月丁酉朔，己未爲二十三日。此「己未」前當脱「閏月」二字。

〔七五〕杜惠之　宋書、南史本傳及通鑑一一九皆作「杜慧度」。

〔七六〕十二月丙寅　十二月癸巳朔，無丙寅。

〔七七〕是歲索虜太宗死　「太宗」原誤作「太守」，今據徐鈔本改。庫本作「是歲，北魏主死」。

〔七八〕正月癸巳朔日有蝕之　正月癸亥朔，非癸巳。宋書少帝紀、五行志五皆作「二月癸巳朔」。陳垣二十史朔閏表景平二年二月爲壬辰朔，癸巳爲二月初二日。日蝕當在朔日，是年正月祇二十九日，疑二月癸巳朔本不誤，後人定朔有誤，則「正月」亦當作「二月」爲是。

〔七九〕張約　卽本書下文之「張約之」，宋書、南史劉義真傳及通鑑一二〇亦作「張約之」。

〔八〇〕備先黔首　「先」，宋書劉義眞傳作「充」。

〔八一〕乙未　正月癸亥朔，無乙未，二月壬辰朔，初三日乙未，此亦可證上文「正月」應作「二月」。

〔八二〕丁未　正月無丁未，二月壬辰朔，丁未爲十六日。

〔八三〕諷王弘檀道濟求赴國許　「國許」，宋書少帝紀作「國訃」，王懋竑讀書記疑以「國訃」爲是。

〔八四〕天淵池　各本作「大淵池」，庫本作「天泉池」。「大」爲「天」之譌，宋書少帝紀不誤，今據改。「淵」作「泉」，蓋避唐諱改。

〔八五〕太子皇子有師傅二職者皆臺隸也　通鑑一二〇引宋略裴子野論作「太子、皇子，有帥，有侍，是二職者，皆臺皁也」。

〔八六〕甲戌　原作「甲寅」。七月庚申朔，無甲寅。宋書文帝紀、南史宋本紀中皆作「甲戌」。十五日甲戌，是，今據改。

中國史學基本典籍叢刊

建康實録

下

〔唐〕許嵩撰

張忱石點校

中華書局

建康實録卷第十二

宋中

太祖文皇帝

太祖文皇帝諱義隆，小字車兒，武帝第三子也。晉義熙三年，生于京口。十一年，封彭城縣公。永初元年，封宜都郡王，鎮西將軍、〔一〕荆州刺史，加都督。時年十四，長七尺五寸，博涉經史，善隸書。是歲來朝，會武帝當聽訟，乃遣上訊獄囚，辨斷稱旨，武帝甚悦。景平初，有黑龍見西方，上蔭五色雲隨之。二年，江陵城上有紫雲。望氣者以爲帝王之符，當在西方。其年少帝廢，百官議所立，徐羨之、傅亮等以禎符所集，備法駕奉迎，入承皇統，立行臺于江陵。尚書令傅亮奉表進璽紱，州府佐吏並稱臣，請題榜諸門，一依宫省，上皆不許。教州、府、國綱紀宥所統内見刑。是時，司空徐羨之等新有弑害，及鑾駕西迎，人懷疑懼，唯長史王曇首、司馬王華、南蠻校尉到彦之共明朝臣，豈有異志。帝曰：「諸公受遺，不容背貳。且勞臣舊將，内外充滿，今兵力足以制物，夫何所疑！」甲戌，〔二〕乃發江陵，命王華知州府留後事；令到彦之監襄陽。車駕在道，有黑龍負上所乘之舟，左右失色，上謂王曇首曰：「此乃夏禹所以受天命，我何德以堪之。」及至都，羣臣迎拜于新亭。先謁初寧陵，次入中堂，百官奉璽紱，沖讓未受，勸請數四，乃從之。

景平二年秋八月丁酉，皇帝卽位於太極殿，詔曰：「朕閔凶在疚，遭家不造，崇基景業，將墜于地。永樂太后深鑒安危，股肱忠臣，協謀同力。用集大命，于予一人，兢兢憂懼，罔識攸處。思與萬國，享茲惟新。」其大赦天下，改元爲元嘉元年，文武各進位二等，逋租宿調一切放免。戊戌，追復廬陵王國。庚子，詔撫軍將軍、領護南蠻校尉、武陵公謝晦爲荆州刺史，京師精甲，多割賜之。將行，色自矜，過辭叔父澹。澹問以年，晦曰：「三十有五。」澹曰：「昔荀中郎二十七爲北府都督，〔三〕卿方之，老矣！」晦有慚色。癸卯，〔四〕以徐羨之爲侍中、司徒、南平公；王弘司空、建安公；檀道濟征北將軍、武陵公；傅亮散騎常侍、左光禄大夫、開府儀同三司、始興公，食邑各四千户。甲辰，封皇第五弟義恭爲江夏王，第六弟義宣爲竟陵王，第七弟義季爲衡陽王，各食邑五千户。丙午，徐羨之遜位，不許。

九月辛酉，給彭城王義康、謝晦、檀道濟鼓吹各一部。丙寅，追尊所生胡婕妤曰章皇太后，〔五〕陵曰熙寧。丙子，立皇后袁氏。

冬十一月己丑，〔六〕以王華爲侍中。壬戌，追贈后父袁湛爲侍中、左光禄大夫、開府儀同三司。

是歲，大旱。置竹林寺。案，寺記：元嘉元年，外國僧毗舍闍造。又置下定林寺，東去縣城一十五里，僧監造，在蔣山陵里也。

二年春正月丁酉朔，〔七〕范泰上疏曰：「元正改律，品物惟始。頃旱魃爲虐，亢陽愆度，〔八〕通川溢流，異井同竭。故孔子春秋貶不雨之旨，傳曰：『歷時而天下不雨，文公不憂雨也。』尋春秋之義，察洪範之言，王澤不流于四方。伏願推忠恕之仁，矜不逮之獄，游心民瘼，歷意幽冥。如此則包桑可係，危哉無兆，而灾害自消也。故夏桀引百姓之罪，〔九〕殷湯甘萬方之過，天高聽卑，吉凶在人。修弊俗者難爲風，改正音者易爲雅。」書奏，乃棄官如東陽。

丙寅，徐羨之、傅亮上疏歸政，言「自大禮告終，鑽燧三改，大明佇耀，遠近傾屬」。帝不許，書三上，帝又辭。羨之、亮重請曰：「伏願以宗廟爲重，百姓爲心，弘大業以嗣先軌，隆聖慈以增徽烈。愚瞽所獻，情盡於斯。」帝乃許之。于是徐羨之避位歸第，侍中王韶之因説，趣復攝職。羨之與高祖有舊，見識無他學術，而局力堅正，沉密少言，憂喜不形于色。及居宰輔，雅允朝望。

裴子野曰：昔王鳳待罪，杜欽説而起之，終于漢室中興，王氏覆族。王休泰説徐公，竟速三家之禍。人之多言，鮮有不敗甚哉！夫君子之爲人謀也，外審治亂，內定枉直，主于忠信，加以篤誠，故其詞寡而利溥，道大而義明，患難静于一朝，風流振乎百世，豈唯喋喋矜耳悦色而已哉！以韶之交諂于亂，惜矣！

辛未，拜郊，大赦天下。

二月乙巳，策秀才于中堂。庚子，〔一〇〕徵戴顒爲國子博士，不就。顒父逵，高尚不仕。顒兄勃又隱桐廬山，嘗久病，顒慨然曰：「本謂隨兄得閑，非有心語默，至于窮困，顒之罪也。請行干禄之事，以爲藥石之資可乎？」求爲海虞令，事未行而勃卒，顒亦止。衡陽王義季鎮京口，常與顒會竹林寺，野服鼓琴，談宴終日。帝聞其好樂，贈正聲一部。

昔韋玄隱于關中，高祖初平姚秦，召之不起。及赫連勃勃陷關中，召玄父華爲太常，徵玄爲太子中庶子。玄出就職。勃勃怒曰：「昔劉公辟之而不至，吾召玄而玄來，豈謂吾曹不識出處！」遂殺之。

丁亥，〔一一〕加左衛將軍殷景仁爲侍中。時同居門下者王華、王曇首、劉湛、殷景仁，皆以爲風力楨幹，一時冠冕，内侍之美，近世莫及。是春，有江鷗百許頭，集太極殿堦。

六月丙午，吴郡大風，山水湧出五丈，殺居人。

秋八月甲申，以三輔流人出漢中者，置扶風、馮翊二郡。

冬十月乙卯，〔一二〕中散大夫徐廣卒。廣世篤學，爲時儒所宗，年過八十，猶歲讀五經一遍。俗世禮法，皆取決焉。

十二月戊申，蔡廓卒，贈太常。

初，劉穆之當朝，士畢集，唯謝混、郗僧施、謝方明、蔡廓等數人不至，穆之爲憾。謝混等既誅，蔡廓、方明始就穆之，穆之並稱於高祖，〔一三〕曰：「鼎才也。」廓嘗器其小子，謂有己風。與親故書曰：「小兒四歲，器似可，不入非類之室，不共小人之遊，故以興宗爲名。」興宗爲之字也。

置清園寺，東北去縣二里。案，塔寺記：駙馬王景琛爲母范氏，宋元嘉二年，以王坦之祠堂地與比丘尼業首爲精舍。十五年，潘淑儀施西暬地以足之，起殿。又有七佛殿二間，泥素精絶，後代希有及者。置嚴林寺，西北去縣四十五里，元嘉二年，僧招賢二法師造。〔一四〕

三年春正月丙寅，〔一五〕詔罪徐羡之、傅亮、謝晦等三人，以廢立殺戮事。曰：「廬陵王英秀明遠，徽風播發，魯衞之寄，朝野屬情。羡之等暴蔑專求，忌賢畏逼，構造貝錦，成此無端，罔主蒙上，横加流貶，矯誣先旨，致兹禍害。寄以國命，而翦若仇讎，旬月之間，再肆凶毒，痛感二靈，怨結人鬼。自書契以來，棄常安忍，反易天命，未有如斯之甚者也，命司寇肅明刑典。晦據有上流，或不即罪，朕親御六師，爲其防遏。氛霧既祛，庶幾正道，思與億兆，勵精其理。」大赦天下。帝去秋便命修舟艦，以備北征。傅亮書與謝晦曰：「薄伐河朔，事猶未已，朝野之慮，所懼者多。」謝晦不悟。帝召檀道濟使西討，王華以爲不可。帝曰：「道濟從人者也，曩非創謀，撫而使之，必將無慮。」遣召羨之、亮等入省，亮將至，謝晦弟皭爲給事黄門侍郎，直門下，使人送亮書曰：「殿中有異處分。」亮辭嫂疾，暫還，遣報羨之。羨之乘内人問訊，車出南郭，步走新林，縊於陶竈，舁屍付獄。亮至兄迪墓，拜辭告罪，追擒廷尉，上亦使以詔謂曰：「以公江陵之誠，當使諸子無恙。」羨之子喬、〔一六〕晦子世休並賜死，囚謝皭於東宫，流亮妻子於建安郡。

初，亮父瑗與郗超善，常見二子焉。亮年五歲，超使人解衣持去，曾無吝色。超曰：「季乃才流，位望逾遠於兄，然保卿家業，其在迪也。」亮早知名，才學强贍。爲晉給事黄門侍郎，直西省。高祖欲以爲東陽郡，告其兄迪，迪還語亮，通夜不寐。既旦，入見高祖曰：「昨承賜教東陽，以徇私計，然亮本願附鳳翼、攀龍鱗以成宿昔。至於飢寒，未敢蹙蹙。」高祖悦之，用爲從事中郎，委任文議。及貴幸，兄迪每誡之，而不卽從也。

裴子野曰：夫萬邦思治，故言歸君長，豈一夫行其辛螫。彼蒼有情爰，惡治而好亂，就其無情，故用羣心。所事以奪天下爲家，非常安之道，顛覆厥德，何世無之。道遭聖可，爲高陽之遇，賢歸於伊尹，蓋前王已然之，規矩後世，立事之憲章。伊尹之廢太甲，廢之也；霍光之廢昌邑，去之也。事同主異，是以殊途。自斯已後，抑有百慮。晉景則除己之害，桓溫卽藉己之威，提挈自我，無辯逆順。如徐、傅之徒，非覬覦者也；求其忠順，非忘身者也。身既未忘，不能脫屣權柄，誠二君矣。何以取信嚴君，惡不足信，權由震主，危己之機，疾于激箭，高位厚味，何其久乎！若景平既終，奉身夙退，滅身之禍，庶幾可逃。夫賢人君子，受六尺之孤，任尺寸之命，推權變，臨大節，繫乎存存，難乎存亡矣。

追贈廬陵王侍中、大將軍，謚曰孝獻王。丁卯，徙驃騎將軍義康爲荆州刺史。壬申，內外戒嚴。

閏月乙卯，〔一七〕遣中領軍到彥之、北征檀道濟爲前驅西伐，帝問策於道濟，道濟對曰：「臣昔與謝晦同從北征，入關十策，晦有其九，謀略明練，殆難與敵。然未嘗孤軍決勝，恐非所長。臣悉晦智，晦悉臣勇。今奉王命以討，不戰而可擒也。」江夏太守程道惠遣報謝晦，晦以徐、傅誅憂恐，與南蠻校尉何承天計發兵決戰，以南蠻司馬周超爲行軍，以司馬庾登爲長史。〔一八〕先舉徐、傅哀，次發子弟問。既而發軍旅，二三日間，得精兵三萬。戊申，大風折木。會稽太守謝方明卒。曾爲南郡，至歲暮，因無輕重皆縱歸家，與期三日，如期無不至者。丙寅，以豫章太守鄭鮮之爲尚書左僕射，〔一九〕以范泰爲侍中。泰時脚疾，賜輦以升殿。庚申，帝御舟。丙戌，〔二〇〕以彭城王義康及王弘、殷景仁居守。癸亥，謝晦發荆州，軍容甚偉，自江陵至於破冢，旌旗相亞。晦撫巡軍，憑流歎曰：「恨不以爲勤王之師。」造夏口，到彦之次彭城。丁卯，竹林監蕭欽及謝晦中兵參軍孔延秀戰，〔二一〕欽敗績於彭城洲，彦之退保隱磯。謝晦至彭城，上疏罪王弘弄威權，而責帝忘義負德。蕭欽敗，而檀道濟次於薄磯，謝晦令其黨曰：「檀公已誅死。」及聞道濟來師，人皆恐懼。戊辰，檀、到等軍併，艦泝江，俄而便風揚帆俱濟，謝晦軍莫能戰，皆登岸走。晦單舸歸江陵。初，到彦之退，劉道濟軍至沙橋，〔二二〕爲周超所破，死者過半。及晦還，超棄衆歸降，〔二三〕謝晦與弟姪北走，至延頭戍，戍主晦故吏也，乃轞晦送京師。丙子，〔二四〕帝自蕪湖班師車駕西至。

丙戌，〔二五〕太白晝見。癸未，斬謝晦於建康市，及弟皭、兄子世基、周超等。

晦有風姿，鬢髮如畫。兄瞻，五歲能屬文，十歲善言玄理，風華黼藻，獨步當時。爲給事黄門侍郎，見晦勢傾朝廷，乃堅籬隔其庭，曰：「吾不忍見禍之至也。」先晦而卒。

夏五月，下劉道濟於獄，以沙橋之敗也。〔二六〕乙未，徙檀道濟爲征南將軍、開府儀同三司、江州刺史，到彦之右將軍、豫州刺史。乙巳，〔二七〕使使兼散騎常侍巡行天下，將命方國，同行封畿。親使刺史二千石等觀長史申述，至誠廉詢治體，觀察吏政，切求民瘼，旌舉操行，存問所疾，禮俗得失。一依周典，每事各爲書其條件，奏俾朕昭然，有如親覽。大夫君子，其各悉心敬事，無墮乃力，其有深謀遠圖，讜言忠誠之士，使者以聞。丙午，聽訟於延賢堂。自是每歲三訊。

八月，左光祿大夫阮韶之卒。韶之嘗爲司馬道子太傅主簿，蓬首散帶，不綜其職。自永初已後，不復朝請，閉門養志，以終其身。

是歲，秋，旱且蝗，詔使捕之。范泰上疏曰：「陛下昧旦丕顯，求民之瘼，明斷庶獄，無倦政事，理出羣心，澤布萬里。小小灾變，何以致之。宗宰之臣，所不能究，上天之譴，民所不敢誣。有蝗去處，而縣官訊問捕之，無益於枯苗，有傷於殺害。臣聞桑穀時成，無假斤斧。」因請宥謝晦婦女因尚方者，皆從之。

冬十二月丁卯，[二八]前吳郡太守徐佩之，羨之兄子，以不自安，將圖來年春正月謀反，伏誅。白雀見於京師太清里。

四年春正月丁亥，[二九]曲赦京師百里內。辛巳，郊。

二月乙卯，幸丹徒。車府令請易輦箸，欲用紫皮緣輦席，上以竹箸未至於壞，紫色貴，並不聽。

三月丙子，宴丹徒宮，帝鄉父老咸與焉。蠲今年租布，原五歲已下刑。丁亥，車駕至自丹徒。戊子，尚書左僕射鄭鮮之卒。[三〇]鮮之自大司馬録事參軍遷御史中丞。爲人亮直，時號「格佚」。壬寅，採富陽令諸葛闡議，[三一]禁斷夏至日五絲命縷之屬。詔曰：[三二]「夫歲時有利害之收，而農桑有經常之告，機杼有不輟之勤，而用度有奢儉之異。是以愛民者節其費用，務本者躬其女工。一月得四十五日，明其以夜繼晝，匪勤則遺者，飾章奢侈，有自來矣，然不出奉生送死之誠。今者民人夏至有五色雲命縷之服，以爲無用之費博矣。謹率愚管，謂宜禁革。」從之。

河南秦綿性至孝，母葬，至墓留不忍歸，鄉人於墓所爲築室。三年，吴逵家疫，父母兄嫂並亡，逵夫妻行賃力，負土成七墳十二棺，〔三三〕皆儉而合禮云。至是，孔邈等並表薦之，帝各表其門閭。

戊辰，〔三四〕甘露降於京師。

五月癸酉，散騎常侍袁瑜薦會稽郭世道，〔三五〕詔改所居曰孝行里，蠲復三世。世道事繼母至孝。貧，産子不舉，謂妻曰：「傷茲以終孝，吾無恨也。」母亡，負土成墳。親近來助，初皆不許，墓畢，傭力報焉。

是月，京師疾疫。使使巡問，給醫藥；死無家者，賜以棺殮。

六月癸卯朔，日有蝕之。丙辰，青黑虹見東西經天。

劉懷敬、劉懷肅、懷慎皆高祖姨兄也，高祖生夕，穆后殂，從母乃斷懷敬乳而養高祖，因以寄奴爲小字也。

王弘之曾爲桓謙衛將軍屬，殷仲文往南州，傾都餞送。謙邀弘之，弘之曰：「凡登高送遠，貴在有情，下官與殷風馬不接，未敢扈從。」謙敬其方直也。魯國孔淳之隱於上虞，謝方明爲會稽，固延不致，謂曰：「苟不入吾郡，何爲入吾山？」淳之笑曰：「潛遊者未謝其水，巢棲者非辯其林，飛沉所至，何問其主。」

八月，詔曰：「乃者權臣肇亂，吉陽令張約抗疏至誠，事屈羣醜，隕命遐荒，參述前蹤。贈以一郡，賜錢十萬，布百疋。」散騎常侍殷道鸞薦梓桐張楚，母年一百四歲，危疾，楚祈禱懇惻，燒二指誓神，母蒙愈。

十一月辛未，甘露降初寧陵。散騎常侍陸子真薦豫章雷次宗、尋陽陶潛、南郡劉凝之，並隱者也。

潛苦貧，求仕爲彭澤令，不屈督郵，棄官而去。及其亡也，顏延之傷而誄之，其序曰：「夫璿玉至美，不爲池隍之寶；椒桂信芳，且非園林之飾。豈其深而致遠哉？蓋云殊性而已矣。若乃巢、由之雅行，夷、皓之峻節，故以父老堯、禹，錙銖周、漢，綿世遐遠，光靈不屬，菁華隱没，流芳歇絶，不其惜乎！雖今之作者，人自爲量，道路同塵，輟塗殊軌者多矣，豈所以照末景泛餘波！有晉徵士，弱不好弄，長實素心，學匪稱師。文取指達，處言逾見，其嘿在衆，不失其直。後爲彭澤令，道不偶物，棄官從好，遂乃解體世紛，結志區外。謚曰靜節徵士。」

又有劉凝之，率己自任，以老萊、嚴遵爲師友。妻富於財，散之親故。丘園而居，非績不衣，非耕不食。吏有租布，一歲三輸。荆州刺史衡陽王餉錢十萬，〔三六〕凝之甚悦，負出市門，付與餓人，一旦俱盡，其年飢也。

吴興沈道虔，好老、易，居縣北。與人捃拾，推己所得，以釋争者。

尋陽翟法賜，四代隱居，皆有高德。法賜親亡後，不食五穀，結草爲衣，不衣布帛。

置永豐寺，〔三七〕去縣七十里。案，塔寺記：元嘉四年，謝方明造。本名長樂寺，爲同郡延陵有之，改焉。畢置南林寺，建康城南三里，〔三八〕元嘉四年，司馬梁王妃拾宅爲晉陵公主造，在中興里，陳亡廢。

五年正月庚午朔，大風。司徒王弘遜位，不許。乙亥，詔曰：「恭承洪業，臨饗四海，風化未弘，治道多昧，求人之事，鑒寐惟憂。加頃陰陽違序，旱疫之患，仰惟灾戒，責深在予。思所以側身克己，審詳刑獄，上答天譴，下郵民責。羣后百司，其各獻讜言，直指陳失，勿有所諱。」甲申，閲武於北郊。戊子，京師大水，使使賑賜。

夏四月，河南上白麞。

五月己巳，太白經天。〔三九〕

以張邵爲征虜將軍、雍州刺史。邵爲太祖西中郎司馬，王華爲録事參軍，二人共府不穆。及華在朝，多爲之懼。邵謂所知曰：「子陵方以至公允天下，必不以私隙害正義。」邵是任也。華先舉焉。

六月庚戌，都下大水。乙卯，遣使檢行賑贍。

秋七月己丑，大風。

八月壬戌，侍中、特進、左光禄大夫、陽遂鄉侯范泰卒，贈車騎將軍，謚曰宣侯。初議贈開府，殷景仁曰：「范伯倫素望非重，不可擬議台鼎。」竟不行。既葬，王弘撫棺哭曰：「君平生重殷鐵，今以此爲報。」

九月癸酉，夜有黑氣如流星，出奎婁，没羽林。壬戌，〔四〇〕散騎常侍荀伯子上言曰：「伏見百官位次，陳留王在零陵王上，臣愚以爲疑。昔武王克殷，封神農後於焦，黄帝後於祝，帝堯後於薊，帝舜後於陳，夏之後於杞，殷之後於宋，宋、杞、陳並爲列國，薊、焦蔑爾無聞。斯則褒異所承，優於遠代之顯驗也。逮以春秋次序，宋居杞、陳之上。臣請零陵位宜升，陳留王宜降爵。」

十二月，天竺毗黎國遣使貢獻。〔四一〕平原令河南成粲貽書於王弘曰：〔四二〕「僕聞執物設教，隨時制宜；世代盈虚，與時消息。夫勢之所處，非親不居。是以周之宗盟，異姓爲後。權軸之重，任歸二南，斯前代之良謀，今世之顯轍。〔四三〕明公位極台鼎，四海具瞻，劬勞夙夜，義同吐握。名實重盛，莫之與儔。天道福謙，宜存損挹。驃騎彭城王道德昭備，上之懿弟，宜入秉朝政，翊贊皇猷。竟陵、衡陽春秋已長，又宜出授列藩，齊光魯、衞。明公高枕道德，燮理陰陽，則天地和平，灾害不生矣。」初，范泰將死，亦謂王弘曰：「天下務廣，權要難居。卿弟兄太盛，而彭城王久居南楚，安身之道，其未足乎！」弘累求退，及是又上疏曰：「臣聞異姓爲後，宗周之明義；親不在外，有國之所同。故魯長滕君，春秋所美；〔四四〕楚出棄疾，前史垂誡。驃騎臣義康，徽猷淵邈，明德彌劭，宜入總朝務，以允民望。昔叔孫未進，楚人所哂；展季在下，臧文貽譏。臣於古人，無能爲役，負乘竊位，物將謂何？」乞解揚州録事，優詔答不聽。

是歲，索虜拓跋燾滅西夏赫連氏，盡有關中地。

六年春正月辛丑，祀南郊。〔四五〕癸丑，〔四六〕徵彭城王義康爲侍中、司徒、録尚書事、平北將軍、南徐州刺史，入知朝政。以江夏王義恭爲撫軍將軍、荆州刺史。以侍中劉湛剛正用法，爲南蠻校尉、撫軍長史，行荆州事。勑書誡義恭曰：「禮賢下士，聖人垂訓；驕奢矜尚，先哲所去。豁達大度，漢主之德；猜忌褊急，魏武之累。西楚殷廣，宜勤接對，府舍池堂，無求改作。訊罪決獄，擇善從之，不可專意自決。凡左右所白，不可泄漏，或相讒謗，勿輕信受，每有此事，宜善察之。官爵賜予，尤宜裁量。供奉一身，皆令有度，奇服異器，慎不可興。宜與寮吏，相見爲數，不數則不親，不親則視聽不博。於言事者，又得自盡，皆急務也，爾其慎諸。」劉湛既西，意甚怏怏。

永初末，諸王居憂，多曠士禮。湛爲廬陵王從事，禁膳魚肉。嘗在王座，厨人進車螯及酒，湛怒曰：「既不以禮自處，又不以禮處人。」趨出。

三月丁巳，立皇子劭爲皇太子。大赦天下，文武賜位一等。

五月壬辰朔，日有蝕之。

七月壬寅，會稽、晉陵、吴郡大風折木。庚寅，〔四七〕裴松之上書言曰：「智周則萬里自賓，鑒遠則物無遺炤，雖盡性窮微，深不可覩，至於餘緒所寄，則接乎塵跡。臣前被詔，使將三國異同，註陳壽國志。壽書銓簡可觀，事多審正，誠游覽之苑囿，迺後世之嘉史，然失在於略，時有所漏。臣案三國雖歷年不遠，而事關漢晉，首尾所涉，出入百齡，注記分錯，年月舛互。其壽所不載，事宜存録者，罔不畢取，以補其闕；或同説一事，而詞有乖雜；或出事本異，疑不能制，抄内以備聞。謹寫封上呈。」帝覽之，曰：「裴世期爲不朽矣。」

九月，青州獻白兎。

十二月己丑朔，日有蝕之，〔四八〕不盡如鎌，星晝見。隴西諸國使使貢獻。

七年春正月乙未，康樂侯謝靈運疏孟顗謀反，帝不之罪，遷爲臨川内史。

二月壬戌，雪且雷。

三月戊子，遣右將軍到彦之、安北將軍王仲德、兖州刺史竺靈秀等率師北伐索虜，剋復河北。以長沙王義欣監征討諸軍事。去年冬，殷景仁母憂去職，至是起景仁爲鎮軍將軍。凡在喪曰起，在外曰徵，遷曰徙。

裴子野曰：三年之喪，有生之鉅痛；既貫天道，實惟民極。中世汙隆，或行或否，末世企勉，還尚典刑，而國之重臣，多從權制，因習漸染，遂以成俗。棄衰麻而服冕弁，匪金革而徇寇戎，君子辱乎上，小人通乎下，名教倒置，將安用之？苟非有爲，己之可也。

夏四月己丑，〔四九〕有司奏西陵縣民董陽五世同居，内無異爨。百濟、林邑國使使貢獻。

六月己卯，〔五〇〕爵楊難當爲武都王。

七月丁未，侍中王曇首卒，贈散騎常侍、左光禄大夫，謚文侯。

初，曇首爲西中郎長史，高祖誡文帝曰：「王曇首沉毅有器度，宰相才也。」曇首與兄弘俱有盛名，家世久爲揚州。彭城王心欲其所，嘗謂客曰：「神州詎可卧理？〔五一〕而王公久病居之。」弘恐，辭疾，終不許。及曇首求爲吴郡，上曰：「豈有欲建大厦而棄其梁棟。若賢兄謝病，此卿之席也。」

到彥之自淮入泗，次東平須昌。虜濟州刺史庫悉吉燒熇磝，兗州刺史羅秩燒滑臺，彥之留司徒從事中郎朱脩之守滑臺。虜將大赤歇末及荆州刺史魯軌守虎牢，彥之遣揚武將軍王玄謨進逼虎牢，大破虜軍，斬大赤歇末等，洛州刺史達奚蟬燒城走。彥之使建武將軍杜冀守金墉，〔五二〕諸軍進屯靈昌津。司、兗既收，軍有喜色，王仲德獨憂曰：「胡虜雖仁義不足，兇狡有餘，今歛戈北歸，并力完聚，若河冰冬合，方爲三軍之憂。」

九月，河冰可涉，靈昌衆軍還固。

冬十月乙卯，并二豫復爲一州，鎮壽陽。戊午，初置錢署，鑄四銖錢。戊寅，虜逼金墉，虎牢諸軍，相繼奔走。到彥之焚舟棄甲而歸，詔免彥之官。

壬辰，〔五三〕以征虜大將軍檀道濟都督征討諸軍事，率衆四萬北趨成皋。甲午，西北有赤氣，中黑，如旌旗。〔五四〕

十二月丙戌，太白晝見。甲午，斬兗州刺史竺靈秀於彭城。〔五五〕靈秀之歸也，虜進湘陸，秀謂其衆曰：「湘陸民爲抄，吾先爲收其穀，軍徐後來。」與麾下前走，師皆沒，是以誅之。乙亥夜，京師火，延太社北垣。〔五六〕

八年春正月庚寅，置朱崖郡，以屬交州。丁酉，道濟軍次壽陽，與虜將庫悉吉戰於高梁山，〔五七〕斬之。

二月，滑臺糧盡，城内爊鼠爲食。辛酉，城陷，虜執朱脩之以歸。自是河南復亡。且道濟高梁之捷也，虜來萬數，道濟三十餘戰，輒克敵，滑臺既陷，糧且盡，退軍。軍士有叛者以飢告虜師，人恐懼。道濟夜頓命軍中高唱量沙，散布餘米，明旦去之。虜夜聞量籌，曉見棄粟，謂降者欺己，斬之。道濟遂全軍而返，大爲虜所懼服，河畔老小常以檀公相怖。二城既陷，汝陰太守王玄謨上疏言：「王途始開，隨復淪塞，非唯天時，抑亦人事。虎牢、滑臺，豈惟將之不良，抑亦本之不固。本之不固，亦由民憚遠役。臣謂以西陽之魯陽，襄陽之南鄉，發甲卒，分爲兩道，直趨崤、澠，征夫無遠役之思，吏民有屢休之歌。若以東國之衆，經營牢、洛，道途既遠，獨克實難。」是月，大雩。

夏四月甲子，檀道濟請罪，不許。辛亥，太白晝見。〔五八〕獲白雀於左衞府。

六月乙丑，大赦天下。己卯，〔五九〕割江南爲南徐州，江北爲南兗州。以左將軍、竟陵王義宣爲兗州刺史，鎮山陽。是日，大雩。

閏月庚子，詔曰：「頃農桑惰業，遊食者衆，荒萊不闢督課。〔六〇〕一時水旱，便有罄匱，不務原本，豐給靡期。郡守賦止千里，縣宰職主親民，宜乃勸勵農桑。」

秋七月壬戌，夜白虹見於東方。

十二月庚辰，雷。癸亥，〔六一〕罷湘州，復并荆州。

九年春二月辛卯，詔以先朝功臣王鎮惡、劉穆之等皆銘功天府，配祭廟廷。辛亥，華容公王弘薨，〔六二〕贈太保，給節、羽葆、鼓吹，增班劍六十人，謚文昭公。

六月甲戌，以樂陵、清河、平原、廣川四郡爲州。以司徒、彭城王義康爲揚州刺史，解平北將軍、開府儀同三司，以兖州刺史臨川王義慶爲平西將軍、荆州刺史。〔六三〕

壬子，〔六四〕江州獻白麞。

戊辰，御史中丞荀伯子奏曰：「臣聞烏以反哺託體，羔羊生而跪乳，禮爲嘉贄，雖在微禽，猶識學道，矧與人倫，而忘愁疾。齊侯復九世之怨，丁蘭報木母之恥，取褒於春秋，見列於國傳，况乃分天之痛，枕戈之慼者哉。案，給事黄門侍郎郗敬叔父兄爲晉故荆州刺史殷仲堪所害，仲堪息緬之，永初三年除員外散騎常侍，敬叔元嘉元年除中書侍郎，密跡鄰省，經涉三載。每到公庭，必相瞻覿，散騎在前，中書在後，相去之間，不盈咫尺，縉紳視而含哂，義士聞而增歎。夫復讎禮之所許，法之不禁。若畏王憲偃俛苟且者，宜退藏於家，與之遐阻，豈可接跡躡影，靦然無怍，以叨榮禄，笑傲卒歲。且中書、散騎職爲同僚，若使緬之不幸，敬叔當素服弔祭於殷氏之庭乎？自古悖禮，無若斯之甚者也。不有嚴革，風教將頹。案，敬叔率其庸鄙，乏闕典墳，行與道違，心與義塞。息天性之屬，遺顧復之思，傷仁敗俗，情禮都盡。雖事經曠蕩，非肆眚所及，請免敬叔所居官，禁錮終身。情義之敗，付之鄉論。」

有詔理焉。

詔有司表盱眙王彭所居曰通靈里，〔六五〕蠲復二世。〔六六〕彭幼喪母，後父亡，將營塋，值天旱，遠汲以泥塼，泣號勤悴。一旦大霧，霧歇，於磚竈前有水如池，得以周用。窆訖歸，助者或亡其斧，返求之，至向水所，則積旱揚塵，塵有雉浴，鄉人異焉。

裴子野曰：天地之大德，曰生；生民之至德，曰孝，所以報本反始，盡性窮神，行莫重焉，教莫先焉。夫茹藿羹藜，父子和悦，易衣并食，兄弟怡怡，所以利不寘於有餘，則慈愛隆於不足，承顔稟色，庸淺易敦。若乃貴高九五，富有萬國，前聆鄭、衛，傍侍綺羅。其始也，以宴褻成疎；其漸也，以勢利嫌隙。由是乎恩乏天然，思輕膝下。今之人互爲魚肉，聖人知其若是，惡其流蔓，故禮以節之，樂以和之，朝夕安否。嘗藥侍膳，父子之禮也。陳詩齒族，糾合宴私，兄弟之樂也。夫然後禮樂交暢，無相奪倫，孝悌興於國門，德教加於百姓，上和三光，旁穆四海，先王化成天下也，禍亂不作用此道也。昔漢高有宇内，五日一朝，櫟陽之禮也。魏文有天下，同氣建封，若狴牢四體，若仇讎當塗之制也。迄於宋，有不可言者焉。嗚呼！流弊可陳於前，鑒戒無悛於後。

夏四月乙亥，宥到彦之爲護軍將軍。己丑，太白晝見。乙未，雨雹，傷牛馬鳥獸。〔六七〕

八月癸未，封江夏王義恭子朗爲南豐王，奉營陽王祀；第五皇子紹爲廬陵王，奉孝獻

王祀。〔六八〕

是歲，司馬飛龍自仇池入寇綿竹，破陰平，〔六九〕益州刺史劉道濟遣軍擊之。道濟欲以五城人帛氏奴爲參軍，〔七〇〕督護長史費謙固執不可，氐奴怒去，詐其黨曰：「司馬殿下在陽泉山中，〔七一〕五日奉之，則大勳可建。」蜀人趙廣聚衆數千與會，因費謙等貪害百姓，百姓咸思亂，遂入陽泉山，脅沙門程道養使爲司馬飛龍推行益州牧事、車騎大將軍，僭號蜀王，稱太始元年。圍益州刺史劉道濟於成都。帛氏奴號征虜將軍，〔七二〕趙廣號鎮軍將軍，衆至十萬，四面圍城，使告道濟曰：「使君若速送費謙、張熙出，卽解。」臨川内史謝靈運於廣州棄市。〔七三〕靈運之居也，雅不治職。前臨川内史司馬協少子來投義故，靈運舍諸正寢爲居，始如酣笑，久而不止，非隱其事，諷主者以黷貨劾焉。江州部從事收靈運，乃徙廣州，敕於南海行刑。靈運名公孫，少而文章秀逸，聲譽流聞，冠耀天下。然輕肆躁擾，不可大任。世以爲文與顔延之爲江左第一，縱横俊發過之。

是月，劉道濟大破蜀賊，因而病。

十二月，蜀賊又圍益州，破外軍。道濟既久病，城内以爲死也，人情不安。振威將軍梁俊説道濟曰：〔七四〕「將軍久病，氣力微怯，外有異論，今軍人外敗，强寇内逼，一旦不虞，憂禍立至。宜稱小損，聽侍者出外，不然敗矣。」道濟然之，呼給使四十人，謂曰：「吾不幸久卧，爾等扶侍有勞，今微差矣。可以休息，須召復歸。」給事者皆出，衆問曰：「使君已死幾日？」咸曰：「無之。」傳以相告，城内乃定。

是歲，朱脩之歸自黄龍。初，脩之見獲，遇毛脩之於桑乾。毛脩之三年不敢問其家室，語及國事，問：「當軸者誰！」曰：「殷鐵。」毛脩之嘆曰：「吾昔在朝，殷時尚少，今日歸罪，則巾襟詣門乎！」遂問其子，朱答以甚能自處，脩之悲甚，直視不能復言。朱脩之後從魏太武伐燕，因奔馮弘，弘以爲天子邊人，遣之泛海。未至東萊，舫柂折，舟人大懼。海師因上有飛鳥，知去岸不遠，垂長索船後乃將正，俄而達東萊郡。帝拜爲給事黄門侍郎，毛脩之竟死於索虜。

十年春正月，侍中、左衛率謝弘微卒。弘微爲從父混所知，混嘗論諸子：「靈運博而無檢，宣明納善不周，雖復功濟三才，終必以此爲疾。至如微子，吾無間然。」後咸如所言。己未，大赦天下，孤老久病不能自存者，賜穀五斛。

是月，益州刺史劉道濟卒，梁俊秘之不發喪，〔七五〕埋之於齋，使書以會之，遣前後軍大破賊。賊乃散走，益州平。

六月，闍婆、〔七六〕訶羅單國遣使貢獻。乙亥，丹楊尹王准之卒。准之自曾祖彪之已來，稱爲多識，朝廷舊事，問無不對。彭城王每稱之曰：「如得王准之兩三人，天下便足。」〔七七〕准之有遺抄一篋，謂之青箱學。

秋八月，置太原郡以屬青州。

冬十月，氐賊次漢中，梁州刺史甄法護棄州奔江陵，下獄死。

十一年三月丙申，禊飲於樂遊園，且爲江夏、衡陽二王來朝，帝有詔會者賦詩，命太子中庶子顏延之爲序，其大略曰：「有宋函夏，帝圖弘遠。高祖以神武定鼎，規同造物；皇上以觀文成曆，景屬宸居。隆周之卜既永，宗漢之兆在焉，正體流德於少陽，王宰宣哲於元輔。左梁巖磴，右瞰湖源，情深景遽，談洽日斜。」

夏四月，秦梁二州刺史、橫野將軍蕭思話破氐賊於漢中。漢中平，思話遷郡於南鄭。

五月，青州獻白雀。

六月，省魏郡。

冬十二月，扶南、訶羅單國遣使貢獻。〔七八〕

置竹園寺，西北去縣一里，在今建康東尉蔣陵里檀橋。案，寺記：宋元嘉十一年，縣城東一里，宋臨川公主造。

十二年春正月辛酉，大赦天下。辛未，郊。癸酉，爵黄龍馮弘爲燕王。

夏四月乙巳，以殷景仁爲中書令、護軍，以家爲府。丙辰，詔曰：「宗周以寧，實由多士；

於漢室之盛，亦在得人。朕寤寐求賢，爲日久矣。遺才在野，管庫虚朝，永懷前載，慚德深矣。」是夜，京師地震。

六月，禁酒。

秋八月壬申，〔七九〕置南晉壽、北巴郡，以屬益州。〔八〇〕

冬十月壬子，太白晝見。江州刺史檀道濟來朝。

十三年春正月癸丑朔，不朝會，帝疾故也。

三月己未，〔八一〕散騎常侍、司空、江州刺史、永修公檀道濟下獄死。道濟威名甚重，見忌於彭城王。時帝久疾，欲先爲之所，言於帝，諷入朝，留之累月。會帝有問，將遣歸鎮，是日帝疾動，召入省，止焉。道濟憤怒氣盛，目光如炬，俄爾之間，引酒一斛，王遂矯詔賜死。道濟投幘而語曰：「何故毁汝萬里長城。」收其妻子，皆從坐。義興獻白兔。

夏六月，高麗國遣使貢獻。武昌得古鼎。〔八二〕

秋七月己未，零陵王太妃褚氏殂，追崇爲晉皇后。

九月癸丑，封皇子濬爲始興王，第三子駿爲武陵王。辛未，附葬晉思恭皇后於冲平陵，備物一如晉典。有司求晉除身，以兼葬職。時前永嘉太守顔延之廢處於家，札取延之兼侍中。延之投札於地曰：「顔延之未能事人，焉能事鬼。」遂不行。

十四年正月辛卯，郊，大赦天下，文武各賜位一等。戊戌，鳳凰二見於京師，有鳥隨之，改其地爲鳳凰里。

冬十二月辛酉，初停賀雪之禮。河南、河西、訶羅單國使使貢獻。〔八三〕

十五年春二月，京師木連理。

夏四月，黄龍國使使貢獻。

五月，征北大將軍王仲德卒。仲德曾在北爲慕容垂所逐，潦水暴至，不知所如。有白狼來對仲德號訖，厲水度，仲德隨之獲免。又曾夜行澤中大道，每有炬火照路，後每圖白狼祀之。

秋七月，南兖州獻白兔。新作東宫，賜將作大匠布帛有差。

八月，詔徵南郡宗炳爲太子中庶子。〔八四〕

裴子野曰：夫動與静，天地之法也；剛與柔，陰陽之道也。得之以生曰人，禀之爲靈曰性，備之者謂聖，偏之者謂賢。慘舒動静有所麗，此性分之略也。戴顒奏遍，舞於山楹，沈處移大賚於子姪，羊秋足不踐閭闔，而終身佩青緺，白圭之操，斯爲玷矣。雷次宗斜遥近賢，又似避諱，肖夫隱者，其劉凝之乎？若乃黨世位以邀名，事流俗以買譽，交於貨賄，冒於酒食，州高縣簿，無不必走，榮徵重辟，擇而後起，是謂路數洿惡，史人所耻論也。

冬十月壬子，流星出太白，入紫微，有聲如雷。

是月，立儒學於北郊，延雷次宗居之，辭入宫掖，乃自華林東閤入講於延賢堂。明年，丹楊尹何尚之立玄學，〔八五〕著作郎何承天立史學，〔八六〕司徒參軍謝元立文學，各集門徒，多就業者。時上好儒雅，朝臣家儉素之風，鄉閭耻輕薄之行，江左風俗，於斯爲美。帝躬親檢行，寬恕被物，庶政弘而不弭，禁綱理而不峻，邦甸穆然。言理政者，以元嘉爲稱首焉。

十六年春正月戊寅，閲武於北郊。癸巳，復置湘州。

二月癸亥，〔八七〕割長沙、江陵、江夏四縣爲巴陵郡。

五月丁卯，太白經天。

六月己酉，改封吐谷渾慕容延爲河南王。〔八八〕

八月戊午，太白晝見。

閏月戊戌，〔八九〕復分豫州，置南豫州。

冬十二月乙亥，皇太子劭冠，天下大赦。劭之初生也，帝往視之，帽無故墜地，名劭，訓字以爲召刀，帝甚惡之，改刀爲力焉。

武都、河内、林邑並遣使貢獻。〔九〇〕

置上定林寺，西南去縣十八里。案，寺記：元嘉十六年，禪師竺法秀造，在下定林之後，法秀初止其祇洹侍，移居於此也。

十七年春二月己巳夜，黑氣經天德。

夏四月戊午朔，日有蝕之。

六月己酉，[九一]太白晝見。

秋七月壬子，皇后袁氏崩於顯陽殿。

八月，徐、兖、青、冀大水，使使巡行賑賜。辛亥，葬元皇后於長寧陵。[九二]詔史臣顔延之作策文，文成奏帝，帝傷之，自下筆加其二句，「追存悼亡，感今懷昔」，以致深意焉。

冬十月戊午，[九三]前丹楊尹劉湛有罪伏誅，親眷並死，殷景仁之毁也。湛不好浮華，慕崔琰之爲人，有經國才志。善論理道，言之喋喋，使聽者忘疲。初上爲江夏王，荆州西歸，日夕引見。及與殷景仁嫌隙構，上私左右曰：「劉班初歸，吾與言，常候日早宴，慮其將出。比入對之，亦察日早晚，慮其不出。」時帝疾篤，彭城王義康内侍醫藥，有憂色。帝危殆，勅義康以周公之事，且令具顧命詔草。義康出，流涕以語湛。湛曰：「行天下事，豈幼主所堪。」義康不答。湛私與孔胤秀等尋晉成帝崩康帝卽位儀注。帝既瘳，微知其事，未之發也。及湛丁艱，伏甲室中，以待上臨弔，謀又泄。帝召殷景仁、彭城王入内省，數以湛過。是以大赦天下，文武賜位二等。出義康爲江州刺史，實幽於豫章。[九四]義康之敗也，東府井水無故湧溢，野雉江鷗集飛内寢。義康將南，嘆曰：「昔謝述唯勸吾退，劉班唯勸吾進，今述存而班死，吾敗宜哉。」甲戌，以殷景仁爲揚州刺史、尚書僕射，領太子詹事。

十一月乙酉朔，甘露降於樂遊苑。己丑，殷景仁卒。〔九五〕詔曰：「尚書左僕射殷景仁秉德弘正，思理明遠。翊亮朝端，風猷允集。經緯屯夷，嘉猷克舉。綢繆樞祕，獻替惟休。方佇良圖，以隆國道。徽庸不遂，痛悼兼深。考終之禮，宜存優泰。可贈常侍、司空，謚文成公。」景仁入西州疾篤，就寢則見劉湛爲厲，如是數旬，上爲之累息。勅西州道上，不得有車聲。

十八年春正月甲辰，以彭城王義康都督江、交、廣三州軍事，前龍驤將軍巴東扶令育詣闕上書，引漢袁盎諫孝文遷淮南王事。「臣聞哲王不逆切諫，以博聞爲道；人臣不忘纖芥之罰，以盡言爲忠。是故周昌極諫，馮唐面折，所以孝惠克固儲嗣，魏尚所以復任雲中。彼二臣豈好逆主干時，犯顔違色者哉。」書奏，帝怒，下獄死。

裴子野曰：彼人臣者，禄及其親，榮庇其後，身以之泰，道以之行。是故君親臨之，有恩有敬，綢繆繾綣，義莫重焉。敬之欲其尊，愛之欲其報，忠諫之道，自此而興。名實既頹，君臣交喪，猜離懸隔，非近股肱。上則疾務已，好文過而倨隔；下則階梯緬邈，懷憤懣而莫通。憤懣在心，辭多偏矯，矜倨在己，易以誅殘。故逆彼驪龍，自貽虀粉，雖趣膚寸，動及雷霆。若扶令育者，無位於國，挺然萬里，犄明主所甚諱，是欲行義，古之遺直者歟？比夫全軀懷禄之人，有殊間矣。以太祖之含弘，尚掩耳於彭城之戮，自斯已後，誰易由言？有宋累葉，罕聞諒直，豈骨鯁之氣，乃愧前古，抑王之刑政，使之然乎？張約隕於權臣，扶育斃於哲后，宋之鼎鑊，吁，可畏哉！

三月庚子，雨雹。戊申，置尚書，删定郎官。

夏四月，汝陰獻白雉。〔九六〕

五月，南徐獻白鷰，吴郡獻白雀，彭城獻白烏。〔九七〕甲申，甘暴降臨川王園。河水溢泛害居民，使巡行賑賜。

七月壬辰夜，天有光通照。

冬十月，剡縣獻白鳩。〔九八〕氐賊楊難當僭稱秦王，立后及太子，置百官，灾異多降，復自貶爲武都王，傾國南寇，欲王於蜀，遣别將傅沖寇漢川，〔九九〕刺史劉真道拒破之。〔一〇〇〕

十一月，氐克攻葭萌，〔一〇一〕晉壽太守申坦，〔一〇二〕進及涪城。巴西太守劉道錫嬰城固守，氐不能拔，乃退。中書舍人徐爰有寵於帝，帝嘗命王球及殷景仁與之相知，蒨玉辭曰：〔一〇三〕「士庶區别，國之章也。臣不敢奉詔。」帝改容謝焉。

十二月，河南、肅慎、高麗、林邑、蘇摩黎並令使貢獻。

十九年春正月乙未，中散大夫羊欣卒。欣以晉隆安中司馬元顯使欣書扇，欣不奉命，元顯取爲後軍舍人，伍衆爲耻，欣淡然自若。

二月，宣城野蠶成繭。

三月乙未，太白晝見。壬寅，帝親臨儒學，徵士雷次宗以巾構近侍王公卿士，迄夕罷，賜諸生帛有差。詔曰：「將陶鈞庶品，混一殊風。」

四月甲戌，大赦天下。以何尚之領國子祭酒，中散大夫裴松之，〔一〇四〕太子率更令何承天領國子博士。于時朝廷碩學推裴、荀、何、傅。傅隆長於爲政，承天病於踈曠，伯子通脱率易，不以鎮重自居，裴西鄉清簡恬素，最以不競爲法，位不踰於三子，名則差焉。顔延之亦號博聞，而剛愎潛忌，時人惡之，名顔虎。

五月，罷揚州府佐吏。京師大水，使使賑賜。劉真道征仇池，自正月至此月，始剋之。楊難當奔於索虜，僞丞相萬壽率左右歸降，難當既走，以輔國司馬胡崇之爲秦州刺史，將就鎮焉。

秋八月甲戌晦，日有蝕之。〔一〇五〕

九月丙辰，有客星在北斗，因爲彗入於文昌，貫五車，掃畢，拂天節，經天苑，季冬乃滅。

冬十月，蠕蠕國遣使貢獻。輔國將軍、雍州刺史劉道産卒。道産在州惠化大行，有嶺蠻不賓者，悉出居樊河，村落相望，百姓歌之，號曰襄陽樂。及喪東還，漢濱羣蠻縗絰號哭，送之千餘里。

十一月丙申，〔一〇六〕詔曰：「胄子始集，學業方興。自微言滅絶，將涉千祀，懷仁感事，意有慨然。奉聖之胤，速議招集。於先廟地，特爲營造，給祠直令，四時享祭。并下魯郡修學舍，蠲墓側五户，剪除掃灑。」婆皇國使使貢獻。

二十年春正月辛亥，郊。開萬春、千秋等門。

二月甲戌，閱武於北郊。〔一〇七〕是月，胡崇之未至仇池八十里，遇後魏將拓拔齊，戰敗於濁水，執崇之，餘兵奔西鄭。

夏四月甲午，封第六皇子誕爲廣陵王。〔一〇八〕

六月，吴郡獻白龜，秣陵縣言白雀見。〔一〇九〕初劉真道征仇池也，郡帥掠居民盗善馬，爲有司所劾，至是下獄死。

秋八月壬子，加右衞將軍沈演之爲侍中。上曰：「侍中領衞，皆爲宰相鴻漸，江左罕授，故以此處卿。」演之辭謝就職，其居顯要，能謙約自保。上嘗賜以女樂，讓不敢當。

冬十一月辛丑，太白晝見。

十二月壬午，詔曰：「國以民爲本，民以食爲命。故一夫不耕，飢者必及。倉廩既實，禮節以興。頃有貧罄之家，誠由政德不舉，以臻斯弊，抑亦耕桑未廣，地利多遺。其有遊食之徒，咸令附業。朕當親率百辟，致禮旬侯，庶幾素誠，獎彼斯民。」

百濟、倭國使使貢獻。

自去秋迄乎是秋，水旱傷稼，民多飢，詔郡國開倉賜糧種。

二十一年春正月，復禁酒，恤飢也。辛酉，躬耕帝籍。下詔大赦天下，一切逋負自十九年已前，並放免。

二月庚辰，〔一〇〕以沈演之爲中領軍。辛卯，封第七皇子宏爲建平王。

三月甲戌，〔一一〕太白經天。

夏四月，晉陵民徐耕以米千斛，助恤飢民。

六月，京師霖雨，使使賑賜。

七月，甘露降樂遊苑。〔一二〕案，輿地志：縣東北八里。晉時爲藥圃，盧循之築藥園壘即此處也。其地舊是晉北郊，宋元嘉中移郊壇出外，以其地爲北苑，遂更興造樓觀於覆舟山，乃築堤壅水，號曰後湖。其山北臨湖水，後改曰樂遊苑。山上大設亭觀，山北有冰井，孝武藏冰之所。至大明中，又盛造正陽殿。梁侯景之亂，悉焚毁。至陳天嘉二年，更加修葺，於山上立甘露亭，陳亡並廢。

八月庚辰，徐湛之母會稽長公主薨。主臧后所生，起自布衣，故見尊重。彭城王既徙，上嘗宴於主第，酒酣，主下席，叩頭流涕，帝自起扶之，問其故，答曰：「車子歲暮，必不爲陛下所容。」帝揮淚指蔣山曰：「若其有此，則負初寧陵。」是以畢主身，義康無恙。

九月甲申，〔一一三〕後魏拓拔帝滅沮渠，盡有河西地。

冬十月丙子，起徐湛之本職丹楊尹，於郡設喪位。乙亥，令之國。〔一一四〕丙子，雷且電。

十一月，湘州獻赤鸚鵡。〔一一五〕何承天上元嘉曆，云：「君當順天以求命國，爲令以相天也。堯時冬至，日在須女十九度。〔一一六〕漢太初曆，冬至日在牽牛，後漢四分及魏景初法，同在牛二十度。〔一一七〕臣以月蝕驗之，則景初冬至，應在牛十七度。〔一一八〕又後漢，至春分日長，秋分日短，若遇半刻，則二至之間，而有短長，誠由春分近夏至，故長；秋分近冬至，故短也。」又奏改刻漏二十五箭，帝並從之。

裴子野曰：夫曆以端時，時以頒政，政成而民不僭，晷叶而時不違。先王曆象日月，欽若昊天，敬授民時，謂是物也。後世穿鑿，拘於禁忌，推步盈虛，其細由己。削遠以附近，毁雅以敦俗，多鄙俚之説，亂採索之旨，由是，縉紳先生不以陰陽爲學。及何承天能正累代遺術，博物君子也。

二十二年春正月辛卯朔，初班元嘉曆。壬辰，撫軍將軍、武陵王駿爲雍州刺史，南平王鑠爲豫州刺史，〔一一九〕以二豫爲一州。

二月壬戌，封第八皇子禕爲東海王，〔一二〇〕第九皇子昶爲義陽王。

三月乙未，皇太子劭釋奠於國學，賜王公而下帛有差。

六月，武昌獲古鼎，豫章獲鐘。

秋七月，遷南州羣蠻四萬一千口於丹徒。〔一二一〕劉道産卒，而襄陽蠻入武陵，鎮主淳于坦遣中兵參軍擊破之，故徙也。

八月甲午，太白晝見。〔一二二〕

是月，開酒禁，有年也。〔一二三〕

九月乙酉，宴於武帳岡。〔一二四〕上將行，勑諸子且勿食，至會所有饌；日旰，食不至，皆有飢色。上誡曰：「汝曹少長豐佚，不見百姓艱難。今使汝等識有飢苦，知以節儉御物也。」

裴子野曰：善乎太祖之訓也！是謂宜其爲君。夫爲君侈興於有餘，儉生於不足。物之數也，欲其隱約，莫若窮賤；縱其驕蹇，莫若尊榮。自河徂亳，殷宗所以克隆；治陶播稼，岐周所以聿興。習其險艱，利以任使，達其情僞，易以躬臨。是以居世之懿德，字民之要道，不可忽焉。太祖若能率此訓也，俾之難其志操，卑其禮秩，教民成德立功，然後授以政事，則無怠無荒，可播之於九服矣。初，高祖思固本枝，崇樹强幹；後世遵守，迭據方岳。及乎太祖之初，昇明之季，絶恩於袞衽者數十人。國之存亡，既不是繫，早肆民上，非善誨也。

冬，籍田，獲嘉禾。

十月己未，太子詹事范曄、員外散騎常侍孔熙先等奉大將軍謀反，伏誅。〔一三五〕丁酉，免侍中彭城王爲庶人，絶屬籍，幽於安城郡。

孔熙先者，廣州刺史默之子。有才略，頗涉學，不爲當世所知，憤憤不得志。且善占星，言「江州分野出天子，帝當見殘於骨肉。」因與謝綜等密謀奉大將軍反。熙先謂范曄曰：「潛圖構於表裏，疾雷奮於肘腋。昔毛玠竭節，不容於魏武；張温畢議，見逐於孫權。彼二人者，國之信臣，朝之俊乂，豈瑕疵暴露，言行玷缺，然後至於禍辱哉？且崇樹聖明，至德也；大業洪名，美號也，三王五伯，所以覆軍敗將而爭之者也。一朝含垢，不亦可乎？」曄爲彭城王吏，及王太妃殂，曄爲吏部郎，與司徒屬王深及弟廣夜中酣飲，〔一三六〕開北牖聽輓歌，王大怒，左遷宣城太守。後因孔熙先議謀立大將軍義康，而密要徐湛之。湛之初與同，及武帳之會也，逆謀竊發，許耀侍上，〔一三七〕持刀以目曄，曄不敢視，俄而座散。徐湛之以其謀聞於上，帝使探索其事始末，悉得檄文，於是收范曄等親黨，皆棄市。

曄善草隸書稱妙，著後漢書九十卷，起建武，迄於延康，爲一代良史。然薄德淺行，家禮不足，見收之日，妓妾不勝珠翠，老母唯有二厨盛樵薪。〔一三八〕熙先先在獄，〔一三九〕上使使謂曰：「朕知卿才智如此，早相器任，庶不及今日。」熙先乃上書言其首謀之事，多言天文事，誠上嚴慎骨肉。又請其祖察、父默集，〔一三〇〕及默所撰穀梁傳，〔一三一〕乞還家，上許之。

初，謝綜交熙先也，弟約不預，每誡兄曰：「此人輕事好奇，不近於道，觀其嬉戲，不料敵之强弱。每服藥石，便謂羽化可期。果鋭無檢，未可與狎。」

初，曄方進，何尚之察其意趣，言於帝，請出曄爲廣州刺史。帝曰：「始誅劉湛，復出曄，人謂卿等不能容才，但使共知如此，不憂致大也。」

裴子野曰：夫有逸羣之才，必思沖天據；蓋俗之量，則閔常均之下。其能導之以禮，將之以識，作而不失於義，行而不犯於禮，殆難爲乎！若劉弘仁之剛毅，〔一三二〕才堪上相；范蔚宗之思致，名出凡庸，然皆切志而貪權，務才而徇逆，天符所疊，以欲干時。及罪曝刑加，子父相哭，累葉風素，殞於一朝。向之所謂智能，翻爲亡身之具矣。

有司奏徐湛之昵比匪人，關預逆黨，事起積歲，方始歸聞，請免官削爵，收付廷尉。帝不許。湛之懼，詣闕上疏自理，優詔答之。

是冬，浚淮，起湖熟田千餘頃。

置延壽寺，西北去縣八十里。案，寺記：元嘉二年，義陽王昶母謝太妃造，隋末廢，上元二年重置，又名延熙寺。

二十三年正月庚申，以孟顗爲光禄大夫，領太子詹事。

二月，交州獻白鹿。

丁卯，後魏寇兗、豫、青、冀四州，刺史申恬拒破之。〔一三三〕

夏四月丁未，大赦天下。

六月癸未朔，日有蝕之。

交州刺史檀和之、安西將軍蕭景憲、憲副將宗慤等帥師攻林邑國，破之。林邑王范陽邁悉國之崑崙兵皆乘象以鬭，士卒不能當。宗慤曰：「吾聞獅子伏百獸，試爲之可以逞。」乃削木爲首，編毛爲身，力士數人蒙之以振，刻日又戰，師乃望陣而馳，其象奔迸，賊軍乃潰走，因滅其國。納口二萬餘，金五萬斤，其無名之寶，不可勝算，慤奉以歸。於其至也，唯行時巾櫛衣服，上聞而嘉焉，擢爲太尉中兵參軍。

慤叔父炳，荆楚高人，子弟皆以琴書相尚，慤獨感激，好功名。慤嘗遇炳曰：「願乘長風破萬里浪。」炳歎曰：「汝若不富貴，必敗吾宗。」爲江夏國上將軍，十五年不改職，至是始大知名。

乙亥，〔一三四〕以北地段英爲都督關隴諸軍事、安西將軍、雍州刺史，後魏破之，死。其將河東薛安都棄衆南之國。

九月乙卯，〔一三五〕上臨試諸生於國學，〔一三六〕賜學官帛有差。吴郡獲野稻，嘉禾秀於華林園殿，甘露降於長寧陵。

是歲，堰玄武湖於樂遊苑北，興景陽山於華林園，役及居民，民有怨者。

是歲，置華林園東五里。案，地輿志：吴時舊宫苑也。晉孝武更築立宫室。宋元嘉二十二年，重修廣之。又築景陽、武壯諸山，鑿池名天淵，造景陽樓以通天觀。至孝武大明中，紫雲出景陽樓，因改爲景雲樓，又造琴堂，東有雙樹連理，又改爲連玉堂，又造靈曜前後殿，又造芳香堂、日觀臺。元嘉中，築蔬圃，又築景陽東嶺，又造光華殿，設射棚，又立鳳光殿、醴泉堂、花蕚池，又造一柱臺、層城觀、興光殿。梁武又造重閣，上名重雲殿，下名興光殿，及朝日明月之樓，登之，而階道遶樓九轉。自吴、晉、宋、齊、梁、陳六代，互有構造，盡古今之妙。陳永初中，更造聽訟殿。〔一三七〕天嘉三年，又作臨政殿。其山川制置，多是宋將作大匠張永所作，其宫殿數多，舊來不用，乃取華林園以爲號，陳亡悉廢矣。

二十四年春正月壬寅，〔一三八〕以徐湛之爲中書令，領太子詹事。甲戌，大赦天下，文武賜位一等，孤老久疾不能自存者，人賜穀五斛，蠲除秣陵今年田租米。〔一三九〕籍田華林園，職掌疇量賜之。

二月，京師木連理。

三月，甘露降景陽山。

夏四月，河、濟俱清。

六月，京師疾疫，使使巡行給醫藥。初行大錢，一當細錢二。是時，民或盜鑄，始剪古錢，議其禁。沈演之議：「龜貝行於上古，泉刀興於周世，所以豐財通利，實國富民。若以大當兩，則國用難朽之貨，家贏一倍之利，不俟加憲，巧源自絕。」既而錢形不一，民不之便。是時，劉秀之爲梁州刺史。初令民用錢而遂行之，而江湖之南，多以布米爲貨，錢之所行，未皆普也。

八月，御史中丞何承天將遷廷尉，且欲爲吏部郎，便自舉代，既受旨出，爲人言之，以漏勑得罪，卒於家。

十月壬辰，〔一四〇〕盜殺豫章太守桓隆之。時胡藩有十七子，不遵法度，〔一四一〕第十四者曰遵世，同范曄逆謀，帝以藩功臣，匿其事，勑江州，以他罪殺之。十六弟誕世以羣從秘兵二百餘人攻郡，殺桓隆之，將奉故彭城王以作亂，值交州刺史檀和之去官歸，便道討平之，乃奪藩封邑，徙其子於交州。

十一月甲寅，封第十皇子渾爲汝陰王。

是歲，徐、兗、青、冀大水。

二十五年春正月，使使巡行四方，貸糧種。

二月庚寅，詔曰：「安不忘危，經世之所尚；治兵教戰，有國之恒典。故服訓明恥，然後少長知禁。頃戎政雖修，而號令未當。今宣武場始成，便可剋日大習衆軍，校獵講武事。」

閏月己酉，〔一四二〕大蒐。辛亥，雨雹。吏部尚書庾炳之有罪免。上始臨朝，任王華、王曇首、殷景仁、謝弘微、劉湛等，號曰「五臣」，亞以范曄、沈演之、庾炳之。庾炳之後則徐湛之，又何尚之、王僧綽，以終元嘉之世。

炳之無文學，性强急輕淺。既居選部，好詆詈賓客，且通貨賄，士咸怨之。是時，請急還家，尚書令史、諮事，一人善彈，一人工歌，留與宿，有司以違制奏焉。上以其事問何尚之，尚之因言炳之罪。上欲出爲丹楊尹，〔一四三〕再問尚之，尚之開啟對曰：「臣乏賈生應對之才，又乏汲黯犯顔之直，至於侍坐，多不能盡。庾炳之事跡，異口同音，咸無善聲。古今未有受貨數萬，而得高官厚禄如炳之者，唯明主審之。古人有言：『無賞無罰，堯舜不能爲治。』陛下豈可坐於皇家之重，迷一凡人。在可否之間，臣不敢苟陳管窺，令狂直，明白炳然，〔一四四〕睿主哲王，反更小結。」帝乃可，有司逐炳之歸田里，以壽終，幸也。

三月庚辰，校獵宣武場。

夏四月，新作閶闔、廣莫等門，改先廣莫門曰承明，開陽曰津陽。丁卯，太白經天。丁丑，青龍見於玄武湖南。〔一四五〕

五月己卯，〔一四六〕罷當兩大錢。戊戌，黑龍見於玄武湖。

六月庚戌，零陵王司馬元瑜薨。時始興王濬，潘淑妃之子，以母寵故，出入後宫不禁，遂通於第四妹海鹽公主，出適丹楊尹趙伯符子倩。倩入宫而怒，肆罵搏擊，引絶帳帶，聞於上。上有詔離婚，罪主所生蔣美人，伯符慚，發病死，贈西平將軍，常侍如故。侍中、特進、太子少傅王敬弘卒於吳興舍亭山，〔一四七〕贈開府儀同三司。

敬弘辭職東歸，深見禮重，清簡方正，子弟歲中不過一再相見。子恢之，常爲秘書郎。上將爲廬陵王納其女，辭曰：「臣女稚年，先許孔淳之息。」乃使恢之求奉朝請，曰：「秘書有限故有競，朝請無限故無競，吾欲使汝處無競之地。」上皆許之。方其在位，帝常問得失，敬弘對曰：「天下有道，庶人不議。」

裴子野曰：有其位無其言，君子耻之，王公之談，爲不類矣。居官不事以敵爲名，正始、元康之風，中原所敗也。縱而勿檢，致治難哉。

秋八月甲子，封第十一皇子彧爲淮陽王。華林園嘉禾秀。

九月辛未，以何尚之爲尚書左僕射，領汝、渭之地。

二十六年春正月辛巳，祀南郊。二月己亥，〔一四八〕幸丹徒宫。大赦，復除縣僑舊今歲租布之半，所行經縣，並蠲免田租之半。癸亥，使使祭晉故司空忠肅公何無忌墓。〔一四九〕壬午，婆皇國、婆達國並遣使貢獻。〔一五〇〕

冬十月庚子，改封廣陵王誕爲隨郡王。〔一五一〕癸卯，彗星見於太微。甲辰，以揚州刺史始興王濬爲征北將軍、開府儀同三司、徐兖二州刺史。

二十七年春正月辛卯，百濟國遣使貢獻。

二月，魏軍攻懸瓠。以軍興減百官俸禄三分之一。

三月乙丑，淮南太守諸葛闡求減俸禄，同内百官，於是縣丞尉並同減矣。戊寅，罷國子學。

秋七月庚午，遣建寧將軍王玄謨拒魏軍，〔一五二〕以太尉江夏王義恭出次彭城，總統諸軍。

冬十一月丁未，大赦。

十二月庚午，魏太武率大衆至瓜步，聲欲渡江，都下震懼，咸荷擔而立。〔一五三〕壬午，内外戒嚴，沿江六七百里艦舳相接。始議北侵，朝士多有不同。至是，帝登石城烽火樓極望，不悦，謂江湛曰：「向使檀道濟在，此虜敢犯我境耶！然侵北之計，同議者少，今日士庶勞怨，豈得無慙。貽士大夫之憂，在予過矣。」甲申，使使饋百牢於魏。

二十八年春正月丁亥，魏太武自瓜步退歸，俘廣陵居人萬餘家北，徐、豫、青、冀、二兖州殺戮不可勝計，所過州縣無遺矣。

二月甲戌，降太尉、領司徒江夏王義恭爲驃騎將軍、開府儀同三司。壬午，帝幸瓜步。是日解嚴。

三月乙酉，車駕還宮。丙申，拜初寧陵。大旱。

四月癸酉，婆達國遣使貢獻。〔一五四〕己卯，彗星見於昴。

是月，都下疾疫，使使給藥。

五月乙酉，亡命司馬順則自號齊王，據梁鄒城。丁巳，婆皇國、河南國並遣使貢獻。〔一五五〕

壬子，〔一五六〕彗星見太微，中對帝座。

秋七月甲辰，進安東將軍倭王綏濟爲安東大將軍。

八月癸酉，梁鄒，斬司馬順則。〔一五七〕是秋，猛獸入郭爲災。

冬十月，高麗國遣使貢獻。

十一月壬寅，曲赦二兗、徐、豫、青、冀六州，徙彭城流人，淮南流人於姑熟，合千餘家。〔一五八〕

是歲，魏正平元年也。〔一五九〕

二十九年春正月甲午，詔經寇六州，仍連水潦，可量加救贍。

二月乙卯，雷且雪。〔一六〇〕戊午，〔一六一〕封皇子休仁爲建安王。

三月壬午，大風拔木，都下災。

夏四月戊午，訶羅國遣使貢獻。〔一六二〕

秋七月壬辰，封汝陰王渾爲武昌王，淮陽王彧爲湘東王。丁酉，省大司農、太子僕、廷尉監官。〔一六三〕

九月丁亥，以平西將軍、秦河二州刺史，吐谷渾拾寅爲河南王。〔一六四〕

冬十一月壬寅，揚州刺史廬陵王紹薨。

十二月戊申，黄霧四塞。〔一六五〕辛未，南兖州刺史江夏王義恭爲大將軍、南徐州刺史，録尚書事如故。

是歲，魏侍中常侍宗愛構逆，太武皇帝崩，〔一六六〕乃奉南安王余爲帝，改元永平，尋又廢余；殿中尚書長孫竭、〔一六七〕尚書陸麗奉皇孫，是爲文成皇帝，〔一六八〕改元興安。

三十年春正月乙亥朔，〔一六九〕會羣臣於太極殿，有青黑氣從東南來，覆映宫上。戊寅，以司空、荆州刺史南譙王義宣爲司徒、中軍將軍、揚州刺史。壬午，以南徐州刺史始興王濬爲衞將軍、開府儀同三司。戊子，使江州刺史武陵王駿統衆軍伐西陽之蠻。

二月甲子，元凶劭構逆，弒帝，崩於含章殿，時年四十七。謚曰景皇帝，廟號中宗。

三月癸巳，葬長寧陵。陵在今縣東北二十里〔一七〇〕周迴三十五步，高一丈八赤。孝武帝踐祚，追謚爲文皇帝，廟號太祖。案，帝聰明仁厚。雅重文儒，躬勤政事，孜孜無怠，加以在位日久，唯簡静爲心。於時政平訟理，朝野悦目。自江左已來，未之有也。又性節儉，不好奢侈。車府令嘗以輦箺故，改易之；又輦席舊，欲以紫皮緣之，上皆不許，其勤儉率此類也。

卷第十二校勘記

〔一〕鎮西將軍　宋書文帝紀「鎮」字上有「進位」二字，南史宋本紀中有「位」字。

〔二〕甲戌　上文僅云景平二年，此甲戌竟不知屬何月，宋書文帝紀、通鑑一二〇並作「七月甲戌」。

〔三〕昔荀中郎二十七爲北府都督　「二十七」，宋書謝裕傳同。南史謝澹傳作「二十九」。晉書荀羨傳又作「二十八」，云：「時年二十八，中興方伯，未有如羨之少者。」

〔四〕癸卯　原作「癸亥」。八月己丑朔，無癸亥，宋書文帝紀、南史宋本紀中、通鑑一二〇皆作「癸卯」，爲八月十五日，是，今據改。

〔五〕丙寅追尊所生胡婕妤曰章皇太后　宋書文帝紀、南史宋本紀中及通鑑一二〇皆繫於八月甲辰。

〔六〕冬十一月己丑　是月戊午朔，無己丑，下文壬戌爲十一月初五日，疑己丑爲乙未之誤，乙未爲月之初二日。

〔七〕二年春正月丁酉朔　據朔閏表元嘉二年正月丁巳朔，此作「丁酉」誤。

〔八〕頃旱魃爲虐亢陽愆度　「亢陽」，各本作「元陽」，唯徐鈔本作「亢陽」，宋書范泰傳亦作「亢陽」。文選成公綏嘯賦云：「濟洪災於炎旱，反亢陽於重陰。」當作「亢陽」爲是，今據改。

〔九〕故夏桀引百姓之罪　「夏桀」，宋書范泰傳作「夏禹」。

〔一〇〕二月乙巳至庚子　二月丁亥朔，乙巳爲十九日，庚子爲十四日，依日序庚子應在乙巳之前。

〔一一〕丁亥　丁亥爲二月朔日，當在上文「乙巳」之前。

〔一二〕冬十月乙卯　十月癸未朔，無乙卯。

〔一三〕穆之並稱於高祖　「穆之」兩字原缺，據徐鈔本補。

〔一四〕僧招賢二法師　「二」，庫本作「大」。

〔一五〕三年春正月丙寅　「正月」原作「三月」。三月庚辰朔，無丙寅，宋書文帝紀、南史宋本紀中、通鑑一二〇皆作「正月丙寅」，正月辛亥朔，十六日丙寅，「三」當「正」字之譌，今據改。

〔一六〕羨之子喬　「喬」，宋書徐羨之傳、五行志五皆作「喬之」。

〔一七〕閏月乙卯　元嘉三年閏正月辛巳朔，無乙卯。宋書文帝紀、南史宋本紀中及通鑑一二〇皆作「正月丙寅」。

〔一八〕庚登　宋書、南史謝晦傳、通鑑一二〇及世説人名譜潁川鄢陵庾氏譜皆作「庾登之」。

〔一九〕丙寅以豫章太守鄭鮮之爲尚書左僕射　「丙寅」，宋書文帝紀、南史宋本紀中、通鑑一二〇作「戊午」。二月庚戌朔，丙寅、戊午皆在二月，下有庚申，以日序推之，疑當作「戊午」爲是。又「尚書左僕射」，宋書、南史鄭鮮之傳及通鑑皆作「尚書右僕射」，萬斯同宋將相大臣年表亦同。

〔二〇〕丙戌　二月庚戌朔，無丙戌，亦不得在癸亥之前。

〔二一〕蕭欽　宋書謝晦傳作「蕭欣」或「蕭欣之」，通鑑一二〇作「蕭欣」。

〔二二〕劉道濟軍至沙橋　各本皆脱「劉」字，唯徐鈔本有。宋書、南史謝晦傳並云「雍州刺史劉粹遣弟竟陵太守道濟與臺軍主沈敞之襲江陵，至沙橋」，此道濟爲劉粹弟，當姓劉，非檀道濟也，今據補。

〔二三〕超棄衆歸降　「超」各本皆作「退」，今據徐鈔本改。

〔二四〕丙子　原作「丙午」，二月無丙午，宋書文帝紀、南史宋本紀中及通鑑一二〇皆作「丙子」，二月二十七日丙子，是，今據改。

〔二五〕丙戌　二月無丙戌，三月庚辰朔，丙戌爲初七日，丙戌前疑脱「三月」二字。又下文癸未爲初四，應在丙戌之前。

〔二六〕下劉道濟於獄以沙橋之敗也　「劉道濟」各本皆作「檀道濟」，誤，據徐鈔本及宋書劉粹傳改正。

〔二七〕乙巳　原作「己巳」。五月己卯朔，無己巳，宋書文帝紀、南史宋本紀中皆作「乙巳」，二十七日乙巳，是，今據改。

〔二八〕冬十二月丁卯　「丁卯」，宋書文帝紀、通鑑一二〇皆作「壬戌」，十二月丙午朔，壬戌、丁卯皆在是月，未知孰是。

〔二九〕正月丁亥　宋書文帝紀、南史宋本紀中皆作「乙亥」，乙亥爲朔日，丁亥爲十三日。

〔三〇〕尚書左僕射鄭鮮之卒　「左」當作「右」，參閲本卷校記〔一九〕。

〔三一〕諸葛闡　宋書文帝紀、沈曇慶傳作「諸葛闡之」，南史宋本紀中作「諸葛闡」。

〔三二〕詔曰　「詔」疑當作「議」，其下爲諸葛聞語，下云「從之」亦可證。

〔三三〕十二棺　宋書、南史吴逵傳皆作「葬十三棺」。

〔三四〕戊辰　三月甲戌朔，無戊辰。四月甲辰朔，二十五日戊辰，疑戊辰上脱「四月」二字。

〔三五〕散騎常侍袁瑜薦會稽郭世道　「袁瑜」，宋書、南史孝義傳作「袁愉」。「郭世道」，宋書孝義傳同，南史作「郭世通」。道、通形近，必有一誤。

〔三六〕荆州刺史衡陽王餉錢十萬　「錢」原作「餞」，據徐鈔本及宋書、南史劉凝之傳改正。

〔三七〕永豐寺　宋本、徐鈔本作「水豐寺」。

〔三八〕置南林寺建康城南三里　「城南」二字各本皆缺，唯周鈔本有，今據補。

〔三九〕五月己巳太白經天　宋書天文志四云：「元嘉六年五月，太白晝見經天。」疑是一事。

〔四〇〕壬戌　九月丙寅朔，無壬戌。

〔四一〕毘黎國　宋書夷蠻傳、南史夷貊傳及通鑑一二一皆作「迦毗黎國」。

〔四二〕平原令河南成粲　「平原」，宋書、南史王弘傳作「平陸」，宋書州郡志一云：「平原令，孝武大明中立。」據此當作「平陸」爲是。

〔四三〕今世之顯轍　「轍」原作「徹」，今據徐鈔本及宋書王弘傳改正。

〔四四〕春秋所美　「美」，徐鈔本作「微」，酈校云：「『微』當是『媺』之誤。」

〔四五〕六年春正月辛丑祀南郊　「辛丑」原作「己丑」。正月甲午朔，無己丑，宋書文帝紀、南史宋本紀中皆作「辛丑」，爲正月初八日，今據改。

〔四六〕癸丑　原作「癸巳」。正月甲午朔，無癸巳，宋書文帝紀、南史宋本紀中及通鑑一二一皆作「癸丑」，爲月之二十日，今據改。

〔四七〕庚寅　七月辛卯朔，無庚寅。

〔四八〕十二月己丑朔日有蝕之　十二月戊午朔，非己丑。宋書文帝紀五行志五、南史宋本紀中及通鑑一二一皆云，十一月己丑朔，日有蝕之。此「十二」當爲「十一」之誤。

〔四九〕夏四月己丑　四月丁巳朔，無己丑。

〔五〇〕六月己卯　「己卯」原作「乙卯」。六月丙辰朔，無乙卯，宋書文帝紀、南史宋本紀中及通鑑一二一皆作「己卯」，爲月之二十四日，己乙形近致誤，今據改。

〔五一〕神州詎可卧理　「理」，宋書王曇首傳作「治」，此避唐高宗名諱改。

〔五二〕杜冀　宋書、南史本傳及通鑑一二一皆作「杜驥」。

〔五三〕壬辰　十月甲寅朔，無壬辰。宋書文帝紀、南史宋本紀中及通鑑一二一皆作「十一月壬辰」，此「壬辰」上當脱「十一月」三字。

〔五四〕甲午西北有赤氣中黑如旌旗　宋書天文志四「甲午」作「癸未」，「西北」作「西南」。

〔五五〕十二月丙戌太白晝見甲午斬兖州刺史竺靈秀於彭城　十二月癸丑朔，無丙戌、甲午兩日。

〔五六〕乙亥夜京師火延太社北垣　「乙亥」原作「己亥」。是月無己亥，宋書文帝紀、五行志三皆「乙亥」，十二月二十三日乙亥，是，今據改。

〔五七〕與虜將庫悉吉戰於高梁山　「庫悉吉」，甘鈔本、丁鈔本及通鑑一二二作「悉煩庫結」，宋書檀道濟傳作「悉煩庫結」。又「高梁山」，宋書檀道濟傳、通鑑一二二作「高梁亭」。

〔五八〕夏四月甲子至辛亥太白晝見　四月辛亥朔，甲子爲十四日，不得在辛亥之前，日序有誤。

〔五九〕己卯　原作「己丑」。六月庚戌朔，無己丑，宋書文帝紀作「己卯」，爲月之三十日，是，今據改。

〔六〇〕荒萊不闢督課　宋書文帝紀「督課」下有「無聞」二字。

〔六一〕癸亥　十二月丁丑朔，無癸亥。

〔六二〕辛亥華容公王弘薨　二月丙子朔，無辛亥，宋書文帝紀、南史宋本紀中及通鑑一二二皆云王弘薨於五月壬申。

〔六三〕臨川王義慶　「義慶」原誤作「義恭」，據宋書文帝紀、宋書南史劉義慶傳及通鑑一二二改正。

〔六四〕壬子　六月甲戌朔，無壬子，壬子爲七月十日，其前當脱「七月」二字，下文戊辰亦在七月。

〔六五〕詔有司表盱眙王彭所居曰通靈里　各本皆脱「表」字，今據徐鈔本補。

〔六六〕蠲復二世　宋書、南史王彭傳作「蠲租布三世」。

〔六七〕夏四月乙亥至乙未雨雹傷牛馬鳥獸　此處有錯簡，夏四月不得排列六月甲戌之後。

〔六八〕八月癸未封江夏王義恭至奉孝獻王祀　宋書文帝紀、南史宋本紀中及通鑑一二二皆繫此事於十二月庚寅。

〔六九〕陰平　原作「平陰」，今據徐鈔本、宋書劉粹傳、通鑑一二二乙正。

〔七〇〕道濟欲以五城人帛氏奴爲參軍　甘鈔本、徐鈔本及宋書、南史劉粹傳、通鑑一二二「帛氏奴」下有「梁顯」二字。

〔七一〕陽泉山　「陽」原作「湯」，據甘鈔本、徐鈔本及南史劉粹傳、通鑑一二二改。下同。

〔七二〕帛氏奴　「帛」原作「白」，前文亦作「帛」，宋書、南史劉粹傳及通鑑一二二亦作「帛氏奴」，胡注引孫愐曰：「帛，姓也。」據此當作「帛」，今據改。

〔七三〕臨川内史謝靈運於廣州棄市　宋書、南史謝靈運傳及通鑑一二二皆云謝靈運於廣州棄市在元嘉十年，實録繫於九年，不知何據。

〔七四〕振威將軍梁俊　宋書劉粹傳、通鑑一二二並作「參軍梁儁之」。

〔七五〕梁俊　見本卷校記〔七四〕。

〔七六〕闍婆　各本同，然宋書、南史記載不一。宋書文帝紀作「闍婆州」，又作「闍婆娑達國」，夷蠻傳作「闍婆婆達國」，南史宋本紀中作「闍婆娑州」，夷貊傳作「闍婆達國」。

〔七七〕天下便足　「足」，宋書王准之傳作「治」，此避唐諱改。

〔七八〕訶羅單國　原作「訶諸國」，今據徐鈔本改。宋書文帝紀、夷蠻傳、南史宋本紀中、夷貊傳亦作「訶羅單國」。

〔七九〕八月壬申　八月丙戌朔，無壬申。

〔八〇〕置南晉壽北巴郡以屬益州　宋書文帝紀作「於益州立南晉壽新巴西三郡」。孫彪宋書考論云：「據州郡志，是南晉壽、南新巴、北巴西三郡。」孫説是，此「南晉壽」下當脱「南新巴」，「北巴」當作「北巴西」。

〔八一〕三月己未　「己未」原作「乙未」。三月壬子朔，無乙未，宋書文帝紀、南史宋本紀中及通鑑一二三皆作「己未」，爲三月初八日，是，今據改。

〔八二〕六月至武昌得古鼎　宋書符瑞志下云：「宋文帝元嘉十三年四月辛丑，武昌縣章山水側自開出神鼎，江州刺史南譙王義宣以獻。」與此當是一事。

〔八三〕河南河西訶羅單國使使貢獻　「河西」原作「西河」，宋書少帝紀、大沮渠蒙遜傳及南史宋本紀中皆作「河西」，今乙正。

〔八四〕南郡宗炳　宋書、南史宗炳傳皆云南陽涅陽人，此云南郡恐誤。

〔八五〕丹楊尹何尚之　「丹楊尹」原作「尚書尹」。南史何尚之傳云：「元嘉十三年，彭城王義康欲以司徒長史劉斌爲丹楊尹，上不許，乃以尚之爲之。」宋書及通鑑一二三亦同。則其時尚之官丹楊尹，非尚書尹。尚書尹亦爲尚書令之誤，尚之官尚書令爲元嘉二十八年事。徐鈔本作「丹楊令」，則「令」又爲「尹」字之誤，今據改。

〔八六〕著作郎何承天立史學　「著作郎」，宋書、南史雷次宗傳及通鑑一二三皆作「太子率更令」，是。南史何承天傳云承天於元嘉十六年方除著作佐郎。

〔八七〕癸亥　原作「己丑」。二月乙未朔，無己丑，宋書文帝紀作「癸亥」，爲月之二十九日，是，今據改。

〔八八〕慕容延　宋書文帝紀同，鮮卑吐谷渾傳、南史宋本紀中作「慕延」，魏書吐谷渾傳、通鑑一二三又作「慕利延」，皆爲一人。

〔八九〕閏月戊戌　「戊戌」原作「戊寅」。閏九月壬辰朔，無戊寅，宋書文帝紀作「戊戌」，爲閏月初七日，今據改。

〔九〇〕武都河内林邑並遣使貢獻　「河内」，宋書文帝紀作「河南王」，南史宋本紀中作「河南」，皆指河南王慕容延，此作「河内」當誤。

〔九一〕六月己酉　六月丁巳朔，無己酉。

〔九二〕辛亥葬元皇后於長寧陵　八月丙辰朔，無辛亥。九月丙戌朔，辛亥爲二十六日。然宋書文帝紀、南史宋本紀中及通鑑一二三皆作「九月壬子」，二十七日壬子，與辛亥僅差一日。

〔九三〕冬十月戊午　「十月」原作「十一月」。十一月乙酉朔，無戊午，宋書文帝紀、南史宋本紀中皆作「十月戊午」，爲十月初三日。通鑑一二三作「十月戊申」，十月丙辰朔，無戊申，「戊申」當爲「戊午」之誤，然繫於十月不誤。今據改。

〔九四〕實幽於豫章　各本「豫章」下有「太守」兩字，今據徐鈔本删。

〔九五〕己丑殷景仁卒　宋書文帝紀、通鑑一二三云殷景仁卒於癸丑。十一月乙酉朔，己丑初五日，癸丑二十九日，皆在十一月，未知孰是。

〔九六〕夏四月汝陰獻白雉　宋書符瑞志下云：「二月癸亥，白雉見南汝陰縣，太守文道恩以獻。」疑是一事。

〔九七〕五月南徐獻白鸞吴郡獻白雀彭城獻白烏　宋書符瑞志下與此不合，志云：「元嘉十八年六月，白燕産丹徒縣，南徐州刺史南譙王義宣以聞。」「元嘉十八年七月，吴郡鹽官于玄獲白雀，太守劉禎以獻。」「元嘉十九年十月，白烏産晉陵暨陽僑民彭城劉原秀宅樹，原秀以聞。」

〔九八〕冬十月剡縣獻白鳩　宋書符瑞志下云：「元嘉十八年八月庚午，會稽山陰商世寶獲白鳩，眼足並赤，揚州刺史始興王濬以獻。」疑是一事。

〔九九〕傅沖　宋書氏胡傳、通鑑一二三皆作「苻沖」。

〔一〇〇〕漢川刺史劉真道　「劉真道」原作「劉道真」，今據宋書、南史本傳及通鑑一二三乙正。劉真道於元嘉十四年出爲梁、南秦二州刺史，此作「漢川刺史」恐誤。

〔一〇一〕萌晉　當從宋書氏胡傳、通鑑一二三作「葭萌」。

〔一〇二〕晉壽太守申坦　「晉壽」原作「壽昌」，「申坦」原作「申悝」，今據宋書氏胡傳、通鑑一二三改。又「晉」上亦脱「獲」字。

〔一〇三〕蒨玉　甘鈔本、丁鈔本「玉」字下並有夾注「球字」二字。

〔一〇四〕中散大夫裴松之　「裴松之」原作「裴裕之」，下文又稱裴西鄉，當爲一人，據全宋文一七裴松之上三國志注表，松之封西鄉侯，此「裕」當爲「松」字之誤，今據改。

〔一〇五〕秋八月甲戌晦日有蝕之　八月乙亥朔，無甲戌。宋書文帝紀、五行志五、南史宋本紀中皆作「秋七月甲戌晦，日有蝕之」。七月乙巳朔，三十日甲戌。疑此「八月」爲「七月」之誤。

〔一〇六〕十一月丙申　十一月癸卯朔，無丙申。宋書文帝紀、南史宋本紀中皆作「十二月丙申」。十二月癸酉朔，二十四日丙申，疑此「十一月」爲「十二月」之誤。

〔一〇七〕二月甲戌閱武於北郊　南史宋本紀中作「二月甲申，車駕於白下閱武」。二月壬申朔，甲戌、甲申皆在是月，未知孰是。

〔一〇八〕封第六皇子誕爲廣陵王　「六」原作「五」。宋書、南史劉誕傳皆云誕爲文帝第六子。庫本正作「六」，今據改。

〔一〇九〕六月吴郡獻白龜秣陵縣言白雀見　宋書符瑞志中作「元嘉二十年四月辛卯，白龜見吴興餘杭，揚州刺史始興王濬以聞」。符瑞志下作「元嘉二十年五月乙卯，秣陵衞猗之獲白雀，丹陽尹徐湛之以獻」。疑當是一事。

〔一一〇〕二月庚辰　「庚辰」，宋書文帝紀、通鑑一二四皆作「庚寅」。二月丙寅朔，十五日庚辰，二十五日庚寅，皆在二月，未知孰是。

〔一一一〕三月甲戌　三月丙申朔，無甲戌。

〔一一二〕七月甘露降樂遊苑　宋書符瑞志中作「元嘉二十一年四月，甘露頻降樂遊苑」，疑是一事。

〔一一三〕九月甲申　九月癸巳朔，無甲申。

〔一一四〕十月丙子起徐湛之至乙亥令之國　十月癸亥朔，丙子不得在乙亥之前，且下文又云「丙子，雷且電」，疑上「丙子」爲「丙寅」之誤。

〔一一五〕十一月湘州獻赤鸚鵡　宋書符瑞志下云，湘州刺史南平王鑠獻赤鸚鵡在元嘉二十二年，然兩者當是一事。

〔一一六〕日在須女十九度　宋書律曆志中作「日在須女十度左右也」，通鑑一二四亦作「日在須女十度」。按何承天據當時觀測歲差所得數值，在上元嘉曆表（見宋書律曆志中）謂：「爾來二千七百餘年，以中星檢之，所差二十七、八度。則堯令冬至，日在須女十度左右也。」宋書律曆志下元嘉曆二十四氣表所載冬至日所在度爲斗十四度强，加上所差二十七、八度，得堯時冬至日所在度正爲女十度左右。故當以宋書、通鑑爲是。

〔一一七〕後漢四分及魏景初法同在牛二十度　續漢書律曆志下、晉書律曆志下、宋書律曆志中，皆載後漢四分曆、魏景初曆冬至日所在度俱作「斗二十一度」，是，實録顯誤。

〔一一八〕應在牛十七度　宋書律曆志中載何承天上元嘉曆表及太史令錢樂之、兼丞嚴粲奏，俱以月蝕與土圭測影檢算景初冬至應在斗十七度。此處「牛」顯爲「斗」之誤。

〔一一九〕南平王鑠爲豫州刺史　「豫州刺史」上原有「九將將軍」四字。宋書、南史劉鑠傳皆未云劉鑠官九將將軍，此官亦不見載宋書百官志，徐鈔本無「九將將軍」四字，今據删。

〔一二〇〕二月壬戌封第八皇子禕爲東海王　「二月」原作「三月」。三月庚寅朔，無壬戌，宋書文帝紀、南史宋本紀中及通鑑一二四作「二月甲戌」，二月辛酉朔，壬戌、甲戌皆在二月，未知孰是。下文又云「三月乙未」，可知此「三月」當爲「二月」之譌，今據改。

〔一二一〕遷南州羣蠻四萬一千口於丹徒　宋書文帝紀云「移一萬四千餘口於京師」，通鑑一二四亦云「徙萬餘口於建康」，此作「四萬一千口」疑有誤。

〔一二二〕八月甲午太白晝見　宋書天文志四云：「元嘉二十二年七月，太白晝見。」疑是一事。

〔一二三〕是月開酒禁有年也　是月謂八月，宋書文帝紀、南史宋本紀中並謂開酒禁在九月。

〔一二四〕九月乙酉宴於武帳岡　「宴」各本皆作「建宇」，唯徐鈔本作「宴」，南史宋本紀中亦同，今據改。又「乙酉」，南史、通鑑一二四並作「癸酉」，九月丁巳朔，十七日癸酉，二十九日乙酉，皆在九月。

〔一二五〕十月己未太子詹事范曄至伏誅　十月丙戌朔，無己未。宋書文帝紀、南史宋本紀中及通鑑一二四皆作「十二月乙未」。十二月乙酉朔，乙未爲十一日。下文免侍中彭城王爲庶人事在丁酉，爲十二月十三日。疑此「十月」爲「十二月」之譌。

〔一二六〕與司徒屬王深及弟廣夜中酣飲　「廣」，南史范曄傳同。宋書范曄傳作「廣淵」，此避唐諱省耳。

〔一二七〕許耀　宋書、南史范曄傳同，通鑑一二四作「許曜」，耀、曜古通。

〔一二八〕老母唯有二厨盛樵薪　「二厨」，南史范曄傳同。宋書范曄傳、通鑑一二四並作「一厨」。

〔一二九〕熙先先在獄　甘鈔本、徐鈔本皆無下「先」字。

〔一三〇〕又請其祖察父默集　「察」，宋書、南史孔淳之傳作「粲」。默即孔默之，南北朝人名後之「之」

字，有時可省去。

〔一三一〕默所撰穀梁傳　宋書、南史孔淳之傳皆云：「默之儒學，注穀梁春秋。」聶崇岐補宋書藝文志亦云孔默之有春秋穀梁傳注。

〔一三二〕劉弘仁　原作「劉仁弘」。通鑑一二四引裴子野論作「劉弘仁」。弘仁，劉湛字，見宋書、南史本傳，今乙正。

〔一三三〕丁卯後魏寇兗豫青冀四州刺史申恬拒破之　二月乙酉朔，無丁卯。三月甲寅朔，十四日丁卯。宋書文帝紀亦繫此事於三月，據此「丁卯」前當脱「三月」二字。又「申恬」原作「申維」，今據庫本、徐鈔本及宋書文帝紀、通鑑一二四改正。

〔一三四〕乙亥　六月癸未朔，無乙亥。

〔一三五〕九月乙卯　「乙卯」，宋書文帝紀作「己卯」。九月辛亥朔，初五日乙卯，二十九日己卯，皆在九月，未知孰是。

〔一三六〕上臨試諸生於國學　「諸生」原作「諸子」。張本、徐鈔本、丁鈔本、周鈔本、劉鈔本皆作「諸生」，宋書文帝紀亦云：「車駕幸國子學，策試諸生，答問凡五十九人。」宋文帝有子十九人，此云「五十九人」，可知「諸子」乃「諸生」之譌，今據改。

〔一三七〕陳永初中更造聽訟殿　陳無永初年號，此當「永定」之誤。雖史籍未載陳造聽訟殿事，然陳書武帝紀下、南史陳本紀上皆云，陳武帝永定元年十月戊寅，輿駕幸華林園，親覽詞訟，臨赦囚徒。

疑造聽訟殿，卽由此而起。

〔一三八〕春正月壬寅　正月己酉朔，無壬寅。

〔一三九〕蠲除秣陵今年田租米　宋書文帝紀作「蠲建康、秣陵二縣今年田租之半」。

〔一四〇〕十月壬辰　「壬辰」，宋書文帝紀、通鑑一二五並作「壬午」。十月乙亥朔，初八日壬午，十八日壬辰，皆在十月。

〔一四一〕時胡藩有十七子不遵法度　宋書胡藩傳作「藩庶子六十人，多不遵法度」。

〔一四二〕閏月己酉　「己酉」原作「乙酉」。閏二月癸卯朔，無乙酉。宋書文帝紀、南史宋本紀中皆作「己酉」，爲閏月初七日，是，今據改。

〔一四三〕上欲出爲丹楊尹　「出爲」原作「去其」，今據徐鈔本及宋書、南史庾炳之傳、通鑑一二五改。

〔一四四〕令狂直明白炳然　宋書庾炳之傳作「今之枉直，明白灼然」。

〔一四五〕丁丑青龍見於玄武湖南　四月壬寅朔，無丁丑，五月辛未朔，初七日丁丑。宋書符瑞志中云：「元嘉二十五年五月丁丑，黑龍見玄武湖北。」與此當是一事。

〔一四六〕五月己卯　「己卯」各本作「乙卯」。五月辛未朔，無乙卯，宋書文帝紀、通鑑一二五皆作「己卯」，爲月之初九日，今據改。

〔一四七〕六月至侍中特進太子少傅王敬弘卒於吴興舍亭山　宋書文帝紀云：「七月壬午，左光禄大夫王敬弘薨。」

〔一四八〕二月己亥　「己亥」各本作「乙亥」。二月丁酉朔，無乙亥。宋書文帝紀、南史宋本紀中及通鑑一二五皆作「己亥」，爲二月初三日，今據改。

〔一四九〕使使祭晉故司空忠肅公何無忌墓　「忠肅公」原作「肅公」。徐鈔本作「忠肅公」，晉書何無忌傳亦云，無忌謚曰忠肅。今據改。

〔一五〇〕壬午婆皇國婆達國並遣使貢獻　二月丁酉朔，無壬午。宋書文帝紀、南史宋本紀中並云：「五月丙戌，婆皇國；壬辰，婆達國並遣使貢獻。」

〔一五一〕改封廣陵王誕爲隨郡王　「隨郡王」原作「南郡王」。徐鈔本及宋書文帝紀、南史宋本紀中皆作「隨郡王」，宋書、南史劉誕傳亦云，元嘉二十六年，誕改封隨郡王。今據改。

〔一五二〕建寧將軍王玄謨　「建寧將軍」，宋書文帝紀、南史宋本紀中及王玄謨本傳皆作「寧朔將軍」，疑當是。

〔一五三〕咸荷擔而立　「擔」原作「檐」，據徐鈔本、丁鈔本及南史宋本紀中改。

〔一五四〕婆達國　原作「婆皇國」，據庫本、徐鈔本，周鈔本及宋書文帝紀、南史宋本紀中改。

〔一五五〕丁巳婆皇國河南國並遣使貢獻　南史宋本紀中作「丁巳，婆皇國；戊戌，河南國並遣使朝貢」。

〔一五六〕壬子　原作「壬午」。五月甲申朔，無壬午。南史宋本紀中作「壬子」，爲五月二十九日，今據改。

〔一五七〕八月癸酉梁鄒斬司馬順則　「癸酉」，宋書文帝紀、南史宋本紀中並作「癸亥」。八月癸丑朔，十一日癸亥，二十一日癸酉，皆在八月。又據宋書、南史「梁鄒」下當脫「平」字。

〔一五八〕徙彭城流人淮南流人於姑熟合千餘家　宋書文帝紀、南史宋本紀中皆作「徙彭城流民於瓜步，淮西流民於姑孰，合萬許家」。疑實録「徙彭城流人」句下有脱誤。

〔一五九〕是歲魏正平元年也　「正」原作「西」。正平乃魏太武帝（拓跋燾）年號，徐鈔本及南史宋本紀中不誤，今據改。

〔一六〇〕二月乙卯雷且雪　「乙卯」原作「乙未」。二月庚戌朔，無乙未。南史宋本紀中作「乙卯」，爲二月初六日，今據改。

〔一六一〕戊午　原作「庚午」。是月無庚午，戊午爲初九日，今據南史宋本紀中改。

〔一六二〕訶羅國遣使貢獻　「訶羅國」，宋書夷蠻傳、南史夷貊傳上並作「訶羅單國」。

〔一六三〕省大司農太子僕廷尉監官　「省」字原缺，據徐鈔本補。又「官」原作「宫」，據庫本及宋書文帝紀、南史宋本紀中改。

〔一六四〕以平西將軍秦河二州刺史吐谷渾拾寅爲河南王　「平西」原作「西平」，據宋書文帝紀、南史宋本紀中乙正。「吐谷渾拾寅爲」六字原作「封」字，今據徐鈔本删補。

〔一六五〕十二月戊申黄霧四塞　「戊申」，徐鈔本、南史宋本紀中作「戊辰」。是月乙巳朔，初四日戊申，二十三日戊辰，皆在十二月，兩者必有一誤。

〔一六六〕太武皇帝崩　原作「太國皇子」，據徐鈔本改，南史宋本紀中亦同。

〔一六七〕長孫竭　當從魏書世祖紀下、南史宋本紀中、通鑑一二六作「長孫渴侯」。

〔一六八〕文成皇帝　原作「魏武皇帝」。據庫本、徐鈔本及魏書高宗紀改。

〔一六九〕三十年春正月乙亥朔　「乙亥」原作「乙未」。按二十史朔閏表是年正月乙亥朔，南史宋本紀中不誤。今據改。

〔一七〇〕葬長寧陵陵在今縣東北二十里　元和郡縣圖志二五云，長寧陵在縣東北二十二里蔣山東南；張敦頤六朝事跡編類十三卷下引圖經云，宋文帝陵隸縣東北二十五里。

建康實録卷第十三

宋下上〔一〕

世祖孝武皇帝〔二〕

世祖孝武皇帝諱駿，字休龍，〔三〕幼名道民，文帝第三子。六歲，以元嘉十二年封武陵郡王。自江左已來，襄陽未有皇子鎮，太祖欲經略關、河，故以武陵王爲雍秦荆江四州六郡諸軍事、撫軍將軍、雍州刺史。

三十年，以西中郎將移鎮西陽，〔四〕聞元兇構逆，遂垂涕召沈慶之及僚佐等議。初，慶之統武陵軍事，世祖在鎮，元兇嘗密與慶之書，令致世祖。慶之入，帝疑之，稱疾不敢見。慶之突入前，以元兇書呈帝。帝悲泣，求入内與母别。慶之曰：「下官受先帝厚命，今日唯力是視，殿下何疑？」帝前拜曰：「國家安危，在將軍也。」即日令勒兵處分，内外軍事，一委慶之。以主簿顔竣爲諮議，〔五〕掌總文書。議定，慶之即戎勒兵，竣乃進曰：「今步兵少力薄，宜待衆軍集。」慶之怒曰：「方興大事，而黄口小兒參預，此禍至矣，宜斬以徇。」竣懼，再拜以謝慶之。慶之曰：「君但知筆札事。」庚寅，〔六〕使顔竣馳檄四方，言劭兇異，殺害君父，毒流王公卿士。

三月乙未，建牙于軍門。是日，衆軍發自西陽，以寧朔將軍柳元景爲都督前鋒。〔七〕丁酉，軍次尋陽，四方征鎮，不謀同舉，所在雲集。是時會稽太守隨王誕以衆兵次于西陵，劉秀之充前軍來會。

四月己未，武陵軍次于溧洲，築壘，歸者相屬。時帝中風暴疾，殆將數旬，顔竣懼聞于衆，擁王於膝上，親視起居，内外軍政，室内經略，問以文教書檄，應接遐邇，自舟中甲士，亦不知帝之危疾也。壬戌，柳元景衆軍大破元兇等于新亭，退至于澗，劭軍人馬投澗死者不可勝數，澗水爲之不流，至今猶呼爲死馬澗。劭走馬還臺城，江夏王義恭自東堂與數十人出奔，濟於冶渚，策馬詣新亭，於馬上上疏勸進。戊辰，帝遷營于新亭。

己巳，百寮奉璽紱，帝泣下固辭，江夏王再拜，三辭，因設壇，卽帝位于營所，改新亭爲中興亭。下詔大赦天下，進文武爵位二等，賞士卒各有差，孤獨不能自存者，皆賜穀帛。以江夏王義恭領太尉、録尚書六條事，給鼓吹、班劍、黄鉞，進顔竣爲侍中。

五月丙子，擒元兇於太倉井。庚辰，臧質以甲仗百人入守朝堂。辛巳，車駕幸龍舟，遷於東府，羣臣請罪。詔曰：「巨逆作亂，人倫道盡。王公卿士，受制兇威，事難勢屈，無所追謝。」甲申，尊所生路淑媛爲皇太后。〔八〕詔褒故太子左衛率袁淑特加殊禮，贈侍中、太尉，謚曰忠憲公。追死王事，贈徐湛之散騎常侍、司空，謚曰忠烈公。江湛散騎常侍、左光禄大夫，謚曰忠簡公。王僧綽謚曰忠愍侯。以柳元景爲前鋒軍。甲午，初謁長寧陵。〔九〕追贈卜天與龍驤將軍。〔一〇〕

六月丙午，謁太廟還，登太極殿，哭盡哀，百官陪位，莫不下淚。初置殿門及上閤門屯兵。丁巳，〔一一〕詔諸司薄己厚民，去煩從簡，悉宜施行。辛未，大紀勳行賞，封南譙王義宣爲南郡王、隨王誕爲竟陵王，各五千户。封臧質始興郡公、沈慶之南昌郡公、柳元景曲江公，各三千户。宗慤洮陽侯、劉延孫東昌侯、顔竣建武侯，各二千户。徐遺寶益陽侯，五百户。

庚午，〔一二〕復置南兖州。

丙子，〔一三〕使使兼散騎常侍，巡行天下。蠲尋陽租布三年。己亥，立皇后王氏。丙申，置衛尉官。〔一四〕詔使建平王宏迎皇太后于尋陽。庚子，上謚大行皇帝廟號太祖。

秋七月辛丑朔，日有蝕之。辛酉，下詔任百姓採捕，貴戚不得競利。壬戌，皇太后至自尋陽。

八月乙亥，以王僧達拜護軍將軍。僧達時自負才地，不稱所望，遂上表陳讓曰：「臣有志於學，無獨見之敏，有道在身，無偏覽之識，固不足以達言治世，備辦時宜。竊謂當今之務，唯在先卹庶心，從民之欲。如使臣享厚禄，居重榮，衣狐望熊，而無事于世者，固不能安也。護軍之任，不敢處。」書奏帝，帝知其不愜志。甲午，以僧達爲征虜將軍、吴郡太守，封營道侯。

九月壬寅，侍中謝莊上疏：「宜大臣各舉所知，以付尚書，依分銓用。若任得其才，舉主延賞；有不稱職，宜及其坐。凡所莅民之職，宜遵六年之限。」初，太祖代，限年三十而仕郡縣，〔一五〕六周及選代，刺史或十餘年。至是時皆易之，仕者不拘長少，莅民以三周爲滿，故莊復表論之。

冬十月癸未，聽訟于閲武堂。瑯琊獻白鹿。高麗使貢方物。

十二月，罷都水使者，置水衡令官。

孝建元年春正月己亥朔，〔一六〕拜南郊，大赦，改元。壬寅，〔一七〕立皇子子業爲皇太子。賜天下爲父後者爵一級，孝悌力田有差，詔長史勸盡地宜，〔一八〕務農食，舉孝秀，凡棄産業而竊榮位者，皆禁錮還田里。尚書百官之本，曹局事無巨細，悉令歸諸令僕。詔中書録事參軍周朗獻讜言，曰：「男子十三至十七，皆令學經；十七至二十，盡使修武。〔一九〕女子十五不嫁，宜坐家人。地堪滋養，悉種麻稻，巷陌悉樹桑柘，列庭皆植竹栗。宫掖金翠，工人奇伎淫器，皆請焚之。錦繡羅縠，小民皆不得服。帝王子、帝弟，何必長史參軍，但宜置賓師傅官以輔之。」

是月，新作正光殿。詔鑄四銖錢。

時車騎將軍、江州刺史始興公臧質握彊兵，據衝要，輒散鈞磯倉米，心懈不安，乃要豫州刺史魯爽、兗州刺史徐遺寶、司州刺史魯秀等説南郡王義宣，曰：「夫有震主之威，匙能全者。萬物係心於公，聲跡已著，見機不作，將爲他所先。今命徐、魯驅西北精兵，來屯江上，質帥九江樓艦，盤據中流，爲公前驅，天下已半。公以八州大衆，鳳翔雲動，龍舟徐邁，虎視川陸，雖韓、白更生，亦不能爲建業之計。少主失德，天下聞之；沈、柳小將，不足爲意。夫不再至者，年齒也。不可失者，徐、魯也。質常恐先朝露填溝壑，不得養其膂力，爲公掃除，雖悔黃泉，復何及也！」義宣許之，使使報魯爽、徐遺寶于壽陽，爽等殺長史韋處穆，登壇自進號征北大將軍，戴黃標，遺法物，命書二札：一曰「丞相劉，今補爲天子，名義宣」；二曰「車騎將軍臧，今補爲丞相，名質」。使户曹宋興報歸江陵。使使京師，誓其親屬。

二月己巳朔，〔二〇〕有流星大如月，西行。辛未，丞相、荆襄二州刺史南郡王義宣舉兵反，〔二一〕自號建平元年。乙亥，曲赦司、豫二州，加柳元景撫軍，以王玄謨爲豫州刺史、輔國將軍，師次梁山。

三月己亥，〔二二〕内外戒嚴。假江夏王義恭黃鉞，〔二三〕都督衆軍。辛丑，柳元景爲雍州刺史，出次採石，以沈慶之爲鎮軍將軍，率安都西討魯爽。

夏四月丙戌，左將軍薛安都等大破魯爽于小峴，斬首，傳京師。豫州平。丙子，〔二四〕慶之等還師以益元景，次于南州。

五月甲辰，義宣至蕪湖，而臧質逼梁山，使謂義宣曰：「今日萬人次南州，則梁山中絶，萬人守梁山，王玄謨必不敢出。下官中流鼓棹，直趣石頭，此上策也。」義宣不用質計，盡鋭攻梁山，陷其西壘。王玄謨使崔勳之來救，皆没，王師大懼。元景聞之，欲卷甲赴之，垣護之諫：〔二五〕「不如分兵爲援，將軍自鎮南州。」元景乃留老弱自守，悉其精鋭，多張旗幟向梁山。甲寅，王玄謨帥衆軍與臧質大戰于梁山，質敗走，義宣自蕪湖赴焉。玄謨縱兵苦戰，薛安都繼出乘之，賊等大敗，船舫鱗沓，垣護之命火焚之。時東風急，火猛，延燒西屯兵，義宣單舸南走，閉航而泣。是日垣護之、朱脩之等帥師南定遺寇。己未，〔二六〕解嚴。

六月，臧質走歸尋陽，焚府舍，盡家西向武昌，無所據，投于南湖，摘蓮實爲食。戊辰，追兵至南湖，質急投水中，折荷蒙首，軍士遥射之，貫腹，腸出繞藴藻，就斬之，傳首京師，子孫皆棄市，而漆首藏于府庫。甲戌，大論功計賞，進柳元景、沈慶之並大將軍、儀同三司，進王玄謨前將軍，封曲江侯，朱脩之荆州刺史、西昌侯。庚寅，脩之至江陵，殺義宣并其十子、餘黨竺超民、徐壽之等，詔絶義宣屬籍廢爲庶人。癸未，分揚州浙江東五郡爲東揚州，治會稽，而揚州仍領十五郡。又分荆、襄、江等三州八郡爲郢州，〔二七〕治江夏。罷南蠻校尉，遷其營于京師。戊子，詔罷録尚書。

秋七月丙申朔，日有蝕之。是月，會稽大水，平地八尺。

冬十月，熒惑犯進賢星。〔二八〕戊寅，褒孔子同諸侯之制，寢廟合祭祀。丁丑，〔二九〕置安陸郡，屬郢州。初令王侯内史、相及封内官長，不臣于封君，罷官不追。諸王在鎮，常行不過六隊，車輿不得油幢，聽事不得南向施帳，幡國臣不得跣登國殿，傳命不得朱服，鄣扇不得雉尾。

十一月癸卯，〔三〇〕詔褒侍中張敷孝道淳深，改其所居曰孝張里。復置郡都水使者官。是月，始課南徐州租。甲申，〔三一〕甘露降長寧陵。

十二月，徵朱年爲太子舍人。〔三二〕年，會稽人也。以孝行聞。初，母以冬亡，殮衣無絮，年終身不衣綿。隱居會稽山南，以樵採爲事。每束柴置路間，隨取者任留價而去。

二年春二月，婆皇國遣使貢獻。丙寅，始興公沈慶之請老歸，帝聽以公就第，月給錢十萬，米百碩，使何尚之豫往累陳上意。慶之笑曰：「沈公不學何公，往而復來。」尚之有慚色。

夏四月，司馬石亡命反于淮南，〔三三〕推立夏方進爲主，〔三四〕改姓李名弘，以惑衆，豫州刺史王玄謨討平，斬之懷、汝間。壬午，以王玄謨爲雍州刺史，以交州刺史檀和之爲豫州刺史。

初，和之在交州有威名，盜賊屏跡。獨出獵，虎伏不敢起，故帝用以鎮懷、汝。

秋七月，鎮西將軍、郢州刺史蕭思話卒，贈開府儀同三司，謚穆侯。

八月庚申，征虜將軍、雍州刺史武昌王渾在襄陽與左右戲，造書檄，自署爲楚王，號元光元年，〔三五〕置百官長史。王翼之得其檄，封奏，帝使中書舍人戴明寶往責之，有司奏廢爲庶人，自殺，時年十七。

九月己丑朔，〔三六〕齊郡廣饒縣上言嘉禾生異畝同穗。丁亥，〔三七〕閲武于宣武場。詔孝建元年已前罪不放，悉聽還本。犯釁家子弟，隨才置吏。

十月壬午，徵江夏王義恭爲揚州刺史，以建平王宏爲中書令。

十一月戊子，王僧達上表自解，帝以辭不遜，付門下免官。

三年春正月辛丑，祀南郊。以驃騎將軍建昌公到彦之，衛軍將軍新建文宣侯王華，豫寧文侯王曇首配食太廟。壬子，皇太子納妃何氏。

二月辛未，策孝秀于東堂。是月丁丑，初制朔望臨西堂，接羣臣，受奏事。是月，豫州刺史檀和之卒，贈安北將軍，謚壯侯。

閏三月乙丑，〔三八〕白兔見平原，獲以獻。癸酉，鄱陽王休業薨，文帝第十五子董美人生。

夏四月，初禁民車及酒器用銅。戊戌，太白犯輿鬼。

五月辛酉，初令荆、雍、豫、兖、徐、青、冀等七州養馬，復其賦役。

六月□未，〔三九〕聽訟于華林園。

秋八月甲午，太白入心。〔四〇〕秋八月，〔四一〕太常顏延之卒，贈特進，謚獻子。

九月壬子，詔顏竣右將軍、丹楊尹，竣固辭，表十奏，帝乃許。使中書舍人戴明寶抱竣登車，載之郡舍，賜以布衣一襲。

四年正月辛亥朔，改元爲大明元年，大赦，賜高年孤寡粟帛各有差。辛未，使使巡行，賑貸。

三月壬戌，初命大臣加班劒者，不得入宫城門。時梁獠請内屬，以爲州郡。〔四二〕

夏四月，京師疾疫。丙申，使使給醫藥，死無以殮者，官爲埋殯。

五月壬子，紫氣出景陽樓，狀如烟，廻薄久之。詔改景陽爲慶雲樓。戊午，嘉禾一株五莖生清暑殿鴟吻中。

六月丁亥，以顏竣爲東揚州刺史，劉秀之爲丹楊尹。案，宋略：秀之從子瑀，〔四三〕性剛猛，有才氣，素輕易之，時仕吴興太守。聞秀之爲尹，書與故人曰：「吾家黑面阿秀乃居劉安衆處，朝廷不爲多士。」庚子，白兔見即墨，獲以獻。

秋七月，京師獲三脊茅。江夏王義恭率百官請奏封禪事，奏曰：「陛下睿孝締基，靈武繼業，道溢興殷，功先復禹，日者河鏡海湛，景曜階平，祥浹郊林，氣凝宮沼。伏願俯藉民心，仰協乾意，威風后，詔百辟，下齊郊；掩嬴里，壇集神光，山稱萬歲。臣生屬吉辰，方待大禮。」帝猶謙讓。辛未，以并雍二州三郡十六縣開一郡，郡四縣。刺史王玄謨請斷流民。當時不願屬籍，罷之。或謗玄謨反。玄謨馳使白啟帝，帝報曰：「梁山風塵，初不介意，君臣之際，過足相了，聊復伸卿眉頭。」玄謨爲人性嚴少笑，眉頭常不伸，故帝以此戲之。

八月甲申，青州上言，嘉禾生，異畝同穗。戊戌，初置陽平郡，屬兗州。

冬十月丙申，詔：「有懷誠抱志，擁鬱衡閭，失理負謗，未聞朝聽者，皆躬自申奏。聽政之日，朕親覽焉。」

二年春正月丙辰，復郡縣田秩，并九親禄奉。

三月丁未，建平王宏薨，贈侍中，給班劍二十人，謚曰宣簡。乙卯，〔四四〕停太官膳牛，以農時也。

夏四月辛丑，地震。

五月戊申，吏部尚書何偃卒，贈光禄大夫，謚靖子。

六月戊寅，增置吏部尚書一人，罷五兵尚書。徙都官尚書謝莊爲吏部尚書。帝惡選官權重，故分曹以減其勢。乙卯，〔四五〕有司奏晉陵余齊民，少俊孝行，改所居爲孝義里。

秋七月甲辰，彭城民高闍自云，見龍出于井中，當貴。謀反，爲天子。事覺，伏誅。己酉，太白入東井。

八月丙戌，帝以高闍事，詔收王僧達下獄，賜死。

九月庚戌，〔四六〕置武衞將軍、武騎常侍官。

三年春正月夜，通天薄雲，四方生赤黃氣，長三四尺，乍見尋皆滅。

二月乙卯，〔四七〕以揚州六郡爲王畿。并東揚州，治會稽。將置司隸，以元兇嘗置，故止。

甲子，復置廷尉監官。

三月，土守牽牛。己亥，司空竟陵王誕殺兗州刺史垣閬，據廣陵城反。〔四八〕己巳，內外戒嚴。以車騎大將軍、開府儀同三司沈慶之爲南兗州刺史，帥師北伐。〔四九〕豫州刺史宗慤、徐州刺史劉道隆並引軍來會。司空參軍何康棄母踰城出降。〔五〇〕案，宋略：康時爲竟陵王府參軍，聞沈慶之逼，招范義曰〔五一〕：「事必不振，子將行乎？」義曰：「子不可以背母，義不可以棄君，人生若何！」康曰：「□不爲己。」〔五二〕遂棄母出降。誕聞之怒，爲高木縛康母，絕食，暴露數日而死。〔五三〕辛亥，誕燒郭邑，驅居民於城內。

癸丑，慶之至廣陵，起長圍，誕連戰敗，乃自登城巡師，因呼慶之曰：「沈公，君垂白之年，何苦來此！」慶之曰：「朝廷以君不足煩壯少，〔五四〕故老夫來耳。」帝乃封送章及二劍授慶之，其一曰竟陵縣侯，千户，募擒劉誕；二曰建興縣侯，三百户，募先登。詔慶之立烽於桑里，克外城，卽舉一烽；克内城，舉二烽；擒誕，舉三烽。甲子，帝御六師，出宣武堂。

夏五月，建城侯顔竣死于獄中。

七月己巳，沈慶之克廣陵，斬皇弟誕，傳首京師。殺城中男口五千餘人，婦女爲軍賞。其刑者，皆先鞭其面乃斬，其首歸淮濱，以築京觀。貶誕族爲留氏。

誕字休文，文帝第六子，母殷修華。遷驃騎將軍、都督南兗州諸軍事，以好士見疑，心不自安，遂據廣陵反。誕初修武城，自出巡檢功，人或大呼曰：「大兵將至，何以爲辛苦百姓。」執而問曰：「廣陵人，姓夷名孫，」〔五五〕云大禍將至，何不立六順門。」誕曰：「六順門何也？」答曰：「古語有之，禍不入六順之門。」誕殺之。將舉兵，兵士初夢人告之曰：「取官髮爲稍睡。」既覺，問如是數十人。誕又經自夜坐，有光滿室，誕深惡之，而不自免。

辛未，大赦天下。解嚴。王畿内貧者，蠲租布一年。

八月丙戌，〔五六〕分淮南北，復置二豫州。

九月，月在胃而蝕。己巳，詔無留獄。壬辰，初築上林苑于玄武湖北。今縣北十三里，見有古池，南俗呼爲飲馬塘，其西見有望宮臺。

冬十月，詔來歲可使六宮嬪妃修親桑之禮。

十一月，肅慎重譯獻楛矢、石砮。西域獻舞馬。〔五七〕

十二月辛酉，〔五八〕初置謁者僕射官。

四年春正月辛未，祀南郊。〔五九〕帝耕籍田，大赦天下。逋租宿債，一切原除。孝悌力田，隨才擢用。鰥寡孤獨，賜穀有差。

三月甲申，〔六〇〕皇后躬桑于西郊。

夏四月癸卯，以南瑯琊郡隸王畿。

五月，月入太微。丙戌，尚書左僕射褚湛之卒，〔六一〕贈特進，謚曰敬侯。庚寅，以南下邳郡併入彭城。

六月，太白犯井。

秋七月甲戌，左光禄大夫、開府儀同三司何尚之薨，贈司徒，謚簡穆公。

十月，流前廬陵内史周朗于寧州，道殺之。朗字義利，汝南人。少愛奇。以江夏王太尉府參軍累遷廬陵内史，因獵火逸燒郡廨屋，以私財償之。初，朗奏讜言，帝銜之。及丁母憂，便誣朗失喪禮，遷之。將行，朝無送者，唯侍中蔡興宗獨往造别，帝怒，左遷興宗。

十二月戊辰，改細作署令爲左右御府令。丙戌，復置大司農官。〔六二〕丁未，倭國遣使貢獻。

五年春正月戊午，花雪降江夏王衣，〔六三〕散爲六出，有司奏以爲瑞，帝悦之。庚寅，〔六四〕彭城民孫薩亡軍當斬，〔六五〕其兄棘詣郡請身代弟，曰：「棘爲家長，弟之逋逃，罪由棘也。且亡母遺命，以薩最少爲屬，今乞與身代薩。」薩亦請曰：「薩三歲喪父，所恃者兄，兄雖憐薩，薩何忍。」兄弟二人争死，未定刑，棘妻出謂棘曰：「君當門户，豈可委罪季叔？且先姑臨終，憂叔爲累，竟未婚立家道。君今已有二兒，死復何恨。」彭城太守張岱異而奏之，帝詔原薩罪，加兄棘辟命。己酉，新昌獻白孔雀。〔六六〕

二月，閱武于玄武湖西。

三月甲戌，幸江乘，使使祭太保華容公王弘、寧文侯王曇首於墓。是夜，衆星西流。

夏五月，嘉瓜生建康蔣陵里，丹楊尹王僧朗表獻之。癸酉，〔六七〕初制宗室朞親，月給錢十萬。壬戌，〔六八〕南徐州獻白鹿。

是月，新作明堂于丙巳之地，始宗祀皇考太祖文皇帝於明堂，以配上帝。

六月，赤烏見蜀郡，益州刺史劉思考獲以獻。〔六九〕壬子，分廣陵置沛郡，省東平郡，併入廣陵。

八月戊子，封皇子爲郡王。己丑，〔七〇〕詔來歲可修葺庠序，旌延國胄。庚寅，〔七一〕初令方鎮所假白板郡縣，依臺除，食禄三分之一。

九月甲寅，日有蝕之。丁卯，幸瑯琊郡訊獄。甲戌，遷南豫州于淮南。庚午，〔七二〕河、濟清。

閏月戊子，皇太子妃何氏薨。丙申，初築馳道，自閶闔抵大航，北自承天門抵玄武湖。

冬十一月丁酉，增置少府丞一人。己巳，〔七三〕甘露降新安王第。甲戌，〔七四〕初令民户輸布四疋。

是歲，始壞士族離婚者補將吏，〔七五〕於是民多逃亡，王役弗增而盜賊代起，侍中沈懷文固諫，不聽。

六年春正月辛卯，祀南郊。乙未，置五官中郎將、左右郎將官。

是月，策秀士、孝子于中堂，揚州秀士顧法秀對制問曰：〔七六〕「源清卽流深，神勝則形全。躬化易於上風，體訓甚於草偃。」上覽之，疾其諒也，投策於地。

二月，月犯左角。戊午，甘露降于京師。己未，〔七七〕復百官秩。

三月，〔七八〕改豫州之南梁郡爲淮南郡，以淮南故郡併入宣城于姑孰。丁未，侍中、廣陵太守沈懷文以正左遷，下獄死。丙午，〔七九〕青雀見華林園。

夏四月，新作朱雀門。淑妃殷氏卒，贈貴妃，謚曰宣，〔八〇〕班亞皇后。丙戌〔八一〕，初置陰室于覆舟山，修藏冰之禮。六月辛酉，劉延孫卒，贈司徒，給班劒三十人，謚文穆公。秋七月甲申，地震，有聲如雷。八月辛未，青、冀二州刺史劉道隆表嘉禾生樂陵縣界。乙亥，置清臺令。〔八二〕初，武帝自永初迄于元嘉，多爲經史之學，自大明之代，好作詞賦，故置此官，攷其清濁。冬十月壬申，葬宣淑妃殷氏于龍山。十一月己卯，會稽太守張暢卒，〔八三〕謚宣子。初，暢愛其弟子輯，臨死欲與合葬，論者謂：張少微於是乎黷，至愛莫若父子，同穴可乎？

七年春正月癸未，詔於玄武湖大閲水軍，并巡江右，講武校獵。時帝多狎遊，置酒高會，酣適之間，多詬辱朝士。嘗嘲王彧以其父諱，吏部郎江智淵正色曰：「陛下進人以禮，無宜此戲。」帝怒曰：「卿江僧安兒，居然相惜。」智淵伏涕，自是詬之無度，智淵不堪其恥，退而自殺。癸巳，以王畿之内郡屬南徐州。

二月甲寅，車駕西巡濟江，立行宫于歷陽蝶石浦。丙辰，詔使使祭南嶽霍山。大蒐于烏江縣榜口。己未，〔八四〕祭六合山。庚申，分秦郡歷陽置臨江郡，卽所在也。壬戌，饗于行如宮。大赦天下，行李所經，〔八五〕免今年租布，賜民男子爵一級，女子百户牛酒，巡問疾苦。有一介之善，隨才銓用。癸亥，幸尉氏縣，觀温泉。

三月，汝南獻白鷰。

夏四月，詔非臨軍陣，不得專殺人。

是月，大風折初寧陵華表。〔八六〕

秋七月乙酉，〔八七〕高麗王高璉爲車騎大將軍、開府儀同三司。

八月，南徐州獻白龜。時大旱，自四月不雨，至于是月。詔太官徹膳。大赦天下，自大明七年已前，一切放免。親幸秣陵訊獄囚。

冬十月壬寅，太子子業冠于太極前殿，賜王公已下帛有差。丁未，車駕南巡，百姓有寃厄屈滯，皆聽自面朕陳訴。自江寧縣南登山及陵望臺。甲子，館行宮于南豫州城。丙寅，聽政于行所。

十一月丙子，小會行所，登白紵山。使使祭晉大司馬桓温、毛璩等墓，置守冢三十户。訊溧陽獄囚于行所。戊子，幸梁山，詔爲山下征元兇軍士戰死者舉哀，加賞賜三世復除。癸巳，登梁山，大閱水軍於中江，二白雀集于華蓋。

十二月，立雙闕于梁山。

八年春正月，宗祀于明堂。安北將軍、雍州刺史劉秀之卒，贈侍中，謚忠誠公。

二月辛丑，領軍朱脩之卒，贈侍中，特進如故，謚貞侯。時大旱，七年不登，迄乎是歲。三吴尤甚，米有價，無糴所，富人貫珠玉錦繡，相交枕死于道路，建康、秣陵兩縣爲薄粥賦之。前年，會稽雨績于山澤，績初如紵麻，晚似地毛。至是，饑人將拾，死不能起，〔八八〕横屍原野，如亂麻焉。己亥，〔八九〕詔公卿致祭山嶽祈雨，以穄穀種付以東諸郡縣。

四月，雨雹。荆州獻白雉。詔揚州立左學於山陰，置儒林祭酒各一人。壬子，以吴郡太守顧悌之爲吏部尚書，加給事中。乙卯，帝寢疾，顧命江夏王義恭爲中書監，柳元景爲尚書令，事無巨細，悉關二公。其典師旅悉沈慶之；尚書事委顏師伯；外監事委王玄謨。

五月庚申，帝崩于玉燭殿。〔九〇〕

秋七月丙午，葬景寧陵，在今上元縣南四十里巖山之陽。〔九一〕帝年二十五卽位，立十一年，年三十五，謚曰孝武皇帝，廟號世祖。

少帝

少帝諱子業，字法師，孝武長子也。元嘉二十六年正月甲申生。三十年，元兇構逆，世祖討之，被囚于侍中下省，江夏王義恭保護之。世祖卽位，爲太子。大明二年，始出居東宮。

八年夏五月庚申，世祖崩，〔九二〕是日即皇帝位，大赦天下，文武進位有差。六月，有流星大如斛，赤色有光，照見人面，尾長一丈，從參北出東行，直下經東井，通南河，没。戊寅，復分宣城爲淮南郡，復淮南爲梁山郡。〔九三〕

七月庚戌，〔九四〕尊皇太后爲太皇太后，皇后曰皇太后，居永訓宫。乙卯，罷南北二馳道。丙辰，追崇獻妃何氏爲獻皇后。

己丑，〔九五〕皇太后崩于含章殿。

九月乙卯，祔葬孝穆皇后于景寧陵。

冬十月，太白守房。

十二月乙酉，〔九六〕復王畿爲揚州，浙江已東爲東揚州。

永光元年春正月乙未朔，大赦，改元。

二月己巳，〔九七〕初減郡縣禄秩之半。戊午，〔九八〕詔賜沈慶之執仗、三望車、給親信三十人。甲申，月入南斗。庚寅，初鑄二銖錢。

夏六月庚午，熒惑入東井。光禄大夫宗慤卒，贈征西將軍，謚肅侯。

秋七月己酉，有星入紫微，經北極。

八月辛酉，誅越騎校尉戴法興。壬戌，帝始親政事，狂暴益甚，内外危懼。柳元景、顔師伯等欲廢帝而立江夏王，以告沈慶之，慶之與王素不協，遂發其事于帝。癸酉，帝自率宿衛兵殺太宰江夏王義恭于第及諸子。

義恭，高祖第四子，姿質端麗，高祖特愛之。帝卽位，封爲江夏王，〔九九〕出爲荆、湘等八州刺史。性褊急，朝廷爲書戒之曰：「拘忌褊心，魏武之類；豁達大度，漢祖之德。」元嘉十六年，進位司空，録尚書。二十一年，入爲太尉。元兇構逆，進位太保。世祖討元兇至新亭，元兇殺其子十二人。世祖卽位，拜太傅，兼尚書令。

性嗜不恒，奢侈無度，曾市百姓物，無錢可還，有通辭求錢者，輒題後作「原」字。及帝無道，柳元景等欲立王，帝知，自率兵殺之，時年五十三。使使抉出義恭睛，漬於蜜中，謂之「鬼目」。

召柳元景，以兵殺於都街，又殺顔師伯於路。案，宋略：初，世祖性急，朝臣不敢妄相從，既崩之後，江夏王與顔、柳私相賀曰：「無横禍矣。」及山陵後，王公大臣，聲酒馳逐，不捨晝夜。及少主兇悖，内外憂懼，人不自安。不能輔之德義，而欲謀之廢立，語有之曰：「君不君，臣不臣，世祖之朝見之矣。」

景和元年，文武各進位二等。乙亥，詔天下秀孝，隨才擢用。帝釋素服，御錦衣。庚辰，罷東揚州。以石頭城爲長樂宫，東府城爲未央宫。甲戌，〔一〇〇〕以北邸爲建章宫，南第爲長陽宮。己丑，〔一〇一〕復南北馳道。

九月癸巳，〔一〇二〕幸湖熟縣，始奏鼓吹。甲辰，〔一〇三〕廢撫軍將軍、南徐州刺史新安王子鸞爲庶人，發宣貴妃殷氏墓，追憾世祖，將掘景寧陵，太史奏于帝不利，乃止。案，宋書：新安王子鸞，殷淑妃所生，世祖盛寵貴妃，素疾帝，常欲廢之，故帝追恨矣。是日，詔收吏部尚書謝莊。初，貴妃薨，世祖詔莊爲誄，曰：「贊軌堯門，方漢鈎弋。」帝在東宮怨之。及此下獄，謂曰：「卿當彼時，知有東宮否？」戊申，徐州刺史義陽王昶聞江夏王之誅，恐，舉兵將襲帝。帝聞，喜曰：「自我卽位，未曾戒嚴，令人悒悒！」己酉，內外戒嚴，徵兵北伐，以沈慶之爲前驅。昶聞王師來，內無親附，遂棄家而載愛妾出彭城北門，奔後魏。戊午，詔親往彭城，將耀威宋野。是日，於白下濟江，幸瓜步城。初聽民私鑄錢，沈慶之請也。

十月丙寅，帝旋于京師。庚辰，爵宮人謝氏爲貴妃夫人，加虎賁鈒戟，鑾輅龍旗，出警入蹕。實帝姑新蔡公主也，出嫁何邁，帝召還宮，僞稱主薨，宮婢殯之，歸于何氏。邁見公主納，心不安，恐禍及，乃結惡少，伺帝出入，將執廢之，謀泄。十一月，帝自率兵誅之。案，宋書：于時，帝室子女淫蕩，率多剛躁。王藻尚高祖女廣陵長公主，〔一〇四〕下獄死。藻父偃，初亦尚世祖少女永嘉公主。〔一〇五〕公主常裸，偃縛之庭樹，時天寒夜雪，噤凍久之。偃兄排闥詬，主得免。于時貴門子弟，咸以尚主爲憂。邁素豪俠，好劍士，出入從者滿路。及主被納，故懼而見害。癸巳，始興公沈慶之薨，贈侍中、太保，給鑾輅轀輬車，前後部羽葆、鼓吹，謚忠信公。〔一〇六〕甲戌，〔一〇七〕進帝姉山陰公主。主性淫泆無禮甚，嘗謂帝曰：「妾與陛下，男女雖殊，俱托體先帝。陛下六宮萬數，妾惟一駙馬，事不均平，乃何如此！」帝爲主置面首左右三十人。朝士袁懋孫、吏部褚淵等美於貌，公主嘗請帝求十夕，淵等奉詔往，而終不渝。帝促懋孫，迫之使走。懋孫雅步如常，顧而言曰：「風雨如晦，鷄鳴不已。」公主出就淵，淵竦立，主曰：「觀君髭鬢乃丈夫，何無男子之氣。」淵曰：「不敢以爲亂階。」時少主兇悖，多殺害，喜怒不常，于時通官大臣，日被構成，朝廷危懼，内外騷然。東海、建安、湘東、山陽等四王，皆帝叔也，嘗被拘録。號建安曰「錣王」，山陽曰「賊王」，湘東尤肥，曰「猪王」，鏁而籠之，湘東嘗失音。帝勑左右屠猪，建安王紹護之曰：「猪未可殺。」帝曰：「何？」對曰：「應待太子生，取其肝肺。」帝喜，勑付廷尉。壬寅，立皇后路氏，案，宋書：路道慶女也。始用金石之樂。十一月丁未，〔一〇八〕太白犯哭星。皇太子生，是月大赦天下。案，宋畧：太子少傅劉蒙之子也。〔一〇九〕聞蒙之妻在坐，召入宮，既生子男，將立爲太子。太史始奏「湘東有天子氣」，帝將南巡以厭之，刻取明旦，誅四叔乃行。諸王見幽日久，計無所出，乃與阮佃夫、李道兒等陰謀執帝。時直閤將軍柳先世與姜産亦有此謀，〔一一〇〕未知所立，及聞佃夫所説，遂告中書舍人戴明寶，明寶嚮應，誣言華林後堂有鬼。十一月戊午夕，〔一一一〕帝同建安王、山陽王、山陰公主向華林後堂，自射鬼。直閤將軍宗越、童太一、譚金乃帝腹心也，並宿于外。主衣壽寂之、姜產乃懷刀以入弒帝，帝驚，引弓射寂，不中，寂乃刃帝而死，時年十七，即位一年見殺。既而殿省倉卒，未知所爲，建安王休仁就秘書省，延湘東王。湘東王跣至西堂，升御座，召朝臣，稱太皇太后令，數少帝子業忍酷，害大臣，不堪君臨萬國。以衞軍湘東王，體自太祖，可繼宗廟社稷。

庚辰，葬少帝于南郊壇，〔一三〕誅同產豫章王子尚，出山陰公主。

初，王太后疾篤，遣呼帝，帝曰：「病人間多鬼，那可往！」太后聞之，語侍者曰：「將刀來破我腹腸，那得生如此兒！」既居尊位，兇狂非分。每召諸王妃主列於前，以配左右。南平穆王敬猷妃江氏不受命，帝怒，殺其三子，而鞭妃一百。

卷第十三校勘記

〔一〕宋下上　徐鈔本無「上」字。

〔二〕世祖孝武皇帝　各本皆作「中宗世祖孝武皇帝」，誤，中宗乃宋文帝廟號，今據宋書文帝紀刪。

又其下原有標題「少帝子業」四字，今據庫本删。

〔三〕字休龍　「休龍」原作「龍休」，據徐鈔本及宋書孝武帝紀、南史宋本紀中乙正。

〔四〕西中郎將　徐鈔本及宋書孝武帝紀作「南中郎將」。

〔五〕顏竣　原作「顏峻」，據徐鈔本及宋書、南史本傳改正，下同。

〔六〕庚寅　二月甲辰朔，無庚寅。通鑑一二七作「庚子」。三月甲戌朔，二十七日庚子，亦不得列於「三月乙未」之前。

〔七〕以寧朔將軍柳元景爲都督前鋒　「寧朔將軍」，宋書孝武帝紀、柳元景傳、劉劭傳並作「冠軍將軍」。

〔八〕路淑媛　「媛」原作「婉」。今據宋書孝武帝紀、南史宋本紀中及后妃傳改正。

〔九〕初謁長寧陵　南史宋本紀中作「謁初寧陵」，通鑑一二七作「帝謁初寧、長寧陵」，疑此「初謁」二字倒誤，又「初」下脱「寧」字。

〔一〇〕卜天與　「與」原作「興」，據宋書、南史本傳改正，通鑑一二七亦作「卜天與」。

〔一一〕丁巳　各本及宋書孝武帝紀並作「丁亥」。孫虨宋書考論云：「丁亥蓋丁巳誤。」六月壬寅朔，無丁亥，十六日丁巳。孫説是，今改正。

〔一二〕庚午　原作「庚子」。六月無庚子，宋書孝武帝紀作「庚午」，爲六月二十九日，今據改。

〔一三〕丙子　是年六月逢閏，初五日丙子，此「丙子」上當脱「閏月」二字，宋書孝武帝紀、南史宋本紀中可證。

〔一四〕己亥立皇后王氏丙申置衛尉官　閏六月壬申朔，二十八日己亥，二十五日丙申，己亥不得在丙申之前。

〔一五〕太祖代限年三十而仕郡縣　「太祖代」，南史謝莊傳作「文帝世」，實録避唐諱改，南史蓋避之未盡者。

〔一六〕孝建元年春正月己亥朔　「己亥」原作「乙亥」。按朔閏表是年正月己亥朔，宋書孝武帝紀、南史宋本紀中及通鑑一二八皆作「己亥朔」，今據改。

〔一七〕壬寅　宋書孝武帝紀、南史宋本紀中並作「丙寅」，正月己亥朔，初四日壬寅，二十八日丙寅，皆在正月。

〔一八〕詔長史勸盡地宜　「勸」，册府一九一作「勤」，疑是。

〔一九〕十七至二十盡使修武　「十七」，宋書周朗傳作「十八」。上文已云「男子十三至十七，皆令學經」，此「十七」當作「十八」爲是。

〔二〇〕二月己巳朔　據朔閏表，二月戊辰朔，此作「己巳朔」誤。

〔二一〕辛未丞相荆襄二州刺史南郡王義宣舉兵反　「辛未」，宋書孝武帝紀作「庚午」，初三日庚午，初四日辛未，皆在二月。

〔二二〕三月己亥　「己亥」原作「癸亥」。通鑑一二八作「己亥」。通鑑考異云：「按長曆是月戊戌朔，癸亥二十六日，辛丑乃四日也，當作『己亥』。」徐鈔本作「辛亥」，然依日序，辛亥不得在辛丑之前。當從通鑑作「己亥」爲是，今據改。

〔二三〕江夏王義恭　「江夏王」各本皆作「江東王」，據宋書、南史劉義恭傳改正。

〔二四〕夏四月丙戌至丙子　四月丁卯朔，二十日丙戌，初十日丙子，丙戌不得在丙子之前。

〔二五〕垣護之　「垣」原作「桓」，據宋書、南史本傳改正，通鑑一二八亦作「垣」。下同。

〔二六〕己未　原作「乙未」，五月丁酉朔，無乙未，宋書孝武帝紀、通鑑一二八並作「己未」，爲五月二十三日，今據改。

〔二七〕又分荆襄江等三州八郡爲郢州　「襄」，當從宋書孝武帝紀、通鑑一二八作「湘」，宋書州郡志三亦云湘州於「孝武孝建元年又立」。

〔二八〕冬十月熒惑犯進賢星　「星」原作「里」，今從徐鈔本，宋書天文志四亦同。

〔二九〕戊寅褒孔子至丁丑　是月甲子朔，十五日戊寅，十四日丁丑，丁丑不得列戊寅之前。

〔三〇〕十一月癸卯　「癸卯」原作「癸未」。十一月甲午朔，無癸未，宋書孝武帝紀、南史宋本紀中並作癸卯，爲十一月初十，今據改。

〔三一〕甲申　十一月甲午朔，無甲申。

〔三二〕朱年　宋書、南史本傳皆作「朱百年」。下同。

〔三三〕司馬石　宋書王玄謨傳、沈慶之傳、蠻夷傳及南史沈慶之傳、夷貊傳下皆作「司馬黑石」。

〔三四〕夏方進　宋書王玄謨傳、沈慶之傳及南史沈慶之傳、夷貊傳下皆作「夏侯方進」。

〔三五〕號元光元年　「元光」，宋書、南史劉渾傳及通鑑一二八皆作「永光」，册府二九九作「允光」。

〔三六〕九月己丑朔　「己丑」原作「己巳」。按朔閏表九月己丑朔，非己巳，宋書符瑞志下亦作「己丑」，今據改。

〔三七〕丁亥　九月己丑朔，是月無丁亥。

〔三八〕閏三月乙丑　「乙丑」各本作「己丑」。閏三月丙辰朔，無己丑，宋書符瑞志下作「乙丑」，爲是月初十日，是，今據改。

〔三九〕六月□未　各本「未」前皆缺一字，唯庫本作「癸未」，周鈔本作「辛未」，然是月甲申朔，無癸未、辛未，衹有乙未（十二日）、丁未（二十四日），疑此缺字爲「乙」或「丁」字。

〔四〇〕秋八月甲午太白入心　此九字原列於「五月辛酉」之上，當屬錯簡，今移於「六月□未，聽訟于華林園」句之後。

〔四一〕秋八月　此三字重出，當删。

〔四二〕時梁獠請内屬以爲州郡　「州」字原缺，今據周鈔本補，宋書孝武帝紀云：「梁州獠求内屬，立懷漢郡。」則所立之州郡當爲懷漢郡也。

〔四三〕秀之從子濰　「濰」，徐鈔本作「維」，宋書、南史劉穆之傳及册府九四四皆作「瑀」。

〔四四〕乙卯　原作「乙未」。三月乙巳朔，無乙未。宋書孝武帝紀、南史宋本紀中並作「乙卯」，爲月之十一日，今據改。

〔四五〕乙卯　六月癸酉朔，無乙卯，疑「乙」爲「己」之誤，己卯爲是月初七日。

〔四六〕九月庚戌　「庚戌」，宋書孝武帝紀、南史宋本紀中皆作「庚午」，九月壬寅朔，庚戌初九日，庚午二十九日，皆在九月。

〔四七〕二月乙卯　「乙卯」原作「乙亥」。二月己亥朔，無乙亥。宋書孝武帝紀、南史宋本紀中皆作「乙卯」，是月十七日乙卯，是，今據改。

〔四八〕己亥司空竟陵王誕殺兗州刺史垣閬據廣陵城反　三月戊辰朔，無己亥。宋書孝武帝紀、南史宋本紀中皆云竟陵王劉誕於四月乙卯日反。又「垣閬」原作「桓閬」，據宋書、南史及通鑑一二九改。

〔四九〕己巳内外戒嚴至帥師北伐　三月有己巳，然沈慶之伐劉誕，不得在其反之前。據宋書孝武帝紀、南史宋本紀中及通鑑一二九，沈慶之伐劉誕亦在是年四月。下文辛亥、癸丑、甲子皆在四月。又「北伐」原作「伐北」，今據徐鈔本、周鈔本乙正。

〔五〇〕何康　庫本及宋書劉誕傳、鄧琬傳及通鑑一二九皆作「何康之」。

〔五一〕招范義曰　「義」下原空一字，唯徐鈔本不空，今從之。通鑑一二九作「或爲義曰」。

〔五二〕□不爲己　周鈔本作「可各爲己」，當是後人據文意增改。

〔五三〕爲高木縛康母絶食暴露數日而死　「暴露數日」四字原空缺，今據庫本補。周鈔本全句作「爲木押以囚康母，絶其食，至八日而死」。

〔五四〕朝廷以君不足煩壯少　「壯少」，宋本、庫本同。甘鈔本、徐鈔本、丁鈔本、周鈔本、劉鈔本及宋書、南史沈慶之傳皆作「少壯」。

〔五五〕廣陵人姓夷名孫　宋書、南史劉誕傳皆云：「姓夷名孫，家在海陵。」

〔五六〕八月丙戌　八月丙申朔，無丙戌。宋書孝武帝紀作「七月丙戌」。七月丁卯朔，二十日丙戌。據此，此「八月」二字疑衍。

〔五七〕西域獻舞馬　「西域」原作「西城」，據徐鈔本及宋書孝武帝紀、南史宋本紀中改。

〔五八〕十二月辛酉　「辛酉」原作「辛未」。十二月甲午朔，無辛未。宋書孝武帝紀、南史宋本紀中並作「辛酉」，爲二十八日，是，今據改。

〔五九〕四年春正月辛未祀南郊　「辛未」原作「乙未」。正月甲子朔，無乙未。宋書孝武帝紀、南史宋本紀中作「辛未」，是月初八日辛未，今據改。

〔六〇〕三月甲申　「甲申」原作「庚申」。三月癸亥朔，無庚申。宋書孝武帝紀、南史宋本紀中及通鑑一二九皆作「甲申」，二十二日甲申，是，今據改。

〔六一〕丙戌尚書左僕射褚湛之卒　「丙戌」原作「丙申」。五月壬戌朔，無丙申。宋書孝武帝紀、南史宋本紀中及通鑑一二九皆云褚湛之卒於丙戌。丙戌，爲月之二十五日，今據改。

〔六二〕十二月戊辰至丙戌復置大司農官　十二月己丑朔，無戊辰、丙戌。宋書孝武帝紀、南史宋本紀中皆繫於十一月。

〔六三〕五年春正月戊午花雪降江夏王衣　各本「正月」下皆衍「雪」字，今據庫本删，南史宋本紀中、通鑑一二九亦可證。又「戊午」原作「戊子」，戊午爲正月朔日，是月無戊子，今亦據南史、通鑑改正。

〔六四〕庚寅　正月戊午朔，無庚寅。

〔六五〕孫薩　「薩」原作「薛」，今據徐鈔本及宋書、南史孫棘傳改。下同。

〔六六〕己酉新昌獻白孔雀　正月無己酉日。宋書符瑞志下云：「正月丙子，交州刺史垣閎獻白孔雀。」疑是一事。

〔六七〕癸酉　宋書孝武帝紀、南史宋本紀中作「癸亥」。五月丙辰朔，初八日癸亥，十八日癸酉，皆在五月。

〔六八〕壬戌　宋書符瑞志中作「丙寅」。初七日壬戌，十一日丙寅，皆在五月，然壬戌不得列癸酉之後，疑前「癸酉」當作「癸亥」，此「壬戌」當作「丙寅」，日序方順。

〔六九〕益州刺史劉思考　「考」原作「孝」。思考爲遵考從弟，與宋高祖同族，以「考」字排行，宋書本傳、符瑞志下皆作「劉思考」，今據改。

〔七〇〕己丑　原作「乙丑」。八月乙酉朔，無乙丑。宋書孝武帝紀、南史宋本紀中皆作「己丑」，是月初五日己丑，今據改。

〔七一〕庚寅　原作「庚辰」。八月無庚辰日，宋書孝武帝紀、南史宋本紀中皆作「庚寅」，爲月之初六日，是，今據改。

〔七二〕庚午　原作「庚戌」。九月甲寅朔，無庚戌。南史宋本紀中作「庚午」，是月十七日庚午，今據改。

〔七三〕己巳 十一月癸未朔，無己巳。

〔七四〕甲戌 十一月無甲戌，宋書孝武帝紀、南史宋本紀中及通鑑一二九皆作「十二月甲戌」。

〔七五〕始壞士族離婚者補將吏 「壞」原作「懷」。黄廷鑑第六絃溪文鈔三書校建康實録後云：「『壞』誤『懷』」。徐鈔本及宋書、南史沈懷文傳皆作「壞」，今據改。又通鑑一二九「離婚」作「雜婚」，胡注云：「雜婚，謂與工商雜户爲婚也。」疑是。

〔七六〕揚州秀士顧法秀 「顧法秀」，通鑑一二九作「顧法」。南史齊本紀上云：「烏程令吴郡顧昌玄，坐父法秀宋泰始中北征死亡，屍骸不反，而昌玄宴樂嬉游，與常人無異。」此顧法秀當與揚州秀士顧法秀同爲一人，通鑑當脱「秀」字。

〔七七〕己未 原作「乙未」。二月壬子朔，無乙未。宋書孝武帝紀、南史宋本紀中、通鑑一二九皆作「乙卯」，爲二月初四日，然乙卯不得列戊午(初七日)之後，亦有誤。徐鈔本作「己未」，爲二月初八日，當是，今據改。

〔七八〕三月 原作「五月」。下有「夏四月」，五月不得列於四月之前，且下文云「丁未，侍中、廣陵太守沈懷文以正左遷，下獄死」事，宋書孝武帝紀、通鑑一二九皆繫於三月，今丁鈔本正作「三月」，據改。

〔七九〕丙午 三月辛巳朔，二十六日丙午，二十七日丁未，此丙午不得列於丁未之後，日序有誤。

〔八〇〕淑妃殷氏卒贈貴妃謚曰宣 「宣」原作「寧」。南史后妃傳、通鑑一二九皆云殷淑儀「謚曰宣」，宋書張茂度傳、江智淵傳亦稱殷淑儀爲「宣貴妃殷氏」，本書下文亦作「宣淑妃殷氏」，其謚當作「宣」，今據改。

〔八一〕丙戌　四月辛亥朔，無丙戌。宋書孝武帝紀、南史宋本紀中皆作「五月丙戌」。五月庚辰朔，初七日丙戌，是。此「丙戌」前當脱書「五月」二字。

〔八二〕清臺令　「清」原作「青」。下文云「自大明之代，好作詞賦，故置此官，攷其清濁」，由此可知，當作「清」爲是。徐鈔本及宋書孝武帝紀、南史宋本紀中亦並作「清臺令」，今據改。

〔八三〕十一月己卯會稽太守張暢卒　宋書張暢傳云暢卒於大明元年。

〔八四〕己未　原作「癸未」。二月丙午朔，無癸未。宋書孝武帝紀、南史宋本紀中並作「己未」，是月十四日己未，今據改。

〔八五〕行李所經　「李」，宋書孝武帝紀、南史宋本紀中並作「幸」。

〔八六〕是月大風折初寧陵華表　「初寧陵」原作「和寧陵」。宋無和寧陵，宋書五行志五云：「孝武帝大明七年，風吹初寧陵隧口左標折。」徐鈔本正作「初寧陵」，今據改。

〔八七〕秋七月乙酉　宋書孝武帝紀、南史宋本紀中作「七月乙亥」。七月甲戌朔，乙亥初二日，乙酉十二日，皆在是月。

〔八八〕死不能起　「起」字原缺，據周鈔本補。

〔八九〕己亥　二月庚子朔，無己亥。

〔九〇〕五月庚申帝崩于玉燭殿　五月己巳朔，無庚申。是年爲閏五月，二十三日庚申。宋書孝武帝紀、南史宋本紀中皆作「夏閏五月庚申」，通鑑一二九亦繫於閏五月。此「五月」上當脱「閏」字。

〔九一〕在今上元縣南四十里巖山之陽　元和郡縣圖志二五云景寧陵在上元縣西南四十里巖山。

〔九二〕八年夏五月庚申世祖崩　世祖崩於大明八年夏閏五月庚申，見宋書孝武帝紀、前廢帝紀及南史宋本紀中，此「五月」前脱「閏」字。

〔九三〕復淮南爲梁山郡　宋書州郡志二南梁太守下云：「孝武大明六年廢屬西豫，改名淮南，八年復舊。」宋書少帝紀亦云：「以豫州之淮南郡復爲南梁郡。」據此則「梁山」當爲「南梁」之譌。

〔九四〕七月庚戌　「庚戌」原作「癸酉」。是月戊戌朔，無癸酉。宋書前廢帝紀、南史宋本紀中及通鑑一二九皆作「庚戌」，爲七月十三日，是，今據改。

〔九五〕己丑　七月戊戌朔，無己丑。八月丁卯朔，己丑爲二十三日。通鑑一二九亦作「八月己丑」，此「己丑」前當脱「八月」二字。

〔九六〕十二月乙酉　「乙酉」，宋書前廢帝紀、南史宋本紀中及通鑑一二九皆作「壬辰」。是月乙丑朔，二十一日乙酉，二十八日壬辰，皆在十二月。

〔九七〕二月己巳　「己巳」，宋書前廢帝紀、南史宋本紀中皆作「乙丑」。二月甲子朔，初二日乙丑，初六日己巳，皆在二月。

〔九八〕戊午　二月無戊午，疑「戊午」爲「庚午」之誤。

〔九九〕義恭高祖第四子至帝卽位封爲江夏王　義恭封爲江夏王在宋文帝元嘉元年八月，見宋書文帝紀、南史宋本紀中及通鑑一二〇。「帝卽位」當作「文帝卽位」。

〔一〇〇〕甲戌　宋書前廢帝紀、南史宋本紀中「甲申」。八月辛酉朔，十四日甲戌，二十四日甲申，皆在八月，未知孰是。

〔一〇一〕己丑　原作「乙未」。八月辛酉朔，無乙未。宋書前廢帝紀、南史宋本紀中皆作「己丑」，是月二十九日己丑，是，今據改。

〔一〇二〕九月癸巳　「癸巳」原作「丁卯」。九月辛卯朔，無丁卯。宋書前廢帝紀、南史宋本紀中及通鑑一三〇皆作「癸巳」，初三日癸巳，今據改。

〔一〇三〕甲辰　宋書前廢帝紀、南史宋本紀中、通鑑一三〇並作「辛丑」。九月辛卯朔，十一日辛丑，十四日甲辰，皆在九月。

〔一〇四〕王藻尚高祖女廣陵長公主　宋無廣陵長公主，宋書后妃傳、南史王藻傳、通鑑一三〇皆云王藻「尚文帝第六女臨川長公主」，疑是。

〔一〇五〕藻父偃初亦尚世祖少女永嘉公主　宋書后妃傳、南史王偃傳云，王偃「尚宋武帝第二女吴興長公主」，此「世祖」當爲「高祖」之誤，「永嘉公主」爲「吴興長公主」之誤。

〔一〇六〕忠信公　宋書、南史沈慶之傳及通鑑一三〇皆作「忠武公」。

〔一〇七〕甲戌　十一月庚寅朔，無甲戌。

〔一〇八〕十一月　前文已有十一月，此誤重，當删。

〔一〇九〕劉蒙之　宋書前廢帝紀作「劉勝」，符瑞志中、劉休仁傳及南史宋本紀中、劉休仁傳、通鑑一三〇皆作「劉曚」。

〔一一〇〕時直閤將軍柳先世與姜産亦有此謀　「柳先世」，宋書南史柳元景傳、薛安都傳皆作「柳光世」，通鑑一三〇亦同。「姜産」，宋書、南史本傳及通鑑皆作「姜産之」。

〔一一一〕十一月　誤重，當删。

〔一一二〕庚辰葬少帝于南郊壇　十一月庚寅朔，無庚辰。上文云少帝於十一月戊午夕見殺，戊午爲是月二十九日，其葬當之後。十二月庚申朔，二十一日庚辰。據此「庚辰」上當脱「十二月」三字。

建康實録卷第十四

宋下

太宗明皇帝〔一〕

太宗明皇帝諱彧，字休炳，小字榮期，文帝第十一子也。元嘉十六年十月戊辰生。〔二〕二十五年，封淮陽王。〔三〕二十九年，改封湘東王。孝武踐祚，累遷鎮軍將軍。景和中，位雍州刺史，卽本號開府儀同三司。

是歲，入朝。時廢帝誅戮大臣，疑畏諸父，收上付廷尉，將加禍害者數十。既而上意定，明旦應就禍。上先已與腹心阮佃夫、李道兒等密謀。廢帝左右常慮禍，人人有異志。唯直閤將軍宗越、譚金、童太一等數人爲其腹心，並有幹力，在殿省，莫敢動。是夜，賊等並外宿，佃夫、道兒因結壽寂之等戮廢帝於後堂，〔四〕時十一月二十九日也。

事定，尚未知所爲，建安王休仁便稱臣奉引上西堂，登御座，召見諸大臣。於時事出倉卒，上失履，跣至西堂，猶著烏帽。座定，休仁呼主衣以紗帽代，引備羽儀。雖未卽位，凡衆事悉稱令書。己未，司徒豫章王子尚、山陰公主並賜死。宗越、譚金、童太一謀反伏誅。

十二月庚申朔，以司空東海王禕爲中書監、太尉，進鎮軍將軍、江州刺史晉安王子勛車騎將軍、開府儀同三司。癸亥，以新除驃騎將軍建安王休仁爲司徒、尚書令、揚州刺史。乙丑，改封安隆王子綏爲江夏王。

泰始元年冬十二月丙寅，皇帝卽位於太極前殿。大赦，改元，賜人爵二級。辛未，改封臨賀王子産爲南平王，晉熙王子輿爲廬陵王。壬申，以尚書右僕射王景文爲尚書左僕射。癸酉，詔分遣大使，廣求人瘼。乙亥，追尊所生母沈婕好曰宣皇太后。戊寅，改太皇太后爲崇憲太后，立皇后王氏。壬戌，〔五〕罷二銖錢。江州刺史晉安王子勛舉兵反，鎮軍長史鄧琬爲其謀主，雍州刺史袁顗赴之。壬午，〔六〕謁太廟。甲申，郢州刺史安陸王子綏、會稽太守尋陽王子房、臨海王子頊並舉兵同逆。

二年春正月乙未，〔七〕晉安王子勛僭卽僞位於尋陽，年號義嘉。壬辰，徐州刺史薛安都反。甲午，内外戒嚴，司徒建安王休仁都督征諸軍事，統衆軍南討。丙申，〔八〕徐州刺史申令孫、司州刺史龐孟虬、豫州刺史殷琰、青州刺史沈文秀、冀州刺史崔道固、湖州刺史行軍何慧文、〔九〕廣州刺史袁曇、〔一〇〕益州刺史蕭慧開、梁州刺史柳元怙並同逆。〔一一〕丙午，車駕親御六軍於中興堂。辛亥，南豫州刺史山陽王休祐改爲豫州刺史，統諸軍西討。吴郡太守顧琛、吴興太守王曇生、義興太守劉延熙、晉陵太守袁標、山陽太守程天祚等並舉兵反。鎮軍將軍巴陵王休若統衆軍東討。壬子，崇憲皇太后崩。

二月乙丑，曲赦吴興、晉陵、義興、山陽郡。〔一二〕以吏部尚書蔡興宗爲右僕射，〔一三〕以吴興太守張永、右軍將軍蕭道成東討，〔一四〕平晉陵。癸未，曲赦江南五郡。丁亥，建武將軍吴喜公率諸軍破賊於吴興、會稽，平定三郡，〔一五〕同逆皆伏誅。輔國將軍蕭道成前鋒北討，〔一六〕輔國將軍劉勔前鋒西討，賊劉胡衆四萬據赭圻。

三月庚寅，撫軍將軍殷孝祖攻赭圻，死之。以輔國沈攸之代爲南討前鋒。賊稍盛，袁顗頓鵲尾，連營至蕪湖，〔一七〕衆十餘萬。丙申，南徐州刺史桂陽王休範總統北討諸軍事。戊戌，貶尋陽王子房爵爲松滋縣侯。癸卯，令人入米七百碩除郡，減此有差。壬子，斷雜錢，專用古文錢。癸丑，原赦揚、徐二州囚繫，凡逋亡一無所問。

夏五月丁酉，曲赦豫州。甲寅，葬崇德皇太后於脩寧陵。〔一八〕

秋七月丁酉，以仇池太守楊僧嗣爲秦州刺史，封武都王。〔一九〕

八月己卯，〔二〇〕司徒建安王休仁帥衆軍大破賊，斬僞尚書僕射袁顗，進討江、郢、荆、襄、雍五州，平之。〔二一〕晉安王子勛、安陸王子綏、臨海王子頊、邵陵王子元並賜死，同黨皆伏誅。諸將帥封賞各有差。

九月乙酉，曲赦江、郢、荆、襄、雍五州；〔二二〕守宰不得離職。癸巳，六軍解嚴。大赦，賜文武爵一級。戊戌，以車騎將軍、江州刺史王玄謨爲左光禄大夫、〔二三〕開府儀同三司，鎮軍將軍。

冬十月乙卯，永嘉王子仁、始安王子真、淮南王子孟、南平王子産、廬陵王子輿、〔二四〕松滋王子房並賜死。丁卯，以郢州刺史沈攸之爲中領軍，與張永俱北伐。戊寅，立皇子昱爲皇太子。曲赦揚、南徐二州。

十二月壬辰，立建平王景素子延年爲新安王。〔二五〕薛安都要引魏軍，張永、沈攸之大敗，於是遂失淮南北四州及豫州淮西地。〔二六〕是歲，即魏天安元年。

三年春正月庚子，以農役將興，詔太官停宰牛。癸卯，曲赦揚、豫二州。〔二七〕庚午，〔二八〕都下大雨雪，遣使巡行，賑貸各有差。

二月甲申，爲戰亡將士舉哀。丙申，〔二九〕赦青、冀二州。

夏四月丙戌，詔以故丞相江夏文獻王、〔三〇〕故太尉巴東忠烈公柳元景、故司空始興襄公沈慶之、故征西將軍洮陽肅侯宗慤陪祭孝武廟廷。〔三一〕庚子，立桂陽王休範第二子德嗣爲廬陵王，〔三二〕立侍中劉韞第二子銑爲南豐王，〔三三〕以奉廬江昭王、南豐哀王祀。

五月丙辰，〔三四〕詔宣太后崇寧陵禁内墳瘞遷徙者，〔三五〕給葬直，蠲復其家。壬戌，以太子詹事袁粲爲尚書僕射。

秋八月壬寅，以中領軍沈攸之行南兗州刺史，率衆北侵。癸卯，大赦。景午，[三六]遣吏部尚書褚彦回慰勞緣淮將帥，[三七]隨宜量賜。

九月戊午，以皇后六宫已下雜衣千領，金釵千枚，賜北伐將士。甲子，曲赦徐、兗、青、冀四州。

冬十月壬午，改封新安王延年爲始平王。戊子，蠕蠕國遣使朝貢。辛丑，復郡縣公田。進鎮西大將軍、西秦河二州刺史吐谷渾拾寅爲征西大將軍。[三八]

十一月，立建安王休仁第二子伯猷爲江夏王。[三九]高麗、百濟等並遣使朝貢。

是歲，魏皇興元年。

四年春正月丙辰朔，雨草於宫。己未，祀南郊，大赦。乙亥，零陵王司馬勗薨。[四〇]

二月乙巳，光禄大夫王玄謨薨。

三月，交州人李長仁據州叛，引妖賊攻廣州，殺刺史羊希，龍驤將軍陳伯紹討平之。

夏四月己卯，復減郡縣田禄之半。丙申，改封東海王禕爲廬江王，[四一]山陽王休祐爲晉平王。辛丑，蠕蠕國、河南國遣使朝貢。

五月乙巳，曲赦廣州。

秋七月戊辰，〔四二〕詔定黥刖之制。有司奏：「自今凡劫竊執官仗、拒戰邏司、攻剽亭寺及傷害吏人，並監司將吏自爲劫，皆不限人數，悉依舊制斬刑。若遇赦，黥額及兩頰『劫』字，斷去兩脚筋，徙付交、梁、寧州戍。五人已下止相逼奪者，亦依黥作『劫』字，斷去兩脚筋，徙赴遠州。若遇赦，原斷徒猶黥面，依舊移，家口應及坐，悉依舊結讁。」及上崩，其例乃寢。庚午，上備法駕幸東宮，小會。赦揚、南徐、兗、豫四州。

冬十月癸酉，日有蝕之。發諸州兵北伐。

五年春正月癸亥，親耕籍田。大赦，賜力田爵一級。乙丑，魏剋青州，執刺史沈文秀。

三月庚申，以太尉廬江王禕爲車騎將軍、開府儀同三司、南豫州刺史。

五月己巳，河南國遣使朝貢。〔四三〕

六月辛未，立晉平王休祐子宣曜爲南平王。癸酉，以軍興已來，百官斷奉，以給生食。

秋七月壬戌，改輔國將軍爲輔師將軍。

九月甲寅，立長沙王纂子延之爲始平王。

冬十月丁卯朔，日有蝕之。

十一月丁未，魏人來聘。

十二月庚申，分荆、益二州五郡，置三巴校尉。

六年春正月辛未，祀南郊。乙亥，初制間二年一祭南郊，間一年一祭明堂。〔四四〕

二月甲寅，大赦。

夏四月己亥，立皇子燮爲晉熙王。〔四五〕

六月癸卯，以鎮南將軍、江州刺史王景文爲尚書左僕射、揚州刺史。以尚書僕射袁粲爲右僕射。己未，改臨賀郡爲臨慶郡。追東平王休倩爲臨慶王。

秋七月丙戌，臨慶王智井薨。

九月戊寅，立總明觀，徵學士充之。置東觀祭酒、訪舉各一人，舉士二十人，分爲儒、道、文、史、陰陽五部學，言陰陽者遂無其人。

冬十月辛卯，立皇子贊爲武陵王。

十一月，高麗遣使朝貢。

十二月癸巳，以邊難未息，制父母隔在異域者，悉使婚宦。

七年春正月甲戌，置散騎奏舉郎。

二月癸丑，〔四六〕征西將軍、荆州刺史巴陵王休若進號征西大將軍，及征南大將軍、江州刺史桂陽王休範並開府儀同三司。甲寅，南徐州刺史晉平王休祐薨。

三月辛酉，魏人來聘。壬戌，蠕蠕國遣使朝貢。

四月辛丑，減天下死罪一等，凡劾繫滯悉遣之。

五月戊午，鴆司徒建安王休仁。　庚午，以袁粲爲尚書令，褚彦回爲右僕射。　丙戌，追免晉平王休祐爲庶人。

秋七月丁巳，罷散騎奏舉郎。〔四七〕乙丑，江州刺史巴陵王休若賜死。

八月戊子，以皇子躋繼江夏文獻王義恭。　庚寅，帝疾間，大赦。　戊戌，立皇子準爲安成王。

冬十一月戊午，百濟國遣使朝貢。

是歲，魏獻文帝禪位於太子，爲孝文皇帝，改元曰延興。

泰豫元年春正月甲寅朔，上以疾未痊，改元。　丁巳，巨人跡見西池冰上。　會皇太子文貢計於東宮。

三月癸丑朔，林邑國遣使朝貢。

夏四月己亥，上疾大漸。加江州刺史桂陽王休範位司空，以中領軍劉勔爲尚書右僕射，鎮東將軍蔡興宗爲征西將軍、開府儀同三司、荆州刺史，郢州刺史沈攸之進號安西將軍。袁粲、褚彦回、劉勔、〔四八〕蔡興宗、沈攸之入問疾被顧命。　是日，上崩於景福殿，時年三十四。五月戊寅，葬臨沂縣幕府山高寧陵。

帝少而和令，風姿端雅。少失所生，養於路太后房内。大明中，諸弟多見猜忌，唯上見親，常侍太后醫藥。好讀書，愛文義，在藩時，撰江左已來文章志，又續衛瓘所註論語行于世。及卽大位，四方反叛，以寬仁待物，諸軍有父兄子弟同逆者，並授以禁兵，委任不異，莫不盡力。及平定天下，逆黨多被全宥，有才能者，並見拔用如舊臣。才學之士，多蒙引進，於華林園茅堂誦周易，〔四九〕常自臨聽。末年好鬼神，多忌諱，言語文書，有禍敗兇喪及疑似言應迴避者，數百千品，犯者必加罪戮。改「騧」馬字爲馬傍作瓜，以「騧」似「禍」字故也。又嘗以南苑借張永，云：「給三百年，期滿更啟。」復命問曰：「永不以爲少乎？」其事類如此。宣陽門，聞人謂之白門，上以白門之名不祥，甚諱之。尚書左丞江謐嘗誤犯，〔五〇〕上變色曰：「白汝家門！」謐頓首謝罪，久之方釋。路太后停屍漆牀移出東宮，上嘗幸宮，見之怒甚，免中庶子。職局以之坐死者數十人。内外嘗慮所犯，人不自得。宮内禁忌尤甚，移牀修壁，必先祭神，使文詞咒策，如大祭饗。

阮佃夫、楊運長、王道隆皆擅威權，言爲詔敕，郡守令長，一缺十除，内外渾然，官以賄進，王、阮之家，富於公室。中書舍人胡母顥者亦專，所進奏無不可。時人語曰：「禾絹閉眼諾，胡母大張橐。」「禾絹」謂上也。及泰始、泰豫之際，更忍虐好殺，左右失旨忤意，往往有剞斮斷截者，禁中凜凜若踐刀劍。夜夢人曰豫章太守劉愔反，遣使就郡斬之。經略淮、泗，軍旅不息，荒弊積久，府藏空虛。內外百官，並斷俸禄。又令小黄門於殿後埋錢，以爲私藏。性嗜味，以蜜漬鱁鮧，一食數升，噉猪肉炙，嘗至二百臠。奢費無度，預爲服侈。每有造製，必爲正御三十副，御次、副三十，須一物輒造九十枚，天下騷然，人不堪之。其餘事跡，別見衆篇。

後廢帝

後廢帝諱昱，字德融，明帝長子也。大明七年正月辛丑，生於衞尉府。明帝諸子在孕，皆以周易筮之，卽以所得卦爲小字，故帝小字惠震，〔五一〕其餘皇子並如之。泰始二年，立爲皇太子。三年，始制太子改名石山。〔五二〕安車乘象輅。六年，出東宮。又制太子元正朝貢，袞冕九章衣。

泰豫元年四月己亥，明帝崩。庚子，太子卽皇帝位，大赦。以尚書袁粲、爲護軍將軍褚彦回共輔朝政，〔五三〕班劍依舊入殿。

六月壬辰，詔遣大使，分行四方，觀採風謡，問其疾苦，求政善惡。乙巳，尊皇后曰皇太后，立皇后江氏。

秋七月戊辰，崇拜帝所生陳貴妃爲皇太妃。

八月戊辰，〔五四〕新除秘書監、左光禄大夫、開府儀同三司蔡興宗薨。

冬十一月己亥，〔五五〕新除郢州刺史劉彦節爲尚書左僕射。〔五六〕蠕蠕國、高麗國並遣使朝貢。

元徽元年春正月戊寅，大赦。壬寅，詔自元年以前徙放者，並聽還本土。魏人來聘。

夏六月乙卯，壽陽大水，遣使賑卹。

秋八月，都下旱。庚午，〔五七〕陳留王曹銑薨。

九月丁亥，立衡陽王嶷子伯玉爲南平王。〔五八〕

冬十二月癸卯朔，日有蝕之。乙巳，進司空、江州刺史桂陽王休範位太尉。癸亥，〔五九〕立前建安王世子伯融爲始安王。

是歲，利浮南遣使朝貢。

二年夏五月壬午，太尉、江州刺史桂陽王休範舉兵反。庚寅，内外戒嚴，以中領軍劉勔、右衛將軍蕭道成爲前鋒南討，出屯新亭；征北將軍張永屯白下，前南兖州刺史沈懷明戍石頭；衛將軍袁粲、中軍將軍褚彦回入衛殿省。壬辰，賊奄至，攻新亭壘。蕭道成拒擊，大破之。越騎校尉張敬兒斬休範。黨杜墨蠡、〔六〇〕丁文豪分兵向朱雀航，劉勔拒賊，賊縊死之。右將軍王道隆奔走遇害，張永潰于白下，沈懷明自石頭奔散。甲午，護軍典籤茅恬開東府納賊，〔六一〕入屯中堂。羽林監陳顯達擊大破之。丙申，張敬兒等又破賊，進平東府城，梟羣賊黨羽。賜封爵各有差。丁酉，詔瘞戰敗亡者。大赦，解嚴，文武俱進位一等。荆州刺史沈攸之、南徐州刺史建平王景素、郢州刺史晉熙王燮、湘州刺史王僧虔、雍州刺史張興世並舉義兵赴建業。己亥，蠕蠕國遣使朝貢。

六月癸卯，晉熙王燮遣軍尅尋陽，江州平。丙午，〔六二〕改輔師將軍還爲輔國將軍。

秋七月庚辰，立皇弟友爲邵陵王。乙酉，徐州刺史建平王景素進號征北將軍、〔六三〕開府儀同三司。

九月丁酉，以尚書、新除衞將軍袁粲爲中書監，卽本號開府儀同三司，加護軍將軍褚彦回爲尚書令。

冬十一月丙戌，帝加元服，大赦，賜人爵一級，爲人後及三老孝悌力田者爵二級，大酺五日，賜王公以下各有差。

十二月癸亥，立皇弟躋爲江夏王，贊爲武陵王。

三年春正月辛巳，祠南郊及明堂。

三月己巳，都下大水。

六月，魏人來聘。

秋七月庚戌，以兼司徒袁粲爲尚書令。

九月丙辰，征西大將軍、河南王吐谷渾拾寅進號車騎大將軍。〔六四〕

是歲，浮南國、高麗國並遣使朝貢。

四年春正月己亥，耕籍田，大赦，賜力田爵一級。

六月乙亥，加領軍蕭道成尚書左僕射。

秋七月戊子，征北將軍、南徐州刺史建平王景素據京城反。己丑，〔六五〕內外纂嚴。遣車騎將軍任農夫、冠軍將軍黃回北討，〔六六〕護軍將軍蕭道成總統衆軍。曲赦南徐州。始安王伯融、都鄉侯伯猷並賜死。乙未，尅京城，斬景素，同逆皆伏誅。是日解嚴。丙申，大赦，封賞各有差。

八月丁卯，〔六七〕立皇弟翽爲南陽王，嵩爲新興王，禧爲始建王。〔六八〕

九月戊子，驍騎將軍高道慶有罪，賜死。己丑，〔六九〕車騎將軍、揚州刺史安成王準進號驃騎大將軍、開府儀同三司。

冬十月辛酉，以吏部尚書王僧虔爲尚書左僕射。〔七〇〕

是歲，魏承明元年，太上獻文皇帝崩。

五年春正月辛卯，祀南郊。

夏四月甲戌，豫州刺史阮佃夫、步兵校尉申伯宗、朱幼謀廢立事，皆伏誅。

五月，地震。

六月甲戌，誅司徒長史沈勃、散騎常侍杜幼文、游擊將軍孫超之、長水校尉杜叔文。大赦。

七月戊子夜，帝遇弑于仁壽殿，時年十五。己丑，〔七一〕皇太后令貶帝爲蒼梧郡王，葬丹楊秣陵縣郊壇西。

初，帝之生夕，明帝夢一人乘馬，馬無頭及後足，有人謂明帝曰：「太子也。」及在東宫，五六歲時，始就書，而惰業好戲，主師不能禁。好緣漆帳竿，去地丈餘，如此者半食頃，乃下。年漸長，喜怒乖節，左右失旨者，輒手加撲打，徒跣蹲踞，以此爲常。主師以白明帝，帝輒敕帝所生，嚴加捶訓。及嗣位，内畏太后，外憚諸大臣，猶未得肆志。自加元服，變態轉興。三年秋冬間，便好出遊行，太妃每乘青犢車，隨相檢攝。帝漸自放逸，太妃不能禁。單將左右，棄部伍，或十里，或入市廛，遇慢罵則悦而受焉。或往營署，日暮乃歸。四年春夏，彌數。自京城剋定，意志轉驕，無日不出。與左右解僧智、張五兒恒相馳逐，〔七二〕夜出，開承明門，夕去晨返，或晨出暮還，從者並執鋋矛，行人男女及犬馬牛驢，逢無免者。若爲鬼神所憑，人間擾懼，盡日不敢開門，道上行人殆絶。常著小袴，未嘗服衣冠，或有忤意，輒加虐害。有白棓數十，各有名號，鉗鑿錐鋸之類，不離左右，爲擊腦、搥陰、刺心、剖腹之誅，日有數十。常見卧屍流血，然始爲樂。嘗以鐵錐錐人陰破，左右有斂眉者，帝大怒，令此人躶形正立，以矛刺洞之。於曜靈殿上養驢數十頭，所自乘馬，養於御牀側。與左右衞翼輦營女子私通，每從之遊，持數千錢爲酒肉之費。或單騎出遊，逢人婚姻葬送，輒就挽歌，與小兒同聚飲酒爲樂。阮佃夫腹心人張羊爲佃夫委信，佃夫敗，叛走，復捕得之，帝自於承明殿前，以車轢殺之。又殺杜延載、杜幼文，孫超，皆躬運矛鋋，手自臠割，刑及嬰孩。察孫超有蒜氣，剖腹視其所食。執杜幼文兄叔文於玄武湖北，〔七三〕帝馳馬執戰矟，自往刺之。又好行盜掠，時吴興沈勃多寶貨，帝將數十人劫之，揮刀獨前，左右未至，勃時居喪在廬，帝望見，便投鋋，不中，勃知不免，手搏帝耳，唾駡之曰：「汝罪逾桀、紂，屠戮無日！」尋遂見害，帝自臠割，肌骨腸胃，莫不分割。又制露車一乘，施箑，乘以出入，從者不過數十人，羽儀追者恒不及；又各慮禍，亦不敢追，唯整部伍，别在一處瞻望而已。凡諸鄙事，過目卽能，能鍜金銀，裁衣作帽，莫不精絶。嘗吹篪，執管便韻。天性好殺，以虐爲歡，一日無事，輒慘慘不樂。內史百司，人不自保，殿省憂懼，夕不及旦。領軍將軍蕭道成與直閤將軍王敬則謀之。七月戊子，帝微行出湖北，單馬先走，羽騎禁衞，隨後追之，左右張五兒馬墜湖，帝怒，取馬置明光亭前，馳騎刺馬，屠割之。與左右作羌胡伎小樂。又於崗巒賭跳，因乘露車，從者二十餘人，無復鹵簿羽儀，往青園尼寺。新安寺偷狗，〔七四〕就曇度道人煮之飲酒，夕還。先是，左右楊玉夫常得意，而數日忽然見憎，遇輒切齒，謂人曰：「明日當殺小子，取肝肺。」玉夫大懼，是夜七夕，令玉夫伺織女度報己，因與内人穿針訖，大醉仁壽殿東阿氈幄中。時帝出入無恒，省内諸閤，夜間不閉，且廊下畏相連，無敢出者，宿衛内外，無相禁攝。王敬則先結玉夫及餘左右陳奉伯、楊萬年等合二十五人，其夕敬則出外，玉夫候帝眠熟，至二更，與萬年同入氈幄中，取千牛刀行殺之。

順帝

順皇帝諱準，字仲謨，〔七五〕小字智觀，明帝第三子也。泰始五年七月癸丑生。七年，封安成王，拜撫軍將軍。姿貌端華，眉目如畫，見者以爲神人。廢帝即位，加揚州刺史。元徽二年，加都督揚、南豫二州諸軍事。四年，進號驃騎大將軍、開府儀同三司，給班劍三十人。及廢帝崩，蕭道成奉太后令，迎王入居朝堂。

是歲，魏太和元年。

昇平元年秋七月壬辰，皇帝即位，大赦，改元，賜文武位二等。甲午，鎮軍蕭道成出鎮東城，輔政。丙申，征西大將軍、荆州刺史沈攸之進號車騎大將軍、開府儀同三司，加蕭道成司空録尚書事，以尚書令袁粲爲中書監，以司徒褚彦回爲衞軍將軍、開府儀同三司，以撫軍劉彦節爲尚書令，加中軍將軍。辛丑，以尚書左僕射王僧虔爲尚書僕射。癸卯，車駕謁太廟。

八月壬子，遣使賑卹，蠲除税調。癸亥，司徒袁粲鎮石頭。戊辰，〔七六〕崇拜帝所生陳昭華爲皇太妃。〔七七〕庚午，司空蕭道成讓職。〔七八〕庚辰，以爲驃騎大將軍、開府儀同三司，録尚書如故。

九月己丑，詔州郡搜揭幽仄。乙酉，廬陵王暠薨。〔七九〕

冬十一月丁酉，倭國遣使朝貢。

十二月丁巳，荆州刺史沈攸之舉兵，不從執政。丁卯，蕭道成入守朝堂，侍中蕭嶷鎮東府。戊辰，中外纂嚴。壬申，司徒袁粲謀誅蕭道成，不果，旋見覆滅。甲戌，大赦。乙亥，以僕射王僧虔爲左僕射，除中書令王延之爲右僕射。吴郡太守劉遐據郡，不從執政，輔國將軍張懷攻斬之。〔八〇〕

閏月辛巳，屯騎校尉王宜興貳于執政，見誅。癸巳，〔八一〕沈攸之攻圍郢城，前軍長史柳世隆固守。己亥，中外戒嚴。驃騎大將軍蕭道成假黄鉞，出新亭。

二年春正月丁卯，沈攸之自郢州奔散。己巳，華容縣人斬攸之首，送之。辛未，雍州刺史張敬兒剋江陵，荆州平。丙子，解嚴。以新授侍中柳世隆爲右僕射，以蕭道成旋領東府。

二月庚辰，以王僧虔爲尚書令，右僕射王延之爲左僕射。癸未，以蕭道成加授太尉，以衛軍將軍褚彦回爲中書監。丙申，曲赦荆州。丙戌，撫軍、揚州刺史晉熙王燮進號中軍、開府儀同三司。〔八二〕

三月乙未，日有蝕之。〔八三〕

夏四月，南兖州刺史黄回貳于執政，賜死。

五月戊午，以倭國王武爲安東大將軍。

六月丁酉，以輔國將軍楊文弘爲北秦州刺史，封武都王。

九月乙巳朔，日有蝕之。〔八四〕丙午，加太尉蕭道成黄鉞、都督中外諸軍事，爲太傅，領揚州牧，賜殊禮。以揚州刺史晉熙王燮爲司徒。

冬十月壬寅，立皇后謝氏，降死罪已下囚。

十一月壬子，立故武昌太守劉琨息頒爲南豐縣王。癸亥，誅臨澧侯劉晃。〔八五〕甲子，改封南陽王翽爲隨郡王。

十二月丙戌，皇后見于太廟。

是歲，蠕蠕國、高麗國、倭國並遣使朝貢。

三年春正月辛亥，領軍蕭賾加尚書左僕射，〔八六〕進號中軍大將軍、開府儀同三司。

二月丙子，南豫州刺史邵陵王友薨。丙申，地震建陽門。

三月癸卯朔，日有蝕之。〔八七〕甲辰，加太傅蕭道成相國，總百揆，封十郡爲齊公，備九錫之禮。庚戌，誅臨川王綽。

夏四月壬申，進齊公蕭道成爵爲齊王，安西將軍武陵王贊薨。辛卯，帝禪位於齊王。壬辰，遜於東邸。是日，王敬則以兵陳於殿廷，帝猶居于內，聞之，逃於佛蓋下。太后懼，自帥閹豎索，得帝焉，扶幸板輿。黃門或促之，帝怒，抽刀投之，中項而殞。帝既出，宮人行哭，俱還。備羽儀，乘畫輪車，出東掖門。問：「今日何不奏鼓吹？」左右莫有答者。及齊受命，封帝爲汝陰王，居丹徒宮，〔八八〕待以不臣之禮，齊兵爲衞。建元元年五月己未，帝聞外有馳馬者，懼亂作，監人殺王而以疾赴，齊人德焉，賞之以邑。六月乙酉，葬於遂寧陵，謚曰順帝。宋之王侯無少長，皆幽死矣。

列傳

徐湛之　江湛　王僧綽　顏延之　臧質　魯爽　沈攸之

王僧達　顏竣　朱脩之　宗慤　柳元景　顏師伯　沈慶之

蕭思話　劉延孫　劉秀之　顧琛　顧覬之　周朗　宗越
譚金　童太一[八九]　吴喜　黄回　鄧琬　劉胡　袁顗
孔顗　謝莊　王景文　殷孝祖　劉勔　蕭惠開　殷琰
薛安都　沈文秀　袁粲　何子平　王鎮之　阮長之　江秉之
陸徽　戴顒　周續之　王弘之　劉凝之　戴法興　阮佃夫

徐湛之字孝源，東海郯人。司徒羨之兄孫。祖欽之。父遠之，[九〇]尚高祖長女會稽長公主。湛之幼孤，爲高祖所愛，常與江夏王義恭寢食不離帝側。元嘉元年，東宫始建，[九一]起家補太子洗馬，累遷太子詹事，加侍中。

高祖微時，自於新洲伐荻，[九二]有納布衫襖，是敬皇后手自作也。後文帝時，害彭城王義康等，長公主將擲殿前以示上曰：「汝家本賤貧，此是我母爲汝父作此納衣。今日有一頓飽食，便欲殘害我兒子。」上亦號哭，湛之由此得全。

湛之服色鮮麗，遊宴奢侈，時安成公何勗，無忌子也，臨汝公孟靈休，昶之子也，各奢豪，京師語曰：「安成食，臨汝飾。」湛之二事兼美之。

以范曄事發，出爲南兖州刺史。元嘉二十六年，入爲丹楊尹，轉尚書僕射。後與江湛並居權要，世謂之江、徐。二宫巫蠱事發，上將廢劭，賜死，上與湛之等連議不決。其夕向旦，劭入殺文帝，湛之趨北户，未及開而見害，時年四十四。世祖即位，追贈司空，與王僧綽、江湛三家詔加優卹，常給廪。子恒之嗣。

江湛字徽淵，濟陽考城人也，湘州刺史夷之子也。好學，善彈碁鼓琴。爲著作，累遷至侍中、吏部尚書。家貧，不營財利，餉餽一無所受。身無兼服餘食，嘗爲上召，值浣衣，稱疾經日，衣成然後起。

及元兇入殺上，湛省中聞叫譟聲，乃匿旁小屋。劭遣取之，據窗受害。時年四十六。五子皆見殺。世祖即位，贈黄門侍郎。〔九三〕

王僧綽，瑯琊臨沂人。少有大成之度，衆以國器許之。年十三，襲豫章侯，尚太祖長女東陽獻公主。累遷尚書吏部郎，參掌選職，藻品人物，拔才舉能，咸盡其分。拜侍中，時年二十九，太祖嘗以後事爲念，大相付託，朝政大小，皆與參焉。

後元兇篡弑，時文帝獨與僧綽、江湛、徐湛之謀議未決，明旦，元兇入宫害文帝，而誅江、徐，轉僧綽爲吏部尚書，尋以僧綽所啟廢諸王事，〔九四〕乃收害焉，時年三十一。因此陷北第諸王侯，以爲與僧綽有異志也。

初，太社西有空地一區，吴時丁奉宅，孫皓流徙其家。晉有江左，初爲周顗、蘇峻宅，其後爲袁悦宅，〔九五〕又爲章武王司馬秀宅，皆兇敗。後給與臧燾，亦頻遇喪禍，世稱兇地。王僧綽常以正達自居，宅無吉凶，〔九六〕請爲第。始就修築，未居而敗。

子儉嗣，爲齊尚書僕射。

顔延之字延年，瑯琊臨沂人。曾祖含。父顯。延之少孤居貧，自負南郭數頃，室甚陋。好讀書，無所不覽，文章之美，冠絶當時。好飲酒，不拘細行。年三十猶未婚。起自豫章公世子參軍，累遷，出爲始安太守，徵入爲中書侍郎，後拜秘書監。

太祖賞愛釋惠琳，嘗升獨榻，延之甚疾焉。因醉白上曰：「昔同子參乘，袁絲正色。〔九七〕此三台之座，豈可刑餘居之。」性真，言無迴隱。居身清約，不求財利，布衣疏食，獨酌郊野。元兇立，以爲光禄大夫。子竣，爲世祖南中郎。

世祖入造書檄，延之與靈運詞彩齊，〔九八〕而遲速懸絶。嘗俱入勅擬樂府北上篇，延之立成，靈運久之乃就。帝問優劣於鮑照，〔九九〕照曰：「謝五言如初發芙蓉，自然可愛。顔詩如鋪錦列繡，亦彫繢滿眼。」世祖登位，爲金紫光禄大夫。孝建三年，卒，年七十三。贈特進。自潘安、陸機之後，文士莫及，江左稱顏延之、謝靈運爲顏、謝。

臧質字含文，東莞莒人。〔一〇〇〕父熹，字義和，敬皇后弟也。嘗與溧陽令阮崇共獵，值虎，直前獨射之，應弦而倒。

質少好鷹犬。高祖卽位，累遷太子左衛率。太祖卽位，魏拓拔燾與質書，質答書曰：〔一〇一〕「爾不聞童謡云耶：『虜馬飲江水，卯年佛狸死。』此冥期使然，非復人事也哉。」苦攻城，三旬不下，虜乃退。元兇踐位，以爲丹楊尹。後世祖時，爲車騎將軍，封始興公。同南郡王義宣作逆，以孝建元年爲沈慶之破於梁山，軍敗南走，追斬於南湖，傳首京師。

魯爽小字女生，扶風郿人也。祖宗之，晉末位至鎮北將軍，封南陽公。子軌，〔一〇二〕一名象齒，爽之父也。高祖初舉兵，因擬走北，盡室入羌中，虜以軌爲荆州刺史。世祖平元兇，自表求歸。宋元嘉二十八年，軌死，爽代爲荆州刺史，鎮長社。幼染殊俗，無華風，使酒數有過失，拓跋燾怒，欲誅之。爽懼，因從拓拔，〔一〇三〕遂與次弟秀南歸，世祖大悅，以爽爲征虜將軍、司州刺史，秀爲輔國將軍，子弟過者，隨才遷用，卽元嘉二十八年也。魏虜皆毁其墳。二十九年入朝。

三十年，元兇弑逆，世祖平元兇，以爲左將軍。南譙王義宣反，與臧質謀舉兵，稱建平元年，爽於是送所造服輿之江陵與義宣。爲薛安都破於小峴，乃傳首京師。

沈攸之字仲達，吴興武康人也。慶之從父兄子。世祖與元兇戰於新亭，立功，累遷左將軍。晉世京邑二岸揚州舊置都部從事，分掌二縣非違。孝建已來，攸之掌北岸，會稽孔璪掌南岸，後罷之。

太宗卽位，四方多叛，攸之與王玄謨等南上平定，進至夏口，便有異圖。太宗崩，與蔡興宗平桂陽王休範亂，〔一〇四〕進位征南大將軍、開府儀同三司。廢帝崩，蕭道成輔政，遣其子沈元琰進父攸之爲車騎大將軍，攸之曰：「吾寧爲王淩死，〔一〇五〕不作賈充生。」又太后賜攸之燭十挺，剖之，得手令曰：「國家之事，悉以相委。」明日，遂起兵。初，時有象三頭至江陵城北數里，攸之自出將殺之，忽有流矢集攸之馬障泥，其後刺客事發。廢帝殞，順帝立，攸之遂發兵，戰士十萬，鐵馬三千匹。泗州刺史張敬兒等皆響應。〔一〇六〕至夏口，沙門僧粲見攸之發江陵，筮曰：「必不至京邑。」及攻郢城不下而潰，走向江陵，聞城已爲張敬兒所據，遂自縊死。村人斬首，傳送京師。

王僧達，瑯琊臨沂人，太保弘之少子。太祖聞僧達早惠，召見於德陽殿，嘉之，妻以臨川王義慶女。

少好學，善屬文。爲太子舍人，坐屬疾，而於揚烈橋觀鬭鴨，爲有司所糾，乃原不問。

永嘉三十年，元兇弒逆，世祖下平元兇，爲人所説，歸世祖於鵲頭，拜長史。及元兇平，累爲尚書右僕射，轉護軍、中書令，尋出爲吳郡太守。使主簿刼東臺寺富沙門，〔一〇七〕得財數萬，宅於吳，坐免官。後竟因高闍事下獄死，年三十六。子道琰。

顔竣字士遜，瑯琊臨沂人，光禄延之之子。太祖嘗問延之曰：「卿諸子誰有卿風？」延之對曰：「竣得臣筆，測得臣文，伯得臣義，〔一〇八〕躍得臣酒。」何尚之嘲曰：「誰得卿狂。」延之曰：「不可及也。」

竣爲世祖撫軍主簿，補益悉心。以平元兇功，遷侍中，封達成侯。〔一〇九〕轉吏部尚書，留心選舉。後謝莊代竣領選，竣容貌嚴毅；莊風姿甚美，賓客喧訴，常微笑答之。時人謂之語曰：「顔竣嗔而與人官，謝莊笑而不與人官。」

南郡王義宣反，後遷領軍將軍，尋代褚湛之爲丹楊尹。以立議驚眼、綖環等錢，加中書令。後以切直諫争，又自謂恩舊莫比，當務居中，永執朝政。而所陳多不被納，遂求出爲東揚州刺史。憂懼無計，而每對親故，言頗憤怨，而説朝事違謬，人主得失。及王僧達被誅，陳竣忿懟，上遂使御史中丞庾徽之奏付廷尉治罪，未即大戮，且止免官。後陳啟謝罪，乞性命。上愈怒，以竟陵王誕逆發，因此陷之，言通於誕。詔下獄死。徙子辟疆於交州，道殺之。

朱脩之字恭祖，義陽平氏人。父諶，益州刺史。脩之自州主簿累遷中郎將，隨到彦之征魏虜，守滑臺，爲虜所圍，累月糧盡，外援不至，遂陷没。初母聞脩之被圍，常悲憂，忽一旦乳汁驚出，母號慟告家人曰：「我年老，非復有乳，今如此，兒必没矣。」後聞至，脩之果是此日城陷。

拓跋敬嘉其守節，以爲侍中。〔一一〇〕後鮮卑馮弘稱燕王於黄龍，拓拔燾伐之。人遂説弘，令脩之歸求救，乃發使，遂泛海，未至東萊，遇猛風船失柂，海師慮，向海北垂長索，船乃正。海師仰望見飛鳥，知去岸近，尋至東萊郡。

元嘉九年，至京師，上以爲黄門侍郎，累遷江夏内史。元兇弑逆，孝武即位，爲荆州刺史。南郡王反平後，以功封南昌侯。

治身清約，法令嚴明，尋徵爲左民尚書，轉領軍將軍。去鎮，秋毫無犯，在州已來，不燃官燭油及牛馬食，〔一二〕皆以私錢裨之。然薄於恩情，姊在鄉里，饑寒不立，脩之貴爲刺史，未嘗供贍。往姊家，姊爲設菜羹麤飯以激之，脩之曰：「此是貧家好食。」進之致飽。卒，贈大將軍。子雍嗣。

宗慤字元幹，南陽涅陽人。叔父炳，字少文，高尚不仕。少時，炳嘗問慤志，答曰：「願乘長風破萬里浪。」炳曰：「汝若不富貴，必破我門户也。」

起爲輔國將軍參軍，十五年不改官。後除安西將軍，隨檀和之破林邑。王范陽邁傾國來逆，以具裝被象。慤以師子威服百獸，乃製其形，與象相拒。象見，果驚奔敗，賊衆潰，遂剋林邑。收其珍異，皆是未名之寶，金銀各六萬兩。太祖嘉之，以爲南中郎諮議參軍，領中兵。世祖卽位，累遷西平將軍、〔一三〕洮陽侯，轉左衞將軍、光禄大夫，金章紫綬。卒，贈征西將軍。子元寶嗣。

柳元景字孝仁，河東解人也。曾祖卓，自本郡遷於襄陽，官至汝南太守。祖恬，西河太守。父憑，馮翊太守。

元景少便弓馬，以朝廷北伐，爲中兵參軍，與薛安都破魏軍，入狐關，前無堅敵。遷寧朔將軍，入爲世祖討元凶，爲前鋒，宗慤、薛安都等十三軍皆隸焉。既破元凶於朱雀門，進侍中、前將軍、雍州刺史、曲江公。以破義宣、臧質、魯爽等於姑熟，多張旗幟。加開府，改封巴東公，尋爲驃騎大將軍、南兗州刺史，留衞京邑。世祖遺詔，遷尚書令、丹楊尹。

元景起自將帥，及當朝，有弘雅之風。時勛要多事産業，元景居南岸，僅有菜園數十畝。〔一三〕後爲廢帝所害。太宗即位，追贈太尉。

顔師伯字長淵，瑯琊臨沂人，東揚州刺史竣族兄也。父邵，以謝晦敗服藥死。師伯少孤，涉獵書傳，以安北將軍入討元凶。世祖即位，遷黄門侍郎，封平都縣子。以青州刺史大破魏虜，斬河南公，進吏部尚書。世祖崩，受遺詔，輔少主，爲尚書右僕射。廢帝即位，居權，與柳元景同誅，年四十四，七子皆見殺。〔一四〕太宗即位，贈太尉。

沈慶之字弘先，吴興武康人也。兄敞之，爲趙倫之征虜參軍。慶之未冠，隨鄉族擊孫恩，屢捷。後鄉族流散，慶之歸畊。年四十，未知名，乃往襄陽省兄敞之，倫之見奇之，令子伯符拔爲中兵參軍。

後檀道濟稱於太祖，言其曉兵，稍得接引，出入禁省，遂轉爲正員將軍。劉湛被收之夕，召慶之。慶之戎服履韎縛袴入，上見驚曰：「卿何故乃爾急裝？」慶之曰：「夜半呼隊主，不容緩服。」乃遣收吴興劉斌，殺之。〔一一五〕後爲建威將軍，遷世祖中兵參軍，隨西上，平定諸山賊，羣蠻皆稽顙。慶之先患頭風，好著狐皮帽，羣蠻惡之，號曰蒼頭公。每見慶之軍，輒懼曰：「蒼頭已復來矣。」

元嘉二十七年間，太祖將北伐，以慶之爲步兵校尉。慶之曰：「治國如治家，耕當問奴，織當問婢。陛下今欲伐人國，而與白面書生輩謀，事何由濟？」上大笑。及北伐，果無功，王玄謨等退，虜大進。

後隨世祖討淮汝蠻，會元兇立，慶之説世祖曰：「蕭斌婦人不足數，其餘皆易與耳。」遂與謀，下平元兇。初，慶之統諸軍事擊蠻，從孝武至五洲，〔一一六〕元兇密與慶之書，令殺孝武。慶之入，孝武稱疾不見。慶之突前，以元兇書呈孝武，孝武泣，求入内與母辭。慶之曰：「下官受先帝厚恩，今日唯力是視，殿下何疑！」帝再拜曰：「家國安危，悉在將軍。」即日勒兵處分。主簿顔竣曰：「宜待衆軍。」慶之曰：「方興大事，而與黄口小兒參預，此禍至矣。宜斬以徇軍。」竣再拜。慶之曰：「君但知筆札之事。」

世祖立，以爲領軍將軍、南兗州刺史，封南昌公，鎮盱眙。及魯爽等反，遣慶之與薛安都等往討之，斬爽，進慶之鎮北大將軍。尋與柳元景俱開府儀同三司，封始興公。大明三年，竟陵王誕據廣陵，以慶之統諸軍平廣陵，進司空，給吏五十人，門施行馬。慶之居在西明門外，〔一一七〕有宅四所，又有園在婁湖。世祖崩，受遺詔。廢帝即位，加几杖，給三望車，進太尉。帝使慶之從子攸之齎藥酒，飲死之，年八十，贈太尉。

蕭思話，南蘭陵人也。孝懿皇后弟子也。父原，〔一一八〕瑯琊太守。思話年十五，未知書，以遨遊爲意。好騎射，侵暴鄰里，患之。自爾折節，數年，遂有令譽。好書史，善彈琴。時高祖一見，便以國器許之。頗能隸書，解音律。年十八，除大司馬參軍，累遷至振威將軍、青州刺史。以虜南寇退鎮，徵下廷尉。

初在青州，嘗用銅斗覆在藥厨下，忽於斗下得二死雀，思話歎曰：「斗覆而雙鵲殞，其不祥乎！」既而被繫。時氐帥楊難當寇漢中，起爲橫野將軍、梁秦二州刺史。〔一一九〕遂殺難當，平漢中。

元嘉二十三年，除侍中、左衛將軍。嘗從太祖登鍾山北嶺，中道有盤石清泉，上使於石上彈琴，因賜銀鍾酒，而謂曰：「相賞有松石間意。」思話以去州無復事力，借府庫九人，太祖戲之曰：「文人終不爲田父於里閭，何憂無人使耶？」元兇弒立，以爲徐、兖二州刺史，思話率部曲歸彭城，以應世祖。世祖登位，徵爲中書令、丹楊尹。以外戚令望，歷十二州，杖節監督者九焉。長子惠開。

劉延孫，彭城呂梁人也。〔一〇〕雍州刺史道産子。舉秀才，累遷世祖侍中、前軍將軍，封東昌侯，轉尚書右僕射。延孫病，不任拜起，上使乘板船自溪至平昌門，入尚書。明年乃卒，贈司徒。

劉秀之字道寶，〔一一〕東莞莒人。司徒穆之從兄子，世居京口。祖爽，山陰令。父仲道，餘姚令。秀之少孤，嘗與諸兒戲廳前，忽有大虵來，勢甚猛，皆驚呼而走，秀之不動。何承天以女妻之。自建康令累遷至益州刺史。元兇平復，以破南譙王功，封康樂侯，進丹楊尹。初從叔父穆之爲丹楊尹，令子弟皆於廳事飲宴，〔一二〕謂諸子弟曰：「爾試以栗遥擲柱孔，中者後必得此郡。」唯秀之獨中焉。後果然以廣陵王平後，進尚書左僕射，爲安北將軍、雍州刺史。卒，贈司空。

顧琛字弘瑋，吴郡人。曾祖和。祖履之。父琰。〔一三〕不好浮華，以尚書庫部郎至常侍。年八十六。

顧覬之字偉仁，〔一二四〕吴郡人也。高祖謙，字公讓，爲平原内史陸機姊夫。父黄老。覬之初爲郡主簿，遷護軍司馬。時彭城王義康與殷、劉隙著，遂辭脚疾免之。每夜於牀上行脚，家人異之，莫曉其意。及義康徙廢，朝廷多受禍，覬之竟免。

後起江陰令，累遷右光禄大夫。覬之心跡全清，獨無所豫，太祖甚嘉之。轉左將軍、湘州刺史。家門雍穆。有五子：約、縝、綽、緄、緝。時綽豐財，民多負債，覬之召收其文契，皆燒之，宣言遠近：「負三郎債，皆不須還。」後卒於湘州，謚曰簡子。

周朗字義利，汝南安成人。〔一二五〕父淳，官至侍中。兄嶠，尚高祖女宣城公主，有一女，妻建平王宏、廬陵王禕。朗少愛奇。初爲江夏王義恭太尉參軍，遷廬陵内史。因獵火逸燒郡廨屋，以私秩償修之。後坐母憂，誣失孝行，遷寧州，道殺之。

宗越，南陽葉人也。本河南，晉亂，徙南陽，因爲縣人。安北將軍趙倫之鎮襄陽，使長史范覬之條次氏族，〔一二六〕辯高卑，因爲覬之黜以役門。出補郡吏。

父爲蠻所殺，後市中得讎人，刺殺之。世祖鎭襄陽，累用爲揚武將軍，領隊主。元嘉二十八年，啟太祖求復次門，移户屬冠軍縣，許之。世祖卽位，頻破反逆，累遷司州刺史。前廢帝以爲遊擊將軍，越等既爲廢帝盡心，及太宗卽位，不自安，謀作難。沈攸之白帝，收越下獄死之。

越善立營陣，好殺害，御衆嚴酷，動用軍法。時王玄謨御下亦少恩，將士謂之語曰：「寧作五年徒，不逢王玄謨。玄謨猶尚可，宗越更殺我。」

譚金，南荒中傖人也。常隨薛安都征伐，以功共破元兇梁山，〔一三七〕遂遷屯騎校尉。廢帝誅羣公，金爲所用，封平都縣男。

童太一，東莞人也。〔一三八〕官至大將軍，而與宗越同死。

吴喜，吴興臨安人也。本名喜公，太宗改爲喜。初出身爲領軍府白衣，沈演之爲領軍將軍，進爲主圖令史。至世祖卽位，遷河東太守。太宗卽位，以四方叛逆，假建威將軍，簡羽林勇士配之。喜率兵東討，平定荆州，遷前將軍，恣意剽虜。後尋賜死於所居。及死，發詔贈賻極厚。

黄回，竟陵郡軍人也。出身充郡府雜役。及臧質臨郡，而討元兇，回隨質有功，免軍户。又隨質往江州，擢爲隊主。自質反，梁山敗走，遇赦，原委任如初，後累功至。太宗卽位，〔一二九〕四方叛，以回爲寧朔將軍，〔一三〇〕使募江西楚人，得八百，隸劉勔西討。累遷爲將校尉，封葛陽侯。及破建平王景素，〔一三一〕廢帝元徽初，桂陽王休範爲逆，回隸蕭道成，於新亭有功，轉驍騎將軍，封聞喜侯。

後沈攸之反，爲平西將軍、郢州刺史，未發，在新亭而與袁粲等謀攻臺城，討齊王道成，不果，齊王撫之如舊。攸之平後，率衆還封安陸郡公、鎮北將軍、南兖州刺史，尋被齊王表其罪，詔誅之。

鄧琬字元琰，〔一三二〕豫章南昌人。父胤之，光禄勳。琬初爲南海太守，累遷晉安王子勛鎮軍長史、尋陽内史，行江州事。前廢帝狂悖，景和元年十一月，子勛卽日戒嚴，戎服出聽事，集僚佐議廢昏立明，使宣告内外，馳檄遠邇，以謀王室，左右贊成。以琬爲前鋒軍掌内外。

及太宗殺帝，[一三三]定位使子勛。子勛不受命，徵兵四方，遂會同逆，宗室王公皆會建牙於鵲尾，傳檄四方及京師，購太宗萬户侯，餘各有差。琬乃稱説符瑞，造輿服，以泰始二年正月七日，子勛即僞位于尋陽城。以景和三年爲義嘉元年。子勛平，琬亦爲張悦伏甲斬首，送建鄴。

劉胡，南陽涅陽人也。本名坳胡，以其面坳黑似胡，故名坳胡，後單名胡焉。出身郡將，稍至隊主。口善處分，討伐諸蠻，往無不捷。明帝即位，除越騎校尉。同鄧琬反，立子勛爲天子，軍敗，走竟陵，引刀自刺。蠻人至今畏之，小兒啼，語曰：「劉胡來！」便止。

袁顗字國章，[一三四]陳郡陽夏人，太尉淑兄子也。父珣，[一三五]吴郡太守。顗爲太子洗馬，累遷吏部尚書，封新淦縣子。[一三六]前廢帝深重之，俄而意趣乖異，寵待頓衰。恐禍及，求出，沈慶之爲言，出爲雍梁四州、領寧蠻校尉、雍州刺史。顗舅蔡興宗謂之曰：「襄陽星惡，豈可冒邪？」顗曰：「白刃交前，不救流矢。今者之行，本願生出彪口。[一三七]且天道遼遠，何必皆驗，如其有徵，當修德以禳之。」於是狼狽上路，恒慮見追，行至尋陽，曰：「今知免矣。」與鄧琬欵狎，每清閑，必盡日窮夜。顗與琬人地本殊，衆知有異志矣。顗遂謀與鄧琬、劉胡詐被皇太后使令起兵建牙，〔一三八〕奉晉安王子勛卽大位。進顗爲安北將軍，率樓船千艘及戰士二萬，來入鵲尾，尋而劉胡叛走，顗亦尋遁。走至鵲頭，鵲頭戍主薛伯珍殺顗，而傳首詣軍主。顗年四十七。太宗流其屍於江，弟子象密致喪於石頭後崗。諸子悉誅。

孔覬字思遠，〔一三九〕會稽山陰人。父邈。覬少骨鯁，有風力，以是非爲己任。早知名。舉揚州秀才，累遷至尋陽王子房右軍長史。

太宗卽位，徵爲詹事。時上流多叛，使都水使者孔璪入東慰勞。璪既至，而説覬，言廢帝侈費，國家傾危，使其舉兵。覬從之，遂起兵檄四方。以泰始二年正月，覬子弟在京者皆逃還。覬爲前鋒，度浙江，吴興太守王曇、〔一四〇〕義興太守劉延熙、晉陵太守袁標等，一時響應。太宗使建威將軍沈懷明、巴陵王休若等統軍東討，諸軍散進，大破之，皆斬首京邑。及蕭道成、張永繼進，大破之於晉陵。而覬衆散竄於山嵴，〔一四一〕爲村人所縛，詣上虞令王宴，〔一四二〕宴斬首，孔璪亦被殺。覬臨死索酒曰：「此是平生所好。」時年五十一。

謝莊字希逸，陳郡人，太常弘微子也。七歲，屬文。長，美容儀。太祖異之，顧僕射殷景仁曰：「藍田生玉，豈虚哉！」爲始興王濬法曹參軍，分左氏經傳，隨國立篇，製木方丈，圖山川土地，各有分理，離之則州郡殊別，合之則宇内爲一。

元嘉二十七年，累遷太子中庶子。時南平王鑠獻赤鸚鵡，普詔羣臣爲賦。太子左衛率袁淑見而歎曰：「江東無我，卿當獨秀。我若無卿，亦一時之傑也。」初孝武嘗問顏延之曰：「謝希逸月賦何如？」延之答曰：「美則美矣，但莊始知『隔千里兮共明月』。」帝召莊，乃以延之答語莊，莊應聲答曰：「延之亦曾作秋胡詩，始知『生爲久離別，没爲長不歸』。」〔一四三〕帝撫掌竟日。

世祖平元兇，累拜侍中、右衛將軍。平時以搜材路狹，乃上表言之。尋轉吏部尚書，居選部，與江夏王書固辭。帝以爲吏部猶輕，下詔於是置吏部尚書二人，〔一四四〕省五兵尚書。莊與度支尚書顧覬之並補選部職。時河南獻舞馬，使莊作舞馬賦，又作舞馬歌，令樂府歌之。遷侍中，領前將軍。及廢帝卽位，進金紫光禄大夫。太宗卽位，轉中書令。年三十六卒。〔一四五〕所著文章四百餘首。

長子颺，〔一四六〕晉平太守。女爲順帝后。莊有五子：颺、朏、顥、嵸、〔一四七〕瀹，世謂莊名子以風月景山水。

初，莊爲孝武殷淑妃誄，而用漢昭事云：「贊軌堯門。」廢帝在東宮，銜之。及卽位，召問謂莊曰：「卿昔作殷淑妃誄，頗知有東宮否？」將誅之，留尚方。太宗卽位，乃出之。

王景文，瑯琊臨沂人也。名與明帝同諱，景文其字也。父僧朗，官至尚書右僕射。景文美風姿，好言玄理，少與謝莊齊名。起家太子太傅主簿，累遷右僕射。景和元年，太宗卽位，平定四方，徵爲左僕射，領吏部，爲揚州刺史，封江安侯，加詹事，常侍如故。時東宮詹事，用人雖美，職次止可比中書令。〔一四八〕又進領太子太傅，常侍、僕射、揚州如故。景文固辭太傅，上遣僕射褚淵宣旨，以古來比例六事詰難之，〔一四九〕不得已乃受拜。

時太子及諸皇子並小，上稍爲身後之計，諸將帥吴喜、壽寂之徒，〔一五〇〕慮其不能奉幼主，並殺之。時景文外戚貴盛，求解揚州，上詔答之。上既有疾，慮一旦晏駕，皇后臨朝，則景文自然成宰相，門族强盛，藉元舅之重，歲暮不爲純臣。泰豫元年中夜，對客碁，賜藥酒死。

殷孝祖，陳郡長平人也。曾祖羡，晉光禄勳。父祖官並不達。孝祖少誕節，好酒色，有氣幹。世祖卽位，以爲積射將軍，頻大破逆黨。前廢帝景和元年，遷兖州刺史。太宗卽位，四方叛，累遷冠軍將軍、督前鋒諸軍事。先有諸葛亮筩袖鎧鐵帽，二十五石弩射之不能入，上悉以賜孝祖。

泰始二年三月三日，與賊合戰於赭圻，以鼓蓋自隨，軍中人相謂曰：「殷統軍可謂死將矣。今與賊交鋒，而以羽儀自標顯，若射者十手攢射，欲不斃，得乎？」是日，中流矢死。追贈建安縣侯，謚曰忠。

劉劭字伯猷，彭城安上里人也。祖懷義。父穎之，汝南太守。劭少有志節，兼好文義。家貧，爲廣州增城令，奉使詣京都，太祖引見之，酬對稱旨，除寧遠將軍。太宗卽位，四方反叛，征討有功，拜散騎常侍、中領軍。太宗崩，命爲尚書右僕射，輔廢帝，加兵五百人。後桂陽王休範爲亂，奄至京邑，加劭領軍，置佐吏，鎮石頭，與賊戰朱雀航南。戰敗，臨陣死。事平，贈司空。子悛嗣。

蕭惠開，南蘭陵人也，思話之子。初名開，後改爲惠開。〔一五二〕少有風義，涉獵文史，家雖貴戚，而居服簡素。初爲秘書郎，累遷黄門侍郎。丁父艱，居喪有孝性，家素事佛，凡爲父造四寺：南崗下，名曰禪崗寺；於曲阿舊鄉宅，名曰禪鄉寺；於京口墓亭，名曰禪亭寺；於所封邑封陽縣，名曰禪封寺。

尋除襲封侯。妹適桂陽王休範，女又適世祖子，乃爲豫章内史，〔一五二〕入爲御史中丞、益寧二州刺史。惠開素有大志，〔一五三〕至蜀，廣樹恩德。太宗卽位，進號征西將軍，以晉安王子勛逆事，故明帝遣宗人寶首水路慰勞。六年，除少府，不得志，寺門所住齋前，〔一五四〕種萱草甚美，惠開悉剗除別種白楊。年四十九卒。子叡嗣。

殷琰字敬珉，陳郡長平人。父道鸞，右軍長史。琰少爲太祖所知，初爲江夏王征北參軍，累遷豫州刺史。時晉安王子勛叛，以琰爲司馬，不與同逆，而土人前將軍杜叔寶又逼之，〔一五五〕琰不得已而同之。

及劉勔破諸逆，而上使王道隆齎詔宥琰罪，及與琰書，化令歸順，云：「足下明識淵見，想必不俟終日。」琰本無反心，事由力屈，時杜叔寶亦有降意。又進攻城，築長圍，並用草茅苞土，本以塞塹，城上以火箭射之，草未及燃，〔一五六〕後土續至，塹欲滿。城内以鐵珠灌之，珠流深得入草，於是火燃草盡。及尋陽，遂降，〔一五七〕諸將面縛請罪，勔並撫宥之，無所誅戮。後除少府，卒。初在壽陽，被攻圍，百姓懷其德。

薛安都，河東汾陽人也。世爲强族，族姓有三千家。父廣，爲宗豪。宋高祖定關、河，以爲上黨太守。

安都少以勇聞，身長七尺八寸，便弓馬，爲秦、雍二州都督。虜主拓跋燾擊芮芮敗，安都起義，襲得弘農。歸國，太祖延見之，求北還構扇河、陝，〔一五八〕招聚義衆。上許之，爲建武將軍、弘農太守，所向剋捷，而在柳元景傳。

及世祖下平元兇，除右將軍，率所部騎前鋒，直入殿庭，賊數百人，一見奔散，以功封南鄉男。初征關、陝，至白口，夢仰頭視天，正見天門開，謂左右曰：「天門開，乃中興之象。」

及魯爽叛，上遣安都率步騎據歷陽，追爽至小峴，刺爽，斬之。爽世號驍勇，生習戰陣，咸言萬人敵，安都單騎直入，斬之而返，時人云關羽斬顏良，不之過也。進爵爲侯。景和初，以爲平北將軍、徐州刺史。〔一五九〕太宗即位，安都將舉兵同晉安王子勛爲逆，太宗使沈攸之、張永以重兵迎之，安都慮不免罪，遂降魏虜。魏虜遣將救之，永等退，虜授安都徐州刺史，封河東公。詔還桑乾，後數年，死在虜中，時年六十。

沈文秀字仲遠，吴興武康人，司空慶之之弟子。父劭。〔一六〇〕文秀以慶之貴後，累遷青州刺史。時前廢帝狂悖，内外憂危，文秀將之鎮，部曲出屯白下，乃説慶之，因此衆力圖之，慶之不從，後廢帝果殺慶之。又遣直閣江方興領兵誅文秀，兵未至，太宗已定亂。

時晉安王子勛反，朝廷徵兵於文秀，文秀遣劉彌之三軍赴朝廷。時薛安都已同子勛反，遣使要文秀，文秀卽令彌之迴應安都。彌之尋歸順，則北海、平原、清河等並起義兵，推文秀爲主，進軍。〔一六一〕尋陽平定，太宗遣尚書崔元孫慰勞諸義兵，遣文秀弟文炳持詔，赦文秀罪。後破虜軍，太宗進號右將軍，封新城侯。

魏圍青州久之，太宗遣兵並不敢進，乃爲虜所陷。文秀被圍三載，外無援，士卒爲之用命，無敢叛者，日夜戰鬬，甲胄生蟣虱。五年正月，爲虜陷。敗之日，解釋戎服，夜緩服，命左右取所持節。虜既入城，兵刃交至，問曰：「青州刺史何在？」沈文秀厲聲答曰：「身在。」因囚執之，出剥衣服。將見白曜於城西南角樓，〔一六二〕裸縛令拜之，〔一六三〕文秀曰：「各爲二國大臣，無相拜禮。」曜命還衣服，設酒食，送桑乾。十九年，齊永明四年，〔一六四〕病死，年六十一。

袁粲字景倩，陳郡陽夏人也，太尉淑兄子。父濯，揚州秀才，早卒。祖哀其幼孤，名曰愍孫。時伯叔並當世榮顯，而愍孫飢寒不足。母瑯琊王氏，太尉長史誕之女，躬事紡績，以供朝夕。

愍孫少好學，有清才。早以立操見知。初爲揚州從事。及世祖卽位，累遷侍中、吏部尚書。粲嘗爲海陵太守，在郡，夢日墮其胸上，自驚覺，尋被徵管機密。

粲少有風操，嘗著妙德先生傳，以續嵇康高士傳，其文略曰：「有妙德先生，陳國人也。嘗謂人曰：『昔有一國，國中有一水號曰狂泉，國人飲此泉無不狂，惟國君穿井而汲，獨得無恙。國人既並狂，反謂國主之不狂爲狂，於是聚謀共執國主，療其狂疾。火艾針藥，莫不畢具，國主不任其苦，於是到泉所酌水飲之，飲畢便狂，君臣大小，其狂若一，衆乃歡然。我既不狂，難以獨立，比亦欲試飲此水矣。』」

世祖時，求改名粲，不許。明帝時，改爲粲，字景倩焉。後遷領軍將軍，仗士三十人入六門。轉尚書僕射，領吏部，復加中書令。上於華林園茅堂講周易，粲爲執經。又知東宮事。七年，遷尚書令。太宗崩，與褚淵等受遺顧命，加班劒，給鼓吹。後廢帝卽位，丁母憂，葬畢，攝令親職，加衞軍將軍，不受。中使相望，終不受。性至孝，居喪毁甚。

及桂陽王休範爲逆，粲扶曳入殿，詔加兵自衞，置左右史。〔一六五〕及賊至掖門，〔一六六〕粲曰：「孤子受先帝顧托，本以死報，今日當與褚護軍同死社稷！」因命左右被馬，辭色尤壯。陳顯達等感激出戰，賊平後，授中書監，卽號開府，領司徒，以揚州廨爲府，固不可移，終服乃受命。〔一六七〕時粲與蕭道成、褚淵、劉秉遞日入直，〔一六八〕平決萬機，時謂之「四貴」。粲閑默寡言，不肯當事，主書每往諮決，或高詠對之，時立一意，則衆莫能改。好飲酒吟諷，獨酌庭中，以此自適。

及順帝卽位，遷中書監，司徒、侍中如故。時齊王居東府，使粲鎮石頭。望氣者曰：「石頭氣甚凶，往必有禍。」粲不答。又給油絡通幰車，仗士五十人。時齊王功高德重，天命有歸，粲自以身受顧命，不欲事二姓，密有異圖。遂與丹楊尹劉秉、王藴結反，諸將帥黄回等遂以昇明元年，與荆州刺史沈攸之舉兵反。尅日矯太后令，使藴、伯興等率宿衛兵攻齊王於朝堂，回等皆外來應。未及夜，而劉秉載婦女席捲就粲，事泄。王藴聞劉秉已奔，曰：「今年事敗矣。」竟爲齊王所破，收藴、伯興斬之。使軍主戴僧静與薛淵等攻圍，粲子最獨衛粲，爲僧静等斬之，父子俱死，年五十八。齊永明初，詔改葬粲等。

初，宋太宗時，粲與蕭惠開、周朗同車行，逢大航開，駐車，惠開自照鏡曰：「無年可仕。」朗執鏡曰：「視死如歸。」粲最後曰：「當至三公而不終。」果各如其言。

何子平，廬江灊人也。以元兇平後，爲海虞令，縣禄唯供養母一身，不以及妻子。人或疑其儉薄，子平曰：「禄本在養親，不在爲己。」問者慚退。母亡，以喪亂之年，未及葬，常悲慟不絶。所居屋敗，不蔽風雨。兄子伯與將伐茅草，〔一六九〕爲葺之，子平不肯，曰：「我情事未申，天地一罪人耳，屋何宜覆。」昇平初乃卒。

王鎮之字伯重，瑯琊臨沂人也。曾祖廙。父隨之。鎮之初爲剡、上虞令，累有清績，遷廣州刺史。高祖謂曰：「鎮之少著清績，必將繼美吴隱，〔一七〇〕嶺南之弊，非此人不康。」後至祠部尚書。

阮長之字景茂，〔一七一〕陳留尉氏人也。祖思曠，金紫光禄大夫。父普之。〔一七二〕長之初爲諸府參軍，遷臨海太守。母亡，不勝憂。

時郡縣田禄，以芒種爲斷，此前去官者，則一年秩禄皆入後人，此後去官者，則一年秩禄皆入前人。始以元嘉末改此科，計月分禄。長之嘗爲武昌太守，去郡，代人未至，以芒種前一日解印綬去。發京師，親故或以器物贈别，得便緘録，後歸，悉還。元嘉十一年，卒。〔一七三〕

江秉之字玄叔，濟陽攷城人也。祖逌，晉太常。父纂，給事中。秉之少孤，宋受禪，以山陰令累拜臨海太守。

初，山陰爲劇縣，人户三萬，〔一七四〕政事繁擾，秉之御繁以簡，常得無事。及至臨海，卒所得秩，悉散之親故，妻子等常不免飢寒。有勸營田者，秉之正色答曰：「食禄之家，豈可與農夫競利。」在郡作書案一枚，及去官，留付郡庫。

陸徽字休猷，吴郡人也。辟令主簿，累遷平越中郎將、廣州刺史。薦士於朝曰：「臣聞霜凌茂穎，貞柯必振；風漾長波，清流斯挹。是以袁盎揮譽於西京，韓延播德於東夏。伏見廣州別駕從事朱萬嗣字少豫，〔一七五〕年五十，〔一七六〕治業沖夷，秉操堅白，行稱私庭，能著官政。民非世禄，官無通資。」後丁母憂，卒。

戴顒字仲若，譙郡銍人也。父逵，兄勃，並隱遁，有高名。顒年十六，遭父憂，幾於毁滅。以父不仕，復修其業。父善琴書，顒並傳之。會稽剡縣多名山，故世居剡下。顒及兄勃，並受琴於父，父没，所傳之聲，不忍復奏，與兄勃各造新弄。勃制五部，顒制十五部，又自制長弄一部，並傳於世。

後遊桐廬，又多名山，兄弟因居焉。勃病，桐廬僻遠，難以養疾，乃出居吴下。吴下居人，共爲築室，乃述莊周大旨，著逍遥篇論、注禮記中庸篇。三吴將守要同遊野澤，堪行便去，不爲矯介。高祖命爲太尉參軍，後累徵不起。元嘉初，又徵爲常侍，不起。

後衡陽王義季鎮京口，長史孫劭迎顒於黄鵠山之竹林園舍，〔一七七〕林澗甚美，因憩於此澗。常爲義季彈琴，其三調遊弦、廣陵、止息，皆新聲，與世異。太祖每欲見之，常謂黃門侍郎張敷曰：「吾東巡之日，當宴於戴公山下也。」

自漢世始有佛像，形制未工，顒特善其事。宋世子鑄丈六銅像於瓦官寺，既成，時議面恨瘦，工人不能改。顒曰：「非面瘦，臂胛肥耳。」及減臂胛，患卽除，無不歎服。元嘉十八年，卒，年六十四。

周續之字道祖，鴈門廣武人也。年十二，從豫章太守范甯受業，居學數年，通五經、五緯，號曰十經，名冠當時，同門稱爲顏子。閑居讀易、老，入廬山事沙門惠遠。時彭城劉遺民遁廬山，陶淵明亦居彭澤山，時謂之「尋陽三隱」。續之終身不娶，好遊名山，注嵇康高士傳。

高祖卽位，乃召之，上爲開館東郭外，招集生徒，乘輿臨幸。後疾，居鍾山，卒。通詩六義及禮論，注公羊傳，皆行於世。

王弘之字方平，宣訓衞尉鎮之弟也。少孤，從叔獻之重焉。晉隆安中，爲司徒主簿。性好山水，病歸，時殷仲文還姑熟，桓謙要弘之送別，弘之曰：「凡祖離送別，必在有情，下官與殷風馬不接，無緣扈從。」謙貴其言。家在會稽上虞，從兄敬弘爲右僕射，嘗解貂裘乞弘之，弘之卽著以採藥。

性好釣，上虞江有一處名三石頭，弘之嘗垂綸於此。經過者不識之，或問：「漁師得魚賣不？」弘之曰：「亦自不得，得亦不賣。」日夕，載魚入上虞郭，經親故門，各留一兩頭置門內而去。始寧沃川有佳山水，弘之又依巖築室。謝靈運、顏延之並相欽重焉。元嘉四年，卒。子曇生。

劉凝之字志安，小名長年，南郡枝江人。父期公，衡陽太守。兄盛公，高尚不仕。凝之少慕老萊、嚴子陵爲人，立屋野外，非力不食。妻粱氏，〔一七八〕不慕榮華，夫妻共乘薄笨車，出市買易，周用之外，輒以施人。數徵不起，爲村里所誣，一年三輸公調，求輒與之。

時荆州飢，衡陽王義季遺錢十萬，凝之得，大喜，將錢至市門，覩有飢色者，悉分與之。好山水，一旦泛江湖，隱於衡山高嶺，絶人事。以元嘉二十五年卒。

戴法興，會稽山陰人也。家貧，父碩子，以販紵爲業。法興與二兄延壽、延興並修慕學，延壽善書，法興好學。山陰有陳戴者，〔一七九〕家富，有錢三千萬，鄉人盛云：「戴碩子三男敵陳戴三千萬錢。」

法興少賣葛於山陰市，後爲世祖征虜記室，使典籤。世祖卽位，累遷至南臺御史，同中書舍人，轉給事中、太子旅賁中郎將。專管内務，權重當時，家累千金。廢帝卽位，遷越騎校尉。〔一八〇〕時巢尚之爲始興王濬侍讀，轉至中書，與法興執權，威行内外。廢帝未親萬機，凡詔勅悉決法興手，尚書中事無大小，專斷之，顔師伯、江夏王義恭皆空名而已。後爲閹人華願兒鬼謀言於上云：「百姓以法興爲真天子。」帝怒，免官，還田里，賜死。巢尚之出爲新安太守，卒。

阮佃夫，會稽諸暨人也。元嘉中，出身爲臺小吏。太宗初出閤，選爲主衣。景和末，太宗被拘於殿内，住在秘書省，爲帝所疑，大禍將至。其夜佃夫與王道隆、李道兒等共謀廢立。時景和元年，帝出華林園後堂射，〔一八一〕佃夫與内官侍衛連謀殺帝於華林園堂中。建安王休範與山陽王休祐時隨帝在堂，〔一八二〕覺，奔景陽山。太宗卽位，論功封佃夫建成侯。

佃夫與王道隆、〔一八三〕楊運長等並執權，亞人主，方於巢、戴，蔑如也。宅舍園池，諸王莫比奢侈，羅錦、女伎冠絶。每製一衣一物，京師莫不効法焉。於宅開瀆，東出十里許，塘岸齊整，每奏女樂，泛輕舟。若有賓客十數時至，於珍羞必備。佃夫僕從附隸，皆受不次之位，而促車人虎賁中郎將，傍馬者員外郎。太宗崩，廢帝卽位，佃夫權任轉重。元徽初，遷黄門侍郎，尋拜冠軍將軍、南豫州刺史，仍管内任。時廢帝猖狂，遊走無度，内外惶懼。佃夫密與直閣將軍申伯宗、步兵校尉朱幼、于天寶等謀，〔一八四〕因帝出江乘射雉，執廢之，而立安成王，會帝不成向江乘，其事不行。于天寶以其謀告帝，乃收佃夫、伯宗、幼等，賜死。

晉義熙十三年，嵩山獲玉璧三十二。沙門法稱曰：「璧，劉氏卜世之數也。」本志曰：「三十年一世，三十二者二世也。」宋有天下實六十。初，零陵作官不得，終爲黔首。而宋氏八帝，遺命者五主，存命者三君，往復報施，如斯之速也。謂天蓋高，何其察也。

宋高祖武皇帝以蓋世雄才，起匹夫而并六合，剋國得雋，奇略多於魏武；功施天下，盛德厚於晉宣。懷荒伐叛之勞，夷邊蕩險之力，百戰百勝，有可得而論者矣。拔足行間，却孫恩蟻聚之衆；一朝奮臂，掃桓玄盤石之宗。萬軌長驅，則三齊無堅壘；迴戈内赴，〔一八五〕則丘嶺無餘妖。〔一八六〕命孫季高於巨海之上，〔一八七〕而番禺席捲；擢朱齡石於百夫之下，而庸蜀來王。羌胡畏威，交爲表裏，董率虎旅，以俟中原。石門、鉅野之隘，指麾開闢；鵲頭、灞上之阻，曾莫藩籬。虜其酋豪，遷其重器，登未央而灑酒，過長陵而下拜，盛矣哉！悠悠百年，未之有也。於是倒載干戈，休兵四水，彤弓納陛，肇有宋都。〔一八八〕然後請號上帝，步躡前王，零陵去之而無猜心，高祖受之而無愧色。古之所謂義取天下者，斯之謂焉！其提挈創業，則魏、孟、何、劉；輔相總持，則穆之、徐羨；鎮惡、道濟經其武；傅亮、謝晦緯其文；長沙以家弟共艱難；〔一八九〕烈武以清貞定南楚，〔一九〇〕其他胥附奔走，雲霏霧集，若榱椽之構大廈，衆星之仰河漢，或取之於民譽，或得之於未名。羣才必呈，智能咸効，爵不妄加，官不私謁。晉末以荒淫混亂，阿黨容縱，莫不掃蕩革易，與之更始。君行卑而咸不爲奢，民勤戍而下無怨讟，〔一九一〕品令宥密，賞罰端平，遠無不懷，邇無不附。屬爲州郡者，則南過交阯，西苞劒閣，北劃大河，而境東海，七分天下而復其四。永初末歲，天子負扆矜懷，以燕、代戎幄，岐、梁重梗，將誓六師，屠桑乾而境北狄，三事大夫，顧相謂曰：「待夫振旅凱入，乘轅南返，請具銀繩瓊檢，昭告東嶽。」既而洮頮不興，卽年厭世。營陽狎于不順，〔一九二〕以敗皇輿。太祖寬肅宣惠，大成先志，表越二昆，來膺寶命。沉明內斷，不欲由甯氏撓權，逼使芒刺在躬。〔一九三〕親臨朝政，率遵恭法，斟酌先王之典，弘宣當世之宜。〔一九四〕民樂其生，鮮陷刑辟，仁厚之化，既以播流，率土欣欣，無思不悅。每車駕巡幸，簫鼓所聞，百姓皆扶老攜幼，想望儀刑，愛之樂之孜孜如不足爾。初，徐、傅伏誅，繼求內相，王弘處之而思降，彭城欲之而不違，王華、殷景仁以中熙帝載，謝弘微、王曇首以沉密贊樞機，徐湛之、江湛、王僧綽以體國彰義正，謝方明、劉道產以德愛稱良能，高簡則王令明，〔一九五〕清貴則王倩。〔一九六〕文章則顏延之、謝靈運，有命世之巨才。〔一九七〕儒雅則裴、荀、何、傅，爲師表之高學。剛亮骨鯁則袁粲、蔡子度，〔一九八〕建言忠益，則范泰、何尚之。其宗室藩翰，帝弟帝子，江夏、衡陽、南平、〔一九九〕廬陵、隨王、建平、臨川、新渝，或倩令夷宵，或文敏沾洽，皆博愛以禮，率土明美，流譽三四十年，〔二〇〇〕爲多士矣。上亦藴藉義文，思弘儒術，庠序建於國都，四學分於家巷。天子乃移蹕下輦以從之，束帛宴語以觀之，士莫不敦閲詩書，〔二〇一〕沐浴禮義，淑慎規矩，斐然向風。其行修言道者，然後登朝受職；威儀輕佻者，不齒於鄉閭。公宫非儐羽不來庭，私家非軒蓋不逾國，〔二〇二〕冠冕以之，〔二〇三〕雍容如也。於是文教既興，武功亦慕，命將受律，指日如期。檀、蕭薄伐，則南登象浦；〔二〇四〕劉、裴愛整，〔二〇五〕則西踐仇池。良駒巨象，充塞外廐，奇琛寶貨，下逮百寮。禽獸草木之瑞，月有六七；繩山航海之譯，〔二〇六〕歲且十餘。江東已來，有國有家，豐功茂德，未有如斯盛者也。然值北方疆，〔二〇七〕周、韓歲擾，金墉、虎牢，伐有得失。二十七年，偏師剋復河南，横挑彊胡百萬之衆，匈奴遂跨彭沛，〔二〇八〕航淮浦，設穹廬於瓜步，請公主以和親。於時精兵猛將，嬰城而不敢鬭；〔二〇九〕謀臣智士，折撓而無所稱。天子三朝燕饗，〔二一〇〕單于臨江高會，於是起盡室之財，〔二一一〕軸艫千里，緣江而陣。我守既嚴，胡兵亦急，〔二一二〕且知大川所以限南北也。疲老而歸退，我追奔之師，櫜弓裹足，係虜之民，流離道路，江、淮已北蕭然矣。重以含章巫蠱，始自三逆，殿殺酷帝，史之於聞，仲尼以爲非一朝

一夕之故，其所由來者漸矣，由辨之不早辨也。〔二二三〕

世祖率先九牧，大雪冤恥，身當曆數，正位震居。聰明徇達，博文彊識，威可以整法，智足以勝姦，人君之略，幾殆備矣。時之風流領袖，則謝莊、何偃、王彧、〔二二四〕蔡興宗、袁顗、袁粲；禦武名將，〔二二五〕則沈慶之、柳元景、宗慤、朱脩之，或清華以秀雅，或驍果以生類，固以軌道，廊廟之中，方駕向時之略。若顏竣經綸忠烈，乃躬諒直，雖晉之狐趙，無以尚焉。帝卽位二三年間，方逞其欲，言拒諫違，天下失望。而有世祖於才明，少以禮度自肅，思武皇之節儉，追太祖之寬恕，則漢之文、景，曾何足論。景和申之以淫虐，太宗易之以昏縱，師旅薦興，邊鄙促迫，人懷苟且，朝無紀綱，內寵方議其安，外物已覩其敗矣。世祖登遐，既委重於二戴；太宗晏駕，亦託孤於王、阮。溝近之道歸，沖人之亹如一，〔二二六〕然宋祚未絕於永光，重以宗之見窘。水德遂亡，〔二二七〕實由强臣之受辱，且顧命羣公，從容自若，〔二二八〕畏懦伊、霍之機，〔二二九〕倚靡唐、虞之際，於是蔚炳胥變，明命就遷，〔二三〇〕俯仰之間，興衰易覩之矣。〔二三一〕周自平王東遷，崎嶇河、洛，其後二十四世，而赧始亡之。〔二三二〕漢自章、和既降，顛覆閹豎，其後百有餘載，而獻始禪之。何則周、漢靈長，如彼難拔，近代脆促，若此易崩，非徒天時，有人事矣。開鴻荒者難爲慮，因成事者易爲力，曹、馬規模懸乎前載，苟有斯會，實啟英雄。而況太宗爲之驅馳，先顛其本根，本根既靡，〔二三三〕枝葉自摧，斯則始於人事者。昔二代將亡，殷辛、夏癸相去數百年間，異代而復出。〔三四〕宋自景和、元徽，首尾不能十載，而除過於兩君，斯則天之所棄於前王也。天意人事，其微如是，雖欲勿喪，其可得乎？若乃拯厥塗炭，馭逆取欲者，湯武之功也。鋤當路飾，揖讓之名者，近代之事也。豈應天從民，道有優劣，故宗廟社稷，修短有數乎？不然，何則殊途緬邈如斯之遠也。夫山嶽崩頹，必有朽壞之隟；春秋迭代，必有去故之悲。是以臨危亡而撫運，未有不扼腕留連者也。近古之弊，〔三五〕化薄俗行乎宋氏，宋氏成敗，得失驗乎行事，設而言之，載于篇籍矣。繫敍其所創業垂統，而懷其舊俗，遺風餘烈，將不啻然建乎？賢人君子，英聲餘論，以附于茲。子野曾祖，〔三六〕宋中大夫、西鄉侯，以文帝十三年受詔撰起居注。〔三七〕十六年，重被詔續成何承天宋書，其年終于位，書則未遑述作。齊興後十餘年，宋之新史，〔三八〕既行於世。子野生乎太始之季，長於永明之間，家有舊書，聞見交接，是以不量深淺，因宋之新史，〔三九〕以爲宋略二十卷。剪裁繁文，〔三〇〕删撮事要，卽其簡宣，志以爲名，若夫黜惡彰善，臧否與奪，則質以先達格言，不有私也。豈以勒成一家，貽之好事，蓋司典之後，而不敢忘焉。

裴子野曰：余齊末無事，聊撰此書，近史易行，頗見傳寫。比更尋讀，繁穢猶多，微重刊削，尚未爲詳定。

卷第十四校勘記

〔一〕太宗明皇帝　下有目録「廢帝諱昱順帝諱准」八字，今據庫本删。

〔二〕元嘉十六年十月戊辰　「戊辰」，宋書明帝紀作「戊寅」。十月辛酉朔，初八日戊辰，十八日戊寅，皆在十月，未知孰是。

〔三〕二十五年封淮陽王　「淮陽王」原作「淮南王」。宋封淮南王者僅一人，爲孝武帝第十六子子孟，於大明七年封。據宋書文帝紀、明帝紀、南史宋本紀中下及通鑑一二五皆云或於元嘉二十五年秋八月甲子，封淮陽王，此「南」爲「陽」字之誤，據改。

〔四〕佃夫道兒因結壽寂之等戮廢帝於後堂　「因」，各本皆作「固」，今從宋本、周鈔本，宋書明帝紀、南史宋本紀下亦同。

〔五〕壬戌　十二月庚申朔，無壬戌。

〔六〕壬午　原作「壬申」。十二月壬申前已見，此又重出，宋書明帝紀、南史宋本紀下皆作「壬午」，爲是月二十三日，是，今據改。

〔七〕二年春正月乙未　下有壬辰、甲午。是年正月己丑朔，初四日壬辰，初六日甲午，初七日乙未，乙未不應在壬辰、甲午之前，日序有誤。

〔八〕丙申　原作「丙戌」。正月無丙戌，宋書明帝紀、南史宋本紀下及通鑑一三一皆作「丙申」。丙申爲正月初八日，今據改。

〔九〕湖州刺史行軍何慧文　宋書明帝紀、王謙之傳、鄧琬傳及南史宋本紀下、鄧琬傳、通鑑一三一皆云何慧文其時爲湘州行事。

〔一〇〕袁曇　各本同，徐鈔本作「袁曇文」，亦誤。當從宋書明帝紀、天文志四、鄧琬傳、南史宋本紀下、鄧琬傳及通鑑一三一作「袁曇遠」。

〔一一〕柳元怙　「怙」原作「恬」，形近致誤，今據宋書、南史柳元景傳及通鑑一三一改正。

〔一二〕曲赦吴興晉陵義興山陽郡　宋書明帝紀作「曲赦吴、吴興、義興、晉陵四郡」。

〔一三〕以吏部尚書蔡興宗爲右僕射　南史宋本紀下、宋書、南史蔡興宗傳同。宋書明帝紀、通鑑一三一並作「左僕射」，萬斯同宋將相大臣年表亦云泰始元年八月至三年五月，右僕射爲王景文，非蔡興宗。此「右僕射」當爲「左僕射」之誤。

〔一四〕以吴興太守張永右軍將軍蕭道成東討　「張永右軍將軍」六字各本皆缺，唯張本有。張永時爲吴興太守，見宋書本傳。蕭道成時爲右軍將軍，南史齊本紀上云：「宋明帝即位，爲右軍將軍。」宋書明帝紀亦云：「右軍將軍齊王東討。」張本是，今據補。

〔一五〕建武將軍吴喜公率諸軍破賊於吴興會稽平定三郡　「吴喜公」原作「吴嘉公」。吴喜公即吴喜，喜公爲其本名，宋書、南史皆有傳，通鑑一三一亦作「吴喜」，徐鈔本不誤，今從之。又此僅云「吴興、會稽」，尚不足三郡之數，宋書明帝紀「吴興」上有「吴」字，當是。

〔一六〕輔國將軍蕭道成前鋒北討　「北討」原作「東討」。蕭道成東討，上文已云之，今據徐鈔本及宋書明帝紀、南史宋本紀下改正。

〔一七〕蕪湖　徐鈔本、宋書明帝紀、南史宋本紀下皆作「穊湖」。

〔一八〕脩寧陵　「脩」原作「循」，形近致誤，今據徐鈔本改。南史宋本紀、通鑑一三一亦作「脩寧陵」，胡注云：「脩寧陵，在孝武陵東南。」

〔一九〕以仇池太守楊僧嗣爲秦州刺史封武都王　「秦州」當作「北秦州」。宋書明帝紀、南史宋本紀下及通鑑一三一皆作「北秦州」。宋書氐胡傳宋明帝泰始二年詔亦云：「僧嗣遠守西疆……可冠軍將軍、北秦州刺史、武都王。」

〔二〇〕八月己卯　「己卯」原作「己酉」。八月丙辰朔，無己酉。宋書明帝紀、南史宋本紀下皆作「己卯」，是月二十四日己卯，是，今據改。

〔二一〕進討江郢荆襄雍五州平之　「襄」，宋書明帝紀、南史宋本紀下皆作「湘」。通鑑一三一亦作「湘州」。

〔二二〕曲赦江郢荆襄雍五州　「襄」，宋書明帝紀作「湘」。

〔二三〕王玄謨　原作「王元」，今從庫本、徐鈔本。宋書明帝紀、南史宋本紀下亦可證。

〔二四〕廬陵王子與　「與」原作「輿」。今據徐鈔本及宋書明帝紀、武三王傳改正。

〔二五〕十二月壬辰立建平王景素子延年爲新安王　十二月甲寅朔，無壬辰。宋書明帝紀、南史宋本紀下皆云立延年爲新安王在十一月壬辰。十一月甲申朔，初九日壬辰。此「十二月」當爲「十一月」之誤。

〔二六〕於是遂失淮南北四州及豫州淮西地　「淮南北四州」，宋書明帝紀、南史宋本紀下及通鑑一三二皆作「淮北四州」。胡注云：「淮北四州，青、冀、徐、兗。豫州淮西，汝南、新蔡、譙、梁、陳、南頓、潁川、汝南、汝陰諸郡也。」

〔二七〕癸卯曲赦揚豫二州　「揚豫二州」，宋書明帝紀、南史宋本紀下並作「豫、南豫二州」。

〔二八〕庚午　泰始三年正月癸未朔，無庚午。是年正月逢閏，爲癸丑朔，十八日庚午。宋書明帝紀、南史宋本紀下皆作「閏月庚午」，據此「庚午」前當脱「閏月」二字。

〔二九〕丙申　原作「丙子」。二月壬午朔，無丙子日。宋書明帝紀、南史宋本紀下皆作「丙申」，十五日丙申，是，今據改。

〔三〇〕江夏文獻王　「獻」原作「憲」，今據宋書、南史劉義恭傳改正。

〔三一〕洮陽肅侯宗愨　「洮陽肅侯」原作「陽肅侯」，今據庫本、徐鈔本及南史宋本紀下、宋書、南史本傳改正。

〔三二〕立桂陽王休範第二子德嗣爲廬陵王　「第二子」原作「第三子」。休範有二子：德宣、德嗣，宋書明帝紀、南史宋本紀下皆云德嗣爲第二子。此「三」當爲「二」之誤。又「廬陵王」原作「廬江王」，今據庫本、徐鈔本及宋書、南史劉休範傳改正。

〔三三〕立侍中劉韞第二子銑爲南豐王　「韞」原作「輼」，據庫本、甘鈔本及宋書、南史本傳改正。「第二子」原作「第三子」，據宋書明帝紀、南史宋本紀下及宋書劉義恭傳改正。「銑」原誤「鈂」，今據庫本、徐鈔本及宋書劉義恭傳改。

〔三四〕五月丙辰　「丙辰」原作「丙申」。五月辛亥朔，無丙申。宋書明帝紀、南史宋本紀下皆作「五月丙辰」，初六日丙辰，是，徐鈔本亦作「丙辰」，今據改。

〔三五〕崇寧陵　原作「崇陵」。今據庫本及宋書明帝紀、南史宋本紀下補正。

〔三六〕景午　當作「丙午」，此避唐諱改。

〔三七〕褚彦回　即褚淵，此避唐諱改稱其字。

〔三八〕拾寅　原作「澤拾寅」。據庫本、徐鈔本删「澤」字。

〔三九〕立建安王休仁第二子伯猷爲江夏王　「伯猷」原作「伯仁」。據徐鈔本改。宋書明帝紀、南史宋本紀下及宋書劉休仁傳亦同。

〔四〇〕零陵王司馬勗　原作「零陵王勗」，勗爲晉之後裔，當有「司馬」二字，文意方明。今據徐鈔本及宋書明帝紀、南史宋本紀下補。

〔四一〕改封東海王禕爲廬江王　「廬江」原作「廬陵」，據庫本、徐鈔本改。宋書明帝紀、南史宋本紀下及宋書、南史本傳亦皆作「廬江王」。

〔四二〕秋七月戊辰　宋書明帝紀、南史宋本紀下皆作「九月戊辰」。七月乙巳朔，二十四戊辰；九月甲辰朔，二十五日戊辰，七、九兩月皆有戊辰，未知孰是。

〔四三〕五月己巳河南國遣使朝貢　五月庚子朔，無己巳。宋書明帝紀作「三月己巳，河南王遣使獻方物」。三月辛丑朔，二十九日己巳，此「五月」二字疑衍。

〔四四〕初制間二年一祭南郊間一年一祭明堂　各本皆無二「間」字，唯徐鈔本有。宋書明帝紀、南史宋本紀下、通鑑一三二皆同徐鈔本。宋書禮志三亦云：「自今可間二年一郊，間歲一明堂。」今據補。

〔四五〕夏四月己亥立皇子燮爲晉熙王　「己亥」，宋書明帝紀、南史宋本紀下、通鑑一三二皆作「癸亥」。四月甲午朔，初六日己亥，三十日癸亥，皆在四月。

〔四六〕二月癸丑　南史宋本紀下同，宋書明帝紀作「二月癸巳」。二月己丑朔，初五日癸巳，二十五日癸丑，皆在二月。

〔四七〕秋七月丁巳罷散騎奏舉郎　「奏」原作「奉」。散騎奏舉郎於是年正月甲戌置，同年七月丁巳廢，今據周鈔本、劉鈔本及宋書明帝紀、南史宋本紀下改正。

〔四八〕劉勔　原作「劉員」，今據庫本、徐鈔本改。宋書明帝紀、南史宋本紀下及通鑑一三三亦作「劉勔」。

〔四九〕茅堂　宋書袁粲傳同。册府一九二作「含芳堂」。

〔五〇〕尚書左丞江謐　「江謐」原作「江謚」，誤，據庫本、徐鈔本及南齊書、南史江謐傳改正。又宋明帝之時，江謐官尚書右丞，其官尚書左丞在宋順帝昇明元年，俱見宋書明帝紀、南史宋本紀下，此

「左丞」當爲「右丞」之誤。

〔五一〕故帝小字惠震　「惠震」，宋書後廢帝紀、南史宋本紀下及通鑑一三三皆作「慧震」，惠、慧古通。

〔五二〕始制太子改名石山　「石山」，宋書後廢帝紀作「昱」。

〔五三〕以尚書袁粲爲護軍將軍褚彦回共輔朝政　南史褚淵傳云：「明帝崩，遺詔中書令、護軍將軍，與尚書令袁粲受顧命，輔幼主。」據此「護軍」前「爲」字當衍。

〔五四〕八月戊辰　宋書後廢帝紀、南史宋本紀下皆作「八月戊午」。八月辛亥朔，初八日戊午，十八日戊辰，皆在八月。

〔五五〕十一月己亥　「己亥」原作「乙亥」。十一月己卯朔，無乙亥日。宋書後廢帝紀、南史宋本紀下並作「己亥」，爲月之二十一日，是，今據改。

〔五六〕劉彦節　宋書後廢帝紀及本傳皆作「劉秉」，此避唐諱改以字行。

〔五七〕庚午　「庚午」原作「庚子」。八月乙巳朔，無庚子。宋書後廢帝紀、南史宋本紀下皆作「庚午」。八月二十六日庚午，是，今據改。

〔五八〕立衡陽王嶷子伯玉爲南平王　「嶷」上原衍「休」字，今據宋書劉義季傳删。又「南平王」原作「南安王」，據庫本及宋書後廢帝紀、南史宋本紀下改正。

〔五九〕癸亥　原作「癸卯」。前已云十二月癸卯朔，此不應重見。宋書後廢帝紀、南史宋本紀下作「癸亥」，是月二十一日癸亥，是，今據改。

〔六〇〕杜墨蠡　宋書劉休範傳同。宋書後廢帝紀、南齊書齊高帝紀、南史宋本紀下作「杜黑蠡」，魏書島夷劉裕傳作「杜墨騾」，通鑑一三三作「杜黑騾」，皆爲一人。

〔六一〕護軍典籤茅恬　「護軍典籤」，宋書後廢帝紀作「撫軍典籤」，南齊書高帝紀、南史宋本紀下作「車騎典籤」。又「茅恬」原作「蕭恬」，據庫本、徐鈔本、宋書、南齊書、南史改正。

〔六二〕丙午　宋書後廢帝紀、南史宋本紀下並作「壬戌」。六月庚子朔，初七日丙午，二十三日壬戌，皆在七月，未知孰是。

〔六三〕徐州刺史建平王景素　「徐州」，宋書後廢帝紀、南史宋本紀下劉景素傳及通鑑一三三皆作「南徐州」，當是。

〔六四〕征西大將軍河南王吐谷渾拾寅進號車騎大將軍　「車騎」下各本有「征西」二字，南史宋本紀下亦同。張森楷南史校勘記云：「拾寅本號征西大將軍，車騎在征西上一等，故進之。無征西大將軍仍兼本號之理也。」張説是，宋書後廢帝紀可證，今據删。

〔六五〕己丑　原作「乙亥」。七月戊子朔，無乙亥。宋書後廢帝紀、南史宋本紀下作「己丑」，爲七月初二日，是，今據改。

〔六六〕黄回　原作「黄迴」。今據宋書後廢帝紀、南史宋本紀下、宋書、南史本傳及通鑑一三四改正。

〔六七〕八月丁卯　「丁卯」原作「丁酉」。八月戊午朔，無丁酉。宋書後廢帝紀、南史宋本紀下、通鑑一三四並作「丁卯」，爲是月初十日，今據改。

〔六八〕禧爲始建王　原作「禕爲始興王」。據庫本、徐鈔本及宋書後廢帝紀、南史宋本紀下、通鑑一三四改正。

〔六九〕己丑　原作「乙丑」。九月丁亥朔，無乙丑。宋書後廢帝紀、南史宋本紀下並作「己丑」，爲九月初三日，是，今據改。

〔七〇〕冬十月辛酉以吏部尚書王僧虔爲尚書左僕射　「尚書左僕射」，宋書後廢帝紀、南史宋本紀下並作「尚書右僕射」。南齊書、南史王僧虔傳云：「元徽中，爲吏部尚書，尋加散騎常侍，轉右僕射。」萬斯同宋將相大臣年表亦云元徽四年六月蕭道成拜左僕射，十月王僧虔拜右僕射。此作「左僕射」誤。

〔七一〕己丑　原作「癸丑」。七月壬午朔，無癸丑。宋書後廢帝紀、南史宋本紀下、通鑑一三四皆作「己丑」，爲七月初八日，是，今據改。

〔七二〕張五兒　宋書後廢帝紀、南史宋本紀下同。徐鈔本、周鈔本、劉鈔本及南齊書高帝紀皆作「張互兒」。五、互形近，必有一誤。

〔七三〕杜幼文兄叔文　各本「叔」下皆脱「文」字，唯徐鈔本有，宋書後廢帝紀作「叔文」，宋書、南史杜幼文傳皆云其兄爲叔文，今據補。

〔七四〕新安寺偷狗　宋書後廢帝紀作「晚至新安寺偷狗」。

〔七五〕字仲謨　各本及南史宋本紀下、通鑑一三四、御覽一二八同。徐鈔本及宋書順帝紀、册府一八二並作「字仲謀」。

〔七六〕戊辰　「戊辰」原作「戊子」。八月壬子朔，無戊子。宋書順帝紀、南史宋本紀下、通鑑一三四皆作「戊辰」，爲八月十七日，是，今據改。

〔七七〕崇拜帝所生陳昭華爲皇太妃　「妃」原作「后」，據徐鈔本、宋書順帝紀、南史宋本紀下改。宋書、南史后妃傳亦云，陳昭華，「順帝即位，進爲皇太妃」。

〔七八〕庚午司空蕭道成讓職　「司空」原作「司徒」。上文已云其時司徒爲袁粲，今據徐鈔本及宋書順帝紀、南齊書高帝紀改正。

〔七九〕乙酉廬陵王暠薨　宋書順帝紀、南史宋本紀下皆云廬陵王暠薨於是月己酉。九月辛巳朔，初五日乙酉，二十九日己酉，皆九月。

〔八〇〕輔國將軍張懷攻斬之　「攻」原作「政」，據徐鈔本改正。

〔八一〕癸巳　原作「癸亥」。閏十二月庚辰朔，無癸亥。宋書順帝紀、南史宋本紀下皆作「癸巳」，爲是月十四日，是，今據改。

〔八二〕丙戌撫軍揚州刺史晉熙王燮進號中軍開府儀同三司　「丙戌」原作「西武」，不通。今據徐鈔本及宋書順帝紀、南史宋本紀下改正。

〔八三〕三月乙未日有蝕之　三月戊申朔，無乙未。南史宋本紀下作「三月己酉朔，日有蝕之」。按朔閏表，三月爲戊申朔，己酉爲初二日。

〔八四〕九月乙巳朔日有蝕之　「乙巳」原作「乙酉」。九月無乙酉，今據宋書順帝紀、五行志五、南史宋本紀下改正。

〔八五〕臨澧侯劉晃　「臨澧」原作「臨豊」。據宋書順帝紀、南史宋本紀下改。宋書州郡志三亦作「臨澧」，可證。

〔八六〕蕭賾　原作「蕭頤」。據徐鈔本及南齊書武帝紀改。

〔八七〕三月癸卯朔日有蝕之　「癸卯」原作「癸亥」。癸亥非三月朔日，今據宋書順帝紀、五行志五及南史宋本紀下改正。

〔八八〕丹徒宮　南史宋本紀下同。宋書順帝紀作「丹楊宮」，通鑑一三五云「築宮丹楊」，胡注云：「丹楊，南史作『丹徒』，丹楊爲是。」南齊書高帝紀上亦云「築室於丹楊故縣」。此「丹徒」當爲「丹楊」之譌。

〔八九〕童太一　原脱「一」字，據宋本、張本、徐鈔本、周鈔本、劉鈔本及南史本傳補。

〔九〇〕父逺之　宋書徐湛之傳作「父逵之」，南史徐羡之傳云，徐湛之父爲逵之，徐逵之又見宋書武帝紀中、樂志一、謝晦傳等，當作「逵之」爲是。逵、遠、達三者形近，因以致誤。

〔九一〕元嘉元年東宮始建　宋書文帝紀云，元嘉六年三月丁巳，立皇子劭爲皇太子，其時始建東宮。徐湛之傳亦云「六年，東宮始建」，此「元年」當爲「六年」之誤。

〔九二〕新洲　原作「新州」。本書卷十一、宋書、南史徐湛之傳及御覽一五三皆作「新洲」，據改。

〔九三〕贈黄門侍郎　宋書、南史江湛傳皆云：「追贈左光禄大夫、開府儀同三司。」

〔九四〕尋以僧綽所啟廢諸王事　徐鈔本「以」作「得」。庫本「以」下有「元兇料檢太祖巾箱及江湛家書疏得」十五字。

〔九五〕袁悦　「悦」原作「貞」，據庫本改。宋書、南史王僧綽傳亦作「袁悦」。

〔九六〕宅無吉凶　宋書、南史王僧綽傳「宅」上有「謂」字，當是。

〔九七〕昔同子參乘袁絲正色　「同子」原作「子同」。其語本漢書司馬遷傳，同子，蘇林注云：「趙談也。與遷父同諱，故曰同子。」宋書、南史顔延之傳不誤，今乙正。

〔九八〕延之與靈運詞彩齊　宋書、南史顔延之傳「齊」下有「名」字。

〔九九〕鮑照　原作「鮑昭」，據宋書、南史本傳改正。

〔一〇〇〕東莞莒人　「莞」原作「筦」，據宋書臧質傳、南史臧燾傳改，宋書州郡志一亦作「東莞」可證。

〔一〇一〕質答書曰　「質答書」三字據徐鈔本補。

〔一〇二〕子軌　「軌」原作「執」，庫本、徐鈔本及宋書、南史魯爽傳皆作「軌」，今據改，下同。

〔一〇三〕因從拓拔　此處文字當有脱誤，「從」或爲「脱」之譌。

〔一〇四〕太宗崩與蔡興宗平桂陽王休範亂　「太宗」原作「太祖」。桂陽王休範舉兵反在宋後廢帝元徽二年五月，此「太祖」當爲「太宗」之誤，今據改。

〔一〇五〕王淩　原作「王陵」，據魏志本傳改正。晉書宣帝紀、天文志三、宋書沈攸之傳亦作「王淩」。

〔一〇六〕泗州刺史張敬兒　「泗州」當作「雍州」，見宋書、南史沈攸之傳張敬兒傳。

〔一〇七〕東臺寺　宋書、南史王僧達傳並作「西臺寺」。

〔一〇八〕伯得臣義　「伯」，宋書、南史顔竣傳作「臭」，顔延之傳云：「臭，延之第三子也。」

〔一〇九〕達成侯　宋書、南史顔竣傳皆作「建城縣侯」。宋無達成建置，有建城縣，見宋書州郡志二，屬江州豫章郡，「達成」當爲「建城」之誤。

〔一一〇〕以爲侍中　「侍中」，魏書、南史、北史朱脩之傳並作「雲中鎮將」。

〔一一一〕不燃官燭油及牛馬食　疑「不」字衍，宋書、南史朱脩之傳可證。

〔一一二〕世祖卽位累遷西平將軍　「世祖」原作「世宗」，據徐鈔本、周鈔本「西平」疑當作「平西」。

〔一一三〕時勛要多事産業元景居南岸僅有菜園數十畝　原作「多事産業，居南岸，有菜園數十畝」，意正相反，今從徐鈔本，亦與宋書、南史柳元景傳文意相合。

〔一一四〕年四十四七子皆見殺　「年四十四」，宋書顔師伯傳作「時年四十七」。「七子」，宋書、南史顔師伯傳皆作「六子」。

〔一一五〕乃遣收吴興劉斌殺之　「吴興」，宋書、南史沈慶之傳作「吴郡」。劉斌於元嘉十七年見殺，其時官吴郡太守。劉斌乃南陽人（見劉義康傳），故吴興亦非劉斌之里籍。此「吴興」乃「吴郡」之譌。

〔一一六〕五洲　原作「五州」，今從張本、周鈔本、劉鈔本。宋書、南史沈慶之傳、通鑑一二七及水經江水注亦皆作「五洲」。

〔一一七〕西明門　宋書、南史沈慶之傳並作「清明門」。

〔一一八〕父原　宋書、南史蕭思話傳皆作「父源之」。

〔一一九〕梁秦二州刺史　宋書、南史蕭思話傳作「梁南秦二州刺史」，其時楊難當爲北秦州刺史，似應作「南秦州」更妥。

〔一二〇〕劉延孫彭城呂梁人也　宋書劉延孫傳云劉延孫爲彭城呂人。南史本傳云：「劉氏之居彭城者，分爲三里，……及延孫所居呂縣凡四劉」。宋書州郡志一亦云，彭城郡下轄領呂縣。據此劉延孫爲彭城呂人，此「呂梁」當衍「梁」字。

〔一二一〕劉秀之字道寶　「寶」原作「寂」，今從庫本、徐鈔本，宋書、南史劉秀之傳亦同。

〔一二二〕初從叔父穆之爲丹楊尹令子弟皆於廳事飲宴　「尹令」原作「令尹」，據張本、徐鈔本、周鈔本乙正。

〔一二三〕父琰　宋書、南史顧琛傳及世説人名譜吴國吴郡顧氏譜皆作「惔」，疑是。

〔一二四〕顧覬之字偉仁　「覬」原作「愷」，今從庫本。「仁」原作「人」，今從庫本、丁鈔本、徐鈔本、周鈔本。宋書、南史本傳及世説人名譜吴國吴郡顧氏譜亦皆云：「顧覬之字偉仁。」

〔一二五〕汝南安成人　「成」原作「城」，今從徐鈔本。宋書、南史周朗傳及宋書州郡志二亦皆作「安成」。

〔一二六〕使長史范覬之條次氏族　「覬」原作「凱」，「條」原作「修」，今從徐鈔本，宋書宗越傳亦同。

〔一二七〕以功共破元兇梁山　宋書譚金傳作「平元兇及梁山破臧質」，是。

〔一二八〕東莞人也 「莞」原作「管」。宋書譚金傳云:「太壹,東莞人。」宋書州郡志一亦作「東莞」,是,今據改。

〔一二九〕太宗即位 「太宗」原作「太祖」,據周鈔本、劉鈔本及宋書、南史黄回傳改。

〔一三〇〕以回爲寧朔將軍 「寧朔將軍」原作「河朔將軍」,據徐鈔本及宋書黄回傳改正,宋書百官志亦無河朔將軍。

〔一三一〕葛陽侯 宋書、南史黄回傳作「葛陽縣男」,是。黄回初封葛陽縣男,元徽初,以平桂陽王休範功,進爵爲侯,改封聞喜縣。

〔一三二〕鄧琬字元琰 南史鄧琬傳同。宋書作「字元琬」。

〔一三三〕及太宗殺帝 「太宗」原作「太祖」,今據周鈔本及宋書、南史鄧琬傳改。

〔一三四〕袁顗字國章 南史本傳及世説人名譜陳郡陽夏袁氏譜同,宋書云袁顗字景章。

〔一三五〕父珣 「珣」,宋書、南史袁顗傳及陳郡陽夏袁氏譜並作「洵」。

〔一三六〕封新淦縣子 「新淦」原作「新塗」。據册府四六一及宋書州郡志二改。

〔一三七〕本願生出彪口 南史袁顗傳同,宋書「彪」作「虎」,蓋南史、實録皆避唐諱改耳。

〔一三八〕皇太后 宋書、南史袁顗傳皆作「太皇太后」。太皇太后謂宋文帝路淑媛。前廢帝即位,是年秋七月崇皇太后(路淑媛)爲太皇太后,子勛乃前廢帝弟,亦當稱「太皇太后」爲是。

〔一三九〕孔覬 原作「孔顗」。宋書、南史本傳、通鑑一三一及世説人名譜會稽山陰孔氏譜皆作「孔覬」,

是，今據改。下同。

〔一四〇〕王曇　宋書、南史孔覬傳王弘之傳及通鑑一三一皆作「王曇生」。

〔一四一〕山嶗　宋書孔覬傳、通鑑一三一作「嶗山」，南史作「嶗山村」。

〔一四二〕王宴　宋書、南史孔覬傳及通鑑一三一皆作「王晏」。

〔一四三〕生爲久離別没爲長不歸　「生」，南史謝莊傳同，文選二一、逯欽立先秦漢魏晉南北朝詩宋詩五並作「存」。「長」原作「久」，今據張本、周鈔本、劉鈔本及文選改。

〔一四四〕帝以爲吏部猶輕下詔於是置吏部尚書二人　徐鈔本無「以爲吏部猶輕下詔」八字，另加「時慮權移臣下，以吏部尚書選舉所由，欲輕其勢，乃下詔曰：『吏部尚書可依郎分置，並詳省閑曹。』」三十七字。

〔一四五〕年三十六卒　宋書謝莊傳云莊卒於泰始二年，時年四十六。

〔一四六〕長子颺　「颺」原作「飏」。徐鈔本及宋書、南史謝莊傳、世説人名譜陳國陽夏謝氏譜皆作「颺」，今據改，下同。

〔一四七〕從　原作「縱」，今據張本、徐鈔本、周鈔本、劉鈔本及南齊書謝瀹傳、南史謝莊傳、陳國陽夏謝氏譜改。

〔一四八〕職次止可比中書令　「止」，宋書王景文傳作「正」，南史作「政」。

〔一四九〕以古來比例六事詰難之　「六事」原作「大事」，據張本、徐鈔本及宋書王景文傳改正。

〔一五〇〕諸將帥吴喜壽寂之徒　「徒」上當應重一「之」字，宋書、南史王景文傳可證。

〔一五一〕初名開後改爲惠開　宋書蕭惠開傳云：「初名慧開，後改慧爲惠。」

〔一五二〕乃爲豫章内史　「乃」上原有「發」字，當衍，據徐鈔本删，宋書、南史蕭惠開傳亦可證。

〔一五三〕惠開素有大志　「大志」原作「大意」，今據徐鈔本及南史蕭惠開傳改。

〔一五四〕寺門所住齋前　「門」，宋書、南史蕭惠開傳作「内」。

〔一五五〕土人前將軍杜叔寶　「前將軍」，宋書殷琰傳、通鑑一三一並作「前右軍參軍」。

〔一五六〕草未及燃　原無「燃」字，據徐鈔本及宋書殷琰傳補。

〔一五七〕及尋陽遂降　黄廷鑑第六絃溪文鈔三書校建康實録後云，「尋陽」下脱「敗」字。

〔一五八〕求北還構扇河陝　原無「還」字，據徐鈔本及宋書、南史薛安都傳補。

〔一五九〕景和初以爲平北將軍徐州刺史　「以」原在「景」字上，今據宋書、南史薛安都傳乙正。

〔一六〇〕父劭　宋書沈文秀傳作「父劭之」，南史作「父邵之」。

〔一六一〕推文秀爲主進軍　徐鈔本無「爲主進軍」四字，另作文爲「文秀遣軍主解彦士攻北海，陷之。太宗遣青州刺史明僧暠、東莞東安二郡太守李靈謙率軍伐文秀。玄邈、乘民、僧暠等並進軍攻城，每戰輒爲文秀所破，離而復合，如此者十餘。泰始二年八月」。此段文字與宋書沈文秀傳同。疑實録有脱誤，徐鈔本文字乃後人據宋書增補。

〔一六二〕白曜　宋書沈文秀傳作「慕輿白曜」，魏書、南史、北史沈文秀傳皆作「慕容白曜」。魏書慕容白曜傳云：「初，慕容破後，種族仍繁。天賜末，頗忌而誅之。時有遺免，不敢復姓，皆以『輿』爲氏。延昌末，詔復舊姓。」

〔一六三〕裸縛令拜之　「裸縛」原作「偏溥」，甘鈔本作「偏縛」，今從庫本、徐鈔本，宋書沈文秀傳亦同。

〔一六四〕齊永明四年　「永明」原作「元明」。齊無元明年號，今據徐鈔本及宋書沈文秀傳改正。

〔一六五〕置左右史　原作「置左史」，今據徐鈔本補「右」字。

〔一六六〕及賊至掖門　「及」下原有「乎」字，今據張本、徐鈔本、丁鈔本、周鈔本、劉鈔本删。

〔一六七〕終服乃受命　「終服」，宋書、南史袁粲傳皆作「服終」。

〔一六八〕劉秉　原作「劉道」，今據庫本、徐鈔本改正，宋書、南史袁粲傳亦同。

〔一六九〕伯與　宋書何子平傳同，南史作「伯興」。

〔一七〇〕吴隱　卽吴隱之，六朝人名後「之」字，常可省去。

〔一七一〕阮長之字景茂　「景茂」原作「茂景」，今從徐鈔本，南史阮長之傳、世説人名譜陳留尉氏阮氏譜亦作「景茂」。

〔一七二〕普之　宋書、南史阮長之傳及陳留尉氏阮氏譜皆作「普」，無「之」字。

〔一七三〕元嘉十一年卒　宋書阮長之傳云長之於元嘉十四年卒，時年五十九。

〔一七四〕人户三萬　「人」，宋書江秉之傳作「民」，此避唐諱改。

〔一七五〕朱萬嗣　「萬」原作「方」，今據庫本、劉鈔本及宋書陸徽傳改。

〔一七六〕年五十　宋書陸徽傳作「年五十三」。

〔一七七〕孫劭　宋書、南史戴顒傳並作「張邵」。

〔一七八〕妻梁氏　宋書、南史劉凝之傳云凝之妻爲梁州刺史郭銓女，此「梁氏」抑爲「郭氏」之誤歟。

〔一七九〕陳戴　南史戴法興傳同，宋書作「陳載」。

〔一八〇〕遷越騎校尉　原脱「越」字，據徐鈔本及宋書、南史戴法興傳補。

〔一八一〕華林園後堂　原作「華林堂後園」，今據宋書前廢帝紀、南史宋本紀中乙正。

〔一八二〕山陽王休祐　原脱「休」字，據徐鈔本補。

〔一八三〕王道隆　「隆」原作「成」，今據張本、庫本、徐鈔本、甘鈔本改正。

〔一八四〕于天寶　「于」原作「干」，形近致誤，今據劉鈔本及宋書、南史于天寶傳改正。

〔一八五〕迴戈内赴　原作「迴戈五兵内起」，據文苑英華七五四改。

〔一八六〕則丘嶺無餘妖　文苑英華七五四「丘嶺」作「五嶺」，「無」作「靡」。

〔一八七〕命孫季高於巨海之上　「命」上原有「殘孽」二字，「孫季高」原作「孫秀高」，今據文苑英華七五四改。

〔一八八〕肇有宋都　文苑英華七五四其下有「蔕芥必除，華夷莫拒」兩句。

〔一八九〕長沙以家弟共艱難　「弟」原作「第」，據文苑英華七五四改。

〔一九〇〕烈武以清貞定南楚　「貞」原作「貧」，據文苑英華七五四改。

〔一九一〕君行卑而咸不爲奢民勤戍而無怨讟　文苑英華七五四作「君行卑菲，而國不爲陋；民勤征戍，而下無怨讟。」

〔一九二〕誉陽狎于不順　「誉陽」原作「滎陽」，據文苑英華七五四改。

〔一九三〕不欲由甯氏撓權逼使芒刺在躬　文苑英華七五四作「不欲政由甯氏克滅權逼，不使芒刺在躬」。

〔一九四〕弘宣當世之宜　文苑英華七五四其句下有「吏久其職，育孫長子」兩句。

〔一九五〕高簡則王令明　「簡」原作「間」、「令」原作「全」。王令明謂王惠也，今據文苑英華七五四改正。

〔一九六〕清貴則王蒨　「王蒨」原作「方續」，文苑英華七五四作「王舊」，「舊」當「蒨」之訛，今據宋書、南史本傳改正。

〔一九七〕文章則顏延之謝靈運有命世之巨才　「命世之巨才」，文苑英華七五四作「藻麗之鉅才」。

〔一九八〕剛亮骨鯁則袁粲蔡子度　「亮」前原有「□□則徐」，庫本作「見微則徐」，今據文苑英華七五四改。又「蔡子度」原作「粲子廣」，亦據文苑英華改正。

〔一九九〕南平　原作「南昌」，據庫本、張本、徐鈔本、周鈔本、劉鈔本改。宋無南昌王，南平謂南平王劉鑠也。

〔二〇〇〕三四十年　文苑英華七五四作「十三四年」。

〔二〇一〕士莫不敦閱詩書　原無「士」字，據文苑英華七五四補。

〔二〇二〕私家非軒蓋不逾國　「國」，文苑英華七五四作「閾」。

〔二〇三〕冠冕以之　文苑英華七五四作「冠冕之流」。

〔二〇四〕南登象浦　原作「南澄象酒」，周鈔本「酒」作「郡」，今據文苑英華七五四改。

〔二〇五〕劉裴愛整　「愛」，徐鈔本、周鈔本及文苑英華七五四作「爰」。

〔二〇六〕繩山航海之譯　「航」，文苑英華七五四作「諷」。

〔二〇七〕然值北方彊　文苑英華七五四作「然值北虜方強」。

〔二〇八〕匈奴遂跨彭沛　「沛」原作「澤」，據文苑英華七五四改。

〔二〇九〕嬰城而不敢闚　「闚」原作「闢」，據文苑英華七五四改。

〔二一〇〕天子三朝　「三」，文苑英華七五四作「乃」。

〔二一一〕於是起盡室之財　文苑英華七五四作「於是起盡户之役，貸富室之財」。

〔二一二〕胡兵亦急　「急」，文苑英華七五四作「怠」。

〔二一三〕由辨之不早辨也　文苑英華七五四下有「元嘉之禍，其有以焉」。

〔二一四〕王彧　原作「王元長」。王元長卽王融，乃齊人，誤，今據文苑英華七五四改。

〔二一五〕禦武名將　原作「禦侮將」，據文苑英華七五四改。

〔二一六〕溝近之道歸沖人之亹如一　文苑英華七五四「溝」作「滐」、「道」下有「同」字、「亹」作「舋」。

〔二一七〕重以宗之見窘水德遂亡　文苑英華七五四作「更以宗王之見窘，水德遂亡於後□」，「後」下缺字周應治廣廣文選作「嗣」。

〔二一八〕從容自若　「若」，文苑英華七五四作「重」。

〔二一九〕畏懦伊霍之機　原無「畏」字，據文苑英華七五四補。

〔二二〇〕明命就遷　「明」字原缺，據文苑英華七五四補。

〔二二一〕興衰易覿之矣　「覿」，文苑英華七五四作「用」。

〔二二二〕而赧始亡之　「赧」原作「已」，據徐鈔本、丁鈔本、周鈔本、劉鈔本及文苑英華七五四改。

〔二二三〕本根既蹷　「本根」兩字原缺，據文苑英華七五四補。

〔二二四〕異代而復出　「代」，文苑英華七五四作「世」，此避唐諱改。

〔二二五〕近古之弊　原無「近」字，今據文苑英華七五四補。

〔二二六〕子野曾祖　原無「曾」字。南史裴松之傳、世説人名譜河東聞喜裴氏譜並云松之子駰生昭明，昭明生子野，則松之當爲子野曾祖，文苑英華七五四正作「曾祖」，今據補。

〔二二七〕以文帝十三年受詔撰起居注　文苑英華七五四作「以文帝之十二年受詔撰元嘉起居注」。

〔二二八〕宋之新史　「宋」原作「宗」，據周鈔本及文苑英華七五四改。

〔二二九〕因宋之新史　「宋」原作「宗」，據周鈔本及文苑英華七五四改。

〔二三〇〕剪裁繁文　「剪」前原衍「篇」字，據文苑英華七五四删。

建康實録卷第十五

齊上

太祖高皇帝

太祖高皇帝姓蕭，諱道成，字紹伯，小名鬬將，漢相國何二十四代孫。何初居沛，何孫侍中彪，免官，居東海蘭陵縣中都里。晉元康元年，乃分東海爲蘭陵郡。中朝亂，帝四世祖淮陰令整，過江居晉陵武進縣，僑而置本土，加以南名，於是爲南蘭陵人也。

皇考承之，字嗣伯，少有大志，而才力過人。初爲宋建威大將軍府參軍，累遷漢中太守，追破主帥楊難當於峨山，〔一〕乃平梁州，入爲右軍將軍。元嘉二十五年，梁士思之，爲於峨山立廟。

太祖以宋元嘉四年丁卯歲生，姿表英異，龍顙鐘聲，鱗文遍體。年十三，從雷次宗學於雞籠山，受禮及左氏春秋。二十三年，隨戍沔口，初爲左軍中兵參軍。二十九年，領偏軍征仇池，破二壘。文帝崩，累遷自建康令爲右將軍，大破薛索兒于石梁。明帝即位，授南兗州刺史、冠軍將軍。而明帝常嫌太祖非人臣相，且民間流言「蕭姓當爲天子」，明帝愈以爲疑。

泰始七年，徵赴京師，拜散騎常侍、太子左衛率。明帝崩，詔爲右衛將軍，加兵五百人。與尚書令袁粲、褚淵等共掌機事。

及蒼梧王立，元徽二年，江州刺史桂陽王休範舉兵叛於尋陽，衆二萬，發湓口。〔二〕太祖議分兵屯守，出鎮自新亭單車白服。宋天子加太祖持節、都督征討諸軍事、平南將軍。築新亭城，未畢，賊前驅已至，太祖方解衣高卧，以安衆心。乃索白虎幡，登西垣，使將軍高道慶、陳顯達浮舸與賊水戰，自新亭北至赤岸，〔三〕大破之，燒其舩艦。賊上新亭，休範乘肩輿率衆至，而太祖大破之，張敬兒斬休範首。而賊將丁文豪仍設伏破臺軍於皂莢橋，至朱雀航，而太祖使陳顯達、任農夫、張敬兒、周盤龍等散討諸賊。時休範典籤許公與等詐稱休範在新亭，士庶惶懼，詣壘期赴休範投名者千數，太祖得而燒之，喻遣還。乃振旅凱入，百姓聚觀曰：「全國家者，此公也。」遷鎮軍將軍、兗州刺史，進爵爲公，邑三千户。

休範平後，蒼梧王兇暴猜忌，欲加大禍，陳太妃罵之曰：「蕭道成有功於國，今若害之，後誰爲汝着力也。」乃止。太祖加憂懼，後常欲以太祖臍爲射的，僅得免。乃與二十五人謀反，與楊玉夫等同謀殺蒼梧王，而迎立汝陰王。其夜，王敬則馳蒼梧首於太祖，太祖夜入承明門，乘所騎赤馬入殿内。及太祖踐祚，號此馬爲「龍驤將軍」，世謂「龍驤赤色」也。

及沈攸之矯太后令下都，京師恐懼，太祖入居朝堂，命諸將西討之。袁粲、劉彦節等謀於石頭，皆殺之。彥節走額擔湖，王藴走鬭場，追擒斬之。

粲無繼世之調，而流放好酒，步屧白楊郊野間，道遇士大夫，便呼與酣飲。明日，謂彼知故，到門求通，粲曰：「昨飲酒無偶，聊相邀爾。」竟不相見。

初，蒼梧之廢也，彥節於集議路逢弟韞，曰：「今日之事，故當歸兄耶？」彥節曰：「吾等以讓領軍矣。」韞自搥胸曰：「君肉中詎有血乎？」

詔假太祖黃鉞，率大衆出新亭中興壘，以拒攸之。攸之敗，傳首京師。進太祖太尉、都督徐兗等十六州諸軍事。己酉，〔四〕增班劍四十人，甲仗百人入殿，加羽葆、鼓吹。

自大明、太始已來，相承奢侈，百姓成俗，太祖輔政，罷御府，省二尚方諸飾翫，集兼不得以金銀錦繡爲緣器等。

九月，進位領揚州牧，劍履上殿，入朝不趨，贊拜不名。置左右長史、司馬、從事中郎將、掾、屬各四人。

三月甲辰，〔五〕詔進位相國，總百揆，封十郡爲齊公，備九錫之禮，加璽紱遠遊冠，位在諸王公上，加相國緑綟綬。三讓，公卿敦勸，乃受。宋帝策命，詔齊國初建，給錢帛萬。

四月癸酉，進齊公爵爲王，衞將軍褚淵奉策授璽紱，金虎符第一至第五，錫茲玄土，苴以白茅，改立王社。丙戌，命齊王冕十有二旒，建天子旌旗，出警入蹕，一依天子儀。

辛卯，宋帝禪位，便遜位别宫，詔依唐虞、魏晉故事。是日，宋帝遜位東邸，備羽儀，出東掖門，曰：「何不進鼓吹？」左右無有答者。壬辰，策命齊王，遣使持節兼太保雩都縣侯褚淵、兼太尉王僧虔奉皇帝璽紱，受終之禮，一依唐虞故事。太祖三辭，宋帝王公已下固請。太史令、將作匠陳文建陳符命曰：〔六〕「六，亢位也。漢建武至建安二十五年，一百九十六年而禪魏；魏自黄初至咸熙二年，四十六年而禪晉；晉自泰始至元熙二年，一百五十六年而禪宋；宋自永初元年至昇明三年，〔七〕凡六十年：咸以六終六受。」右僕射王儉奏「被宋詔遜位，臣等參議，宜尅日輿駕受禪，撰立儀注」。〔八〕太祖乃許之。

建元元年夏四月甲午，上卽皇帝位於南郊，設壇柴燎告天。禮畢，車駕還宫，臨太極前殿。大赦天下。改昇明三年爲建元元年。封宋帝爲汝陰王，築宫丹楊故縣，行宋正朔，車旗服色，一如晉宋故事，上書不爲表，答表不稱詔。宋諸王降爲公，公主爲縣君，詔封降有差。有司奏除元嘉曆爲建元曆，木德盛卯終未，以正月卯社，十二月未臘。丙辰，詔遣大使巡行四方。〔九〕己未，汝陰王薨，謚爲順帝。追尊皇考曰宣皇帝，妣曰孝皇后，追尊兄道度、道生爲王。

庚辰，〔一〇〕七廟立主備法駕卽于太廟。甲申，立皇太子賾。見刑人重者，降一等。立皇子嶷等爲王。[一一]乙酉，葬順帝于遂寧陵。

秋七月，詔南蘭陵桑梓本鄉，長蠲租布，[一二]南武進王業所基，復十年。

丙子，[一三]立彭城劉胤爲汝陰王，奉宋帝後。

二年三月己亥，高麗、吐谷渾遣使貢獻，進高麗王高璉爲樂浪公。

九月，葬皇太子妃裴氏休安陵。[一四]時議欲立石誌不出禮典。起宋元嘉中，顔延之爲王球石誌。素族無銘策，故以紀行。自爾已來，共相祖習，儲妃之重，禮殊恒列，既有哀策，謂不須石誌。從之。[一五]【原闕】

舉體生毛。[一六]至元徽四年，沈攸之事起，上以中流可以待敵，據溢口城爲戰守之備。太祖聞，喜曰：「真我子也。」

齊國建，爲齊世子，以石頭爲世子宮。太祖即位，爲皇太子。

建元四年三月壬戌，太祖崩，上即位，大赦。征鎮州郡令長、軍屯部伍，各行喪三日，不得離任。乙丑，以司徒褚淵録尚書事，左僕射王儉爲尚書令，車騎將軍張敬兒開府儀同三司。

六月，立皇太子長懋。丙申，[一七]立皇太子妃王氏。

八月，褚淵薨。

永明元年正月，車駕南郊。大赦，改元。内外羣僚，各舉所知，而隨分登敍。下詔改葬袁粲、劉彦節，褒贊前功，而沈攸之得送喪還舊墓。

二月，熒惑入太微。時中書舍人各住一省，時謂之四户，既總重權，而勢傾天下。玄象失度，史官請行祈禳之禮。王儉曰：「天文乖忤，此禍由四户。」乃具奏舍人呂文顯等專權，上納而不改。

二年秋七月，車駕幸青溪舊宫。奏金石樂，在位者賦詩。

戊申，幸玄武湖。〔一八〕

三年八月乙未，幸中堂聽訟。

四年春閏正月甲寅，〔一九〕籍田，禮畢，車駕幸閲武堂，勞酒小會。

五年三月戊子，幸芳林園禊宴。

九月九日，登商飈館。館所立在孫陵崗，世呼爲九日臺也。

六年春正月，聽覽京師二百里内獄囚。〔二〇〕

七年五月，王儉薨。

八年六月，大雷，而有黄光竟天，照地狀如金色。王融上金天頌，王摛曰：「此熒惑光，非金也。」

十月，桃李再花，占曰：「人君妃妾過制，虚飾無實，今則桃李再花。」時後宫萬餘人，宫内不容，太樂内茅室皆暴露。

九年。

十年。

十一年春正月丙子，皇太子長懋薨。〔二〕

夏四月甲午，立皇孫昭業爲皇太孫，立妃何氏。賜天下爲父後者爵一級。

七月，上不豫，徙御延昌殿，車輿始登階而殿屋鳴咤，上惡之。戊寅，大漸。詔曰：「太孫進德日茂，社稷有寄。子良善相毗輔，尚書中務，〔三〕悉委王晏、徐孝嗣等。軍旅捍邊，委王敬則、陳顯達、王廣之、沈文季等。」又詔不得寶器入梓宫。是日，上崩，年五十四，廟號世祖，謚武皇帝。

上剛毅有斷，治教大體，以富國爲先，頗好遊宴。

九月，葬景安陵。

初，十一年秋七月，月入太微。先是匈奴中謡言云：「赤火南流喪南國。」於是匈奴始視爲寇，帝方患而憂之。是歲，果有沙門從北來齎此火而至，火色赤於常火而微，云以治疾。

貴賤争取之，多得其驗。二十餘日，京師咸云「聖火」。詔使吏澆滅之，而民亦有竊蓄者。治病先齋戒，以火灸桃板七炷而疾愈。吴興丘國賓好事士也，竊還鄉邑，邑人楊道慶虚疾二十年間，形容骨立，依法灸板一炷，能坐，卽全瘥。是月，帝崩。

史臣曰：齊高帝基命之初，武功潛用，泰始開運，大拯時艱。及蒼梧暴虐，釁結朝野，而百姓懔懔，命懸朝夕。權道既行，兼濟天下。元功振主，利器難以假人，羣方戮力，實懷尺寸之望，豈惟天厭水行，固已人希木德，歸功與能，事極乎此。武帝雲雷伊始，功參佐命，雖爲繼體，事實艱難。御衮垂旒，深存政典，文武受任，不革舊章，明罰厚恩，皆由己出。外表無塵，内朝多豫，機事平理，職貢有常，〔三三〕府藏内充，人鮮勞役。〔三四〕宫室苑圃，未足以傷財，安樂延年，衆庶所同幸，亦有齊之良主也。

廢帝鬱林王

鬱林王昭業字元尚，文惠太子長子也。小名法身。文惠薨，立昭業。二十歲爲皇太孫，居東宫。世祖永明十一年七月崩，太孫卽帝位。辛酉，追尊文惠爲世宗文皇帝，尊太妃爲皇太后，立何氏爲皇后。〔三五〕

初，昭業年五歲，戲高帝牀前，方拔白髮，召問太孫曰：「我誰邪？」答曰：「太公。」高帝笑曰：「豈有爲人曾祖拔白髮乎？」卽擲鏡、鑷。

隆昌元年春正月丁未，改元，大赦。詔百寮陳得失，各舉所知。

七月癸巳，皇太后令廢帝爲鬱林王。

昭業美容止，好隸書，世祖勑皇孫手書不得妄出，以重之。出入常禁其起居，節其用度。昭業嘗謂豫章王妃庾氏曰：「阿婆，佛法言，有福德生帝王家，今日見作天王，便是大罪，左右主帥，動見拘縶，不如作市井屠沽富兒百倍矣。」及卽位，極意賜與，動百數十萬。未朞之間，世祖庫儲錢億數垂盡。而開主衣庫與皇后寵觀之，人人恣意，所欲取之，諸寶器以相擊剖破碎之，以爲笑樂。居常裸袒，着紅縠褌雜彩袙服。〔二六〕好鬬雞，密買雞至千價。世祖御物甘草杖，宮人寸斷用之。與武帝幸姬霍氏淫通，〔二七〕長留宮內，聲云度霍氏爲尼，以餘人代之。何皇后亦亂，齋閤通夜洞開，內外混雜，西昌侯鸞屢諫，不納。乃疑鸞有異志，鸞懼變，先謀廢帝。二十二日，使蕭諶、坦之等于省誅帝羽翼曹道剛、朱隆之等，率兵自尚書省入雲龍門，戎服加朱衣于上。比入門，三失履。帝在壽昌殿聞外變，走向愛姬徐氏户，〔二八〕拔劍自刺不中，以帛綿纏頭，輿接出延德殿。諶初入，宿衞將士皆執弓楯相拒，諶曰：「所取自有人，卿等不須動。」宿衞信之。及見帝出，各欲自奮，帝竟無言。及被殺，時年二十一。〔二九〕輿屍出徐龍駒宅，殯葬以王禮，餘黨亦見誅。明日，乃宣令而立海陵王。

廢帝海陵王

海陵王昭文字季尚，文惠太子第二子也。鬱林卽位，封爲新安王。其年鬱林廢，尚書令西昌侯鸞議立昭文爲帝。

延興元年秋七月丁酉，卽皇帝位。以西昌侯鸞爲録尚書事、揚州刺史、宣城郡公。大赦天下，改元。

九月癸未，誅司徒鄱陽王鏘、大將軍隨王子隆、南兗州刺史安陸王子敬。〔三〇〕江州刺史晉安王子懋于是三王遂起兵，〔三一〕遣中護軍王玄邈討誅之。己未，〔三二〕鸞假黄鉞，内外纂嚴。丁酉，進宣城公鸞爲太傅，加殊禮，進爲王，而盡誅諸王爲藩鎮者。以宣城王輔政，帝起居皆諮而後行。常思蒸魚菜，太官令答無録公命，竟不獻。

十月辛亥，皇太后令，以嗣主幼冲，庶政多失，宗王内侮，藩戚外叛。自非樹長君，無以鎮淵器。太傅宣城王胤體宣皇，鍾慈太祖，宜入承替命。〔三三〕帝降爲海陵王。〔三四〕建武元年，詔海陵王依漢東海王故事。

十一月，稱王有疾，遣御師占視，乃殞之，時年十五，謚曰恭王。先是，寶誌沙門住東宮，常從平昌門入，忽云：「門限上血污人衣。」褰裳走過。俄而，載帝屍自此門出，帝頸血流于門限。

史臣曰：郭璞稱永昌之占，二日之象，而隆昌之號亦同焉。案，漢靈帝中平六年四月崩，太子辯十歲卽位，〔三五〕改光熹元年。張讓、段珪誅後，改爲昭寧。董卓輔政，改爲永漢，卓廢帝爲弘農王，一百七十日鴆之。九月，立靈帝子協，卻號中平。〔三六〕一年四號也。晉惠帝太安二年，長沙王反，〔三七〕事敗，成都王穎改元爲永安，穎自鄴奔，〔三八〕河間王復改元爲永興，一歲三號也。隆昌、延興、建武亦三號。故知喪亂之軌，逾千載而必同之矣。

高宗明皇帝

高宗明皇帝諱鸞，字景棲，始安貞王道生之子也。小名玄慶。〔三九〕少孤，太祖撫育，過于諸子。宋泰豫元年，爲安吉令，有嚴能之名。累遷輔國將軍、淮南太守。太祖踐祚，遷侍中，封西昌侯。世祖卽位，爲度支尚書，轉左衞將軍，清道而行，遷左僕射。海陵王立，爲録尚書事，鎮東府，加黄鉞，班劍，進爲宣城王。太后廢帝海陵王，以上入纂太祖爲第三子也，羣臣三請，乃受命。

冬十月癸亥，卽皇帝位。大赦，改元。

建武元年，大司馬王敬則等十三人並進封邑户，詔省尚方雕刻。新林苑地悉以還百姓。追尊始安貞王爲景皇帝，妃爲懿皇后。戊子，立皇子寶卷爲皇太子。〔四〇〕賜天下爲父後者爵一級。自輔政所誅十八王，是月復屬籍，各封子爲侯。〔四一〕

二年夏六月，誅西陽、南海、邵陵等三王，而殺蕭諶。

八月，納皇太子妃褚氏。大赦，王公已下賜有差。〔四二〕

十二月，詔晉、宋諸陵，悉加修理。

三年冬十月，皇太子冠。賜王公以下帛有差。〔四三〕

四年春，大赦。庚辰，詔「人產子者，蠲父母役一年。新婚者，蠲夫役一年」。〔四四〕

永泰元年春正月朔，大赦。丁未，誅河東、臨賀、西陽、永陽、南康、衡陽、湘東、南郡、巴陵、桂陽等十王，子皆死之。

四月甲寅，改元，大赦。丁未，大司馬會稽太守王敬則舉兵反。〔四五〕

夏五月，使輔國將軍劉山陽東討，斬敬則。

秋七月己酉，帝崩于正福殿，時年四十七。遺詔以沈文季爲左僕射，江祏爲右僕射，封江祀侍中，劉暄衛尉卿。軍政大事內外，皆委徐孝嗣、遥光、蕭坦之等，爲心膂之任。葬興安陵，謚明皇帝，廟號高宗。

帝明審有吏才，持法無所借。制御親幸，臣下肅清。驅使人夫，存其儉約。〔四六〕輿輦舟乘，剔去金銀，還主衣庫。太官進膳有裹蒸，帝曰：「我食此不盡，可四片破之，餘充晚食。」而世祖掖庭中宮服御，一無所改。

性多猜慮，故亟行誅戮。而出入互唱，南出唱北，東行唱西，而示箇于出入，竟不南郊。上初有疾，信道術，身衣絳衣，服飾皆赤，以厭之。巫云：「後湖水頭徑入宮內，致帝有疾。」乃自至太官行水溝，左右啟「太官若無此水則不立」。帝意塞之，欲南引淮流，會帝崩，事寢。

廢帝東昏侯

東昏侯寶卷字智藏，高宗第二子也。本名賢，〔四七〕高宗輔政改焉。建武元年，立爲太子。

永泰元年七月，高宗崩，太子卽位，改元。

永元元年十一月，立皇子誦爲皇太子。賜爲父後者爵一級。〔四八〕丙辰，揚州刺史始安王遥光據東府反，〔四九〕遣領軍蕭坦之討平之，傳首。

九月壬戌，以頻誅大臣，大赦天下。

十一月，太尉、江州刺史陳顯達反。

十二月，顯達至京師。乙酉，斬首，餘黨盡平。

二年三月，詔使崔惠景討豫州刺史裴叔業及兄子植。惠景時爲平西將軍，于廣陵起兵反，襲京師，徐州刺史江夏王寶玄以京城納之。乙卯，帝使領軍王瑩屯北籬門，惠景破之，遂入京師。豫州刺史蕭懿起義兵，大破惠景。詔曲赦京邑。江夏王寶玄伏誅。

十月，害尚書令蕭懿。

十一月甲寅，蕭穎胄起兵于荆州。

十二月，雍州刺史梁王蕭衍起兵于襄陽。〔五〇〕

三年二月，詔羽林兵征雍州，中外纂嚴。

三月丁未，衍立南康王寶融，即皇帝位於江陵。〔五一〕癸丑，遣平西將軍陳伯之西征。

八月，以光禄張瓌鎮石頭，以太子左衛率李居士總督諸軍，屯新亭。是日，義軍至南州，李居士敗新亭，降義軍。將軍徐元瑜以東府城降義軍。

十二月，王珍國、侍中張稷率兵入殿廢帝，〔五二〕時年十九。

帝在東宫，便好弄，不喜書，常夜捕鼠達旦爲樂。高宗臨崩，屬以隆昌爲戒，曰：「作事不可在人後。」故數誅大臣，委任羣小。

性訥澁少言，惟親閹豎及左右。自江祏、始安王遥光等誅後，騎馬日夜于後堂戲，叫呼倡伎，以五更就卧，至晡方起。王侯朝臣節朔朝見，晡後方前，或時遣出。臺閣奏案，月數十日不報。〔五三〕初，二年元會，食後方出，朝賀纔竟，便還西序寢，自巳至申，百寮陪位，皆僵仆菜色。比起就位，忽遽便罷。

陳顯達平後，出遊走，逐居民于郊外，數十里皆空家盡室。巷陌懸幔高爲障，置仗人防守，謂之「屏除」，或周環京邑。是時，一月二十餘出，三四更中，鼓聲四出，幡戟横路，百姓喧走，士庶不辯。出不言定所，夜出夜返，火光燭天，鼓吹鳴鈸聒地。置射雉場二百九十六所，郊郭帷翳，四民皆廢業，樵蘇路斷。又于後宫起仙華、神仙、玉壽諸殿，盡用彫彩，以麝雜香塗壁。時世祖興光樓上施青漆，世謂之「青樓」。帝曰：「武帝不巧，何不純用琉璃。」

貴妃潘氏服御，極選珍異，主衣庫舊物，不復充用。琥珀釧一隻，直一百七十萬。京邑酒租，皆折使輸金。又立紫閣諸樓，壁上畫男女私褻之像。種好樹美竹，徵求民家，望樹便取，朝栽暮拔，道路相繼。又于宫中立市，太官乃朝進酒肉肴果，使宫人閹豎共爲裨販。潘妃爲市令，帝爲市魁，將鬭者就潘氏判決。苑中作土山，築渠立堰。以新蔡人徐世標爲直閤將軍，〔五四〕殺戮皆用其黨，茹法珍、梅蟲兒等專權，内外緘口。及義師至近郊，乃聚兵爲固守之計，而信鬼神，迎拜蔣子文爲相國、揚州牧，封鍾山王。時范雲謂朱光尚曰：「卿是天子要近人，當思諫諍。」光尚曰：「至尊不可諫正，當以鬼神達意。」後帝馬驚，光尚曰：「先帝嗔，不許數出。」帝大怒，乃拔刀與光尚尋覓，不見，乃縛草作高宗形，北面斬之，懸首苑門上。潘妃生女百日死，帝斬衰絰杖，羣臣來弔，盤地坐，擧手受執。及將軍席豪死，于是閉城自守，城内軍事一委任王珍國。而聞外鼓吹叫聲，披大紅袍，登景陽樓屋上望，弩幾中之。士卒怨之，不爲致力，募兵出戰至城門，皆坐甲自守。恐城外有伏，乃燒城旁府署，六門之内皆盡。于西掖内相聚爲市，販牛馬肉。及義師至，便勑太官備百日糧，而惜金錢，不肯賞賜。茹法珍等叩頭請之，帝曰：「賊來獨取我耶？而就我求物？」後堂儲數百具榜板，啟爲防城之具，帝曰：「擬修殿。」竟不與。故王珍國、張稷等見不能用計，懼禍及，故反率兵入殿。是夜，帝在含德殿吹笙歌作女兒子，卧未熟。聞兵入，起出北户，欲還宫。閹人黄泰平以刀傷其膝，仆地，顧曰：「奴反耶？」直後閣張齊遂斬首送梁王。宣德太后令言其凶惡，追封爲東昏侯，法珍等伏誅。

初，義師築長圍，帝乃着五色衣服，登城望賊。還輒與六宫御刀在華光殿共立單壘，別制鎧仗，多用金玉。親自攻壘，詐作戰敗，被瘡扳搁，將去將來，相對爲樂。

和帝

和帝諱寶融，字智昭，明帝第八子也。建武元年，封隨郡王。永元元年，改封南康王，

出爲西中郎將、荊州刺史、督九州軍事。〔五五〕

二年十一月甲寅，長史蕭穎胄奉王舉兵。其日太白及辰星俱見西方。乙卯，教纂嚴。景辰，〔五六〕以雍州刺史蕭衍爲使持節、都督前鋒諸軍事。戊午，衍表勸進。十二月乙亥，羣僚勸進，竝不許。壬辰，驍騎將軍夏侯亶自建業至江陵，稱宣德太后令：「西中郎將南康王宜纂承皇祚，光臨億兆，可且封宣城王、相國、荊州牧，加黃鉞，置僚屬。」

三年正月乙巳，王受命，大赦；唯梅蟲兒、茹法珍等不在例。是日，長星見，竟天。甲寅，建牙于城南。二月己巳，羣僚上尊號，立宗廟及南北郊。

中興元年春三月乙巳，皇帝卽位，大赦，改永元三年爲中興，文武賜位二等。是夜彗星竟天。以相國左長史蕭穎胄爲尚書令，加雍州刺史蕭衍尚書左僕射、都督征討諸軍。以晉安王寶義爲司空，廬陵王寶源爲車騎將軍、開府儀同三司。景午，有司奏封庶人寶卷爲零陵侯，詔不許。又奏爲涪陵王，詔可。

夏四月戊辰，詔凡東討衆軍及諸向義之衆，普復除五年。

秋七月丁巳，〔五七〕魯山城主孫樂祖以城降。己未，郢城主薛元嗣降。

八月丙子，平西將軍陳伯之降。

九月己未，〔五八〕詔假黃鉞蕭衍，若定京邑，得以便宜從事。

冬十一月壬寅，尚書令、鎮國將軍蕭穎胄卒。

十二月景寅，建康城平。己巳，宣德皇太后令，以征東大將軍蕭衍爲大司馬、録尚書、驃騎大將軍、揚州刺史，封建安郡公，依晉武陵王遵承制故事。壬申，改封建安王寶夤爲鄱陽王。癸酉，以司徒、揚州刺史晉安王寶義爲太尉，領司徒。乙酉，以尚書右僕射王瑩爲左僕射。

二年春正月戊戌，宣德皇太后臨朝，入居内殿。壬寅，大司馬蕭衍都督中外諸軍事，加殊禮。己酉，以大司馬長史王亮爲守尚書令。甲寅，加大司馬蕭衍位相國，梁公，備九錫禮。

二月壬戌，誅湘東王寶晊。景戌，進梁公蕭衍爵爲王。〔五九〕

三月辛丑，鄱陽王寶夤奔魏，誅邵陵王寶攸、晉熙王寶嵩、桂陽王寶貞。〔六〇〕庚戌，車駕東歸至姑熟。丙辰，遜位于梁。丁巳，廬陵王寶源薨。

四月辛酉，禪詔至，皇太后遜居外宫。梁受命，奉帝爲巴陵王，宫于姑熟。戊辰，巴陵王殂，年十五。追尊爲齊和帝，葬恭安陵。

初，梁武帝欲以南海郡爲巴陵國邑而遷帝焉，以問范雲，雲俛首未對。沈約曰：「今古殊事，魏武所云，『不可慕虚名而受實禍』。」梁武頷之。于是遣鄭伯禽進以生金，帝曰：「我死不須金，醇酒足矣。」乃飲酒一升，伯禽就加摺焉。先是，文惠太子與才人共賦七言詩，句後輒云「愁和帝」，〔六二〕至是其言方驗。又永明中，望氣者云新林、婁湖、青溪並有天子氣，于其處大起樓苑宮觀，武帝屢遊幸以應之；又起舊宫于青溪，以弭其氣。而明帝舊居東府城西，延興末，明帝龍飛，至是梁武帝衆軍城于新林，而武帝舊宅亦在征虜。

百姓皆著下屋白紗帽，而反裙覆頂。東昏曰：「裙應在下，今更在上，不祥。」命斷之。于是百姓皆反裙向下，此服妖也。帽者首之所寄，今而向下，天意若曰，元首方爲猥賤乎。東昏又令左右作逐鹿帽，形甚窄狹，後果有逐鹿之事。東昏宫裏又作散叛髮，反髻根向後，百姓争學之。及東昏狂惑，天下散叛矣。東昏又與羣小別立帽，褰其口而舒兩翅，名曰「鳳度三橋」。帬向後，總而結之，名曰「反縛黄麗」。東昏與刀敕之徒親自着之，皆用金寶，鏤以璧璫。又作著調帽，鏤以金玉，間以孔翠，此皆天意。梁武帝舊宅在三橋，而「鳳度」之名，鳳翔之驗也。「黄麗」者「皇離」，爲日而反縛之，東昏戮死之應也。「調」者，梁武帝至都，而風俗和調。先是百姓及朝士，皆以方帛填胸，名曰「假兩」，此又服妖。假非正名也，儲兩而假之，明不得真也。東昏誅，其子廢爲庶人，假兩之意也。

史臣曰：鬱林地居長嫡，瑕釁未彰，而武皇之心，不變周道，故得保茲守器，正位尊極。既而愆鄙内作，兆自宫闈，雖爲害不遠，而足傾社稷。郭璞稱永昌之名，有二日之象，隆昌之號，實亦同焉。明帝越自支庶，任當負荷，乘機而作，大致殲夷，流涕行誅，非云義舉，事苟非安，〔六二〕能無内愧。既而自樹本枝，根胤孤弱，貽厥所授，屬在凶愚，用覆宗祊，亦其理也。夫名以行義，往賢垂範，備而之禪，術士誡之，東昏以「卷」名，「藏」以終之，其兆先徵，蓋亦天所命矣。

列傳

柳世隆　張瓌　垣崇祖〔六三〕　張敬兒　王敬則　陳顯達　劉懷珍
李安民　王玄載〔六四〕　崔祖思　劉善明　蘇侃　垣榮祖〔六五〕　呂安國
周山圖〔六六〕　周盤龍　王廣之　薛淵　戴僧靜　桓康　焦度
庾杲之　高帝十九男

柳世隆字彦緒，河東解人也。祖憑。世隆少有風器，伯父元景爲宋尚書令，愛賞之，言于宋孝武，召見，帝曰：「此兒將來復是三公也。」宋累遷虎威將軍、上庸守。帝謂元景曰：「卿昔以虎威之號爲隨郡，今復以授世隆，使卿門世不絶公也。」以沈攸之叛，守郢城有功，事定，徵爲侍中，遷尚書右僕射、貞陽侯。

齊太祖踐祚，自母憂起爲平南將軍、豫州刺史，進爲公。帝問褚淵曰：「向見柳世隆毁瘠過禮，使人惻然。」淵曰：「世隆至性天深，喪過乎禮。事陛下在危盡忠，喪親居憂，杖而後起，立人之本，二理同極，加榮增寵，足以勵風俗。」

世隆性好書，啟太祖借秘閣書，上給二千卷。轉尚書令，嘗自云：「馬矟第一，清談第二，彈琴第三。」在朝不干世務，垂簾鼓琴，風韻清逸，甚得世譽。以疾遜位。永明九年，卒。詔給東園秘器、朝服，贈司空，班劍、鼓吹，葬于倪塘。著龜經秘要二卷，見行于世。

張瓌字祖逸，吴郡吴興人也。〔六七〕祖裕。父永，爲晉左光禄。曉音律。宋孝武問永太極殿前鐘聲嘶，永答曰：「鐘有銅滓。」乃叩鐘求其處，鑿而去之，聲遂清越。

瓌解褐江夏王太尉府參軍，以遭父喪，還吴。初，劉彦節有異圖，弟遐爲吴郡守，聚師三千。太祖密遣瓌取遐，瓌領兵直入吴郡，斬遐，郡内莫敢動。太祖以告張沖，〔六八〕沖曰：「瓌以百口一擲，出手得盧矣。」卽授吴郡太守，封義成侯。世祖卽位，爲左尚書，領右軍。及鬱林之廢，見朝廷多難，恆卧疾。而居室妓妾盈房，生子十餘人，嘗云：「中應有好者。」梁天監中卒。

垣崇祖字敬遠，下邳人也。族姓豪强，石季龍時，自洛陽徙鄴。〔六九〕曾祖敞爲慕容吏部尚書。〔七〇〕祖苗，自宋武征廣固，率衆歸降，仍家下邳，官龍驤將軍。父諭之，宋冀州刺史。

崇祖年十四，有幹略，伯父豫州刺史護之謂門宗曰：「此兒必大吾門，汝等不及也。」太祖在淮陰，崇祖時戍朐山，〔七一〕即受都督，祇奉甚至。及平沈攸之，復遷冠軍將軍、兖州刺史。初，下邳見太祖，謂妹夫皇甫肅曰：「此真吾君也。」太祖亦曰：「韓、白不及。」太祖踐祚，爲豫州刺史，鎮壽春，盡力奉邊。

建元二年，虜遣劉昶馬步號二十萬，寇壽春，崇祖著白紗帽，肩輿登城指揮，大破虜軍。啟至，上笑曰：「今真得其人矣。」進平西將軍。崇祖聞陳顯達增給軍儀，乃啟上求鼓吹。上勑曰：「韓、白何可不與。」遂給鼓吹一部。

世祖卽位，徵還爲五兵尚書。永明元年，詔稱與荀伯玉構扇邊荒，誅之。時年四十四。子惠隆，徙番禺卒。

張敬兒，南陽冠軍人也。本名狗兒，宋明帝以其名鄙，改之。父醜，爲蜀郡將軍。敬兒年少便弓馬，有膽氣，射猛獸，發無不中，以補府將。擊蠻賊，累功爲南陽太守。後佐太祖，大破桂陽王於新亭，親詐降，斬休範首，以功遷爲雍州刺史、驍騎將軍。以平沈攸之，封襄陽侯。太祖卽位，爲中軍將軍。

太祖崩，遺詔加開府儀同三司，將拜，謂其妻曰：「我拜後，府開黄閤。」因口自爲鼓吹聲。其妻謂曰：「吾嘗時夢一手熱如火，而君爲南陽郡。元徽中，夢半身熱，而君得本州。今復夢舉身熱矣。」有閹人聞之，以事達世祖。世祖疑有異志，使收之，敬兒脱冠投地曰：「用此物誤我。」於是伏誅。子道慶見宥。

王敬則，晉陵南沙人。母爲女巫，敬則生而胞紫色，謂人曰：「此兒必有鼓角相。」人笑曰：「得爲人吹角可矣。」及年長，兩腋下生乳各長數寸。夢騎五色獅子。年二十餘，善拍張，好刀劍，補刀戟，跳高與虎幢等。宋明帝卽位，爲直閤將軍，封重安縣子。

敬則少於草中遇蟲，如烏豆集其身，摘去乃脱，其處皆流血。敬則惡之，詣道士卜，云：「此封侯之瑞也。」果如其言。

出補暨陽令，性倜儻不羈。初，屠狗商販徧於三吴，嘗與暨陽縣吏鬭曰：「我得暨陽，當鞭汝小吏背。」吏唾其面曰：「汝得暨陽，我亦得司徒公矣！」及作暨陽，召吏謂曰：「汝何時得司徒公邪？」竟善遇之。

及佐破桂陽王，遂盡力於太祖。太祖卽位，以殺蒼梧功，遷安東將軍、吴興太守，封潯陽郡公。世祖十一年，累遷司空，出爲會稽太守。

初，在吴興，出行市，見屠肉枅歎曰：「吴興昔無此枅，是我少時在此所作也。」海陵王立，進位太尉。敬則名位雖達，不以富貴自遇。初爲散輩使虜，於北館種楊柳。後員外郎虞長曜北使還，敬則曰：「我昔種楊柳，今若大小？」長曜曰：「北人以爲甘棠。」

敬則從世祖嘗宴於華林，羣臣各出其技，敬則脱章服祖髀，以片絹紏髻，奮臂拍張，叫動左右。上不悦，曰：「豈聞三公爲此？」對曰：「臣拍張故得三公。」而拍張，當時以爲名譽。明帝即位，爲大司馬，臺使拜授日，而雨大洪注，敬則不悦。及使蕭坦之將齋仗五百人行武進陵，〔七二〕敬則憂惶，上知，使敬則世子仲雄入東安慰其父。雖然愈益猜忌，高宗疑焉，後竟起兵反，過浙江，諸子在京省，帝盡殺之，遣將軍左興盛等討之。敬則遇興盛，遥告敬則曰：「公兒死已盡，公如許作底？」官軍不敵欲退，馬軍主胡松領馬軍突之，敬則大敗，興盛軍容袁文曠斬之，傳首京師。時年七十。〔七三〕

初，敬則東起，高宗疾篤，朝廷倉卒。東昏侯在東宫，議欲叛，使人上屋望，見征虜亭失火，〔七四〕謂敬則至，急裝欲走。或有告敬則者，敬則曰：「檀公三十六策，走是上策。汝父子唯應急走耳。」蓋諺云檀道濟避虜也。

陳顯達，南彭城人也。宋以勞驅使，遷濮陽太守。桂陽王反，大敗賊丁文豪等於杜姥宅。〔七五〕矢中左眼，拔而鏃不出，地黃村潘嫗者善禁，先以釘釘柱，嫗禹步作氣，釘卽出，乃禁顯達目中鏃出，以功封彭城侯。〔七六〕再遷平越中郎將、廣州刺史。太祖卽位，爲安西將軍、益州刺史。山夷震服。永明八年，徵爲征南大將軍、江州刺史，給鼓吹。

顯達性謙厚，多智計，有子十餘人，誡之曰：「我本不及此，汝勿以富貴陵人。」高宗之世，進位太尉、鄱陽公，常不自安，每自卑下。及北討督平北將軍崔惠景等軍，圍馬圈城四十日，入據城，而魏孝文帝率十萬騎自至，齊軍敗，顯達走，以軍主崔恭祖布囊裹擔而僅免，〔七七〕以爲江州刺史，鎭湓城。

東昏立，無道殺害賢良，顯達懼禍。十一月遂舉兵，朝廷遣胡松等拒於採石，大破之，松軍敗，京邑震駭，遂於新林多置屯火於岸。十二月，潛軍夜渡取石頭，入宮城，與官軍戰於西州，顯達敗走西州烏榜村，騎官趙潭注稍刺落馬，斬於籬門側，血灑湔籬，似淳于伯之被刑也。時年七十三。〔七八〕諸子皆伏誅。

劉懷珍字道玉，平原人，漢膠東王後。伯父奉伯，爲宋陳郡太守。懷珍幼隨奉伯在壽陽，時刺史出獵，百姓觀之，懷珍獨避不視，伯父異之，曰：「此兒方興吾宗也。」本州辟主簿。自宋文以來，數有軍功，遷至將軍，封中宿侯。太祖輔政，以布衣之舊，徵爲相國左司馬。

建元初，改封宣城侯，〔七九〕尋轉光禄大夫。

子靈哲，字文明，累遷至前將軍、兖州刺史。母病，靈哲躬自祈禱，夢見黄衣公曰：「可取南山竹笋食之。」靈哲覺，如其言，乃立愈。

李安民，蘭陵承人也。父欽之，殿中將軍。隨父没虜，率部曲自拔南歸。累遷冠軍司馬、廣陵太守。初，討晉安王子勛，事平，明帝大會新亭，勞諸軍主，樗蒲官賭，而安民五擲皆盧。帝大驚，帝自謂安民曰：「卿面方如田，此封侯相也。」

及太祖即位，爲中領軍，封康樂侯。家國密事，太祖唯與安民論議，每謂曰：「署事有卿名，我便不復細覽也。」世祖即位，遷尚書僕射，以疾辭退，爲安東將軍、吴興太守。吴興有項羽神護郡廳事，太守至，必先殺軛下牛祭。安民奉佛，不與牛祭，而設八關齋。俄而牛死，埋於廟側，今呼爲李公牛塚也。

王玄載字彦休，下邳人也。〔八〇〕建元二年，爲梁、秦二州刺史。兄弟同時爲方伯，封河陽侯。永明四年卒。

崔祖思字敬元，清河東武城人也，魏中尉琰七世孫。父僧護。祖思少有志氣，好讀書史。爲都昌令，隨青州刺史垣護之入堯廟，〔八二〕廟有蘇侯像，偶坐，護之曰：「唐堯聖人，而與雜神爲列。」祖思曰：「使君若清蕩此坐，則是堯廟重去四凶之伍也。」遂相與除雜神。

太祖在淮陰，祖思聞風自從之。及宋初，議封太祖爲梁公，祖思啟太祖曰：「讖云『金刀利刃齊刈之』。今宜稱齊，實應天命。」從之。太祖卽位，遷征虜將軍、青冀二州刺史。因啟陳【原闕】

犬羊乎。〔八三〕宋孝建中，爲後軍參軍事，太祖累遷寧國將軍、東海太守。榮祖善彈，登西樓，見海鵠羣翔，謂左右當生取之，於是彈其兩翅，毛脫盡墜地，無傷，養毛生後飛去，其妙如此。佐命勳封將樂縣子。永明二年，遷冠軍、兖州刺史。九年，卒。

呂安國，廣陵人也。宋大明末，以將領見任，隱重有幹局，副劉勔，破殷琰於壽陽，以功第一，封彭澤男。累以軍功，遷金紫光祿大夫。永明八年，卒。

周山圖字季寂，義鄉人也。貧微，於書題甚拙，不事產業，有氣幹，以軍功累遷左中郎將。衆稱其勇，呼爲武原將。以佐太祖輔政，出征有功，封晉興縣男。世祖卽位，遷竟陵王鎮北司馬。及疾，上手敕問疾，尋卒。

周盤龍，北蘭陵人也。盤龍胆氣過人，尤便弓馬。隨軍討擊，陷陣先登，累遷龍驤將軍，封晉安子。建元二年，助垣崇祖拒魏，大破之。上聞大喜，送金釵二十枚與盤龍愛妾杜氏。手敕曰：「餉周公阿杜。」轉太平子。〔八三〕敕令助成買與虜拒戰於淮陰角城，父子二人，衝突出入，縈擾數萬衆。遷平北將軍、兖州刺史，後爲光禄大夫。世祖戲之曰：「卿着貂蟬，何如兜鍪？」對曰：「此貂蟬從兜鍪中出。」病卒。

子奉叔，勇力絶人，少隨父征討，得直閤將軍。善騎馬，鬱林從其學騎。後遷冠軍將軍、青州刺史。後爲高宗所殺。

王廣之字士林，沛郡相人也。少好弓馬，有勇力。初爲馬隊主，累遷左衞將軍。世祖見其子珍國異之，曰：「珍國大堪事，卿可謂老蚌。」卒於江州刺史，進應城公。

薛淵，河東汾陰人也。〔八四〕宋徐州刺史安都從子，〔八五〕本名道淵，避太祖偏諱改焉。安都降虜，而親族皆入北，太祖鎮淮陰，淵來奔，委身事太祖。隆昌元年，封司州刺史，卒。

戴僧靜，會稽永興人也。少有膽力，便弓馬。初，祖飾謀亂，伏法，家口徙青州。僧靜自歸太祖，爲北徐州刺史，徙高平太守。卒。

桓康，北蘭陵承人也。勇而驍果。宋末隨太祖及世祖起義，爲郡所繫，衆皆散。而康裝擔，一頭貯穆后，一頭貯文惠太子及竟陵王子良，自負置山中。與門客蕭欣祖四十餘人相結，破郡獄出世祖。郡兵追急，康死戰破之。

隨世祖起義，堅陣，膂力絶人，所經村邑，恣其行暴。江南人畏之，以其名怖小兒，畫其形而辟瘧，無不立愈。建元元年，封吴平縣伯，〔八六〕後軍將軍。明年，大破魏虜，爲持節、都督、青州刺史。卒。

焦度字文績，〔八七〕南安氐人也。祖文珪，避難奔喪居仇池。元嘉中，僑立天水郡略陽縣，乃屬焉。度少有氣幹，便弓馬。孝武初，青州刺史顔師伯出鎮滑臺，差度領幢主送之，後破虜有功，拔爲輔國府參軍。孝武見而謂師伯曰：「真健物也。」補晉安王子勛夾轂隊主，子勛起兵，以度爲龍驤將軍。事敗，逃於宫亭湖中爲賊，〔八八〕江州刺史王景文誘降之。事寧後，以功爲直閤將軍，封東昌縣子。

沈攸之事起，拒攸之於郢城，登樓罵辱攸之，攸之攻不能下，至今呼此樓爲焦度樓。

庾杲之字景行，新野人。祖深之，雍州刺史。父粲，司功參軍。杲之幼有孝行，起家奉朝請，累至王儉衞軍府長史。蕭緬與儉書曰：「盛府元僚，實難其選。景行汎緑水，依芙蓉，何其麗也。」世呼儉府爲芙蓉池，故緬書美之也。

轉黄門侍郎，杲之風範和潤，善音吐。世祖令對虜使，歎其風姿之美。王儉在坐曰：「杲之爲蟬冕所照，更生光彩。」選左衞率。上表退蟬冕及章，上不許。

杲之從孫敻，家富於財。狀貌豐美，頤頰開張，人皆以爲有方伯之任，〔八九〕無凍餒之憂。後江陵亂，竟餓死。又有都督褚蘿面甚尖危，從理入口，竟不乏衣食而終。

高帝十九男：昭皇后生武帝及豫章文獻王嶷；謝貴嬪生臨川獻王映、長沙威王晃；羅太妃生武陵昭王曅；任太妃生安成恭王暠；〔九〇〕陸修儀生鄱陽王鏘、晉熙王銶；袁修容生桂陽王鑠；〔九一〕何太妃生始興王鑑、宜都王鏗；〔九二〕區貴人生鈞；〔九三〕張淑妃生江夏王鋒、〔九四〕河東王鉉，李美人生南平王欽。〔九三〕第九、第十三、第十四、第十七皇子早亡。

卷第十五校勘記

〔一〕峨山　徐鈔本作「娥公山」，南齊書高帝紀上作「峨公山」。

〔二〕衆二萬發溢口　原脱「發」字，據徐鈔本補，南齊書高帝紀上、通鑑一三三亦有「發」字。

〔三〕新亭　南齊書高帝紀上、通鑑一三三並作「新林」，胡注云：「新林浦去今建康城二十里。」

〔四〕己酉　南齊書高帝紀上、南史齊本紀上「己酉」前皆有「三月」二字，謂元徽二年三月己酉也。

〔五〕三月甲辰　「三月」前脱「三年」二字，南齊書高帝紀上、南史齊本紀上可證。

〔六〕陳文建　各本皆脱「陳」字，今據徐鈔本、南齊書高帝紀上補。

〔七〕永初　原作「永和」，據張本、徐鈔本、周鈔本、劉鈔本改，南齊書高帝紀上作「永初」，不誤。

〔八〕撰立儀注　「注」原作「位」，據徐鈔本及南齊書高帝紀上改。

〔九〕丙辰詔遣大使巡行四方　「丙辰」前脱「五月」二字，南齊書高帝紀上、南史齊本紀上可證。

〔一〇〕庚辰　「庚辰」與下文甲申、乙酉皆在六月，其前當脱「六月」二字，南史齊本紀上可證。

〔一一〕立皇子嶷等爲王　「皇子」原作「皇太子」。蕭嶷爲齊高帝第二子，封豫章王，非皇太子，今據南齊書高帝紀下、南史齊本紀上及通鑑一三五改。

〔一二〕長觸租布　「布」字原缺，據徐鈔本及南齊書齊高帝紀、南史齊本紀上補。

〔一三〕丙子　七月辛丑朔，無丙子。南齊書高帝紀上、南史齊本紀上並繫於十月，十月己巳朔，丙子爲初八日，是，此「丙子」前當脱「十月」二字。

〔一四〕皇太子妃裴氏　「裴氏」原作「穆氏」。裴氏謂武穆裴皇后也。南齊書后妃傳云：「三年，后薨。謚穆妃，葬休安陵。世祖卽位，追尊皇后。」作「穆氏」誤，今據庫本改正。

〔一五〕儲妃之重至從之　「儲妃之」下各本皆闕，唯庫本有「重禮殊恆別既有哀策謂不須石誌從之」十六字，此當四庫館臣據南齊書禮志下補，今姑從之。唯其下各本仍皆殘闕高帝建元二年九月後事及傳目「世祖武皇帝」等字。

〔一六〕舉體生毛　庫本無此四字，另有「黄門郎沈攸之在荆楚，宋朝密爲之備」十五字，係四庫館臣據南齊書武帝紀補改。

〔一七〕丙申　原作「丙寅」，六月甲申朔，無丙寅。南齊書武帝紀、通鑑一三五皆作「丙申」，爲是月十三日，是，今據改。

〔一八〕戊申幸玄武湖　七月壬申朔，無戊申。南齊書武帝紀、南史齊本紀上皆作「八月戊申」，八月辛丑朔，爲初八日，此「戊申」前當脱「八月」二字。

〔一九〕四年春閏正月甲寅　原無「閏」字，「甲寅」作「甲申」，今據徐鈔本及南齊書武帝紀、南史齊本紀上補改。

〔二〇〕聽覽京師二百里内獄囚　原無「里内」二字，據徐鈔本補，南齊書武帝紀亦云：「詔二百里内獄同集京師，克日聽覽。」

〔二一〕正月丙子皇太子長懋薨　南齊書武帝紀、通鑑一三八同。南史齊本紀上「丙子」作「乙亥」。正月壬子朔，二十四日乙亥，二十五日丙子。齊鬱林王追尊長懋爲文帝，廟號世宗。禮志下有「有司以世宗文皇帝今二年正月二十四日忌日」語，則當作「乙亥」爲是。實録、南齊書、通鑑皆誤。

〔二二〕尚書中務　「務」，通鑑一三八作「事」。

〔二三〕職貢有常　「常」，南齊書武帝紀、南史齊本紀上皆作「恆」，疑此爲避真宗名諱改。

〔二四〕人鮮勞役　「人鮮」原作「鮮人」，據徐鈔本乙正，南齊書武帝紀作「民鮮」，此避唐諱改「民」作「人」。

〔二五〕辛酉追尊文惠爲世宗文皇帝至立何氏爲皇后　南齊書鬱林王紀、南史齊本紀下及通鑑一三八皆云：「九月辛酉，追尊文惠皇太子爲世宗文皇帝。」此辛酉前當脱書「九月」兩字。又「尊太妃爲皇太后，立皇后何氏」爲「十月壬寅」事。

〔二六〕着紅縠褌雜彩衵服　「衵」各本譌「祖」，據南齊書鬱林王紀、南史齊本紀下改。

〔二七〕與武帝幸姬霍氏淫通　「武帝」，南齊書鬱林王紀、南史齊本紀下皆作「文帝」（卽世宗），是。通鑑一三九亦誤作「世祖」（卽武帝），胡注云：「李延壽史以霍爲文帝幸姬，則『世祖』當作『世宗』。」

〔二八〕走向愛姬徐氏户　南史齊本紀下云「帝與文帝幸姬霍氏淫通，改姓徐氏。」此云「走向愛姬徐氏户」，則徐氏即霍氏，實録節録南史，脱「改姓徐氏」之語，遂若兩人矣。

〔二九〕時年二十一　「二十一」原作「三十三」。前文云，永明十一年（四九三）春正月太子長懋薨，昭業二十歲爲皇太孫，至隆昌元年（四九四）卒，則「時年二十一」，與南齊書南監本、汲古閣本、武英殿本、金陵書局本皆合，徐鈔本正作「二十一」，今從之。然南史齊本紀下云，建元四年（四八二）武帝即位，時昭業十歲，至隆昌元年（四九四）卒，當爲二十二歲，通鑑一三九胡注亦云：「帝死年二十二」。兩者所記僅誤差一年。

〔三〇〕安陸王子敬　「安陸王」原作「安陵王」，據周鈔本、劉鈔本及南齊書海陵王紀、南史齊本紀下及蕭子敬傳改正。

〔三一〕江州刺史晉安王子懋于是三王遂起兵　「三王」當指鄱陽王鏘、隨王子隆、安陸王子敬，此時已誅，不應云「三王遂起兵」，疑「三王」二字應接上文「安陸王子敬」下。

〔三二〕己未　九月壬申朔，無己未。通鑑一三九作「乙亥」，不應列於癸未之後，恐有誤。南齊書海陵王紀作「乙未」，爲是月二十四日，疑是。

〔三三〕宜入承替命　「替命」，徐鈔本及南齊書海陵王紀作「寶命」，酈校云「替」爲「贊」字之誤。

〔三四〕帝降爲海陵王　各本脱「爲」字，據徐鈔本補。

〔三五〕太子辯　「辯」原作「辨」，今據庫本、周鈔本、劉鈔本及後漢書孝靈帝紀改。

〔三六〕御號中平　「中平」原作「初平」，今從徐鈔本、甘鈔本、周鈔本、劉鈔本。後漢書孝獻帝紀云：「詔除光熹、昭寧、永漢三號，還復中平六年。」正合一年四號。改元初平，爲第二年事。

〔三七〕晉惠帝太安二年長沙王反　「太安」原作「太平」，晉惠帝無太平年號，長沙王乂反亦在晉惠帝太安二年，詳見晉書惠帝紀。此「太平」當爲「太安」之誤，南齊書海陵王紀亦可證，今據改。

〔三八〕潁自鄴奔　「鄴」原作「鄄」，今據晉書司馬潁傳、南齊書海陵王紀改正。

〔三九〕小名玄慶　南齊書明帝紀、南史齊本紀下及通鑑一三九胡注皆云「小字玄度」。疑作「玄慶」誤。

〔四〇〕戊子立皇子寶卷爲皇太子　「戊子」前當脱「十一月」三字，南齊書明帝紀、南史齊本紀下及通鑑一三九皆作「十一月戊子」。十一月辛未朔，十八日戊子。

〔四一〕各封子爲侯　「各」原作「冬」，據徐鈔本及南齊書明帝紀改。

〔四二〕八月納皇太子妃褚氏大赦王公已下賜有差　南齊書明帝紀、南史齊本紀下繫此事於是年十月乙卯，通鑑一四〇繫此事於十一月己卯。乙卯爲十月二十日，己卯爲十一月十四日，未知孰是。

〔四三〕冬十月皇太子冠賜王公以下帛有差　南齊書明帝紀、南史齊本紀下及通鑑一四〇皆繫此事於是年閏十二月戊寅。

〔四四〕庚辰至蠲夫役一年　南齊書明帝紀、南史齊本紀下繫此事於正月壬寅。正月己丑朔，無庚辰，壬寅爲十四日，疑是。

〔四五〕丁未大司馬會稽太守王敬則舉兵反　四月壬子朔，無丁未。南齊書明帝紀作「丁卯」，南史齊本紀下作「丁丑」，丁卯、丁丑皆在四月，通鑑一四一叙王敬則反列在庚午之前，則似依作「丁卯」爲是。

〔四六〕驅使人夫存其儉約　南齊書明帝紀、南史齊本紀下皆作「驅使寒人，不得用四幅繖，大存儉約」，文意較明。

〔四七〕本名賢　南齊書東昏侯紀、南史齊本紀下及通鑑一四二皆作「本名明賢」。

〔四八〕永元元年十一月至賜爲父後者爵一級　南齊書東昏侯紀、南史齊本紀下皆繫此事於是年四月己巳。且實録下文有十一月，故此「十一月」當爲「四月」之譌。

〔四九〕丙辰揚州刺史始安王遥光據東府反　南史齊本紀、册府二〇七「丙辰」前皆有「八月」二字。南齊書蕭遥光傳言，遥光於八月十二日晡時收集二州部曲，亦可證蕭遥光反在八月。

〔五〇〕十二月雍州刺史梁王蕭衍起兵于襄陽　南齊書明帝紀、南史齊本紀上並同，通鑑一四三繫此事於十一月乙巳。考異云：「『十二月，梁王起義兵於襄陽』，誤也。今從梁書高祖紀。」

〔五一〕三月丁未衍立南康王寶融卽皇帝位於江陵　「丁未」，南史齊本紀下、通鑑一四四皆作「乙巳」。考異云：「東昏紀云：『丁未，南康王諱卽皇帝位。』蓋是日建康始聞之耳。今從和帝紀及梁武帝紀。」

〔五二〕率兵入殿廢帝　「廢」，南史齊本紀下作「殺」，下文云「時年十九」，則當作「殺」爲是。

〔五三〕臺閣奏案月數十日不報　「不報」，南齊書東昏侯紀、南史齊本紀下並作「乃報」。

〔五四〕徐世標　南齊書東昏侯紀、南史茹法珍傳作「徐世檦」。

〔五五〕督九州軍事　南齊書和帝紀作「督荆雍益寧梁南北秦七州軍事」，是。

〔五六〕景辰　當作「丙辰」，許嵩避唐諱改，下不具校。

〔五七〕秋七月丁巳　「丁巳」原作「丁卯」。七月癸巳朔，無丁卯，通鑑一四四作「丁巳」，爲七月二十五日，是，今據改。

〔五八〕九月己未　南史齊本紀下同，南齊書和帝紀「己未」作「乙未」。九月壬辰朔，初四日乙未，二十八日己未。

〔五九〕景戌進梁公蕭衍爵爲王　南史齊本紀下、通鑑一四五同，南齊書和帝紀「景戌」作「戊辰」，此兩日皆在二月。

〔六〇〕誅邵陵王寶攸晉熙王寶嵩桂陽王寶貞　「寶嵩桂陽王」五字原缺，今據南齊書和帝紀、通鑑一四五補。又「寶攸」，南史明帝諸子傳作「寶攸」。

〔六一〕句後輒云愁和帝　南史和帝紀同，李慈銘南史札記云：「『帝』，南齊書五行志作『諦』。」

〔六二〕事苟非安　「非」，南齊書明帝紀作「求」。

〔六三〕垣崇祖　「垣」原作「桓」，據南齊書、南史本傳改正。

〔六四〕王玄載　原作「王載玄」，據周鈔本及南齊書、南史本傳乙正。

〔六五〕垣榮祖　「垣」原作「桓」，據南齊書、南史本傳改正。下同。

〔六六〕呂安國周山圖　「呂安國」原在「周山圖」之下，今據傳序乙正。

〔六七〕吴郡吴興人也　南齊書張瓌傳、南史瓌祖張裕傳皆云「吴郡吴人」，此作「吴興」，誤。

〔六八〕太祖以告張沖　「張沖」原作「孫沖」，據甘鈔本、徐鈔本、周鈔本、劉鈔本改，南齊書、南史張沖傳亦可證。

〔六九〕自洛陽徙鄴　「洛陽」，南齊書垣崇祖傳、宋書南史垣護之傳皆作「略陽」，是。

〔七〇〕曾祖敞爲慕容吏部尚書　南齊書垣崇祖傳云：「曾祖敞，爲慕容德僞吏部尚書。」宋書垣護之傳云：「祖敞，仕苻氏，爲長樂國郎中令。慕容德入青州，以敞爲車騎長史。」此「慕容」謂慕容德也。

〔七一〕朐山　原作「帋山」，今從徐鈔本、甘鈔本、丁鈔本、周鈔本、劉鈔本，南齊書、南史垣崇垣傳及通鑑一三二亦皆作「朐山」。

〔七二〕武進陵　南齊書王敬則傳同，南史作「晉陵」。

〔七三〕時年七十　南齊書王敬則傳作「時年七十餘」，南史作「時年六十四」。

〔七四〕征虜亭　原作「虜亭」，據宋本、周鈔本、劉鈔本及南齊書、南史王敬則傳補「征」字。

〔七五〕丁文豪　原作「丁豪」，本書前文及宋書、南史劉休範傳、通鑑一三三皆作「丁文豪」，今據補。

〔七六〕以功封彭城侯　「彭城侯」，南齊書陳顯達傳作「豐城縣侯」。宋書州郡志二云江州豫章太守領豐城侯相，疑「彭城」當作「豐城」。

〔七七〕顯達走以軍主崔恭祖布囊裹擔而僅免　「布囊裹擔而僅免」，庫本作「胡松以烏布幔盛顯達僅獲免」，徐鈔本作「等以烏布幔盛顯達，數人擔之，僅得免。御史中丞范岫奏免顯達官，優詔答之。顯達乃表解職，求降號，皆不許」。

〔七八〕時年七十三　南史陳顯達傳同，南齊書作「時年七十二」。

〔七九〕宣城侯　南齊書、南史劉懷珍傳並作「胥城侯」。

〔八〇〕下邳人也　南齊書王玄載傳同。張森楷南齊書校勘記云：「宋書王玄謨傳云太原祁人，後徙新興，不云下邳人。玄謨自稱老傖，卽是玄載從兄，宗從兄弟，不應郡地各異。」張說是，南史王玄謨傳亦作「太原祁人也」。

〔八一〕隨青州刺史垣護之入堯廟　南史崔祖思傳同，南齊書「垣護之」作「劉懷珍」。

〔八二〕犬羊乎　其前有劉善明傳、蘇侃傳，各本皆缺。此爲垣榮祖傳，「犬羊乎」前南齊書垣榮祖傳作「垣榮祖字華先，下邳人，五兵尚書崇祖從父兄也。父諒之，宋北中郎府參軍。榮祖少學騎馬及射，或謂之曰：『武事可畏，何不學書。』榮祖曰：『昔曹操、曹丕上馬橫槊，下馬談論，此於天下可不負飲食矣。君輩無自全之伎，何異』」。南史亦同。

〔八三〕轉太平子　南齊書周盤龍傳作「轉太子左率」，疑實録有誤。

〔八四〕河東汾陰人也　「汾陰」原作「淮陰」，今從徐鈔本，宋書、南史薛安都傳及南齊書薛淵傳亦作「汾陰」。

〔八五〕宋徐州刺史安都從子　「徐」字原脱，今據徐鈔本及南齊書薛淵傳補。宋書薛安都傳亦云：「景和元年，代義陽王昶督徐州豫州之梁郡諸軍事、平北將軍、徐州刺史。」

〔八六〕吴平縣伯　南齊書桓康傳同，南史作「吴平縣侯」。

〔八七〕焦度字文績　南史焦度傳同，南齊書「文績」作「文續」。

〔八八〕官亭湖　它本及南齊書、南史焦度傳皆作「宫亭湖」。

〔八九〕人皆以爲有方伯之任　「任」字原缺，今據庫本補，周鈔本作「相」。

〔九〇〕安成恭王暠　原無「安」字，據庫本補。南齊書、南史本傳亦同。

〔九一〕陸修儀生鄱陽王鏘晉熙王銶袁修容生桂陽王鑠　原作「陸修容生丹陽王鑠」，今據庫本補正，南齊書齊高帝諸子傳、南史高祖十二王傳亦同。

〔九二〕宜都王鏗　「鏗」原作「鋮」，據庫本及南齊書、南史改正。

〔九三〕區貴人　原作「歐貴人」，據庫本及南齊書、南史改正。

〔九四〕江夏王鋒　「鋒」原作「鍔」，據庫本及南齊書、南史改正。

〔九五〕南平王欽　「欽」原作「嶔」，據庫本及南齊書、南史改正。

建康實録卷第十六

齊下

列傳

王琨　何戢　王延之　阮韜　張緒　虞玩之　劉休

謝超宗　劉祥　虞琮〔一〕　蕭赤斧　劉瓛弟璡〔二〕　陸澄

張融　周顒　蕭坦之　謝瀹　徐孝嗣　沈文季兄子昭略

王慈　陸惠曉〔三〕　王融　謝朓　孔稚珪　崔惠景　丘靈鞠

檀超

齊宗室及諸王道度〔四〕　鈞　道生　鳳　遥光　遥欣　遥昌　緬　王秀之　蔡約

蕭惠基　劉繪　王奐　張沖　文惠太子四男　明帝十一男

裴叔業　陸厥　崔慰祖　祖沖之　賈淵　傅琰　虞愿

劉懷慰　裴昭明　沈憲　孔琇之　褚伯玉　明僧紹　顧歡

臧榮緒　宗測　吴苞　杜京産　徐伯珍　邵榮興〔五〕　吴達

之[六]　樂頤之　江泌　紀僧真　茹法亮　吕文顯[七]　魏虜

王琨，瑯琊人。祖薈。父懌，以侍婢生琨，初名崑崙。[八]懌後娶南陽樂玄女，無子，故名琨，立爲嗣。

少謹篤，爲從伯父司徒謐愛重，官至尚書。初爲吏部郎，不受私屬，出爲建威將軍、平越中郎將、廣州刺史。宋順帝卽位，進右光禄大夫。順帝遜位，百寮陪列，琨攀畫輪獺尾慟泣曰：「人以壽爲歡，老臣以壽爲戚。既不能先驅螻蟻，頻見此事。」嗚噎不自勝，百官人人雨淚。

齊高帝卽位，領武陵王師，加侍中。時王儉爲宰相，屬琨用東海郡迎吏，琨使謂曰：「語郎，三臺五省，皆是郎用人，外方小郡，當乞寒微，省官何容復奪之。」遂不過其事。尋解王師。及高帝崩，琨聞國諱，牛不在宅，去臺數里，遂步行入宫。朝士皆謂曰：「故宜待車，有損國望。」琨曰：「今日奔赴，皆自應爾。」遂得病卒，贈左光禄大夫，年八十四。

琨謙恭謹慎，老而不渝，朝會必早起，簡閲衣裳，料數冠幘，如此數四，或爲輕薄所笑。

何戢字惠景，〔九〕廬江灊人。祖尚之，宋司空。父偃，金紫光禄大夫。戢尚宋孝武山陰公主。主就帝求褚淵内侍，淵乃與戢同居月餘，終不從主意，由是厚申情好。累至吏部尚書。

戢美容儀，動止與褚淵相慕，時人呼爲「小褚公」。初，孝武賜戢蟬雀扇，善畫人顧景秀所畫。時吴郡陸探微、顧彦先皆能畫，〔一〇〕歎其巧絶。戢因王晏獻之，上令晏厚酬其意。卒年三十六。

王延之字希季，瑯琊人。父昇之，宋都官尚書。延之出繼伯父粲之。從父静默，不交人事。舉秀才，累至吴郡守，入爲左僕射。

宋祚衰，太祖輔政，朝野之間，人懷彼此，獨延之與王僧虔中立無所去就。世人語曰：「二公治平，不送不迎。」太祖善之。出爲安南將軍、江州刺史，與阮韜俱是宋領軍劉湛外甥，並有才譽。湛愛之曰：「韜後當爲第一，延之次焉。」延之甚不平。遷中書令，轉特進，卒。子綸之，位至侍中。

阮韜字長明，陳留人也。晉散騎常侍、金紫光禄大夫裕玄孫也。初，宋孝武選侍中四人，須有風貌。王彧、謝莊一雙，韜與何偃爲一雙，常充兼假。至始興王師，卒。

張緒字思曼，吴郡人。祖茂度，會稽太守。父演，太子中舍人。緒少知名，叔父鏡謂人曰：「此兒，今世樂廣也。」舉秀才。袁粲言于明帝曰：「臣觀思曼有正始之遺風，宜爲宫職。」拜侍中中中書。齊建元元年，轉中書令。王儉嘗謂人曰：「北都中覓張緒，過江未有也，不知陳仲弓、黄叔度能過之否？」初，劉悛爲益州刺史，獻蜀柳數株，枝條甚長，狀若絲縷。帝命植于太昌靈和殿前，因晏玩賞，咨歎曰：「此柳風流可愛，甚似思曼少年。」以緒爲太常卿、國子祭酒，用王延之代緒爲侍中、中書令。世人以此選得人，比晉朝用王子敬代王季琰也。世祖卽位，爲吏部尚書。初，緒每朝見，太祖目送之，謂王儉曰：「緒以位尊我，我以德貴緒。」緒口不言利，家不蓄財，不受私屬。若清談端坐，或竟日不食。卒年六十八。遺命作蘆葭輴車，靈牀置杯水香火。從弟融敬重，事之如親兄，置酒于靈前酌酒，慟哭曰：「阿兄風流頓盡！」子克嗣。〔二〕

虞玩之字茂瑶，會稽人。祖宗，晉庫部郎。父玫，通直常侍。玩之少閑刀筆，涉書史，官至左丞，〔三〕上表陳府庫錢帛，器械用度，慮不支月。太祖輔政，鎮東府，朝廷致敬，玩之猶躡屐造席。太祖取屐視之，訛黑斜鋭，蔑斷以芒接之。問曰：「卿此屐已幾載？」玩之曰：「三十一年矣！初拜征北行佐所買，〔一三〕貧士未辦易之。」太祖善之，因賜新屐，不受。曰：「著精日久，弊不可捐，所以不當殊賜。」累位驍騎將軍、黃門侍郎。

世俗多巧僞，玩之請置校籍官以防之。年老有疾，請退，表曰：「四十仕進，七十懸車，壯卽馳驅，老宜休息。知足不辱，臣知足矣。授命于道消之辰，効節于百揆之日，忠之効也。慶隆于文明之初，荷澤于龍飛之運，命之偶也。不謀巧宦而位至九卿，德慚李陵而忝居門下。堯、舜無窮民，臣亦通矣。年過六十，不爲夭矣。榮期之三樂，東平之一善，臣俱盡之矣。」上省表，許之。東歸，王儉不出送，朝廷無祖餞者。歸鄉造大宅，數年後卒。員外郎孔瑄就儉求會稽王官，〔一四〕儉方盥洩，投皁筴于地，曰：「卿鄉俗惡，虞玩之至死煩人。」

劉休字弘明，沛郡人。父超，九真太守。休初爲宋明帝湘東常侍，轉征北參軍。頗有好尚，尤嗜飲食。〔一五〕休多藝能，爰至鼎味，問無不解，遂見親賞，長直殿內。帝素肥，痿不能御內，諸王妓妾懷孕者，密使獻之入宮，生子，乃幽其母。順帝是桂陽王休範子。蒼梧王亦非帝子，乃陳太妃先爲李道兒妾，故後蒼梧王微行，每自稱曰李將軍。帝憎婦人妬忌，朝官妻有妬者，必爲鞭之。休妻王氏亦妬，帝使人就宅鞭二十，後令開小店，使王氏賣埽箒皁筴以辱之。休卒豫章太守。

謝超宗，陳郡夏人。祖靈運。父鳳，宋元嘉中因事徙廣州，超宗元嘉末方還。好學，有文章，與惠休道人往來。孝武出策秀孝格，五問並得上上，作殷淑儀誄，孝武見歎曰：「超宗殊有鳳毛，靈運再出。」爲太祖長史，坐公事免。自詣東府門通謝，其日風寒慘厲，太祖謂四座曰：「此客至，使人不衣自煖矣。」超宗既坐，飲酒數甌，辭氣横出，太祖對之甚懽。太祖卽位，轉黄門侍郎，在直省常醉。上忽召見，語及北方事，超宗曰：「虜動來二十年，佛出亦無奈何！」以失儀出爲南郡王司馬。後以怨望免官，十年禁錮。後司徒褚淵送湘州刺史王僧虔，閣道壞，墜水；僕射王儉牛驚，跣下車。超宗撫掌笑曰：「落水三公，墜車僕射。」前後言誚，布在朝野。及淵出水沾濕，超宗又笑曰：「有天道焉，天所不容，地所不受。投畀河伯，河伯不用。」淵大怒曰：「寒士不遜。」超宗曰：「不能賣袁粲，焉得免寒士。」以張敬兒女爲子妻，帝甚疑之。及收下廷尉，一宿髮盡白，詔徙越州自盡。

劉祥字顯徵，東莞莒人。父歔，太宰從事。祥爲宋巴陵王參軍。少好學，性剛疎，輕言肆行，不避高下。建元中，司徒褚淵入朝，以腰扇障日，祥從側過，曰：「作如是舉止，羞面見人，扇障何益？」撰宋書譏斥之。爲臨川王驃騎從事。

初，王奂爲僕射，與奂子融同載，行至中堂，見路人驅驢，祥曰：「驢！汝好爲之，如汝人才，皆可爲令僕矣。」著連珠辭十五首以寄懷，云：「希世之寶，違世必賤，偉俗之器，無聖則淪。是以明璧黜于楚岫，章甫窮于越人。」上令御史任遐奏，付廷尉，徙廣州。不得意，縱酒而卒。

虞琮字景豫，會稽餘姚人。父秀之，黄門侍郎。琮有謹行，初，世祖始爲從事。家甚貧薄，琮推國士之眷，數相分與，行必呼帝同載，上甚德之。昇明中，爲世祖中兵諮議。家富，奴婢無游手者，雖在南土，而會稽滋味無不畢至。

及明帝卽位，琮乃辭疾不陪位。帝使尚書令王晏賫廢立事示琮，以琮舊德，引參佐命。琮謂晏曰：「主上聖明，公卿戮力，寧假朽老臣贊維新乎？不敢聞命。」徐孝嗣曰：「此亦古之遺直也。」衆議乃止。稱疾篤，求東歸，轉光禄大夫，卒。

蕭赤斧，南蘭陵人。太祖從祖弟。父始之，冠軍參軍。赤斧歷官謹慎，爲太祖所知。太祖輔政，順帝遜位，于丹楊故所立宫，上令赤斧監送，至薨乃還。遷雍州刺史，在公勤奉公事，封南里伯。〔一六〕永明三年，卒。家貧無絹爲衾，上聞之，賜賻錢五萬，材一具，布百疋。

子穎胄字雲長，弘厚有父風。起家太子舍人。從太祖登石頭烽火樓，賦詩稱旨。和帝出荆州，以穎胄爲冠軍將軍，行荆州事。初，雍州刺史梁王起義，與穎胄勸同舉兵，穎胄未決。而朝廷使巴西太守劉山陽領兵三千上荆州，就穎胄謀襲雍州。梁王又使王天虎等揚聲，云劉山陽上，并襲荆、雍。遂與梁王定謀斬天虎首，送山陽，發兵及百姓車牛往襄州。山陽上就穎胄，穎胄使岷山太守劉孝慶伏兵，〔一七〕斬山陽，首送梁王。梁王發兵，留穎胄知後事，檄告京師。永元三年東昏年號。正月，立和帝于荆州。初，荆州大風雨，龍入柏齋中，柱壁上有爪足處，刺史蕭遥欣恐，不敢居。至是南康王寶融立爲和帝，遂以爲嘉瑞殿。〔一八〕

中興元年三月，遷穎胄爲中書令，領吏部、監八州軍事、荆州刺史。八月，魯休烈、蕭璝破汶陽，至上明，荆土尚振，穎胄遣軍主蔡道弘上明拒璝。〔一九〕十一月，穎胄憂慮發氣卒。和帝密詔梁王報穎胄凶，祕不發喪。時年四十。及平定，聞者知天命之有在矣。梁天監元年，追封巴東郡公。

劉瓛字子珪，沛國相人。晉丹楊尹惔六世孫。父惠，治書御史。瓛初舉秀才，丹楊尹袁粲坐于後堂，指庭前柳樹謂曰：「人謂此是劉尹時樹，每想高風；今復見卿清德，可謂世不衰矣！」薦爲祕書郎。太祖卽位，累至總明觀祭酒、會稽郡丞。〔三〇〕從學者數百人。

瓛姿狀纖小，而名冠當朝，京師士子，莫不下席受業。瓛性謙下，不以高名自處。居住檀橋，有屋數間，上皆穿漏，學徒不敢指斥，呼爲清溪焉。竟陵王子良親往謁之，表世祖爲立館，以揚烈橋故主第給之，生徒皆賀。瓛曰：「室美豈爲人哉，〔三一〕華宇豈我宅也？」未徙居，遇疾卒，年五十六。

瓛有至性，年四十，未有婚對。後娶王氏，尋又出之。梁天監中，武帝爲立碑，〔三二〕謚曰貞簡先生。

弟璡字子璥，性方軌正直。初爲武陵王曅參軍，曅與寮佐飲，自割鶩炙。璡曰：「殿下親執鸞刀，下官未敢安席。」因起請退。嘗與友人孔徹同舟，〔三三〕徹留目觀岸上女子，璡舉席自隔，不與同坐。兄瓛嘗夜隔壁呼之，璡初不應答，方下牀着衣，行及簾外，然後應之。瓛怪其久，璡曰：「向者束帶未竟，恐乖禮也。」卒射聲校尉。

陸澄字彥淵，吴郡人。祖劭，〔三四〕臨海太守。澄少好學，行坐眠卧，手不釋卷。起家太學博士，以評議經典，遷祕書監。

初，竟陵王子良得古器，小口方腹而底平，可容七八升，〔二五〕以問澄。澄曰：「此名服匿，昔單于以與蘇武。」子良復細視器底，有字髣髴可識，如澄所說。

以老疾，轉光禄大夫，卒，年七十。世稱碩學，讀易三年不解文義，欲撰宋書竟不成，王儉戲之曰：「陸公，書厨也。」

張融字思光，吴郡人。父暢，宋會稽太守。融年弱冠，同郡道士陸修静以白鷺羽麈尾扇遺融，曰：「此既異物，以奉異人。」仕宋爲封溪令，被獠賊執，將欲殺之。融神色不動，方作洛生詠，賊異之而不害。

嘗泛海至交州，于海中遇風，終無懼色，方詠曰：「乾魚自可還其本鄉，肉脯復何爲者哉。」又作海賦，還示顧覬之，〔二六〕覬之曰：「此賦實超玄虚，但恨不道鹽耳。」融立取筆注之曰：「漉沙構白，熬波出素，積雪中春，飛霜暑路。」此四句後足也。融嘗與王僧虔書曰：「融，天地之逸民也。進不辨貴，退不知賤，兀然造化，忽若草木。」每自歎曰：「不恨我不見古人，恨古人不見我。」善草隸書，自號其能，太祖尤善之，見融嘗笑曰：「此人不可無一，不可有二。」

與何戢善，嘗往詣戢，爲從者誤通尚書劉澄宅。融入門，乃曰：「非是。」至户外望澄，又曰：「非是。」既造席，熟視澄良久曰：「都不是。」乃出，其爲異如此。

遷司徒從事中郎，假東出，世祖問所住止？曰：「臣陸居無屋，舟居無水。」上問融從兄緒，緒曰：「融近東出，未有居處，權牽小船，于岸上住。」上大笑。北虜聞融名，上使融往對。北使李道固曰：「張融是宋彭城長史張暢子否？」融嚬蹙久之，曰：「先君不幸，名播六夷。」豫章王大會賓僚，融食炙始行畢，行炙人便去，融欲求鹽蒜，口終不言，方摇食指，半日乃息。出入朝廷，皆拭目觀之。

性孝義，母忌月三旬皆不聽音樂。司馬竺超民嘗救其父暢之難，後超民有孫微冬月遭母喪，家貧，融往弔之，悉脱身上衣以賻之，披牛衣而還。建武四年卒。

周顒字彦倫，汝南安城人。晉光禄大夫顗七世孫。祖虎頭，員外散騎常侍。父珣。〔二七〕

顒少爲族祖朗所知，府臺立爲殿中郎。音辭雅麗，出言不窮，尤長佛理，著三宗論。嘗于鍾山西立隱舍，休沐則歸之。清貧寡欲，終日長蔬，雖有妻子，獨處山舍。甚機辯，衛將軍王儉謂顒曰：「卿山中何所食？」顒曰：「赤米白鹽，緑葵紫蓼。」文惠太子問顒：「菜食何味最勝？」顒曰：「春初早韭，秋末晚菘。」

轉國子博士，兼著作。太學諸生慕其風，争事華辯。始著四聲切韻行于時。後卒于官。

蕭坦之，南蘭陵人也。父欣，〔二八〕有勳于世祖，至武進令。坦之與蕭諶同族，初爲殿中參軍，以文惠見用，累位侍中、領軍。

高宗崩，東昏立，而始興王遥光謀反，坦之自淮南岸夜踰牆科頭著裩走，〔二九〕歸宫城，假節督衆軍討遥光，屯湘宫寺。事平，遷尚書左僕射、丹楊尹，進封公。二十餘日，帝使延明主帥黄文濟領兵圍其宅，誅之。

坦之肥黑無鬚，語聲嘶，時人號蕭啞。剛狠專執，羣小畏而憎之。

謝瀹字義潔，陽夏人。祖弘微，宋太常。父莊，金紫光禄大夫。瀹七歲，王彧見而異之，言于宋孝武，褚淵以女妻之。初，兄朏爲吴興郡，瀹送别，朏指瀹口曰：「此唯宜飲酒。」故建武朝專以長酣爲務，方得壽終。

瀹拜車騎參軍，以明帝廢鬱林卽位，宴羣臣，尚書令王晏等興席，瀹獨不起，曰：「陛下受命，應天從人，〔三〇〕王晏以爲己力。」獻觴遂不見報。上大笑解之。及王晏初得班劍，瀹謂之曰：「身家太傅裁得六人，君亦何事一朝至此！」晏甚憚之，謂江祏曰：「彼上人者，難爲酬對。」帝起禪靈寺，敕瀟爲碑文。永泰元年卒。

徐孝嗣字始昌，東海郯人。祖湛之，宋司空；父聿之，著作郎，並爲宋元兇所殺。〔三一〕初，孝嗣在孕，母年少，欲更嫁，不願有子，自牀投地及服藥，令胎墜，而更堅。及生，小字遺奴。

幼而挺立，〔三二〕風儀端簡。年八歲，襲爵枝江縣侯。尚孝武康樂公主，〔三三〕除著作。太祖建元初，兼侍中，王儉目之，爲宰相才。轉御史中丞，累至吏部尚書，臺閣事，悉以委之。王儉卒後，爲五兵尚書。明帝謀廢鬱林，孝嗣奉旨即還家草太后令，戎服隨入殿廷，于袖中出太后令，明帝大悦。即位後，加中軍大將軍，定策元勳，進爵爲公。

孝嗣性好學，器量弘雅，不以權勢自居，建元之世，恭己自保，朝野稱之。孝嗣初在率府，晝卧齋北壁下，夢兩童子遽云：「移公牀。」驚起，走數步，壁尋崩壓牀。建武四年，加開府儀同三司。明帝崩，受遺托輔幼主。東昏即位，多失德，孝嗣不敢諫之。江祏見誅，内懷憂懼，進拜司空。初，虎賁中郎將許準有膽力，領軍隷孝嗣，陳説事機，勸行廢立。孝嗣不能決，羣小反憎惡，遂勸帝除之。其冬，被召之華林省，遣茹法珍賜藥酒，孝嗣容色不變，少能飲酒，飲酒至斗餘，卒，年四十七。長子尚世祖女武康公主，第三子尚明帝女山陰公主，並同見殺。中興元年，和帝詔贈孝嗣太尉。

嗣子緄，〔三四〕子君蒨，〔三五〕仕梁。湘東王嘗出軍，有人將婦從役。王曰：「才愧李陵，未能先誅女子；將慚孫武，遂欲驅戰婦人。」君蒨應聲曰：「項籍壯士，猶有虞兮之歌；紀信功成，乃資姬人之力。」竟卒于官。

沈文季字仲達，吴興武康人。父慶之，宋司空。孝建三年，〔三六〕文季起家辟州主簿。〔三七〕景和之難，兵人圍宅，文季揮刀馳馬而去，收者不敢逼，遂得免。明帝立，遷黄門侍郎。文季飲酒至五斗，妻王錫女，亦飲三斗，對飲竟日，而視事不廢。風彩稜岸，善于進止。

昇明元年，沈攸之反，文季爲冠軍將軍、督錢塘軍事，文季殺攸之弟及宗族盡滅之，銜景和之害也。齊建元初，爲太子右衛率，封南豐侯。〔三八〕世祖卽位，轉太子詹事。世祖謂文季曰：「南士無僕射，多歷年所。」文季對曰：「南風不競，非復一日。」尤善應對。能塞及彈碁，〔三九〕塞用五子也。遷中護軍，以家爲府。延興元年，遷左僕射，明帝加尚書令。東昏卽位，多行殺戮，方知世亂，乃辭以老病。後與徐孝嗣見害于華林省，年五十八，朝野寃之。和帝中興，追贈司空。

兄子昭略，至冠軍將軍，與文季同召入省，例賜藥酒。昭略罵徐孝嗣曰：「廢昏立明，古今令典。宰相無才，致有今日。」卽以甌投其面，曰：「使作破面鬼。」死時言笑自若，年四十餘。弟昭光，亦見殺。

王慈字伯寶，瑯琊人，司空僧虔子。年八歲，外祖宋江夏王義恭於内齋施寶物，恣任所取，慈乃取素琴古硯，義恭善之。累位侍中，以脚疾，齊武帝敕聽乘車在仗後，自江左以來少此例也。

子觀，尚世祖女吴縣長公主。慈至冠軍將軍、東海太守。有女爲江夏王鋒妃。〔四〇〕謝鳳子超宗，〔四一〕嘗候僧虔，仍往東齋詣慈。慈正學書，超宗曰：「卿書何如虔公？」慈曰：「我不及，有如雞之比鳳。」超宗狼狽而退。永明九年卒，贈太常。

陸惠曉字叔明，吴郡吴人，晉太尉玩之玄孫也。自玩至惠曉祖萬載，世爲侍中，皆有名行。惠曉伯父仲元，又爲侍中，時人方之金、張二族。父子真，仕宋爲海陵太守。惠曉清介正直，不雜交遊，張緒常曰：「此江東裴秀、樂廣。」舉秀才，歷諸府參軍。世祖輔政，除尚書殿中郎，隣族來賀，惠曉舉酒曰：「陸惠曉年踰三十，婦父領選，始作尚書郎，卿等以爲慶邪？」

自太傅祭酒出爲武陵王征虜將軍，與劉璡行至吴，璡謂人曰：「吾聞張融與惠曉並宅，其間有水，必應異味。」遂命駕往，酌而飲之，曰：「飲此水，則鄙吝之萌盡矣。」惠曉後遷竟陵王長史，或謂曰：「長史貴重，不宜妄自謙退。」答曰：「我性惡人無禮，不欲以無禮處人。」又曰：「貴人不可輕，而賤者乃可輕，人生何用立輕重于懷抱。」終身常呼人官位。以吏部爲輔國、南交州刺史。何點常云：「陸惠曉心如照鏡，遇形觸物，無不朗然。王思遠恒如懷冰，暑月亦有霜氣。」世人謂之實録。初，欲用惠曉爲侍中，以形短小乃止。有三子：僚、任、倕，各有美名。

王融字元長，瑯琊人。祖僧達。〔四二〕父道琰，廬陵内史。融少而神明警惠，博涉有文才。舉秀才，自晉安王參軍遷祕書監中書郎。永明末，世祖欲北伐，使毛惠秀畫漢武北伐圖，融因此上疏，開張北侵之議。圖成，上置瑯琊城射堂壁上，遊幸觀焉。初，世祖宴芳林園禊飲，令融爲曲水詩序，舉世稱之。後遷中書郎，嘗撫心歎曰：「爲爾寂寂，鄧禹笑殺人。」〔四三〕及北虜動，竟陵王子良拔融平朔將軍，以文藻捷速，子良特相友善。融躁于名位，自恃人地，三十内望爲公輔。嘗詣王僧祐，遇沈昭略，素未相識，昭略顧盼謂主人曰：「是何年少？」融殊不平，謂曰：「余出于扶桑，入于濛谷，照耀天下，何人不知，而卿有此問？」昭略曰：「不知許事，且食蛤蜊。」融曰：「方以類聚，物以羣分，君長東隅，居然應嗜此族。」其高自標置如此。

世祖疾篤，子良侍醫藥在殿內，太孫未入，融乃戎服坐省閤口斷東宮仗不得進，欲矯詔立子良。上既蘇，召太孫入殿，朝事委高宗。融乃去戎服，坐省中歎曰：「公誤我！」鬱林卽位十數日，使中丞孔稚珪奏收下廷尉，誅之，年二十七。文集行于世。

謝朓字玄暉，陳郡陽夏人。祖述，吳興太守。父緯，〔四四〕散騎侍郎。朓有美名，文章絕世，起家豫章王東閤祭酒，累至吏部郎。

善草隸，長于五言詩，沈約常云：「二百年來無此作也。」敬皇后遷祔山陵，朓撰哀策文，齊世莫有及者。後江祏與弟祀及劉渢、劉晏同候朓，朓曰：「可謂帶二江之雙流。」以嘲弄之。祏轉不堪，至是構而害之。詔暴其過惡，收付廷尉。又使御史中丞范岫奏收朓，下獄死，時年三十六。

孔稚珪字德璋，會稽山陰人。祖道隆，位侍中。父靈産，晉安太守，罷歸，奉道于禹井山中立館，明解星文。太祖問沈攸之事，言其必敗。遷爲光禄大夫，餉白羽扇、素隱机，曰：「君性好古，故遺古物。」

稚珪少好學，有美譽，起家太祖記室，與江淹對掌辭筆。初，江左用晉世張、杜律二十卷，稚珪删注修改，與竟陵王議，務在從輕，曰：「仲尼有言，古之聽獄者，求所以生之；今之聽獄者，求所以殺之。與殺不辜，寧失有罪。則斷獄之職，古所難矣。」珪表上律文二十卷，國學置律助教，依五經例，策試上高第，便擢用之。

稚珪風韻疎清，不樂世務，居宅營小山，憑几獨酌，多飲七八斗，旁無雜事。門庭之内，草萊不翦，而多蛙鳴，人問之曰：「欲爲陳蕃乎？」稚珪笑曰：「我以此當兩部鼓吹，何必效蕃？」王晏嘗鳴鼓吹候之，聞羣蛙鳴，曰：「此殊聒人耳。」珪曰：「我聽鼓吹，殆不及此。」晏甚有慚色。永元二年，起爲都倉尚書。〔四五〕珪疾，東昏屏除，以牀輿走，乃疾甚而卒。

崔惠景字君山，清河武城人也。父系之，司州別駕。惠景爲國子生，仕宋，至寧朔將軍。齊受禪，封樂安侯。〔四六〕世祖即位，進冠軍將軍。東昏立，遷輔國將軍。

初，徐世標專權，〔四七〕惠景備員而已。及東昏誅舊臣宿將，不得自安。明年，裴叔業以壽陽降魏，即授惠景平西將軍，往壽陽。軍頓白下，將發，帝長圍屏除，出瑯琊城送之。帝戎服坐城樓上，召惠景。惠景單騎進圍內，纔交數言，拜辭而去。既出，至廣陵北數十里，召會諸軍，頓軍廣陵，停二日，便濟江，將衆襲京口。江夏王寶玄內應之，合二鎮兵以奉寶玄向京師。軍到查硎，竹坎人萬副兒善射，〔四八〕能捕虎，投說惠景曰〔四九〕：「今平路皆爲臺軍所斷，宜從鍾山龍尾上，出其不意。」惠景從之，遣人自西巖夜下，鼓叫臨城中。臺軍驚散。帝遣將軍左興盛率軍拒北籬門，便退走。惠景引軍入樂遊苑，突進北掖門，長圍逼內，東府、而石頭、白下、新亭皆奔，〔五〇〕惠景使擒興盛于淮渚荻舫中，殺之。燒蘭臺府署爲戰場，稱宣德太后令廢帝爲吳王。帝密詔豫州刺史蕭懿，軍主胡松、李居士數千人自采石濟岸，過頓越城舉火，臺城中鼓叫稱慶。惠景使子覺將兵渡南岸合戰，覺軍大敗，赴淮死。覺單馬退，崔恭祖等皆詣城降。〔五一〕惠景乃與腹心人潛至蠏浦，爲漁人所斬，以頭內鰌籃中，擔送京師。年六十三。

先是東陽女子婁逞變服詐稱丈夫，粗知圍碁，解文義，徧遊公卿門，仕至揚州議曹從事。事方泄，明帝令東還。始作婦人服，歎曰：「有如此伎，還爲老嫗，豈不惜哉。」此人妖也。陰而欲爲陽，事不果，故泄，敬則、遥光、顯達、惠景之應也。

丘靈鞠，吳興烏程人。祖系，秘書監。靈鞠少好學，善屬文。舉上計，爲東州辟從事，累至東觀祭酒參軍，掌國史。靈鞠曰：「人居官願遷，使我終身爲祭酒，不恨也。」永明二年爲驃騎，不樂武弁，改爲常侍。

性好酒及臧否人物，在沈淵坐，見王儉詩，淵曰：「王令文章大進。」靈鞠曰：「何如我未進時也。」靈鞠，宋時文名甚盛，入齊，〔五二〕拜車騎長史，卒。又著江左文章録序，起元興，訖元熙。〔五三〕文集行于世。

檀超字悦祖，高平金鄉人。祖弘，〔五四〕宋瑯琊太守。超少好文學，放誕任氣，解褐爲西州曹掾，累至國子博士。自比晉郗超，言高平有二超。又謂人曰：「猶覺我爲優也。」建元二年，初置史官，以超爲驃騎記室江淹掌史職。〔五五〕上表立條例，開元紀號，不取宋年；天文以建元爲始；帝女體自皇家，立傳以備甥舅之重。又立處士、烈女等傳。〔五六〕超史功未就而卒官，〔五七〕江淹成之，撰猶不備也。〔五八〕

時豫章熊襄著齊典，上起十世，〔五九〕其序曰：「尚書堯典，謂之古書，〔六〇〕則附所述，通謂之齊書，名爲河洛金櫃。」〔六一〕

衡陽元王道度，太祖長兄，與太祖同受業于雷次宗。宣帝問二兒優劣，次宗曰：「其兄外朗，其弟內明，〔六二〕皆良璞也。」爲安定太守，卒于宋。太祖卽位，追封。無子，以太祖第十一子鈞爲後。

鈞字宣禮，好學，常手細字書五經，一部爲一卷，置之巾箱中。侍讀賀玠問曰：「殿下家有墳索，何須此蠅頭細書，別藏巾箱？」答曰：「巾箱五經，檢閱且易，一更手寫，則永不忘。」諸王聞而争效之爲巾箱五經，巾箱五經自此始也。

始安貞王道生，太祖次兄，宋奉朝請。太祖卽位，追封爲王。建武元年，追封爲景帝，妃江氏爲景皇后，立寢廟于御道西，陵曰脩安。子鳳、鸞。鸞卽明帝。〔六三〕

鳳字景慈，宋正直郎。卒，追謚始安靖王，改華林鳳莊門爲望賢門。

子遥光字元暉，嗣。生有躄病。高宗崩，遺詔輔東昏，爲侍中、中書令，明于吏事。見東昏虐害，乃與江祏兄弟謀自樹立。弟遥欣擁兵上流，死荆州，還喪停東府。遥光見江祏遇害，憂懼，遂收集二州部曲于東府門，召丹楊尹，告以討劉暄爲名。〔六四〕破東冶出囚，上方取器仗。【原闕】

謂之屍解仙化焉。還葬舊墓，連理生其側。世祖語歡諸子，撰歡文義三十卷。佛道二家，立教無異，而學者互相非毁。歡著夷夏論。又著三教論，〔六五〕注王弼易二繫及孝經、老子等。

臧榮緒，東莞莒人也。父庸，〔六六〕國子助教。緒幼孤，躬自灌園，以供祭祀。純篤好學，括東、西二晉爲一書，紀、録、志、傳一百一十卷。隱居京口，著五經序論。常以宣尼生于庚子日，其日陳五經以拜之。自號「披褐先生。」初，與關康之俱隱京口，四十年不出門，號「京口二隱」。

宗測字敬微，南陽人，宋徵士少文之孫。少静退，家甚貧，豫章王嶷徵爲參軍，不起，測答府云：「何爲謬傷海鳥，横斤山木？」母喪，身自負土植松栢。嶷復遺書請之，辟爲參軍。測答曰：「性同鱗羽，愛止山壑，眷戀松雲，輕迷人路。縱宕巖流，有若狂者，忽不知老至，而今鬢已白，豈容課虚責有，限魚鳥慕哉！」〔六七〕永明三年，詔徵太子舍人，不就。欲遊名山，乃寫祖少文所作尚子平圖于壁上。測長子賓臣在都，知父此旨，便求禄還爲南郡丞，付以家事。刺史安陸王子敬、長史劉寅以下皆贈送之，測無所受。齎老子、莊子二書自隨。子孫拜辭悲泣，測長笑不視，〔六八〕遂往廬山，止祖少文舊宅。建武二年，徵爲司徒主簿，不就，卒。

吴苞亦隱士，常以一壺自隨，一旦謂弟子曰：「吾今夕當死，壺中大錢一千，以通九泉之路；蠟燭一挺，以照七尺之屍。」遂亡。〔六九〕

杜京産字景齊，吴郡錢塘人，杜子恭玄孫。父道鞠，州從事。京産好恬静，專學黄、老，以潔静爲心，廉虚成性，通和發于天挺，敏達表于自然。隱太平山。徵爲員外散騎常侍，京産曰：「莊叟持釣，豈爲白璧所回。」辭疾不就。年六十四，卒。

徐伯珍，東陽人。少孤貧，學書無紙，常以竹葉及以鐵釘畫地學書，兼明道術。宅南九里有高山，班固謂之九巖山，後漢龍丘萇隱處也。山多龍鬚檉栢，望之五彩，世人呼爲婦人巖，伯珍居之。兄弟四人皆白首，世呼作「四皓」，俱年八、九十卒。

武陵邵榮興，八世同居，建武三年，明帝表其門閭。

義興吴達之，嫂亡無以葬，自賣爲力夫，以營棺塚。建元三年，詔表門閭。

樂頤之字文德，〔七〇〕南陽人。世居南郡，少性至孝，養母甘厚。湘州刺史王僧虔引爲主簿，聞僚佐非人，棄官而去。初，吏部郎庾杲之常候，頤之爲設食，唯枯魚菜葅。杲之曰：「我不能食此。」母聞之，自出常膳魚羹數種。杲之曰：「卿過於茅季偉，我非郭林宗。」仕至郢州中從事。

江泌字士清，濟陽考城人。父亮之，員外郎。江泌少貧，晝日則斫屧爲業，夜乃讀書隨月光，光斜則握卷昇屋。性行仁義，衣弊虱多，以綿裹置壁上，恐虱飢死，乃復置衣中。食菜不食心，以其有生意也。爲國子助教，牽車至染烏頭，見一老翁步行，下車載之，自徒步而歸。建武中卒。

紀僧真，丹楊建康人。因蕭慧開之言，故請事太祖。太祖用爲冠軍參軍。僧真夢蒿艾生滿江，驚覺，以白太祖。太祖曰：「詩人采蕭，蕭，艾也。蕭生斷流，卿勿言也。」其見親如此。

太祖初在淮陰治城，得一錫趺，長數尺，下有篆文，莫能識之。僧真曰：「何須更辯文字，久遠之物，九錫之徵也。」太祖在淮陰，令僧真視上手跡，學署之。至是報答書疏，皆付僧真，上觀之笑曰：「我亦不能辯。」太祖拜中書舍人，封新陽縣男。上臨崩，令典遺詔。

爲人有雅士之風，世祖嘗目送之，笑曰：「人生何必計門户，紀僧真堂堂，貴人所不能及。」于諸權要，最得顧盼。母葬，開墓得兩頭蛇五色。明帝卽位，以僧真歷朝驅使，出爲廣陵内史，卒。

茹法亮，吳興武康人。宋大明中，出身爲小吏，〔七二〕齊太祖用爲冠軍府參軍。世祖卽位，爲中書通事舍人，與呂文顯並以奸佞諂事武帝。東昏立，出法亮爲大司農。中書勢利之職，法亮不樂去，固辭不受，既而代人已到，法亮垂涕而去，卒官。

呂文顯，臨海人，與茹法亮等迭出入爲舍人，並見親幸。建元、永元之世，〔七三〕至尚書右丞，少府卿，卒。

魏虜

魏虜，匈奴種也，姓拓拔氏。披髮左衽，亦呼之爲索頭虜。魏自什翼主始治平城，猶逐水草，無城郭，木末始土著立居處。〔七三〕至佛狸破涼州、黄龍，徙其居民，大築郭邑。截平城，四角起樓，女牆，不施屋，城又無壍。南門外立二土闕，〔七四〕闕内立廟，四門，〔七五〕各隨方色，凡五廟，二十一間，〔七六〕瓦屋。其西立土社。〔七七〕佛狸所居塞居等殿，〔七八〕又立重屋，居其上。太子宮在城東，亦開四門。妃妾住土屋，婢使千餘人，織綾錦販賣逐利。太官八十餘窖，窖貯四、五千斛。城郭繞宮，悉築爲防，〔七九〕大者四五百家。城西有祠天壇，立四十九木人，長丈許，白幘，練裙，嘗以四月四日殺牛馬祭。于城西三里，刻石寫五經及國記也。佛狸置三公、太宰、尚書令、僕射、侍中，與太子決國事。諸曹軍府悉署官員，皆使通知虜漢語，以爲傳譯。蘭臺置中丞御史，知城内事。

泰始五年，萬民禪位子宏，自稱太上皇。宏立，號延興元年。至六年，萬民死，謚獻文皇帝。改號承明，當此卽宋元徽四年也。丁巳歲，以太和元年。宏聞齊太祖受禪，其冬，使丹楊王劉昶爲太師，〔八〇〕來寇司州。齊使車僧朗使北虜。虜問僧朗曰：「齊輔宋日淺，何故促登天位？」僧朗曰：「虞、夏登庸，親當革禪；魏、晉匡輔，貽厥子孫。豈二聖促促于天位，兩賢謙謙以獨善？事宜各異，寧得一揆？苟曰事宜，故以應物。」虜又問曰：「齊王有何功業？」僧朗曰：「主上聖性寬仁，天識弘遠，大定凶黨。戮力佐朝，三十餘年；經綸夷險，十五六載，此功可謂極矣！」

世祖卽位，虜使李道固報聘，〔八一〕世祖于玄武湖水步軍講武，登龍舟引見之。自此歲使來，疆埸無事。

自佛狸已來，稍漸華典。平城南五十里有索干水，出定襄界，〔八二〕世號爲索干都。〔八三〕土氣凝寒，六月雨雪，遂遷都洛。仍使蔣少遊窺京師宮殿楷式而去。

九年，將議遷都。

十年，世祖使司徒參軍范雲、蕭琛北使，宏在西郊祠天壇處，以繩相交絡，紐木祓帳，〔八四〕覆以青繒，形製平圓，下容百人坐，謂之爲「繖」，一云「百子帳」。于此下宴引朝臣及齊使，宏皆自應接，甚重齊人。宏謂左右曰：「江南多好臣。」宏侍中李元凱對曰：「江南多好臣，數歲一易主；江北無好臣，百年不易主。」宏大慚。

十一年，宏遺露布并遺世祖書，稱南入。會世祖崩，宏聞乃退師。太和十七年八月，使持節、安南大將軍，行尚書符騰詔：〔八五〕「皇師電擊，旌旗南指，誓清江祲，志廓衡靄。會行人審知彼有大故，以春秋之義，聞哀寢伐。爰勑有司，輟鑾止軺，故以往示。」

並遣使弔齊問諱。

隆昌元年，齊遣使劉斅等聘宏。〔八六〕宏是歲徙都洛陽，改姓元氏。宏聞齊高宗立，非正嗣，乃自率大衆，分寇司、徐、梁、豫等四州。齊建武二年春也，宏入壽陽，軍中有黑氈行殿，坐輦邊皆三廊揭刺，有梨多白真肫，〔八七〕鐵騎爲羣，前後相接。出軍皆烏漆楯槊，〔八八〕綴以黑蝦蟆旛。牛車驢騾駝等。〔八九〕不攻城，登八公山，賦詩而去。

宏納馮太后兄昌黎王馮莎二女，大者爲昭儀，小者爲皇后，生太子恂。〔九〇〕恂意不樂，思歸桑乾，私置馬三千匹于河陰。皇后召而執之，告宏，宏怒，徙恂于無鼻城，〔九一〕在河橋北二十里，〔九二〕尋殺之。遂立大馮爲皇后，立恪爲太子。〔九三〕

四年，宏大舉向南陽，將破雍州，以三十六軍前後相繼，衆號百萬。其諸王軍朱色鼓，公侯緑色鼓，伯子男黑色鼓，並有鞶角，吹沸天地。〔九四〕使咸陽王禧圍南陽，自新野，皆陷之。宏縛新野太守劉思忌，問曰：「何不早降？」忌曰：「寧爲南鬼，不作北臣。」乃殺之。尋破崔慧景于鄧，進樊城，臨沔水而去。〔九五〕宏疾崩，謚孝文皇帝。

是年，王肅在虜爲制官，官司品秩，一如中國。凡有九品，各有二。肅初爲道人奔虜，自說家被誅戮，宏爲流涕。乃以第六妹妻之，卽虜彭城主也。封肅平原公，爲起宅舍。

宏太子恪立，號景明元年，卽齊永元二年也。〔九六〕

初，佛狸之朝，討反胡于長安，有道人射殺虜三郎將斛浴真。佛狸大怒，悉毁浮圖，殺道人將盡。及元嘉南寇，獲道人以鐵籠盛之，後乃感惡疾。自是敬畏，乃立塔寺，及宏，大興佛事。

諸蠻種數繁多，言語不一，咸依山布谷，在荆、湘、雍、郢、司五州界。宋世封西陽蠻侯……梅蟲生爲高山侯，〔九七〕田治生爲威山侯，〔九八〕梅加羊爲扞山侯。齊太祖卽位，數爲寇，皆討平之，收其部落，使戍汶陽。汶陽本臨沮西界，〔九九〕二百里中，水陸迂狎，兼貫行，水白田肥，桓温割爲郡。〔一〇〇〕南接巴、巫，太祖置巴州以畏静之。蠻俗衣布徒跣，或椎高髻，或翦髮。兵仗以金銀爲飾，使弩射。

東夷高麗國與魏虜接界，太祖建元元年，進封號，以高麗王璉爲驃騎大將軍，〔一〇一〕樂浪公如故。三年，使貢方物。璉年百餘歲乃卒。隆昌元年，高雲立爲高麗王、樂浪公、征東大將軍，其官位加長史、司馬、參軍之屬。拜則申一脚，坐則跪，行則走，以爲恭敬。國有銀山採爲貨并人參、貂皮，重中國綵纈，丈夫衣之，亦重虎皮。

百濟，弁辰之國，起晉世受蕃爵，自置百濟郡，在高麗東北。齊建元二年，其王牟都使貢方物。〔一〇二〕永明二年，魏虜征之，大破百濟王牟都。新羅國，三韓種也。

倭國，在帶方東南大海中島上，漢末以女人立爲王。

南夷林邑國，在交州南，海行三千里，北連九德郡，秦朝故林邑縣也。〔一〇三〕漢末稱王。晉太康五年，使人貢獻。宋永初元年，〔一〇四〕林邑王范陽邁母初生，夢天人以金藉之，〔一〇五〕光色奇異。夷人謂金之精者爲「陽邁」，若中國云「紫磨」者，故以名之。王服天冠，身披香纓絡。國人凶麤，善鬬。吹海螺爲角。人皆倮形。人死集其舍食肉，〔一〇六〕以火焚其骨粉于水中，謂之水葬。其大姓號婆羅門，嫁娶必用八月。女先求男，賤男而貴女。以婆羅門引壻握手相付，咒曰「吉利吉利」爲成禮。色黑爲上。

扶南國在日南郡之南大海西灣中，廣三千餘里，有江向西流入海。先有女人爲王，名柳葉，爲激國人混塡所破，降爲妻，而遂治其國，子孫相傳。晉末始通職貢。其後王姓憍陳如，名闍耶跌摩。〔一〇七〕晉惠帝永明二年，〔一〇八〕闍耶始因天竺道人那伽仙而遣使于中國，奉表獻金縷龍王座像一軀，白檀像一軀，牙像一軀，牙塔二軀，古貝二雙，瑠璃蘇鉉一口，〔一〇九〕瑇瑁櫛一枚。詔回紫絳、地黄、碧緑綾各百匹。

扶南人黠惠智巧，居重閣，以木栅爲城。出大蒻葉，長八九尺，編此葉以蓋作屋。人民亦爲閣居。或爲大船，長八九丈，廣六七尺，頭尾似魚。國王行，乘象，婦人亦然。好鬭雞狗爲戲。無牢獄，有争訟者，以金指鐶投沸湯中，令交取之。土出芭蕉、甘蔗、石榴、檳榔等果。

蠕蠕國，虜塞外雜胡也。編髪左衽，晉世什翼珪入塞後，蠕蠕逐水草，居匈奴，〔一〇〕威伏西域。土氣早寒，所居穹廬氊帳。刻木記事，無文字。宋世嘗言南方姓名齊者，當爲天子。宋順帝昇明二年，太祖輔政，遣王洪範使，尅期共伐魏虜。其相國刑基祇羅回表言「京房讖云：『卯金十六，〔一一〕草肅應王。』」建元二年八月，蠕蠕發四十萬，南侵平城七八里，于燕然山縱獵而去。後二年三年，頻獻獅皮。永明元年，王洪範始還京師，經途三萬餘里。後十年，爲丁零胡所攻，蠕蠕南徙。

河南國，匈奴種也。漢建武中，匈奴奴婢亡匿在涼州界雜種數千人，虜名奴婢爲資，一謂之「資虜」。鮮卑慕容廆庶兄吐谷渾與廆分争，子孫領其部落，以吐渾爲氏。在益州西北，亘數千里。其南界龍涸城，去成都千餘里。犬戎有四：〔一二〕一在青水，〔一三〕一在赤水，一在澆河，一在吐屈真川，皆子弟所治。其王治慕賀川。〔一一四〕初逐水草，後稍爲宫室，初始受爵命，河南吐谷渾拾寅爲持節、車騎大將軍、秦河二州刺史。〔一一五〕齊太祖建元元年，進號驃騎大將軍，卒。子易度侯爲河南王，〔一一六〕卒。世子休留茂爲河南王，〔一一七〕齊使丘冠先至河南拜受，爲休留茂推墜深谷中殺之。丘冠先字玄通，〔一一八〕吴興人，晉吏部郎傑六世孫也。

氏楊氏，〔一一九〕苻氏同出略陽，〔一二〇〕漢世居仇池。建安中，有百須元王。〔一二一〕晉代有楊茂搜。〔一二二〕宋令裴方明伐氐，〔一二三〕尅仇池，王楊文德加武都王兼仇池公。太祖卽位，詔又封之。

宕昌羌，〔一二四〕西羌種也。各有酋豪，領部落在汧、隴間。宋末，宕昌王梁彌機爲河涼二州刺史、隴西公。建元元年，太祖進號鎮西將軍，卒。子孫爲宕昌王，使求雜書，帝以五經集注論語等賜之。〔一二五〕俗重虎皮，以之送死，國中以爲之賀。

卷第十六校勘記

〔一〕虞琮　南齊書、南史本傳作「虞悰」，下不具校。

〔二〕弟璡　「璡」原作「珽」，據他本及南齊書、南史本傳改，下不具校。

〔三〕陸惠曉　「惠」，徐鈔本及南齊書、南史本傳皆作「慧」，惠、慧古通，下「崔惠景」亦同，下不具校。

〔四〕道度　原作「元道」，據下文本傳及南齊書、南史宗室傳改正。

〔五〕邵榮興　原作「邵榮」，下文本傳作「邵榮興」，與南史本傳同，今據改。

〔六〕吴達之　原作「吴遠之」，下文本傳作「吴達之」，與南齊書、南史本傳同，今據改。

〔七〕吕文顯　「吕」原誤作「吴」，周鈔本、劉鈔本及下文本傳不誤，今改正，南齊書、南史本傳亦作「吕文顯」。

〔八〕以侍婢生琨初名崑崙　「琨初」二字倒置，今據南齊書、南史王琨傳乙正。

〔九〕何戢字惠景　「惠景」，南齊書、南史何戢傳皆作「慧景」，惠、慧古通。

〔一〇〕時吴郡陸探微顧彦先皆能畫　顧彦先即顧榮，乃晉人，不得與陸探微同時。御覽九四四引梁書作「顧寶先」，爲顧琛子，附見宋書、南史顧琛傳。南史王僧虔傳云：「吴郡顧寶先卓越多奇，自以使能，僧虔乃作飛白以示之。」蓋王僧虔善書，顧寶先能書畫，故作飛白以示之也。唐張彦遠歷代名畫記云：「宋有陸探微、顧寶光。」又云：「顧寶光，吴郡人。善書畫，大明中爲尚書水部郎。」此顧彦先當爲顧寶先或顧寶光之誤。先、光形近，當有一誤，疑作「寶先」爲是。

〔一一〕子克嗣　南齊書張緒傳同，南史「克」作「完」。

〔一二〕官至左丞　南齊書、南史虞玩之傳皆云玩之官尚書右丞。

〔一三〕三十一年矣初拜征北行佐所買　「三十一」，南齊書虞玩之傳作「二十」，南史作「三十」。南齊書載其告退表云：「宋元嘉二十八年，爲王府行佐。」又高帝紀云：「元徽五年七月，帝移鎮東府。」自元嘉二十八年至元徽五年，凡二十七年，此云「三十一年」及南史作「三十年」，皆非確數，南齊書作「二十年」，當誤。

〔一四〕員外郎孔瑄就儉求會稽王官　「王官」，周鈔本、劉鈔本及南齊書、南史虞玩之傳、御覽九六〇、册府四七八皆作「五官」。

〔一五〕頗有好尚尤嗜飲食　南齊書、南史、劉休傳「頗」前有「帝」字，是。

〔一六〕南里伯　宋、齊皆無南里建置，此作「南里伯」當有誤。南齊書、南史蕭赤斧傳皆作「南豐縣伯」。

〔一七〕岷山太守劉孝慶　「岷山」，徐鈔本及南齊書、南史蕭穎胄傳皆作「汶陽」。

〔一八〕嘉瑞殿　徐鈔本及南齊書蕭穎胄傳作「嘉祐殿」，南史、御覽一七五、册府二〇三皆作「嘉福殿」。

〔一九〕蔡道弘　南齊書蕭穎達傳及梁書、南史本傳皆作「蔡道恭」。

〔二〇〕會稽郡丞　「郡丞」原作「縣丞」。周鈔本、劉鈔本及南齊書、南史劉瓛傳皆作「會稽郡丞」。按南齊書州郡志上揚州有會稽郡，當作「郡丞」爲是，今據改。

〔二一〕室美豈爲人哉　南齊書劉瓛傳作「室美爲人災」，疑「豈」字衍，「哉」當作「災」。

〔二二〕梁天監中武帝爲立碑　「天監中」，南齊書、南史劉瓛傳並作「天監元年」。

〔二三〕孔徹　南齊書劉璡傳作「孔澈」，南史作「孔逷」。

〔二四〕祖劭　「劭」原作「邵」，據它本及南史陸澄傳改。

〔二五〕可容七八升　「升」原作「勝」，據甘鈔本、徐鈔本、周鈔本及南齊書、南史陸澄傳改。

〔二六〕顧覬之　「覬」原作「愷」，顧愷之乃晉人，不得與張融同時。南史張融傳及御覽五九九、册府八五〇皆作「顧覬之」，是，今據改。下同。

〔二七〕父珣　「珣」，南齊書、南史周顒傳作「恂」。

〔二八〕父欣　南齊書、南史蕭坦之傳作「父欣祖」。蕭欣祖又見於宋書鄧琬傳、南齊書武帝紀桓康傳、南史齊本紀上桓康傳。

〔二九〕坦之自淮南岸夜踰牆科頭著裩走　「裩」，南齊書、南史蕭坦之傳並作「褌」，類篇云：「褌一作裩」。

〔三〇〕應天從人　「從」即「順」字，南齊書謝瀹傳同，蓋蕭子顯避梁諱改，實録因襲之。又「人」，南齊書謝瀹傳作「民」，避唐諱又改。

〔三一〕祖湛之宋司空父聿之著作郎並爲宋元兇所殺　「祖湛之宋司空」六字各本皆脱，唯徐鈔本有，南齊書、南史徐孝嗣傳亦同，今據補。

〔三二〕幼而挺立　原無「幼」字，據徐鈔本補，南齊書、南史徐孝嗣傳亦同。

〔三三〕康樂公主　原作「樂康公主」。徐鈔本及南齊書、南史徐孝嗣傳皆作「康樂公主」，宋書、南史后妃傳云，孝武文穆王皇后生康樂公主脩明，當作「康樂」爲是，今乙正。

〔三四〕嗣子緄　「緄」原作「琨」，據徐鈔本及南史本傳改。

〔三五〕子君蒨　「子」原作「字」，今據南史徐君蒨傳改正。

〔三六〕孝建三年　册府二一〇同，南齊書沈文季傳作「孝建二年」。

〔三七〕文季起家辟州主簿　各本皆脱「起」字，據徐鈔本及册府二一〇補。

〔三八〕南豐侯　南齊書、南史沈文季傳皆作「西豐縣侯」。

〔三九〕能塞及彈碁　「塞」，南齊書沈文季傳作「簺」。塞、簺古通。

〔四〇〕江夏王鋒　「鋒」原誤「鍏」，今據徐鈔本改正。南齊書、南史王慈傳亦同。

〔四一〕謝鳳子超宗　「子」原誤「字」，據徐鈔本改正。

〔四二〕祖僧達　「僧」字各本皆脱，據南齊書、南史王融傳補，世説人名譜琅邪臨沂王氏譜亦云，王融祖僧達。

〔四三〕鄧禹笑殺人　徐鈔本作「使鄧禹笑人」，南史王融傳作「鄧禹笑人」。

〔四四〕父緯　「緯」原作「偉」，今從庫本、徐鈔本。南齊書、南史謝朓傳及世説人名譜陳國陽夏謝氏譜皆云朓父緯。

〔四五〕都倉尚書　南齊書、南史孔稚珪傳並作「都官尚書」，南齊書百官志云：「都官尚書，領都官、水部、庫部、功論四曹。」

〔四六〕封樂安侯　「樂安侯」，南齊書、南史崔慧景傳並作「樂安縣子」。

〔四七〕徐世標　南史崔慧景傳同，南齊書崔慧景傳、南史茹法珍傳及通鑑一四三「標」皆作「檦」。

〔四八〕竹坎人萬副兒　「竹坎」，徐鈔本及南齊書崔慧景傳、通鑑一四三皆作「竹塘」。

〔四九〕能捕虎投説惠景　「投」字原缺，據庫本補。周鈔本作「豹」，屬上讀。

〔五〇〕東府而石頭白下新亭皆奔　南齊書、南史崔慧景傳及通鑑一四三皆作「東府、石頭、白下、新亭諸城皆潰」，據此，「東府」下「而」字當衍，「奔」下亦脱「潰」字。

〔五一〕崔恭祖等皆詣城降　各本皆無「崔恭祖等」四字，唯徐鈔本有，今據補。南齊書、南史崔慧景傳皆作「崔恭祖與驍將劉靈運詣城降」，通鑑一四三亦同。

〔五二〕靈鞠宋時文名甚盛入齊　南齊書、南史丘靈鞠傳「入齊」下有「頗減」二字。

〔五三〕又著江左文章録序起元興訖元熙　「元興」，南齊書、南史丘靈鞠傳並作「太興」。太興爲晉元帝年號，元興爲吴孫皓年號，元熙爲晉恭帝年號，江左文章録，蓋東晉一代文章録，疑作「太興」爲是。

〔五四〕祖弘　南史檀超傳云「祖嶷之，字弘宗」，南齊書云「祖弘宗」。蓋蕭子顯避家諱，改稱其字，實録因襲南齊書，又脱「宗」字。

〔五五〕以超爲驃騎記室江淹掌史職　南齊書、南史檀超傳皆作「以超與驃騎記室江淹掌史職」，疑此

「爲」當爲「與」之訛。

〔五六〕又立處士烈女等傳　「烈女」，徐鈔本及南齊書檀超傳並作「列女」。

〔五七〕超史功未就而卒官　南齊書檀超傳同，南史云：「又制著十志，多爲左僕射王儉所不同。既與物多忤，史功未就，徙交州，於路見殺。」

〔五八〕江淹成之撰猶不備也　南齊書、南史檀超傳並作「江淹撰成之，猶不備也」。

〔五九〕時豫章熊襄著齊典上起十世　南史檀超傳「十世」作「十代」，餘皆同，李慈銘南史札記云：「十代恐是宋代之譌。」按下序云：「尚書堯典，謂之古書，則附所述，通謂之齊書。」觀其古書通堯爲範例，則齊書所通者當止於宋，安得「上起十世」以附所述？李説可從。

〔六〇〕古書　徐鈔本及南齊書、南史熊襄傳並作「虞書」。

〔六一〕名爲河洛金櫃　「櫃」，甘鈔本及南齊書、南史熊襄傳並作「匱」。

〔六二〕其弟内明　「明」，徐鈔本及南齊書、南史衡陽元王道度傳並作「潤」。

〔六三〕子鳳鸞鸞卽明帝　南齊書始安貞王道生傳云：「三子：長鳳；次鸞，是爲明帝；次緬，是爲安陸昭王。」南史亦云：「生子鳳、高宗、安陸昭王緬。」則道度有三子，唯第三子名「緬」或「緬」，未知孰是。

〔六四〕劉暄　「暄」原作「瑄」，今從徐鈔本，南齊書、南史蕭遥光傳、本傳及通鑑一四二亦皆作「劉暄」。

〔六五〕又著三教論　「三教論」，南齊書、南史顧歡傳並作「三名論」。

〔六六〕父庸 「庸」，南齊書臧榮緒傳作「庸民」，南史作「庸人」，蓋榮緒父本作「庸民」，史臣避唐諱，改「民」爲「人」，許嵩避唐諱又删「民」字。

〔六七〕限魚鳥慕哉 南史宗測傳同。徐鈔本及南齊書作「限魚慕鳥哉」，册府二九二、八一〇皆作「恨魚慕鳥哉」。

〔六八〕測長笑不視 它本及南齊書、南史宗測傳「笑」皆作「嘯」。

〔六九〕吴苞亦隱士至以照七尺之屍遂亡 南齊書、南史吴苞傳皆不載此事，據南史隱逸傳下乃趙僧巖事。

〔七〇〕樂頤之 南史孝義傳上同，南齊書作「樂頤」。

〔七一〕出身爲小吏 「小吏」，南齊書、南史茹法亮傳皆作「小史」。

〔七二〕建元永元之世 「永元」原作「永光」。永光爲宋前廢帝年號，誤，今據甘鈔本及南齊書、南史吕文顯傳改正。

〔七三〕木末始土著立居處 「木末」原作「未」，今據徐鈔本及南齊書魏虜傳改正。

〔七四〕南門外立二土闕 「土」原作「十一」，今據徐鈔本及南齊書魏虜傳改正。黄廷鑑第六絃溪文鈔三書校建康實録後亦云：「『土』字誤作『十一』。」

〔七五〕闕内立廟四門 徐鈔本作「門内立廟，開四門」，南齊書魏虜傳作「内立廟，開四門」。

〔七六〕二十一間 徐鈔本及南齊書魏虜傳皆作「一世一間」。

〔七七〕土社　南齊書魏虜傳作「太社」。

〔七八〕佛狸所居塞居等殿　「塞居」，徐鈔本及南齊書魏虜傳皆作「雲母」。

〔七九〕悉築爲防　「防」，南齊書魏虜傳作「坊」，疑是。

〔八〇〕使丹楊王劉昶爲太師　據魏書劉昶傳，昶未嘗爲太師，疑有誤。

〔八一〕李道固　魏書、北史本傳皆作「李彪」，道固爲彪字，避唐高祖祖名諱改。

〔八二〕出定襄界　各本皆無「出」字，唯徐鈔本有，今據補，南齊書魏虜傳亦有「出」字。

〔八三〕索干都　南齊書魏虜傳同。錢大昕廿二史考異云：「索干即桑乾之轉。」

〔八四〕以繩相交絡紐木祓帳　「絡」上原有「結」字，「紐木」原作「細水」，今從徐鈔本，南齊書魏虜傳亦同。

〔八五〕行尚書　徐鈔本無「行」字，另作「府長史鹿樹生移行在所」十字。

〔八六〕劉斅　原作「劉勃」。今據徐鈔本改，南齊書魏虜傳、南史齊本紀下及通鑑一三九亦皆云使司徒參軍劉斅聘于魏。

〔八七〕有梨多白真肫　「梨」，南齊書魏虜傳作「槳」，疑是。

〔八八〕出軍皆烏漆楯槳　「出軍」，徐鈔本及南齊書魏虜傳並作「步軍」。

〔八九〕牛車驢駱駝等　南齊書魏虜傳作「牛車及驢駱駞載軍資妓女，三十許萬人」。疑實録有脱誤。

〔九〇〕生太子恂　「恂」原作「洵」，庫本作「詢」，皆誤，今據徐鈔本及魏書孝文五王傳、通鑑一三八、一四〇改正，下同。

〔九一〕徙恂于無鼻城　「無鼻城」原作「無臯城」，今據庫本、徐鈔本改，南齊書魏虜傳、通鑑一四〇及水經注皆作「無鼻城」。

〔九二〕在河橋北二十里　各本皆脱「在」字，據徐鈔本及南齊書魏虜傳補。又「二十里」，南齊書作「二里」。

〔九三〕立大馮爲皇后立恪爲太子　庫本其下有「是歲，太和二十年也」八字。

〔九四〕並有鼙角吹沸天地　「鼙」原作「鞞」、「吹」作「呼」，今據徐鈔本及南齊書魏虜傳改正。

〔九五〕臨沔水而去　各本皆脱「沔」字，唯徐鈔本有，今據補，南齊書魏虜傳亦同徐鈔本。

〔九六〕號景明元年卽齊永元二年也　「永元」原作「永明」，誤，據南齊書魏虜傳改正。

〔九七〕梅蟲生　原作「梅或丘」，今據徐鈔本及南齊書蠻夷傳改。

〔九八〕田治生　原作「田野山」，今據徐鈔本及南齊書蠻夷傳改。

〔九九〕汶陽本臨沮西界　「臨沮」原作「臨淄」。南齊書蠻夷傳云「汶陽本臨沮西界」，州郡志下云「以臨沮西界，……立汶陽郡」，是，今據改。

〔一〇〇〕桓温割爲郡　「桓温」原作「桓玄」、「郡」作「都」，今據徐鈔本及南齊書蠻夷傳、州郡志下改。

〔一〇一〕太祖建元元年進封號以高麗王璉爲驃騎大將軍　南齊書蠻夷傳同，高帝紀繫此事於建元二年四月。

〔一〇二〕牟都　原作「弁都」，據徐鈔本改，南齊書蠻夷傳、梁書諸夷傳、南史夷貊傳下亦皆作「牟都」。

〔一〇三〕北連九德郡秦朝故林邑縣也　「林」原作「臨」，今從徐鈔本，南齊書蠻夷傳云：「北連九德，秦時故林邑縣也。」

〔一〇四〕宋永初元年　「永初」原作「太初」，誤，據南齊書蠻夷傳改。

〔一〇五〕林邑王范陽邁母初生夢天人以金藉之　南齊書蠻夷傳作「林邑王范楊邁初産，母夢人以金席藉之」。

〔一〇六〕人死集其舍食肉　「集」原作「焦」，今從徐鈔本，南齊書蠻夷傳云：「知人將死，集其家食死人肉盡。」

〔一〇七〕闍耶跌摩　甘鈔本、徐鈔本及南齊書蠻夷傳皆作「闍耶跋摩」，南史夷貊傳上作「闍邪跋摩」。

〔一〇八〕晉惠帝永明二年　「永明」原作「永熙」，據甘鈔本、徐鈔本、周鈔本、劉鈔本及南齊書蠻夷傳改。然永明非晉惠帝年號，「晉惠帝」當爲「齊武帝」之譌。

〔一〇九〕瑠璃蘇鉉一口　「鉉」，徐鈔本及南齊書蠻夷傳並作「鉝」，又「一口」，南齊書作「二口」。

〔一一〇〕蠕蠕逐水草居匈奴　南齊書芮芮虜傳作「芮芮逐水草，盡有匈奴故庭」。

〔一一一〕卯金十六　南史夷貊傳下作「卯金卒」。

〔一一二〕犬戎有四　「犬戎」，南齊書河南傳作「大戌」，是。

〔一一三〕青水　南齊書河南傳皆作「清水」。

〔一一四〕慕賀川　南齊書河南傳作「慕駕川」。

〔一一五〕秦河二州刺史　南齊書河南傳、南史夷貊傳下皆作「西秦河二州刺史」。

〔一一六〕易度侯　南齊書高帝紀下、武帝紀同，河南傳及梁書諸夷傳、南史夷貊傳下、通鑑一三七皆作「度易侯」。

〔一一七〕休留茂　原作「休留殘」，今從庫本、徐鈔本及南齊書河南傳。南齊書武帝紀、梁書諸夷傳、南史夷貊傳下皆作「休留代」。

〔一一八〕丘冠先字玄通　「玄通」，南齊書河南傳、南史丘冠先傳皆作「道玄」。

〔一一九〕氏楊氏　「氏」原作「王」，據庫本及南齊書氏傳改。

〔一二〇〕苻氏同出略陽　「苻氏」原作「符玄」，「略陽」作「洛陽」，據庫本及南齊書氏傳改。

〔一二一〕百須元王　宋書氏胡傳、南齊書氏傳並作「百頃氏王」。

〔一二二〕楊茂搜　魏書氏傳同，宋書氏胡傳作「楊戊搜」，南齊書氏傳作「楊茂䢵」。

〔一二三〕宋令裴方明伐氏　「氏」原作「王」，誤，今據南齊書氏傳改，裴方明伐仇池氏事，見宋書劉懷肅傳。

〔一二四〕宕昌羌　「昌」原作「冒」，形近致誤，據張本、周鈔本及南齊書羌傳、南史夷貊傳下改正。

〔一二五〕五經集注論語　各本皆作「五經集論」，今據册府九九九補正。

建康實録卷第十七

梁上〔一〕

高祖武皇帝

高祖武皇帝姓蕭名衍，字叔達，小字練兒，蘭陵中都里人，〔二〕漢相國何之後，而與齊朝同承淮陰令整。整生皇高祖鎋，位濟陰太守。鎋生皇曾祖副子，位州治中從事。副子生皇祖道賜，位南臺治書侍御。道賜生皇考順之，字文緯，齊高祖族弟，參預佐命，封臨湘侯，累至領軍將軍、丹楊内史。

高祖以宋大明八年甲辰歲生於秣陵縣同夏里三橋宅。〔三〕初，皇妣張氏常夢抱日，已而有孕，乃生帝。帝生有奇異之光，兩骻骿骨，狀貌殊特，頂上隆起，日角龍顔，重嶽虎顧，舌文爲八字，頂有浮光，身映日無影，爲兒童能蹈空而行，有文在左手曰「武」。〔四〕及長，博學多通，好籌畧，有文武才幹，流輩咸推許焉。所居宅常若有雲氣，人有遇者，體輒肅然。

起家巴陵王參軍，遷衛軍王儉府東閤祭酒。〔五〕王儉一見深相器異，請爲户曹屬，謂廬江何憲曰：「此蕭郎三十内當作侍中，出此則貴不可言。」齊竟陵王子良開西邸，招文學之士，高祖與沈約、謝脁、王融、蕭琛、范雲、任昉、陸倕等並遊焉，號爲八友。王融俊爽，識鑒過人，尤敬異高祖。每謂所親曰：「宰制天下，必在此人。」累遷隨王諮議，行經牛渚，逢風，入泊龍瀆。有一老人謂曰：「君龍行虎步，貴不可言。天下將亂，能安之者，其在君乎？」以皇考艱去職。

齊明帝輔政，爲寧朔將軍，鎮壽春。服闋，拜黄門侍郎，入直殿省。與蕭諶等定策，封建陽侯。〔六〕

建武二年，虜寇司州，以高祖爲冠軍將軍討之，〔七〕進戰，魏軍弃圍走。還爲太子中庶子，領羽林監。頃之，出鎮石頭。

四年，敗魏軍於雍州，進使持節、都督雍梁南北秦四州軍事、〔八〕雍州刺史。其月，齊明帝崩，及東昏侯立，而揚州刺史始安王遥光、尚書令徐孝嗣、右僕射江祏、右將軍蕭坦之，〔九〕侍中江祀、衛尉劉暄更直内省，使分日帖勑，世所謂六貴。高祖聞之，謂從舅張弘策曰：「政事多門，亂其階矣。詩云：『一國三公，吾誰適從？』况此六貴也。又有御刀茹法珍、梅蟲兒、豐勇之等八人，號爲八要。及舍人王咺之等四十餘人，皆口擅王命，權行國憲，今有六貴，而何得理。嫌隙若成，方將誅滅，當今避難，唯有此地。但勤行仁義，可坐作西伯。然諸弟在都，恐不離患，須與益州圖之。」

時高祖長兄懿罷益州還，仍行郢州事，〔一〇〕使弘策詣郢，陳計於懿云：「晉惠庸主，諸王爭權，遂内難九興，外寇三作。今六貴爭權，人握邦憲，制王畫勅，〔一一〕各欲專威。始安將爲趙倫，形迹已見，蹇人上天，信無此理乎？徐孝嗣才非柱石，〔一二〕聽人穿鼻。幸圖身計，不可後人，智者見機，無待終日。」懿聞色變，心不之許。

是歲，高祖到襄陽，潛造器械，伐竹木於檀溪，密爲舟裝之備。所住齋常有五色氣迴轉，狀若蟠龍，其上紫雲騰起，形如繖蓋，望者莫不異焉。

永元二年冬，懿被害信至，高祖密召長史王茂、中兵呂僧珍、別駕柳慶遠、功曹史吉士瞻等謀之。〔一三〕以十一月乙巳召僚佐集之廳事，謂曰：「武王會孟津，皆曰『紂可伐』。今昏虐暴主，誅戮朝賢，生民塗炭，卿等同心嫉惡，共興義舉，良在茲日。」是日建牙於軍門，收拾甲士三萬餘人，〔一四〕馬一千匹，船三百艘。〔一五〕高祖謂張弘策曰：「夫用兵之道，心戰爲上，兵戰次之。」乃使行人封空函以疑劉山陽，而定荆土，引荆州軍下沔南，立新野郡，以集新附。

三年二月，〔一六〕南康王寶融爲相國，以高祖爲征東大將軍，封公，給鼓吹一部。戊申，高祖發襄陽，留弟偉守城，總州府事。録事郭儼知轉漕，〔一七〕移檄京師。命長史王茂與竟陵太守曹景宗爲前將軍，出漢口，輕兵沿江，逼郢城，大破刺史張沖軍於石橋，追斬於九里亭。高祖築漢口城以守，時張沖軍復以長史程茂爲主。

乙巳，〔一八〕南康王寶融卽帝位於江陵，改永元三年爲中興元年，〔一九〕遥廢東昏爲涪陵王。以高祖爲左僕射，假黄鉞。西臺置百官司馬。七月，襲破上流，征鎮相繼歸款。八月，前次蕪湖，南豫州刺史申胄棄姑孰，奔歸東昏。又使屯破墩，高祖悉大軍據姑孰，使曹景宗、蕭穎達領馬步進屯江寧。東昏征虜將軍李居士率馬步逆戰，擊破之，進與新亭城主江道林大戰於路，生擒之。而次新林，使王茂進據越城，曹景宗據皁莢橋，鄧元起據道士墩，陳伯之屯籬門。李居士收散軍猶據新亭壘，請東昏燒南岸邑屋以開戰場。自大航以西，新亭以北，蕩然矣。

十月，石頭軍主朱僧勇率水軍二千歸義。東昏又遣征虜將軍王珍國率胡虎牙等列陣於航南大路，珍國決死戰，大敗，投淮死者與航等，追兵乘之以濟，諸軍相望大潰，追至宣陽門，東府、石頭、白下等諸軍並降。壬午，高祖鎮石頭，命衆軍圍城。十一月，東昏悉燒門内，驅逼營署、官府並入城，有衆二十萬。高祖築長圍逼之。

十二月丙寅旦，兼衛尉張稷、北徐州刺史王珍國斬東昏，首送高祖。遣使曉諭南徐、兖及四方屯戍悉降，乃分遣宗黨鎮守，而使吕僧珍勒兵封庫及圖籍。嬖庶兇黨王咺之已下四十八人並誅之。〔二〇〕宣德皇后下令追廢涪陵王爲東昏侯，依漢海昏故事。授高祖中書監、揚徐軍事、大司馬、録尚書、驃騎大將軍、揚州刺史，封建安公，食邑萬户，給班劍四十人，假黄鉞，依晉武陵王司馬遵承制故事。

己卯，高祖入屯閱武堂。下令曰：「皇家不造，遘此昏凶，禍延動植，虐被人鬼，社稷之危，幾於累卵。吾身藉皇宗，曲荷先顧，受任邊疆，推轂萬里。投袂受戈，克殄多難。凡厥負釁，咸與維新。可大赦天下；唯王咺之已下四十八人不在原例。」〔二一〕又下令曰：「一切淫刑濫罰賦役並原放。今明昏遞運，大道公行，思治之氓，來蘇茲日。」

二年正月，齊和帝自江陵遣侍中席闡文、兼黄門侍郎樂法才慰勞京邑。追贈高祖皇祖散騎常侍，皇考侍中。戊申，〔二二〕宣德皇后臨軒，入内殿。大司馬承制，百寮致敬如前。詔進高祖劍履上殿，入朝不趨，贊拜不名。加前後羽葆鼓吹。置左右長史、司馬、從事中郎、掾、屬各四人，尋進相國，封十郡，爲梁公，〔二三〕備九錫之禮，加璽紱、遠遊冠，位在王公之上，加相國緑綟綬，任總百司，高祖固辭。

二月，府寮勸進。是日，焚東昏淫奢異服都六十二事於都街。〔二四〕乙丑，南兖隊主陳文興於城内鑿井，得玉鏤騏驎、〔二五〕玉璧、水精環各二枚。又鳳皇見建康縣桐下里。宣德皇后稱美符瑞，歸於相國府。

丙寅，詔：「梁國初建，可依舊選諸要職，悉依天朝之制。」高祖上表曰：「臣聞以言取士，士飾其言；以行取人，人竭其行。所謂才生於世，窮達惟期；而風流遂行，馳騖成俗，媒孽誇衕，利盡錐刀，遂使官人之門，肩摩轂擊。豈直暴蓋露冕，不避寒暑，兼乃戢屨杖策，風雨必至。良由鄉舉里選，不師古始。請自今選曹精加隱括，依舊立簿，使冠履無爽，名實不違，庶人識涯涘，造請自息。且聞中間立格，甲族以二十登仕，後門以過立試吏，豈所以弘奬風流，希向後進？此實巨蠹，尤宜刊革。」詔依表施行。

丙戌，詔進梁公爵爲王，以豫州南譙益梁國，并爲二十郡。帝固辭。有詔斷表。相國左長史王瑩等率百寮敬請。

三月辛卯，〔二六〕延陵縣華陽邏主戴車牒稱云：〔二七〕「十二月乙酉，甘露降茅山，彌蔓數里。正月己酉，邏將潘道益於山石穴中得毛龜一。〔二八〕二月辛酉，〔二九〕邏將徐靈符又於山東見白麞。丙寅平旦，山上雲霧四合，須臾有玄黄色，狀如龍形，長十餘丈，乍隱乍見，久乃西北昇天。」壽張縣見騏驎一物。

己未夜，郢城有一物如獸，色白而長，攀樹而泣，若將別者，因投城外黄鶴磯水中。庚申，〔三〇〕郢城降梁，〔三一〕梁王曰：「何意罵義軍？」朱曉曰：「明公試思，桀犬何嘗不吠堯。」王以爲知言。

丙午，命王冕十有二旒，建天子旌旗，出警入蹕，乘金根車，駕六馬，備五時副車，置毛頭雲罕，樂舞八佾，設鍾虡宫縣。王妃王子王女爵命進號，依舊儀。

丙辰，齊帝禪位於梁王，王卽位於姑孰，依唐虞、晉宋故事。

四月辛酉，宣德太后下令，今歸別宮。壬戌，齊帝使侍中，持節、兼太保、尚書令汝南縣開國侯亮，〔三二〕悉奉皇帝璽紱，受終之禮。王其陟元后，君臨萬方，式傳洪業，以答上天之休命！高祖抗表陳讓，於是，齊百官豫章王元琳等八百一十九人，〔三三〕及梁臺侍中臣雲等一百一十七人，並上表勸高祖，高祖謙讓不受。太史令蔣道秀陳天文符讖六十四條，事並明著；羣臣等固請，乃從之。

夏四月丙寅，〔三四〕高祖卽位南郊，設壇柴燎，告類于天。禮畢，備法駕還建康宮太極前殿。大赦天下，改元中興二年爲天監元年。

壬午，封齊帝爲巴陵王，〔三五〕全食一郡，一依齊典，行齊正朔。降宣德太后爲齊文帝妃，后王氏爲巴陵王妃。詔「降前代王公封爵，悉皆除省，唯宋汝陰王不在除例」。〔三六〕

追尊皇考爲文皇帝，廟號太祖；皇妣張氏爲獻皇后，妃郗氏爲德皇后，諡兄懿爲長沙王，詔封文武各有差。以弟宏爲臨川王、揚州刺史，弟秀爲安成王，弟偉爲建安王，弟恢爲鄱陽王，弟憺爲始安王。〔三七〕詔後宮樂府一切放還。

己巳，巴陵王薨於姑孰，〔三八〕諡爲和，送終一依宋順帝故事。詔「分遣內侍，周省四方觀政，舉淪滯，求遺隱，問百年，蠲獄訟，天下有罪，許人贖論」。復蘭陵武進縣，依前世之科。

乃立公車府謗木肺石，傍各置一函，欲有橫議，投謗木函。

五月，江州刺史陳伯之舉兵反，使王茂爲征南將軍、江州刺史，討平之，伯之奔魏。

丁未，詔中書監等八人參定律令。〔三九〕林邑國、干陁利國各遣使貢方物。

十二月乙未，立小廟。甲子，立皇子統爲太子。〔四〇〕

是歲，旱，米一斗五千文，人多餓死。立長干寺。案，寺記：寺在秣陵縣東長干里，內有阿育王舍利塔，梁朝改爲阿育王寺。昔佛涅槃後，周敬王朝阿育王造八萬四千舍利塔，此其一焉。又案，梁書：大同二年八月，高祖改阿育王塔，〔四一〕塔下舍利及佛爪髮，〔四二〕髮青紺色，衆僧以手伸之，隨手長短，放之則旋屈爲蠡形。此塔比吳朝因孫綝亂曾毀廢之，塔亦同泯。平吳後，諸道人於舊所建立焉。晉末宋初，更修飾之，至簡文咸安中，使沙門程安造小塔，〔四三〕未成而亡，弟子僧明繼而修立。〔四四〕至孝武太元九年，上金相輪及承露盤。其後離石縣人劉薩阿因死更蘇，便出家，名慧達，行禮，次至丹楊，未知阿育王塔處，乃登城四望，見長干里有異氣，因就禮拜，果見先置塔所，方知必有舍利，乃對衆掘地一丈，得三石碑，各長六尺。中碑下有鐵函，函內有銀函，函內又有金函，盛三舍利及爪髮各一枚，髮長數尺。即遷近北，對簡文所造四層塔。十六年，又使沙門僧尚加三層，〔四五〕即高祖所開者也。高祖初穿三四尺，〔四六〕得龍甲。九尺許，方得石，石下有石函，函內有鐵壺，以盛銀坩，坩內有金縷罌，盛三舍利，如粟粒大，圓正光潔。又有瑠璃椀，椀得四舍利及爪髮，爪有一枚，〔四七〕爲沉香色。高祖至寺大會，造二剎，各以金罌、瓷罌重盛舍利爪髮，內七寶塔中。又以石函盛寶塔，分入剎下二塔，俱放光明。勅鎮東將軍邵陵王綸製寺大功德碑文。晉咸和中，丹楊尹高悝行至張侯橋，見地中有五色光長數尺，〔四八〕不知何怪，乃令人於光處剖視之，得金像。悝乃下車，載像，至長干巷首，牛不肯進，悝令御人任牛所之，牛直牽車至寺，悝因留像付僧。每至中夜，嘗放光明，又聞空中有金石之響。經一歲，臨安縣漁人張係世，〔四九〕於海口忽見有銅花趺浮水上，係世取以送縣，縣以送臺，乃施於像足，宛然相當。又簡文咸安元年，交州合浦縣人董宗之採珠没水底，得光餤，交州押送臺，以施像上，又合焉。自咸安歷隆安二十餘年，光趺如其。〔五〇〕初，高悝得像後，西域有胡僧五人來詣悝，曰：「昔于天竺得阿育王所造像，來過鄴下，值胡寇亂，埋像於河邊，尋失所在。」五人嘗一夜夢像語曰：「吾出江東，爲高悝所得。」悝乃送五僧至寺，諸僧見像歔欷流涕，像便放光，耀燭殿宇。又瓦官寺僧惠邃欲摸寫像形，寺主僧慮虧損金色，謂邃曰：「若能請像放光，回身西向，乃可相許也。」邃便懇拜請之，其像即轉坐放光西向，當便摸之。又銅花趺上先有外國書，莫有識者，後有三藏那求跋摩識，〔五一〕云是阿育王爲第四女所造也。及梁朝敕除市側數百家，以廣寺域，堂殿樓閣，頗極輪奐，其圖諸經變相，並是張僧繇□丹青之功，〔五二〕爲其冠絶。陳亡，寺内殿宇悉皆焚燼，今見有石塔三層，高一丈二尺，周圍八尺，〔五三〕形狀殊妙，非人工焉，鳥雀不敢棲息。西京記：光福坊大興寺殿内有□□□金像，歷宋、齊、梁、陳，數有奇異。〔五四〕陳國亡，忽面自西向，雖止之還爾。隋文帝載入於大内中供養，〔五五〕後移置此寺，寺衆以殿大像小，不可當陽，置之於北面。明日，乃自轉正，寺衆咸驚，〔五六〕復置北面，明還復轉南面，衆乃懺謝，不復更動。又靖安之崇敬寺有石像一軀，〔五七〕高五尺，制作麤惡，甚有靈驗。傳云是阿育王第四女所造也。其女貌醜，嘗自慨恨，多作佛像，及成皆類，如此千數。乃至誠祈禱，忽感佛見形，更造諸像，相好方具，其父使鬼神遍散諸像於天下，此石像是其一也。

天監二年四月癸卯，〔五八〕尚書删定法度上梁律二十卷、科四十卷。〔五九〕扶南、龜茲、中天竺國各遣使貢方物。〔六〇〕交州進鸚鵡能歌，不納。

置法王寺，北去縣二十里。案，塔寺記：武帝造。其地本號新林，前代苑也。梁武義軍至，首祚王業，故以

「法王」爲名。大同九年於寺側起王遊苑，尚書令沈約爲寺碑文，美武功也。置永建寺，北去縣六十里，李師利建造。置佛窟寺，北去縣三十里，僧明慶造。其寺拓山巖，殊稱形勝，遂因佛窟而名。置永修觀，東南去縣五十里，五月六日武皇帝造，至貞觀六年，爲數不過五人，乃併入縣内。

三年，天下多疾疫。

四年正月癸卯，詔「自今九流常選，年未滿三十，不通一經，不得解褐」。

五月，建康縣定陰里生嘉禾，〔六一〕一莖十二穗。

六月，立孔子廟。

十月，大舉北伐。

十二月，天清朗，西南有電光，聞雷聲者三。〔六二〕

歲大穰，穀一斛三十文。

置敬業寺，禮部侍郎盧法震造。〔六三〕

五年四月丙申，〔六四〕廬陵高昌之仁山獲銅劍二，始豐獲八目龜一。

置淨居寺，北去縣六十二里，潁州刺史劉威造。

六年，詔隱淪之士皆令自陳。

三月，有象入京師。

四月，置左右驍衛、左右游擊將軍。

七月甲子，太白晝見。丙寅，置桂州。

八月戊戌，大風折木。京師大水，濤入，御道七尺。〔六五〕

乙亥，〔六六〕改閱武堂爲德陽堂、聽訟堂爲儀賢堂。〔六七〕

置光宅寺，西去縣十里。武帝捨宅造寺未成，於小莊嚴寺造無量壽像長一丈八尺，及鑄，銅不足，帝又給功德銅三千斤。臺内送銅未至像處，已見銅車到罏所，於是就治，一灌便足，在後臺司銅至，方知向來送銅靈感所至。及開模，像以成丈九，而相好不差。又有大錢二枚見衣條上，竟不消鑠。其年九月，欲移像過寺，未移前，淮中估客每夜輒聞大橋上數百人修道路，往視不見人，俄而，像度光彩輝煥，觀者莫不歸心。又東都記云：秘書省内著作院後，有梁武帝及名臣沈約、范雲、周嗣已下三公數十人銅像。初，梁武帝登極，乃立私宅爲寺，寺内有此像。後長慶中，李千里爲明堂採木使，船載至東都，置於省内。〔六八〕置明慶寺，後閣舍人王曇明造，去縣十八里。寺内有泉，水清澈，陳、梁已前，嘗取供御愈疾。寺碑太子舍人陳昭之文。

七年夏四月乙卯，太子納妃，赦大辟已下罪。

五月己亥，詔復置宗正、太僕、大匠、鴻臚等卿，又增太府、太舟，充爲十二卿。〔六九〕

六月辛酉，復建、修二陵周迴五里内居民，〔七〇〕改陵監爲陵令。

七月壬辰，置童子奉車郎。〔七一〕

置涅槃寺，在縣北二十里，沙門僧寵造。峯頂又有翠微寺，天晴日暖，望見廣陵城在目前，水陸之遠，蓋二百里。前潤州畢構因行屬城造於山頂，懷止之分，勒石爲銘。

八年正月，詔能通一經，始末無差，許以敍録。

九年，新作緣淮塘，北岸起石頭迄東冶，〔七二〕南岸起後渚籬門，連於三橋。

三月己丑，輿駕幸國子學，親臨講席，賜祭酒已下帛有差。

四月丁巳，選尚書五都令史，革用士流。

是歲，置本業寺，西去縣五十里，比丘淨潔造，在蔣山里。

十年春正月，親祠部南郊。

六月，異蓮一莖三花生樂遊苑。

九月丙申，天西北隆隆有聲，赤氣下至地。

冬十二月，山車見於臨城縣。庚辰，馬仙琕大破魏軍，〔七三〕斬馘十萬，後尅朐山城。〔七四〕

是歲，初作宮城門三重及開二道。置解脱寺，在縣西南六里，武帝爲德皇后造太清里內。

十一年二月，新昌、濟陽二郡野蠶成繭。

十一月癸丑，齊宣德太妃王氏薨。〔七五〕

十二年二月，詔掩骼埋胔。辛巳，新作太極殿，改爲十三間。〔七六〕

六月癸巳，〔七七〕太廟增基九尺。庚子，太極殿成。

十三年二月丁亥，輿駕躬耕籍田，孝悌力田增爵一級。老人星見。

七月乙亥，〔七八〕立皇子綸爲邵陵王，繹爲湘東王，紀爲武陵王。

八月，作浮山堰。時都下訛言有魋鬼取人肝肺，以飼天狗，百姓大懼。

置勸善寺，去縣西北十八里，帝爲賢志造。

十四年正月乙巳，皇太子冠，大赦天下，賜爲父後者爵一級，王公已下有差，停遠近上慶禮。

十五年，詔以兵騶奴婢六十者，皆免爲庶人。

十六年春正月辛未，祀南郊，詔「尤貧家，勿收今年三月調。無田業者，所在量宜賦給。及優蠲産子之家，恤理寃獄，并賑孤老鰥寡不能自存者」。

二月辛亥，籍田。甲寅，赦罪人。

三月丙子，勑太醫不得以生類爲藥；公家織宫紋錦飾，並斷仙人鳥跡之形，以爲褻衣，裁翦有乖仁恕。於是祈告天地宗廟，以去殺之理，欲被之含識。郊廟牲牷，皆代以麵，其山川諸祀則否。時以宗廟去牲，則爲不復血食，雖公卿異議，朝野喧嚣，竟不從。

冬十月，宗廟薦羞，始用蔬果。

十七年春二月癸巳，〔七九〕雍州刺史安成王秀薨。甲辰，大赦。

三月丙寅，改建安郡王偉爲南平王。

十八年四月丁巳，大赦天下。

七月甲申，老人星見。

置悳日寺。案，西南去縣二里，阮翻捨宅造之，在建西尉定陰里。舊説云，大同八年，丹楊尹王齡造，今在縣東二里。考其二跡不同。此惠日寺，是宋之禪林寺，王修儀爲尼淨秀立精舍，新蔡公主爲佛殿。泰始三年，明帝助修，號曰禪林，濟惠文起房，〔八〇〕如此之狀，歷歷明矣。隋末亂離，並從毀壞。皇初，杜伏威與輔公祏等共修殿内丈六金像，并左右來侍，始武德四年止六年正月十五，畢功。寺西廢禪林寺，亦併入禪林之域。其年公祏背畔，七年李孝恭來討，爲軍火所及。貞觀七年，始移乃「惠日」之名於此矣。

十九年春正月，改天監爲普通元年，大赦天下。丙子，日有蝕之。扶南、高麗遣使貢獻。

三月，丹、滑國貢獻。

四月，河南國貢獻。

七月，江、淮、海三瀆並溢。

九月乙亥，夜有日，見於東方，光爛如火。

是歲，魏明帝正光元年也。

置大愛敬寺，西南去縣十八里，武帝爲太祖文皇帝造。大通四年，又造一丈六尺旃檀像，量之剩二尺，成丈八形，次衣文及手足，更重量，又剩一尺五分。至大通五年，寺主僧洽重量，又剩七寸，卽是長二丈矣。大同四年，移入大殿，勑主書吴文寵更量，又剩五寸。凡五度量，卽長二丈七寸，豈非精誠所感耶？置永明寺，西北去縣五十里。案，寺記：南平襄王造，大唐武德六年廢，上元二年五月奉勑重造。置果願尼寺，西南去縣五十里，東陽太守王均造。須陁寺，去縣十七里。

二年春正月辛巳，祠南郊。詔置獨孤園以恤孤幼。戊子，大赦。

二月辛丑，祀明堂。

四月乙卯，改作南北郊。丙辰，詔曰：「平秩東作，義不在南。」因徙籍田於東郊外十五里。

五月己卯，琬琰殿火，延燒後宮三千餘間。

八月丁亥，始平郡石鼓村地自開成井，方六尺六寸，深三十二丈。

十二月，百濟、新羅遣使貢獻，以百濟王餘隆爲寧東大將軍。

三年五月，詔公卿百寮各上封事，連帥郡國舉賢良、方正、直言之士。

八月甲子，婆利、白提國遣使貢獻。

十一月，造猛信尼寺，西北去縣五十里，後閤主書高僧猛造，在鍾山西北，梁紹泰二年廢，上元二年勑令重造。福静寺，西北去縣六里，定修義造。

四年十二月，給事王子雲議鑄錢。狼牙修國遣使貢獻。

五年六月乙酉，龍鬬於曲阿陂，〔八一〕西行至建陵，所過樹木皆折，地開數十丈。征北將軍元樹率衆侵魏。〔八二〕

置衆造寺，西南去縣五十里，後閤舍人吴慶之造。置善覺尼寺，在縣東七里，穆貴妃造，其殿宇房廊，刹置奇絶，元帝繹爲寺碑。

六年正月，魏徐州刺史元法僧以城來降，封始興郡王。〔八三〕

七年正月，詔在位郡縣各舉所知，凡是清廉，咸須聞薦。

十一月，河南、高麗、林邑、滑國並遣使貢獻。

八年正月甲戌，大赦。改大通元年。辛未，祀南郊。詔流亡者復其宅業，蠲役五年，尤貧者勿令出今年三調，孝悌力田賜爵一級。〔八四〕

帝創同泰寺，寺在宫後，别開一門，名大通門，對寺之南門，取返語以協同泰爲名，帝晨夕講議，多遊此門，寺在縣東六里。案，輿地志：在北掖門外路西，寺南與臺隔，抵廣莫門内路西。梁武普通中起，是吴之後苑，晉廷尉之地，遷於六門外，以其地爲寺，兼開左右，營置四周池塹、浮圖九層、大殿六所、小殿及堂十餘所。宫各像日月之形，禪窟禪房山林之内，東西般若臺各三層，築山構隴，亘在西北，栢殿在其中。東南有璇璣殿，殿外積石種樹爲山，有蓋天儀，激水隨滴而轉。起寺十餘年，一旦震火焚寺，唯餘瑞儀栢殿，其餘略盡，即更構造而作十二層塔，未就而侯景作亂，帝爲賊幽餧而崩。帝初幸寺捨身，改普通八年爲大通元年。

五月丙寅，成景儁尅臨潼、竹邑。

十月庚戌，魏東豫州刺史元慶和降。〔八五〕

十一月丁卯，蕭藻爲都督，〔八六〕鎮渦口，〔八七〕侵魏。

是歲，林邑、師子、高麗等國各遣使貢獻。

置園居尼寺，北去縣四十三里，大通四年，舍人袁顗造。

二年二月，築寒山堰。

四月戊戌，魏爾朱榮廢君殺主，胡太后臨朝。時魏大亂，魏王子北海、臨淮、汝南等並割地來奔；又郢州、北青州、南荆州皆以地來降。

十月，帝以魏北海王元顥爲魏主，令東宫直閤將軍陳慶之衞兵以送還北。魏豫州刺史鄧獻以地降。

三年十月，改中大通元年。大赦，賜孝悌力田爵一級。

夏四月癸巳，陳慶之拔魏梁城，〔八八〕進屠考城，擒魏濟陰王暉業。

五月，又進尅虎牢，魏莊帝出居河北，元顥入洛陽，僭號建武元年，〔八九〕稱建武皇帝。

六月，都下疫甚，帝於重雲殿爲萬姓設救苦齋，以身爲禱。

九月辛未，幸同泰寺，設四部無㝵大會，上釋服，御法衣，行清淨大捨，以便省爲房，用素牀瓦器，乘小車，私人執役。甲午，陞法座，爲大衆講涅槃經。癸卯，羣臣以錢億萬奉贖皇帝，衆僧默許。乙酉，〔九〇〕百辟詣寺東門，奉表請還宫，三請乃許，帝三答書，前後並稱頓首。

十月己酉，又大會，設四部，道俗五萬餘人。會畢，帝御金輅還宫，御太極殿，大赦。

十一月，盤盤、蠕蠕國並遣使朝貢。

置禪巖寺，西北去縣三十五里。大通元年，嚴祛之造，貞觀六年廢，上元二年勅重造。

二年四月癸丑，幸同泰寺。

六月，林邑、扶南遣使貢獻。

八月，幸德陽堂。

三年四月乙巳，太子統薨，[九一]謚曰昭明。

六月癸丑，立昭明太子子歡、譽、詧並爲郡王。[九二]是月，丹丹國遣使貢獻。[九三]

七月乙亥，立晉安王綱爲皇太子。大赦，賜爲父後者爵一級，及忠孝文武清勤並如之。庚寅，皇宗族有服屬者，並賜湯沐食邑。

九月，狼牙修國遣使貢獻。

是歲，吴興生野稻，飢者賴焉。[九四]

十一月，幸同泰寺，講般若經。

十二月，魏渤海王高歡舉兵於信都，别奉渤海太守元朗爲天子，改元號中興。其年二月，爾朱隆等已立獻文孫廣陵王元恭於洛陽，改元號普泰。

四年二月，封諸王嫡子爲王。庚子，皇子邵陵王綸有罪，免爲庶人。是日，高歡平爾朱氏，廢元恭，以酖殺之，謚曰節閔，年三十五。又中興王元朗自以疏屬遜位别邸，高歡立孝文孫平陽王修於洛陽，改元永興，又改永熙。

七月甲辰，星殞如雨。

十月，侍中、領國子博士蕭子顯表置制旨孝經助教一人，生十人，專通上所釋孝經義。

十二月，高麗遣使朝貢。

是歲，魏相高歡以女妻孝武帝元修爲后。

五年正月辛卯，祠南郊。忽聞異香三隨風至，及行事，奏樂迎拜，拜畢，有神光圓照滿壇上，五色，食頃乃滅。戊申，京師地震。己酉，長星見。

五月戊子，京師大水，御道通船。海南、波斯、盤盤遣使朝貢。〔九五〕

置法苑寺，北去縣五十里。案，寺記：大通五年，張文達造，一名廣化寺。貞觀六年廢，上元二年奉勑重造。

六年二月，親耕籍田，大賜孝悌力田。

三月，百濟遣使貢方物。

四月丁卯，〔九六〕以信武將軍元慶和率衆北侵魏。〔九七〕

閏八月，〔九八〕魏孝武帝西入關，都長安，以宇文泰爲丞相。孝武又與文泰不平，至十一月，遇酖崩，泰立孝文孫南陽王寶矩爲文帝。初，魏武入關，高歡立孝文曾孫清河王亶世子善見，都鄴，改爲天平，號東魏。魏於是始分爲兩。

十二月，西南有雷聲止地。〔九九〕

七年正月戊申，大赦，改元。

大同元年，高麗、丹、滑、波斯等國朝貢。〔一〇〇〕壬戌，上幸同泰寺，鑄銀像。〔一〇一〕

十月，黄塵如雪。

十二月，北梁州刺史蘭欽攻漢中，魏梁州刺史元羅降。

是歲，西魏文皇帝大統元年。

置頭陁寺，東北去縣二十二里。案，寺記：舍人石興造，其寺在蔣山頂第一峯。殿後有泉井，與江、淮水通，隨潮水增減，非常靈異，累世仍舊。萬福尼寺，北去縣十八里，吴僧暢造。本願尼寺，湘州刺史蕭環造。巖栖觀，去縣東南六十里，貞觀六年，併入洞玄觀。

二年正月，詔求讜言及令文武官舉士。〔一〇二〕

十月乙亥，詔大舉兵北侵魏。〔一〇三〕壬午，幸同泰寺，設無㝵大齋。

十一月，雨塵如雪，攬之盈掬。己亥，大兵班師。〔一〇四〕都下地生白毛，長二尺。

壬午，魏遣使來和，詔許之。〔一〇五〕

置慈恩寺，東南去縣二十五里，邵陵王綸造。普光寺，東南去縣八十里，安豐縣令張延造。化成寺，東北去縣七十里，江寧縣令陶道宗造。福興寺，東北去縣一百里，袁平造。善業尼寺，東北去縣五十里，蕭恪造。寒林寺，西北去縣三十五里，常侍陳景造。

三年四月辛丑夜，朱雀門災。壬寅，大雨灰，黄色。〔一〇六〕

七月，東魏遣人來聘。

閏九月，使散騎常侍張皐報聘東魏。〔一〇七〕

冬，地大震。年飢。

置一乘寺，西北去縣六里，邵陵王綸造，在丹楊縣之左，隔邸，舊開東門，門對寺。梁末賊起，遂延燒至，陳尚書令江總捨書堂於寺，今之堂是也。寺門遍畫凹凸花，代稱張僧繇手跡，其花乃天竺遺法，朱及青绿所成，遠望眼暈如凹凸，就視卽平，世咸異之，乃名凹凸寺。

置玉清觀，西北去縣五十八里，南康令讓哲造。

四年三月，河南、蠕蠕國朝貢。東魏人來聘。〔一〇八〕

七月，散騎常侍劉孝儀聘東魏。

八月甲辰，詔淮南十二州飢饉，逋租宿債勿收。

九月，閱武於樂遊苑。

十二月，國子助教皇侃表上禮記疏義五十卷。〔一〇九〕

置洞靈觀，在縣南四十里，陳宣遠所造。

五年春正月乙卯，以禮大賜官。丁巳，御史中丞、參禮儀事賀琛奏：「今南北郊、籍田往還並宜御輦，不復乘輅。二郊請用素輦，皆以侍中陪乘，停大將軍及太僕。」詔付尚書博議施行。改素輦爲大同輦。

八月，扶南獻生犀。

十一月，魏人來聘，遣侍中柳豹聘之。

是時都下訛言云：「天子取人肝以飼天狗。」大小相驚，日晚閉門，持刀杖，數月乃止。

六年二月己亥，耕籍田。

五月乙卯，河南王遣使獻馬及方物，求經論十四條，并請制所定涅槃經、般若、金光明經講疏一百三卷。

七月，東魏人來聘。

九月，始興太守獻嘉禾一莖十七穗。〔一〇〕

七年十二月，於宮城西立士林館，延集學者。宕昌、蠕蠕各遣使貢物。百濟王求涅槃經疏及醫工、畫師、毛詩博士，並許之。〔一一〕

八年正月，安城郡劉敬躬反，〔一二〕江州刺史湘東王繹遣中兵參軍曹子郢討平，〔一三〕擒送都下，斬之。

十一月丙子，詔所在役女丁罷之。

是歲，交州賊李賁攻刺史蕭諮，奔越州。

九年正月丙申，地震，生毛。〔一一四〕

置江潭苑，去縣二十里。案，地誌：武帝自新亭鑿渠，通新林浦，又爲池，并大道，立殿宇，亦名王遊苑，未成而侯景亂。

十年春，李賁竊號交趾，置百官，改天德元年。

三月甲午，幸蘭陵。庚子，謁建陵，陵上有紫雲覆，久而乃散。帝望陵流涕，所沾草木變色，陵旁先有枯泉，是時流水香潔。辛丑，帝哭於修陵。又於皇基寺設法會，賜蘭陵老少位各一階，所經縣邑，放今年租調。因賦還舊鄉詩。己酉，幸京口，登北固樓，因改爲北顧。又幸廻賓亭，宴帝鄉故老及迎候者數千人，各賜錢二千文。〔一一五〕

五月，新州刺史盧子雄兄弟被誅，乃舉兵反，廣州刺史蕭映討平之。

十一月，大雪三尺。〔一一六〕

十一年正月，震華林園光嚴殿。帝自貶，拜謝上天，累刻乃止。

置履道寺，西北去縣二十五里。案，注宣集：貞威將軍、給事、後閤舍人章法護建。置渴寒寺，西北去縣二十五里。

十二年正月，改年爲中大同元年。曲阿縣建陵隧口石壁邪起舞，有大虵鬬隧中，其一被傷奔走。又青蟲食陵樹葉俱盡。癸丑，交州刺史楊瞟尅交阯嘉寧城，李賁走入屈獠洞，交州平。

三月庚戌，幸同泰寺，講三惠經，乃捨身爲奴。

四月，皇太子已下羣臣出錢億萬奉贖，是夜，同泰寺爲天火所燒略盡。

六月辛巳，天有聲，如雷及風水相薄之音。

七月甲子，詔今已後有犯罪非大逆及殺，父母已下並勿坐。丙寅，詔通用足陌錢。甲午，渴盤陁國貢方物。〔一一七〕

二年正月改太清元年，北齊高歡薨。

二月，白虹貫日。庚辰，東魏司徒濮陽王侯景率河南十三州地歸降，使行臺丁和奉表，帝許之。壬午，以景爲大將軍，封河南王，大行臺承制，如鄧禹故事。

甲辰，〔一一八〕以司州刺史羊鴉仁、桓和等率兵應接侯景。乙巳，帝陞光嚴殿，講三惠經，又捨身，羣臣以錢億萬奉贖，〔一一九〕僧衆默許。百辟詣鳳莊門上表請帝，帝三答皆稱頓首。

丁亥，〔一二〇〕服衮冕還宫，幸太極殿，如初卽位之禮。是日，神馬出，太子獻寶馬頌。

六月，以雍州刺史鄱陽王範爲征北將軍，總督緣邊初附之州，以大將軍侯景爲録尚書。

十一月，軍至寒山，爲後魏慕容紹宗大敗之，蕭明被執。〔一二一〕

置幽巖寺，北去縣四十里，永康公主造。案，釋法論集：牛頭山佛窟寺大毗曇師傳云：承聖二年，法師入秣陵青山始創，舍名曰「幽巖」，與佛窟相去十里，毗曇所立，不云永康矣。立儀香尼寺，西北去縣五十里，宮獲造。

二年正月朔，兩月相承如鉤，見西方。詔大臣各舉所知。己亥，交州刺史楊瞟司馬陳霸先破屈獠洞，斬李賁，傳首京師。〔一二二〕

六月，天裂於西北，長十丈，闊二丈，光出若電，聲動如雷。

七月，使常侍謝珽於東魏結和。〔一二三〕

八月，侯景敗歸，自壽陽舉兵反。

十月，攻下馬頭，破歷陽，自採石臨江，詔邵陵王綸討景，景自横江渡於採石。辛亥，至京師。

十一月，邵陵王入援京師。乙酉，戰於玄武湖東而保愛敬寺，爲賊所破。

十二月戊申，天西北裂，有光如火。時柳仲禮等入援京師，以仲禮爲都督。置靈隱寺，西北去縣五十里，炅待公所造。

三年正月丁巳，侯景破仲禮於青塘。壬午，熒惑守心。〔一二四〕乙酉，太白晝見。

三月丁卯，景攻陷宮城，縱兵大掠。〔一二五〕己巳，景自矯詔爲大丞相。

四月己酉，〔一二六〕高祖以所求不供，以憂憤寢疾。

五月丙辰，帝幽餧而崩於淨居殿，年八十六。辛巳，遷大行皇帝梓宮於太極殿。〔一二七〕

冬十一月，追尊爲武皇帝，廟號高祖。乙卯，葬於修陵。

高祖自捨身後，或書經坐禪，盡日不食。又於元光殿坐師子座，講金字經文，於王明殿施素牀瓦器以用。性純孝，年六歲，獻皇后崩，水漿不入口三日，哭泣哀苦有過成人。及文皇帝崩，初爲齊王諮議，在荆州聞問，便投地絶漿。及居宸極，手不釋卷，常至於夜燈燭不絶。先著孝經義，周易、〔一二八〕六十四卦、二繫、文言、序卦等義，毛詩問答、尚書大義、中庸講論、〔一二九〕老子疏，〔一三〇〕凡二百餘卷，並正先儒之迷，開古聖之旨。并撰吉凶軍賓嘉五禮，凡一千餘卷。又製涅槃、大明、三淨等經義疏數百卷。又撰通史，聘讚序，凡六百卷。〔一三一〕天性鋭敏，下筆成章，又著文集一百卷，又撰金策三十卷。〔一三二〕明諸醫問卜筮，陰陽律候，並決之。善隸書，解騎射弓馬，莫不奇妙。衣服儉素，冬衣不綿，一冠二年，一被三年。〔一三三〕年五十九卽斷房室，六宮無錦繡之飾。不飲酒，不聽音樂，開蕩蕩之王道，革靡靡之商俗，鼓扇玄風，興重儒素。然不能息末敦本，斲雕爲樸，慕名好事，崇尚浮華，抑揚孔、墨，留連釋老。

侯景立皇子綱，爲簡文帝。

太宗簡文皇帝

簡文帝字世讚，名綱，武帝太子。太清三年五月，武帝崩，侯景立帝，改元大寶元年。

二年八月，侯景廢帝，立豫章王棟，使呂季略送詔，令帝寫之。帝書至「先皇念神器之重，思社稷之固，越升非次，遂主震方」，嗚咽不能自止，賊衆皆爲掩泣。

十一月，帝遇害，〔一三四〕謚簡文帝，廟號太宗，年四十九。豫章王棟卽位，其年十一月景又廢帝，自稱漢案，豫章王棟，卽昭明太子子歡之子。歡之子：長曰棟，次曰橋，〔一三五〕小曰樛。景既廢帝自立爲漢王，改太始元年，立一百日而敗。僞太始元年，是大寶二年也。六月，征南將軍陳霸先從南康下頓西昌，時湘東王繹遣征東將軍王僧辯督衆軍下討侯景，師次湓城，陳霸先率杜僧明、侯安都等甲兵三萬將往會焉。先遣長史沈衮奉表江陵，勸湘東王進位。

十一月，王授霸先都督東陽新安會稽臨淮永嘉五郡軍事、平東將軍、揚州刺史。

三年正月，發僧辯等諸軍自湓城，與霸先會於白茅津，〔一三六〕共登洲立壇，刑牲飲血盟約，同心併力，進討侯景，詞理悲切，泣下沾衣。詞曰：「賊臣侯景，兇羯小胡，逆天無狀，構造奸惡，違背恩義，掠我國家，毒害生民，移改宗廟。我高祖聰明睿聖，光宅天下，劬勞兆庶，五十餘年。侯景以窮見歸，撫之如子，顧我高祖於景何薄？百姓於景何辜？而景肆長戟以淩蹙朝廷，騁鋸牙而殘害百類，皇枝襁褓之上，皆窮刄極俎，豈有人臣，忍聞此痛？臣僧辯、霸先荷湘東王泣血之寄，摩足之恩，抽腸瀝膽，誓誅奸逆，雪天地之怨恥，報君父之仇讐。同心叶咊，罔有違戾，若一欺負，明靈殛之。」

二月，大軍進姑孰，先鋒次蔡洲。侯景登石頭，望官軍之盛不悦，密謂左右曰：「彼軍上有紫氣，不可當也。」乃使盧暉恪守石頭，〔一三七〕自於石城北築數壘，而據高嶺以拒霸先。霸先於石城西北連營三栅至落星山，〔一三八〕左右俱進，霸先謂軍吏曰：「善用兵者如常山蛇，令其救首尾困而無暇。」於是不日平定侯景矣。陳霸先進屯京口。案，梁書云：王僧辯破侯景，景之走也，郭元建舉廣陵以歸款請降。侯子鑒奔清江，〔一三九〕説元建曰：「我曹梁氏讐，豈能相活耶！」遂與建謀反，降北齊，齊使將軍辛術來援廣陵。霸先將欲往廣陵納軍，至歐陽，聞元建已投北齊，遂還軍京口。

世祖元皇帝

元帝諱繹，武帝子，先封湘東王、荆州刺史。大寶二年，卽位於江陵，改號承聖元年。以陳霸先爲司空、南徐州刺史。岳陽王蕭詧引西魏軍寇江陵。

三年十月，西魏將于謹圍江陵。

十一月，城陷。帝爲魏人所殺，年四十七。

敬皇帝

敬皇帝諱方智，元帝第九子。先封晉安王、江州刺史。霸先、僧辯以承聖三年十二月迎入建康，卽位，改元紹泰元年。是月，蕭詧立於江陵，號泰安元年，稱後梁。〔一四〇〕

五月，北齊送蕭懿第五子貞陽侯淵明歸主梁嗣。〔一四一〕

七月，僧辯納之，立爲帝，以敬帝爲太子。霸先聞之，遣使四諫，不從。霸先憤，密謂所親曰：「武皇盤石之宗，遠布四海，至於剋雪讎恥，寧濟艱難，唯孝元而已，功業茂盛，前代未聞。我與王公俱受重寄，聲猶在耳，語未絶音，豈期一旦便有異同。嗣主武皇子孫，元帝之子，海内矚目，天下宅心，竟有何辜，生致廢黜，遠求夷狄，假立非次，觀其此情，亦可知矣。」乃密與徐度、〔一四二〕侯安都、周文育等謀反，水陸俱進，襲王僧辯。使周文育率勇士夜至石頭北，踰垣而入，霸先自引軍入南門。左右告僧辯外有軍，僧辯驚起，未及召軍主，而周文育與僧辯子頠戰於庭。霸先攻南門而入，僧辯大敗，窘急登城南樓。霸先因風縱火，僧辯就擒，縊而斬之。遂廢貞陽侯，而復方智爲帝，改紹泰元年，進霸先都督中外軍事、車騎大將軍、揚州牧，司空如故，班劍、鼓吹。

時義興太守韋載、震州刺史杜龕等聞僧辯之誅，遂舉兵反於吴興，霸先自往討之。秦州刺史徐嗣徽、南豫州刺史任約等聞霸先不在，密招北齊，舉兵乘虛渡江，掩至闕下，侯安都拒之，乃據石頭，霸先聞之，卷甲還都。

十一月，北齊遣兵五千渡江，據姑孰，又遣安州刺史翟子崇、劉士榮等，〔一四三〕及淮州刺史柳達摩以兵一萬，於湖墅以米三萬石、〔一四四〕馬千匹濳渡，據石頭。霸先命侯安都水軍夜襲湖墅，燒齊船舫，令周鐵虎率舟師斷齊運輸，霸先自領精騎出西明門，以襲齊軍。

十二月，盡命衆軍分部，對冶城以船渡兵，攻其水南二栅。柳達摩拒淮據之，霸先督衆軍疾戰，縱火燒栅，煙塵漲天，齊人敗走，使侯安都水軍追破嗣徽。嗣徽單舸走，達摩等合衆軍入保石頭。霸先於石頭南北岸絶其汲路，又堙塞城東門，城中諸井無水，水一合質米一升，米一升質絹一匹，或炒米而食之。達摩謂其衆曰：「我在此聞謡言云：『石頭擣兩襠，擣青復擣黄。』『昔侯景著青色已倒於此，今吾徒衣黄，豈不是謡言驗乎？」庚申，〔一四五〕達摩請和，霸先僞許之，與城外盟約，任其將士南北。辛酉，霸先陳兵石頭南門，送齊人北歸，及至皆殺之。

二年三月，齊將蕭軌、東方老、裴英起、〔一四六〕洛州刺史李希光，〔一四七〕并任約、徐嗣徽衆軍十萬出栅口，向梁山，頓軍蕪湖。

五月丙申，〔一四八〕齊軍至秣陵故城，霸先遣周文育屯方山，〔一四九〕徐度屯馬牧，〔一五〇〕霸先自率宗室王侯朝臣等，立壇於司馬門外仁虎闕下，刑牲告天，〔一五二〕以齊人背約，食言慷慨，〔一五三〕涕泗交流，士卒觀者，益加奮勇。辛丑，齊軍於秣陵東跨淮上橋，引兵度，自方山進及倪塘，〔一五三〕游騎至，城下震恐，霸先潛以兵三千配沈泰，渡江襲齊軍行臺趙彥深於瓜步，〔一五四〕獲其舟粟之輜重。是日，天子總羽林禁兵，頓長干寺。〔一五五〕

六月甲辰，齊兵度鍾山龍尾，據幕府山。霸先又遣錢明領水軍出江乘，〔一五六〕斷齊人運糧，齊人大飢，殺馬以食之。壬子，齊軍至玄武湖西北，將屯北郊壇。霸先引軍自覆舟山東移於郊南，與齊人對陣。其夜大雨雷電，暴風拔木，平地水深一丈餘，齊軍日夜坐立泥中，懸鬲而爨，足指皆爛，而城中及潮溝北水退路乾，官軍常得乾地。時食盡，霸先懼，軍人皆給麥餅，兵士甚餒。會陳蒨自東陽送米二千石、〔一五七〕鴨千頭，霸先乃炊飯煑鴨，誓軍士一戰乃尅之。及旦，身計裹糧肉數臠畢。自率麾下於幕府山南，吴明徹、沈泰等衆軍首尾齊舉，縱兵大戰，侯安都自白下斷其後，齊師大潰，相藉死者，不可勝計，生執徐嗣徽，斬之以徇。追奔至江乘，攝山，虜蕭軌、東方老、裴英起、〔一五八〕李希光、王僧智等四十六人。其餘軍士得竄至江者，自盧龍縛筏以濟，中流筏廢，溺死者不知幾極，流屍至京口，翳水彌岸；唯任約、王僧愔獲免。丁巳，霸先出南州，燒賊船。己未，〔一五九〕斬徐嗣彥、傅野猪於建康市，〔一六〇〕誅齊將等於城下。改元太平元年。

秋九月，天子進霸先位丞相、録尚書事、揚州刺史、義興郡公。

二年正月，又加霸先班劍三十人，置丞相別榻，霸先房從，悉追贈之。

二月，廣州刺史蕭勃反，沿江而下，南江州刺史余孝頃以兵應之，〔一六二〕霸先令周文育討平之。

八月甲午，進霸先位太傅，加黄鉞，劍履上殿，入朝不趨，贊拜不名，給前後羽葆，置阜輪。

九月，進總百揆，封十郡爲陳公，備九錫之禮，授璽紱、遠遊冠，位在諸侯王上，陳國置官屬，一依舊典。

十月，進爵爲王，加冕旒，建旌旗，出警入蹕，乘金根車，駕六馬，備五時副車，置旄頭雲罕，舞八佾，設鐘虡宫懸，陳臺並依齊末故事。

辛未，敬帝禪位於陳王，乃命太尉王通，〔一六三〕長史王瑒奉皇帝璽紱，受終之禮，一依唐虞故事。敬帝方智遜位別宫。

霸先三讓，羣臣同請，以太平二年十月乙亥，霸先設壇於南郊，卽皇帝位，柴燎告天。禮畢，輿駕還建康宫，臨太極殿。大赦。改永定元年。奉帝爲江陰王，行梁正朔服色，一依前典。

史臣曰：唐鄭國公魏徵曰：「梁太祖固天攸縱，聰明稽古，道亞生知，學爲博物，允文允武，多才多藝。爰自諸生，有不羈之度，屬昏凶肆逆，天倫及禍，糺合義旅，將雪家寃。曰紂可伐，不期而會，龍躍樊、漢，電激湘、郢，剪離德如振槁，取獨夫如拾遺。其雄武大略，固無得而稱焉。既懸白旗之首，方應皇天之睠。今乃布德施惠，悦近來遠，大修文教，盛飾禮容，聲振寰區，澤浸遐裔，于戈載戢，凡數十年。濟濟焉，洋洋焉，魏、晉已來，未若斯之盛也。或終夜不寢，終日不食，非全道以制物，唯飾智以警愚。卑心遺榮，虚厠倉頭之位；高談脱屣，終戀黄屋之尊。夫人之大欲，在乎飲食男女，至於軒冕殿宇，非有切身之累。高祖屏除嗜慾，眷戀軒冕，通於所難而滯於所易，可謂神有所不足，智有所不及矣。及夫精華稍竭，鳳德已衰，惑於聽受，權在邪佞，儲后百辟，莫能盡言。躁險之心，暮年踰甚。利而後動，愎諫違卜，開門揖盜，棄好卽讎，釁起蕭牆，禍成戎羯，身殞非命，災被億兆，衣冠斃於鋒鏑之下，老幼粉於戎馬之足。瞻彼黍離，痛深周廟；永言麥秀，悲甚殷墟。自古以安爲危，既成而敗，顛覆之速，書契所未聞也。」

僞漢侯景，字萬景，父標，〔一六三〕本朔方人，移家於鴈門。少驍勇有膽力。魏末，遷北鎮戍兵，稍立功効。魏胡太后臨朝，朝政紊亂。天柱將軍爾朱榮自晉陽入殺胡氏，景以私衆見榮，甚奇之，卽委之典軍事。會葛榮南逼，〔一六四〕命景先驅，以功拜定州刺史。

始魏相高歡微時，與景相友好，及歡入洛誅爾朱氏，景復以衆歸之，仍爲歡委用。景殘虐，馭軍嚴整，然破掠所得財物，皆頒賜將士，故人人咸爲之用命，所向多捷。後爲河南道大行臺，位司徒。言於歡曰：「請兵三萬，橫行天下，要須濟江縛取蕭衍老公，作太平寺主。」歡壯其言，使擁衆十萬，專制河南，仗任若己之半體。

及歡疾篤，謂子澄曰：「侯景狡猾多智，反覆難知，我死後，必不爲汝用。」乃以書召之。景懼禍，乃以梁太清元年遣行臺郎中丁和上表請降，梁武封爲河南王，又遣行臺左丞王偉詣闕請立元貞爲魏主，梁乃封貞咸陽王，資以乘輿副御。高澄又遣慕容紹宗追破，景入渦陽，食盡，士卒散，景乃收散卒，得八百人，奔壽陽。爾後，徵求稍闕，表疏跋扈。鄱陽王範鎮合肥，司州刺史羊鴉仁素稱景有異志，梁相朱异曰：「景數百叛虜，何能爲事？」抑而不奏。景知臨賀王正德怨望朝廷，乃密使要結，以爲內應。

八月，景發兵，濟自歷陽，高祖命邵陵王綸督衆軍巡江防遏。蕭正德屯丹楊，至是率兵與景會合，景乘勢遂至闕下，西豐公大春棄石頭走，景遣將于子悅據之。

景乃立正德爲帝於儀賢堂，改元曰正平。正德拜景天柱將軍，以女妻之。又攻陷東府城，城内文武百官裸身而出，使交兵殺之，死者三千餘人。又起土山以臨臺城。綸馬步三萬以據鍾山，景於覆舟山列陳，南安侯駿衆退，軍亂敗績。

十二月，景引玄武湖水灌臺城，闕前御街並爲洪波，燒劫府寺營衛市肆，郭區内外，居人略盡。湘東王世子方矩、〔一六五〕李遷哲、〔一六六〕羊鴉仁、任尊等援軍四方雲合，衆號百萬，景乞和，宣城王大器、僕射王【原闕】

卷第十七校勘記

〔一〕梁上　原作「梁帝紀上」，唯庫本無「帝紀上」三字，按本書體例當作「梁上」，今據庫本删「帝紀」二字。

〔二〕蘭陵中都里人　「里」字原缺，本書卷十五、梁書武帝紀上、南史梁本紀上及通鑑一四五胡注皆作「南蘭陵中都里人」，今據補。

〔三〕高祖以宋大明八年甲辰歲生於秣陵縣同夏里三橋宅　「八年」原作「元年」。本卷下文云，梁武帝薨於太清三年(五四九)五月丙辰，年八十六，以此推之，梁武帝當生於宋大明八年(四六四)。梁書武帝紀上正作「八年」，今據改。

〔四〕有文在左手曰武　「左手」，徐鈔本及梁書武帝紀上、南史梁本紀上皆作「右手」。周鈔本作「有文在手左曰武」。

〔五〕東閤祭酒　「閤」原作「門」，南齊書百官志有東閤祭酒，徐鈔本及梁書武帝紀上、南史梁本紀上皆作「東閤祭酒」，今據改。

〔六〕建陽侯　梁書武帝紀上、南史梁本紀上並作「建陽縣男」。

〔七〕以高祖爲冠軍將軍　原無「將軍」二字，今據徐鈔本及梁書武帝紀上補。

〔八〕都督雍梁南北秦四州軍事　「都督」二字原缺，今據徐鈔本及梁書武帝紀上補。

〔九〕右將軍蕭坦之　原缺「右」字，今據徐鈔本補，梁書武帝紀上、南史梁本紀上及册府三七一亦皆作「右將軍」。

〔一〇〕仍行郢州事　「郢州」原作「潁州」，今據徐鈔本改，梁書武帝紀上、南史梁本紀上及通鑑一四二亦皆作「郢州」。

〔一一〕制王畫勅　「王」，徐鈔本、梁書武帝紀上作「主」。

〔一二〕徐孝嗣才非柱石　「非」原作「稱」，據徐鈔本及梁書武帝紀上改。

〔一三〕功曹史吉士瞻　「士瞻」二字各本皆脱，今據梁書武帝紀上、南史梁本紀上及通鑑一四三補。

〔一四〕甲士三萬餘人　梁書武帝紀上、通鑑一四三並作「甲士萬餘人」。

〔一五〕船三百艘　梁書武帝紀上、通鑑一四三並作「船三千艘」。

〔一六〕三年二月　「二月」當作「正月」。下云「戊申，高祖發襄陽」。是年正月丙申朔，戊申爲正月十三日。

〔一七〕録事郭儼知轉漕　「郭儼」原作「郎臧」，「轉」作「韓」，今據徐鈔本及梁書武帝紀上改正。

〔一八〕乙巳　原作「己巳」。南齊書和帝紀、梁書武帝紀上、南史梁本紀上及通鑑一四四皆作「三月乙巳」。三月乙未朔，乙巳爲十一日，實録誤「乙巳」爲「己巳」，又脱「三月」二字。

〔一九〕改永元三年爲中興元年　「三年」原作「二年」，今據庫本、徐鈔本及梁書武帝紀上改。

〔二〇〕孌庶凶黨王咺之已下四十八人並誅之　南史梁本紀上同，梁書武帝紀上、通鑑一四四「四十八人」並作「四十一人」，通鑑一四三又云：「是時，帝（東昏侯）所寵左右凡三十一人，黄門十人。」據此，疑作「四十一人」爲是。

〔二一〕唯王咺之已下四十八人不在原例　「四十八人」疑作「四十一人」，詳見本卷校勘記〔二〇〕。

〔二二〕戊申　梁書武帝紀上、南史梁本紀上及通鑑一四五皆作「戊戌」，是月庚寅朔，初九日戊戌，十九日戊申，皆在正月。

〔二三〕尋進相國封十郡爲梁公　「梁公」原作「梁王」，今從徐鈔本，梁書武帝紀上、南史梁本紀上及通鑑一四五亦皆作「梁公」，蕭衍進梁公爵爲王，在是年二月丙戌，當作「梁公」爲是。

〔二四〕焚東昏淫奢異服都六十二事於都街　梁書武帝紀上作「焚東昏淫奢異服六十二種於都街」。

〔二五〕玉鏤騏驎　原脱「玉」字，據徐鈔本及梁書武帝紀上、南史梁本紀上補。

〔二六〕三月辛卯　「三月」原作「正月」，今從徐鈔本，梁書武帝紀上亦作「三月」。

〔二七〕戴車　原作「戴平」，今據庫本、徐鈔本及梁書武帝紀上改正。

〔二八〕潘道益　南齊書祥瑞志、梁書武帝紀上並作「潘道蓋」，蓋、益形近，疑作「蓋」是。

〔二九〕二月辛酉　「二月」原作「三月」。三月己丑朔，無辛酉。二月庚申朔，初二日辛酉。徐鈔本及梁書武帝紀上正作「二月」，今據改。

〔三〇〕己未夜至庚申　是月無己未亦無庚申日，南史梁本紀上繫此事於中興元年七月。

〔三一〕郢城　原作「郢州」，今據徐鈔本、甘鈔本及南史梁本紀上改正。

〔三二〕汝南縣開國侯亮　「亮」原作「侯」，今據徐鈔本及梁書武帝紀上、南史梁本紀上改正。

〔三三〕豫章王元琳　原作「豫章王綝」，今據徐鈔本及南齊書豫章文獻王傳、梁書武帝紀上、南史梁本紀上改正。

〔三四〕夏四月丙寅　上文已云「四月辛酉」，此「夏四月」三字當因襲梁書、南史史文所致。

〔三五〕壬午封齊帝爲巴陵王　「壬午」，通鑑一四五作「丁卯」。四月己未朔，初九日丁卯，二十四日壬午，雖皆在四月，然下文云「己巳，巴陵王薨於姑孰」，己巳爲十一日，由此可知，此作「壬午」當誤，疑應作「丁卯」爲是。

〔三六〕唯宋汝陰王不在除例　「汝陰王」原作「汝南王」，今據徐鈔本及梁書武帝紀中、南史梁本紀上、通鑑一四五改。

〔三七〕弟憺爲始安王　「憺」原作「澹」，今據庫本、徐鈔本及梁書武帝紀中、南史梁本紀上、通鑑一四五改。

〔三八〕己巳巴陵王薨於姑孰　梁書武帝紀中、南史梁本紀上同，通鑑一四五云「戊辰，巴陵王卒」。兩者相差一日。

〔三九〕丁未詔中書監等八人參定律令　五月戊午朔，無丁未。梁書武帝紀中、南史梁本紀上及通鑑一四五皆作「八月丁未」，八月丙戌朔，二十二日丁未。又下文「林邑國、干陁利國各遣使貢方物」，據梁書、南史，亦爲八月間事。此「丁未」前當脱「八月」二字。

〔四〇〕十二月乙未立小廟甲子立皇子統爲太子　十二月乙酉朔，十一日乙未，然是月無甲子。梁書武帝紀中、南史梁本紀上及通鑑一四五皆作「冬十一月己未，立小廟。甲子，立皇子統爲皇太子」。十一月乙卯朔，初五日己未，初十日甲子，疑此作「十二月」誤。

〔四一〕梁書大同二年八月高祖改阿育王塔　高祖改造阿育王塔事，梁書諸夷傳及通鑑一五七皆云在大同三年八月。

〔四二〕塔下舍利及佛爪髮　梁書諸夷傳、南史夷貊傳上、御覽六五八皆作「出舊塔下舍利及佛爪髮」，通鑑一五七亦作「出佛爪髮舍利」，疑此「塔」前脱「出」字。

〔四三〕程安　梁書諸夷傳作「安法師程」，南史夷貊傳上作「安程」。

〔四四〕僧明　梁書諸夷傳、南史夷貊傳上並作「僧顯」。

〔四五〕僧尚加　南史夷貊傳上同，梁書諸夷傳「加」作「伽」。

〔四六〕高祖初穿三四尺　今梁書諸夷傳、南史夷貊傳上及通鑑一五七胡注引扶南傳「三」皆作「土」。

〔四七〕爪有一枚　梁書諸夷傳、南史夷貊傳上及通鑑一五七皆作「爪有四枚」。

〔四八〕見地中有五色光長數尺　「地中」，今梁書諸夷傳、南史夷貊傳上並作「浦中」。

〔四九〕臨安縣漁人張係世　「臨安縣」，南史夷貊傳上作「臨海縣」。

〔五〇〕自咸安歷隆安二十餘年光趺如其　梁書諸夷傳、南史夷貊傳上皆作「自咸和中得像，至咸安初，歷三十餘年，光趺始具」。

〔五一〕後有三藏那求跋摩　「三藏」下原缺二字，「那求跋摩」作「鄃趺摩」，今從甘鈔本，梁書諸夷傳亦同，南史夷貊傳上「那求跋摩」作「那跋摩」。

〔五二〕並是張僧繇□丹青之功　梁書諸夷傳、南史夷貊傳上並作「並吴人張繇運手」。周鈔本作「並是張僧繇造作之功」。

〔五三〕高一丈二尺周圍八尺　「周圍八」三字原缺，據周鈔本補。

〔五四〕光福坊大興寺殿内有□□□金像歷宋齊梁陳數有奇異　各本皆缺，唯周鈔本作「光福坊大興寺寺殿内有三尊大佛像，高三尺，梁、陳數有奇異」，疑周鈔本爲後人據文意增改。

〔五五〕隋文帝載入於大内中供養　各本「於大」二字皆缺，今據周鈔本補。

〔五六〕寺衆咸驚　各本「寺衆」二字皆缺，唯周鈔本有，今據補。

〔五七〕又靖安之崇敬寺有石像一軀　「之」字原缺，據周鈔本補。又「崇敬寺」，周鈔本作「崇寧寺」。

〔五八〕四月癸卯　「癸卯」原作「己卯」。四月癸未朔，無己卯。梁書武帝紀中、南史梁本紀及通鑑一四五上皆作「癸卯」，是月二十日癸卯，是，今據改。

〔五九〕尚書删定法度上梁律二十卷科四十卷　梁書武帝紀中、南史梁本紀上並作「尚書删定郎蔡法度上梁律二十卷、令三十卷、科四十卷」。隋書經籍志二云：「梁律二十卷。梁義興太守蔡法度撰。」通鑑一四五亦作「蔡法度」，此「法度」前當脱「蔡」字。

〔六〇〕扶南龜兹中天竺國各遣使貢方物　梁書武帝紀中、南史梁本紀上皆繫於天監二年秋七月。

〔六一〕定陰里　梁書武帝紀中作「朔陰里」。

〔六二〕十二月天清朗西南有電光聞雷聲者三　梁書武帝紀中繫此事於十一月甲午。

〔六三〕盧法震　「震」，宋本、庫本、周鈔本、劉鈔本並作「振」。

〔六四〕四月丙申　原作「正月丙午」。正月丁卯朔，無丙午。庫本、徐鈔本及梁書武帝紀中皆作「四月丙申」。四月乙未朔，初二日丙申，今據改。

〔六五〕京師大水濤入御道七尺　梁書武帝紀中作「京師大水，因濤入，加御道七尺」，文意較明。

〔六六〕乙亥　八月戊子朔，無乙亥。南史梁本紀上作「九月乙亥」。九月丁巳朔，十九日乙亥。疑此「乙亥」前脱「九月」二字。

〔六七〕儀賢堂　「儀」原作「議」，今據庫本、徐鈔本改，梁書武帝紀中、南史梁本紀上、六朝事迹編類四引建康實録亦皆作「儀賢堂」。

〔六八〕又東都記云至後長慶中李千里爲明堂採木使船載至東都置於省内　舊唐書經籍志、新唐書藝文志云：「鄧行儼東都記三十卷，貞觀著作郎。」又新唐書藝文志有鄧世隆東都記三十卷，據兩唐書本傳，世隆貞觀時亦官著作郎。鄧行儼、鄧世隆似爲一人，史臣避唐太宗、玄宗名諱所改，則鄧行儼爲太宗時人明矣。許嵩亦爲玄、肅宗時人，何得能言穆宗長慶中事，疑此有誤。

〔六九〕充爲十二卿　梁書武帝紀中、南史梁本紀上及通鑑一四七「充」皆作「先」。

〔七〇〕復建修二陵周迴五里内居民　「内居民」三字各本皆缺，唯徐鈔本有，今據補，梁書武帝紀中亦同。

〔七一〕七月壬辰置童子奉車郎　梁書武帝紀中、南史梁本紀上皆繫此事於九月壬辰。

〔七二〕北岸起石頭迄東冶　原脱「冶」字，今據徐鈔本補，梁書武帝紀中、通鑑一四七亦同。

〔七三〕馬仙琕　原作「馬鮮卑」，據徐鈔本改正，梁書、南史本傳亦同。

〔七四〕朐山城　原作「朐城」，據徐鈔本補「山」字，梁書武帝紀中、南史梁本紀上及通鑑一四七亦皆作「朐山城」。

〔七五〕十一月癸丑齊宣德太妃王氏薨　「十一月」三字原缺，據徐鈔本補。梁書武帝紀中、南史梁本紀上亦並繫此事在是年冬十一月癸丑。

〔七六〕十二年二月至改爲十三間　「二月」原作「正月」。正月丙戌朔，無辛巳，二月丙辰朔，二十六日辛巳，今據徐鈔本改，梁書武帝紀中、南史梁本紀上亦同。

〔七七〕六月癸巳　「癸巳」原作「己巳」。六月甲申朔，無己巳，梁書武帝紀中、南史梁本紀上並作「癸巳」，爲六月初十日，下文庚子爲十七日，今據改。

〔七八〕七月乙亥　原脱「七月」二字，據庫本、徐鈔本及梁書武帝紀中、南史梁本紀上、通鑑一四七補。

〔七九〕二月癸巳　「二月」原作「正月」。正月丁巳朔，無癸巳，二月丁亥朔，初七日癸巳。庫本、徐鈔本、周鈔本及梁書武帝紀中、南史梁本紀上皆作「二月」，今據改。

〔八〇〕濟惠文起房　「濟」當爲「齊」之譌。

〔八一〕曲阿陂　梁書武帝紀下、南史梁本紀中並作「曲阿王陂」。

〔八二〕元樹　「樹」原作「澍」，今從徐鈔本，梁書、魏書、北史本傳亦作「元樹」。

〔八三〕始興郡王　梁書元法僧傳、南史梁本紀中及通鑑一五〇皆作「始安郡王」，疑是。

〔八四〕八年正月甲戌大赦改大通元年辛未祀南郊至孝悌力田賜爵一級　梁書武帝紀下、南史梁本紀中皆云武帝於普通八年正月辛未祀南郊，並詔流亡者役其宅業，三月甲戌大赦改元，實録誤書同爲正月間事。

〔八五〕元慶和　「和」字原缺，本卷下文、梁書武帝紀下、南史梁本紀中及魏書、北史本傳皆作「元慶和」，是，今據補。

〔八六〕蕭藻　梁書武帝紀下作「蕭淵藻」，實録避唐諱省「淵」字。

〔八七〕渦口　梁書武帝紀下、蕭藻傳、南史梁本紀中、蕭藻傳及通鑑一五一皆作「渦陽」。

〔八八〕梁城　梁書陳慶之傳、通鑑一五三並作「滎城」。

〔八九〕僭號建武元年　「建武」原作「建元」。南史梁本紀中、魏書、北史元顥傳皆作「建武」，本書下文亦稱元顥爲建武皇帝，當作「建武」爲是，今據改。

〔九〇〕甲午陞法座至乙酉　九月己卯朔，初七日乙酉，十六日甲午，二十五日癸卯，乙酉不得列甲午、癸卯之後，日序有誤。

〔九一〕三年四月乙巳太子統薨　「乙巳」原作「己巳」。四月庚子朔，無己巳。梁書武帝紀下、昭明太子傳及通鑑一五五並作「乙巳」，爲月之初六日，是，今據改。

〔九二〕立昭明太子子歡譽詧並爲郡王　各本皆脱「詧」字，唯徐鈔本有，梁書武帝紀下、南史梁本紀中及通鑑一五五並云：「立昭明太子子南徐州刺史華容公歡爲豫章郡王，枝江公譽爲河東郡王，曲阿公詧爲岳陽郡王。」今據補。

〔九三〕丹丹國遣使貢獻　原脱「遣」字，據徐鈔本補，梁書武帝紀下、南史梁本紀中亦皆有「遣」字。

〔九四〕是歲吴興生野稻飢者賴焉　此處錯簡，不當列於十一、十二月記事之前。

〔九五〕海南　南史梁本紀中作「河南」，疑是。

〔九六〕四月丁卯　梁書武帝紀下、南史梁本紀中及通鑑一五六皆作「十月丁卯」。

〔九七〕信武將軍元慶和　「武」原作「都」，今據徐鈔本改，梁書武帝紀下、南史梁本紀中、通鑑一五六亦同。

〔九八〕閏八月　按朔閏表，中大通六年十二月爲閏月，非八月，梁書武帝紀下、南史梁本紀中及通鑑一五六云是年閏十二月。

〔九九〕十二月西南有雷聲止地　「止地」，徐鈔本作「二」字。梁書武帝紀下、南史梁本紀中並作「閏十二月丙午，西南有雷聲二」。

〔一〇〇〕大同元年高麗丹滑波斯等國朝貢　梁書武帝紀下、南史梁本紀中並云高麗國、丹丹國遣使獻方物在是年二月辛丑，滑國在三月辛未，波斯國在四月庚子。

〔一〇一〕壬戌上幸同泰寺鑄銀像　南史梁本紀中繫此事於四月壬戌，四月丁丑朔，無壬戌，五月丙午朔，十七日壬戌。疑此「壬戌」上脱「五月」二字。

〔一〇二〕二年正月詔求讜言及令文武官舉士　梁書武帝紀下、南史梁本紀中皆繫此事於二年三月。

〔一〇三〕十月乙亥詔大舉兵北侵魏　「十月」原作「十一月」，今從徐鈔本。梁書武帝紀下、南史梁本紀中及通鑑一五七亦繫此事於十月乙亥。

〔一〇四〕己亥大兵班師　「己亥」原作「乙亥」。十一月戊戌朔，無乙亥，梁書武帝紀下、南史梁本紀中及通鑑一五七皆作「己亥」，爲十一月初二日，是，今據改。

〔一〇五〕壬午魏遣使來和詔許之　十一月無壬午。十二月丁卯朔，十六日壬午。梁書武帝紀下、南史梁本紀中、通鑑一五七皆云十二月壬申，東魏遣使請和，上許之。壬申爲十二月初六日。壬午、壬申雖皆在十二月，然午、申形近，必有一誤。

〔一〇六〕三年四月辛丑夜朱雀門災壬寅大雨灰黄色　四月丙寅朔，無辛丑、壬寅日，梁書武帝紀下、南史梁本紀中「四月」皆作「正月」，正月丁酉朔，初五日辛丑、初六日壬寅，疑此「四」爲「正」字之訛。

〔一〇七〕閏九月使散騎常侍張皐報聘東魏　「閏九月」，南史梁本紀中作「九月」。

〔一〇八〕四年三月至東魏人來聘　梁書武帝紀下、南史梁本紀中及通鑑一五八皆繫東魏人來聘於是年五月。

〔一〇九〕國子助教皇侃表上禮記疏義五十卷　「皇侃」原作「黄侃」，今據梁書、南史本傳改正。「禮記疏義」，梁書武帝紀下、釋文敍録皆作「禮記義疏」。「五十卷」，隋書經籍志一作「四十八卷」。

〔一一〇〕始與太守獻嘉禾一莖十七穗　梁書武帝紀下作「始平太守崔碩表獻嘉禾一莖十二穗」。

〔一一一〕七年十二月於宮城西立士林館至並許之　「十二月」原作「二月」，今據徐鈔本補「十」字，梁書武帝紀下、南史梁本紀中亦作「十二月」可證。

〔一一二〕劉敬躬　梁書武帝紀下、南史梁本紀中、通鑑一五八同，梁書、南史張綰傳及梁元帝金樓子后妃篇皆作「劉敬宮」。

〔一一三〕中兵參軍曹子郢　「曹子郢」三字原脱，今據徐鈔本及梁書武帝紀下、南史梁本紀中、通鑑一五八補。

〔一一四〕九年正月丙申地震生毛　正月壬戌朔，無丙申。梁書武帝紀下、南史梁本紀中並作「閏正月丙申」，閏正月壬辰朔，初五日丙申，疑此「正月」上脱「閏」字。

〔一一五〕各賜錢三千文　梁書武帝紀下、南史梁本紀中及通鑑一五八皆作「各賚錢二千」。

〔一一六〕十一月大雪三尺　「十一月」，梁書武帝紀下、南史梁本紀中並作「十二月」。

〔一一七〕甲午渴盤陁國貢方物　七月壬寅朔，無甲午，梁書武帝紀下、南史梁本紀中並作「八月甲午」。八月辛未朔，二十四日甲午，此「甲午」前當脱「八月」二字。

〔一一八〕甲辰　二月戊辰朔，無甲辰。梁書武帝紀下、南史梁本紀中及通鑑一六〇皆作「三月甲辰」。三月戊戌朔，初七日甲辰，下文乙巳爲三月初八日。

〔一一九〕羣臣以錢億萬奉贖　原脱「錢」字，據徐鈔本及梁書武帝紀下、南史梁本紀中補。

〔一二〇〕丁亥　四月丁卯朔，二十一日丁亥，梁書武帝紀下、南史梁本紀中「丁亥」前皆有「四月」二字。

〔一二一〕蕭明　本名「蕭淵明」，此避唐諱省。

〔一二二〕己亥交州刺史楊瞟司馬陳霸先破屈獠洞斬李賁傳首京師　梁書武帝紀下、南史梁本紀中皆繫此事於三月己未，通鑑一六一亦同，陳書高祖紀上云「太清元年」。

〔一二三〕謝珽　南史梁本紀中作「謝班」。

〔一二四〕壬午熒惑守心　「熒惑」原作「火」字，據徐鈔本及梁書武帝紀下、南史梁本紀中改。

〔一二五〕三月丁卯景攻陷宫城縱兵大掠　「丁卯」原作「乙卯」。三月丙辰朔，無乙卯。梁書武帝紀下、南史梁本紀中並作「丁卯」，爲三月十二日，是，今據改。

〔一二六〕四月己酉　「己酉」原作「乙酉」。四月丙戌朔，無乙酉。梁書武帝紀下、南史梁本紀中皆作「己酉」，是月二十四日己酉，是，今據改。

〔一二七〕遷大行皇帝梓宮於太極殿　「梓宮」二字原脱，據徐鈔本及梁書武帝紀下、南史梁本紀中、通鑑一六二補。

〔一二八〕周易　當從梁書武帝紀下、南史梁本紀中、隋書經籍志一作「周易講疏」。

〔一二九〕中庸講論　梁書武帝紀下、南史梁本紀中作「中庸講疏」。

〔一三〇〕老子疏　梁書武帝紀下、隋書經籍志三並作「老子講疏」。

〔一三一〕製涅槃大明三淨等經義疏數百卷又撰通史聘讚序凡六百卷　梁書武帝紀下、南史梁本紀中並作「製涅槃、大品、淨名、三慧諸經義記數百卷」。又「聘」，梁書作「躬」，黄廷鑑第六絃溪文鈔三書校建康實録後云：「『躬』誤『聘』。」

〔一三二〕金策三十卷　梁書武帝紀下、册府一九二同，南史梁本紀中「金策」作「金海」，王應麟玉海五四云：「南史武帝撰金海三十卷。」「金策」、「金海」未知孰是。

〔一三三〕一冠二年一被三年　梁書武帝紀下、南史梁本紀中並作「一冠三載，一被二年」。

〔一三四〕十一月帝遇害　梁書簡文帝紀、南史梁本紀下及通鑑一六三皆云簡文帝被弑於是年十月。

〔一三五〕次曰橋　「橋」字原缺，今據梁書元帝紀、南史梁本紀下、蕭棟傳及通鑑一六四補。

〔一三六〕白茅津　梁書王僧辯傳作「白茅洲」，陳書高祖紀上、南史陳本紀上、通鑑一六四作「白茅灣」。

〔一三七〕盧暉恪　梁書、南史侯景傳及通鑑一六四作「盧暉略」，陳書高祖紀上作「盧輝略」。

〔一三八〕霸先於石城西北連營三栅至落星山　「三栅」，張本、徐鈔本並作「立栅」。

〔一三九〕侯子鑒　「侯」原作「景」，誤，據梁書侯景傳改正，南史侯景傳及通鑑一六四亦同。

〔一四〇〕號泰安元年稱後梁　「泰安」，本書同卷、周書、北史蕭詧傳及通鑑一六六皆作「大定」。

〔一四一〕貞陽侯淵明　原脱「明」字，據徐鈔本補。

〔一四二〕徐度　原作「徐慶」，今據庫本、徐鈔本改正，陳書、南史本傳亦作「徐度」。

〔一四三〕劉士榮　通鑑一六六同。梁書敬帝紀、南史梁本紀下並作「劉仕榮」。

〔一四四〕湖墅　陳書高祖紀上、通鑑並作「胡墅」。

〔一四五〕庚申　原作「庚辰」。十二月丁未朔，無庚辰。陳書高祖紀上、通鑑一六六並作「庚申」，爲十二月十四日，下文辛酉爲十五日，是，今據改。

〔一四六〕裴英起　原脱「英」字。梁書敬帝紀、陳書高祖紀上、南史陳本紀上及北齊書、北史本傳皆作「裴英起」，今據補。

〔一四七〕洛州刺史李希光　陳書高祖紀上同，張森楷陳書校勘記云：「北齊書高乾傳附弟季式傳，謂李希光於齊天保中爲揚州刺史，與蕭軌等渡江戰没，與此異。」

〔一四八〕五月丙申　梁書敬帝紀同，陳書高祖紀上作「甲申」。五月乙亥朔，丙申、甲申皆在是月。

〔一四九〕方山　陳書高祖紀上、南史陳本紀上、通鑑一六六同，梁書敬帝紀作「方丘」。

〔一五〇〕徐度　原作「徐慶」，參見本卷校記〔一四二〕。

〔一五一〕仁虎闕　南史陳本紀上作「白虎闕」。

〔一五二〕食言慷慨　「食」，陳書高祖紀上、南史陳本紀上並作「發」。

〔一五三〕倪塘　通鑑一六六同，梁書敬帝紀、陳書高祖紀上、南史陳本紀上皆作「兒塘」。

〔一五四〕趙彦深　「深」原作「琛」，今據陳書高祖紀上、通鑑一六六改，趙彦深，北齊書、北史皆有傳，傳稱其本名隱，避齊廟諱，故以字行。古人名字相應，自應作「深」爲是。

〔一五五〕長干寺　陳書高祖紀上作「長樂寺」。

〔一五六〕又遣錢明領水軍出江乘　「錢明」原作「長明」，今據張本、徐鈔本、周鈔本改，陳書高祖紀上、南史陳本紀上及通鑑一六六亦同。又「領」字原脱，據徐鈔本及陳書、南史補。

〔一五七〕米二千石　南史陳本紀上作「米三千石」，通鑑一六六作「米三千斛」。

〔一五八〕裴英起　原作「裴英」，參見本卷校勘記〔一四六〕。

〔一五九〕己未　原作「乙未」。六月甲辰朔，無乙未。陳書高祖紀上作「己未」，爲月之十六日，是，今據改。

〔一六〇〕徐嗣彦　陳書高祖紀上同，梁書敬帝紀、南史陳本紀上並作「徐嗣産」。

〔一六一〕余孝頃　原作「余須」，誤，今據徐鈔本及梁書敬帝紀、陳書高祖紀、南史陳本紀上、通鑑一六七改。

〔一六二〕乃命太尉王通　「太尉」，南史陳本紀上作「太保」。

〔一六三〕父標　梁書侯景傳同，庫本、甘鈔本、周鈔本、劉鈔本及南史侯景傳並作「父摽」。

〔一六四〕會葛榮南逼　「葛」字原脱，遂與爾朱榮相淆矣，今據徐鈔本補，梁書侯景傳作「會葛賊南逼」，葛賊亦謂葛榮也。

〔一六五〕湘東王世子方矩　「方矩」，梁書、南史侯景傳皆作「方等」，通鑑一六一亦云：「湘東王繹遣世子方等將步騎一萬入援建康。」疑此「方矩」當爲「方等」之誤。

〔一六六〕李遷哲　梁書、南史侯景傳及通鑑一六一皆作「李遷仕」。李遷哲乃周人，疑此「哲」當爲「仕」之訛。

建康實録卷第十八

梁下

后妃傳略

太祖獻皇后　高祖德皇后

太宗簡皇后〔一〕　高祖丁貴妃

高祖阮修容　孝元徐妃

太子諸王傳略

昭明太子　哀太子　愍懷太子

功臣

王　茂　曹景宗　柳慶遠　蕭穎達　夏侯詳　蔡道恭　楊公則

鄧元起〔二〕　張弘策　庾　域　鄭紹叔　呂僧珍　柳　惔　韋　叡

范雲　江淹

後梁

中宗宣皇帝　世宗孝明皇帝

功臣

蔡大寶　王操　宋如周　袁敞　岑善方

后妃傳略

太祖獻皇后張氏諱尚柔，范陽方城人。祖次惠，〔三〕宋濮陽太守。母蕭氏，即文帝從姑。宋元嘉中嬪於太祖，生長沙宣武王懿、〔四〕永陽昭王敷，次生高祖。

初后嘗於室中，忽見庭前菖蒲花開，光紛昭灼，非世所有。后驚問左右，左右不見，后曰：「嘗聞見者富貴。」因取吞之。是月生高祖。將產夜，后見庭中衣冠陪列焉。次生衡陽王暢、義興長公主令嫕。〔五〕宋明帝太始七年，殂于秣陵同夏里舍，葬晉陵武進縣東山。〔六〕天監元年五月，追尊號爲獻皇后。

父穆之字思靖，〔七〕晉司空華六世孫，官至交阯太守。

高祖德皇后郗氏諱徽，高平金鄉人。祖紹，宋祭酒。父燁，〔八〕太子舍人。初，后之母宋文帝女尋陽公主方孕，夢人告云：「當生貴子。」及生后，有赤光照室。后幼聰明，善隸書，讀史傳。女工之事，無不閑習。高祖娉焉，生永興公主玉珧、〔九〕永世公主玉瓘、〔一〇〕永樂公主玉環。〔一一〕高祖在雍州，后殂於襄陽官舍，年三十二。高祖即位，追爲德皇后。

后性妒忌，及終，化爲龍，入後宫井中，通夢於帝，或見形，光彩照灼。帝體不安，龍輒激水騰湧，於是井上設衣服，百味祀之。故帝竟不立后。案，東京記：皇城西南洛水北有分穀渠，北隋朝有龍天王祠。俗傳梁武帝郗后性妒忌，武帝初立，未册命，因忿懟，乃投殿庭井中。衆赴井救之，已化毒龍，煙焰衝天，人莫敢近。帝悲歎久之，乃册爲龍天王，使井上立祠，朱粉塗飾，加以雜寶，每有所御，必厚祭之，巡直洒埽。自梁歷陳，享祀不絶。陳滅，乃遷其祠於京城道德寺。大業初，又移於此地，置祠。祠内有星辰日月、閻羅司命、五嶽四瀆大龍神象。蔣州沙門法濟嘗住祠中，以事龍天王神。濟有二豎子，一善吹笙，一善方響，每日以朝暮作樂。濟爲神所感，着衣鼓舞而不自覺。今向北，即上陽宫也。

太宗簡皇后王氏諱靈賓，琅琊臨沂人。祖儉。后幼而柔明，叔父暕見曰：「吾家女師也。」天監十一年，拜晋安王妃。生哀太子大器、南郡王大連、長沙公主妙䂮。大通三年，拜太子妃。〔一二〕太清三年二月，薨於永福省，〔一三〕年四十五。其年，太宗即位，追尊爲后。葬莊陵。

父騫字思寂，〔一四〕高祖受禪，遷中書令。高祖造愛敬寺，騫莊在寺側，有田八十頃，晋王導賜田也，從求不得，遂估市評田價，以還直。終吴興太守。

高祖丁貴妃諱令光，本譙國人，居襄陽。妃生於樊城，有神光之異，紫氣滿室，故以「光」爲名。高祖臨襄州，丁氏因人聞，高祖納焉，時年十四。貴妃生而有赤誌在左臂，治之不滅，至是無何忽失所在。嘗於供養經案側，髣髴若見有神人，心異之。高祖起義初生昭明太子，貴妃與太子留在雍州。京邑平，乃還京師。天監元年爲貴妃，位在三夫人上，居顯陽殿。太子定位，奏備典章，言則稱令。

貴妃性不好華飾，仁恕接下，皆得歡心。普通七年薨，年四十二。太宗即位，追尊穆太后。

父仲遷，〔一五〕官至兖州刺史。

高祖阮修容諱令嬴，本姓石，會稽餘姚人。初，齊始安王遥光納之，敗後，始入東昏宫。高祖平定京師，納爲婇女。天監七年八月，生元帝，尋拜修容。大同九年六月，薨于江州，年六十七。〔一八〕元帝追尊文皇宣后。

孝元徐妃諱昭佩，東海郯人。〔一七〕祖孝嗣，太尉、文忠公。父緄，〔一八〕侍中。初爲湘東王妃，生世子方等、〔一九〕益昌公主含貞。徐妃無容質，帝三二年一入房，妃怨之。又以帝眇一目，後每帝至，必爲半面粧，帝大怒，出妃，而譴死之。

太子諸王傳略

昭明太子諱統，字德施，小字維摩，高祖長子。母丁貴嬪，以齊中興元年生於襄陽。天監元年十一月，立爲太子。生而聰惠，三歲受孝經、論語，五歲徧讀諸經了義。二年五月，始出居東宫，恒不樂。高祖知之，每五日一朝，多便留永福省。八年，於壽安殿自講孝經。

十四年正月朔旦，高祖臨軒，冠太子於太極殿。舊制太子着遠遊冠，金蟬翠緌纓；至是，詔加金博。太子美姿容，善舉止。讀書數行俱下。能屬文，下筆不加點。崇信三寶，遍覽衆經。於宮中立惠義殿，專爲注習之所。召名僧自立二諦法身義。〔三〇〕高祖使顧協宣旨戒之。體素偉壯，腰帶十圍，至是減削過半。

自加元服，高祖便使省萬機，内外百司奏事，太子精於廣斷，纖髮必曉，法多全宥，天下稱仁。接引才學，討論墳籍。于時東宮有書三萬餘卷，文學之盛，宋以來未之有也。性好山水，於玄圃穿渠築植，更立池亭，與朝士名賢游樂其中。番禺侯軌盛言「此中宜奏女樂」。〔三一〕太子不答，徐詠左思招隱詩曰：「何必絲與竹，山水有清音。」軌慙而止。

在東宮二十九年，不蓄聲樂。每雨雪，使親信周行閭巷，貧乏之家，皆有賑救。後忽疾，恐帝憂，嘗自勉力。及困篤，不許左右啓聞。四月辛巳薨，時年三十一。〔三二〕高祖幸東宮，臨哭盡哀，謚曰昭明。五月庚辰，葬安寧陵。案，梁書：太子仁德素著，及薨，朝廷驚惋，男女奔走宮門，號泣滿路。岳陽王即位，追尊昭明皇帝。陵在建康縣北三十五里。〔三三〕所著文集二十卷，古今典誥文言爲正序十卷，五言詩之美者爲英華集二十卷，〔三四〕文選三十卷，〔三五〕今皆行於世。

哀太子大器字仁宗，太宗嫡長子也。普通四年丁酉生。中大通三年封宣城王。〔二六〕太宗卽位，六月，立爲皇太子。大寶二年八月，逆賊侯景廢太宗，并害太子，時年二十八。〔二七〕

太子性寬和，神用端凝，在於賊中，每不屈意。〔二八〕賊以太子有器度，憚之，故見害。元帝追謚爲哀太子。

愍懷太子方矩字德規，元帝第四子也。元帝承制，拜爲太子，改名元良。承聖元年爲皇太子。魏師陷江陵，太子與元帝同被害，敬帝追謚愍懷。

陳吏部尚書姚察曰：孟軻有言：「雞鳴而起，孳孳爲善者，舜之徒也。」若乃布衣韋帶之士，在于隴畝之閒，終日爲之，其利亦已博矣。乎暨處重明之位，居正體之尊，克念無怠，蒸蒸以孝，大舜之德，其何遠之！

功臣

王茂字休遠，〔二九〕太原祁人。父天生，宋末爲將軍，尅司徒袁粲，拜爲梓潼、巴西二郡太守。〔三〇〕茂年數歲，大父深見之曰：「此吾家千里駒也，成門户者必此兒也。」及長，身長八尺，美容質。

宋昇明末，起家奉朝請，拜襄陽太守。高祖起義，私于張弘策，請立和帝。高祖義師下，每以茂爲前鋒。建康平，拜領軍將軍，進司空，加驍騎、開府儀同三司、江州刺史。薨年六十，謚忠烈。子貞嗣。〔三一〕

曹景宗字震武，〔三二〕新野人。父欣之，宋征虜將軍、徐州刺史。善騎射，好讀史書，每讀穰苴、樂毅傳，輒放卷歎息曰：「大丈夫當如此！」

齊建武中，爲游擊將軍。高祖起義，景宗使杜思仲勸高祖迎立南康王寶融於襄陽。〔三三〕爲高祖前鋒，累破諸城，次江寧，鼓譟而進，至皁莢橋築壘。及建康平，拜右將軍。天監元年，進平西將軍，封竟陵侯。大破魏軍於鍾離，封竟陵公，拜侍中，給鼓吹一部。

景宗爲人自恃性躁，不能沉默，出行嘗欲褰車帷幔，左右輒諫以位望重，人所具瞻，不宜如此。景宗謂所親曰：「我昔在鄉里，騎快馬如龍，與少年輩數十騎馳騁，拓弓作霹靂怒，發箭如餓鴟叫，平澤中逐麞鹿，射之，渴飲血，飢食肉，覺耳後風生，鼻頭火出，此樂使人忘死，不知老之將至。今來揚州作貴人，動靜不得。路行欲開車幔，小人輒言須閉置向車中，如三日新婦，悒悒使人無氣也。」七年，遷安南將軍、江州刺史，赴任卒於道。謚壯。子皎嗣。

柳慶遠字文和，河東解人。伯父元景，宋太尉。慶遠累仕，至齊初，爲魏興太守，左轉襄陽令。

高祖臨雍州，以綱紀辟爲别駕從事。慶遠謂所親曰：「方今天下將亂，英雄必起，庇人定霸，〔三四〕其吾君乎？」因盡心協贊。及義兵起，居帷幄爲謀主，從軍東下，身先士卒。建康平，入爲侍中。高祖受禪，封重安侯，〔三五〕征虜將軍、雍州刺史。上餞之新亭，高祖謂曰：「卿當衣錦還鄉，朕亦無西顧之憂矣。」卒於官。子津嗣。

初從父兄衛將軍世隆謂慶遠曰：「吾夢太尉以褥席見賜，吾亞台司；適又夢吾以褥席與汝，汝必光我門族。」至是，慶遠亦繼世隆焉。

蕭穎達，蘭陵人，齊光禄大夫赤斧第五子。少好勇，爲西中郎外兵參軍。高祖起義，立和帝于江陵，以穎達爲冠軍，隨高祖東下。高祖受禪，爲前將軍、丹楊尹。九年，遷衛將軍。卒，年三十四。詔給東園祕器。

夏侯詳字叔業，譙國人。年十六喪父，廬於墓側，嘗有三足雀來集廬户間。服闋，太守殷琰召補主簿。

宋明帝太始年初，琰以兵叛，明帝使劉勔兵圍之，詳爲琰出説劉勔，勔退舍，琰遂出降，累遷至西中郎司馬、新興太守。

高祖起義，西臺建，以詳爲中領軍，凡國大事，多決於詳。高祖圍郢城未下，詳獻策略曰：「量我衆力，度賊餱糧，窺彼人情，觀之形勢。若使賊衆食少，故宜計月討之；若食多力寬，〔三六〕宜悉衆攻之；若使糧力俱足，非圍守所屈，便宜散金寶，縱反間，〔三七〕使彼智者不用，愚者日進，此魏武所以定大業也。」天監元年，高祖徵爲侍中，封豐城縣公，尋進湘州刺史、尚書僕射、金紫光禄大夫。卒，年七十四。

先是荆州城局參軍吉士瞻役萬人浚仗庫防火池，〔三八〕得金帶鈎，隱起文曰「錫汝金鈎，既公且侯」。士瞻妻，詳之兄女，乃竊與詳，詳喜佩之。及是革命，詳果封侯，而士瞻不錫茅土。

蔡道恭字懷儉，南陽冠軍人。父那，宋益州刺史。〔三九〕道恭累戰功爲南康王中兵參軍。義兵起，和帝卽位，遷右衛將軍。天監初，論功臣封漢壽侯、〔四〇〕司州刺史。

魏攻圍之，相持百日，内外相拒，道恭疾篤，以後事付兄子野。〔四一〕其年五月卒，魏攻陷之。後詔購其喪，葬襄陽。子澹嗣。

楊公則字君安，〔四二〕冀州天水人。〔四三〕父仲懷，豫州刺史。公則爲宋義熙太守，氐賊攻陷白馬城，公則奔馬逃歸，爲西中郎參軍。蕭顥冑協同義舉，以公則爲輔國將軍，率衆東下。初，荆州諸軍皆取其節度，與高祖會。平建康，高祖立，進號平南將軍，封寧都縣侯，假節北討，至壽春疾篤。卒，年六十一，謚曰烈侯。〔四四〕子瞟嗣。〔四五〕

鄧元起字仲居，南郡當陽人。少有膽氣，膂力過人。性任俠好施，鄉里多附之。以軍功遷武寧太守，大破魏軍於義陽。高祖起義，率衆與高祖會夏口，累進破城邑，至京師，築壘於建陽門外。及建康平，封當陽侯，進號左將軍、益州刺史。

入蜀，平成都，送益州刺史劉季連歸京師。高祖大悦，進元起平西將軍。元起臨軍，並稱善政，口不論財色。性能飲酒，至一斛不亂。及是，蜀土大治，翕然稱之。二年，以母老乞歸，徵爲左將軍，封西昌侯。〔四六〕救漢中，拒魏於南郊，魏軍大至，以不憂軍事，下獄，自縊死。子歛嗣。〔四七〕

張弘策字眞簡，范陽方城人，文獻皇后之從弟。弘策幼以母憂，三年不食鹽菜。兄弟友愛，雖各有家室，皆常同卧起，不歸私室，時稱爲姜肱兄弟。常從高祖遊處，〔四八〕入其室，覺有烟雲之氣，體輒肅然，弘策由是時加敬異。建武中，弘策因問家國吉凶？高祖曰：「明年都邑亂，死人如麻，齊之曆數自茲已矣。梁、楚、鄧、荆、漢有英雄起焉。」弘策曰：「聖人何在？爲已富貴，爲復在草澤中？」高祖笑曰：「光武有言『安知非僕』。」弘策起曰：「今夜之言，是天意也。」及高祖代曹武監雍州事，〔四九〕弘策心喜曰：「昔夜之言，今將驗矣。」高祖笑曰：「舅勿多言。」乃從之雍。五年，齊明帝崩，初詔高祖爲雍州刺史，乃表弘策爲録事參軍、襄陽令。高祖密爲儲備，謀猷唯弘策而已。

義師起，以弘策爲輔國將軍，主領萬人督後部事。建康平，高祖使與吕僧珍入清宫掖，封府庫。遷衛尉卿、洮陽縣侯。東昏餘黨因運荻入北掖門，至夜亂，燒神獸門、〔五〇〕總章觀，入衛尉府而害弘策，年四十七。高祖慟哭，贈車騎將軍。子恤嗣。〔五一〕

庾域字司大，新野人，爲梁州録事參軍、華陽太守。魏攻南鄭，州有空倉數十間，域手自封題，指目將士曰：「此中粟皆滿，可支二年。」衆心乃安，虜退。

高祖起義兵，書招域，爲西臺領行選，從高祖東下，而和帝加高祖黄鉞。天監初，爲巴西、梓潼二郡守，封廣牧縣子，卒於郡。

鄭紹叔字仲明，滎陽開封人。少結高祖爲心腹。高祖起兵，爲冠軍將軍，從東下，平江州，留紹叔督糧運無闕。天監初，入爲衛尉卿，封東興縣侯。初，義陽爲魏所陷，〔五二〕司州移鎮南鄭，以紹叔爲司州刺史。至郡創立城郭，修兵器，開田畝，百姓安之。入爲左衛將軍、司豫大中正。疾篤，詔還家，卒，贈東園祕器。子貞嗣。

吕僧珍字元瑜，東平范人。〔五三〕世居廣陵，起自寒賤。幼，人相之曰：「此兒有奇聲，封侯之相。」及長，身長七尺七寸，容貌甚偉。事梁文帝，爲門下書佐。及高祖臨雍州，命爲中兵參軍，委之心膂。乃陰養死士，歸者甚衆。高祖按行起造，多伐竹木，以茅覆之，若山焉。僧珍獨悟之，私具櫓數千張。義兵起，召僧珍及張弘策定義，明旦發兵，用爲步兵校尉，出入卧内，宣通意旨。及進，每爲前鋒，平京邑。高祖受禪，拜冠軍將軍，封平固縣侯。入直中書省，摠知宿衛。天監四年，高祖欲賞之，使爲本州，持節、平北將軍、南兗州刺史。

在任不私親戚。從父兄子光以販葱爲業，〔五四〕而欲求官。僧珍曰：「吾荷國厚恩，無以報効，汝等自有常分，豈可妄求叨越，但當速返葱肆。」姊適王氏，住在市西，小屋臨路，僧珍常導從鹵簿到其處，不以爲恥。在州百日，徵爲領軍。十年，病卒。

柳惔字文通，河東解人也。父世隆，齊司空。惔仕齊爲西戎校尉、梁秦二州刺史。〔五五〕高祖起義，舉漢中應之。高祖遷右僕射、湘州刺史、曲江侯。卒。子照嗣。

韋叡字懷文，京兆杜陵人，漢丞相賢之後，世爲三輔著姓。祖玄，隱長安南山。袁顗爲雍州刺史，引爲主簿，累遷上庸太守。

高祖起義，督率郡人伐竹爲栰，倍道來赴，有衆二千，馬二百匹。高祖見之，喜曰：「他日見君面，今日見君心，吾事就矣。」及至郢城，顧叡曰：「棄麒麟而不乘，焉遑遑而更索？」〔五六〕卽日拜江夏太守，行郢州事。及卽位，遷輔國將軍、豫州刺史，封都梁子。〔五七〕

天監五年，魏中山王元英圍北徐州昌義之於鍾離，高祖召叡與曹景宗救之。叡乘素木輿，執白角如意以麾軍，軍大破魏兵，元英脱身走，軍人投水死者十餘萬，所獲金資牛馬，不可勝數。以功封平北將軍、宣武校尉、雍州刺史。

叡初起義鄉里，客陰雙光泣以止叡，〔五八〕叡還爲本州，雙光于道左祗侯，叡笑謂雙光曰：「若從公言，今乞食于路矣。」餉牛十頭。徵入爲散騎常侍，入直殿省。居朝廷，恂恂未嘗忤視，高祖甚禮敬之，除護軍。居家俸賜，悉分親戚。卒于家。子放嗣。〔五九〕

范雲字彥龍，南鄉舞陰人。〔六〇〕善屬文，能尺牘，下筆成文。父抗，爲郢府參軍。雲起家郢州西曹書佐。齊竟陵王爲丹楊，用爲主簿，與高祖同遇于竟陵西邸。及高祖起義，定京邑，東昏誅，雲在城内銜命出，高祖留之，參帷幄，拜黄門侍郎，與沈約同心輔贊，後遷侍中。柴燎南郊還，雲參乘，高祖昇輦謂雲曰：「朕之所謂懍乎若朽索之馭六馬。」雲曰：「亦願陛下日慎一日。」高祖善之。是日，遷常侍、吏部尚書，以佐命功封霄城縣侯，以舊恩見拔。

初，高祖常與雲同宿顧嵩舍，〔六一〕嵩妻産，有鬼在外曰：「此中有王有相。」雲起曰：「王當仰屬，相以見歸。」因是盡心高祖。高祖定東昏，納其妃余氏，頗廢政事。雲與王茂切諫之曰：「昔漢祖居山東，貪財好色，及入關定秦，財帛不取，子女不幸，范增已畏其大。今明公始定天下，海内想風望聲，奈何襲昏亂之跡，以女德爲累。」王茂因起拜曰：「范雲之言是，望明公以天下爲念。」高祖嘿然。雲便疏請以余氏賚王茂，高祖意許之。後遷左僕射，任寄隆重，書牘盈案，賓客滿門，雲皆應答如流，無所擁滯，官曹文墨，遷摘如神。及卒，高祖臨之。有策略三十卷。子孝才嗣。

江淹字文通，濟陽考城人。少孤而好學，沉静少交遊，善屬文。起家宋南徐州從事。宋建平王景素好士，淹隨在南兖州。廣陵令郭彦文犯罪下獄，辭連淹，言受金，繫之。淹自獄中上書曰：「昔者，賤臣叩心，飛霜繫于燕地；庶女告天，振風襲于齊臺。下官每讀其書，未嘗不廢卷流涕。何者？士有一定之論，女有不易之行。信而見疑，貞而爲戮，是以壯士伏屍而不顧者以此也。下官聞仁不可恃，善不可依，始爲徒語，今乃知之。伏願大王暫停左右，少加矜察。下官本蓬户桑樞之人，〔六二〕布衣韋帶之士，退不飾詩、書以驚俗，進不買名聲于天下。〔六三〕日者，謬得陞降承明之闕，出入金華之殿，何嘗不局影凝嚴，側身扃禁者乎？竊慕大王之義，復爲門下之賓，備鳴盗淺術之餘，豫三五賤伎之末。大王惠以恩光，顧以顔色。寔佩荆卿黄金之賜，竊感豫讓國士之分矣。常欲結纓伏劍，少謝萬一，剖心摩踵，以報所天。不圖小人固陋，坐貽謗缺，迹墜昭憲，身陷幽圄。履影弔心，酸鼻痛骨。下官聞虧名爲辱，虧形次之，是以每一念來，忽若有遺。加以涉旬月，迫季秋，天光沉陰，左右無色。身非木石，與獄吏爲伍。此少卿所以仰天搥心，泣盡而繼之以血者也。下官雖乏鄉曲之譽，然嘗聞君子之行矣。其上則隱於簾肆之間，卧於巖石之下；次則結綬金馬之庭，高議雲臺之上；退則虜南越之君，係單于之頸：俱啓丹册，并圖青史。寧争分寸之末，競錐刀之利哉！下官聞積毁銷金，積讒摩骨。遠則直生取疑於盜金，近則伯魚被名於不義。彼之二才，猶或如是；况在下官，焉能自免。昔上將之恥，絳侯幽獄；名臣之羞，史遷下室，至如下官當何言哉。夫以魯連之智，辭禄而不返；接輿之賢，行歌而忘歸。子陵閉關於東越，仲蔚杜門於西秦，亦良可知也。若使下官事非其虚，罪得其實，亦當鉗口吞舌，伏匕首以殞身，何以見齊、魯奇節之人，燕、趙悲歌之士乎？方今聖歷欽明，天下樂業，青雲浮洛，榮光塞河。西洎臨洮、狄道，北距飛狐、陽原，莫不寢仁沐義，照景飲醴。而下官抱痛圜門，〔六四〕舍憤獄户，一物之微，有足悲者。仰惟大王少垂明白，則梧丘之魂，不愧於沉首；鵠亭之鬼，無恨於灰骨。」

景素得書，卽日出之。尋舉南徐州秀才，對策高第。少帝卽位，多失德，景素專據上流，衆咸勸因此舉事。淹每陳「流言納禍，二叔所以同亡；祇局銜怨，七國於焉俱斃」。景素不納。後高祖輔政，聞其才名，召爲駕部郎中。

時荆州刺史沈攸之作亂，兵强，帝憂悶，謂淹曰：「天下紛紛若是，君謂何如？」淹對曰：

「昔項彊而劉弱，袁衆而曹寡，羽令諸侯，卒有劍歌之辱；紹跨四州，竟爲奔北之虜，此謂『在德不在鼎』，公何疑焉！且公雄武奇略，一勝；寬容仁恕，二勝；賢能畢力，三勝；民望所歸，四勝；奉天子而伐叛逆，五勝。彼且鋭志而器小，一敗也；有威而無恩，二敗也；士卒解體，三敗也；縉紳不懷，四敗也；懸兵數千里而無同惡相濟，五敗也。雖豺狼十萬，而終爲我獲焉。」帝笑曰：「君談過矣。」高帝相國建，爲記室參軍，而掌詔册表記，典國史。

少帝即位，爲御史中丞，多所糾彈，内外肅然。明帝輔政，謂淹曰：「自宋世已來，不復有嚴明中丞，今日可謂獨步矣。」明帝即位，遷祕書監。

及高祖義軍入，淹微服來奔高祖，遷吏部尚書。天監元年爲左將軍，封臨沮縣伯，謂弟子曰：「吾平生言止足之事，亦已備矣。功名既立，只欲歸身草莽。」其年疾，遷金紫光禄大夫。卒。

淹以文章名顯，晚年才思稍退，時人謂之才盡。所著述百餘篇，自撰爲前後集，并齊史十志，並行於世。

淹嘗爲宣城守，罷歸，船泊禪靈寺渚，夜夢一人稱張景陽，謂曰：「前以一疋錦相寄，今可見還。」淹探懷中得數尺與之，此人大恚曰：「那得割截都盡。」顧見丘遲謂曰：「餘此數尺既無用，乞君。」淹自此文章躓矣。又嘗宿冶亭，夢一人自稱郭璞，曰：「吾有筆在卿處，可相

還。」淹探懷得五色筆以授之。爾後，爲文不復麗美矣

後梁

中宗宣皇帝〔六五〕

中宗宣皇帝諱詧，字理孫，武帝之孫，昭明太子統第三子。幼好學，善屬文，尤長佛義，特爲武帝所賞，封岳陽郡王，知石頭戍事。昭明薨，武帝捨詧兄弟而立簡文帝綱，内常愧之。後以會稽人物繁富，一郡之會，遂以詧爲東揚州刺史，用慰其心。詧以昆季不得爲嗣，常懷不平。又以武帝衰老，朝夕糠粃，有敗亡之漸，遂蓄聚財貨，門通賓客，招募輕俠，折節下士，有勇敢者故多歸焉。

中大同元年，除都督雍梁五州軍事、校尉。詧以襄陽形勢之地，又武帝創基之所，時平足以樹根本，戰伐可以圖霸功，遂尅己勵節，樹恩於百姓，務修刑政，志在綏養。於是境内稱治。

太清二年，武帝以詧兄河東王譽爲湘州刺史，而張纘爲雍州以代詧。纘恃其才望，志氣輕驕，輕詧少年，州府迎候有闕，詧銜之。及至鎮，乃託疾不與纘相見。後聞侯景作亂，頗凌蹙纘。纘懼爲所擒，乃輕舟夜遁，將之雍部，復慮詧拒之。元帝時鎮江陵，與纘將圖

之，以斃詧兄弟。會元帝與譽各率所部領入援京師，至江口，屬侯景請和，詔止援軍。譽自江口將旋湘鎮，纘時在江陵，貽梁元帝書曰：「河東今戴檣上水，欲襲江陵。岳陽在雍，共謀不逞。」元帝甚懼，乃鑿船沉米，斬纜而歸，令其子方等與王僧辯相繼攻譽。譽告急詣詧，詧大怒。纘將述職，至州，詧遷延不授替，乃以西城居之，軍民之政，猶歸於詧。詧以構其兄弟，事始於纘，將密圖之。其將杜岸招纘出奔，纘乃服婦人衣，乘青布轝，與親信十人出。杜岸馳報詧。詧遣兵討擒之。乃率衆兵二萬、騎千匹，伐江陵，以赴之。元帝大懼，乃遣參軍庾奐謂詧曰：〔六六〕「正德以亂，天下崩離。汝復效尤，將欲謂何？吾家先宫遺愛，故以汝兄弟見囑。今以姪伐叔，道復安在？」詧謂奐曰：「家兄無罪，屢見攻圍。同氣之情，豈可坐觀成敗。七父若顧先宫，豈應若是。如能追兵湘水，〔六七〕吾便旋旆襄陽。」詧攻江陵柵不尅，其將杜岸懼詧不振，以其屬降於江陵。詧衆大駭，其夜遣歸襄陽。〔六八〕

詧既與江陵構隙，恐不能自固，時西魏恭帝二年，乃遣人稱藩於西魏，〔六九〕請爲附庸，魏相周國公宇文泰會於丞相府東閤祭酒滎權使焉。〔七〇〕元帝使柳仲禮率衆圍襄陽，詧懼，乃遣其妻王氏、世子嶚爲質，〔七一〕請救。周公遣關麻、楊忠等率兵援之，楊忠擒柳仲禮于漴頭，詧乃獲安。周公使詧表嗣位，詧以未有璽命，辭不敢。周公令常侍鄭穆及滎權持節册命詧於襄陽，〔七二〕陞壇受拜，置百官，承制。恭帝三年三月，詧留蔡大寶居守，乃自襄陽朝西魏。〔七三〕魏相周公宇文泰薨。子覺嗣。

十二月晦日，魏恭帝禪位周王宇文覺，稱後周，號元年，都長安，稱大周天王。正月，謂梁王來此，欲相見乎？遂召見，因説周王伐江陵。周乃使太尉長孫儉、万紐于謹征江陵，戕元帝。乃立詧爲梁王，居江陵東城。資以一州之地，其襄陽之地，統歸之于周。

詧稱皇帝，卽位於江陵，改年號大定元年，稱後梁。追尊父統爲昭明皇帝，廟號高宗。統妃蔡氏爲昭明皇后，又尊其所生龔氏爲皇太后。立妻王氏爲皇后，巋爲皇太子。上疏于周明帝毓，頻年稱臣，用其正朔，爵命服色，自依梁典。周明帝乃使梁王立統嗣，居於東城，號曰助防。〔七四〕

初，平江陵，詧將尹德毅説詧：「請周太尉長孫儉、將軍万紐于謹等爲歡宴，彼無我虞，因伏武士執之。於是，分命果毅，掩其營壘，斬馘逋周，俾無遺類。唯江陵百姓，撫而安之，王僧辯之徒，折簡可致。然後朝服濟江，入踐皇極，此萬世一朝也。晷刻之間，大功可立。」詧不從之，曰：「卿之此策，非不善也。然周待我甚厚，未可背約；若如卿計，則鄧祁侯所謂人不食吾餘也。」

既而闔城長幼，被虜入關，反失襄陽之地。詧乃追悔，深恨不用尹德毅之言，以至于此。又見邑居毁壞，干戈日用，恥其威略不振，常懷憂憤，乃著改恥賦以見意。〔七五〕詧在位八年，年四十四，當後周武帝保定四年薨，〔七六〕羣臣葬於平陵，謚曰宣帝，廟號中宗。

警少有大志，不拘小節，雖名猜忌，而知人善任，撫下將士有恩，能得其死力。性不飲酒，安於儉素。又惡見婦人，雖相去之數尺，遥聞其臭。經御婦人之衣，不復更着。又惡見人毛髮，所幸者必方便以避之。著文集十五卷，〔七七〕内典華嚴、般若、法華、金光明義疏四十六卷，〔七八〕並行於世。疆土既狹，居常怏怏。每誦「老馬伏櫪，志在千里。烈士暮年，壯心不已」，未嘗不盱衡扼腕，歎吒者久之。遂以憂憤發背疽而薨。

世宗孝明皇帝

世宗孝明皇帝諱巋，字仁遠，中宗第三子。大定元年，立爲太子。八年，宣帝崩，太子卽位，號天保元年。春正月，尊祖母龔氏爲太皇太后，〔七九〕所生曹貴妃爲皇太妃。

至五年春正月，陳湘州刺史華皎、巴州刺史戴僧朔來附，〔八〇〕乃請伐陳。巋乃求周師勢援，大爲陳將吴明徹所破，徹進逼江陵，引江水灌城。明帝出頓紀南，王操合周軍共以擊之，明徹遂退，明帝乃復入江陵。

六年，卽陳光大二年，陳文帝弟安城王頊廢少帝伯宗爲臨海王，自立爲宣帝。

七年八月，陳又遣司空章昭達來寇，〔八一〕明帝與周將陸勝同破之。〔八二〕以華皎爲司空，以僧朔爲車騎將軍。

九年。

十年，使華皎入周，周以基、平、鄀等數州歸于梁。〔八三〕

是歲，周誅宇文護，周改元建德。

十一年。

十二年，周武廢佛道二教，着短穿衣。

十三。

十四。

十五年，周高祖武帝平北齊，封齊太子高緯爲温國公，只得傳國璽入周。明帝入周賀平鄴，周武帝厚加禮送。

十六年，周武帝崩。

十七年，周宣帝贇禪位於太子衍。衍立，是爲静帝。

十八年。

十九年，周静帝禪位於隋公楊堅，堅封周帝爲介國公。

二十年，是歲，隋開皇二年，隋朝營新都於隴首川。是歲，陳宣帝頊崩，太子叔寶立，隋文帝遣使以禮聘明帝女爲晉王廣妃。又以明帝子尚隋蘭陵公主，遂通好焉。後使隋，隋加禮相持待，使謂：「梁主久滯荆、楚，未復舊都，故鄉之念，良軫懷抱。朕當振旅長江，相送旋旆耳。」

二十一年，陳之至德元年。

二十二年。

二十三年五月，帝崩，在位二十三年，〔八四〕年四十四，葬顯陵，謚曰孝明皇帝，廟號世宗。

帝性機辯，有文學，撫御能得其下懽心。孝悌仁慈，有人君之量。四季祭享，未嘗不悲慕流涕。尤儉約，御下既有方，境内共言其治，邦國無事。所著文集及孝經、周易義記及小大乘幽微，并行於世。

莒公諱琮，字温文。性倜儻不羈，博學有文義，立爲皇太子。天保二十三年五月，帝崩，卽帝位，改號廣運元年。

二年，率其臣下二百餘人朝隋，隋文帝留之，使武鄉公崔弘度將兵攻江陵。江陵不守，帝叔父巖及弟瓛等舉居人奔於陳。隋拜琮爲柱國將軍，封莒國公。

自宣帝詧卽位大定元年乙亥，至琮廣運二年丁未，凡三十三年。詧子巋、巖、岑，俱爲王。巋子巚、琢、珣、瑒、瑀，〔八五〕並皆爲王。自後梁之興，蔡大寶爲股肱，王操爲心腹，魏益德、尹正、薛暉、許孝敬、薛寅爲爪牙，〔八六〕甄玄成、劉爲、〔八七〕岑善方、傅准、〔八八〕褚珪、蔡大榮典衆務，〔八九〕張綰以舊齒歷顯位，沈重以論學蒙厚禮。自餘多所獎拔，咸盡其器任。及明帝纂業，親賢並用爲將相。故保其疆土，安於民人。

後梁功臣

蔡大寶字敬位，濟陽考城人。父默，〔九〇〕梁尚書議曹郎。大寶少孤，而篤學不倦，能屬文。詧初出第，徐勉薦之爲侍讀，兼管記室。詧涖襄陽，遷咨議參軍。及元帝伐河東王譽，使大寶於江陵，元帝悅之，使注所製玄覽賦，三日而畢，元帝大奇之。

及詧爲梁王，拜吏部尚書，軍國之事，咸委決焉。及宣帝卽位，拜太子少傅。明帝嗣位，册司空。卒。

性嚴整，文學詞贍，内外詰令，皆掌之。人云宣帝有大寶，猶蜀先主之孔明。著文集三十卷，撰尚書義訓。〔九一〕

王操字子高。其先，太原晉陽人，宣帝龔太后之外弟。父景休，臨川内史。

操性敦厚，有籌略，博涉經史。初爲帝外曹參軍。及卽位，遷大將軍、郢州刺史。明帝卽位，授尚書僕射。及陳將吴明徹爲寇，帝出頓紀南，〔九二〕操巡撫將士，莫不用命，江陵獲全，操之力也。及卒，明帝舉哀流涕，曰：「天不使我蕩平江表，何奪吾相之速也。」

宋如周，〔九三〕南陽人。有才學，容止詳雅，爲度支尚書。如周面狹長，宣帝嘗戲之曰：「卿何爲謗法華經？」如周踧踖，自陳不謗。帝又言之，如周不悟而出，言告蔡大寶。大寶知其旨，笑謂之曰：「君當不謗餘經，止應不信法華。法華云：『聞經隨喜，面不狹長』。」如周乃悟。如周素寬雅有才。子希顔，最知名。

袁敞，陳郡人。祖粲，仕司空。〔九四〕父士俊，安城内史。敞少大器量，博涉經史。以吏部尚書使于周，初主者以敞班在陳使之下，敞固不從命，曰：「昔陳之祖父，乃梁朝諸侯之下吏，棄忠與義，盜有江東。今之朝宗萬國以禮，若使梁之行人在陳使者之後，恐彝倫失序，非使臣之所望焉。」周武帝乃詔敞與陳使人異日而進。〔九五〕使還，稱旨，遷侍中。後隨琮入隋，授譙州刺史。

岑善方字思遠，〔九六〕南陽人。漢征南將軍舞陰侯彭之後。祖惠甫，齊南彭城太守。父昶，梁散騎常侍。

善方少立志操，雅重名節，爲當世所許。拜岳陽王記室參軍。及宣帝卽位，累遷中書舍人，與蔡大寶分典機務，帝常推心焉。拜吏部尚書，數使於周，稱旨，拜驃騎大將軍、儀同三司，封長寧公。卒。有子六人：〔九七〕元之、象之、利之。〔九八〕仕隋，邯鄲令文本，最知名。

卷第十八校勘記

〔一〕太宗簡皇后　「太宗」原作「太祖」，據梁書、南史本傳改正。

〔二〕鄧元起　「起」原作「超」，據宋本、庫本、徐鈔本及梁書、南史本傳改正，下同。

〔三〕祖次惠　原脱「次」字，據徐鈔本及梁書太祖獻皇后傳補。

〔四〕長沙宣武王懿　原脱「武」字。梁書、南史蕭懿傳云懿封長沙郡王，謚宣武。當作「長沙宣武王」爲是，今據補。

〔五〕義興長公主令嫕　「義興」原作「昭義」，今據庫本、徐鈔本改正，梁書、南史太祖獻皇后傳亦同。

〔六〕葬晉陵武進縣東山　「武進縣」原作「武晉縣」，據庫本、徐鈔本改。「東山」，梁書、南史太祖獻皇后傳並作「東城里山」。

〔七〕穆之字思靖　「靖」，梁書、南史太祖獻皇后傳並作「静」。

〔八〕父爗　原作「父煜」。今據徐鈔本、甘鈔本、周鈔本、劉鈔本及梁書高祖德皇后傳改。

〔九〕永興公主玉珧　「玉珧」，梁書、南史高祖德皇后傳並作「玉姚」。

〔一〇〕永世公主玉璀　「玉璀」，梁書、南史高祖德皇后傳並作「玉婉」。

〔一一〕永樂公主玉環　梁書、南史高祖德皇后傳並作「永康公主玉嬛」。

〔一二〕大通三年拜太子妃　昭明太子薨於中大通三年四月乙巳，蕭綱立爲皇太子在是年七月乙亥，大通三年十月昭明太子尚在，蕭綱亦不得封爲皇太子，何得别立太子妃？故此「大通」前當脱「中」字。

〔一三〕太清三年二月薨於永福省　「二月」，梁書、南史簡文王皇后傳並作「三月」。

〔一四〕父騫字思寂　「騫」原作「褰」，「寂」作「叔」，今據徐鈔本改，梁書太宗簡皇后傳、世説人名譜琅邪臨沂王氏譜亦同。

〔一五〕父仲遷　梁書高祖丁貴嬪傳同，南史作「父道遷」。

〔一六〕大同九年六月薨于江州年六十七　「九年」原作「六年」。梁元帝金樓子后妃篇云阮修容「以昇明元年丁巳六月十一日生」，「大同九年大歲癸亥六月二日庚申薨於江州之内寢，春秋六十七」。自丁巳至癸亥，正六十七年，今據改。

〔一七〕東海郯人　各本皆作「東江剡人」。元帝徐妃爲徐孝嗣孫女，孝嗣乃東海郯人，梁書、南史元帝徐妃傳不誤，今據改。

〔一八〕父緄　「緄」原作「琨」，今據徐鈔本改，梁書、南史元帝徐妃傳亦同。

〔一九〕生世子方等　「方等」原作「方矩」。方矩乃元帝妃袁貴人所生，方等爲徐妃生，今據梁書、南史元帝徐妃傳及愍懷太子方矩傳改。

〔二〇〕召名僧自立二諦法身義　「二諦」原作「三緯」，徐鈔本、周鈔本、劉鈔本皆作「三諦」。廣弘明集二四有昭明太子解二諦令旨並問答。二諦謂真諦、俗諦。三諦是其所破，非其所立。册府二五八正作「二諦」，今據改。又「法身義」原作「法義」。全梁文昭明太子令旨解法身義謂：「法者，軌則爲旨；身者，有體之義。軌則之體，故曰法身」。今補正。

〔二一〕番禺侯軌盛言此中宜奏女樂　「軌盛」二字原倒誤，今據梁書、南史昭明太子傳乙正。

〔二二〕時年三十一　原作「時年四十一」。昭明太子生於齊中興元年（五〇一），薨於梁中大通三年（五三一）四月，以此推算，當時年三十一。徐鈔本正作「三十一」，梁書、南史昭明太子傳同，今據改。

〔二三〕案梁書太子仁德素著至陵在建康縣北三十五里　各本原作「案，陳書：岳陽王即位，追尊昭明皇帝。陵在建康縣北三十五里。朝廷驚惋，男女奔走宮門，號泣滿路」，今從庫本。又元和郡縣圖志二五云梁昭明太子安寧陵在上元縣東北五十四里查硎山。

〔二四〕英華集二十卷　南史昭明太子傳同，梁書作「文章英華二十卷」，隋書經籍志四作「文章英華三十卷」。

〔二五〕文選三十卷　原作「又文選集三十卷」，庫本、張本、丁鈔本作「又集文選三十卷」，今從徐鈔本。

〔二六〕中大通三年封宣城王　「中大通」原作「大通」，今從徐鈔本，梁書武帝紀下、南史梁本紀中及通鑑一五五皆云：「中大通四年正月庚午，立嫡皇孫大器爲宣城郡王。」又據梁書太宗十一王傳，諸王之始封，無一在中大通三年，此「三年」疑當「四年」之誤。

〔二七〕時年二十八　哀太子大器生於普通四年（五二三），死於大寶二年（五五一），以此推算，時年二十九。此作「二十八」譌。

〔二八〕每不屈意　「屈」原作「屬」，今據徐鈔本及梁書、南史哀太子大器傳改正。

〔二九〕王茂字休遠　梁書王茂傳同，南史作「王茂字休連，一字茂先」。

〔三〇〕拜爲梓潼巴西二郡太守　「梓潼」原作「梓桐」，今據徐鈔本及梁書王茂傳改正。

〔三一〕子貞嗣　「貞」，梁書、南史王茂傳並作「貞秀」。

〔三二〕曹景宗字震武　「震武」，梁書、南史曹景宗傳並作「子震」。

〔三三〕杜思仲　梁書、南史曹景宗傳並作「杜思沖」。

〔三四〕庇人定霸　「人」，梁書柳慶遠傳作「民」，此避唐諱改。

〔三五〕封重安侯　「重」原作「雲」。梁書、南史本傳並云高祖受禪，封重安侯。天監二年，改封雲杜侯。今據徐鈔本改正。

〔三六〕若食多力寬　「寬」，梁書夏侯詳傳作「寡」。

〔三七〕便宜散金寶縱反間　「寶」原作「實」，「縱」字原脱，今皆據徐鈔本補改，梁書夏侯詳傳亦同。

〔三八〕役萬人浚仗庫防火池　原作「因浚萬人仗庫火防池」，今從徐鈔本，梁書夏侯詳傳亦同。

〔三九〕父那宋益州刺史　「那」原作「郴」，庫本、甘鈔本、丁鈔本、周鈔本、劉鈔本作「彬」，皆誤，今從徐鈔本。蔡那宋書有傳，亦見明帝紀，並云泰豫元年四月辛卯，以撫軍司馬爲益州刺史。

〔四〇〕漢壽侯　梁書、南史蔡道恭傳並作「漢壽縣伯」。

〔四一〕以後事付兄子野　「野」，梁書、南史蔡道恭傳並作「僧勰」。

〔四二〕楊公則字君安　「君安」，梁書、南史楊公則傳並作「君翼」。

〔四三〕冀州天水人　天水屬秦州，疑此「冀」當「秦」字之誤。

〔四四〕謚曰烈侯　「烈」原作「列」，今據徐鈔本及梁書、南史楊公則傳改。

〔四五〕子瞟嗣　「瞟」，梁書楊公則傳作「膘」，南史作「瞟」。

〔四六〕二年以母老乞歸徵爲左將軍封西昌侯　此處文字有脱誤，西昌侯乃蕭藻，非鄧元起。梁書鄧元起傳作「在州二年，以母老乞歸供養，詔許焉，徵爲右衛將軍，以西昌侯蕭淵藻代之」。南史亦同。

〔四七〕子歛嗣　「歛」，庫本、徐鈔本及梁書鄧元起傳皆作「鏗」。

〔四八〕常從高祖遊處　原脱「遊處」二字，據徐鈔本及梁書張弘策傳補。

〔四九〕曹武　梁書張弘策傳作「曹虎」，此避唐諱改。

〔五〇〕神獸門　梁書張弘策傳作「神虎門」，此避唐諱改。

〔五一〕子恤嗣 「恤」，梁書、南史張弘策傳及本傳皆作「緬」。

〔五二〕義陽 原作「載陽」，今據徐鈔本及梁書、南史鄭紹叔傳、通鑑一四五改正。

〔五三〕東平范人 各本皆作「東平范陽人」，宋書州郡志一兖州東平郡有范縣，無范陽縣。今據梁書吕僧珍傳改。

〔五四〕從父兄子光以販葱爲業 「光」，梁書、南史吕僧珍傳作「先」，光、先形近，必有一誤。

〔五五〕梁秦二州刺史 梁書、南史柳惔傳並作「梁、南秦二州刺史」，南齊書州郡志下亦云志所載秦州爲南秦，氐爲北秦。

〔五六〕棄麒麟而不乘焉遑遑而更索 「棄」原作「乘」，「不乘」下原有「馬」字，今從徐鈔本，梁書、南史韋叡傳亦同。

〔五七〕封都梁子 「都梁」原作「梁都」。梁無梁都建置，南齊書州郡志下，湘州邵陵郡有都梁縣，今據此乙正。

〔五八〕陰雙光 南史韋叡傳、册府四一二、四五一同，梁書作「陰儁光」。

〔五九〕子放嗣 「放」原作「於」，今從徐鈔本，韋放，梁書、南史皆有傳。

〔六〇〕南鄉舞陰人 「南鄉」原作「南都」。南北朝無南都建置，有南鄉。宋書州郡志三云：「魏分南陽立曰南鄉，晋武帝更名。成帝咸康四年，復立南鄉，後復舊。」梁書、南史范雲傳、世説人名譜南鄉舞陰范氏譜亦皆云雲爲南鄉舞陰人。今據改。

〔六一〕顧嵩　南史范雲傳作「顧嵩之」，六朝人名後「之」字常可省去。

〔六二〕下官本蓬户桑樞之人　「人」，梁書江淹傳作「民」，此避唐諱改。

〔六三〕進不買名聲於天下　「買」原作「賣」。徐鈔本及梁書、南史江淹傳、文選三九皆作「買」，淮南子云「以買名譽于天下」，爲此語所本，今據改。

〔六四〕而下官抱痛圜門　「而」下原有「已」字，據徐鈔本及梁書江淹傳、册府八七五删。

〔六五〕中宗宣皇帝　此傳目各本皆缺，唯庫本有，今據補。

〔六六〕庚奂　周書、北史蕭詧傳並作「庚奐」。

〔六七〕如能追兵湘水　「追兵」，周書、北史蕭詧傳並作「退兵」，是。

〔六八〕其夜遣歸襄陽　黄廷鑑第六絃溪文鈔三書校建康實録後云：「『遁』誤『遣』。」

〔六九〕時西魏恭帝二年乃遣人稱藩於西魏　後梁遣使稱藩西魏，周書文帝紀、北史蕭詧傳並云在西魏文帝大統十五年，通鑑一六二亦繫於梁武帝太清三年，即大統十五年也。

〔七〇〕魏相周國公宇文泰會於丞相府東閣祭酒榮權使焉　疑「會」當作「令」，「於」字衍，周書、北史蕭詧傳及通鑑一六二可證。

〔七一〕世子嶚　「嶚」原作「寮」。蕭詧諸子名皆從山，周書、北史蕭詧傳、通鑑一六二並作「嶚」，今據改。

〔七二〕鄭穆　本名道邕，字孝穆，後避周武帝諱以字行，周書、北史皆有傳，此雙名單稱。

〔七三〕恭帝三年三月至乃自襄陽朝西魏　周書、北史蕭詧傳並云詧自襄陽來朝在大統十七年，通鑑一六二繫於大寶元年七月辛酉，卽大統十六年，疑此紀年有誤。

〔七四〕周明帝乃使梁王立統嗣至號曰助防　周書蕭詧傳作「太祖乃置江陵防主，統兵居於西城，名曰助防。外示助詧備禦，內實兼防詧也」，文意較明。

〔七五〕改恥賦　周書蕭詧傳、文苑英華一二九並作「愍時賦」。

〔七六〕詧在位八年至保定四年薨　周書、北史蕭詧傳並云蕭詧薨於周武帝保定二年二月。通鑑一六八繫於陳文帝天嘉三年一月(卽保定二年)，此云保定四年，恐誤。

〔七七〕著文集十五卷　周書、北史蕭詧傳同，隋書經籍志四有「梁岳陽王詧集十卷」。

〔七八〕四十六卷　周書蕭詧傳同，北史作「三十六卷」。

〔七九〕尊祖母龔氏爲太皇太后　「太皇太后」原作「皇太后」，誤，據周書、北史蕭巋傳補正。

〔八〇〕至五年春正月陳湘州刺史華皎巴州刺史戴僧朔來附　華皎之降，周書武帝紀繫於天和二年，通鑑一七〇繫於陳光大元年。天和二年卽光大元年相當於天保六年，此云五年，恐誤。張森楷周書校勘記亦云：「『五』當作『六』。」又「戴僧朔」原作「戴僧翔」，今據陳書、南史華皎傳，周書、北史蕭巋傳及通鑑一七〇改正。

〔八一〕章昭達　「達」原作「遠」。據庫本、徐鈔本改正，陳書、南史本傳亦同。

〔八二〕陸勝　周書、北史本傳、蕭巋傳及通鑑一七〇並作「陸騰」。

〔八三〕周以基平郡等數州歸于梁　「郡」原作「都」，據庫本、徐鈔本改，周書、北史蕭巋傳亦同。

〔八四〕在位二十三年　蕭巋薨於隋開皇五年五月，上推至周保定三年得二十三年。然巋嗣位在保定二年二月，應爲二十四年　此以踰年改元起算，不計嗣位之年。

〔八五〕巋子瓛琢珣瑒瑀　「琢」，周書、北史蕭詧傳並作「瑑」。

〔八六〕薛寅　周書、北史蕭詧傳並作「薛宣」。

〔八七〕劉爲　周書、北史蕭詧傳並作「劉盈」。

〔八八〕傅准　「准」字原脱，據周書本傳補正。

〔八九〕蔡大榮　周書、北史蕭詧傳並作「蔡大業」，大業乃大寶弟，附見於蔡大寶傳，疑「榮」爲「業」之譌。

〔九〇〕父默　「默」，周書、北史蔡大寶傳及陳書、南史蔡景歷傳皆作「點」，疑是。

〔九一〕尚書義訓　周書、北史蔡大寶傳並作「尚書義疏」，隋書經籍志一亦云：「尚書義疏三十卷。蕭詧司徒蔡大寶撰。」

〔九二〕紀南　原作「南紀」，今據周書、北史王操傳乙正。

〔九三〕宋如周　周書、北史本傳並作「宗如周」。

〔九四〕祖粲仕司空　周書、北史袁敞傳皆作「祖昂，司空」。袁粲仕宋，官至尚書令、開府儀同三司、司徒，但未仕司空。袁昂，梁書、南史皆有傳，位至司空。此「粲」當爲「昂」字之訛。

〔九五〕周武帝乃詔敞與陳使人異日而進　「詔」原作「招」，據張本、徐鈔本改，周書、北史袁敞傳亦同。

〔九六〕岑善方字思遠　周書、北史岑善方傳並云其字「思義」。

〔九七〕有子六人　周書、北史岑善方傳「六」作「七」。

〔九八〕元之象之利之　周書、北史岑善方傳並作「之元、之象、之利」。

建康實録卷第十九

陳上

高祖武皇帝〔一〕

高祖姓陳氏，諱霸先，字興國，吴興長城下若里人，漢太丘長寔之後。本居潁川。寔玄孫晉太尉準，準生匡，匡生達，永嘉初爲丞相掾，隨晉南遷，拜太子洗馬，出爲長城令，悦其山水，遂家焉。常謂所親曰：「此地山川秀麗，當有王者興焉，二百年後，我子孫必鍾斯運。」達生康，康復爲丞相掾，晉成帝咸和中土斷，故爲長城人。高祖卽康之九世孫也。案，陳書：達生康，康生盱眙太守英，英生尚書郎公弼，公弼生步兵校尉鼎，鼎生散騎侍郎高，高生懷安令詠，詠生安成太守猛，〔二〕猛生太常卿道臣，〔三〕道臣生皇考文讚。〔四〕父文讚，不仕。

文讚以梁天監二年歲次癸未生高祖，少倜儻，有大志，意氣雄傑。好史籍讀書，長于謀策，明緯候、孤虚、遁甲，又善武藝。不事産業，家貧，每以捕魚爲事。身長七尺五寸，日角龍顔，垂手過膝，髭生連骨。普通中，嘗遊義興，館於許氏，夜夢天開數丈，有朱衣四人，捧日而至，納于高祖口中，驚覺，腹内猶熱，心獨喜之。初仕鄉爲里正，後逃于義興，吴興太守蕭映過，從之建業，映遂用爲夾砦吏，尋轉爲油庫長。既而映鎮廣州，奏高祖爲中直兵參軍，從至廣州，映令高祖招集士馬。

先是武林侯蕭諮爲交州刺史，失德，土人李賁連結郡縣反，而高、新二州刺史盧子雄等不進討賊，〔五〕皆伏誅。雄弟子略與孫冏子姪及杜天合等，〔六〕以兵攻廣州，高祖率兵大破賊軍，虜杜僧明等。是歲，梁大同十年。梁高祖聞，深異之，遥授直閣將軍，封新枋縣子，〔七〕遣使圖其形貌入觀之。

既而蕭映卒，高祖送映喪至大庾嶺。梁帝詔高祖爲交州司馬、領武平太守，與刺史楊嘌南討李賁，定交趾。

初，楊嘌委高祖經略，衆軍發自番禺，蕭勃爲定州刺史，于江西相會，勃知軍士憚其遠役，陰購誘之，因詭説留嘌。嘌問計于高祖，高祖對曰：「交趾叛渙，罪由宗室，遂使僭亂數州，彌歷年稔。定州復欲昧利目前，〔八〕不顧大計。節下奉辭伐罪，故當死生以之，豈可畏憚宗室，抵拒邦憲？今若奪沮其衆，何必交州討賊，問罪之師，迴則有所指矣。」于是勒兵鼓行而進。

梁大同十一年六月，〔九〕軍至交州，賁衆數萬于蘇歷江口城柵以拒官軍。〔一〇〕嘌推高祖爲前鋒，所向摧陷，賁走曲徹湖于屈獠洞界立砦，〔一一〕大造船艦，充塞湖中，衆憚之，頓于湖口不敢進。高祖謂諸將曰：「我師已老，將復疲勞，歲月相持，恐非良計。且孤軍無援，入人心腹，若一戰不捷，豈得生全。今藉其屢奔，人情未固，夷獠烏合，易爲摧殄，只當共出百死，決力取之，無故停留，王事去矣。」諸將默然，莫有應者。是夜江水暴起七丈，注湖中，奔流迅激。高祖勒所部兵衆，乘流先進，衆軍鼓噪隨之，賊衆大潰，賁竄入屈獠洞中，洞中人斬賁，傳首京師。梁太清元年，高祖討天寶，平之。除振遠將軍、西江督護、高要太守。

梁太清二年，侯景作亂，廣州刺史元景仲謀同侯景。高祖知之，擊破之，殺景仲，而迎定州刺史蕭勃爲廣州刺史。及京師不守，高祖遣杜僧明、胡穎等將兵二千屯于嶺上，〔一二〕遂厚結始興豪傑同謀義舉，以救京師，侯安都、張偲等率衆來附。將東下，蕭勃聞之，使鍾休悦留高祖，不許度嶺，言：「侯景驍雄，天下無敵，援軍前後無敢當鋒，嶺北王侯又已自相屠戮，君之疏外，豈可暗投？未若且住始興，以張形勢。」高祖泣謂休悦曰：「君辱臣死，誰敢愛命，吾行計決矣！」勃既不能止，因令蔡路養等以兵遏高祖軍。大寶元年正月庚午，高祖于始興大破蔡路養、譚遠軍于大庾嶺。〔一三〕高祖進鎮南康。南康，今之虔州。乃遣使間道往江陵，稟承節度于梁。湘東王蕭繹是爲元帝，帝承制授高祖持節、明威將軍、交州刺史，改封南野縣伯。高祖乃修南康古城居之。人常遠望見城上有紫雲氣垂覆，左右深結事之。尋遷南江州刺史，改封長城侯。

大寶二年六月，高祖發自南康，下頓西昌。案，陳書：南康贛石水舊有二十四灘，〔一四〕灘多巨石，行旅爲難。自高祖之發，水暴漲高數丈，三百里間巨石皆没。時有龍見于水濱，約高五丈，五綵鮮明，軍人觀者，〔一五〕大歡慶焉。時湘東王遣征東將軍王僧辯督衆討侯景，師次湓城，高祖率杜僧明、侯安都等戈甲三萬將往會焉。高祖聞西軍乏粮，乃分三十萬斛米以資西軍。案，陳書：高祖自下南江，有軍粮五十萬石，聞西軍乏粮，乃分三十萬資之。是年，侯景廢簡文帝，嗣而〔一六〕【原闕】

月五日，龍見于御路，自太社至于象魏。

太平二年春正月，加高祖班劍三十人，置丞相别榻以近扆坐。追贈高祖考侍中，加金章紫綬，封義興郡公，謚曰恭。又追贈高祖兄道談爲散騎常侍、平北將軍，封長城縣公，謚曰昭烈。弟休光侍中、〔一七〕使持節、驃騎將軍、南徐州刺史，謚曰忠壯。各邑二千户。遣侍中、僕射陸繕策拜長城夫人章氏爲義興國夫人，追贈章夫人祖侍中。追封高祖母許氏爲嘉興縣君。

二月，廣州刺史蕭勃反，沿江而下，江州刺史余孝頃起兵應之，高祖命侯安都討平之。秋八月甲午，進高祖位太傅，加黄鉞，劍履上殿，入朝不趨，前後羽葆、鼓吹、皁輪車。

九月，進加相國，封十郡，爲陳公，備九錫之禮。

十月戊辰，進爵爲王，加二十郡。冕十有二旒，建天子旌旗，出警入蹕，乘金根車，駕六馬，備副車，置旄頭雲罕，樂舞八佾，設鍾簴宮縣，陳臺百官，一依舊式。

辛未，梁敬帝禪位于陳王，策命曰：「惟王乃聖乃神，欽明文思，二儀並運，四節合敘，天錫勇智，人挺雄傑，爰初投袂，日夜勤王，王公卿士，莫不攸屬，敬從人神之願，授帝位于爾躬。四海困窮，天禄永終，王其允執厥中。乃命太保王通、太尉長史王瑒奉皇帝璽紱。受終之禮，一依唐虞故事。」

是日，梁敬帝方智避位于別宮。高祖三讓，羣臣固請，以梁太平二年冬十月乙亥設壇于南郊，卽皇帝位，柴燎告天。禮畢，輿駕旋建康宮，臨太極前殿，大赦，改梁太平二年爲永定元年。

丁丑冬十月乙亥，先是氛霧雨雪，晝夜晦暝，至此日，景氣清晏。詔百官文武進位有差。先繫囚徒，一切釋放。奉梁帝爲江陰王，居晉陵，行梁正朔，車騎服色，一依前準，宮舘資待，務盡優假。又降皇太后爲江陰國太妃。丙子，輿駕幸鍾山祀蔣帝廟。遣使宣勞四方。

庚辰，詔出佛牙于杜母宅，〔一八〕集四部設無遮大齋，帝出大司馬門致禮。

辛巳，追尊皇考爲景皇帝，廟號太祖，皇妣董氏爲安太后；〔一九〕追謚前夫人錢氏爲昭皇后；追謚世子克爲孝懷太子。立夫人章氏爲皇后。癸未，尊景帝陵爲瑞陵，昭后陵曰嘉陵，依梁初園邑故事。追封兄道談爲始興郡王，謚曰昭烈；追封母弟休光爲南康郡王，謚曰忠壯。乙酉，立删定郎，刊定律令。

十一月，封兄子蒨爲臨川王；遥襲封昭烈王子頊爲始興王，祀昭烈後；遥襲封忠壯王子曇朗，嗣南康王後。

永定二年春正月，王琳立梁永嘉王蕭莊于郢州，〔二〇〕以奉梁後，令兵向建康，使招北齊爲援，齊乃進兵助之。

四月甲子，駕親祀太廟。戊辰，重雲殿東鴟吻有紫煙出屬天。

五月辛酉，帝幸大莊嚴寺捨身。壬戌，王公已下奉表請還宫。

六月，詔司空侯瑱、徐度等討王琳。〔二一〕

七月，新作太極殿欠一柱，忽有樟木大十八圍，長四丈五尺，自流泊陶家後渚，監軍鄒子度以聞。詔起部尚書蔡儔兼將作大匠，取木以構之。〔二二〕案，梁書：侯景作亂，王僧辯下平之，縱軍士入宫探取，火燒宫及太極殿兼西堂省寺。陳有天下，至此復之耳。

冬十二月甲子，又幸莊嚴寺，設無礙大會，捨乘輿法駕，羣臣備禮，奉迎還宫。

三年春正月丁酉，大雪，太極殿前有龍跡見。甲午，廣州有仙人見于羅浮山小石樓，長三丈，通身潔白，衣服麗楚。

夏四月，豫章太守熊曇朗反，殺江州刺史周文育。〔二三〕育字景德，義興陽羨人。

五月朔日，有蝕之，有司奏，舊儀，御前殿，合服朱紗袍，衮冕之服。自今永可爲準。丙寅，扶南使貢方物。〔二四〕乙亥，周文育喪至，帝素服哭于朝堂，哀慟甚，因發疾。

六月丁酉，帝不和，遣太宰、尚書左僕射王通以疾告太廟，太宰、中書令謝哲告太社及南北郊。癸卯，〔二五〕夜，熒惑在心。詔賜尚書令沈衆死。

衆字仲監，〔二六〕吴興武康人。祖約。父延。〔二七〕衆好學，頗有文詞，起家南平王參軍。高祖卽位，遷侍中。性鄙于財，而不潔于己。每于朝會中，衣裳破裂，或躬提冠履。又薄于奉養，在朝常服布袍芒屩，以麻繩爲帶，及囊麥飦食之，朝士咸共笑其所爲。性急于忿恨，非毀朝廷。高祖大怒，因其休暇，遂賜死。

帝漸疾甚，詔迎臨川王蒨入纂大業。丙午，高祖崩于璇璣殿。

秋七月甲寅，大行皇帝遷殯于太極西階。〔二八〕丙申，葬于萬安陵，在今縣東南三十里彭城驛側，〔二九〕周六十步，高二丈。帝年五十五卽位，在位三年，年五十八。謚武帝，廟號高祖。

帝神武莫儔，英謀獨斷。性貴儉素，志賤浮華。常膳進不過數品，私饗曲宴，皆用瓦器蚌盤，肴庶珍羞，纔足而已。自總軍要及卽位，玉帛子女，悉頒將士，歌童樂伎，不列于前，末年躬儉彌篤。

世祖文皇帝

帝諱蒨字子華，始興昭烈王長子。案，陳書：昭烈王是高祖第二兄也。〔三〇〕少沉敏有識量，美容儀，精經史。高祖甚愛之，常稱「此兒吾家英秀也」。梁太清初，蒨曾夢兩日鬭，一大一小，大者光滅墮地，蒨取而懷之。侯景之亂，避地于臨安縣郭文舉舊宅。及高祖與王僧辯東下，帝爲侯景所收，以幽禁之，數欲加害，會景敗，乃免。案，陳書：侯景初聞高祖舉義兵，景怒，使收世祖及衡陽獻王，囚之。初，世祖見收，乃密懷一小刀，冀因便而害景。及至，以付郎中王翻幽守，故事不獲行。高祖既圍石頭，欲加害者數矣，會景敗，乃免。

起家爲吴興太守。高祖討王僧辯，先密令世祖防備，僧辯腹心人震州刺史韋載、杜龕等據吴興，遣使掩襲蒨，士卒皆惶恐失色，而帝獨言笑，處分益明。及高祖遣周文育討杜龕，蒨已先攻下之，拜爲會稽太守。高祖卽位，進封臨川王，拜侍中、安東將軍。

永定三年六月丙午高祖崩，遺詔徵帝入纂皇儲。甲寅，至自南皖，辭讓再三，羣臣內外固請，其日入居中書省。皇太后令曰：「昊天不弔，上玄降禍。大行皇帝奄棄萬國，諸孤藐爾，反國無期，須立長君，以寧寓縣。侍中、臨川王四海宅心，可膺寶籙。」是日具禮儀，即位于太極前殿，大赦，公卿百官進位一等，尊皇后爲太皇后，〔三一〕詔封子伯茂爲始興郡王，〔三二〕繼昭烈之後，賜爲父後者爵一級。

伯茂字鬱之。初，昭烈王仕梁，爲東宮直閤將軍，〔三三〕後值侯景亂，中流矢卒。高祖即位，追贈驃騎大將軍、太傅、〔三四〕揚州牧。

始興郡王生帝及安成王頊。梁江陵陷，安成王遷于關右，高祖襲封安成王爲始興王，以奉昭烈祀。〔三五〕及帝以本宗乏饗，〔三六〕詔改封嗣王，頊爲安成王，封伯茂爲始興王，以奉昭烈祀。

初，征北軍人於丹徒盜發晉郗曇墓，〔三七〕大獲晉王羲之書及諸名賢遺跡。事覺，其書悉入于秘府。帝以伯茂好書，賜之，由是大工草隸。

秋七月，尚書八座奏請立皇后及諸王太子。

八月辛酉，立皇子伯宗爲皇太子，〔三八〕立妃沈氏爲皇后。〔三九〕

十一月乙卯，王琳進寇大雷，前鋒逼梁山，詔太尉侯瑱禦之。

十二月，大赦，改號。

天嘉元年正月，賜鰥寡孤獨、孝悌力田粟各五斛。甲寅，發使宣勞四方。

二月辛卯，老人星見。丙申，侯瑱大破王琳于梁山，敗齊軍於博望，擒王琳下將劉伯球，王琳及梁王蕭莊走齊之鍾陵。

三月丁巳，江州刺史周迪追斬賊帥熊曇朗于新塗。曇朗，豫章南昌人，世爲郡著姓。曇朗跅跑不羈，有膂力，容貌甚偉。侯景之亂，因聚少年，據豐城縣，〔四〇〕多爲刦盜。梁元帝平侯景，拜巴西太守。〔四一〕江陵陷，後遂刦掠鄰縣，縛賣人民，山谷之中，最爲巨患。

高祖卽位，以曇朗南川豪帥，拜飈猛將軍、桂州刺史，與周文育討余孝勱，〔四二〕既而反害文育，盡收其衆，以應王琳，乃修新塗縣城居之。及王琳東下，南川兵爲曇朗所梗，江州刺史周迪與高州刺史黄法𣂏等會兵攻曇朗，曇朗敗走，入山村，村民斬之，傳首京師，懸于朱雀觀。〔四三〕于是盡收其宗黨，無少長皆棄市。

是月，驃騎將軍、湘州牧、衡陽王昌薨于魯山江中。

夏四月，喪至，帝親臨，詔謚獻王，立第七子伯信爲衡陽王，奉獻王祀。

六月壬辰，葬梁元帝于江寧舊塋，車旗禮章，並依梁典。帝臨於太極前殿，百寮陪哭。

秋八月戊子，詔非兵器及國用所須金銀、珠玉、衣服、雜玩，悉皆禁斷。

九月乙卯，周將獨孤盛與賀若敦等水陸引軍趨巴、湘，兩道俱進，太尉瑱自潯陽往破盛等于楊葉洲。

是歲，以侍中、國子祭酒周弘正使長安，迎帝弟安成王頊，周人并留之。

天嘉二年正月，高麗、倭國及百濟並遣使貢方物。〔四四〕

六月，齊人通好。

冬十月乙卯，〔四五〕東夷遣使朝貢。乙未，領大著作虞荔卒。〔四六〕

荔字山披，〔四七〕會稽餘姚人。祖權。父倹。〔四八〕荔幼而聰敏，年九歲，太常陸倕問五經凡十條，〔四九〕荔隨問應答，無遺誤。

及梁末，將母入臺城，尋遇城陷，情禮不申，由是蔬食布衣，不聽音樂。

及陳受禪，世祖嗣位，除太子中庶子，尋領大著作。荔第二弟寄寓于閩中，爲陳寶應留連不得還，荔每言之流涕，帝哀之，曰：「我有弟在遠，此情甚切，他人豈知。」乃勑寶應求寄，寶應終不遣。荔亦感疾，年五十九卒，柩還鄉里，世祖親送，人以爲貴。子世基、世南並知名。

寄字次安，年數歲，有人嘲之曰：「郎君姓虞，必定無智。」寄應聲曰：「文字不辨，豈得非愚？」客大慚。陳寶應破後，乃歸朝，拜大中大夫。

是歲，南安將軍周迪不受徵，與留異結構謀逆。

天嘉三年正月庚戌，設帷于南郊，告胡公以配天。是月，後梁蕭詧薨，子巋代立。

二月，安成王頊自後周還，帝見之大喜，以功進周弘正位金紫光禄大夫，以安成王頊爲司空。

閏二月甲子，改鑄五銖錢。

三月，周迪、留異等舉兵反，令司空侯安都破于桃枝嶺。〔五〇〕

四年三月甲申，留異等走，投閩州刺史陳寶應，〔五一〕寶應納之。

五月己巳，太白晝見。〔五二〕是日，侯安都自盡。〔五三〕

安都字成師，始興曲江人。善書，能鼓琴，好騎射。自始興内史主簿招集兵馬，得三千人。討侯景，與高祖攻破蔡路養，下平侯景有功，梁元帝封爲猛烈將軍。隨高祖鎮京口，定計入誅王僧辯，自石城北捨舟登岸，被甲帶長刀，踰城北女牆而入僧辯卧室，以功授散騎常侍、南徐州刺史。

既而秦郡太守徐嗣徽等引北齊入寇，安都領水軍于中路斷賊粮運，并收其家口騾馬鷹犬及嗣徽所彈琵琶，嗣徽大懼，請和，時紹泰元年也。明年，嗣徽又入丹楊，至姑孰，〔五四〕高祖使安都拒之，大戰，破于高橋，斬嗣徽，〔五五〕生擒齊儀同乞伏無芳，〔五六〕追敗于蔣山龍尾及幕府山。累以戰功封曲江公，〔五七〕給鼓吹一部。

世祖嗣位，討留異于桃枝嶺，中流矢，血流至踝，容色不變，收其妻子人馬甲仗，振旅而歸。

自以勳庸漸高，驕恣，數招文武之客，陰鏗、褚玠、〔五八〕張正見等每有表啟，事所未盡，乃開封更自書之，云又啟某事。及侍宴酒酣，或箕踞傾倚，自白帝曰：「何如作臨川王日？」帝佯不應。乃再三言之，帝曰：「此雖天命，亦明公之力也。」或坐御牀，賓客稱壽。後重雲殿災，安都帶甲而入，帝惡之，出爲江、吴二州刺史、征南大將軍。自京口還都，于石頭，世祖引安都宴于嘉福殿，又集會將帥于朝堂，坐上收安都，囚之西省，出中書舍人蔡景歷表以示于朝，數安都之罪，詔速刑書。是日，安都上表陳謝，自殺。

六月丁未，夜白虹兩道出北斗間。

秋七月乙未，〔五九〕皇太子納妃朱氏，在位文武賜帛有差。

九月辛未，〔六〇〕周迪復寇臨川，詔護軍將軍章昭達討平之。

十二月，昭達軍次建安，討陳寶應。丙申，大赦殊死已下。

五年四月庚子，太白歲星合在奎中。

十一月，章昭達擒陳寶應、留異等。

異，東陽長山人。少豪，多聚惡少，陵侮貧賤，守宰皆患之。起家爲梁朝蟹浦戍主。紹泰二年，自安固令有應接功，領東陽太守，封永興縣侯，〔六一〕累遷散騎常侍、信威將軍。陳文帝長女安豐公主配異第三子貞臣，〔六二〕徵異爲南徐州刺史，〔六三〕異不進，尋改東陽太守。異遣長史王澌入朝，〔六四〕還言朝廷虚弱，異信之，外示臣節，内懷兩端，遣使自鄱陽信安嶺潛通于王琳。分兵戍下淮及建德，以備江路，帝使侯安都討之。異本謂官軍自錢塘江上，安都乃密由會稽諸暨步道襲之。異聞兵至，走桃枝嶺，安都進破之，異與第二子忠臣及周迪等奔陳寶應。

寶應，晉安侯官人。〔六五〕世爲閩土四姓。多變詐，梁朝晉安數爲反叛，屢殺守將，陳寶應因官軍鄉導討平之，由是一郡兵權皆自己出。帝嗣位，録其功，命入宗室，并遣使條其子女，無大小並加封爵。

及安都討留異，寶應乃遣兵助異。帝大怒，命章昭達督衆軍由建安南道度嶺，又命余孝頃督會稽、東陽、臨海、永嘉等兵討之，詔宗正絶其屬籍。寶應遂據建安湖際，逆拒王師，水陸爲栅。昭達至，深溝高壘，不與戰，達命軍士伐竹木爲筏。俄而水盛，遂乘流放筏，突其水栅，而使步騎薄之。寶應衆潰，追擒于草中，并留異等同逆者，俱送建康市斬之。

是日，詔討陳寶應將士亡者，並與棺木，遞還本土。

六年正月乙酉，〔六六〕皇太子加元服，王公已下賜各有差。

六月，周人來聘。

七月癸未，大風自西南至，纔廣百餘步，激壞靈臺候館。甲申，儀賢堂前架無故自壞。案，儀賢堂，吴時造，號爲中堂，在宣陽門内路西，七間，亦名聽訟堂，每年策孝廉秀才、考學士學業，歲暮習元會儀于此，前在鴻臚寺。西南衛尉府，南宗正寺、太僕寺、大弩署，脂澤庫，更南即太史署、太府寺。東南角逼路宣陽門内過，東即客省右尚方，並在今縣城東一里二百步玄風觀後，隔路儀賢堂，更近北也。丙戌，臨川太守駱牙斬周迪于山穴，傳首建康，梟于朱雀門。〔六七〕

迪，臨川人。少居山谷，有膂力，能挽强弩，以弋獵爲事。梁元帝平侯景，以功遷振遠將軍。高祖秉政，加江州刺史。及即位，王琳東下至湓城，新吴洞主余孝頃相合，衆二萬來趨工塘，〔六八〕連八城以逼周迪。迪使周敷率兵頓臨川故郡，迪自斷江口，與樊猛等戰，大破之，屠其八城，生擒李欽、〔六九〕樊猛、余孝頃，遞送至建康市，收其器械，軍實山積，虜其人馬，並自納之。

永定二年，以功進迪平南將軍、開府儀同三司，給鼓吹一部。王琳既平，帝徵迪出湓城，令子入朝。迪乃顧望生疑不至。及帝録破熊曇朗功，加周敷、黄法𣰰等官賞，廸甚不平，遂陰與留異相結。及王師討異，迪疑恐不安，乃令弟方興率衆襲周敷于豫章，〔七〇〕不利而退。三年，〔七一〕帝使章昭達討迪，迪衆潰，妻子悉擒，乃脱身踰嶺赴晉安，依陳寶應。寶應使兵助之。明年秋，復越東興嶺，世祖使程靈洗等破之，迪竄山穴中。日月既久，遣人潛出臨川郡買鮭魚，使人脚痛，舍于邑子，邑子告太守駱牙，牙執之，令取迪自効。因使勇士隨入山中，誘迪出獵，伏兵斬于道傍，傳首京師。

七年春二月丙子，大赦，改元爲天康元年。

三月己卯，進司空、安成王頊爲尚書令。

夏四月癸酉，帝崩于有覺殿。丙戌，葬永寧陵。〔七二〕陵在今縣東北四十里，陵山之陽，周四十五步，高一丈九尺。帝年四十卽位，在位八年。羣臣上謚曰文皇帝，廟號世祖。

帝起自布衣，知百姓艱難疾苦，國家資用，務在儉約。常所調斂，事不獲已者，必咨嗟改色。妙識真僞，下不容奸。一夜内刺閨取外事分判者，前後相續。每雞人伺漏傳籤于殿中者，令投之于階石上，使鏘然有聲，云：「吾雖眠睡，亦令驚覺。」其終始自强，梗概如此。

廢皇帝

帝諱伯宗，字奉業，文帝嫡子。梁承聖三年五月庚寅生，永定二年春二月戊辰，拜臨川王世子。三年，文帝嗣位，八月，立爲皇太子。〔七三〕自梁侯景亂離，東宫焚火，太子居永福省。

天康元年四月癸酉，文帝崩，是日卽位于太極前殿，大赦，内外復職，遠方悉停赴喪。

五月，上尊皇太后爲太皇太后，皇后曰皇太后。以司空、安成王頊爲司徒、録尚書、都督中外諸軍事，始興公伯茂爲征東將軍，袁樞爲尚書左僕射，沈欽爲右僕射。〔七四〕

七月丁酉，立妃王氏爲皇后。后諱少姬，侍中、金紫光禄大夫固之女。天嘉四年，聘爲太子妃。固字子堅，〔七五〕琅琊臨沂人。祖份。〔七六〕父琳。〔七七〕固少涉史籍，以梁帝外生封莫口亭侯，〔七八〕舉秀才，起家爲祕書郎、〔七九〕太子洗馬。高祖卽位，累遷至侍中，禮遇甚厚。性信佛法，嘗禪坐誦經。又妙于玄言，使聘魏國宴饗，請救一羊，羊于固前跪足而拜。又宴昆明池，魏朝以固南人嗜魚，大設罔罟于水中，固以佛法咒之，一無所獲。

冬十月，享于太廟。

十一月乙亥，周人來弔。

二年春正月，改光大元年。〔八〇〕辛卯，祠南郊，大赦。

二月，南豫州刺史余孝頃反，伏誅。

五月，湘州刺史華皎反，引後周爲援。

六月，詔征南大將軍淳于量討平之。

七月戊申，〔八一〕立皇子至澤爲太子。

九月，周將元定入郢州，與華皎水陸俱進，淳于量、吴明徹等逆擊，大破之，皎單舸奔江陵，擒元定送建康。

二年春正月，〔八二〕以侍中安成王頊爲太傅、領司徒、揚州牧，加殊禮，劍履上殿，入朝不趨，贊拜不名。庚子，以淳于量爲中軍大將軍。

四月辛巳，太白晝見。

五月丙辰，太傅安成王獻玉璽一紐。

六月丁卯，彗星見。〔八三〕

九月，新羅、林邑、狼牙修國並使朝貢。時安成王與僕射到仲舉、中書舍人劉師知等恒在禁中，〔八四〕參決衆務，而安成王爲揚州刺史，左右甲仗三百人，入居尚書省。

十一月，劉師知、到仲舉等見安成秉政，惡其權重，陰説于帝，矯太后令下詔安成王曰：「今四方無事，可還東府經治州務。」安成將出，毛喜馳入止之，曰：「王今出外，便受制于他人，譬他曹爽願作富家翁，不可得也。此必師知等矯詔太后之令，請覆之。」安成大懼，乃稱疾，召師知留與語，遂遣毛喜入言白于太后。太后曰：「今伯宗年幼，政事並委二郎，此非我意。」喜出，以報安成。安成因師知，自入見后及帝，極陳師知之過，乃自草敕收師知，付廷尉獄，賜死。自是政事大小，皆決于安成王。王以上流多反叛，乃諷慈訓太后。

甲寅，太后令廢帝爲臨海王，送之藩邸。詔曰：「太傅、安成王頊固天生德，齊聖廣深，二后鍾心，三靈佇眷。自先朝不豫，任總宅心，威惠相宣，刑禮兼設，且地彰靈璽，天表長彗，除舊布新，貞祥咸顯。文皇知子之鑒，事甚帝堯，傳弟之懷，允符太伯。〔八五〕今可崇立賢君，內外宜依舊典，以輿駕奉迎。」是日，廢帝出居別第。乙卯，薨，年十九。〔八六〕

帝仁弱，無人君之量，世祖每虞不堪繼業，既居冢嫡，廢立事重，是以依違積年。及將大漸，召高宗謂曰：「吾欲遵太伯之事。」高宗初未達旨，良久方悟，乃拜伏流涕，固辭。其後宣太后依先帝之旨，乃此廢帝焉。

卷第十九校勘記

〔一〕高祖武皇帝　其下原有「世祖文皇帝」五字，據庫本刪。

〔二〕安成太守猛　「成」原作「城」，據庫本、張本、徐鈔本、周鈔本、劉鈔本及陳書高祖紀上改。

〔三〕猛生太常卿道臣　「道臣」，今本陳書高祖紀上及南史陳本紀上並作「道巨」。

〔四〕皇考文纘　「文纘」，今本陳書高祖紀上及南史陳本紀上並作「文讚」，元和姓纂三作「文瓚」。

〔五〕高新二州刺史盧子雄　陳書高祖紀上、南史陳本紀上及通鑑一五八並作「高州刺史孫冏、新州刺史盧子雄」。

〔六〕雄弟子略與孫冏子姪及杜天合等　「弟」字原脱，「子姪」作「子孫」，今皆據徐鈔本補改，陳書高祖紀上、南史陳本紀上、通鑑一五八亦同。

〔七〕新枋縣子　梁無新枋，陳書高祖紀上作「新安」，是。

〔八〕定州復欲味利目前　「目前」原作「自前」，今據徐鈔本及陳書高祖紀上改。

〔九〕梁大同十一年六月　「十一年」原作「十六年」。據徐鈔本及陳書高祖紀上、通鑑一五九改正。

〔一〇〕蘇歷江　原作「蘇麻江」。徐鈔本及陳書高祖紀上、通鑑一五九皆作「蘇歷江」，陳霸先九錫文有「蘇歷、嘉寧，盡爲京觀」之語，「麻」當「歷」字之訛，今據改。

〔一一〕典徹湖　陳書高祖紀上同，陳霸先九錫文有「新昌、典澈，備履艱難」語，「徹」作「澈」。

〔一二〕胡穎　「穎」原作「潁」，據丁鈔本及陳書、南史本傳改。

〔一三〕大破蔡路養譚遠軍于大庾嶺　「蔡路養」原作「蔡養」，上文即作「蔡路養」，陳書高祖紀上、南史陳本紀上亦同，今據補。「譚遠」，陳書、南史及通鑑一六七並作「譚世遠」，此避唐諱省。

〔一四〕南康贛石水舊有二十四灘　今本陳書高祖紀上無「水」字。

〔一五〕軍人觀者　「人」，陳書高祖紀上作「民」，此避唐諱改。

〔一六〕侯景廢簡文帝嗣而　「嗣而」下各本皆闕，「帝嗣而」三字庫本作「立豫章」。

〔一七〕休光　陳書高祖紀上、南康愍王曇朗傳並作「休先」，疑是。

〔一八〕杜母宅　陳書高祖紀下作「杜姥宅」。晉成帝恭皇后杜氏母裴氏，即杜弘治之妻，以裴氏壽考，故呼爲杜姥。六朝事跡編類七亦作「杜姥宅」，並引圖經云，其宅在縣東北三里。此「母」當「姥」字之訛。

〔一九〕皇妣董氏爲安太后　「安太后」原作「景太后」，據徐鈔本改，陳書高祖紀下，南史陳本紀上、通鑑一六七亦同。

〔二〇〕王琳　「琳」原作「綝」，據宋本、庫本、周鈔本及梁書、南史本傳改正。下同。

〔二一〕詔司空侯瑱徐度等討王琳　據陳書高祖紀下、南史陳本紀上及通鑑一六七徐度上脫「領軍將軍」四字。

〔二二〕詔起部尚書蔡儔兼將作大匠取木以構之　蔡儔時官少府卿，非起部尚書。陳書高祖紀下作「詔中書令沈衆兼起部尚書，少府卿蔡儔兼將作大匠，起太極殿」，陳書、南史沈衆傳亦並云：「永定二年，兼起部尚書，監起太極殿。」

〔二三〕夏四月豫章太守熊曇朗反殺江州刺史周文育　陳書高祖紀下、南史陳本紀上及通鑑一六七皆繫於是年五月乙酉。

〔二四〕丙寅扶南使貢方物　陳書高祖紀下同，南史陳本紀上「丙寅」作「丙子」，是月丙辰朔，丙寅、丙子皆在五月，然下文有乙亥，似應作「丙寅」爲是。

〔二五〕癸卯　原作「癸丑」。陳書高祖紀下、南史陳本紀上並作「癸卯」。六月丙戌朔，癸卯十八日，癸丑二十八日。陳武帝薨於是月丙午，即二十一日，當作「癸卯」爲是，今據改。

〔二六〕衆字仲監　陳書、南史沈衆傳皆作「衆字仲師」。

〔二七〕父趂　梁書、南史沈約傳及陳書沈衆傳「趂」並作「旋」。

〔二八〕秋七月甲寅大行皇帝遷殯於太極西階　七月丙辰朔，無甲寅。六月丙戌朔，甲寅爲六月二十九日，陳書高祖紀下、南史陳本紀上並作「六月甲寅」，是。

〔二九〕丙申葬于萬安陵在今縣東南三十里彭城驛側　八月乙酉朔，十二日丙申，此「丙申」上脱「八月」二字，陳書高祖紀下、南史陳本紀上並作「八月丙申」。通鑑一六七作「八月甲申」，亦誤。又元和郡縣圖志二五云：「陳武帝萬安陵在縣東三十八里方山西北。」

〔三〇〕昭烈王是高祖第二兄也　「兄」下原有「子」字，誤，據徐鈔本删。

〔三一〕尊皇后爲太皇后　「太皇后」，陳書世祖紀、南史陳本紀上、通鑑一六七皆作「皇太后」。

〔三二〕詔封子伯茂爲始興郡王　此云伯茂受封在永定三年六月，陳書世祖紀、南史陳本紀上云八月庚戌，陳書始興王伯茂傳又云在十月，三者皆異。

〔三三〕爲東宫直閤將軍　「閤將軍」三字原脱，據徐鈔本及陳書、南史始興王伯茂傳補。

〔三四〕太傅　陳書、南史始興王伯茂傳同，陳書高祖紀下作「太尉」。

〔三五〕襲封安成王爲始興祀　徐鈔本作「遥以頊襲封始興王，嗣昭烈後」。

〔三六〕及帝以本宗乏饗　「乏」原作「之」，據徐鈔本及陳書、南史始興王伯茂傳改。

〔三七〕征北軍人於丹徒盗發晉郗曇墓　「征」上原有「東」字、「軍」下脱「人於」二字，今據徐鈔本及陳書始興王伯茂傳補正。

〔三八〕八月辛酉立皇子伯宗爲皇太子　八月乙酉朔，無辛酉。陳書世祖紀、南史陳本紀上及通鑑一六七皆作「九月辛酉」。九月乙卯朔，初七日辛酉。陳書廢帝紀又作「八月庚戌」，爲八月二十六日。

〔三九〕立妃沈氏爲皇后　陳書世祖紀、南史陳本紀上並云，九月乙亥，立妃沈氏爲皇后。

〔四〇〕據豐城縣　據上原有「卒」字，據甘鈔本删，陳書、南史熊曇朗傳亦無「卒」字。

〔四一〕巴西太守　陳書、南史熊曇朗傳及通鑑一六七並作「巴山太守」。巴西非後梁及陳管轄地，當作「巴山」爲是。

〔四二〕余孝勵　陳書、南史熊曇朗傳、通鑑一六七「勵」作「勱」。

〔四三〕朱雀觀　陳書熊曇朗傳同，南史作「朱雀航」。

〔四四〕天嘉二年正月高麗倭國及百濟並遣使貢方物　陳書世祖紀作「十一月乙卯，高驪國遣使獻方物」。疑倭國及百濟並遣使貢方物與下文「冬十月乙卯，東夷遣使朝貢」，實爲一事重書。

〔四五〕冬十月乙卯　南史陳本紀上同，然十月癸酉朔，無乙卯日。陳書世祖紀作「十一月乙卯」，十一月癸卯朔，十三日乙卯，是。

〔四六〕乙未領大著作虞荔卒　十月無乙未。據陳書世祖紀及通鑑一六八，是年十二月，虞荔與御史中丞孔奐尚以國用不足，奏立煮海鹽賦及榷酤之科，何得十月乙未已卒，實録所記定當有誤。十二月壬申朔，二十四日乙未，虞荔當卒於是年十二月乙未。則「乙未」前當脱「十二月」三字。

〔四七〕荔字山披　「披」原作「坡」，誤。虞荔名字皆取之於楚辭九歌山鬼「若有人兮山阿，披薜荔兮帶女蘿」語。今據徐鈔本、周鈔本、劉鈔本及陳書、南史本傳改。

〔四八〕父儉　陳書、南史虞荔傳及舊唐書虞世南傳「儉」並作「檢」。

〔四九〕太常陸倕問五經凡十條　「凡」原作「幾」，今從張本、徐鈔本、周鈔本、劉鈔本，陳書、南史虞荔傳亦云：「倕問五經十事。」

〔五〇〕桃枝嶺　陳書、南史侯安都傳及通鑑一六八同，陳書世祖紀作「桃支嶺」。

〔五一〕三月甲申留異等走投閩州刺史陳寶應　陳書世祖紀、南史陳本紀上及通鑑一六九「三月」並作「正月」。

〔五二〕五月己巳太白晝見　陳書世祖紀作「六月癸巳，太白晝見」，隋書天文志下作「六月癸丑，太白犯右執法」，各書所載時日，皆不一。

〔五三〕是日侯安都自盡　陳書世祖紀、南史陳本紀上皆云，侯安都賜死於六月癸巳。侯安都傳及通鑑一六九亦云，安都於五月自京口還建康，六月文帝宴於嘉德殿，於坐收之，明日賜死。此繫於五月，誤。

〔五四〕姑孰　原作「湖孰」，今據庫本、張本、徐鈔本、周鈔本、劉鈔本及通鑑一六六改。陳書、南史侯安都傳作「湖熟」，亦誤。

〔五五〕靳嗣徽　各本皆脱「嗣」字，據周鈔本及陳書侯安都傳、通鑑一六六補正。

〔五六〕乞伏無芳　南史侯安都傳同，陳書作「乞伏無勞」。

〔五七〕曲江公　陳書、南史侯安都傳並作「江西縣公」。

〔五八〕褚玠　「玠」原作「才」。陳無褚才，此當褚玠之譌，今據南史陳本紀上及陳書、南史本傳改正。

〔五九〕秋七月乙未　七月癸亥朔，無乙未。

〔六〇〕九月辛未　「辛未」原作「辛丑」。九月壬戌朔，無辛丑。陳書世祖紀、南史陳本紀上作「辛未」，爲九月初十日，是，今據改。

〔六一〕永興縣侯　陳書留異傳同，南史作「永嘉縣侯」。

〔六二〕安豐公主　陳書、南史留異傳並作「豐安公主」。

〔六三〕徵異爲南徐州刺史　原脱「徐」字，據徐鈔本補，陳書、南史本傳、通鑑一六八亦同。

〔六四〕王澌　「澌」原作「漸」，據徐鈔本及陳書、南史留異傳、通鑑一六八改。

〔六五〕寶應晉安侯官人　「人」原誤「久」，據甘鈔本、徐鈔本、周鈔本、劉鈔本改。

〔六六〕六年正月乙酉　陳書世祖紀、南史陳本紀上並作「正月甲午」。正月甲申朔，初二日乙酉，十一日甲午，皆在正月。

〔六七〕朱雀門　陳書世祖紀、南史陳本紀上並作「朱雀航」。

〔六八〕衆二萬來趨工塘　原脱「工」字、「塘」作「唐」，今據徐鈔本補改，陳書周迪傳、通鑑一六七亦作

「工塘」。

〔六九〕李欽　陳書、南史周迪傳熊曇朗傳及通鑑一六七皆作「李孝欽」。

〔七〇〕乃令弟方興率衆襲周敷于豫章　「興」原作「與」，形近致誤，今據徐鈔本及陳書南史周迪傳改正。

〔七一〕三年　據南史周迪傳「三年」上當脱「天嘉」二字。

〔七二〕丙戌葬永寧陵　四月丁未朔，無丙戌。陳書世祖紀、南史陳本紀上、通鑑一六九皆作「六月丙寅」。六月丙午朔，二十一日丙寅，是。此「丙戌」當爲「丙寅」之誤，其上亦脱「六月」二字。

〔七三〕八月立爲皇太子　參見本卷校勘記〔三八〕。

〔七四〕沈欽　原作「沈鈞」。今據陳書廢帝紀、南史陳本紀上、本傳及通鑑一六九改正。

〔七五〕固字子堅　「子堅」原作「休堅」，據陳書、南史王固傳及世説人名譜琅邪臨沂王氏譜改。

〔七六〕祖份　「份」原作「汾」，據梁書、南史王份傳及琅邪臨沂王氏譜改正。

〔七七〕父琳　「琳」原作「林」，王琳附見於梁書、南史王份傳，琅邪臨沂王氏譜亦作「琳」，今據改。

〔七八〕莫口亭侯　「莫」原作「英」，今據徐鈔本及陳書、南史王固傳改正。

〔七九〕起家爲祕書郎　「祕」原作「尚」，據徐鈔本及陳書王固傳改正。

〔八〇〕改光大元年　「光大」原譌「光天」，據庫本、張本、徐鈔本改正。

〔八一〕七月戊申　「戊申」原作「戊子」。七月己亥朔，無戊子。陳書廢帝紀、南史陳本紀上及通鑑一七

○並作「戊申」，爲七月初十日，是，據改。

〔八二〕二年春正月　「二年」原作「三年」。上年云「天康二年春正月，改光大元年」，此「三年」當爲「二年」之誤，徐鈔本正作「二年」，據改。

〔八三〕六月丁卯彗星見　陳書廢帝紀同，南史陳本紀上「丁卯」作「丁亥」。六月甲子朔，初四日丁卯，二十四日丁亥，皆在六月。

〔八四〕劉師知　「知」原作「智」，據甘鈔本、徐鈔本及陳書、南史本傳改正。

〔八五〕允符太伯　「允」，陳書廢帝紀、通鑑一七〇作「又」，南史陳本紀上作「久」。

〔八六〕是日廢帝出居別第乙卯薨年十九　南史陳本紀上云廢帝於「太建二年四月乙卯薨，時年十九」，陳書廢帝紀亦云「太建二年四月薨」，此僅云乙卯薨，不知屬何月矣。又陳廢帝生於梁承聖三年（五五四），薨於太建二年（五七〇），則其年當爲十七，此云「十九」恐誤。

建康實録卷第二十

陳下[一]

高宗孝宣皇帝頊[二]

高宗孝宣皇帝諱頊，字紹世，世祖母弟，始興昭烈王第二子。梁中大通二年七月辛酉生於鄉里，[三]産夕有赤光滿室。帝少寬大，多智略。及長，美容儀，身長八尺，[四]垂手過膝。有勇力，善騎射。高祖平侯景，梁元帝使徵高祖子姪入侍，帝赴江陵，累官至直閤將軍、中書侍郎。忽酒醉，假寐於室，馬軍主李總見是大龍，[五]乃驚走，人密奇之。江陵陷，帝隨例遷於關右。高祖卽位，永定初，遥襲封爲始興郡王。文帝嗣位，遥改安成王。天嘉三年，自周還，累至侍中。廢帝立，進驃騎大將軍、録尚書，尋轉太傅、揚州牧。

光大二年十一月甲寅，[六]慈訓太后黜廢帝爲臨海王，而召帝入纂。[七]

三年正月甲午，改元太建元年，卽位於太極前殿，大赦，進文武位一等，復太皇太后尊號曰皇太后，退文皇太后爲文皇后。

后沈氏，字妙姬，[八]吴興武康人，建成侯法深之女。永定元年，策爲臨川王妃。世祖卽位，爲皇后。廢帝卽位，尊爲皇太后。及安成秉政，后憂悶，計無所出，乃賂宦者蔣裕，令誘建安人張安國使據郡反，因此以圖安成。尋而事覺，遂誅安國等。及帝立，乃黜后爲文皇后。按，陳書后傳：陳亡入隋，大業初，自長安東歸江南，頃之，卒。

乙未，謁太廟。立妃柳氏爲皇后，以嫡子叔寶爲皇太子，封諸子爲郡王。丁酉，使御史出四方，觀行風俗。以沈欽爲左僕射，王勱爲右僕射。〔九〕辛丑，祀南郊。

七月辛卯，太子納妃沈氏，王公已下賜帛有差。

十月，廣州刺史歐陽紇據南海反，詔章昭達討平之。

紇字奉聖，長沙臨湘人。父頠，嘗隨梁左衛將軍蘭欽南征夷獠，〔一〇〕擒陳文徹，獲輜重及獻銅鼓，累代無此器。高祖卽位，進散騎常侍，封陽山公。〔一一〕

紇有幹略。天嘉四年，除黄門侍郎，遷安遠將軍，襲封陽山郡公，都督交廣越定明新高合羅愛建宜黄利雙石等十九州軍事、〔一二〕廣州刺史。在州十餘年，威名著於百越。〔一三〕帝以紇久在南方，意大疑之。太建元年，詔徵還朝廷。紇懼，未敢就徵，〔一四〕左右乃勸令反，遂舉兵攻衡州。衡州刺史錢道戢告變，帝遣章昭達討擒紇，送京師，年三十三。〔一五〕家口籍没。案，陳書：江總，紇之故人，收其子詢撫養之。及長，善草隸書，博學，著藝文類聚百卷。皇朝位銀青光禄大夫也。〔一六〕

太建二年春正月丙申，皇太后崩於紫極殿，〔一七〕祔葬萬安陵，謚曰宣太后。

太后字要兒，幼爲章氏養，因姓章氏，母蘇氏，嘗遇道士以龜遺之，光彩五色，曰：「三年有徵。」及期，生后。産夕紫光照室，因失龜所在。后少聰慧，美容儀，手爪長五寸，紅白，每有朞功之服，則一爪先折。后善書計，能誦詩及楚詞。

高祖永定元年，立爲皇后。及高祖崩，后與中書舍人蔡景歷定策，秘不發喪，乃詔世祖入纂皇業。世祖卽位，尊爲太后，居慈訓宮。光大二年，下令黜廢帝，命宣帝嗣業。〔一八〕至是崩，年六十五。

四月乙巳，太白晝見。〔一九〕

五月，齊人來弔。

太建三年辛卯正月癸丑，以著作徐陵爲尚書僕射。辛酉，祀南郊。

二月辛巳，祀明堂。丁酉，耕籍田。

三月，大赦。

五月，丹丹、天竺、盤盤等國貢方物。

八月辛丑，太子釋奠於太學。

十二月壬辰，章昭達薨。

昭達字伯通，吳興武康人。性倜儻，輕財尚氣。少時嘗遇相者，謂達曰：「卿容貌大善，須小虧損，當富貴耳。」後因醉墜馬，鬢角小傷，相者曰：「未也。」及侯景亂，昭達募鄉人援臺城，爲流矢所中，眇其一目，相者曰：「卿相善矣。」

侯景平後，與文帝結君臣之分。及王僧辯誅後，杜龕反，遣杜泰攻長城，世祖命昭達總知城内兵事，以拒杜龕。龕等退走，追討平之。累戰功拜交州刺史。〔三〇〕隨侯安都拒王琳於沌口，〔三一〕爲前鋒，破琳，册勳爲都督巴、郢、武、沅四州諸軍事，〔三二〕封欣樂縣侯，給鼓吹一部。天嘉四年陳寶應與周迪等寇臨川，詔昭達爲都督，討平之，進位前將軍、開府儀同三司。

初，世祖曾夢昭達升於台鉉，及旦，以夢告之。至是侍宴，世祖顧昭達曰：「卿憶夢否？何以償之？」昭達謝之曰：「當効犬馬，以盡臣節。」

太建初，討歐陽紇於嶺南，以功拜司空。二年，率師征蕭巋，〔三三〕巋與周軍大蓄船艦於青泥中，昭達分遣偏將錢道戢、程文季乘輕舟襲之，〔三四〕焚其舟檝。周兵又於峽下南岸築壘，〔三五〕名曰安蜀城，兼令於江上引大索，編葦爲橋，以度軍糧。昭達命軍士爲長戟，施於樓船上，仰割其索，索斷糧絕，因縱兵攻其城，降之。薨，時年五十四。

太建四年八月辛未，周遣使來聘。丁丑，景雲見。

九月庚子朔，日有蝕之。詔徐度、〔二六〕杜稜、程靈洗等配食武帝廟庭，章昭達配食文帝廟庭。

十一月己亥，夜，地大震。

十二月，衞尉卿許亨卒。

亨字亨道，高陽新城人，晉徵君許詢字玄度六代孫。祖勇惠，〔二七〕齊兀從僕射。父懋，梁始平天門二郡太守、太子庶子、散騎常侍，以學藝聞，〔二八〕撰毛詩風雅比興義十五卷。〔二九〕

亨少傳家業，有節行，博通羣書，多識前代舊事。解褐梁安東王行軍參軍，〔三〇〕兼太學博士，〔三一〕遷太尉從事中郎。晉安王承制，授給事黄門侍郎。高祖卽位，拜太中大夫，領大著作，修梁史。

初，高祖誅王僧辯，父子數人同瘞一穴，至是無敢言者。亨以故吏抗表請葬僧辯，世祖許之。乃與徐陵、張種、孔奐等，以家財營葬具，〔三二〕凡七柩，自石頭城改窆於方山東南。

亨卒，時年六十四，〔三三〕所撰齊史五十卷、〔三四〕文集六卷。子善心，入隋，位至尚書度支侍郎。〔三五〕有應對才，遷禮部侍郎。有集二十卷。後爲宇文化及所害。

五年春二月，夜有白氣如虹，自北斗貫紫微宫。

三月丙戌，西衡州獻馬生角。詔吴明徹爲征討大都督，北伐，統軍十萬，發自白下。

四月，大破齊師於淮南。

九月壬辰晦，夜明。乙巳，〔三六〕吴明徹克壽陽，斬王琳，傳首京師，梟於朱雀航。

王琳，太原人。〔三七〕少無學業而强記内敏，事多記識，軍中萬人，盡記名姓。累官梁元帝司空。

梁敬帝太平二年，見高祖方盛，梁祚漸衰，懼梁社稷將亡，遂與諸將謀，迎梁元帝孫永嘉王莊於北齊歸，立爲主，號天啟元年。正月，設壇於南浦之南，備法駕，即帝位，幸江夏新宫，臨定武前殿，以琳爲都督中外軍事。天嘉二年，世祖遣侯安都討大破之，琳與蕭莊俱奔齊。齊以莊爲揚州刺史，與王琳鎮壽春。至是吴明徹破之。

是歲，諸軍略地，所在皆克捷，淮南諸郡悉平之。案，梁書：自侯景亂江右，淮北州郡皆没北齊，及江陵陷失，高祖輔政，而徐嗣徽、任約等招引北齊，軍變江南。高祖即位，王琳復起上流而敗，西據壽陽，以歸於齊。高宗即位，五年大舉，始收淮南之地。

六年正月壬戌，大赦江右、淮北諸州。甲申，周人來聘。

二月壬辰，耕籍田。〔三八〕

四月庚子，彗星見。

八月，尚書右僕射周弘正卒。〔三九〕

弘正字思行，汝南安成人，晉僕射顗九代孫。祖顒。父寶。〔四〇〕弘正幼聰惠，年十五爲國子生，季春入學，孟冬應舉，解褐梁晉安王主簿，累國子博士。初，梁武帝於城西立士林館，延弘正居之以講授，聽者傾朝。嘗啟梁主決定周易疑義凡五十條。性博物善占。大同末，知天下將亂，謂弟弘讓曰：「國家厄運，數年當有義兵起，吾與汝何處逃刑。」及梁納侯景之降，弘正曰：「亂階此矣！」梁元帝平侯景，徵弘正爲黄門侍郎，累遷散騎常侍。與王褒論利害，諫元帝下都建康，荆峽人士皆云周、王比是東人，〔四一〕恣求東下，恐非良計。弘正面折曰：「若東人勸東下，謂非良計；卽西人欲西，豈成良策？」元帝大笑，竟不還都。及魏平江陵，弘正遁歸建康。高祖踐祚，拜太子詹事。天嘉元年，遷侍中國子祭酒，使長安迎安成王。三年，還，授金紫光禄大夫，進右僕射。

弘正善玄言，明釋典，雖名僧碩德，皆請質疑滯。卒，時年六十。〔四二〕所著易疏十六卷，〔四三〕論語疏十卷，〔四四〕莊子疏八卷，〔四五〕老子疏五卷，孝經疏兩卷，〔四六〕文集二十卷。子墳，官至吏部郎。案，陳書云：弘讓亦博學，天嘉初，以白衣領太常卿、金紫光禄大夫。猶子確，位南平府長史，行揚州事，代稱良吏也。

七年春正月乙亥，衞將軍樊毅剋潼州城。辛巳，祠南北郊。

三月，詔豫、二兗、譙、徐、合、霍、南司、定等九州及所部在江北諸郡置雲旗義士，〔四七〕往與大軍及諸鎮守備防禦。

四月庚寅，豫州刺史陳桃根獻青牛，詔還百姓。乙未，桃根又獻織成羅文錦被表各二，〔四八〕詔於雲龍門外焚之。

六月丙戌，詔北征將士死王事者，克日舉哀。乙酉，改作雲龍、神虎二門。〔四九〕案，宫殿簿：雲龍是二重宫牆東面門，晉本名東華門，東出東掖門，梁改之，西對第三重牆萬春門。神虎門是第二重宫牆西面門，晉本名中華門，西出西華門，晉本西掖門，宋改名西華門，東入對第三重宫牆千秋門。〔五〇〕

秋閏九月壬辰，吴明徹大破齊軍於吕梁。是月，甘露三降樂遊苑。丁未，幸樂遊，採甘露，宴羣臣，詔於苑内覆舟山上立甘露亭。〔五一〕

十一月甲子，〔五二〕南康郡獻瑞鐘一口。

是歲，殷不害自周還，優詔拜司農卿，尋遷光禄大夫。不害字長卿，陳郡長平人。祖汪。父高明。不害性至孝，少知名。家世儉約，居甚貧窶。

年十七，事梁，累遷平北府咨議參軍。侯景亂，臺城陷，文武奔散，惟不害與徐摛侍梁簡文於永福省。及簡文幽縶，請不害同處，侯景許之。不害供侍益謹。簡文夜夢吞一塊土，意惡之，以告不害。不害曰：「昔晉文出奔，野人遺塊，卒反其國。」簡文曰：「若神道有知，尚冀言之不妄。」〔五三〕

及元帝即位，拜廷尉卿。尋又江陵陷，因失母所在。常甚寒雪，凍死者填滿溝壑。不害涕泣號呼，尋見死人在溝者，則身自捧視，舉體凍僵，水漿不入口者七日，始得母屍。憑屍而哭，行路爲之悲哀。及殯後，與王褒、庾信等同入長安。布衣蔬食，至此年方得還，累進給事中。按，陳書：後禎明三年，隋滅陳，又西入隋，卒於道中。

八年春正月庚辰，西南紫雲見。拜吴明徹爲司空，陸繕爲左僕射，王克爲右僕射。〔五四〕

九月，立皇子叔彪爲淮南王，叔齊、叔文皆爲郡王。

九年丁酉春正月，後周滅北齊。齊主高緯方禪位於其太子恒，〔五五〕改元承光。周師平鄴，緯與恒赴長安。齊五帝二十八年。

二月壬子，輿駕耕籍田。

七月庚辰，大風雨，震萬安陵華表。癸卯，震瓦官寺重門，一女子死。

十月，吴明徹大破周將梁士彦於吕梁。修東宫城。

十二月，移皇太子居新宫。案，輿地志：其地本晉東海王第，後築爲永安宫，穆帝何皇后居之。宋文帝元嘉十五年，始築爲東宫，齊末爲火災焚盡，梁天監五年，更修築於故齊地，盛加結構。侯景亂，又燒盡，陳初，置太子於永福省，至此居新宫。

十年春正月己巳，以中領軍盧陵王伯仁爲平北將軍。是月，散騎常侍、太子右衛率韋載卒。

載字德基，京兆杜陵人。祖叡。父正。〔五六〕載少聰惠，好學，年十三，〔五七〕沛國劉顯問漢書中十事，隨問隨答，略無疑滯。自歷職位，常樂退静。有田十餘頃，在江乘縣之白山，遂辭疾去官，築室居焉。屏絶人事，吉凶慶弔，無所往來，不入西籬門或十年。年五十八，卒於家。

夏六月，大雨，震大皇寺刹、莊嚴寺露盤、重陽閣東樓、千秋門内槐樹、鴻臚寺府門。是月，司空吴明徹薨。

明徹字通照，〔五八〕秦郡人。父樹，梁右軍將軍。明徹幼孤，性至孝，年十四，感墳塋未修，家貧未辦，乃勤力耕種。遇大旱，苗稼焦枯，明徹哀憤，每至田中號哭，仰天告愬。居數日，有自田迴者，云苗已更生，明徹疑之，及往果如所言，至秋大穫，足充葬用。有尹生善占墓，〔五九〕謂其兄曰：「君家葬日，必有乘白馬逐鹿者來經墓所，是最小孝子大貴之徵也。」至時果有應。明徹，樹之小子也。

起家梁東宮直後，及侯景亂，〔六〇〕天下饑，明徹有粟麥三千餘斛，見鄉里飢，乃白諸兄曰：「當今草竊，人不圖生，既有粟麥，可與鄉里人共之。」於是計口平分，同爲豐儉，羣盜聞而避之。

高祖鎮京口，深相要結，降階執手。明徹妙解天文、孤虛、遁甲，高祖奇之，以梁承聖三年，請爲戎昭將軍。高祖踐祚，拜散騎常侍、兖州刺史。

宣帝太建五年，加侍中、都督征討諸軍事，北伐賜女樂一部，封南郡公，〔六一〕總戎十萬，發自京師，所向皆克捷。

八月，進逼壽陽，王琳拒守，明徹乘夜攻之，中宵而潰，琳等退據相國城及金城。明徹遏淝水以灌之，城中苦濕，多腹病，手足皆腫，死者十有六七。齊遣大將皮景和率兵數十萬來援，去壽春三十里頓軍，諸將皆曰：「計將安出？」明徹曰：「兵貴在速，而彼結營不進，吾知其不敢戰也。」於是躬擐甲胄，四面疾攻，城中震恐，一鼓而克，生擒王琳斬之，傳首京師。宣帝優詔褒崇，加車騎大將軍、豫州刺史，就壽春授册，明徹於城南設壇，士卒二十萬，陳旗鼓戈甲，〔六二〕登壇拜受，成禮而退，士卒無不踴躍。六年，率諸將渡淮北。七年閏九月，大破齊軍於吕梁。八年，進位司空。九年，詔明徹北征，〔六三〕軍至吕梁，周將梁士彦拒戰，頻破之。會明徹苦背疾，拔軍至清口，衆軍皆潰，明徹窮蹙就執，以憂遘疾，卒於長安。

九月乙巳，立方明壇於婁湖，臨壇誓衆。乙卯，分遣大使以盟誓頒下四方，上下相警，以備周人。

十一年己亥春正月，龍見於南兖州永寧樓側池中。

七月辛卯，初用大貨六銖錢。丁卯，於大壯觀閲武。〔六四〕

十一月戊戌，〔六五〕周將梁士彦圍我壽陽，克之。又克霍州。是月，以始興王叔陵爲征討大都督，率水步衆軍以拒周師。

十二月乙丑，南、北兖、晉三州及盱眙、山陽、陽平、馬頭、秦郡、歷陽、北譙、沛、南梁等九郡民並自拔以歸建康。〔六六〕周又進克譙、北徐二州，乘勝而前，自是淮南之地，復盡歸於周矣。

十二年庚子六月，大風吹壞皐門中闥。是月，黄門侍郎顧野王卒。〔六七〕野王字希馮，吴郡吴人也。祖子喬。父烜。野王幼以儒術知名，年七歲，誦五經，略知大旨。九歲能屬文。十二，隨父之建安，乃撰建安地記二篇。及長，遍觀經史，精記熟識，天文地理、著龜占候、蟲篆奇字，〔六八〕無所不通。起家梁太學博士、中領軍府記室。陳有天下，遷黄門侍郎、光禄卿。年六十二，卒。〔六九〕

野王少篤學，在物無過辭失色，觀其容貌，似不能言，及其勵精力行，皆人莫及。又善丹青，曾於東府六齋畫古賢，命王褒書讚，世人稱爲二絶。又撰玉篇二十卷，〔七〇〕輿地志三十卷，符瑞圖十卷，顧氏譜十卷，〔七一〕分野樞要一百卷，〔七二〕通史要略一百卷，國史紀傳二百卷，〔七三〕續洞冥記一卷，玄象表一卷，文集二十卷，並行於世。

秋八月己未，〔七四〕周鄖州總管司馬消難以所統九州八鎮之地來降，詔消難爲大都督，統九州八鎮諸軍事，〔七五〕遷司空，給鼓吹、女樂一部，率衆江北，授之大軍，北伐。是月，遣南豫州刺史任忠率衆趨歷陽，陳惠紀趨南兖州。〔七六〕庚午，散騎侍郎淳于陵克臨江郡。癸酉，魯廣達克郭默城。甲戌，大雨霖。丙子，淳于陵克祐州城。

九月，周臨江太守劉顯光率衆來降。是月，天東南有聲，如風水相激，三夜乃止。丁亥，周將王延貴率衆來援歷陽，任忠擊破之，擒延貴，以送建康。己酉，周廣陵義軍主曹藥率衆來降。

十三年春正月辛丑，〔七七〕以晉安王伯恭爲尚書左僕射，〔七八〕袁憲爲右僕射。

二月乙亥，親耕籍田。

四月乙巳，分衡州始興郡爲東衡州，以本衡州爲西衡州。

七月，徵君馬樞卒。

樞字要理，扶風郿人。寓居京口。祖靈慶。樞少好學，六歲能誦孝經、論語、老子。及長，博極經史，尤善佛經及周易、老子義。

梁邵陵王綸爲南徐州刺史，引爲學士，命講維摩、老子、周易，同日三部，一齊發題，論者縱横，樞隨問剖判，應接如流，論者拱默而退，綸甚奇之。

及征侯景，留書二萬餘卷與之。常閑居喟然歎曰：「吾聞貴爵位者以巢、由爲桎梏，愛山林者以伊、吕爲管庫，束名實則蒭芥柱下之言，玩清虚則糠粃席上之論，稽之篤論，亦各從其所好。」乃隱於茅山，有終焉之志。

陳天嘉元年，世祖徵爲度支尚書，辭不應命。每王公大人有饋餉，辭不獲免者，十分受一。屬世亂，所居盜賊不入，依托者數百家，皆得全。樞目精洞黄，能視暗中物。常有白鷰一雙，巢其庭樹，〔七九〕馴狎欄廡。年八十六卒。〔八〇〕撰道覺論行於世。

九月癸亥，夜大風從西北來，發屋振樹，大雨雹。

十二月辛巳，彗星見西南。

是歲，周静帝宇文衍遜位於隋文帝楊堅，改元開皇元年。周三代，五帝，二十五年。

十四年春正月己酉，帝不豫。甲寅，崩於宣福殿。二月癸巳，葬顯寧陵。帝年四十卽位，在位十四年，年五十四。〔八一〕謚曰孝宣帝，廟號高宗。有子四十二人。遺詔庶事務從儉約，金銀之飾，不以入壙，明器皆令用瓦。

初，帝在田，本有恢弘之度，及居尊位，實允天人之望。於時國步初弭，創痍未復，淮南之地，並入於齊。帝志復舊境，返侵地，而强弱懸絶，適足爲擒。及周滅齊，乘勝而舉，略地又至江際，自此懷懼。既而力修城隍，爲捍禦之備，獲銘曰：「二百年後，當有癡人修破吾城者。」〔八二〕時莫測所從云。

後主長城公叔寶

後主諱叔寶，字元秀，小字黄奴，宣帝嫡長子。梁承聖二年十一月戊寅生於江陵。天嘉三年，立爲安成王世子。太建元年正月甲午，立爲皇太子。

十四年正月甲寅，宣帝崩。乙卯，始興王叔陵構逆。

叔陵字子嵩，高宗第二子。承聖中，生於江陵。天嘉三年，封康樂侯。少有機辯，狥聲名，强梁無所攉屈。太建元年，封始興王，出使江、郢、晉三州軍事。始年十六，政自己出，寮佐莫敢預焉。弟叔堅争寵，招致賓客。每朝會鹵簿，不肯爲先後，必分道而趨，高宗不之知。

與叔堅、後主同侍疾，便陰有異志，乃命典藥吏曰：「剉藥刀甚鈍，可礪之。」及高宗崩，倉卒之際，速命左右取劍，左右不寤，乃取朝服木劍以進。叔陵怒，叔堅在側聞之，知有變，伺之。翌日小斂，叔陵取剉藥刀趨進，斫後主中項，後主悶絶於地，太后與後主乳母樂安君吴媪以身蔽之。〔八三〕叔堅自拖叔陵，并奪其刀，將欲殺之，後主不能處分。叔陵多力，自奮得脱，突出雲龍門，入東府，召左右斷青溪橋道。放東城囚，以爲戰士。遣人往新林追所部兵馬。仍自被甲，着白布帽，登城西門，以召百姓。太后使太子舍人司馬申以後主命召蕭摩訶討之，叔陵又遣記室韋諒送鼓吹與摩訶，仍謂曰：「事捷必以公爲台鼎。」摩訶不報，當日執將軍戴溫、〔八四〕譚騏驎二人，送臺斬之。叔陵自知不濟，乃入内沉其妃張氏及寵妾七人於井中。部麾下度小航，將趨新林。蕭摩訶追擒於白楊路，斬首送臺，流屍於江中。

丁巳，後主卽皇帝位於太極前殿，大赦，如宣帝故事。以丹楊尹長沙王叔堅爲驃騎大將軍，尊皇妣爲太后，居栢香殿。

太后諱敬淑，〔八五〕姓柳氏，河東解人。父偃，尚梁武長城公主，〔八六〕拜駙馬都尉。大寶中，爲鄱陽太守，〔八七〕卒官。後高宗赴江陵，梁元帝以后配焉，生後主。江陵陷，與後主俱留穰城。文帝天嘉二年，高宗自周還，立爲安成王妃。及卽位，爲皇后。

后美姿容，身長七尺二寸，垂手過膝。初，錢貴妃甚寵，后傾心下之，每有供奉之物，其上者推於貴妃，而自御其次者。高宗崩，叔陵爲亂，後主賴后及吴媪救護得免。是際，新失淮南之地，國遭大喪，後主又病瘡不能聽政，百司衆務，假以後主命，實皆決於太后也。案，陳書：后陳亡後入長安，隋大業十一年，薨於東都，年八十三。〔八八〕

甲戌，於太極殿設無礙大齋。詔内外百官各薦一人。是月，右衛將軍、秘書監傅縡下獄死。

縡字宜事，北地靈州人。父彝，梁臨沂令。縡幼聰敏，七歲能誦古詩賦至十餘萬言。長爲世祖撰史學士，累遷安成王記室。

縡篤信佛教，從興皇寺惠朗法師受三論，盡通其學。初，有大心寺暠法師著無諍論以詆之，〔八九〕縡乃爲明道論，用釋其難。

後主即位，拜秘書監、中書舍人，掌詔誥。爲文典麗，性敏速，雖軍國大事，下筆輒成，未嘗起草。然木彊，不持撿操，負才使氣，凌侮人物，朝士多銜之。初，施文慶、沈客卿便佞親幸，而縡益疎，慶等因共譖毁受高麗使金，後主收縡下獄。縡素剛，因獄中上書曰：「夫人君者，恭事上帝，子愛下人，省嗜慾，遠諂佞，未明求衣，日旰忘食，是以澤被區宇，慶流子孫。陛下頃來酒色過度，不虔郊廟；小人在側，宦竪弄權，惡忠直如仇讎，視百姓如草芥；公行貨賄，衆叛親離，臣恐東南王氣，自斯而盡。」書奏，後主大怒。頃之，意解，遣使謂縡曰：「我欲赦卿，卿能改過否？」縡對曰：「臣心如面，臣面可改，則心可改。」後主益怒，命宦者李善度窮治其罪，〔九〇〕遂賜死獄中，年五十五。有文集十卷行世。

四月丙申，立子胤爲皇太子，賜爲父後者爵一級，王公已下賚帛有差。

七月辛未，大赦天下。是月，自建康至荆州，江水色赤如血。

八月丁酉，天赤如火。

九月，設無碍大會於太極前殿，捨身及乘輿御服，又大赦天下。辛亥夜，天東北有聲如蟲飛，漸移西北。乙卯，太白晝見。

至德元年春正月，大赦，改元。

秋八月丁卯，以長沙王叔堅爲司空。

九月丁巳，天東南有聲如蟲飛。

冬十月，封弟九人爲郡王。案，陳書：封弟叔平爲湘東王，叔敖爲臨賀王，叔宣陽山王，叔穆爲西陽王，叔儉南安王，叔澄南郡王，叔興沅陵王，叔韶岳山王，〔九一〕叔純新興王。

十二月丙辰，頭和國遣使朝貢。〔九二〕戊午夜，天開自西北至東南，其内青黄雜色，隆隆若雷聲。

是歲，左光禄大夫、太子少傅徐陵卒。

陵字孝穆，東海郯人。祖超之。父摛，梁戎昭將軍、〔九三〕太子左衞率。母王氏，〔九四〕常夢五色雲化爲鳳，集左肩上，已而誕陵。年數歲，家人携兒寶誌上人，誌以手摩其頂曰：〔九五〕「天上石騏驎也。」光宅寺慧雲法師每嗟陵早就，謂之顔回。八歲，能屬文。十三，通莊、老。〔九六〕長乃口辯縱横。

起家寧蠻府參軍，累遷通直散騎常侍。使魏，魏人館宴之。日甚熱，魏之主客魏收謂陵曰：「今日之熱，當由徐公。」陵答曰：「昔王肅至此，爲魏始制禮儀；今僕來聘，使卿復知寒暑。」收大慚。留陵數年，後隨貞陽侯蕭淵明歸。

陳有天下，累官吏部尚書，領大著作、尚書僕射。自陳創業，文檄軍書及受禪制策，皆陵所製，而九錫尤美，爲一代文宗。亦不以此矜物，於後進者，接引無倦，世以此重之。有集三十卷。子四人：儉、份、儀、傅，皆至班位。

陵第三弟孝克，少通玄理，曉五經正義。解褐梁太學博士。性至孝。值侯景亂，京邑大饑，死者十有八九，孝克養母，饘粥不給。其妻領軍將軍臧氏女，有容色。孝克謂妻曰：「今饑荒如此，交闕供養，欲假卿於富家，望其彼此相濟，如何？」臧氏初不許之。孝克乃私與媒者商量，嫁與侯景將孔景行，從左右以逼之，臧氏涕泣而出，所得穀帛，悉以養母。孝克乃自剃髮爲沙門，名法整，兼乞食以充給焉。臧氏猶念舊恩，亦數私致餉餽，故不乏絶。後景行戰死，世平，臧氏伺孝克於塗中，累日乃見，謂曰：「往日之事，非爲相負，今既得脱，當歸供養。」孝克嘿然無答。於是歸俗，更爲夫妻。

天嘉中，徵爲剡令，累遷散騎常侍、國子祭酒。每侍宴會，無所噉，至席散，當其前羞膳減損，高宗密記伺之，見孝克取珍菓内紳帶中，歸以遺母，高宗咨嗟久之。自後宴饗，孝克前饌，並遣將歸餉母。後主卽位，遷都官尚書。陳亡，隨例入長安。家徒壁立，母患思粳米粥，不能辦。母亡後，遂終身噉麥，有遺粳米者，對之而泣。開皇十九年，卒於長安。有子萬載，位至隋太子洗馬。

至德二年甲申正月丁卯，分遣八使巡省風俗。〔九七〕

夏四月，以江總爲右僕射。〔九八〕

七月壬午，皇太子加元服，在位文武賜帛有差，孝弟力田爲父後者爵一級，鰥寡孤獨不能自存者，人穀五石。〔九九〕

至德三年正月戊午朔，日有食之。

三月，豐州刺史章大寶舉兵反。

四月，豐州義軍主陳景詳斬大寶，〔一〇〇〕傳首京師。

八月戊子，老人星見。

十一月，詔修孔子廟。辛巳，幸長干寺，大赦。高麗、百濟使來朝賀。〔一〇一〕

至德四年九月，幸玄武湖，肄艫艦閱武，宴羣臣賦詩。

十月，以江總爲尚書令，謝伷爲尚書右僕射。

禎明元年春正月戊寅，大赦，改元。乙未，地震。

四月，光禄大夫毛喜卒。

喜字伯武，滎陽陽武人。好學，善草隸書。起家爲梁西昌侯參軍。高祖鎮京口，命喜與高宗俱往江陵謁元帝，帝以喜爲尚書。及江陵陷，高宗遷關右，喜走郢州。及高宗還，喜自郢州奉迎，高宗遣入關，以家屬爲請。周冢宰宇文護執喜手曰：「能結二國之好者，卿也。」遂將柳皇后及後主還。

初，世祖謂高宗曰：「我諸子皆以『伯』爲名，汝諸兒宜以『叔』爲稱。」高宗以訪於喜，喜卽條自古名賢杜叔英、虞叔卿等二十餘人以答世祖，世祖稱善。

世祖崩，僕射到仲舉與右衛將軍韓子高等知朝望有歸，〔一〇二〕乃矯太后令，遣高宗還東府。喜入諫高宗曰：「陳有天下日淺，海内未夷，萬邦恐悚。皇太后深惟社稷之計，〔一〇三〕令王入省，共治庶績。今日之言，必非太后之意。宗社至重，伏願三思。」須臾奏聞，竟如其議。

後主卽位，山陵未踰年，置酒作樂命喜。喜不懌，欲進諫，及升階，後主已醉。喜佯爲心疾，仆偕下舁去。尋負氣，出爲南安内史。禎明元年，徵還，百姓沐其惠政，追送者數百人。〔一〇四〕道卒，年七十二。

秋九月庚寅，梁太傅安平王蕭巖、荆州荆史蕭巘以其文武官寮家屬濟江還。

十月，以蕭巖爲平東將軍。乙亥，割揚州吳郡置吳州，以錢唐縣爲郡屬焉。〔一〇五〕

是歲，起部尚書孫瑒卒。

瑒字德璉，吳郡吳人。祖文惠。父脩道。〔一〇六〕瑒少倜儻，博學經史。起家梁臨川王參軍，累進平南府司馬。陳高祖卽位，遷散騎常侍、都督荆郢武巴湘五州諸軍事、安西將軍、郢州刺史。天嘉初，封定襄侯。

世祖嘗從容謂瑒曰：「昔朱買臣願爲本郡，卿有意乎？」乃授持節、安東將軍、吳郡太守，給鼓吹一部。將辭，乘輿幸近畿餞送，鄉里榮之。宣帝太建四年，除安西將軍、荆州刺史。後主嗣位，拜散騎常侍，兼起部尚書。

瑒兄弟篤睦，性通泰，有財皆散之親友。居處奢豪，宅在青溪東大路北，西臨青溪，溪西卽江總宅。瑒家庭穿築，極林泉之致，歌童舞女，當世罕儔，賓客填門，軒車不絶。及出鎮郢州，乃合十餘船爲一大舫，於中立池亭，植芰荷，良辰美景，賓僚畢集，泛長江置淥酒，亦一代之勝賞。又立山齋設講肆，集玄儒之士，冬夏資奉，而處己率易，不以名位驕物。又深有巧思，多所創立。及卒，尚書令江摠爲之銘誌，後主又題銘後四十字，遣左户尚書蔡徵就宅宣敕鐫之。其詞略曰：「秋風動竹，烟水驚波。幾人樵逕，何處山阿？今朝日月，宿昔綺羅。天長路遠，地久靈多。功名未勒，此意如何？」世論以爲榮。子讓，早卒。案：陳書：次子訓，知名，入隋爲高唐太守。〔一〇七〕

禎明二年春正月，立皇子恮爲東陽王，恬爲錢唐王。

夏四月戊申，羣鼠無數，自蔡洲岸入石頭，緣淮至於青塘兩岸，數日自死，隨流入江。是月，郢州南浦水黑如墨。

五月甲午，東冶鑄鐵，有物赤色，如火，大數升，〔一〇八〕自天墜鎔所，隆隆有聲如雷，鑄鐵飛出牆外，燒人家。

六月庚子，〔一〇九〕廢皇太子胤爲吴興王，立始安王深爲皇太子。丁巳，大風自西北激濤水入石頭城，淮渚暴溢，漂没船舫。

冬十月己酉，〔一一〇〕帝幸幕府山，大獵。

初，隋文帝受周禪，甚敦鄰好，宣帝尚不禁侵掠。太建末，隋兵大舉，聞宣帝崩，乃命班師，遣使赴弔，行敵國之禮，書稱姓名頓首。而後主益驕怠，答書甚慢，末云：「想彼統内如宜，此宇宙清泰。」隋文覽書不悦，以示朝臣。清河公楊素以爲主辱臣死，再拜請罪，襄邑公賀若弼等並求致討。

後主意愈驕，不虞外難，荒於酒色，不恤政事，左右嬖倖珥貂者五十人，婦人美貌麗服以從者千餘人。後主常使張貴妃、孔貴人等八人夾坐，江摠、孔範、姚察等十人預宴，號曰「狎客」。先令八婦人襞彩牋，制五言詩，十客一時繼和，遲則罰酒，君臣酣飲，從夕達旦，以此爲常。而復盛修造，起土功，稅市稅船，徵取百端，刑罰酷濫。

初，覆舟山及蔣山松栢林，冬月恒出木醴，後主以爲甘露之瑞，俗呼爲「雀餳」，前後災異甚多。又有神人自稱老子，以遊都下，與人言而不見形，言吉凶多驗，經三四年乃去。船下有聲云「明年亂」。視之，得嬰兒長三尺無頭。又蔣山衆鳥鼓翼拊膺，曰：「奈何帝！奈何帝！」又建康城自壞。又青龍出建陽門，井中湧赤霧，地生白黑毛。又大風拔朱雀門。又臨平湖舊常草塞不通，忽然自通。此湖孫皓末年已曾開通。按，吴書江表傳云：自漢末年，吴郡臨平湖草塞不通。吴後主末，忽然自開。故老相傳：此湖開，卽太平。及晉平吴，天下一統。永嘉初，又草穢。禎明初，又忽開通。時後主又自夢黄衣人圍城。〔二二〕有血霑階至卧床頭而火起。又有狐入其床下，捕之不見，以爲妖精，後主乃自賣身於佛寺爲奴以禳之。又於郭内大皇寺造七層塔，未畢功，而火從中起，飛向石頭城，燒人家無數。又使人採木於湘州，栰下至牛渚磯，盡没水中，既而漁人見栰浮於海上。乃起齊雲觀，未就，國人歌曰：「齊雲觀，賊來無際畔。」始北齊末，諸省官人皆稱省主，未幾而滅。至是朝官亦稱省主，識者以爲省主，主將見省之兆也。

隋文帝謂高熲曰：「我爲百姓父母，豈可阻一衣帶之水，不拯蒼生塗炭？」乃命大作戰船。羣臣曰：「伐國大事，事宜密之。」文帝曰：「吾將顯行天誅，何密之有！使投柹流下於江，彼若能改，吾又何求？」後主殊不知悟，文帝益忿，乃勅晉王廣爲元帥，督八十總管致討。先送璽書，暴後主二十惡。又散寫詔書三十萬紙，遍諭江外。及隋軍繼下，江濱鎮戍相繼奏聞。施文慶、沈客卿掌機密，並抑而不言。及隋軍臨江，諸防戍船艫悉還都下，江中無一鬬艦。上流諸軍鎮兵士，皆阻楊素軍不得下。後主聞隋軍臨江，曰：「王氣在此，齊兵三來，周人再至，皆並摧没。今虜雖來，必應自敗。」孔範亦言無渡江之理。但奏伎縱酒，作詩不輟。有東宮學士張譏，因皇太子以進諫曰：「强寇侵境，沿江無禦敵之備，請停内宴，以調軍事。」後主大怒。

譏字直言，清河武城人。祖僧寶。父仲悦，梁尚書祠部郎。譏幼好學，愛玄言，受業於周弘正。梁大同中，召補國子正言生。與袁憲侍講於文德殿，勅令論議，諸儒莫能先發，譏整容而進，咨審循環，辭令温雅。梁帝器之，賜裾襦絹等，曰：「表卿稽古之力。」進位國子博士。

後主在東宫，新造玉柄麈尾成，後主執之曰：「當今多士如林，至於堪捉此者，獨張譏耳。」即手自授譏。乃令於温文殿講莊、老。後主即位，荒怠前政。及隋軍逼江，孔範等言無渡江之理，唯譏知其必濟。又進諫請卹軍士，後主大怒，收下獄，或救者僅獲免。城陷，隨例入長安，終不仕。

譏性恬雅，所居宅舍，營山池，植花果，講周易、莊、老，教授門徒。年七十六卒。所著書、易、禮、詩、莊、老等疏共一百卷，皆入秘閣。子孝則嗣。

禎明三年春正月乙丑朔，朝大霧四塞，入人鼻皆辛酸。後主昏睡，至晡乃醒。是日，隋將賀若弼從廣陵濟京口，韓擒虎從横江濟採石，南北俱進，緣江鎮戍，望風盡走。丙寅，〔一二〕採石戍主徐子建馳告變。是日，後主方下詔曰：「犬羊陵縱，侵竊郊畿，蜂蠆有毒，宜時掃定。朕當親御六師，廓清八表，内外並可戒嚴。」以驃騎將軍蕭摩訶爲皇畿大都督，〔一三〕樊猛爲上流大都督，樊毅爲下流大都督，司馬消難、施文慶並爲大監軍，〔一四〕重立賞格，分兵鎮守要害，僧尼道士盡皆執役。

庚午，賀若弼陷南徐州。辛未，韓擒虎陷南豫州。後主遽詔司徒豫章王叔英屯朝堂，追蕭摩訶屯樂遊苑，樊毅屯耆闍寺，魯廣達屯白土岡，神武將軍孔範屯寶田寺，鎮東將軍任忠屯朱雀門。辛巳，賀若弼進白土岡東南，大破陳軍，士卒奔北，弼乘勝破魯廣達、蕭摩訶等於樂遊苑，遊騎次宮城，燒北掖門。是日，韓擒虎率衆自新林石子岡進，〔二五〕大將軍任忠出降，乃引擒虎徑至朱雀航趨宮城，自南掖門入。文武百司皆遁出，惟尚書令江總、吏部尚書姚察、侍中王寬、度支尚書王援等居省中，〔二六〕尚書僕射袁憲、後閤舍人夏侯公韻二人居殿中，以侍後主。俄頃，隋兵至，憲、韻二人勸後主端坐殿上，正色待之。後主曰：「鋒刃之下，未可交當，吾自有計。」乃將張麗華、孔貴嬪二妃入景陽樓井中，憲、韻等苦諫，以身蔽井，後主不從，與之力争久之，方得入，二人拜哭而去。

袁憲字德章，陳郡人，尚書僕射樞之弟。幼聰敏，年十四，召爲國子正言生，在學一年，博士周弘正深重其才。舉高第，以貴公子選尚梁簡文女南海公主。〔二七〕起家秘書郎，累遷南康内史。

入陳，位僕射。禎明三年，隋伐陳，軍人燒北掖門，朝士皆散走，獨憲與夏侯公韻入殿侍後主。後主謂曰：「我從來待卿不先他人，今日見卿，可謂歲寒然後知松栢之後凋。」及隋兵入閤，後主遑遽避匿，〔二八〕憲正色曰：「北軍兵人，必無所犯，大事如此，陛下安之？整衣冠，御前殿，依梁武見侯景故事。」後主不從，因下榻馳去。憲從出後堂至景陽殿，後主投下井中，憲等拜哭而去。

國陷，入隋，文帝嘉其雅操，授開府儀同三司、昌州刺史。開皇十八年，卒。贈大將軍、安成郡公，謚曰簡。長子承家，仕隋至秘書丞。

是日，隋軍雖亂，沈皇后居處如常。太子深年十五，閉閤而坐，舍人孔伯魚侍側。及隋軍叩閤入，深安坐勞之曰：「戎旅在塗，不至勞乎？」既而隋軍求後主不得，因窺井呼之，後主初不應，欲下石，如聞吴人叫聲，乃以繩引之，驚其太重，俄與張麗華、孔貴嬪三人同乘而上。隋文帝聞之大驚，開府鮑宏曰：「東井上於天文爲秦，今王都所在，〔二九〕投井其天意邪。」丙戌，隋晉王廣入據臺城，送後主於東宫，命斬張貴妃於青溪橋。

妃姓張氏字麗華，襄陽兵家女。素貧賤，父兄織蓆爲業。後主爲太子，以選入東宫，侍龔良娣給使。後主見悦之，因得幸，生太子深。後主卽位，拜貴妃。始興王叔陵構亂，後主被傷，卧於承香閤中，〔三〇〕諸妃並不能進，唯貴妃侍焉。

至德二年，於光昭殿前起臨春、結綺、望仙等三閣，閣高數丈，並數十間，牕牖、户壁、欄檻，皆以沉檀香木爲之，又飾以金玉、珠翠，外施珠簾。内有寶帳，其服玩之屬，瓌寶珍麗皆近古所未有。每微風一至，香聞數里，朝日初照，光映後庭。其下積石爲山，引水爲池，植以奇樹，雜以花果。後主自居臨春閣，張貴妃居結綺閣，龔、孔二貴嬪居望仙閣，並複道交相往來。又有王、李二美人，〔三一〕張、薛二淑媛，袁昭儀、何婕妤、江脩容等七人，並有寵，遞代以遊其閤上。宮人有文學如袁大捨等並爲女學士。後主每引賓客同貴妃等游宴，使諸貴人及女學士與諸狎客共賦新詩，互相贈答，采其尤艷麗者以爲曲詞，被以新聲，選宮女有容色者以千百數，令習而謌之，分部迭進，持以相樂。其玉樹後庭花、臨春樂等，大抵所歸，皆美張貴妃、孔貴嬪之容色。其略曰：「璧月夜夜滿，瓊樹朝朝新。」皆此之類也。

張麗華髮長七尺，鬒黑如漆，其光可鑑。特聰惠，有神彩，進止閑華，容色端麗。每瞻視顧盼，光彩溢目，照映左右。常於閤上靚粧，臨軒檻，宮中遥望，杳若神仙。兼有才理，辯識強記，善候人主顏色。薦引宮女，假鬼道以惑後主。

後主怠於政事，百司啓奏，並因宦者蔡臨兒等進之，〔一三〕後主置張貴妃於膝上共決之。有不能記者，貴妃並爲疏條，無所遺脱，由是益加寵異，冠絶後宮。更於閹宦便佞之徒，內外交結，轉相引致，賄賂公行，綱紀瞀亂。及隋軍陷城，與後主俱入井中，後爲晉王廣斬於青溪。

三月己巳，後主與王公卿士內外文武百司發自建康，而入長安。隋文詔京城權分人家第宅，以禮接待之，遣使迎勞。使人還奏曰：「後主已下在路，五百餘里纍纍不絶。」文帝嘆曰：「一人無良，以至於此。」及至京師，列輿服器皿等于庭，引後主及二太子、諸王弟二十八人，及司空司馬消難、尚書令江摠、僕射袁憲、驃騎將軍蕭摩訶、征西將軍樊毅、安北將軍魯廣達、鎮東將軍任忠、吏部尚書姚察、中書令蔡徵、散騎常侍王元規等二百餘人，帝使納言宣慰，内使宣詔讓後主，後主伏地屏息不能祗對，並赦宥之，賜封長城公，〔一三三〕文武皆隨才擢用，詔下江南陳武、文、宣帝陵，〔一三四〕各給五户看守之。給賜後主甚厚，常引同三公之席，勅樂府不奏吴音之樂，恐傷其心。至仁壽四年冬十一月壬子，終於洛陽，葬河南之芒山。沈皇后自爲哀策，詞甚酸楚。

后諱婺華，〔一三五〕吴興人，儀同三司沈君理之女。母高祖女會稽公主，早亡。后年幼，哀慟過禮。太建三年，納爲太子妃。〔一三六〕後主卽位，立爲后。

性端静好學，工書。當張貴妃盛寵，勢傾後宫，澹然居求賢殿，未嘗有怨己之容。居處儉約，衣無錦繡，左右近侍，纔留五人，唯尋閱圖史及佛經。陳亡，與後主俱入長安。及後主薨，后感其家國亡滅，自爲哀誄，詞甚悲切。按，後主年三十卽位，立七年，年三十七。以陳禎明三年，當隋開皇九年。正月二十日，國亡。入隋，封爲長城公。十五年，年五十二，薨。有子二十二人。

初，陳高祖卽位日，其夜奉朝請史普直宿省中，夢有人自天而下，導從數千人，〔一三七〕至太極前殿，北面執策，策金字曰「陳氏五帝三十四年」。又後主在東宫，有婦人突入，唱曰「畢畢國國主主」，尋而不見。又嘗有一足鳥，集於殿廷，以嘴畫地成文，曰：「獨足上高臺，茂草化爲灰。欲知我家處，朱門向水開。」解者以爲獨足蓋指後主獨行無衆，茂草言荒穢也。隋承火運，草得火故爲灰矣。及後主至京師，與其家屬館於都水臺，所謂上高臺當水開者，其言皆驗。

初，宣帝器宇弘廓，有人君之量。文帝知家嗣仁弱，早存太伯之心，未及而崩。既承萎薾之後，志纂鴻運，拓土開疆，晚致吕梁之敗，江左日蹙。後主因削弱之餘，滅亡之運，加以荒淫沈敗，酒色過度。梁末童謡曰：「可憐巴馬子，一日行千里。不見馬上郎，但見黄塵起。黄塵污人衣，皂莢相料理。」及王僧辯滅，羣臣以謡言奏，高祖曰：「王僧辯本乘巴馬以擊侯景，馬上郎，王字也，塵爲陳也。」世不解皂莢之義，及陳滅於隋，隋氏姓楊，楊，羊也。説者以江東人謂羖羊角爲皂莢，言終滅於隋。夫興廢之兆，其由來定矣。

陳朝功臣

江總字總持，濟陽考城人，晉散騎常侍統十代孫，宋光禄大夫湛五代孫。〔一二八〕祖倩，〔一二九〕父紑，〔一三〇〕皆列職中外。總性至孝，少孤，養於外家蕭氏。好學，年十八，起家梁武陵王法曹參軍，累至太子洗馬。侯景亂，隨舅蕭勃在廣州。侯景平後，梁元帝徵爲明威將軍。入陳，累位司徒左長史、太常卿、尚書令、中權將軍。入隋，爲上開府。開皇十四年卒於江都。

蕭摩訶字元胤，南蘭陵人。祖靚。父諒，卒於始興。摩訶少孤，姑夫蔡路養收養之。少果毅，有勇力。高祖破路養，摩訶出戰，敗，歸侯安都。常從征伐，先登陷陣，累至巴山太守。

太建五年，隨吴明徹北伐，濟江攻秦郡，齊軍大至，衆十餘萬，其前隊有「蒼頭」、「犀角」、「大力」之號，〔一三二〕皆身長八尺，膂力絶倫。又有西域胡人妙閑弓矢，弦不虚發，來氣甚鋭，衆軍尤憚之。明徹自起酌酒飲摩訶曰：「關羽斬顔良，正今日矣！」摩訶飲訖，馳馬挺身入齊軍，遥擲銑鋧，擊中胡人，又斬十餘「大力」者而還，齊兵莫不驚慴。後從戰吕梁，突衆手奪齊軍大旗。屢以戰功，進驃騎大將軍、侍中、光禄大夫。舊制三公黄閤廳事置鴟尾，〔一三三〕後特詔摩訶開黄閤，門施行馬，廳事寢堂，並置鴟尾。仍納其女爲皇太子妃。

及隋軍來，韓擒虎、賀若弼進至鍾山龍尾，後主謂摩訶曰：「公可爲我一決。」摩訶曰：「從來行陣，爲國爲身，今日之事，兼爲妻子。」摩訶引兵於賊軍南偏，鎮東大將軍任忠次之，護軍樊毅、尚書孔範又次之，衆軍南北亘二十里，首尾各不相知。遂戰，魯廣達率所部俱進，陣未合，士卒潰散，摩訶無所用力，爲隋軍所執。及京師陷，後主爲隋人守衛於内省，〔一三四〕摩訶請弼曰：「今爲囚虜，命在須臾，願一見舊主，死無所恨。」弼許之。摩訶入見後主，俯伏號泣，仍於舊厨取食進之，辭訣而去，守衛者皆不能仰視。入隋，爲開府。後同漢王諒反於并州，伏誅。

樊毅字智烈，南陽人。祖方興，梁司州刺史。〔一三四〕父文熾，梁益州刺史。叔父文皎，侯景亂，戰死於青溪。毅，陳平入關，頃之，卒。

魯廣達字遍覽，吴州刺史悉達之弟。廣達少聰悟，慷慨，愛賓客。累至壯武將軍、晉州刺史。及王僧辯之下平侯景，廣達出境候接，資奉軍儲。僧辯謂沈炯曰：「魯晉州亦是王師東道主人。」進位散騎常侍。陳有天下，累以功勞至安南將軍、侍中，轉安北將軍。入隋，悲愴本朝淪没，發疾而卒。

任忠字奉誠，小名蠻奴，汝陰人。少孤微，不爲鄉里所齒。多計略，膂力兼人，善騎射。侯景之亂，率鄉里少年隨晉熙太守梅伯龍討景，累遷蕩寇將軍。陳有天下，進號征南將軍，給鼓吹一部，尋加侍中、梁信郡王，〔一三五〕出爲吴興内史。

及隋軍到白土岡，忠馳入啓白：「當具舟檝以就上流，臣以死奉衛。」後主信之，令宫人裝束以待，久望不至。既而忠已率數十騎往石子岡降於韓擒虎。後入隋，爲開府儀同三司。卒。隋文帝常因宴集，謂羣臣曰：「我常恨初平陳之日，不先斬任蠻奴，以懲不忠。」

蔡徵字希祥，侍中、中撫軍景歷之子。徵幼聰敏，累遷吏部尚書。爲人清簡無事。京城陷，入隋，爲民部尚書、給事中。有口辯，多所詳究。至於士流官宦、皇宗戚屬，及朝儀制度、憲章軌則、户口風俗、山川土地，問無不對。子翼，位至司徒。〔一三六〕

姚察字伯審，吴興武康人。〔一三七〕六歲，誦書萬餘言。十二，能屬文。起家梁朝司文侍郎。梁室傾亂，崎嶇采野實以供給養，入於己分減推諸弟姊，乃至故舊亦皆相分，自甘藜藿。雖亂離之中，篤學不廢。陳有天下，累進位尚書祠部郎中，轉秘書監，領著作。入隋，爲秘書郎，別勅成梁、陳二代史。隋文帝常召察謂朝臣曰：「我平陳唯得察一人而已。」大業二年，卒於東都。

王元規字正範，太原晉陽人。祖寶。〔一三八〕父瑋，〔一三九〕早卒。元規八歲而孤。隨母依舅氏往臨海郡，〔一四〇〕年十二。郡豪劉瑱有財巨萬，欲以女妻之，母將許焉。元規泣諫曰：「姻不失其親，古人所重。豈得苟安異壤，輒婚匪類！」母感其言而止。

梁時山陰縣有暴水，流漂居人，元規唯有一小船，倉卒引其母妹并姑姪等並入船，〔一四二〕留其男女三人，閣於樹杪。及水退，俱獲全濟，世人稱其志行。

少好學，起家爲梁相國左常侍。陳有天下，累遷散騎常侍、南平王府參軍。自梁諸儒相傳爲左氏學者，〔一四三〕皆以賈逵、服虔之義難駁杜預，凡一百八十條。元規引證通析，無復疑滯。禎明三年，入隋，爲秦王府東閣祭酒。年七十四，〔一四三〕卒於廣陵。所著春秋發題辭及義記十卷，〔一四四〕續經典大義十四卷，孝經義兩卷，〔一四五〕左傳音三卷，禮記音兩卷。

江甯府嘉祐三年十一月開造建康實録，並按三國志、東西晉書并南、北史校勘，至嘉祐四年五月畢工，凡二十卷，揔二十五萬七千五百七十七字，計一千策。

將仕郎守江甯府溧水縣主簿張庖民校正

登仕郎守江甯府句容縣主簿錢公瑾校正

將仕郎守江甯府右司理參軍曾　伉校正

朝奉郎試秘書省校書郎權江甯府節度推官熊　本校正

宣德郎守大理寺丞致仕充江甯府府學教授趙真卿校正

朝奉郎尚書比部員外郎通判軍府騎車都尉賜緋魚袋彭仲荀

龍圖閣直學士朝散大夫右諫議大夫知軍府事兼管内勸農使南昌郡開國伯賜紫金魚袋梅　摯

紹興十八年十一月　日荆湖北路安撫使司重别雕印

監轄下班祇應荆湖北路安撫使司聽候差使韓　軫

點檢下班祇應荆湖北路安撫使司主管文字高　楫

校勘官左從政郎新荆門軍録事參軍權安撫使司准備差遣王　廓

校勘官右宣教郎荆湖北路安撫使司幹辦公事張允之

校勘官右通直郎荆湖北路安撫使司主管機宜文字万俟虚

右朝奉大夫添差荆湖北路安撫使司參議官趙　遜

右朝請大夫荆湖北路安撫使司參議官周方平

左朝請郎權發遣荆湖北路提點刑獄公事權荆南軍府事兼權本路安撫馬步軍都總管劉長源〔一四六〕

龍神衛四廂都指揮使永州防禦使荆南軍府事兼管内勸農營田使主管荆湖北路安撫司公事馬步軍都總管王　瑋

卷第二十校勘記

〔一〕陳下　原作「陳書下」，今從徐鈔本。

〔一〕高宗孝宣皇帝頊　其下原有標題「後主長城公叔寶」七字，今據庫本删。

〔二〕梁中大通二年七月辛酉生於鄉里　「七月」二字原脱，據徐鈔本補，南史陳本紀下亦同。

〔三〕身長八尺　陳書宣帝紀、南史陳本紀下並作「身長八尺三寸」。

〔四〕馬軍主李總　陳書宣帝紀同，南史陳本紀下無「馬」字。

〔五〕光大二年十一月甲寅　「大」原譌「天」，據徐鈔本改正。

〔六〕而召帝入纂　原無「纂」字，據徐鈔本補，陳書宣帝紀亦同。

〔七〕后沈氏字妙姬　「妙姬」，陳書、南史世祖沈皇后傳並作「妙容」。

〔八〕王勱爲右僕射　「王勱」原作「徐陵」，酈校云：「按太建三年，徐陵自著作爲僕射，故決不應作『徐陵』，據陳書宣帝紀及王勱傳，勱以太建元年爲僕射，與徐鈔本合。」酈説是，今據庫本、周鈔本及通鑑一七〇據改。

〔九〕父頠嘗隨梁左衛將軍蘭欽南征夷獠　原作「父頠，梁左衛將軍。紇隨蘭欽南征東獠」。仕梁左衛將軍者乃蘭欽，非歐陽頠。隨蘭欽征夷獠者乃頠，非紇。今據徐鈔本改正。

〔一〇〕封陽山公　「陽山」原作「山陽」，據宋本、庫本、徐鈔本、甘鈔本乙正，本書下文及陳書、南史歐陽頠傳亦作「陽山」。

〔一一〕都督交廣越定明新高合羅愛建宜黄利雙石等十九州軍事　此僅十六州，據陳書歐陽頠傳尚有成、德、安三州，方合十九州之數。

〔一三〕威名著於百越　「百」原作「西」，據徐鈔本、周鈔本及陳書、南史歐陽紇傳改。

〔一四〕未敢就徵　「徵」字原脱，據徐鈔本補，陳書歐陽紇傳亦有「徵」字。

〔一五〕年三十三　徐鈔本「年」上有「伏誅」兩字。

〔一六〕陳書江總紇之故人至皇朝位銀青光禄大夫也　今本陳書無此文。又「藝文類聚百卷」原作「藝宣百卷」，今從徐鈔本，舊唐書經籍志下、新唐書藝文志三亦云：「藝文類聚一百卷，歐陽詢等撰。」

〔一七〕太建二年春正月丙申皇太后崩於紫極殿　陳書宣帝紀、南史陳本紀下及高祖宣皇后傳、通鑑一七〇皆云皇太后崩於三月丙申，疑此「正月」爲「三月」之訛。又「皇太后」原作「太皇太后」。宣帝於太建元年即位，即復太皇太后爲皇太后，此不得再稱太皇太后，今改正。

〔一八〕光大二年下令黜廢帝命宣帝嗣業　「二年」原作「元年」，誤，今從徐鈔本。光大二年，后下令黜廢帝爲臨海王事，俱見於陳書廢帝紀、南史陳本紀上及高祖宣皇后傳。

〔一九〕四月乙巳太白晝見　四月甲寅朔，無乙巳。是年閏四月甲申朔，二十二日乙巳。陳書宣帝紀作「閏四月己酉」，二十六日己酉。雖兩書所記時日不一，然此「四月」前脱「閏」字，當爲無疑。

〔二〇〕累戰功拜交州刺史　「交州」，陳書、南史章昭達傳並作「定州」。

〔二一〕隨侯安都拒王琳於沌口　「沌口」，陳書、南史侯瑱傳侯安都傳及通鑑一六八皆作「栅口」，胡注云：「栅口，在濡須口之東，水導巢湖，今謂之栅江口。宋白曰：廬州東南至栅口三百九十里，今謂之新婦口。」沌口則是陳武帝永定元年十月王琳大敗陳師，侯安都、周文育等被俘處，即在郢州沌水入江之口，遠在柵口之西矣。疑此「沌口」當爲「柵口」之誤。

〔二二〕冊勳爲都督巴郢武沅四州諸軍事　「沅」原作「源」。陳無源州，祇有沅州，據通鑑一六八云沅州武州同爲陳文帝天嘉元年三月甲子置。徐鈔本、陳書章昭達傳正作「沅」，今據改。

〔二三〕二年率師征蕭巋　「二年」原作「一年」。上文已云太建初征討歐陽紇，此當云二年，陳書、南史章昭達傳及通鑑一七〇皆云昭達於太建二年率師征蕭巋於江陵，今徐鈔本正作「二年」，據改。

〔二四〕程文季　「季」原作「秀」，形近致訛，據陳書、南史本傳及章昭達傳改正。

〔二五〕周兵又於峽下南岸築壘　「峽下」，南史章昭達傳、通鑑一七〇並作「峽口」，胡注云：「峽口，西陵峽口也。」

〔二六〕徐度　原作「徐慶」，據庫本、徐鈔本及陳書宣帝紀、南史陳本紀下改正。

〔二七〕祖勇惠　「惠」，徐鈔本及陳書、南史許亨傳皆作「慧」。「惠」、「慧」古通。

〔二八〕以學藝聞　各本皆脱「藝」字，唯徐鈔本有，今據補，陳書許亨傳亦同。

〔二九〕撰毛詩風雅比興義　梁書、南史許懋傳同，徐鈔本及陳書許亨傳「義」下有「類」字，疑是。

〔三〇〕解褐梁安東王行軍參軍　陳書許亨傳同，張森楷陳書校勘記云：「梁無安東王，安東是將軍號，疑此『東』字下有脱文。」

〔三一〕兼太學博士　「太學」原作「太常」。宋書百官志上、南齊書百官志皆有「太學博士」，徐鈔本及陳書許亨傳亦作「太學博士」，今據改。

〔三二〕以家財營葬具　「具」字疑衍，南史許亨傳無「具」字。

〔三三〕時年六十四　陳書許亨傳作「時年五十四」。

〔三四〕所撰齊史五十卷　陳書、南史許亨傳並作「撰齊書並志五十卷」。

〔三五〕位至尚書度支侍郎　原無「侍」字，據徐鈔本及陳書、南史許亨傳補。隋書百官志下云：「度支尚書統度支、户部侍郎各一人。」

〔三六〕乙巳　九月甲子朔，無乙巳。陳書宣帝紀、南史陳本紀下皆作「十月乙巳」，十月癸巳朔，十三日乙巳。此「乙巳」上當脱「十月」二字。

〔三七〕王琳太原人　北齊書、南史王琳傳皆云「會稽山陰人」，此作「太原人」，未知何據？

〔三八〕二月壬辰耕籍田　「壬辰」，陳書宣帝紀、南史陳本紀下及通鑑一七一皆作「辛亥」。二月辛卯朔，壬辰、辛亥皆在是月。

〔三九〕八月尚書右僕射周弘正卒　陳書宣帝紀、南史陳本紀下及通鑑一七一皆云，周弘正卒於六月壬辰。

〔四〇〕父寶　陳書、南史周弘正傳作「父寶始」。

〔四一〕荆峽人士　「峽」，陳書、南史周弘正傳並作「陜」，是。

〔四二〕卒時年六十　陳書、南史周弘正傳「六十」作「七十九」。

〔四三〕易疏十六卷　陳書、南史周弘正傳並作「周易講疏十六卷」，隋書經籍志一作「周易義疏十六卷」。

〔四四〕論語疏十卷　徐鈔本及陳書、南史周弘正傳「十卷」並作「十一卷」。

〔四五〕莊子疏八卷　陳書、南史周弘正傳同，隋書經籍志三云：「莊子内篇講疏八卷。周弘正撰。」

〔四六〕孝經疏兩卷　陳書、南史周弘正傳同，隋書經籍志一云：「孝經私記二卷。周弘正撰。」

〔四七〕在江北諸郡　各本皆無「江」字，今據徐鈔本及陳書宣帝紀、南史陳本紀下補。

〔四八〕又獻織成羅文錦被表各二　南史陳本紀下、册府一九八同，御覽七〇七無「表」字。徐鈔本、陳書宣帝紀、通鑑一七二「各二」並作「各二百首」，張元濟陳書校勘記：「意謂織成羅與錦被兩物各二百端。『端』或作『耑』，『首』爲『耑』字之誤。」今按，友人王岳塵先生見告云：「陳桃根所獻羅錦當爲奢麗之物，宣帝亦以爲過，故詔焚之，以彰己之儉約也，自不能數逾二百明矣。張氏以首字無解，轉言作『端』，或作『耑』，而譌作『首』，未免穿鑿求解矣。」王説甚是，今録以備參。

〔四九〕乙酉改作雲龍神虎二門　陳書宣帝紀、南史陳本紀下「乙酉」作「己酉」。六月甲申朔，乙酉、己酉皆在是月，乙己形近，必有一誤。

〔五〇〕東入對第三重宫牆千秋門　「第三重」原作「第二重」，張本、甘鈔本、徐鈔本、丁鈔本並作「第三重」，至正金陵新志臺城古蹟圖千秋門亦在臺城第三重宫牆，今據改。

〔五一〕覆舟山　徐鈔本及陳書宣帝紀、南史陳本紀下皆作「龍舟山」。讀史方輿紀要二〇、清嘉慶一統志江寧府並云覆舟山，一名龍舟山，又名玄武山。

〔五二〕十一月甲子　十一月辛巳朔，無甲子。陳書宣帝紀、南史陳本紀下並作「十二月甲子」。十二月辛亥朔，十四日甲子。此「十一月」當爲「十二月」之訛。

〔五三〕尚冀言之不妄　「妄」原作「忘」，據徐鈔本及陳書殷不害傳改。

〔五四〕拜吴明徹爲司空陸繕爲左僕射王克爲右僕射　「司空」下原有「録」字，無「陸繕爲」三字，今據徐鈔本補正。又陳書宣帝紀、南史陳本紀下及通鑑一七二皆云吴明徹爲司空在是年二月壬申，陸繕爲左僕射、王克爲右僕射並在六月甲寅，皆非正月間事。

〔五五〕齊主高緯　「主」原作「王」，今從庫本、丁鈔本、周鈔本、劉鈔本。

〔五六〕父正　梁書、南史韋叡傳同，陳書韋載傳、元和姓纂二「正」作「政」。

〔五七〕年十三　陳書、南史韋載傳作「年十二」。

〔五八〕明徹字通照　「通照」，陳書吴明徹傳作「通昭」，南史作「通炤」。

〔五九〕尹生　陳書、南史吴明徹傳並作「伊生」。

〔六〇〕及侯景亂　「及」原作「師」，據徐鈔本改。

〔六一〕南郡公　陳書、南史吴明徹傳並作「南平郡公」。

〔六二〕陳旗鼓戈甲　「陳」下原有「其」字，據徐鈔本删。

〔六三〕詔明徹北征　「征」原作「侵」，今從丁鈔本。

〔六四〕丁卯於大壯觀閲武　七月庚寅朔，無丁卯。陳書宣帝紀、南史陳本紀下及通鑑一七三皆作「八月丁卯」，八月庚申朔，初八日丁卯。疑是。

〔六五〕十一月戊戌　「戊戌」原作「戊午」。十一月戊子朔，無戊午。陳書宣帝紀、南史陳本紀下及通鑑一七三並作「戊戌」，是月十一日戊戌，是，今據改。

〔六六〕盱眙山陽陽平馬頭秦郡歷陽北譙沛南梁等九郡　「歷陽」下「沛」字原脱，據徐鈔本補，陳書宣帝紀、南史陳本紀下、通鑑一七三亦同。

〔六七〕是月黄門侍郎顧野王卒　陳書顧野王傳云野王卒於太建十三年。

〔六八〕蟲篆奇字　「蟲」原作「玉」，今據徐鈔本改，陳書、南史顧野王傳亦同。

〔六九〕年六十二卒　陳書顧野王傳云太建「十三年卒，時年六十三」。

〔七〇〕玉篇二十卷　「二十」，陳書、南史顧野王傳並作「三十」，隋書經籍志一作「三十一」。

〔七一〕顧氏譜　陳書、南史顧野王傳並作「顧氏譜傳」。

〔七二〕分野樞要一百卷　「一百卷」，陳書、南史顧野王傳並作「一卷」。

〔七三〕國史紀傳　「紀」原作「記」。今據宋本、庫本、徐鈔本及陳書、南史顧野王傳改。

〔七四〕秋八月己未　「己未」原作「乙未」。八月甲寅朔，無乙未。陳書宣帝紀、南史陳本紀下、通鑑一七四皆作「己未」，爲是月初六日，是，今據改。

〔七五〕統九州八鎮諸軍事　「統」原作「充」，今從徐鈔本。

〔七六〕陳惠紀　「惠」，徐鈔本及陳書、南史本傳並作「慧」，惠、慧古通。

〔七七〕十三年春正月辛丑　「春正月」三字原缺。陳書宣帝紀、南史陳本紀下及通鑑一七五皆作「春正月壬午」。壬午爲正月朔日，辛丑爲二十日，皆在正月，雖未知孰是，然「辛丑」前當脱「春正月」三字，今據徐鈔本補。

〔七八〕晉安王伯恭　原脱「安」字，據徐鈔本補。

〔七九〕常有白鷰一雙巢其庭樹　「白鷰」原作「白鷺」。白鷺之巢不在庭樹，張本、徐鈔本、周鈔本、劉鈔本及陳書、南史馬樞傳皆作「白鷰」，是，今據改。

〔八〇〕年八十六卒　「八十六」，陳書馬樞傳作「六十」。

〔八一〕年五十四　陳宣帝生於梁中大通二年（五三〇）七月辛酉，崩於太建十四年（五八二）春正月甲寅，以此推算，年五十三。陳書宣帝紀、南史陳本紀下卽作「時年五十三」，不誤。

〔八二〕當有癡人修破吾城者　「破吾」原作「吾破」，據徐鈔本及南史陳本紀下乙正。

〔八三〕樂安君　「樂」原作「東」，今從宋本、庫本、徐鈔本，陳書長沙王叔堅傳、南史始興王叔陵傳亦並作「樂安君」。

〔八四〕戴泏　南史始興王叔陵傳同，徐鈔本、陳書、通鑑一七五皆作「戴温」，疑「泏」爲「温」字之譌。

〔八五〕太后諱敬淑　「敬淑」，徐鈔本及陳書、南史高宗柳皇后皆作「敬言」。

〔八六〕父偃尚梁武長城公主　「長城公主」原作「長公主」，今據徐鈔本補。梁書、南史柳偃傳及陳書、南史高宗柳皇后傳亦皆作「長城公主」。

〔八七〕大寶中爲鄱陽太守　原脱「爲」字，據徐鈔本補。

〔八八〕隋大業十一年薨於東都年八十三　「十一」原作「十三」，據徐鈔本及陳書高宗柳皇后傳改。后傳云父偃，大寶中爲鄱陽太守，卒官，后時年九歲。大寶凡三年，大寶中當爲二年，以此推算，后實生於梁武帝大同九年，至隋大業十一年薨，正年七十三。此云「八十三」亦當爲「七十三」之誤。

〔八九〕暠法師著無諍論　「暠法師」原作「曇法師」，「無諍論」作「無淨論」，今據徐鈔本及陳書傅縡傳、文苑英華七四七改正。

〔九〇〕李善度　「度」原作「慶」，今據庫本、徐鈔本、周鈔本改，陳書、南史後主張貴妃傳蕭引傳亦同。

〔九一〕叔興沅陵王叔韶岳山王　「沅」原作「武」、「岳」作「樂」，今據徐鈔本改正，陳書後主紀、南史陳本紀下及高宗二十九王傳亦同。

〔九二〕頭和國　「和」原作「利」，今據徐鈔本及陳書後主紀、南史陳本紀下改正。

〔九三〕父摛梁戎昭將軍　「戎昭」原作「昭戎」，據徐鈔本及梁書徐摛傳、陳書徐陵傳乙正。

〔九四〕母王氏　陳書、南史徐陵傳並作「母臧氏」。南史徐摛傳有「時臨城公納夫人王氏，卽簡文妃姪女」之語，或爲許嵩誤以陵母爲王氏也。

〔九五〕誌以手摩其頂曰　「其」字原脱，據徐鈔本補。陳書、南史徐陵傳亦並有「其」字。

〔九六〕十三通莊老　南史徐陵傳同，陳書「十三」作「十二」。

〔九七〕分遣八使巡省風俗　「八使」，徐鈔本及陳書後主紀、南史陳本紀下皆作「大使」。

〔九八〕夏四月以江總爲右僕射　陳書後主紀、南史陳本紀下並云：「五月戊子，吏部尚書江總爲尚書僕射。」通鑑一七六亦繫於五月。

〔九九〕人穀五石　「石」，陳書後主紀、南史陳本紀下並作「斛」。

〔一〇〇〕陳景詳　「詳」原作「翔」，今從庫本、徐鈔本，陳書後主紀、章昭達傳及南史陳本紀下亦同。

〔一〇一〕高麗百濟使來朝賀　陳書後主紀、南史陳本紀下皆云：「十二月癸卯，高麗國遣使獻方物。」

〔一〇二〕到仲舉　「到」原作「劉」，今據徐鈔本改正。到仲舉陳書、南史皆有傳。

〔一〇三〕皇太后深惟社稷之計　「皇太后」原作「皇后」。皇太后謂高祖宣皇后也，今據徐鈔本補正。

〔一〇四〕追送者數百人　「人」，陳書毛喜傳作「里」。

〔一〇五〕十月以蕭巖爲平東將軍乙亥至以錢唐縣爲郡屬焉　十月壬寅朔，無乙亥。十一月壬申朔，初四日乙亥。陳書後主紀亦繫於十一月，此「十月」當爲「十一月」之訛。

〔一〇六〕父脩道　南史孫瑒傳同，陳書「脩」作「循」，脩、循形似，未知孰是。

〔一〇七〕高唐太守　「高唐」原作「高康」，隋無高康，徐鈔本及陳書、南史孫瑒傳皆作「高唐」，今據改。

〔一〇八〕有物赤色如火大數升　南史陳本紀下同，徐鈔本及陳書後主紀作「有物赤色如數斗」，斗升二字隸書形近，書傳多譌，未知孰是。

〔一〇九〕六月庚子　五月己巳朔，無庚子。徐鈔本「庚子」上有「六月」二字，陳書後主紀、南史陳本紀下並作「六月庚子」，六月戊戌朔，初三日庚子。下文丁巳亦在六月，爲二十日。今據補。

〔一一〇〕冬十月己酉　「冬十月」三字原缺，今據徐鈔本補。陳書後主紀、南史陳本紀下亦作「十月己酉」。十月丁酉朔，十三日己酉。

〔一一一〕時後主又自夢黄衣人圍城　各本皆脱「人」字，隋書五行志下作「黄衣人」，今據補。

〔一一二〕丙寅　原作「丙辰」。正月乙丑朔，無丙辰，陳書後主紀、南史陳本紀下並作「丙寅」，是月初二日丙寅，今據改。

〔一一三〕驃騎將軍蕭摩訶　陳書、南史蕭摩訶傳並作「驃騎大將軍」，是。

〔一一四〕施文慶　「慶」原作「廣」，據庫本、丁鈔本、周鈔本改，施文慶陳書、南史皆有傳。

〔一一五〕石子岡　「岡」原作「墩」，據庫本、徐鈔本改，陳書後主紀、南史陳本紀下及通鑑一七七亦同。

〔一一六〕度支尚書王援　「王援」，徐鈔本及陳書後主紀並作「王瑗」，南史江總、孔範、陳慶之等傳又作「王瑳」，援、瑗、瑳形近，必有一誤。

〔一一七〕南海公主　陳書、南史袁憲傳並作「南沙公主」。

〔一一八〕後主遑遽避匿　「遽」原作「據」，今據張本、徐鈔本、周鈔本、劉鈔本及陳書袁憲傳改。

〔一一九〕今王都所在　「今」原作「分」，今據徐鈔本及南史陳本紀下改。

〔一二〇〕承香閤　南史陳本紀下作「承香殿」。

〔一二一〕王李二美人　陳書後主紀、通鑑一七六同，南史陳本紀下「李」作「季」。

〔一二二〕蔡臨兒　南史后妃張貴妃傳同，陳書后妃傳、蕭引傳作「蔡脱兒」。

〔一二三〕賜封長城公　「公」原作「侯」，據陳書後主紀、南史陳本紀下及通鑑一八〇改。下同。

〔一二四〕詔下江南陳武文宣帝陵　「武文」原作「文武」，今據南史陳本紀下乙正。

〔一二五〕后諱婺華　「婺」原作「務」，今從徐鈔本，陳書、南史後主沈皇后傳亦並云后諱婺華。

〔一二六〕太建三年納爲太子妃　「三年」，當從陳書宣帝紀、南史陳本紀下作「元年」。

〔一二七〕導從數千人　南史陳本紀下作「導從數十」。

〔一二八〕宋光禄大夫湛五代孫　「湛」原作「洪」。江洪爲梁臣，總不得爲其五代孫，今據徐鈔本及陳書江總傳改正。

〔一二九〕祖蒨　「蒨」原作「舊」，據徐鈔本及陳書江總傳、南史江紑傳改正。世説人名譜陳留國江氏譜亦可證。

〔一三〇〕父紑　「紑」原作「經」，形近致誤，據徐鈔本及梁書、南史本傳改正。

〔一三一〕其前隊有蒼頭犀角大力之號　「力」原作「刀」。據張本、徐鈔本、周鈔本改，本書下文及陳書、南史蕭摩訶傳亦作「力」。

〔一三二〕舊制三公黄閤廳事置鴟尾　原脱「事」字，據徐鈔本及陳書、南史蕭摩訶傳補正。

〔一三三〕後主爲隋人守衛於内省　徐鈔本及陳書、南史蕭摩訶傳並作「賀若弼置後主於德教殿，令兵衛守」。

〔一三四〕祖方興梁司州刺史　「司州」原作「同州」，梁無同州，徐鈔本及陳書、南史樊毅傳皆作「司州」，今據改。

〔一三五〕梁信郡王　「梁信」原作「信安」，信安屬東陽郡，非。南史任忠傳作「梁信」，梁信爲郡，屬成州，是，今據改。

〔一三六〕子翼位至司徒　蔡翼未官司徒，陳書、南史蔡徵傳並云翼官至司徒屬、德教學士。

〔一三七〕吴興武康人　「吴興」原作「吴郡」。據宋書州郡志一、南齊書州郡志上並云，武康屬吴興郡。陳書、南史姚察傳皆作「吴興」，今據改。

〔一三八〕祖寶　徐鈔本「寶」上有「道」字，與陳書王元規傳同，南史「道寶」作「道實」。

〔一三九〕父瑋　「瑋」原作「偉」，今據徐鈔本及陳書、南史王元規傳改正。

〔一四〇〕隨母依舅氏往臨海郡　「依」字原缺，據徐鈔本及陳書、南史王元規傳補。

〔一四一〕倉卒引其母妹並姑姪等並入船　南史王元規傳同，陳書「姑姪」作「孤姪」。

〔一四二〕自梁諸儒相傳爲左氏學者　「相傳」二字原缺，據徐鈔本及南史王元規傳補正。

〔一四三〕年七十四　原脱「四」字，據徐鈔本補，陳書王元規傳亦作「年七十四」。

〔一四四〕所著春秋發題辭及義記十卷　「義記」當作「義略」。經典釋文敍録言沈文阿撰春秋義畧未竟，王元規續成之，隋書經籍志一有「王元規續沈文阿春秋左氏傳義略十卷」。

〔一四五〕孝經義兩卷　徐鈔本及陳書、南史王元規傳皆作「孝經義記兩卷」。

〔一四六〕劉長源　「源」字各本皆缺，唯周鈔本有，今據補。

附録

1 新唐書藝文志二

許嵩建康實録二十卷。

2 崇文總目卷二

建康實録二十卷，許嵩撰。

3 晁公武郡齋讀書志卷六（光緒甲申王先謙校本）

建康實録二十卷。先謙案，袁本五。

右唐許嵩撰。先謙案，舊鈔訛如。自吴起漢興平元年，終於陳末禎明三年，南朝六代四十帝。先謙案，袁本無「四十帝」三字。四百年間，君臣行事，及土地山川，城池宫苑，制置興壞，用存古跡，其有異事則注之，以益見聞。先謙案，袁本下作「建康者，六朝所都地名也」。無按下一百一十八字。按南朝四百年，除西晉平吴之年，并吴首事之年，三百三十一年而已。吴大帝在武昌七年，梁元帝都江陵三年，其實在建康宫三百二十一年也。

十父按，嵩自敍此書云「使周覽而不繁，約而無失」。然自順帝已後，復爲紀傳而廢編年，其間重複一事相牴牾者甚衆，至於名號稱謂又絶無法，蓋亦煩而多失矣。

4　陳振孫直齋書録解題卷五

建康實録二十卷。

唐許嵩撰，載吴、晉、宋、齊、梁、陳六朝都建康者，編年附傳，大略用實録體。

5　鄭樵通志藝文略第三

建康實録二十卷。唐許嵩撰。記江左六朝事，作編年體。

6　馬端臨文獻通考卷一九四經籍二一

建康實録二十卷。

鼂氏曰：唐許嵩撰，始自吴起漢興平元年，終於陳末禎明三年，南朝六代四十帝。四百年間，君臣行事，及土地山川，城池宫苑，制置興壞，用存古跡，其異事則注之，以益見聞。按南朝四百年，除西晉平吴之年并吴首事之年而已。吴大帝在武昌七年，梁元帝都江陵三年，其實在建康宫三百二十一年也。十父按，嵩自敍此書云「使周覽而不繁，約而無失」。然自順帝以後，復爲紀傳而廢編年，其間重複一事牴牾者甚衆。至於名號稱謂又絶無法，蓋亦煩而多失矣。

陳氏曰：載吴、晉、宋、齊、梁、陳六朝都建康者，編年附傳，大略用實録體。

7 **宋史藝文志卷二史別史類**

許嵩建康實録二十卷。

8 **楊士奇等原本淸傅維鱗重編明書經籍志史附**

建康實録一部，十五册，闕。

9 **焦竑編國史經籍志卷三史類**

建康實録四卷。

10 **四庫全書總目卷五十史部別史類**

建康實録二十卷。江蘇巡撫採進本。

唐許嵩撰。嵩自署高陽，蓋其郡望。其始末則不可考。書中備記六朝事迹，起吴大帝，迄陳後主，凡四百年，而以後梁附之。六朝皆都建康，故以爲名。其積算年數，迄唐至德元年丙申而止，則肅宗時人也。前有自序謂「今質正傳，旁採遺文，具君臣行事。事有詳簡，文有機要，不必備舉。若土地山川，城池宫苑，各明處所，用存古蹟。其異事別聞，辭不相屬，則皆註記，以益見知，使周覽而不煩，約而無失」云云。蓋其義例主於類敍興廢大端，編年紀事，而尤加意於古蹟。其間如晉以前諸臣事實，皆用實録之體，附載於薨卒條下。而宋以後復沿本史之例，各爲立傳，爲例未免不純。又往往一事而重複牴牾。至於名號稱謂，略似世説新語，隨意標目，漫無一定，於史法尤乖。然引據廣博，多出正史之外。唐以來考六朝遺事者，多援以爲徵。如張彦遠歷代名畫記引以證曹不興、顧愷之、陸探微畫品；鄭文寶南唐近事引以證玄武湖；劉羲仲通鑑問疑載宋書高祖紀景平二年書日食在是年二月癸巳朔，皆取此書爲據。又陳後主時覆舟山及蔣山松柏常出木醴，俗呼「雀餳」之類，陳書遺漏不載，王鞏甲申雜録亦取此書爲據。謝尚謂蔡謨讀爾雅不熟，幾爲勸學死案，勸學，荀子第一篇，蟹有六跪二螯，即是篇之語。晉書誤作「勸學」，姚寬西溪叢語亦據此書駁正。又裴子野宋略，當時所稱良史，沈約自以爲不及者，今已不傳，資治通鑑載有論贊數條，亦多首尾不具，而是書於劉宋一代全據爲藍本，竝子野論贊之詞，尚存什一，是亦好古者所宜參證矣。新唐書志載入雜史類，蓋以所載非一代之事，又不立紀傳之名，尚爲近理。郡齋讀書志載入實録類，已不免循名失實。馬端臨經籍考載入起居註類，則乖舛彌甚。至鄭樵藝文略編年一類，本案代分編，乃以此書係諸劉宋之下，與宋春秋、宋紀竝列，尤爲紕繆。今考所載，惟吴爲僭國，然三國志已列正史，故隸之於別史類焉。

11　清高宗御製詩題許嵩建康實録

六朝三百有餘年，建業興衰廿卷傳。文物風流信有矣，經綸世教或無焉。幸洪武始統歸一，逮永樂斯都以遷。我每孝陵親奠酹，不禁弔古爲悽然。

12 王鳴盛十七史商榷卷六十四建康實録

唐許嵩建康實録二十卷，宋嘉祐四年知江寧軍府事梅摯等刻於江寧府，紹興十八年權荆南軍府事劉長等又刻於荆湖北路安撫司。予所藏凡構字皆注「今上御名」，乃從紹興本鈔出者。此書載宋史第二百三卷藝文志。第四卷末識云「吴大帝黄武元年壬寅至唐至德元年丙申五百三十五年」，第十卷末又識晉元帝太興元年至至德年數，此當是其成書之歲。

此書用意亦李延壽之流亞，延壽取八代爲一書，嵩又取吴、晉、宋、齊、梁、陳爲一書，已覺蛇足，乃其手筆體裁又不如延壽遠甚。吴、晉用編年體，髣髴荀悦、袁宏，宋以下忽分紀傳。吴、晉無論贊，宋以下忽用論贊。吴、晉、齊、陳末無總論，宋末忽自造總論一篇，約二千餘字，文皆排偶，意則舊史已具。梁末襲取魏徵總論而去其下半篇。其傳率爾鈔撮，紀載寥寥，如宋之劉穆之、徐羨之、傅亮、謝晦、范蔚宗、謝靈運皆無傳，反有譚金、童太一，而又次序顛倒，如沈攸之反在前，沈慶之反在後，種種不合。各朝皆無外國，獨於齊敍魏及百濟等國，皆不可解。梁元帝只七八十字，敬帝反一千五六百字，侯景傳乃位置於梁各帝之末，蕭詧後梁周書、北史皆有傳，梁書與南史無，而此乃附於梁，稱其尊號，其麤疏紕漏，不可勝摘。但千餘年舊物，業已流傳，未可覆瓿。且其人生唐玄、肅間，尚見古書，如宋末詳述裴子野宋略體例，則於宋事，大約必參取宋略。又小字夾注中援引古書多亡佚已久者，此則大可寶貴，所以此書不可廢。

13 **周中孚鄭堂讀書記卷十八**

建康實録二十卷。寫本。

唐許嵩撰。嵩里貫未詳，肅宗時人。四庫全書著録，新唐志、宋志、讀書志、書録解題、通考俱載之。是編紀吴、東晉、宋、齊、梁、陳六朝都建康者，故以爲名。吴、東晉編年附傳，大略用實録體，宋以後四朝，仍沿正史體，先紀後傳，而以後梁附之梁末。大抵鈔撮正史而成，間或旁及他書，凡君臣行事及土地山川，城池宫苑，制置興壞，用存古跡，其異事則注之，以益見聞。其引據頗爲廣博，於宋一代全據裴子野宋略，亦足以參考沈氏宋書。而晁子止詆之曰："「其間重複一事牴牾者甚衆，至於名號稱謂，又絶無法，蓋亦煩而多失矣。」今因晁氏之説核之，如吴孫權、亮、休三主，行文多稱爲帝，夫以陳氏直斥其名，而改爲同天之稱，得毋太過。又後梁蕭詧父子爲魏、周、隋之附庸，乃附入梁後而亦帝之，將北漢劉氏三主，亦可附後漢之後而帝之矣，校之帝吴，尤屬非宜，誠不免晁氏所詆也。姑以其唐人之舊帙，尚足以資攷證，故不得不存備一種也。

14 **黄廷鑑第六絃溪文鈔卷三書校建康實録後**

建康實録一書，畧仿通史體例，括六朝興廢，簡詳典要。自昔推重而傳本絶少，方照曠刊學津討原時，聞邑中有虞巖魚氏鈔本，物色之，秘不肯出。後數年吴門黄氏得從汲古閣宋刻鈔本，有人借刻未半而歸版與書於張氏，續刊完書，即此本也。其魚氏本後輾轉歸余及門俞用賓處，今藏余館照曠宗人子慎茂才家。茂才假以屬勘其家刻，此本向曾爲陳子準、吴心葵兩君插架，俱經略校一二而未卒業。吴校首二卷，陳校宋略總論。余迺取吴志合晉、宋、齊、梁、陳五書及南史，並魚氏舊鈔通勘一過，始知新刻出自長洲顧澗薲校本，較舊鈔轉勝，然除顧氏校補外，脱訛尚多，如吴中「見一人操彈佩丸咸以爲是」，脱「是」字。太子登傳。晉上「雖有不軌之名」，「名」誤「者」。周嵩傳。晉中「夏五月詔全除一年租布其次聽除半年」，「布其次」三字闕。寧康二年。「後軍文武盡配軍府」，「盡」誤「書」。謝安傳。「勸彬謝，彬曰」，脱「彬謝」二字。王彪之傳。晉下「遂邀殺毅等同舉義」，誤衍「殺」字。何無忌傳。宋上「海鹽令鮑陋」，脱「令」字。高祖紀。「戊子，大赦天下，遵於天子爲從父」，脱「下遵於天」四字。同上。宋下「梁獠請内屬以爲懷漢郡」，「懷漢」二字闕。大明元年。「始壞士族雜婚者補將吏」，「壞」誤「懷」。大明五年。宋下「魏拓拔燾與質書曰」，「曰」字上脱燾書及攻盱眙事，下童謡云云乃質答書也。臧質傳。「草未及燃」，脱「燃」字。「及尋陽敗」，脱「敗」字。蕭惠開傳。齊上「衆二萬發溢口」，脱「發」字。高帝紀。「復屬籍各封子爲侯」，「各」誤「冬」。建武元年。「東昏以卷名」，「名」誤「矣」。史臣曰。齊下「詔賻錢五萬」，「詔」誤「穎」。蕭赤斧傳。「南門外立二土闕」，「土」字誤作「十一」。魏虜。「有索于水出定襄」，脱「出」字。同上。「氏」凡五字，一誤「王」、一誤「氏」，餘皆誤。「元百頃」，「頃」誤「須」。同上。梁上「又撰通史躬讚序」「躬」誤「聘」。武帝紀。梁下「其夜遁歸襄陽」，「遁」誤「遣」。蕭詧傳。陳下「王勱爲右僕射」，「王勱」二字闕。光大三年。以上皆文義乖繆，可據史文訂正者，凡二十餘條，其餘形聲字誤及訛闕而無可參證者，俱悉注出，又得六七十處，雖未敢云盡善，視顧校少加精審，亦可十得八九矣。自初冬至近臘，攤書滿几，彌月而畢，竊喜完二君未竟之功，惟書中脱簡數葉，非得宋槧完帙，無由臆補，未知世間尚有傳本否也。道光庚子十一月下澣書。

15 顧廣圻跋

此抄本建康實録，得之滋蘭堂朱氏者也，所校改據周漪塘家汲古閣所藏宋刊本。宋本紙有破損、印有模糊處，此悉空其字，即從之抄故也。首序一通，宋本有而此脱，胥抄亦多誤落，今並補正，唯元失之葉，則闕如也。其模糊而存痕跡，求之陳壽、沈約、李延壽諸家之書，審視熟揣，補其合者，未必不於宋本轉有補也。小讀書堆及袁氏貞節居皆嘗倩手從此寫一部，然惜其時未經較也，得之以乾隆戊申，今歸讀未見書齋，則爲嘉慶己未歲也。顧廣圻記。

16 黄丕烈跋

此鈔本建康實録，吾友顧澗蘋所藏書也。初，余於小讀書堆見抱冲用此本倩人影寫，詢是澗蘋物，心欲之，而未敢直陳也。既余於周香嚴家見有宋本，澗蘋屬余借校，澗蘋謂余曰：「此書即從宋本寫出，特非影寫，故行款不同，復多脱誤，爾今得校勘，益臻美善矣。知君欲之已久，曷歸插架。」遂以遺余。其時適有友需余鈔本咸淳臨安志者，余獲直卅金，澗蘋戲曰：「此書余亦欲獲半價。」余重其割愛意，即易之。昔抱冲及袁君綬堦皆不過借鈔，而今竟歸之，且視鈔本更多校語，澗蘋之厚予者，可不謂至耶！因紀其實，別有唱和詩，俟附録備攷。時嘉慶己未暮春九日棘人黄丕烈識。

17 張海鵬跋

建康實録，郡中顧氏得滋蘭堂鈔本，復從汲古閣所藏宋刊本校定者也，其書歸於讀未見書齋。丙寅歲，貽訓堂主人借得此本，翻刻及半，知余方刻古書，歸板於余。余惟是書久無善本，唐以後考六朝遺事者多據以爲徵，余購覔數年未可得，今得是本，續刊成書，亦翰墨中一段良緣也，遂諾之。其體例悉照貽訓翻宋刻原式，板心亦仍貽訓之名，惟書中宋諱有雙行注「御名」二字，以小圈易之，有注「今上御名」四字者，以小圈四易之，存宋刻之痕跡。至國朝廟諱御名，恪遵功令，缺筆恭代，而此書原缺原空之處，亦仍其舊云。嘉慶戊辰三月虞山張海鵬識。

18 甘元焕跋

同治戊辰初冬，假運瀆舯堂孫氏所藏彭文達影鈔本，罄五日之力，褁出衆手，其最劣者，則竈下傭也。無力聚書，不暇揀擇，可哂也，又可歎也！原鈔脱葉已多，孫氏又轉鈔未校，譌誤更甚，當廣求藏書家得一舊槧校補而訂正之，吾鄉文獻之幸也。復廬主人甘元焕識。

19 甘曾沂跋

嗚呼，痛哉！今歲春間，先君子於傅茗生茂才處得貽訓堂翻刻宋本，欣喜竟日，以爲夙願克償，旋命曾沂暨伯英姪校對一過，仿原本付手民，纔定議卽病，病中猶囑速蕆其事。今書成而我先君子未及見，曾沂之悲悼有終，天莫釋者矣。謹將先君子舊抄本中遺筆，同治冬日識語，恭紀於右，並將貽訓堂翻刻宋本及彭文達公鈔本兩相校勘，得互異處，摘録卷末，以俟博雅者攷證之。光緒丁酉年秋七月棘人甘曾沂泣血謹誌。

20 葉樹南跋

右建康實録二十卷，兵燹後刊本久佚，曩時金陵藏書家推甘氏津逮樓爲盛。表叔祖建公探搜文獻，夙嘗物色是書，借鈔精校付諸剞劂。嗣是表叔梓密先生纘承先志，殺青未竟，俄歸道山。堂上孟太夫人憫兩世殫劬精力所萃，不忍廢輟，敕弃簪珥，資印成書。論者以謂鍾鼐垂聲，班書續志，賢德懿誼，今古同符焉。惟自來刊書之難，帝虎魯魚，別風淮雨，鈔胥易誤，鉛槧沿譌，遝遻而是。太夫人深知其然，爰命樹南勗勤發篚，重加讎校，以竟厥成。樹南不敏，於校勘是書，無能爲役，然承諈諉，誼弗敢辭。今就是編，勤加檢閱，凡得手民誤刊之處，籤署簡端，持以就正鄉先生暨寓公之夙號鴻博者，僉不謂謬，乃悉依所署，更正刊之。書成之日，正值建公奉旨入祀江寧忠義孝悌祠。簡册流傳，馨香遠被，九京靈爽，其亦可以囅然含笑矣。夫壬寅仲夏江寧葉樹南謹識。

中國史學基本典籍叢刊　書目

穆天子傳匯校集釋
國語集解
吴越春秋輯校彙考
越絶書校釋
西漢年紀
兩漢紀
漢官六種
東觀漢記校注
校補襄陽耆舊記（附南雍州記）
十六國春秋輯補
洛陽伽藍記校箋
建康實録
荆楚歲時記
大唐創業起居注箋證（附壺關録）
貞觀政要集校（修訂本）
唐六典
蠻書校注
十國春秋
皇朝編年綱目備要
皇宋十朝綱要校正
隆平集校證
宋史全文
宋太宗皇帝實録校注
金石録校證
丁未録輯考
靖康稗史箋證
中興遺史輯校
鄂國金佗稡編續編校注
皇宋中興兩朝聖政輯校
中興兩朝編年綱目
續宋中興編年資治通鑑
續編兩朝綱目備要

宋季三朝政要箋證
宋代官箴書五種
契丹國志
西夏書校補
大金弔伐録校補
大金國志校證
聖武親征録（新校本）
元朝名臣事略
明本紀校注
皇明通紀
明季北略
明季南略
國初群雄事略
小腆紀年附考
小腆紀傳
廿二史劄記校證

中華書局
初版責編　柳　憲